Scherer | **Grundlagen des Kostenrechts – Rechtsanwaltsvergütungsgesetz RVG**

Scherer | **Grundlagen des Kostenrechts – Rechtsanwaltsvergütungsgesetz RVG**

DeutscherAnwaltVerlag

Wirtschaftswissenschaftliche Bücherei für Schule und Praxis
Begründet von Handelsschul-Direktor Dipl.-Hdl. Friedrich Hutkap †

Verfasser:

Michael Scherer, Oberstudienrat

Fast alle in diesem Buch erwähnten Hard- und Softwarebezeichnungen sind eingetragene Warenzeichen.

Das Werk und seine Teile sind urheberrechtlich geschützt. Jede Nutzung in anderen als den gesetzlich zugelassenen Fällen bedarf der vorherigen schriftlichen Einwilligung des Verlages. Hinweis zu § 52a UrhG: Weder das Werk noch seine Teile dürfen ohne eine solche Einwilligung eingescannt und in ein Netzwerk eingestellt werden. Dies gilt auch für Intranets von Schulen und sonstigen Bildungseinrichtungen.

10. Auflage 2005

© 1990 by MERKUR VERLAG RINTELN

Gesamtherstellung:
MERKUR VERLAG RINTELN Hutkap GmbH & Co. KG, 31735 Rinteln

E-Mail: info@merkur-verlag.de
Internet: www.merkur-verlag.de

ISBN 3-8120-**0306-6**

Vorwort

Das vorliegende Buch ist aus der Erfahrung langjähriger Lehrtätigkeit in ReNo-Fachklassen entstanden. Deshalb wurde auf eine anschauliche Darstellung des nicht immer leichten Stoffes besondere Aufmerksamkeit gerichtet. Es wurde versucht, auch die Dinge, die dem Praktiker eine solche Selbstverständlichkeit sind, dass sie als bekannt vorausgesetzt und deswegen häufig nicht erläutert werden, auf einem dem Lernenden angemessenen Niveau zu erklären. Das Ziel war, dem Anfänger den Einstieg in diese Materie zu erleichtern, aber auch dem schon Fortgeschrittenen Hinweise für seine praktische Tätigkeit zu geben. Das Buch enthält deshalb auch eine Vielzahl von Beispielen und Übungsaufgaben von unterschiedlichem Schwierigkeitsgrad.

Dieses Buch ist Nachfolger des in neun Auflagen erschienen Buches „Grundlagen des Kostenrechts – BRAGO und GKG" und es verfolgt das gleiche bewährte Konzept in der Darstellung des Stoffes mit vielen Beispielen, die alle Details der Berechnung der Gebühren für die Leser nachvollziehbar aufzeigen. Dennoch ist es ein ganz anders aufgebautes Buch geworden, da es der im Gegensatz zur BRAGO völlig anderen konzeptionellen Struktur des RVG folgt.

Die Adressaten dieses Buches sind die Auszubildenden von Rechtsanwälten, die dieses Buch als Lernbuch für den Berufsschulunterricht und für den Unterricht in den Kanzleien sowie zum Selbststudium verwenden können. Diese Personen sind nach Beendigung ihrer Ausbildung häufig diejenigen, die die Vergütungsrechnungen im Anwaltsbüro zu erstellen haben. Aber auch Studierenden der Rechtswissenschaften, Rechtsanwälten und Rechtspflegern soll der Einstieg in das anwaltliche Gebührenrecht ermöglicht werden.

Bei der Gliederung des Buches wurde weitgehend dem Aufbau des RVG gefolgt. Dadurch wird bei der Suche nach bestimmten Erläuterungen das Nachschlagen im Buch erleichtert, und dies ist auch wegen der Sachzusammenhänge im Gesetz sinnvoll. Wichtigen Themen wie z. B. dem Mahnverfahren, dem Aufforderungsschreiben oder der Zwangsvollstreckung wurden eigene Kapitel gewidmet. Dem Autodidakten wird empfohlen, beim selbstständigen Lernen die einzelnen Abschnitte des Buches in der Reihenfolge der Übungsaufgaben durchzuarbeiten. Soweit dies erforderlich war, wurde auch auf verfahrensrechtliche Bestimmungen, insbesondere der ZPO und der StPO, eingegangen. Es dürfte klar sein, dass neben diesem Buch immer der Gesetzestext zur Hand zu nehmen ist.

Bei den Übungsaufgaben wurde darauf verzichtet, den vollständigen Lösungsweg zu den einzelnen Aufgaben anzugeben, da dies den Lernerfolg gefährden würde. Zur Selbstkontrolle wurden jeweils die Endergebnisse der Aufgaben einschließlich der Umsatzsteuer und die zur Lösung zu prüfenden Paragrafen und Nummern angegeben. Diese Paragrafen und Nummern sollen überdacht werden, müssen aber nicht immer auch in der fertigen Lösung erscheinen. Die Entscheidung, einen Paragrafen oder eine Nummer nicht zu verwenden, zeigt auch einen Lernfortschritt.

Hannover, Sommer 2004

Michael Scherer

Vorbemerkungen zur 10. Auflage

Damit dieses Buch rechtzeitig nach dem Inkrafttreten des RVG zur Verfügung stehen kann, wurde es gegenüber seinem Vorgänger-Buch geringfügig um einige nicht so bedeutsame Gebührenvorschriften und die zugehörigen Übungsaufgaben gekürzt. Es ist vorgesehen, bei entsprechendem Bedarf die künftigen Auflagen diesbezüglich zu erweitern.

Ein wichtiger Bestandteil dieses Buches sind die Übungsaufgaben mit den Lösungen zur Selbstkontrolle. Da Kontrolle nicht schaden kann, haben meine Kolleginnen und Kollegen Sigrid Antel, Gerlinde Dietrich-Zander, Ingrid Eilers-Witt, Volker Götze und Manfred Kolf, denen hierfür Dank gebührt, die Lösungen zu den Übungsaufgaben nachgerechnet.

Besonderer Dank gilt Giesela Heininger dafür, dass sie das gesamte Manuskript durchgesehen hat.

Hannover, Sommer 2004

Michael Scherer

Inhaltsverzeichnis

0	**Die Grundlagen des Kostenrechts**	0-1
0.1	Einführung	0-1
0.2	Die Kostengesetze	0-2
0.3	Der Kostenbegriff	0-3
0.3.1	Der Gebührenbegriff	0-5
0.3.1.1	Pauschgebühren	0-6
0.3.1.2	Wertgebühren	0-7
0.3.1.2.1	Berechnung der Wertgebühren	0-7
0.3.1.2.2	Die Degression der Gebührentabellen	0-9
0.3.1.2.3	Vergleich der vollen Gebühren der wichtigen Kostengesetze	0-11
0.3.1.3	Rahmengebühren	0-13
0.3.1.4	Festgebühren	0-14
0.3.2	Der Auslagenbegriff	0-14
0.4	**Kostenschuldner**	0-15
0.4.1	Gerichtskosten	0-15
0.4.2	Rechtsanwaltsvergütung	0-16
0.4.3	Notariatskosten	0-16
0.4.4	Mehrere Kostenschuldner	0-17
0.5	**Die Kostentragungspflicht im Zivilprozess**	0-17
0.5.1	Die Kostenentscheidung in zivilen Rechtsstreitigkeiten	0-19
0.5.2	Die Kostenfestsetzung in zivilen Rechtsstreitigkeiten	0-20
0.5.2.1	Der Kostenfestsetzungsantrag	0-20
0.5.2.2	Muster eines Kostenfestsetzungsantrages	0-24
0.5.2.3	Der Kostenfestsetzungsbeschluss	0-25
0.5.2.4	Vereinfachte Kostenfestsetzung	0-27
0.5.2.5	Die Kostenausgleichung	0-28
0.5.2.6	Kosten im Kostenfestsetzungsverfahren	0-28
0.5.2.7	Erinnerung und Beschwerde im Kostenfestsetzungsverfahren	0-30
0.5.2.7.1	Die sofortige Beschwerde	0-32
0.5.2.7.2	Die sofortige Erinnerung	0-36
0.5.2.7.3	Gebühren bei Erinnerung oder Beschwerde im Kostenfestsetzungsverfahren	0-37
0.5.2.8	Streitwertänderung	0-37
0.5.2.9	Versicherungen im Kostenfestsetzungsverfahren	0-37
0.5.3	Begriff der notwendigen Kosten in zivilen Rechtsstreitigkeiten	0-38
0.6	**Wie schreibt man eine Kostenrechnung?**	0-40
0.6.1	Allgemeine Hinweise	0-40
0.6.2	Muster für die äußere Form von Kostenrechnungen	0-43
0.6.3	Die Skizzierung des Sachverhalts	0-44
0.6.4	Steuerliche Vorschriften für Kostenrechnungen	0-46

1	**Die Grundlagen des RVG**	**1-1**
1.1	**Der Aufbau des RVG**	**1-1**
1.2	**Allgemeine Vorschriften des Paragrafenteils des RVG (§§ 1 bis 12 RVG)**	**1-4**
1.2.1	Der Geltungsbereich des RVG (§ 1 RVG)	1-4
1.2.2	Die Höhe der Vergütung (§ 2 RVG)	1-4
1.2.3	Die Vereinbarung der Vergütung (§ 4 RVG)	1-5
1.2.4	Mehrere Rechtsanwälte (§ 6 RVG)	1-12
1.2.5	Mehrere Auftraggeber (§ 7 RVG, VV Nr. 1008 RVG)	1-13
1.2.5.1	Grundsätzliche Überlegungen	1-13
1.2.5.1.1	Mehrere Gegenstände in einer Angelegenheit	1-14
1.2.5.1.2	Derselbe Gegenstand der anwaltlichen Tätigkeit	1-14
1.2.5.1.3	Zusammenfassung	1-15
1.2.5.2	Wann liegt eine Mehrheit von Auftraggebern vor?	1-16
1.2.5.3	Welche Gebühren werden bei mehreren Auftraggebern erhöht?	1-18
1.2.5.4	Wie berechnet man die Erhöhung für mehrere Auftraggeber?	1-20
1.2.5.4.1	Die Erhöhung bei Wertgebühren	1-20
1.2.5.4.1.1	Alle Auftraggeber sind an demselben Gegenstand beteiligt	1-23
1.2.5.4.1.2	Die Auftraggeber sind nur teilweise am Gegenstand beteiligt	1-24
1.2.5.4.2	Die Erhöhung bei Betragsrahmengebühren	1-26
1.2.5.4.3	Die Erhöhung bei Festgebühren	1-27
1.2.5.4.4	Die Erhöhung bei Satzrahmengebühren	1-27
1.2.5.5	Die Haftung der Auftraggeber für die Vergütung	1-28
1.2.5.6	Erstattungspflicht der Gegenpartei	1-28
1.2.5.7	Die Dokumentenpauschale bei mehreren Auftraggebern	1-28
1.2.6	Die Fälligkeit der Vergütung des Rechtsanwaltes (§ 8 RVG)	1-29
1.2.7	Die Verjährung des Vergütungsanspruches	1-30
1.2.8	Der Gebührenvorschuss (§ 9 RVG)	1-31
1.2.9	Die Berechnung der Vergütung (§ 10 RVG)	1-31
1.2.9.1	Inhalt der Vergütungsrechnung	1-31
1.2.9.2	Wie schreibt man eine Vergütungsrechnung?	1-32
1.2.10	Die Vergütungsfestsetzung gegen den eigenen Auftraggeber (§ 11 RVG)	1-35
1.2.11	Hinweispflicht des Rechtsanwalts auf die Gebühren	1-39
1.3	**Gebührenvorschriften allgemeiner Art des Paragrafenteils des RVG (§§ 13 bis 15 RVG)**	**1-40**
1.3.1	Berechnung der Wertgebühren (§ 13 RVG)	1-40
1.3.2	Rahmengebühren (§ 14 RVG)	1-41
1.3.2.1	Arten von Rahmengebühren	1-41
1.3.2.2	Die Bestimmung der Gebühr im Einzelfall	1-41
1.3.2.3	Mittelgebühr und Mittelsatz	1-43
1.3.2.4	Die Geltendmachung von Rahmengebühren	1-44
1.3.3	Die Grundsätze des § 15 RVG	1-45
1.3.3.1	Eine Gebühr gilt die gesamte Tätigkeit des RA ab	1-46
1.3.3.2	Grundsätzlich kann eine Gebühr nur einmal gefordert werden	1-46
1.3.3.3	Verschiedene Gebührensätze für Teile des Gegenstands	1-50
1.3.3.4	Bereits verdiente Gebühren fallen nicht wieder weg	1-53
1.3.3.5	Neuer Auftrag in derselben Angelegenheit	1-53
1.3.3.6	Beauftragung mit Einzelhandlungen	1-55

1.4	**Der Begriff der Angelegenheit (§§ 16 bis 21 RVG)**	1-57
1.4.1	Dieselbe Angelegenheit (§ 16 RVG)	1-58
1.4.2	Verschiedene Angelegenheiten (§ 17 RVG)	1-58
1.4.3	Besondere Angelegenheiten (§ 18 RVG)	1-59
1.4.4	Vorbereitungs-, Neben- und Abwicklungstätigkeiten (§ 19 RVG)	1-59
1.4.5	Verweisung, Abgabe (§ 20 RVG)	1-62
1.4.6	Zurückverweisung (§ 21 RVG)	1-62
1.5	**Die Abschnitte 4 bis 9 des Paragrafenteils des RVG**	1-63
1.6	**Das Vergütungsverzeichnis des RVG**	1-64
1.6.1	Allgemeine Gebühren (VV Nrn. 1000 bis 1009 RVG)	1-66
1.6.1.1	Die Einigungsgebühr (VV Nrn. 1000, 1003 und 1004 RVG)	1-67
1.6.1.1.1	Außergerichtliche Einigung und gerichtlich protokollierter Vergleich	1-67
1.6.1.1.2	Vollstreckbarer Anwaltsvergleich	1-73
1.6.1.2	Mehrere Auftraggeber (VV Nr. 1008 und § 7 RVG)	1-75
1.6.1.3	Die Hebegebühr (VV Nr. 1009 RVG)	1-75
1.6.2	Die Auslagen (VV Nrn. 7000 - 7008)	1-77
1.6.2.1	Die Dokumentenpauschale (VV Nr. 7000 RVG)	1-78
1.6.2.2	Die Auslagen für Post- und Telekommunikationsdienstleistungen (VV Nrn. 7001, 7002 RVG)	1-82
1.6.2.3	Die Reisekosten (VV Nrn. 7003 bis 7006 RVG)	1-85
2	**Die Grundlagen der Bewertung**	2-1
2.1	**Allgemeine Hinweise (§ 23 RVG)**	2-1
2.1.1	Die Wertvorschriften nach GKG und ZPO	2-2
2.1.1.1	Die Arten des Wertes im Zivilprozess und im Gebührenrecht	2-2
2.1.1.2	Die Bedeutung des Wertes als Verfahrensstreitwert im Zivilprozess	2-3
2.1.1.2.1	Der Zuständigkeitsstreitwert	2-4
2.1.1.2.2	Der Rechtsmittelstreitwert	2-5
2.1.1.2.3	Der Verurteilungsstreitwert	2-6
2.1.1.2.4	Der Bagatellstreitwert für die Bestimmung des amtsgerichtlichen Verfahrens nach billigem Ermessen (§ 495 a ZPO)	2-7
2.1.1.2.5	Der Vollstreckungsstreitwert für die Eintragung einer Sicherungshypothek (§ 866 Abs. 3 ZPO)	2-7
2.1.1.3	Die Bedeutung des Wertes im Gebührenrecht	2-8
2.1.2	Die Wertvorschriften der ZPO und des GKG für die Ermittlung des Gebührenstreitwertes	2-8
2.1.3	Die Ermittlung des Gegenstandswertes für anwaltliche Tätigkeiten (§ 23 RVG)	2-12
2.1.4	Prüfungsschema zur Ermittlung des Gegenstandswertes (§ 23 RVG)	2-13
2.2	**Einzelfragen der Berechnung des Gegenstandswertes, wenn ein gerichtliches Verfahren möglich ist**	2-17
2.2.1	Zeitpunkt der Wertberechnung (§ 4 ZPO, § 40 GKG)	2-17
2.2.2	Haupt- und Nebenforderungen (§ 4 ZPO, § 43 GKG)	2-19
2.2.3	Mehrere Ansprüche in einer Klage (= Klagenhäufung, § 5 ZPO)	2-22
2.2.3.1	Objektive Klagenhäufung	2-24
2.2.3.2	Subjektive Klagenhäufung	2-25
2.2.3.3	Verbindung von Prozessen oder Trennung von Ansprüchen	2-26
2.2.3.3.1	Prozessverbindung	2-26
2.2.3.3.2	Prozesstrennung	2-27

2.2.4	Mehrere Gegenstände anwaltlicher Tätigkeit in derselben Angelegenheit (§ 22 Abs. 1 RVG)	2-28
2.2.5	Teile des Streitgegenstandes (§ 36 GKG)	2-30
2.2.5.1	Gebühren für einen Teil des Streitgegenstandes (§ 36 Abs. 1 GKG)	2-30
2.2.5.2	Gebühren für einzelne gleiche Handlungen für Teile des Streitgegenstandes (§ 36 Abs. 2 GKG)	2-30
2.2.5.3	Unterschiedliche Gebührensätze für Handlungen für Teile des Streitgegenstandes (§ 36 Abs. 3 GKG)	2-31
2.2.6	Stufenklage (§ 44 GKG)	2-32
2.2.7	Klageänderungen	2-33
2.2.7.1	Gebührenstreitwert bei Klageerweiterung	2-34
2.2.7.2	Gebührenstreitwert bei nachträglicher Verminderung des Streitwertes	2-36
2.2.8	Klage und Widerklage, wechselseitige Rechtsmittel, Aufrechnung, Hilfsanspruch (§ 45 GKG)	2-37
2.2.8.1	Klage und Widerklage (§ 45 Absatz 1 Satz 1 GKG)	2-38
2.2.8.2	Hilfswiderklage	2-39
2.2.8.3	Wechselseitige Rechtsmittel (§ 45 Absatz 2 GKG)	2-40
2.2.8.4	Hilfsaufrechnung (§ 45 Absatz 3 GKG)	2-41
2.2.8.5	Hilfsanspruch (§ 45 Absatz 1 Satz 2 GKG)	2-45
2.2.9	Geldforderungen	2-46
2.2.10	Herausgabeansprüche (§ 6 ZPO)	2-46
2.2.11	Miet- oder Pachtverträge (§ 41 GKG, § 8 ZPO)	2-47
2.2.11.1	Streit über Bestehen oder Dauer eines Miet- oder Pachtvertrages (§ 41 Absatz 1 GKG)	2-48
2.2.11.2	Räumungsklage nach Beendigung eines Miet- oder Pachtvertrages (§ 41 Absatz 2 GKG)	2-48
2.2.11.3	Räumungsklage und Sozialklausel des BGB (§ 41 Absätze 3 und 4 GKG)	2-49
2.2.11.4	Erhöhung der Wohnungsmiete (§ 41 Absatz 5 GKG)	2-49
2.2.11.5	Zum Begriff der Miete (§ 41 GKG)	2-50
2.2.12	Ansprüche auf wiederkehrende Leistungen (§ 42 GKG, § 9 ZPO)	2-50
2.2.12.1	Gesetzliche Unterhaltsansprüche (§ 42 Absatz 1 GKG)	2-52
2.2.12.2	Rentenansprüche aus unerlaubten Handlungen (§ 42 Absatz 2 GKG)	2-53
2.2.12.3	Ansprüche auf wiederkehrende Leistungen aus öffentlich-rechtlichen Dienstverhältnissen und von Arbeitnehmern (§ 42 Absatz 3 GKG)	2-54
2.2.12.4	Sonstige wiederkehrende Leistungen (§ 9 ZPO)	2-54
2.2.13	Arbeitsverhältnisse (§ 42 Absatz 4 GKG)	2-54
2.2.14	Der Gegenstandswert in der Zwangsvollstreckung (§ 25 Absatz 1 RVG)	2-54
2.2.15	Arrest und einstweilige Verfügung (§ 53 GKG)	2-55
2.2.16	Berufungs- und Revisionsverfahren (§ 47 GKG)	2-55
2.2.17	Nichtvermögensrechtliche Streitigkeiten (§ 48 Absätze 2 und 3 GKG)	2-56
2.3	**Gegenstandswert für anwaltliche Tätigkeiten ohne Zusammenhang mit einem gerichtlichen Verfahren (§ 23 Absatz 3 RVG)**	**2-58**
2.4	**Festsetzung des Gegenstandswertes (§§ 32, 33 RVG)**	**2-60**
2.4.1	Wertfestsetzung für die Gerichtsgebühren (§ 32 RVG)	2-60
2.4.2	Wertfestsetzung für die Rechtsanwaltsgebühren (§ 33 RVG)	2-63
2.4.3	Zusammenfassung	2-64
2.5	**Zusammenstellung häufig gebrauchter Wertvorschriften**	**2-66**

3	**Außergerichtliche Tätigkeiten** 3-1
3.1	**Außergerichtliche Vertretung und Geschäftsbesorgung** 3-1
3.1.1	Die Geschäftsgebühr (VV Nr. 2400 RVG) 3-2
3.1.1.1	Die Entstehung der Geschäftsgebühr 3-4
3.1.1.2	Die Anrechnung der Geschäftsgebühr 3-7
3.1.1.3	Die Anrechnung in besonderen Fällen 3-9
3.1.1.4	Zur Erstattung der Geschäftsgebühr 3-10
3.1.1.5	Die Tätigkeit des Anwaltsnotars 3-11
3.1.2	Einfache Schreiben (VV Nr. 2402 RVG) 3-11
3.1.3	Die außergerichtliche Regulierung von Verkehrsunfällen 3-14
3.2	**Die Beratungsgebühr** 3-15
3.3	**Die Gutachtengebühr** 3-18
3.4	**Prüfung der Erfolgsaussicht eines Rechtsmittels** 3-18
3.5	**Mediation (§ 34 RVG)** 3-19
4	**Anwaltliche Aufforderungsschreiben** 4-1
4.1	**Die Arten von Aufforderungsschreiben** 4-1
4.1.1	Aufforderungsschreiben mit Klageauftrag 4-3
4.1.2	Aufforderungsschreiben mit Auftrag zum Mahnverfahren 4-5
4.1.3	Aufforderungsschreiben ohne Klageauftrag 4-7
4.2	**Einfache Schreiben** 4-10
4.3	**Abgrenzung der Nummern 2100 (§ 34), 2400, 2402, 3101, 3403, 3404 des Vergütungsverzeichnisses des RVG** 4-11
5	**Die Gebühren im Mahnverfahren** 5-1
5.1	**Die Gebühren des Rechtsanwalts des Antragstellers** 5-1
5.1.1	Die Mahnverfahrensgebühr 5-1
5.1.1.1	Die Entstehung der Mahnverfahrensgebühr 5-1
5.1.1.2	Anrechnung der Mahnverfahrensgebühr bei weiterer Tätigkeit 5-2
5.1.1.3	Anrechnung der Mahnverfahrensgebühr in besonderen Fällen 5-5
5.1.2	Die Vollstreckungsbescheidsgebühr 5-6
5.2	**Die Gebühren des Rechtsanwalts des Antragsgegners** 5-8
5.2.1	Die Entstehung der Widerspruchsgebühr 5-8
5.2.2	Anrechnung der Widerspruchsgebühr bei weiterer Tätigkeit 5-9
5.2.3	Anrechnung der Widerspruchsgebühr in besonderen Fällen 5-9
5.3	**Erstattungsfähigkeit der Gebühren bei Anwaltswechsel** 5-11
5.4	**Exkurs zur Anrechnung von Gebühren** 5-12

6	**Bürgerliche Rechtsstreitigkeiten**	**6-1**
6.1	**Die Gebühren des Prozessbevollmächtigten**	**6-1**
6.1.1	Die Gebühren im ersten Rechtszug	6-1
6.1.1.1	Die Verfahrensgebühr	6-2
6.1.1.2	Die Terminsgebühr	6-4
6.1.1.3	Beispiel einer Vergütungsrechnung für einen Zivilprozess	6-8
6.1.2	Die Gebühren bei besonderem Verfahrensverlauf	6-9
6.1.2.1	Die verminderte Verfahrensgebühr (VV Nr. 3101 RVG)	6-9
6.1.2.1.1	Verfahrensgebühr bei vorzeitiger Beendigung	6-9
6.1.2.1.2	Protokollierung einer Einigung der Parteien (Differenzverfahrensgebühr)	6-11
6.1.2.1.3	Nur Antrag in nicht streitigen FGG-Verfahren	6-14
6.1.2.2	Die verminderte Terminsgebühr (VV Nr. 3105 RVG)	6-15
6.1.2.3	Gebühren für die Beantragung eines Versäumnisurteils	6-17
6.1.3	Die Gebühren in den Rechtsmittelinstanzen	6-19
6.2	**Die Gebühren für besondere Verfahren**	**6-20**
6.3	**Die Gebühren in besonderen Arten von Verfahren**	**6-20**
6.3.1	Die Gebühren im selbstständigen Beweisverfahren	6-21
6.3.1.1	Die Gebühren bei nicht anhängigem Hauptprozess	6-22
6.3.1.2	Gebühren bei Anhängigkeit des Hauptprozesses	6-24
6.3.1.3	Die Erstattung der Kosten des selbstständigen Beweisverfahrens	6-25
6.3.2	Gebühren nach einem Vorbehaltsurteil im Urkunden- oder Wechselprozess	6-26
6.4	**Gebühren für Einzeltätigkeiten**	**6-28**
6.4.1	Die Gebühren des Verkehrsanwalts	6-28
6.4.2	Die Gebühren des Terminsvertreters	6-32
6.4.2.1	Der Unterbevollmächtigte	6-34
6.4.2.2	Der Beweisanwalt	6-34
6.4.3	Sonstige Einzeltätigkeiten (VV Nrn. 3403, 3404 RVG)	6-35
6.5	**Die Gebühren bei Beschwerde und Erinnerung**	**6-38**
7	**Zwangsvollstreckung und ähnliche Tätigkeiten**	**7-1**
7.1	**Die Gebühren in der Zwangsvollstreckung**	**7-1**
7.1.1	**Allgemeines**	**7-1**
7.1.2	**Angelegenheiten der Zwangsvollstreckung**	**7-2**
7.1.2.1	Abgrenzung zum Prozess- bzw. zum Mahnverfahren	7-2
7.1.2.2	Besondere Angelegenheit oder nicht?	7-3
7.1.2.2.1	Grundsatz (§ 18 Ziff. 3 RVG)	7-4
7.1.2.2.1.1	Dieselbe Angelegenheit der Zwangsvollstreckung	7-4
7.1.2.2.1.2	Verschiedene Angelegenheiten der Zwangsvollstreckung	7-5
7.1.2.2.1.3	Begriff der Angelegenheit in der Zwangsvollstreckung	7-5
7.1.2.2.2	Keine besonderen Angelegenheiten der Zwangsvollstreckung (§ 19 Abs. 1 und 2 RVG)	7-5
7.1.2.2.3	Besondere Angelegenheiten der Zwangsvollstreckung (§ 18 Ziff. 6 bis 20 RVG)	7-6
7.1.2.2.4	Prüfungsschema für praktische Fälle	7-7

7.1.3	Der Gegenstandswert in der Zwangsvollstreckung	7-7
7.1.3.1	Die Berechnung von Zinsen in der Zwangsvollstreckung	7-10
7.1.3.1.1	Die Berechnung der Zinstage in der Zwangsvollstreckung	7-11
7.1.3.1.2	Kaufmännisches und bürgerliches Zinsrechnen	7-13
7.1.4	**Die Gebühren für Tätigkeiten in der Zwangsvollstreckung**	**7-13**
7.1.4.1	Grundsätzliches	7-13
7.1.4.2	Einzelne Gebührenfälle in der Zwangsvollstreckung	7-14
7.1.4.2.1	Vollstreckungsschutzanträge (§ 18 Ziff. 8 RVG)	7-14
7.1.4.2.2	Zulassung der Austauschpfändung (§ 18 Ziff. 9 RVG)	7-15
7.1.4.2.3	Anderweitige Verwertung (§ 18 Ziff. 10 RVG)	7-15
7.1.4.2.4	Eintragung einer Zwangssicherungshypothek (§ 18 Ziff. 13 RVG)	7-15
7.1.4.2.5	Vertretbare Handlung (§ 18 Ziff. 14 RVG)	7-15
7.1.4.2.6	Unvertretbare Handlung (§ 18 Ziff. 15 RVG)	7-16
7.1.4.2.7	Unterlassung und Duldung (§ 18 Ziff. 16 RVG)	7-17
7.1.4.2.8	Eidesstattliche Versicherung (§ 18 Ziff. 18 RVG)	7-18
7.1.4.2.9	Löschung der Eintragung im Schuldnerverzeichnis (§ 18 Ziff. 19 RVG)	7-19
7.1.5	**Erhöhung für mehrere Auftraggeber**	**7-19**
7.1.6	**Zwangsvollstreckung gegen Gesamtschuldner**	**7-19**
7.1.7	**Erstattungsfähigkeit der Kosten durch den Schuldner**	**7-20**
7.1.8	**Beispiele für Vergütungsrechnungen in der Zwangsvollstreckung**	**7-20**
7.1.9	**Die Forderungsabrechnung mit dem Mandanten**	**7-22**
8	**Gebühren bei Prozesskosten- und Beratungshilfe (§§ 44 bis 59 RVG)**	**8-1**
8.1	**Allgemeine Hinweise**	**8-1**
8.1.1	Die Prozesskostenhilfe (PKH)	8-1
8.1.2	Die Beratungshilfe	8-2
8.2	**Gebühren im Verfahren über die Prozesskostenhilfe (VV Nrn. 3335, 3337 RVG)**	**8-3**
8.3	**Die Vergütung des beigeordneten RA (§§ 45 bis 59 RVG)**	**8-5**
8.4	**Die Vergütung für die Beratungshilfe (§ 44 RVG)**	**8-11**
9	**Die Gebühren in Strafsachen und in Bußgeldverfahren (Teile 4 und 5 VV RVG)**	**9-1**
9.1	**Allgemeines**	**9-1**
9.2	**Besonderheiten bei der Berechnung der Rahmengebühren**	**9-3**
9.3	**Die Gebühren des Wahlverteidigers und des Pflichtverteidigers**	**9-4**
9.4	**Allgemeine Gebühren**	**9-7**
9.4.1	Die Grundgebühr	9-7
9.4.2	Die Terminsgebühr für Termine außerhalb der Hauptverhandlung	9-8
9.5	**Die Gebühren im vorbereitenden Verfahren**	**9-10**
9.6	**Das Hauptverfahren im ersten Rechtszug**	**9-12**
9.6.1	Die Verfahrensgebühr im ersten Rechtszug	9-13
9.6.2	Die Terminsgebühr im ersten Rechtszug	9-13
9.6.3	Vergütungsrechnungen im ersten Rechtszug	9-15

9.7	Die Gebühren im Berufungsverfahren und im Revisionsverfahren	9-17
9.8	Gebühren mit Zuschlag wegen Haft	9-20
9.9	**Zusätzliche Gebühren in besonderen Fällen**	9-22
9.9.1	Einstellung des Verfahrens (Erledigungsgebühr)	9-22
9.9.2	Einziehung und verwandte Maßnahmen	9-25
9.9.3	Vermögensrechtliche Ansprüche im Strafverfahren	9-25
9.10	**Der Pflichtverteidiger**	9-27
9.10.1	Die Gebühren des Pflichtverteidigers	9-28
9.10.2	Wahlverteidigergebühren für den Pflichtverteidiger	9-28
9.10.3	Anrechnung von Vorschüssen (§ 58 Abs. 3 RVG)	9-31
9.10.4	Festsetzung der Gebühren des Pflichtverteidigers	9-33
9.11	**Gebühren im Strafvollstreckungsverfahren**	9-34
9.12	**Die Pauschgebühr (§ 42 RVG)**	9-34
9.13	**Kostenrechtliche Beschwerde- und Erinnerungsverfahren**	9-34
9.14	**Die Dokumentenpauschale**	9-34
9.15	**Die Gebühren in Bußgeldverfahren**	9-35
9.15.1	Das Bußgeldverfahren gemäß dem Gesetz über Ordnungswidrigkeiten	9-35
9.15.2	Die Gebühren des RA im Bußgeldverfahren	9-36
9.15.2.1	Die Grundgebühr im Bußgeldverfahren	9-37
9.15.2.2	Die Gebühren im Vorverfahren	9-38
9.15.2.3	Das Bußgeldverfahren vor dem Amtsgericht	9-39
9.15.2.4	Verfahren über die Rechtsbeschwerde	9-40
9.15.2.5	Zusätzliche Gebühren	9-40
9.15.2.6	Einziehung und ähnliche Maßnahmen	9-41
9.15.3	Sonstige Hinweise zum Bußgeldverfahren	9-42
10	**Die Gebühren in Ehe- und anderen Familiensachen**	10-1
10.1	**Vorbemerkungen**	10-1
10.2	**Selbstständige Verfahren in Familiensachen**	10-2
10.2.1	Selbstständige Familiensachen nach den Bestimmungen der ZPO	10-2
10.2.1.1	Das Eheverfahren	10-2
10.2.1.1.1	Die Gebührenvorschriften des RVG	10-2
10.2.1.1.2	Die Bestimmung des Gegenstandswertes in Ehesachen	10-6
10.2.1.2	Andere Familiensachen nach den Bestimmungen der ZPO	10-8
10.2.1.2.1	Die Gebühren nach dem RVG („ZPO-Sachen")	10-8
10.2.1.2.2	Die Bestimmung des Gegenstandswertes („ZPO-Sachen")	10-9
10.2.2	Selbstständige Familiensachen der freiwilligen Gerichtsbarkeit	10-9
10.2.2.1	Die Gebühren nach dem RVG („FGG-Sachen")	10-10
10.2.2.2	Die Bestimmung des Gegenstandswertes („FGG-Sachen")	10-11
10.3	**Familiensachen im Verbund**	10-13
10.3.1	Die Gebührenvorschriften (Verfahren im Verbund)	10-14
10.3.2	Die Bestimmung des Gegenstandswertes (Verfahren im Verbund)	10-17
10.3.2.1	Die Bestimmung des Wertes der Ehesache	10-17
10.3.2.2	Die Bestimmung des Wertes für die Folgesachen	10-18

10.4	Scheidungsfolgenvereinbarungen (Scheidungsfolgenvergleich)	10-19
10.4.1	Gebühren bei Scheidungsfolgenvereinbarungen	10-20
10.4.1.1	Gebühren bei gerichtlichen Scheidungsfolgenvereinbarungen	10-20
10.4.1.2	Gebühren bei außergerichtlichen Scheidungsfolgenvergleichen	10-22
10.4.2	Gegenstandswert bei Scheidungsfolgenvereinbarung	10-24
10.5	**Gebühren für einstweilige Anordnungen**	**10-24**
10.6	**Gebühren in Kindschaftssachen und Unterhaltssachen von Kindern**	**10-26**
10.6.1	Die Gebühren in Kindschaftssachen	10-26
10.6.2	Die Gebühren in Unterhaltssachen	10-27
10.6.2.1	Die Unterhaltsklage	10-27
10.6.2.2	Vereinfachte Verfahren über den Unterhalt Minderjähriger	10-28
10.6.2.2.1	Vereinfachtes Verfahren zur erstmaligen Festsetzung des Unterhalts (§§ 645 ff. ZPO)	10-28
10.6.2.2.2	Vereinfachtes Verfahren zur Abänderung von Unterhaltstiteln (§ 655 ZPO)	10-30
10.6.2.2.3	Vereinfachtes Verfahren zur Festsetzung von Unterhalt im Kindschaftsverfahren (§ 653 ZPO)	10-31
11	**Die Grundlagen des GKG**	**11-1**
11.1	Vorbemerkung	11-1
11.2	Der Geltungsbereich des GKG (§ 1 GKG)	11-1
11.3	Der Kostenbegriff des GKG	11-1
11.4	Der Aufbau des GKG	11-2
11.5	Wichtige Gebührenvorschriften des GKG	11-2
11.6	Vorauszahlungspflicht	11-3
11.7	Beispiel zur Berechnung von Gerichtskosten	11-4
12	**Aufgabenteil**	**12-1**
12.1	Rahmengebühren	12-1
12.2	Gebühren für anwaltliche Aufforderungsschreiben	12-3
12.3	Gebühren für außergerichtliche Vertretung	12-6
12.4	Hebegebühr	12-9
12.5	Gebühren im Mahnverfahren	12-11
12.6	Berechnung des Gegenstandswertes	12-13
12.7	Mehrere Auftraggeber	12-17
12.8	Auslagen	12-21
12.9	Die (Regel)gebühren des Prozessbevollmächtigten	12-22
12.10	Gebühren bei vorzeitiger Beendigung, bei Sachanträgen und bei Nichterscheinen einer Partei	12-27
12.11	Die Grundsätze des § 15 RVG	12-29
12.12	Gebühren bei Versäumnisurteil	12-33
12.13	Gebühren für Beratung und Gutachten	12-36
12.14	Einigungsgebühr	12-39
12.15	Vergütungsfestsetzung	12-42
12.16	Selbstständiges Beweisverfahren	12-43
12.17	Vergütung des RA bei Prozesskostenhilfe	12-46

12.18	Vergütung des RA bei Beratungshilfe	12-49
12.19	Gebühren des nicht prozessbevollmächtigten RA	12-50
12.20	Gebühren in der Zwangsvollstreckung	12-53
12.21	Gebühren bei Beschwerde, Erinnerung	12-59
12.22	Gebühren in Strafsachen und Bußgeldsachen	12-60
12.23	Gebühren in Ehe- und anderen Familiensachen	12-66
13	**Wesentliche Neuerungen des Kostenrechtsmodernisierungsgesetzes 2004**	**13-1**
13.1	**Wesentliche Neuerungen, die das GKG betreffen**	13-1
13.2	**Wesentliche Neuerungen, die das RVG gegenüber der BRAGO betreffen**	13-2
13.2.1	Übersicht: Allgemeine Regelungen des RVG	13-2
13.2.2	Spezielle Regelungen des RVG	13-4
13.3	**Änderungen anderer Gesetze**	13-10
13.4	**Gegenüberstellung der wichtigsten Vorschriften der neuen und der alten Kostengesetze**	13-10
13.4.1	Gegenüberstellung RVG und BRAGO	13-11
13.4.2	Gegenüberstellung BRAGO und RVG	13-13
13.4.3	Gegenüberstellung GKG (neu) mit GKG (alt)	13-15
13.4.4	Gegenüberstellung GKG (alt) mit GKG (neu)	13-16
Stichwortverzeichnis		14–1

Abkürzungsverzeichnis

→ Kapitel 3	siehe Kapitel 3
Abs.	Absatz
abzügl.	abzüglich
AG	Amtsgericht
Anm.	Anmerkung
ArbGG	Arbeitsgerichtsgesetz
BerHG	Beratungshilfegesetz
BGB	Bürgerliches Gesetzbuch
BRAGO	Bundesrechtsanwaltsgebührenordnung
BRAO	Bundesrechtsanwaltsordnung
Buchst.	Buchstabe
bzw.	beziehungsweise
d. h.	das heißt
evtl.	eventuell
f., ff.	folgende (eine), folgende (mehrere)
Geb.	Gebühr
gem.	gemäß
GKG	Gerichtskostengesetz
GVG	Gerichtsverfassungsgesetz
GvKostG	Gesetz über die Kosten der Gerichtsvollzieher
GVZ	Gerichtsvollzieher
h. M.	herrschende Meinung
HausratsVO	Verordnung über die Behandlung der Ehewohnung und des Hausrats
Hs.	Halbsatz
i. V. m.	in Verbindung mit
InsO	Insolvenzordnung
KostO	Kostenordnung
KV	Kostenverzeichnis des GKG, des GvKostG
LG	Landgericht
Lit.	Litera = Buchstabe
Nr., Nrn.	Nummer, Nummern
OWiG	Gesetz über Ordnungswidrigkeiten
PKH	Prozesskostenhilfe
RA	Rechtsanwältin, Rechtsanwalt
RPflG	Rechtspflegergesetz
RVG	Rechtsanwaltsvergütungsgesetz
S.	Satz
s.	siehe
StGB	Strafgesetzbuch
StPO	Strafprozessordnung
u. a.	unter anderem
u.	und
USt.	Umsatzsteuer (Mehrwertsteuer)
usw.	und so weiter
v. H.	vom Hundert
vgl., vergl.	vergleiche
VV	Vergütungsverzeichnis des RVG
z. B.	zum Beispiel
zz., zzt.	zurzeit
Ziff.	Ziffer (innerhalb einer Nummer des VV)
ZPO	Zivilprozessordnung
zuzügl.	zuzüglich

0 DIE GRUNDLAGEN DES KOSTENRECHTS

0.1 Einführung

Das Kostenrecht wird häufig für ein schwieriges Gebiet gehalten. Die Ursache für diese Ansicht liegt zum Teil darin begründet, dass vom Anfänger nicht selten versucht wird, eine Lösung jeweils nur für den einzelnen Kostenfall zu finden, ohne den Einzelfall im Gesamtzusammenhang der Kostenvorschriften zu sehen.

So wird es z. B. grundsätzlich unmöglich sein, die Vergütungsrechnung eines Rechtsanwaltes nur nach einer bestimmten Nummer des Vergütungsverzeichnisses des Rechtsanwaltsvergütungsgesetzes (RVG) zu erstellen, ohne dabei zugleich die allgemeinen Vorschriften in den Paragrafen der einzelnen Abschnitte des RVG und auch die grundlegenden Wertvorschriften des 4. Abschnitts des RVG, des Gerichtskostengesetzes (GKG) und der Zivilprozessordnung (ZPO) anzuwenden.

Dieses Buch will in diesem Sinne die Grundlagen des Kostenrechts und die für das Verständnis notwendigen Zusammenhänge darstellen. Soweit dies erforderlich und im Rahmen eines Kostenbuches vertretbar ist, werden auch die für das Verständnis notwendigen Vorschriften des Verfahrensrechtes, insbesondere der ZPO und der Strafprozessordnung (StPO) in ihren Grundzügen dargelegt. Dies ist insofern bedeutsam, da Kostenrecht Folgerecht des Verfahrensrechtes ist; was heißt, dass ohne Kenntnis der Abläufe von Gerichtsverfahren zumindest in groben Zügen es schwerlich möglich sein wird, Verfahrenskosten korrekt zu berechnen.

Damit dies nicht nur graue Theorie bleibt, wird die praktische Anwendung aller behandelten Kostenvorschriften in ausführlichen Beispielen aufgezeigt. Weil praktische Tätigkeiten nicht nur theoretisch erlernt werden können und bekanntlich Übung den Meister macht, steht eine große Zahl von Übungsaufgaben im Aufgabenteil zur Verfügung. Da dieses Buch auch zum Selbststudium gedacht ist, werden zu den einzelnen Übungsaufgaben Lösungshinweise gegeben, die Sie als Denkanstöße zum Auffinden Ihres eigenen Lösungsweges betrachten sollten.

Es wurde versucht, die Darstellung auf die reinen Grundlagen zu beschränken, ohne auf jede Spitzfindigkeit aus Literatur und Rechtsprechung eingehen zu wollen. Diese Linie lässt sich jedoch nicht immer durchhalten. So gibt es auch zu in der Praxis sehr häufig auftretenden – also ganz „normalen" – Kostenfällen eine zu beachtende umfangreiche Rechtsprechung. Diese Rechtsprechung hat in dieses Buch nur insoweit Eingang gefunden, als sie grundlegende Richtlinien hergibt. Öfter als man es glaubt, ist aber die Rechtsprechung uneinheitlich, d. h., verschiedene Gerichte fällen zu gleichen Sachfragen unterschiedliche Urteile. In solchen Fällen wurde nur die Mehrheitsmeinung dargestellt, wobei in kritischen Fällen darauf hingewiesen wird, dass die Rechtsprechung noch keine einheitliche Meinung entwickelt hat. Der Fortgeschrittene wird in diesen Fällen beim Erstellen von Kostenrechnungen die einschlägigen Kommentare heranziehen und insbesondere auch die Rechtsprechung des zuständigen Gerichts bzw. Oberlandesgerichts.

Da es zu dem am 1. Juli 2004 in Kraft getretenen RVG natürlich noch keine Rechtsprechung gibt, wird noch auf Jahre hinaus die einschlägige Rechtsprechung zur Bundesgebührenordnung für Rechtsanwälte (BRAGO), dem Vorgängergesetz des RVG, zur Klärung streitiger Fragen herangezogen werden können bzw. müssen.

Im Folgenden sollen erst einmal die unterschiedlichen Kostengesetze vorgestellt und ihre gemeinsamen Grundlagen dargestellt werden. Dazu ist auch die Klärung verschiedener

Begriffe notwendig. Danach folgt eine Einführung in das RVG und in das GKG, wobei im Wesentlichen die Kosten für zivilrechtliche und strafrechtliche Sachverhalte behandelt werden.

0.2 Die Kostengesetze

Die drei wichtigsten Kostengesetze sind:

- das **Gerichtskostengesetz (GKG)**, welches die Gerichtskosten, insbesondere für den Zivilprozess, sonstige zivilprozessuale Verfahren (aus dem Bereich der streitigen Gerichtsbarkeit), den Strafprozess, sowie insbesondere wichtige Wertvorschriften enthält,
- die **Kostenordnung (KostO)**, welche die Kosten in Angelegenheiten der freiwilligen Gerichtsbarkeit bestimmt und für Gerichte und Notare gilt,
- das **Rechtsanwaltsvergütungsgesetz (RVG)**, welches die Vergütung für die Tätigkeit der Rechtsanwälte regelt.

Weitere Gesetze, die Kostenbestimmungen enthalten, sind:

- die **Zivilprozessordnung (ZPO)**, welche in den §§ 3 bis 9 Wertvorschriften enthält, die zum Teil auch für den Gebührenstreitwert gelten, sowie wichtige Bestimmungen darüber, welche Partei nach einem gerichtlichen Verfahren die Kosten des Rechtsstreits zu tragen hat,
- das **Gerichtsvollzieherkostengesetz (GvKostG)**, welches die Gebühren und Auslagen für die Amtshandlungen der Gerichtsvollzieher regelt,
- das **Justizvergütungs- und -entschädigungsgesetz (JVEG)**, welches die Entschädigung von Zeugen und von ehrenamtlichen Richtern (z. B. Schöffen) für ihren Verdienstausfall und von Sachverständigen, Übersetzern und Dolmetschern für ihre Leistungen sowie für alle Personen Aufwandsentschädigungen und den Ersatz von Reisekosten bestimmt.

Diese Aufzählung ist nicht vollständig.

> **Merke:**
> Das Kostenrecht umfasst die Rechtsvorschriften, nach denen der Staat die Abgaben für die Inanspruchnahme der Gerichte bestimmt, nach denen Rechtsanwälte und Notare ihre Gebührennoten schreiben, nach denen Gerichtsvollzieher ihre Kosten berechnen und nach denen Zeugen, Sachverständige, Schöffen, Handelsrichter usw. entschädigt werden. Die wichtigsten Kostengesetze sind RVG, GKG und KostO.

Hinweis: Leserinnen und Leser werden dieses Buch nur dann wirklich nutzen können, wenn sie die herangezogenen Rechtsvorschriften jeweils in den Gesetzen nachlesen. Alle hier besprochenen Gesetze lassen sich z. B. in der Gesetzessammlung „Schönfelder: Deutsche Gesetze" auffinden. Diese, oder eine andere Gesetzessammlung, sollte deshalb neben diesem Buch bereitliegen.

0.3 Der Kostenbegriff

Die verschiedenen Kostengesetze gebrauchen den Begriff „Kosten" leider nicht einheitlich. Jedenfalls ist **nicht** der Kostenbegriff im wirtschaftlichen Sinne gemeint, den die Betriebswirtschaftslehre definiert als: „Verbrauch an Gütern und Dienstleistungen, der zur Hervorbringung einer betrieblichen Leistung erforderlich ist."

Da ist schon eher der Kostenbegriff aus der Umgangssprache zutreffend. Fragt man z. B.: „Was kostet der Prozess?", so wird man eine Summe genannt bekommen, die sich aus den Gerichtskosten und der Anwaltsvergütung zusammensetzt. Damit wäre auch der Kostenbegriff der Justiz grob umrissen.

Als **Kosten im Sinne der Justiz** bezeichnet man

- die Abgaben, die der Staat für die Inspruchnahme der Gerichte fordert, also die so genannten **Gerichtskosten**,

- aber auch die Aufwendungen, die einer Partei für die Inanspruchnahme der Leistungen eines Rechtsanwalts, eines Notars oder eines Gerichtsvollziehers entstehen, also **außergerichtliche Kosten**,

- weiterhin die eigenen Aufwendungen, die einer Partei oder einem Beteiligten bei der Durchführung eines gerichtlichen Verfahrens entstehen, wozu z. B. Reisekosten und Entschädigungen für Zeitversäumnis bei Wahrnehmung eines gerichtlichen Termins gehören (§ 91 Abs. 1 ZPO, § 464 a Abs. 2 StPO), was ebenfalls **außergerichtliche Kosten** sind.

Die Kostengesetze und die die gerichtlichen Verfahren regelnden Gesetze (StPO, ZPO, FGG usw.) behandeln die außergerichtlichen Kosten teilweise unterschiedlich, sodass im Einzelfall zu prüfen ist, was gemeint ist, wenn das Gericht die „Kosten des Verfahrens" oder die „Kosten des Rechtsstreits" einem der Beteiligten auferlegt.

Beispiel: In § 464 a Abs. 1 StPO werden als Kosten des Verfahrens nur die Gebühren und Auslagen der Staatskasse definiert, wogegen nach § 91 ZPO zu den Kosten des Rechtsstreits auch die außergerichtlichen Kosten der Partei gehören.

In gerichtlichen Verfahren regelt das jeweilige Verfahrensrecht erstens, wer die Kosten des Verfahrens zu tragen hat und zweitens auch den Gang des Verfahrens, in dem der Betrag der notwendigen Kosten festgesetzt wird, die ein Beteiligter einem anderen zu erstatten hat (vgl. §§ 91 ff., 103 ff. ZPO, §§ 464 ff. StPO). Siehe dazu weiter unten die Kapitel über „Kostentragungspflicht" und „Kostenfestsetzung".

Merke:
Der Kostenbegriff der Justiz umfasst meistens gerichtliche und außergerichtliche Kosten. Bei gerichtlichen Verfahren regelt das Verfahrensrecht, wer die Kosten zu tragen hat und wie diese Kosten festgesetzt werden.

Die Kosten werden in Gebühren und Auslagen unterteilt. Gebühren sind Kosten, die pauschal erhoben werden, ohne dass ein Zusammenhang mit dem entstandenen tatsächlichen Aufwand des Gerichts, des Rechtsanwalts oder des Notars besteht. Neben den Gebühren werden für gesetzlich genau bestimmte Aufwendungen Auslagen erhoben, die teilweise als Barauslagen nachgewiesen und ersetzt werden (z. B. Vergütungsverzeichnis Nrn. 7004 und

7006 RVG) oder die ihrerseits wieder pauschalisiert sind und damit den Gebühren angenähert sind (z. B. Vergütungsverzeichnis Nrn. 7000 und 7002 RVG).

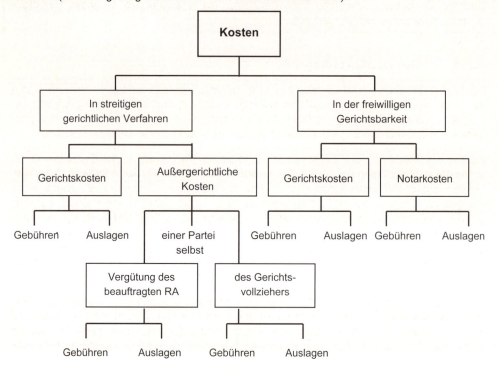

Übersicht: Der Kostenbegriff

Merke:
Kosten werden in Gebühren und Auslagen unterteilt.

Das RVG kennt noch eine Besonderheit: In dessen § 1 wird nicht von Kosten gesprochen, sondern davon, dass der Rechtsanwalt für seine Berufstätigkeit eine **Vergütung** erhält, die aus Gebühren und Auslagen besteht. Konsequenterweise erstellt der Rechtsanwalt für seine Tätigkeit keine Kostenrechnung, sondern eine **Vergütungsrechnung**. Der Grund dafür ist darin zu sehen, dass nur der Rechtsanwalt eine privatrechtliche Entlohnung für seine Dienste erhält.

Gerichte, Gerichtsvollzieher und Notare werden dagegen nicht aufgrund privatrechtlicher Verträge tätig, sondern im Rahmen des öffentlichen Rechts, sodass der Gesetzgeber hier wohl für eine Unterscheidung auch im Kostenbegriff sorgen wollte. In diesen Fällen sprechen die Gesetze von **Kosten**, die sich aus Gebühren und Auslagen zusammensetzen (§ 1 Abs. 1 GKG, § 1 KostO, § 1 GvKostG), sodass nach diesen Gesetzen **Kostenrechnungen** erstellt werden. Da sowohl die „Vergütung" des Rechtsanwalts nach dem RVG als auch die „Kosten" nach den anderen Gesetzen sich aus Gebühren und Auslagen zusammensetzen, werden die Begriffe Vergütung und Kosten insofern gleichwertig gebraucht.

> **Merke:**
> Gerichte, Gerichtsvollzieher und Notare erstellen Kostenrechnungen, wogegen Rechtsanwälte Vergütungsrechnungen fertigen.

0.3.1 Der Gebührenbegriff

Der Begriff Gebühr steht im öffentlichen und im privaten Recht für eine pauschale Abgeltung von Leistungen, ohne dass es auf den Aufwand ankommt, der zur Erbringung dieser Leistung notwendig ist. Der Gesetzgeber will dem Bürger durch die pauschale Berechnung der Gebühren die Durchsetzung seiner Rechtsansprüche finanziell erschwinglich machen.

Würden die Kosten eines Prozesses nach dem getriebenen Aufwand des Gerichts und der prozessbevollmächtigten Rechtsanwälte ermittelt, also etwa nach der Anzahl der Sitzungstermine und der ausgetauschten Schriftsätze, so könnte ein Prozess z. B. wegen eines Mangels an einem gekauften Fernsehgerät im Wert von 500,00 EUR wesentlich teurer werden als ein Prozess wegen eines geplatzten Wechsels über 500 000,00 EUR, in dem schon nach einem Verhandlungstermin das Urteil ergeht. Würde für jede einzelne Handlung des Gerichts oder der Rechtsanwälte jeweils eine Gebühr berechnet, so wären die Kosten eines Prozesses für den rechtsuchenden Bürger im Voraus nicht kalkulierbar, sodass er vermutlich auf die Geltendmachung seiner Rechte verzichten würde.

Da unsere Kostengesetze im Wesentlichen aber **Pauschgebühren** vorschreiben, kann jeder ziemlich genau die Kosten eines auf ihn zukommenden Prozesses berechnen und danach entscheiden, ob er sich auf dieses Kostenrisiko einlassen will, oder lieber versuchen sollte, den Prozess z. B. durch außergerichtliches Verhandeln mit dem Gegner abzuwenden.

Dieses System der Verfahrenspauschgebühren führt aber andererseits auch zu einer erheblichen Vereinfachung der Gebührenberechnung, was insbesondere für Leser, die sich zum ersten Mal mit dem Kostenrecht beschäftigen, eine gewisse Beruhigung sein dürfte. Zur Erleichterung der Gebührenabrechnung werden in den Kostengesetzen nämlich Bagatellgebühren für einzelne Tätigkeiten weitgehend vermieden.

Folgende Gebührenarten, die nachstehend noch ausführlich dargestellt werden, lassen sich unterscheiden: Pauschgebühren, Wertgebühren, Rahmengebühren, Festgebühren.

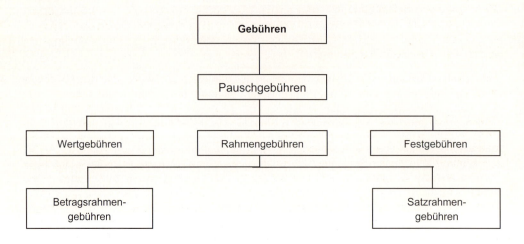

Übersicht: Gebührenarten

0.3.1.1 Pauschgebühren

Pauschgebühren entstehen für die Inanspruchnahme der Gerichte, Notare, Rechtsanwälte und Gerichtsvollzieher. Was Pauschgebühren sind, macht man sich am anschaulichsten im Vergleich zu einer Handwerkerrechnung klar: Die Höhe dieser Rechnung wird abhängig sein von der Mühe und dem Aufwand, die der Handwerker bei der Ausführung seiner Arbeiten hatte, was insbesondere bedeutet, dass er jede einzelne Arbeitsstunde aufschreibt und berechnet, die z. B. zur Reparatur eines Autos notwendig war. Würde man dagegen die Pauschgebühren der Justiz auf dieses Werkstattbeispiel übertragen, so könnte dies zur Folge haben, dass der Preis für die Reparatur eines Autos sich pauschal nach dessen Wert bestimmen würde, ohne Rücksicht darauf, ob nur ein Tropfen Öl fehlt, oder ob der Motor ausgetauscht werden muss. Die Reparatur eines teuren Autos wäre damit immer kostspielig, die eines billigen Autos immer preiswert.

Das System der Pauschgebühren in der Justiz bezweckt genau dies. Für den rechtsuchenden Bürger soll ein Prozess über einen Gegenstand mit niedrigem Wert auch dann finanziell tragbar sein, wenn er einen hohen Aufwand erfordert, wogegen ein Prozess wegen eines hohen Streitwertes immer auch im Voraus kalkulierbare höhere Kosten verursacht. Dem liegt der Gedanke zugrunde, dass die Durchsetzung des Rechts nicht an unverhältnismäßig hohen Kosten scheitern sollte.

Pauschgebühren werden für bestimmte Verfahrensabschnitte oder für bestimmte Handlungen erhoben, jedoch grundsätzlich nur einmal für den gesamten Verfahrensabschnitt oder die gesamte Handlung vom Anfang bis zum Ende. Unerheblich ist, welcher Arbeitsaufwand und welche Mühe im Einzelnen damit verbunden sind. So wird z. B. nicht jede einzelne Tätigkeit eines Rechtsanwalts (jedes einzelne Schreiben, jede einzelne Besprechung mit dem Mandanten, jedes einzelne Auftreten vor Gericht) vergütet, sondern er erhält nur Gebühren für das Verfahren insgesamt. Die Gerichtsgebühr in den meisten Zivilprozessen in erster Instanz besteht regelmäßig aus einer einzigen Verfahrensgebühr in dreifacher Höhe – ohne Rücksicht auf die Anzahl der Verhandlungstermine.

Eine Ausnahme davon bilden die insbesondere im RVG vorkommenden Rahmengebühren, bei denen es zulässig ist, im Einzelfall unter anderem auch den Umfang und die Schwierigkeit der anwaltlichen Tätigkeit in der Höhe der zu berechnenden Gebühr zu berücksichtigen (siehe unten im Kapitel 0.3.1.3: Rahmengebühren).

Hinweise auf den Pauschcharakter der Gebühren finden sich in den Kostengesetzen in den §§ 15, 16 und insbesondere 19 RVG, in § 35 GKG und in § 35 KostO.

Was an den Pauschgebühren der vom Gesetzgeber gewünschte Vorteil für den Bürger ist, dass er bei niedrigen Gegenstandswerten relativ niedrige Gebühren zahlen muss, ist ein gewisser Nachteil für Gerichte, Notare und Rechtsanwälte. So sind Prozesse wegen niedriger Streitwerte normalerweise genauso arbeitsintensiv wie Prozesse, in denen es um hohe Streitwerte geht. Ein Rechtsanwalt wird folglich bei einem Prozess wegen eines niedrigen Streitwertes kaum eine Entlohnung erhalten, die seinem Arbeitsaufwand gerecht wird. Dafür erhält er bei einem anderen Prozess wegen eines hohen Wertes eine höhere Entlohnung als seinem Arbeitseinsatz entsprechen würde. Der Gesetzgeber geht davon aus, dass in der Praxis eine solche Mischung von hohen und niedrigen Gegenstandswerten vorkommt, die die hohen und die niedrigen Gebühren einander ausgleichen lässt, sodass insgesamt für die berufliche Tätigkeit der Rechtsanwälte und Notare ausreichende Gebühren anfallen. Dies gilt übrigens nicht für die Gerichte, die ihre Kosten durch die Gebühreneinnahmen nur zu einem Teil decken; den Rest trägt dort der Steuerzahler.

0.3.1.2 Wertgebühren

0.3.1.2.1 Berechnung der Wertgebühren

Die meisten Gebühren richten sich in ihrer Höhe nach dem zugrunde liegenden Gegenstandswert, Streitwert oder Geschäftswert, weshalb man sie **Wertgebühren** nennt. Die unterschiedlichen Begriffe für den Wert meinen alle dasselbe, jedoch wird der Wert in den einzelnen Kostengesetzen unterschiedlich bezeichnet (siehe § 2 Abs. 1 RVG, § 3 Abs. 1 GKG, § 18 Abs. 1 KostO).

Merke:

Die einzelnen Kostengesetze benutzen unterschiedliche Bezeichnungen für den Wert:

Das RVG nennt ihn Gegenstandswert.

Das GKG nennt ihn Streitwert.

Die KostO nennt ihn Geschäftswert.

Um die **Höhe einer Wertgebühr** feststellen zu können, muss

(1) erst einmal der **Wert** der Angelegenheit ermittelt werden. Dies ist häufig kein Problem, da er z. B. durch den eingeklagten Geldbetrag vorgegeben ist. In anderen Fällen ist die Wertermittlung nicht ganz so einfach, sodass hierfür ein größeres Kapitel in diesem Buch vorgesehen ist.

Aus dem Wert der Angelegenheit ergibt sich jedoch nicht direkt die jeweilige Gebühr. Dazu sind noch zwei weitere Schritte notwendig:

(2) Man muss die Rechtsvorschrift finden, die für den jeweiligen Gebührentatbestand eine Gebühr entstehen lässt. Normalerweise enthält die betreffende Rechtsvorschrift nun aber keine Gebühr in Euro, sondern einen Gebührensatz. Dieser **Gebührensatz** kann eine volle Gebühr (= 1,0) entstehen lassen, aber auch eine höhere oder niedrigere Gebühr (z. B. 1,3 oder 0,8). Es sind auch Gebührensätze von z. B. 0,65 oder 0,75 möglich. Durch diese Festlegung des Gebührensatzes versucht der Gesetzgeber vor allem, dem Umfang und der Schwierigkeit der Sache gerecht zu werden, sodass für erfahrungsgemäß umfangreichere und schwierigere Tätigkeiten ein höherer Gebührensatz festgelegt ist und für einfachere Tätigkeiten ein niedrigerer.

(3) Mit Hilfe des Wertes und des Gebührensatzes ergibt sich die konkrete Gebühr in Euro nun aus der dem jeweiligen Kostengesetz beigefügten **Gebührentabelle.** Aus dieser Tabelle liest man den Betrag der vollen Gebühr nach dem Wert („Wert bis zu . . .. EUR") ab. Hat man keine volle Gebühr zu berechnen, so muss man den aus der Tabelle abgelesenen Betrag noch mit dem Gebührensatz multiplizieren. Die errechnete Gebühr ist dann nach der üblichen kaufmännischen Rundungsregel auf volle Cent zu runden.

Beispiel: Ein Rechtsanwalt erhält eine 0,3 Gebühr nach einem Wert von 1 000,00 EUR. Aus der dem RVG anliegenden Tabelle lesen wir in der Wertstufe bis 1 200,00 EUR eine volle Gebühr von 85,00 EUR ab. Wir rechnen 85,00 EUR x 0,3 = 25,50 EUR und haben damit die dem Rechtsanwalt konkret erwachsene Gebühr ermittelt. Die Berechnung ist so einfach, dass man auf umfangreiche Tabellenwerke, die für alle Gebührensätze die ausgerechneten Gebühren enthalten, gut verzichten kann. Alles was man neben dem Gesetz noch benötigt, ist eine Taschenrechner.

Da Rechtsangelegenheiten bzw. gerichtliche Instanzen nach dem RVG in der Regel gebührenrechtlich in mehrere Tätigkeitsbereiche eingeteilt sind, können in einer Angelegenheit bzw. Instanz für den Rechtsanwalt mehrere verschiedene Gebühren nebeneinander entstehen, die durchaus auch nach unterschiedlichen Gebührensätzen berechnet werden können. So erhält ein Rechtsanwalt z. B. in einem Zivilprozess in erster Instanz regelmäßig insgesamt 2,5 Gebühren (eine 1,3 Verfahrensgebühr nach VV Nr. 3100 RVG und eine 1,2 Terminsgebühr nach VV Nr. 3104 RVG).

Für die Gerichtskosten gilt dagegen nach dem GKG, dass meistens für ein Verfahren nur eine einzige Gebühr entsteht, so z. B. für den Zivilprozess in erster Instanz eine 3,0 Verfahrensgebühr nach KV Nr. 1210 GKG oder in der Berufungsinstanz eine 4,0 Verfahrensgebühr nach KV Nr. 1220 GKG.

> **Merke:**
> Die Höhe einer Wertgebühr wird in vier Schritten ermittelt:
> (1) Wert der Angelegenheit feststellen (eigentlich der schwierigste Schritt!)
> (2) Gebührensatz ermitteln
> (3) Betrag der vollen Gebühr aus Tabelle ablesen
> (4) Volle Gebühr mit dem jeweiligen Gebührensatz malnehmen

In Strafsachen richten sich die Gerichtsgebühren nicht nach einem Wert, sondern nach der Höhe der rechtskräftig erkannten Strafe (siehe Kostenverzeichnis, Vorbemerkung 3.1, Abs. 1 GKG).

Anmerkung: Allerdings richten sich nur die Gerichtsgebühren nach der Höhe der Strafe, nicht für die Gebühren des Verteidigers nach dem RVG, die erstens keine Wertgebühren, sondern Rahmengebühren sind und zweitens sich im Wesentlichen danach richten, vor welchem Gericht und in welcher Instanz der Strafprozess stattfindet (VV Nrn. 5100 ff. RVG).

0.3.1.2.2 Die Degression der Gebührentabellen

Die den Kostengesetzen anliegenden Gebührentabellen sind degressiv aufgebaut. Degressiv heißt abnehmend, sich stufenweise vermindernd. Gemeint ist damit: je höher der Wert ist, nach dem eine Gebühr zu berechnen ist, desto niedriger wird die Gebühr im Verhältnis zum Wert. Oder anders ausgedrückt, es steigen die Gebühren bei niedrigen Werten schneller als bei hohen.

Beispiel: Bei einem Wert von 100,00 EUR beträgt die volle Gebühr nach der Tabelle des GKG 25,00 EUR. Bei einem Wert von 1 000,00 EUR beträgt sie nicht, wie zu erwarten wäre, das Zehnfache, also 250,00 EUR, sondern nur 55,00 EUR. Bei einem Wert von 10 000,00 EUR beträgt sie weder 2 500,00 EUR noch 550,00 EUR, sondern nur 196,00 EUR. Bei einem Wert von 100 000,00 EUR beträgt die Gebühr weder 25 000,00 EUR noch 5 500,00 EUR, noch 1 960,00 EUR, sondern nur 856,00 EUR. Das Beispiel lässt deutlich erkennen, dass die Gebühren nicht entsprechend mit den Werten steigen.

Dass bei niedrigen Werten die Gebühren vergleichsweise höher sind als bei den hohen Werten, hängt damit zusammen, dass alle Verfahren normalerweise den gleichen Arbeitsaufwand erfordern, unabhängig vom Wert, um den es dabei geht. Obwohl der Gesetzgeber wünscht, dass auch Prozesse wegen niedriger Streitwerte für den Bürger noch finanzierbar sind, hält er es doch für gerecht, dass auch bei den niedrigen Streitwerten noch ein gewisser Teil des entstehenden Aufwandes bei Gericht und bei den Rechtsanwälten abgedeckt wird. Man darf sich dabei natürlich nicht wundern, wenn bei Zivilprozessen wegen niedriger Streitwerte bereits in der ersten Instanz die Prozesskosten für das Gericht und zwei Rechtsanwälte insgesamt fast so hoch sind wie der Streitwert oder ihn sogar übersteigen. Andererseits „subventionieren" die Verfahren wegen hoher Werte sozusagen die Verfahren wegen niedriger Werte.

Beispiel: Zivilprozess wegen eines Streitwertes von 400,00 EUR in erster Instanz. Beide Parteien sind durch Rechtsanwälte vertreten. Es entsteht eine dreifache Gerichtsgebühr von 35,00 EUR, also zusammen 105,00 EUR, sowie für jeden Rechtsanwalt 2,5 mal 45,00 EUR zuzüglich 20,00 EUR Auslagenpauschale und 21,20 EUR USt., also zusammen 153,70 EUR. Die Prozesskosten insgesamt betragen also 105,00 EUR + 2 x 153,70 EUR = 412,40 EUR. Alleine in der ersten Instanz übersteigen die Kosten also schon den Streitwert.

Bei einem Wert von 1 000,00 EUR würden die in gleicher Weise berechneten Prozesskosten dagegen nur noch 704,40 EUR betragen und damit den Streitwert bereits unterschreiten. Bei einem Wert von 10 000,00 EUR entstünden Prozesskosten von sogar nur noch 3 453,20 EUR.

Es sei an dieser Stelle der Hinweis gestattet, dass dies nicht nur eine theoretische Spielerei ist, sondern dass die Degression der Gebührentabelle ein bei vielen Kostenrechnungen zu beachtender Faktor ist. Dies ist immer dann der Fall, wenn von Teilbeträgen eines Gegenstandswertes gleichartige Gebühren berechnet werden. Diese Gebühren werden dann nach den niedrigen Wertteilen aus der Tabelle abgelesen, was zu vergleichsweise hohen Gebühren führt, die, wenn man sie zusammenrechnet, zur Folge haben, dass die Summe der Gebühren höher ist, als wenn man eine Gebühr nach dem Wert insgesamt berechnet hätte. Auf diesen letzteren Gebührenbetrag sind dann die Gebühren für die Wertteile zu kappen. Sie werden sich noch später nach § 15 Abs. 3 RVG ausgiebig mit dieser Problemstellung beschäftigen.

Beispiel: In einem Prozess lautet die Klage über einen Streitwert von 1 000,00 EUR. Die Gerichtskostenvorauszahlung für die (dreifache) Verfahrensgebühr beträgt 165,00 EUR. Später erweitert der Kläger die Klageforderung um 500,00 EUR auf 1 500,00 EUR. Wegen der zusätzlichen 500,00 EUR wäre nun eine weitere Gerichtskostenvorauszahlung nach der Tabelle von 105,00 EUR fällig. Wäre aber die Klage von Anfang an über 1 500,00 EUR gegangen, so wäre nur eine Vorauszahlung von 195,00 EUR einzuzahlen gewesen. Die wegen der 500,00 EUR nach § 12 Abs. 1 S. 2 GKG einzuzahlende weitere Vorauszahlung darf gemäß § 36 Abs. 2 GKG nur 30,00 EUR betragen, da die 195,00 EUR nach dem gesamten Wert die Obergrenze darstellen (165,00 EUR + 30,00 EUR = 195,00 EUR).

Diese Überlegungen spielen z. B. eine Rolle bei § 36 Abs. 2, Abs. 3 GKG und § 15 Abs. 3 RVG (vgl. Kapitel 1.3.3.3) sowie auch bei § 22 Abs. 1 RVG.

0.3.1.2.3 Vergleich der vollen Gebühren der wichtigen Kostengesetze

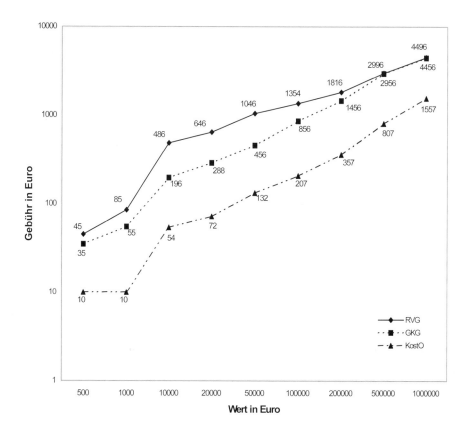

Abbildung 1

In **Abbildung 1** werden die Gebühren aus den Tabellen (Gebührensatz jeweils 1,0) des GKG, des RVG und der KostO grafisch einander gegenübergestellt. Es wird dabei deutlich,

- dass die Gebühren des GKG immer unter denen des RVG liegen,
- dass bei Werten bis zu 500 000,00 EUR die Gebühren des RVG teilweise erheblich über denen des GKG liegen,
- dass die Gebühren der KostO bei gleichen Werten erheblich niedriger sind als die Gebühren nach RVG und nach GKG. Allerdings lassen sich die Gebühren der KostO so nicht direkt mit den Gebühren nach dem RVG und nach dem GKG vergleichen, da die KostO die optisch niedrigeren Gebühren teilweise durch höhere Geschäftswerte und durch höhere Gebührensätze ausgleicht.

Aus Abbildung 1 lässt sich wegen der durch die Kostengesetze vorgegebenen Wertstufen nicht ohne weiteres erkennen, dass die Gebühren bei niedrigen Werten stärker steigen als bei höheren Werten. Dies lässt sich aber aus Abbildung 2 ablesen.

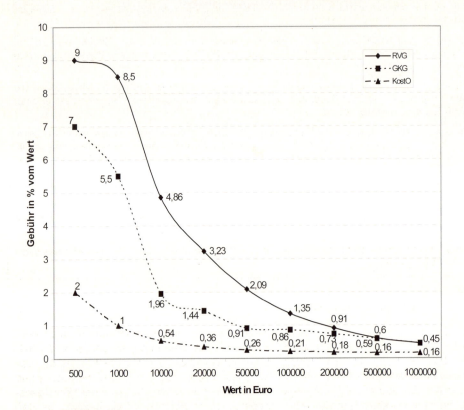

Abbildung 2

In **Abbildung 2** wird die Degression der Gebührentabellen der drei Kostengesetze (GKG, RVG, KostO) aufgezeigt. Es wird in dieser Abbildung dargestellt, wie hoch die Gebühren in Abhängigkeit des Wertes sind, jeweils ausgedrückt in Prozent des Wertes. Man kann also bei dieser Darstellungsweise ablesen, wie viel Prozent des Wertes an das Gericht, den Rechtsanwalt oder den Notar für eine volle Gebühr zu zahlen sind. Dabei ist deutlich erkennbar,

- dass die Gebühren bei den niedrigen Werten verhältnismäßig höher sind gegenüber den hohen Werten und

- dass bei Werten bis zu etwa 100 000,00 EUR die Gebühren insbesondere des RVG verhältnismäßig stark absinken,

- wogegen die Gebühren oberhalb der Werte von etwa 100 000,00 EUR nur noch ganz leicht sinken,

womit die Degression der Gebührentabellen erklärt ist.

Beispiele Es werden zwei Zivilprozesse mit unterschiedlichen Streitwerten geführt. In jedem dieser Prozesse entstehen drei volle Gebühren für das Gericht nach dem GKG und für jeden der beiden beteiligten Rechtsanwälte jeweils insgesamt 2,5 volle Gebühren, also für beide Anwälte zusammen fünf Gebühren nach dem RVG. Wir verwenden Abbildung 2, um die Gebühren in Prozent vom Streitwert zu ermitteln und somit für jede Partei das Risiko aufzuzeigen, wie viel Geld sie neben dem eigentlichen Streitgegenstand an Kosten verlieren kann, wenn sie den Prozess verliert. Auslagen und die USt. bleiben unberücksichtigt.

(1) Streitwert 10 000,00 EUR. An Gerichtsgebühren entstehen 3 x 1,96 % des Wertes, also 5,88 %. Die Anwaltsgebühren betragen 5 x 4,86 %, das sind 24,30 %. Insgesamt wird dieser Prozess also 30,18 % des Streitwertes kosten.

(2) Streitwert 1 Mio. EUR. An Gerichtsgebühren entstehen 3 x 0,45 % des Wertes, also 1,35 %. Die Anwaltsgebühren betragen 5 x 0,45 %, das sind 2,25 %. Insgesamt wird dieser Prozess also nur 3,60 % des Streitwertes kosten.

Der Prozess wegen des höheren Streitwertes von 1 Mio. EUR ist also vergleichsweise billiger zu führen. Gäbe es keine Degression der Gebührentabellen, wären die Kosten für diesen zweiten Prozess um ein Vielfaches höher. Sie sollten die vorstehenden Überlegungen einmal anhand der Gebührentabellen nachprüfen.

Merke:

Unter der Degression der Gebührentabellen versteht man, dass die Gebühren bei niedrigen Werten vergleichsweise höher sind als bei höheren Werten.

Dies hat oft eine große praktische Bedeutung, wenn Gebühren von Teilbeträgen eines Wertes zu berechnen sind.

0.3.1.3 Rahmengebühren

Neben den Wertgebühren werden insbesondere im RVG auch **Rahmengebühren** verwendet. Bei dieser Art von Gebühren ist ein Rahmen durch eine **Mindest-** und eine **Höchstgrenze** abgesteckt. Im Einzelfall erfolgt dann die Bemessung der Gebühr innerhalb des Rahmens nach den Gesamtumständen des Falles, insbesondere nach der Bedeutung und dem Umfang der Sache, der Schwierigkeit der Tätigkeit und nach Maßgabe der Vermögens- und Einkommensverhältnisse des Auftraggebers und im Hinblick auf ein besonderes Haftungsrisiko des RA nach billigem Ermessen (vgl. § 14 Abs. 1 RVG, § 34 KostO; siehe auch Kapitel 1.3.2). Billiges Ermessen heißt, dass bei der Bestimmung der Gebühr im Einzelfall **alle** Umstände **angemessen** zu berücksichtigen sind, wobei auch die in anderen gleichartigen Fällen entstandenen Gebühren als Anhaltspunkt heranzuziehen sind, oder anders ausgedrückt, es muss die Gebühr in jedem Einzelfall **gerecht** bemessen werden.

Rahmengebühren gibt es insbesondere im **RVG**. Dort gibt es Betragsrahmengebühren (z. B. in den Nr. 4100 ff. des VV) und Satzrahmengebühren (z. B. in Nr. 2400 des VV), die beide nach § 14 zu bestimmen sind. In der **KostO** gibt es Betragsrahmengebühren nur in dem § 84 Abs. 4, wobei die Bemessung nach § 34 erfolgt. Das **GKG** kennt keine Rahmengebühren.

Rahmengebühren unterteilen sich in **Betragsrahmengebühren** und **Satzrahmengebühren**.

- Ein **Betragsrahmen** wird durch eine Mindest- und eine Höchstgebühr in Euro abgegrenzt. Ein Beispiel findet sich in VV Nr. 4100 RVG: 30,00 bis 300,00 EUR.

Die Grundlagen des Kostenrechts

- Ein **Gebührensatzrahmen** wird durch einen niedersten und einen höchsten Gebührensatz abgegrenzt und reicht von einem Bruchteil bis zur vollen Gebühr. Ein wichtiges Beispiel findet sich in VV Nr. 2400 RVG: 0,5 bis 2,5. Satzrahmengebühren richten sich nach dem Gegenstandswert, nachdem im Einzelfall zunächst der Gebührensatz bestimmt wurde.

Da es in der Praxis schwierig ist, zu bestimmen, wann eine Rahmengebühr im Einzelfall angemessen ist, behilft man sich bei Gebühren nach dem RVG häufig mit dem Mittelwert zwischen der niedersten und der höchsten Grenze des jeweiligen Rahmens. Diese so genannte Mittelgebühr wird bei der Masse der Durchschnittsfälle angewandt. Zur Berechnung siehe Kapitel 1.3.2.3.

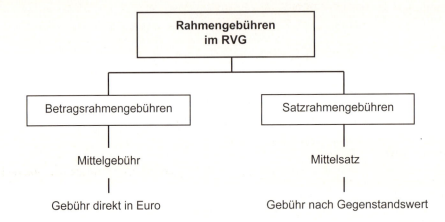

Übersicht: Rahmengebühren

0.3.1.4 Festgebühren

Für bestimmte Tätigkeiten können nur Festgebühren erhoben werden, also in Euro betragsmäßig bestimmte Geldbeträge. Festgebühren sind unabhängig vom Wert der Sache und vom Umfang oder von der Schwierigkeit der Tätigkeit. Dies gilt auch dann, wenn es um einen sehr hohen Wert geht oder wenn es sich um eine schwierige Tätigkeit handelt. Beispiele dafür finden sich in den Nrn. 2600 ff. des Vergütungsverzeichnisses zum RVG; in den §§ 147 Abs. 1 S. 1 und 150 KostO; in den Nrn. 2110 bis 2117 des Kostenverzeichnisses zum GKG.

0.3.2 Der Auslagenbegriff

Neben den Gebühren werden nach den Kostengesetzen für gesetzlich genau bestimmte Aufwendungen so genannte **Auslagen** erhoben. Die Kostengesetze kennen entweder Auslagen, die **bar** anfallen und nur in Höhe der tatsächlichen Ausgaben zu ersetzen sind (z. B. in VV Nrn. 7004 und 7006 RVG), oder Auslagen, die einen Aufwand **pauschal** abgelten (z. B. in VV Nrn. 7003 und 7005 RVG). Die pauschal berechneten Auslagen sind eigentlich versteckte Gebühren: Wo kostet die Herstellung einer Fotokopie tatsächlich 0,50 EUR, wie in Nr. 9000 des Kostenverzeichnisses zum GKG oder in Nr. 7000 des Vergütungsverzeichnisses zum RVG angegeben ist? Zusammen mit den Gebühren ergeben die Auslagen die Kosten eines Verfahrens bzw. die Vergütung des Rechtsanwalts.

Nicht zu den Auslagen gehören Ausgaben allgemeiner Art, wie Gehälter für Personal, Farbpatronen, Papier, Briefumschläge, die mit den zu berechnenden Gebühren abgegolten werden (vgl. Vorbemerkung 7 Abs. 1 im VV des RVG). Auch für das Schreiben von Schriftsätzen wie z. B. Klageschriften oder von notariellen Urkunden dürfen grundsätzlich keine Auslagen berechnet werden (vgl. Vorbemerkung 3 Abs. 2 zum VV RVG, § 136 Abs. 4 Nr. 1 KostO). Nur für das Schreiben **zusätzlicher** Abschriften oder Ausfertigungen können in bestimmten Fällen Dokumentenpauschalen erhoben werden (vgl. VV Nr. 7000 Abs. 1 RVG, §§ 136 Abs. 1, 152 Abs. 1 KostO).

Auslagen dürfen nur in den gesetzlich bestimmten Fällen erhoben werden, da sie in den Kostengesetzen nach Art und Berechnung genau festgelegt sind (vgl. Vorbemerkung 7 Abs. 1 S. 2 VV RVG). Die gesetzlichen Grenzen dürfen nicht überschritten werden. Zu den Auslagen zählen neben der so genannten Dokumentenpauschale unter anderem Postentgelte, Telekommunikationsdienstleistungsentgelte und Reisekosten.

Vorschriften über Auslagen finden sich beispielsweise in Teil 7 des Vergütungsverzeichnisses zum RVG, in den §§ 136, 137, 152 und 153 KostO sowie in den Nrn. 9000 ff. des Kostenverzeichnisses zum GKG.

0.4   Kostenschuldner

0.4.1   Gerichtskosten

Für die Gerichtskosten ist grundsätzlich derjenige der Schuldner, der das Verfahren beantragt hat (§ 22 Abs. 1 S. 1 GKG). Daneben haftet für die Gerichtskosten auch derjenige, dem durch gerichtliche Entscheidung die Kosten auferlegt sind, z. B. im Urteil (§ 29 Nr. 1 GKG, § 308 (2) ZPO). Mehrere Kostenschuldner haften als Gesamtschuldner (§ 31 Abs. 1 GKG).

Das GKG schreibt in seinem § 31 Abs. 2 S. 1 jedoch eine Ausnahme von der gesamtschuldnerischen Haftung des § 421 BGB vor: Es unterscheidet so genannte **Erstschuldner** und **Zweitschuldner**, wobei die Staatskasse gezwungen ist, zuerst bei den Erstschuldnern zu versuchen, die Gerichtskosten zu erlangen. Erst wenn die Zwangsvollstreckung in das bewegliche Vermögen eines Erstschuldners erfolglos geblieben ist oder aussichtslos erscheint, kann der Zweitschuldner herangezogen werden.

Hieraus ergibt sich die folgende Übersicht:

Erstschuldner ist,
- wem durch gerichtliche Entscheidung die Kosten auferlegt sind, z. B. im Urteil (§ 29 Nr. 1 GKG, § 308 Abs. 2 ZPO), oder
- wer die Kosten durch Vergleich übernommen hat (§ 29 Nr. 2 GKG).

Zweitschuldner ist,
- wer das gerichtliche Verfahren veranlasst hat, also der Antragsteller bzw. Kläger oder Berufungskläger (§ 22 Abs. 1 S. 1 GKG).

Daraus ergibt sich als Konsequenz: Es gibt also selbst dann ein Prozesskostenrisiko für den Kläger, wenn er den Prozess gegen einen zahlungsunfähigen Schuldner gewinnt!

> **Merke:**
> Für die Gerichtskosten gibt es Erstschuldner und Zweitschuldner.
> Es haftet regelmäßig derjenige, der den Prozess verloren hat (Erstschuldner).
> Ist der Unterliegende zahlungsunfähig, muss der Kläger für die Gerichtskosten aufkommen (Zweitschuldner).

0.4.2 Rechtsanwaltsvergütung

Die Rechtsanwaltsvergütung wird regelmäßig **von dem Auftraggeber** des Rechtsanwalts geschuldet (§§ 611, 675 BGB). Der Auftraggeber kann die Erstattung der Vergütung, die er seinem Rechtsanwalt schuldet, von dem unterlegenen Gegner verlangen (§ 91 Abs. 2 ZPO). Ist der Auftraggeber Mitglied in einer **Rechtsschutzversicherung**, dann ist nur er allein der Schuldner der Vergütung, da die Rechtsschutzversicherung namens und im Auftrag des Versicherten handelt (§ 16 Abs. 2 der Allgemeinen Bedingungen für die Rechtsschutzversicherung – ARB); in der Praxis sendet aber der Rechtsanwalt seine Vergütungsrechnung an die Rechtsschutzversicherung, die daraufhin zahlt. Eine **Haftpflichtversicherung** bestellt dagegen im Allgemeinen selbst den Rechtsanwalt, sodass sie auch allein Schuldnerin der Anwaltsvergütung ist (§ 5 Abs. 4 der Allgemeinen Bedingungen für die Haftpflichtversicherung – AHB); daran ändert auch nichts, dass der Versicherte die Prozessvollmacht für den Rechtsanwalt unterschreiben muss.

> **Merke:**
> Vergütungsschuldner des Rechtsanwalts ist im Regelfall der Auftraggeber selbst.
> Man kann die Vergütung vom unterlegenen Gegner einfordern.
> Ist der Gegner zahlungsunfähig, muss der Auftraggeber seinem Rechtsanwalt die Vergütung selbst zahlen.

0.4.3 Notariatskosten

Für die Notariatskosten haftet an erster Stelle derjenige, dessen Erklärung beurkundet oder dessen Unterschrift beglaubigt wurde, aber auch, wer ansonsten die Tätigkeit des Notars veranlasst hat (§ 2 (1) KostO). Weiterhin ist auch Kostenschuldner, wer die Kosten durch eine vor dem Notar abgegebene Willenserklärung übernommen hat (§ 3 Nr. 1 KostO) oder wer nach dem BGB für die Kostenschuld eines anderen kraft Gesetzes haftet, wie z. B. die persönlich haftenden Gesellschafter einer OHG oder KG.

> **Merke:**
> Für die Notariatskosten haftet regelmäßig, wer die Tätigkeit des Notars veranlasst hat, wessen Erklärung beurkundet oder wessen Unterschrift beglaubigt wurde.

0.4.4 Mehrere Kostenschuldner

Mehrere Kostenschuldner haften grundsätzlich als Gesamtschuldner, wobei aber die Haftung des einzelnen Kostenschuldners **gegenüber Rechtsanwälten und Notaren** auf den Betrag begrenzt wird, der entstanden wäre, wenn nur für seine Sache die Kosten entstanden wären, sodass keiner der Gesamtschuldner für die Kosten haften muss, die nur allein gegen einen anderen entstanden sind (§§ 7 Abs. 2 RVG, 5 KostO). Wenn also mehrere Kostenschuldner mit unterschiedlich hohen Werten an einer gemeinschaftlichen Sache beteiligt sind, sodass für jeden eigentlich nur für seinen Anteil verschieden hohe Kosten erwachsen würden, dann besteht eine gesamtschuldnerische Haftung nur insoweit, als die verschiedenen Gegenstände zusammenfallen und somit die Kosten gegen alle entstanden sind.

Für die Gerichtskosten gilt dies jedoch nur im Falle der Haftung von Streitgenossen (§ 32 Abs. 1 S. 2 GKG). Ansonsten erfolgt für die Gerichtskosten die gesamtschuldnerische Haftung in der Reihenfolge, dass zuerst der Erstschuldner und, falls dieser nicht zahlt, der Zweitschuldner herangezogen wird (siehe hierzu Kapitel 0.4.1).

> **Merke:**
> Von mehreren Kostenschuldnern kann von Rechtsanwälten und Notaren ein beliebiger zur Zahlung herangezogen werden. Keiner muss aber für Kosten haften, die allein nur gegen einen anderen entstanden sind.

0.5 Die Kostentragungspflicht im Zivilprozess

Nach der Durchführung eines Zivilprozesses stellt sich die Frage, wer für die Prozesskosten aufkommen muss. Nun, das weiß doch jeder: Der Verlierer zahlt die Kosten! Wie ist es aber, wenn es keinen Verlierer gibt, wenn beide Parteien Verlierer sind, weil beide Parteien nur teilweise Recht bekommen haben? Hat man nicht schon einmal gehört, dass der Kläger zur Zahlung der Prozesskosten verurteilt wurde, obwohl er den Prozess gewonnen hatte? Oder wie ist es, wenn der Verlierer die Prozesskosten wegen Zahlungsunfähigkeit nicht zahlt?

Wer die Kosten eines Rechtsstreits zu tragen hat, wird vom Gericht von Amts wegen entschieden (§ 308 Abs. 2 ZPO). Grundsätzlich regelt die ZPO diese Frage so, dass die im Zivilprozess unterliegende Partei die gesamten Kosten des Rechtsstreites zu tragen und somit die dem Gegner erwachsenen Kosten zu erstatten hat, soweit sie zur zweckentsprechenden Rechtsverfolgung notwendig waren (§ 91 ZPO, siehe dazu auch Kapitel 0.5.3). Zu diesen Kosten gehört auch die den prozessbevollmächtigten Rechtsanwälten zu zahlende Vergütung. Von diesem Grundsatz gibt es aber einige **Ausnahmen**:

- Wenn jede Partei teils obsiegt, teils unterliegt, so sind die Verfahrenskosten verhältnismäßig zu teilen oder gegeneinander aufzuheben (§ 92 ZPO).

  Beispiel für verhältnismäßige Teilung: Klage über 7 000,00 EUR. Der Beklagte wird zur Zahlung von 6 000,00 EUR verurteilt, im Übrigen wird die Klage abgewiesen. Also haben der Beklagte in Höhe von 6 000,00 EUR und der Kläger in Höhe von 1 000,00 EUR den Prozess verloren. Die im Urteil enthaltene Kostenentscheidung wird lauten: „Der Kläger trägt die Kosten zu $^1/_7$, der Beklagte zu $^6/_7$."

  Beispiel für „gegeneinander aufheben": Beide Parteien haben ungefähr je zur Hälfte obsiegt bzw. sind unterlegen. Die Kostenentscheidung im Urteil lautet in diesem Fall nur: „Die Kosten werden gegeneinander aufgehoben."

Wenn die Kosten gegeneinander aufzuheben sind, so bedeutet dies gemäß § 92 ZPO, dass jede Partei ihre eigenen außergerichtlichen Kosten (z. B. ihre Reisekosten, Anwaltshonorar) selbst trägt und zusätzlich die Hälfte der Gerichtskosten. Die außergerichtlichen Kosten der Parteien fallen manchmal in unterschiedlicher Höhe an, z. B., wenn eine Partei besonders hohe Reisekosten zu den Terminen hatte oder wenn für eine Partei ein Verkehrsanwalt tätig war. Folglich ist das Ergebnis ein anderes, wenn die Kosten gegeneinander aufgehoben werden, als bei einer Halbierung der Prozesskosten zwischen den Parteien herauskäme! In Scheidungssachen und ihren Folgesachen ist es die Regel, die Kosten gegeneinander aufzuheben (§ 93 a ZPO).

- **„Sofortiges Anerkenntnis":** Ist der Schuldner verklagt worden, obwohl er durchaus leistungsbereit war, so hat der Kläger die Prozesskosten zu tragen, wenn der Beklagte den Anspruch im Prozess sofort anerkennt (§ 93 ZPO).

  Beispiel: Ein Schuldner wird verklagt, obwohl er weder im Verzug ist noch die Forderung bestritten oder die Leistung verweigert hat. (Der Gläubiger hat den Schuldner nicht gemahnt.)

- Wer einen Termin oder eine Frist versäumt, hat die dadurch verursachten Kosten zu tragen (§ 95 ZPO). § 95 ZPO wurde bisher ebenso wie § 38 GKG i. V. m. KV Nr. 1901 GKG (**Verzögerungsgebühr**) in der Praxis nur selten angewendet.

  Für Versäumnisurteile gibt es noch eine Sondervorschrift in § 344 ZPO, wonach für ein in gesetzlicher Weise ergangenes Versäumnisurteil die durch die Säumnis entstandenen **Versäumniskosten** der säumigen Partei auch dann aufzuerlegen sind, wenn das Versäumnisurteil aufgehoben oder abgeändert und letztlich zugunsten des Säumigen entschieden wird. Aus den Prozesskosten, die die unterlegene Partei zu tragen hat, werden also die durch die Säumnis entstandenen zusätzlichen Kosten ausgesondert und der obsiegenden säumigen Partei auferlegt. Im Urteil findet sich dann etwa folgende Formel, wenn der Kläger den Prozess gewonnen hat: „Der Kläger trägt die Kosten seiner Säumnis, der Beklagte trägt die übrigen Kosten."

- Die Kosten eines ohne Erfolg eingelegten Rechtsmittels fallen der Partei zur Last, die es eingelegt hat (§ 97 Abs. 1 ZPO). Jedoch hat die obsiegende Partei die Kosten zu tragen, wenn sie etwas erst im Rechtsmittelverfahren vorbringt, was sie auch schon in einer früheren Instanz hätte vorbringen können (§ 97 Abs. 2 ZPO).

- Wenn die Zwangsvollstreckung in das Vermögen des zur Kostentragung verurteilten Beklagten (Erstschuldner) erfolglos verläuft, muss der Kläger als Zweitschuldner die Gerichtskosten zahlen (§ 31 Abs. 2 GKG). Jedoch kann der Zweitschuldner danach bei dem Erstschuldner Rückgriff nehmen, da dieser zur Zahlung der Kosten verurteilt wurde. Diese Regelung stellt also nur einen Vorteil für die Staatskasse dar, die somit schneller die Gerichtskosten zu Lasten des Zweitschuldners, der eigentlich den Prozess gewonnen hat, eintreiben kann.

Merke:
Im Zivilprozess trägt grundsätzlich derjenige die Prozesskosten, der den Prozess verliert.

Wenn ein Rechtsstreit beendet ist, muss das Gericht also darüber entscheiden,

- welche Partei die Kosten des Rechtsstreits zu tragen hat, wobei diese **Kostenentscheidung** von Amts wegen im Urteil erfolgt, und
- wie hoch diese Kosten betragsmäßig sind, die die unterlegene Partei der obsiegenden erstatten muss, was nur auf Antrag einer Partei in einem besonderen **Kostenfestsetzungsverfahren** geschieht.

0.5.1 Die Kostenentscheidung in zivilen Rechtsstreitigkeiten

Kostenentscheidung (Kostengrundentscheidung) nennt man den gerichtlichen Ausspruch darüber, welche Partei die Prozesskosten zu tragen hat. In jedem Zivilprozess muss das Gericht im Urteil neben der Entscheidung in der eigentlichen Streitsache auch darüber entscheiden, welcher Partei die Kosten aufzuerlegen sind. In die Urteils- oder Beschlussformel nimmt das Gericht hierzu einen eigenen Satz auf, der z. B. lauten kann: „Der Kläger trägt die Kosten des Rechtsstreits" oder „Der Kläger trägt $1/3$ der Kosten des Rechtsstreits, der Beklagte $2/3$". Das Gericht trifft hierbei nur eine **Kostenentscheidung** dem Grunde nach; die Höhe der von einer Partei der anderen zu erstattenden Kostenbeträge muss später in einem besonderen **Kostenfestsetzungsverfahren** festgesetzt werden.

Das Gericht muss die Kosten wegen § 91 Abs. 1 ZPO grundsätzlich dem unterlegenen Gegner auferlegen. Ausnahmen von diesem Grundsatz enthalten insbesondere die §§ 93 bis 96 ZPO (vgl. Kapitel 0.5).

In einem Rechtszug ergeht die Kostenentscheidung in der Regel erst im Schlussurteil als dem letzten Urteil der Instanz. Teil- oder Zwischenurteile enthalten normalerweise keine Kostenentscheidung.

Für die Kostenentscheidung durch das Gericht sind Anträge im Normalfall überflüssig, da das Gericht von Amts wegen über die Kostentragungspflicht entscheiden muss (§ 308 Abs. 2 ZPO). In der Praxis werden von den Rechtsanwälten diesbezügliche Anträge jedoch häufig gestellt, damit deren Auftraggeber sehen sollen, dass vom Anwalt auch auf die Klärung der Kostenfrage geachtet wird.

Eine Kostenentscheidung muss nicht nur im Urteil eines Zivilprozesses, sondern auch in jedem anderen zivilprozessualen Verfahren ergehen, wenn Kosten in ihm entstanden sind. So werden z. B. in den Vollstreckungsbescheid gemäß § 699 Abs. 3 ZPO auch die bisher entstandenen notwendigen Kosten des Verfahrens ohne besonderen Antrag aufgenommen. Der Vollstreckungsbescheid stellt somit eine Kostenentscheidung und ausnahmsweise gleichzeitig die Kostenfestsetzung dar.

Wenn das Gericht einmal die Kostenentscheidung im Urteil vergessen hat, so kann es diese durch Ergänzungsurteil nachholen (§ 321 Abs. 1 ZPO). Achtung: Dazu ist ein Antrag notwendig, der innerhalb von einer Frist von 2 Wochen seit Urteilszustellung zu stellen ist (§ 321 Abs. 2 ZPO). In der Praxis wird die Kostenentscheidung vom Gericht des öfteren schon einmal dann vergessen, wenn das Gericht dem Kläger, auch wenn er in der Hauptsache obsiegt, die Mehrkosten für die Anrufung eines unzuständigen Gerichtes zwingend aufzuerlegen hat (§ 281 Abs. 3 S. 2 ZPO).

Grundsätzlich ist eine Kostenentscheidung nicht für sich allein anfechtbar (§ 99 Abs. 1 ZPO). Sie wird jedoch automatisch mit angefochten, wenn gegen die Entscheidung in der Hauptsache ein Rechtsmittel (Berufung, Revision und Beschwerde) eingelegt wird.

> **Merke:**
> In der Kostenentscheidung befindet das Gericht ohne Antrag darüber, welche Partei die notwendigen Prozesskosten zu tragen hat. Die Kostenentscheidung ergeht in der Regel im Schlussurteil der Instanz. Da hier nur eine Entscheidung dem Grunde nach getroffen wird, müssen die von einer Partei der anderen zu erstattenden Beträge später in einem besonderen Kostenfestsetzungsverfahren festgesetzt werden.

0.5.2 Die Kostenfestsetzung in zivilen Rechtsstreitigkeiten

0.5.2.1 Der Kostenfestsetzungsantrag

Hinweis: Unterscheiden Sie das in diesem Kapitel behandelte Kostenfestsetzungsverfahren nach den §§ 103 ff. ZPO, in dem die Verfahrenskosten gegen den unterlegenen Gegner festgesetzt werden von dem Vergütungsfestsetzungsverfahren, dass ein RA nach § 11 RVG wegen seiner Vergütung gegen seinen eigenen Mandanten durchführen kann, welches später in Kapitel 1.2.10 behandelt wird.

Kostenfestsetzung nennt man das gerichtliche Verfahren, durch das die Kosten betragsmäßig festgesetzt werden, die eine Partei der anderen Partei gemäß der Kosten(grund)entscheidung erstatten muss. Das **Kostenfestsetzungsverfahren** ist nach den §§ 103 bis 107 ZPO ein besonderes Nachverfahren zum jeweiligen Hauptverfahren.

Die Entscheidung des Gerichts im Kostenfestsetzungsverfahren ergeht durch Beschluss, dem so genannten **Kostenfestsetzungsbeschluss**. Der Zweck des Kostenfestsetzungsverfahrens besteht darin, einen Vollstreckungstitel zu schaffen, aus dem die obsiegende Partei wegen der vom unterlegenen Gegner zu erstattenden Prozesskosten die Zwangsvollstreckung betreiben kann. Der Kostenfestsetzungsbeschluss ist gemäß § 794 Abs. 1 Nr. 2 ZPO ein solcher Vollstreckungstitel.

Achtung: Aus einem selbstständigen Kostenfestsetzungsbeschluss (der nicht auf das Urteil gesetzt ist), darf die Zwangsvollstreckung erst nach Ablauf einer zweiwöchigen Wartefrist beginnen (§ 798 ZPO).

Beispiel: Wird der selbstständige Kostenfestsetzungsbeschluss an einem Dienstag dem Schuldner zugestellt, so läuft die Frist am Dienstag in zwei Wochen ab, sodass ab Mittwoch wegen der Kosten vollstreckt werden darf.

Der Kostenfestsetzungsbeschluss ergeht nur **auf Antrag** der Partei, die sich durch ihren Prozessbevollmächtigten vertreten lassen kann. Der Prozessbevollmächtigte kann dabei nur im Namen seines Auftraggebers handeln, ein eigenes Antragsrecht hat er nicht.

Der Antrag ist immer bei dem **Gericht der ersten Instanz** einzureichen, auch wegen der in den höheren Instanzen durch die Einlegung von Rechtsmitteln entstandenen Kosten (§ 103 Abs. 2 ZPO). Über den Festsetzungsantrag entscheidet das Gericht des ersten Rechtszuges (§ 104 Abs. 1 S. 1 ZPO), dessen Aufgaben bei der Kostenfestsetzung nach § 21 Nr. 1 RPflG der Rechtspfleger wahrnimmt. War der Prozess auch in einer Rechtsmittelinstanz anhängig, dann kann der in der Berufungs- oder Revisionsinstanz tätige Rechtsanwalt eine Berechnung der Kosten dieser Rechtsmittelinstanz an den Rechtsanwalt, der in der ersten Instanz beauftragt war, übersenden. Dieser beantragt dann die Festsetzung der Kosten für alle Instanzen. Der gesetzliche Umfang der Prozessvollmacht für den in erster Instanz bestellten Rechtsanwalt umfasst gemäß § 81 ZPO auch die Vertretung im Kostenfestsetzungsverfahren und die Empfangnahme der vom Gegner zu erstattenden **Kosten** – übrigens nicht aber die Empfangnahme des **Streitgegenstands**, also z. B. der eingeklagten Geldforderung.

Der Kostenfestsetzungsantrag muss von der Partei, die einen Kostenerstattungsanspruch hat, schriftlich oder zu Protokoll der Geschäftsstelle des erstinstanzlichen Gerichts gestellt werden. Anwaltszwang besteht dafür nicht (§ 13 RPflG). Es besteht keine Frist zur Antragstellung. Folgende Antragserfordernisse sind hierbei zu beachten:

- Der Antrag muss aufgrund eines zur Zwangsvollstreckung geeigneten Titels gestellt werden (§ 103 Abs. 1 ZPO). Dazu gehören im Wesentlichen Urteile, aber auch andere **Vollstreckungstitel**, soweit sie eine Kostenentscheidung enthalten, wie z. B. Prozessvergleiche oder sofort vollstreckbare Anwaltsvergleiche gemäß § 796 a ZPO (siehe auch § 794 Abs. 1 Nr. 4 b ZPO), aber z. B. keine sonstigen außergerichtlichen Vergleiche. Der Titel mit der Kostengrundentscheidung ist in einfacher Ausfertigung beizufügen, wenn er dem zuständigen Gericht nicht schon vorliegt.

- Es können nur **Prozesskosten** (§ 103 Abs. 1 ZPO) geltend gemacht werden, also nur die in dem betreffenden gerichtlichen Verfahren erwachsenen Kosten. Dazu gehören auch die zwar außerhalb des Verfahrens, aber doch zu seiner Vorbereitung entstandenen Kosten, wie z. B. die Anwaltsvergütung für vorgerichtliche Mahnschreiben im Rahmen eines Prozessauftrages oder für ein dem Prozess vorausgegangenes gerichtliches Mahnverfahren (siehe § 19 Abs. 1 Ziff. 1 RVG, Anmerkung zu Nr. 3305 VV RVG oder Anmerkung S. 1 zu Nr. 1210 KV GKG).

  In diesem Zusammenhang besteht das **Problem der Geschäftsgebühr** für ein vorgerichtliches anwaltliches Mahnschreiben. Aufgrund einer Neuerung im RVG existiert dieses Problem, falls für ein vorgerichtliches Mahnschreiben auftragsgemäß eine Geschäftsgebühr nach VV Nr. 2400 RVG entstanden ist, da nach Vorbemerkung 3 Abs. 4 S. 1 VV RVG nur die Hälfte dieser Geschäftsgebühr auf die im Prozess anfallende Verfahrensgebühr anzurechnen ist; die anzurechnende Hälfte geht also in den Kosten des Prozesses auf. Nicht dagegen die andere Hälfte, die der Rechtsanwalt zusätzlich zu den im Prozess entstehenden Gebühren liquidieren darf; diese Hälfte zählt nicht zu den Verfahrenskosten und kann deshalb nicht in einen Kostenfestsetzungsbeschluss mit aufgenommen werden. Als Ausweg wäre zu prüfen, ob diese Hälfte im Prozess als Verzugsschadensforderung mit eingeklagt werden kann, da es sich dann nicht um Kosten handelt.

- Weiterhin ist die unterliegende Partei im Kostenfestsetzungsverfahren nur verpflichtet, die Gebühren nach dem für die Gerichtskosten **maßgebenden Streitwert** zu erstatten, da die gerichtliche Kostenentscheidung stets nur die wegen des rechtshängig gewordenen, also eingeklagten, Anspruches entstandenen Kosten betrifft. Aus diesem Grundsatz ergeben sich folgende Überlegungen:

  War der Wert des ursprünglichen Auftrags des Rechtsanwalts höher als später der Prozessstreitwert, so kann nur der Teil der Anwaltsvergütung im Kostenfestsetzungsverfahren festgesetzt werden, der in dem Prozess selbst nach dem für den Prozess maßgebenden Wert entstanden ist. Der restliche Teil der Anwaltsvergütung könnte z. B. als Verzugsschaden mit einer besonderen Klage geltend gemacht werden. Zweckmäßiger ist es jedoch, diesen bereits vor der Klageeinreichung bekannten Teil der Vergütung in einer einheitlichen Klage neben dem Rest der Hauptforderung einzuklagen, falls der Schuldner ihre Erstattung verweigert (§ 93 ZPO beachten!). Es wird jedoch nur selten vorkommen, dass ein Schuldner zwar einen Teil der vom RA außergerichtlich eingeforderten Hauptforderung zahlt und damit anerkennt, jedoch die Zahlung der durch die Anwaltstätigkeit erwachsenen Vergütung ablehnt.

> **Beispiel:** Klageauftrag über 9 000,00 EUR. Der Rechtsanwalt sendet auftragsgemäß erst ein Mahnschreiben an den Schuldner, der daraufhin 5 000,00 EUR überweist. Wegen des Restes wird Klage eingereicht. Der Rechtsanwalt hat gegenüber seinem Auftraggeber Anspruch auf folgende Betriebsgebühren:
>
> 0,8 Verfahrensgebühr
>   gem. §§ 2, 13, VV Nr. 3101 Ziff. 1 RVG (Wert: 5 000,00 EUR)   240,80 EUR
> 1,3 Verfahrensgebühr
>   gem. §§ 2, 13, VV Nr. 3100 RVG (Wert: 4 000,00 EUR)   318,50 EUR
>   559,30 EUR
>
> Die Anwendung des § 15 Abs. 3 RVG (vgl. Kapitel 1.3.3.3) führt hier nicht zu einer Kürzung, sodass eine diesbezügliche Erklärung an dieser Stelle unterbleiben kann.
>
> Von seinem Auftraggeber darf der Rechtsanwalt also insgesamt 559,30 EUR an Verfahrensgebühren neben anderen ihm eventuell erwachsenen Gebühren fordern. Im Obsiegensfall wird der Rechtspfleger dagegen im Kostenfestsetzungsverfahren neben den anderen Kosten nur eine Verfahrensgebühr von 318,50 EUR gegen den Schuldner festsetzen, da nur 4 000,00 EUR rechtshängig geworden sind. Die 0,8 Verfahrensgebühr in Höhe von 240,80 EUR für die nicht rechtshängig gewordenen 5 000,00 EUR kann der Rechtsanwalt von seinem Auftraggeber fordern, der vom Gegner Erstattung verlangen und diese notfalls einklagen kann. Bei Einreichung der Klage hätte auch die 0,8 Verfahrensgebühr von 240,80 EUR als Verzugsschaden (§ 280 BGB) zusammen mit der Restforderung von 4 000,00 EUR geltend gemacht werden können, sodass der Klageantrag insgesamt über 4 240,80 EUR gelautet haben würde.
>
> Die Kosten, die die vorgerichtlich erledigten 5 000,00 EUR betreffen, erhöhen übrigens den Streitwert der Klage, wenn sie zusammen mit der Hauptforderung von 4 000,00 EUR eingeklagt werden, da sie dann keine Nebenforderung der eingeklagten Hauptforderung im Sinne des § 4 Abs. 1 ZPO sind!

- Die geltend gemachten **Prozesskosten müssen notwendig** im Sinne des § 91 ZPO, d. h. zweckentsprechend, gewesen sein. Hierzu zählt z. B. nicht ein gemäß § 4 RVG über die gesetzliche Vergütung hinaus vereinbartes Anwaltshonorar, welches die dies zusagende Partei selbst zahlen muss, auch wenn sie obsiegt. Siehe auch Kapitel 0.5.3.

- Dem **Kostenfestsetzungsantrag beizufügen** ist eine Berechnung der Kosten mit je einer Abschrift für jeden Gegner (§ 103 Abs. 2 ZPO). Diese Berechnung umfasst nicht nur die Vergütung des Prozessbevollmächtigten, sondern auch gegebenenfalls die einem Verkehrsanwalt, einem Terminsvertreter (vgl. Kapitel 6.4) oder die dem Prozessbevollmächtigten der Rechtsmittelinstanz zustehende Vergütung. Die Kostenberechnung muss den Anforderungen des § 10 Abs. 2 RVG genügen (siehe Kapitel 1.2.9.2).

  Die einzelnen Kostenansätze sind glaubhaft zu machen (§ 104 Abs. 2 ZPO). Für die anwaltlichen Post- und Telekommunikationsauslagen gemäß VV Nr. 7001 RVG genügt sogar die anwaltliche Versicherung ihres Entstehens, welche in den meisten Fällen auch noch deshalb entfallen kann, weil nur die Auslagenpauschale nach VV Nr. 7002 RVG in Rechnung gestellt wird.

- Die **Zustellung des Kostenfestsetzungsbeschlusses** an die zur Kostentragung verpflichtete Partei erfolgt von Amts wegen unter Beifügung einer Abschrift der Kostenrechnung (§ 104 Abs. 1 S. 3 ZPO). Ist diese Partei anwaltlich vertreten, erfolgt die Zustellung an den Prozessbevollmächtigten der ersten Instanz, z. B. durch Gerichtsfach gegen Empfangsbekenntnis (§ 174 ZPO). Dem Antragsteller wird der Kostenfestsetzungsbeschluss nur dann förmlich zugestellt, wenn sein Antrag ganz oder teilweise zurückgewiesen wird, sonst erhält er nur formlose Mitteilungen vom Gericht (§ 104 Abs. 1 S. 4 ZPO). Nachdem der Kostenfestsetzungsbeschluss der zur Kostentragung verpflichteten Partei zugestellt worden ist, erhält der Antragsteller eine vollstreckbare Ausfertigung des Kostenfestsetzungsbeschlusses, in der das Datum der Zustellung an den Antragsgegner vermerkt ist. Das Zustellungsdatum ist wichtig im Hinblick auf die vor der Zwangsvollstreckung einzuhaltende zweiwöchige Wartefrist gemäß § 798 ZPO.

Hinweis: Auslagen für die Zustellung des Kostenfestsetzungsbeschlusses werden vom Gericht nur dann erhoben, wenn in dem Prozess in einer Instanz Auslagen für mehr als 10 Zustellungen anfallen (Anmerkung zu Nr. 9002 des Kostenverzeichnisses des GKG). Gegebenenfalls werden die Auslagen vom Gericht angefordert.

Merke:
Nachdem im Urteil nur dem Grunde nach entschieden ist, wer die Prozesskosten zu tragen hat, wird im Kostenfestsetzungsverfahren bestimmt, in welcher Höhe eine Partei der anderen Kosten zu erstatten hat. Dies geschieht nur auf Antrag.

0.5.2.2 Muster eines Kostenfestsetzungsantrages

In der Praxis werden für den Kostenfestsetzungsantrag sehr häufig vorgefertigte Texte verwendet. Da man sich jedoch besser mit dem notwendigen Inhalt vertraut machen kann, wenn man einen solchen Antrag selbst schreibt, finden Sie nachstehend ein Muster:

An das Amtsgericht/Landgericht **(1)**

....

....

Kostenfestsetzungsantrag

Aktenzeichen des Gerichts ....

In Sachen ....../......

beantrage (bitte) ich namens des Klägers **(2)**, die nachstehend berechneten Kosten festzusetzen, die der Beklagte dem Kläger nach dem Urteil des Amts-/ Landgerichts ... vom ... zu erstatten hat.

Weiterhin beantrage (bitte) ich,

a) die Verzinsung des festzusetzenden Betrages gemäß § 104 Abs. 1 S. 2 ZPO auszusprechen **(3)** und

b) dem Kläger z. H. des Unterzeichneten eine vollstreckbare Ausfertigung des Kostenfestsetzungsbeschlusses zu erteilen. **(4)**

Kosten der 1. Instanz

1) Kosten des Prozessbevollmächtigten, RA .... **(5)**

<u>Gegenstandswert: ...... EUR</u> **(6)**

1,3 Verfahrensgebühr gem. §§ 2, 13, VV Nr. 3100 RVG	..... EUR
1,2 Terminsgebühr gem. §§ 2, 13, VV Nr. 3104 RVG	..... EUR
Post- und Telekommunikationsentgelte gem. § 2 Abs. 2, VV Nr. 7002 RVG	..... EUR **(7)**
16 % USt. gem. § 2 Abs. 2, VV Nr. 7008 RVG **(11)**	..... EUR
Verauslagte Gerichtskosten	..... EUR **(8)**
2) Kosten des Verkehrsanwalts, RA .... **(9)** gemäß beiliegender Vergütungsrechnung vom ...	..... EUR

Kosten der 2. Instanz (10)

Kosten des Prozessbevollmächtigten der 2. Instanz,
RA ...., gem. beiliegender Vergütungsrechnung vom .....   <u>..... EUR</u>

insgesamt: <u>..... EUR</u>

Weitere vom Kläger eventuell gezahlte Gerichtskosten und Auslagenvorschüsse beantrage (bitte) ich zuzusetzen.

Der Antragsteller ist nicht umsatzsteuerpflichtig und daher nicht zum Vorsteuerabzug berechtigt. **(11)**

Rechtsanwalt

Muster: Kostenfestsetzungsantrag

Erläuterungen zu vorstehendem Muster:

(1) Der Antrag wird immer beim Prozessgericht erster Instanz eingereicht.

(2) Das Recht zur Antragstellung hat nur die obsiegende Partei; deren Prozessbevollmächtigter kann nur in Vollmacht handeln, da er kein eigenes Antragsrecht besitzt.

(3) Der festzusetzende Kostenbetrag kann ab dem Tag, an dem der Antrag bei Gericht **eingeht**, mit fünf Prozentpunkten über dem jeweiligen Basiszinssatz verzinst werden (§ 104 Abs. 1 S. 2 ZPO).

(4) Die Beantragung der vollstreckbaren Ausfertigung ist bereits bei der Antragstellung zweckmäßig.

(5) Dies ist der unterzeichnende Prozessbevollmächtigte der ersten Instanz.

(6) Die Kostenrechnung muss den Anforderungen des § 10 Abs. 2 RVG genügen. Sie muss aber nicht in den Festsetzungsantrag mit aufgenommen werden, sondern es reicht, auf eine beigefügte Berechnung der Kosten zu verweisen.

(7) Siehe § 104 Abs. 2 ZPO und in Kapitel 0.5.2.1.

(8) Kann entfallen, wenn statt dessen etwa folgender Antrag aufgenommen wird: "Die vom Kläger verauslagten Gerichtskosten beantrage (bitte) ich mit festzusetzen."

(9) Die Vergütung des Verkehrsanwalts ist grundsätzlich nicht erstattungsfähig (siehe Kapitel 0.5.3). Falls sie jedoch zu erstatten ist, reicht der Prozessbevollmächtigte die Vergütungsrechnung des Verkehrsanwalts mit ein.

(10) Der Prozessbevollmächtigte der ersten Instanz stellt den Kostenfestsetzungsantrag auch hinsichtlich der Kosten der Rechtsmittelinstanzen.

(11) Wenn der Antragsteller z. B. als Kaufmann zum Vorsteuerabzug berechtigt ist, entfällt dieser Satz, und USt. auf die Anwaltsvergütung darf in dem Kostenfestsetzungsantrag nicht berechnet werden. Siehe § 104 Abs. 2 S. 3 ZPO und in Kapitel 0.5.3.

0.5.2.3 Der Kostenfestsetzungsbeschluss

Über den Kostenfestsetzungsantrag entscheidet der Rechtspfleger, nachdem er dem Gegner durch Übersendung einer Abschrift des Kostenfestsetzungsantrages Gelegenheit zur Stellungnahme innerhalb einer Frist von zwei Wochen gegeben hat. Hierdurch gewährt er dem Gegner rechtliches Gehör (Art. 103 Abs. 1 GG).

Bestreitet der Gegner tatsächliche Angaben des Antragstellers, dann ist dieser verpflichtet, seine Angaben zumindest glaubhaft zu machen. Der Rechtspfleger kann aber auch jeden angebotenen Beweis erheben und insbesondere schriftliche Erklärungen von Richtern, Prozessbevollmächtigten, Parteien oder Zeugen einholen.

Über den Kostenfestsetzungsantrag entscheidet der Rechtspfleger durch Beschluss. Ist der Antrag nicht zulässig oder nicht begründet, wird er ganz oder teilweise mit einer Begründung zurückgewiesen; andernfalls ergeht der Kostenfestsetzungsbeschluss über die ganzen oder einen Teil der geltend gemachten Kosten.

Der **Kostenfestsetzungsbeschluss** wird der zur Kostentragung verurteilten Partei in Ausfertigung zusammen mit einer Abschrift der Kostenberechnung des Antragstellers förmlich zugestellt. Der obsiegenden Partei wird eine vollstreckbare Ausfertigung mit normaler Post übersandt. Nur wenn der Antrag ganz oder teilweise zurückgewiesen wurde, erfolgt eine förmliche Zustellung auch an den Antragsteller (§ 104 Abs. 1 S. 3, S. 4 ZPO), da sich der Antragsteller dann mit dem Rechtsbehelf der sofortigen Beschwerde bzw. der sofortigen Erinnerung gegen die Entscheidung wehren kann. Sind die Parteien anwaltlich vertreten, erfolgen die Zustellungen gegen Empfangsbekenntnis stets an die Prozessbevollmächtigten der ersten Instanz, auch wenn es sich um Kosten der Rechtsmittelinstanzen handelt.

Aus der **vollstreckbaren Ausfertigung** des Kostenfestsetzungsbeschlusses kann die obsiegende Partei die Zwangsvollstreckung betreiben. Die auf den Kostenfestsetzungsbeschluss gesetzte Vollstreckungsklausel lautet wie folgt:

> Vorstehende Ausfertigung wird dem . . . (z. B. Kläger) zum Zwecke der Zwangsvollstreckung erteilt.
>
> Eine Ausfertigung ist dem . . . (z. B. Beklagten) z. Hd. des Rechtsanwalts . . . am . . . zugestellt worden.
>
> Die Zwangsvollstreckung darf frühestens zwei Wochen nach diesem Tag beginnen (§ 798 ZPO).
>
> Datum . . .
>
> Urkundsbeamter der Geschäftsstelle

Ist das Urteil, das die Kostengrundentscheidung enthält, nur gegen Sicherheitsleistung **vorläufig vollstreckbar**, so kann die Zwangsvollstreckung aus dem Kostenfestsetzungsbeschluss nur betrieben werden, wenn die Sicherheitsleistung in voller Höhe hinterlegt ist. In den Kostenfestsetzungsbeschluss wird dann folgende Einschränkung aufgenommen:

> Der Kostenfestsetzungsbeschluss ist nur vollstreckbar, wenn die für die Zwangsvollstreckung des zugrunde liegenden Urteils vom . . ., Aktenzeichen . . .,
> erforderliche Sicherheit von . . . EUR geleistet wird.

Nach Zugang des Kostenfestsetzungsbeschlusses haben die Prozessbevollmächtigten der Parteien Folgendes zu veranlassen:

- Der Vertreter der **obsiegenden Partei** muss prüfen, ob die Kosten antragsgemäß festgesetzt worden sind. Andernfalls kann er den Beschluss mit der sofortigen Beschwerde bzw. der sofortigen Erinnerung anfechten. Hält er den Beschluss für richtig, so muss er prüfen, ob und unter welchen Voraussetzungen die Zwangsvollstreckung möglich ist (Wartefrist, Sicherheitsleistung usw.).

- Der Vertreter der **unterliegenden Partei** muss prüfen, ob nicht überhöhte Kosten festgesetzt worden sind. Gegebenenfalls ist die Anfechtung mit der sofortigen Beschwerde bzw. der sofortigen Erinnerung möglich. Sodann muss er seinen Mandanten von der Zustellung des Beschlusses unterrichten und ihm mitteilen, welchen Betrag er zahlen muss, da ihm sonst die Zwangsvollstreckung droht.

> **Merke:**
> Ein **selbstständiger Kostenfestsetzungsbeschluss** wird nicht auf das Urteil gesetzt. Er ergeht nur auf Antrag. Aus ihm ist die Zwangsvollstreckung erst nach einer **Wartefrist** von zwei Wochen zulässig.

0.5.2.4 Vereinfachte Kostenfestsetzung

Der Nachteil des normalen Kostenfestsetzungsverfahrens, dass aus dem Kostenfestsetzungsbeschluss gemäß § 798 ZPO erst nach einer Wartefrist von zwei Wochen vollstreckt werden darf, wird bei der so genannten vereinfachten Kostenfestsetzung vermieden.

Der **Vorteil der vereinfachten Kostenfestsetzung** nach § 105 ZPO liegt darin, dass der Kostenfestsetzungsbeschluss auf das Urteil und seine Ausfertigungen gesetzt wird. Deshalb ist keine besondere Vollstreckungsklausel für den Beschluss notwendig (§ 795 a ZPO). Die Vollstreckungsklausel und die Zustellung des Urteils wirken für den Beschluss mit, sodass aus dem Urteil **ohne Wartefrist** wegen der eingeklagten Hauptforderung und wegen der Verfahrenskosten vollstreckt werden kann.

Die vereinfachte Kostenfestsetzung ist **zulässig**,

- wenn der Kostenfestsetzungsantrag bei Gericht eingeht, bevor eine Ausfertigung des Urteils erteilt ist und eine Verzögerung der Ausfertigung nicht eintritt (§ 105 Abs. 1 ZPO) und
- wenn die Prozesskosten nicht nach Quoten verteilt sind (§ 106 Abs. 1 S. 2 ZPO) und
- wenn dem Kostenfestsetzungsantrag **voll** entsprochen werden kann (§ 105 Abs. 1 S. 4 ZPO).

Ein besonderer Kostenfestsetzungsantrag ist sogar entbehrlich, wenn die Partei vor der Verkündung des Urteils eine Berechnung ihrer Kosten bei dem Gericht eingereicht hat (§ 105 Abs. 2 ZPO).

Ergeht ein solcher **unselbstständiger Kostenfestsetzungsbeschluss**, so wird auf das Urteil folgender Vermerk gesetzt:

> Die zu erstattenden Kosten werden auf . . . EUR
> nebst Zinsen von fünf Prozentpunkten über
> dem jeweiligen Basiszinssatz seit dem . . . festgesetzt.
>
> Datum . . .
>
> Rechtspfleger

Nachdem die Kostenfestsetzung auf diese Weise erfolgt ist, werden die Parteien davon benachrichtigt, wobei die erstattungspflichtige Partei auch eine Abschrift der Kostenberechnung des Antragstellers erhält.

In der Praxis wird von der vereinfachten Kostenfestsetzung häufig Gebrauch gemacht, insbesondere bei Versäumnisurteilen und Anerkenntnisurteilen.

> **Merke:**
> Empfehlenswert ist die vereinfachte Kostenfestsetzung, bei der der Kostenfestsetzungsbeschluss auf das Urteil gesetzt wird. Bei diesem unselbstständigen Kostenfestsetzungsbeschluss ist keine Wartefrist vor der Zwangsvollstreckung einzuhalten.

0.5.2.5 Die Kostenausgleichung

Zwischen den Parteien muss die so genannte Kostenausgleichung durchgeführt werden, wenn das Gericht im Urteil die **Kosten nach Bruchteilen** (Quoten) verteilt hat, wobei man übrigens auch von einer Kostenteilung oder Quotierung spricht. Die Kostenentscheidung kann dann z. B. lauten: „Der Kläger trägt $^1/_3$ der Kosten des Rechtsstreits, der Beklagte $^2/_3$" (§ 92 Abs. 1 ZPO). Siehe hierzu das erste Beispiel in Kapitel 0.5. In diesem Beispiel hätte der Kläger einen Kostenerstattungsanspruch gegen den Beklagten und umgekehrt. Jedoch bedeutet dies auch, dass im Endergebnis nur der Beklagte Kosten an den Kläger erstatten muss.

Der **Zweck des Kostenausgleichsverfahrens** nach § 106 ZPO liegt darin, eine doppelte Kostenfestsetzung zu ersparen, indem in einem einheitlichen Beschluss die gegenseitigen Kostenerstattungsansprüche der Parteien ausgeglichen, d. h. miteinander verrechnet werden.

Das Verfahren läuft meistens so ab, dass die Partei, die sich **im Endergebnis** einen Kostenerstattungsanspruch ausrechnet, einen Kostenfestsetzungsantrag bei Gericht einreicht. Über diesen Antrag allein kann der Rechtspfleger aber nicht entscheiden, da er aus dem Urteil weiß, dass die Kosten nach Quoten verteilt sind. Nach § 106 Abs. 1 ZPO übersendet der Rechtspfleger eine Abschrift des eingereichten Kostenfestsetzungsantrags an die andere Partei mit der Aufforderung, ihre Kostenberechnung innerhalb von einer Woche bei dem Gericht einzureichen. Diese Frist kann nicht verlängert werden (§ 224 Abs. 2 ZPO).

Legt die andere Partei nach Aufforderung durch das Gericht nicht innerhalb der Wochenfrist ihre Kostenberechnung vor, so wird der Kostenfestsetzungsbeschluss erlassen, ohne die Kosten dieser Partei zu berücksichtigen. Jedoch kann die Partei für ihre aufgewendeten Prozesskosten noch später einen zweiten Kostenfestsetzungsbeschluss erwirken (§ 106 Abs. 2 ZPO).

Merke:
Die Kostenausgleichung soll die doppelte Kostenfestsetzung ersparen. Sie wird notwendig bei teilweisem Obsiegen der Parteien und entsprechender Kostenteilung. Die unterlegene Partei muss die Wochenfrist zur Einreichung ihrer Kostenberechnung einhalten. Im Kostenfestsetzungsbeschluss wird dann nur der Überschuss, den eine Partei der anderen zu erstatten hat, festgesetzt.

0.5.2.6 Kosten im Kostenfestsetzungsverfahren

Das Kostenfestsetzungsverfahren ist **gerichtsgebührenfrei**, es können höchstens Auslagen entstehen. Als Prozessbevollmächtigter erhält auch der **Rechtsanwalt keine besondere Vergütung**, da die Kostenfestsetzung gemäß § 19 Ziff. 13 RVG noch zum Rechtszug gehört und mit der Verfahrensgebühr abgegolten ist. Wird allerdings ein Rechtsanwalt nur mit der Vertretung im Kostenfestsetzungsverfahren beauftragt, berechnet sich seine Vergütung nach VV Nr. 3403 RVG; dies kommt aber nur selten vor.

Erst im **Erinnerungs- bzw. Beschwerdeverfahren** (siehe Kapitel 0.5.2.7) können für den prozessbevollmächtigten Rechtsanwalt besondere Gebühren entstehen (VV Nr. 3500 RVG; siehe Kapitel 6.5). Gerichtsgebühren entstehen für das Erinnerungsverfahren nicht (§ 11 Abs. 4 RPflG); im Beschwerdeverfahren können sie nur entstehen, wenn eine Beschwerde als unzulässig verworfen oder zurückgewiesen wird (Kostenverzeichnis zum GKG Nr. 1811).

Wenn im Erinnerungs- bzw. Beschwerdeverfahren also neue Kosten anfallen, dann muss das Gericht in seiner Entscheidung über den eingelegten Rechtsbehelf bzw. das eingelegte Rechtsmittel auch eine Kosten(grund)entscheidung treffen (§ 308 Abs. 2 ZPO). Dieser weitere Kostenerstattungsanspruch kann auch im Kostenfestsetzungsverfahren geltend gemacht werden.

> **Merke:**
> Im Kostenfestsetzungsverfahren fallen in der Regel keine besonderen Gebühren an.
> Erst im Erinnerungs- und Beschwerdeverfahren entsteht eine besondere Rechtsanwaltsvergütung.
> Nur bei erfolgloser Beschwerde können besondere Gerichtsgebühren entstehen.

0.5.2.7 Erinnerung und Beschwerde im Kostenfestsetzungsverfahren

Wenn eine Partei mit einem Kostenfestsetzungsbeschluss nicht zufrieden ist, kann sie sich dagegen entweder mit einer sofortigen Beschwerde oder mit einer sofortigen Erinnerung zur Wehr setzen (§ 104 Abs. 3 S. 1 ZPO).

Die **Erinnerung** ist ein **Rechtsbehelf**, über den dasselbe Gericht entscheidet, das die angefochtene Entscheidung erlassen hat, sodass die Sache in der gleichen Instanz bleiben kann.

Die **Beschwerde** ist ein **Rechtsmittel**, bei dem grundsätzlich eine höhere Instanz **(Beschwerdegericht)** die angefochtene Entscheidung nachprüft (§§ 72, 119, 133 GVG).

Beschwerdeführer nennt man denjenigen, der die Beschwerde einlegt. Seine Gegenpartei ist der **Beschwerdegegner**. Niemals ist das Gericht Beschwerdegegner. Wer eine Erinnerung einlegt heißt Erinnerungsführer.

Die Erinnerung wird bei dem Gericht eingelegt, gegen dessen Entscheidung sie sich richtet (§ 11 Abs. 2 S. 4 RPflG, § 569 Abs. 1 S. 1, S. 2 ZPO).

Die Beschwerde kann bei dem Gericht eingelegt werden, dessen Entscheidung angefochten werden soll **(Untergericht)**, aber auch beim Beschwerdegericht (§ 569 Abs. 1 ZPO). Die Einlegung erfolgt in der Regel durch Einreichung eines Schriftsatzes.

Merke:

Erinnerung = Rechtsbehelf = Entscheidung bei dem gleichen Gericht

Beschwerde = Rechtsmittel = Entscheidung bei einem höheren Gericht

---

Es gibt **zwei Arten der Beschwerde**, die sofortige Beschwerde und die Rechtsbeschwerde:

- Die **sofortige Beschwerde** kann nur innerhalb einer **Notfrist von zwei Wochen** seit Zustellung der anzufechtenden Entscheidung eingelegt werden (§ 569 Abs. 1 ZPO).

  Sie ist dann zulässig, wenn dies im Gesetz ausdrücklich so bestimmt ist. Sie finden dann im Gesetz einen Wortlaut wie: „Gegen die Entscheidung findet sofortige Beschwerde statt". Beispiele hierfür sind die §§ 104 Abs. 3 S. 1, 127 Abs. 2, Abs. 3 und 793 ZPO. Außerdem ist sie auch bei Ablehnung von Verfahrensanträgen ohne mündliche Verhandlung durch das Gericht statthaft (§ 567 Abs. 1 Ziff. 2 ZPO).

  Das Gericht, dessen Entscheidung mit der sofortigen Beschwerde angefochten wird, darf selbst seine Entscheidung zugunsten des Beschwerdeführers abändern, also der Beschwerde abhelfen (§ 572 Abs. 1 ZPO), andernfalls ist die Beschwerde unverzüglich dem Beschwerdegericht zur Beurteilung vorzulegen.

  Im Kostenfestsetzungsverfahren kommt die sofortige Beschwerde häufig vor. Aufgrund der Abhilfebefugnis des Untergerichts kann auch der Rechtspfleger selbst bei einer sofortigen Beschwerde gegen einen von ihm erlassenen Kostenfestsetzungsbeschluss der Beschwerde abhelfen, wenn er seine Entscheidung nachträglich als unrichtig erkennt (§ 11 Abs. 1 RPflG, § 572 Abs. 1 ZPO). In diesem Fall wird die Sache gar nicht erst an das Beschwerdegericht abgegeben.

Über die meisten Beschwerden wird in der Praxis ohne mündliche Verhandlung entschieden.

- Die **Rechtsbeschwerde** richtet sich gegen den Beschluss des Beschwerdegerichts über die eingelegte Erstbeschwerde. Da sie ähnlich der Revision ausgestaltet ist, beschränkt sie sich auf eine **rechtliche Überprüfung** der angefochtenen Entscheidung. Rechtsbeschwerdegericht ist einzig der Bundesgerichtshof (§ 133 GVG), sodass gerade auf dem Gebiet des Kostenrechts (zukünftig) eine bundesweit einheitliche Rechtsprechung gewährleistet ist.

  Die Rechtsbeschwerde ist nur zulässig, wenn
  1. dies im Gesetz ausdrücklich so bestimmt ist oder
  2. wenn die Rechtssache grundsätzliche Bedeutung hat oder der Fortbildung des Rechts bzw. einer einheitlichen Rechtsprechung dient.

  Bei Vorliegen einer der Voraussetzungen nach der zweiten Alternative muss das Beschwerdegericht die Rechtsbeschwerde zulassen (§ 574 ZPO). Ohne Zulassung durch das Beschwerdegericht ist in Kostensachen eine Rechtsbeschwerde nicht möglich.

  Die Rechtsbeschwerde ist beim Rechtsbeschwerdegericht einzulegen (§ 575 Abs. 1 ZPO), also beim Bundesgerichtshof. Der Rechtsbeschwerdeführer muss die Rechtsbeschwerde binnen einer **Notfrist von einem Monat** seit Zustellung des Beschlusses einreichen und auch grundsätzlich innerhalb dieser Monatsfrist begründen. Da die Begründungsfrist aber keine Notfrist ist, kann sie bei erheblichen Gründen auch um bis zu zwei Monate verlängert werden.

- Eine **Anschlussbeschwerde** liegt vor, wenn der Beschwerdegegner sich der Beschwerde des Beschwerdeführers anschließt (§ 567 Abs. 3 ZPO. Die Anschließung kann noch nach Ablauf der Beschwerdefrist geschehen; wobei es sich dann um eine unselbstständige Anschlussbeschwerde handelt, die ihre Wirkung verliert, wenn der Beschwerdeführer die Beschwerde zurücknimmt oder wenn diese als unzulässig verworfen wird.

  Zum Verständnis der Anschlussbeschwerde folgendes **Beispiel:** So könnte sich der Beschwerdeführer gegen eine nur teilweise Festsetzung der beantragten Kosten wenden und der Beschwerdegegner diese festgesetzten Kosten immer noch als überhöht ansehen. Der Beschwerdegegner hatte jedoch von einer Beschwerde abgesehen, da er hoffte, auch der Beschwerdeführer werde keine Beschwerde einlegen. Wenn der Beschwerdeführer nun mit seiner Beschwerde bis zum letzten Tag der Frist gewartet hat, wäre es doch wohl nicht zu rechtfertigen, dem Beschwerdegegner in diesem Fall die Beschwerdemöglichkeit zu verwehren.

  Für die **Anschlussrechtsbeschwerde** gilt nach § 574 Abs. 4 ZPO das zuvor gesagte entsprechend.

Merke:

Sofortige Beschwerde	=	Das Untergericht darf der Erstbeschwerde abhelfen
Rechtsbeschwerde	=	Rechtsmittel gegen die Entscheidung des Beschwerdegerichts über eine Erstbeschwerde, Entscheidung nur durch BGH
Anschlussbeschwerde	=	Anschluss des Beschwerdegegners an die Beschwerde, auch noch nach Fristablauf

Gegen einen Kostenfestsetzungsbeschluss sind zugelassen, entweder

• die **sofortige Erinnerung** oder

• die **sofortige Beschwerde.**

Was davon zulässig ist, unterscheidet sich durch die Beschwer; es gilt eine Grenze von 200,00 EUR. Dies wird in den folgenden beiden Kapiteln dargestellt.

> **Merken Sie sich**, dass bei einer Beschwer von bis zu 200,00 EUR die sofortige Erinnerung gegeben ist und ab einer Beschwer von 200,01 EUR die sofortige Beschwerde.

0.5.2.7.1 Die sofortige Beschwerde

Gegen Entscheidungen des Rechtspflegers ist nach § 11 Abs. 1 RPflG grundsätzlich das Rechtsmittel gegeben, das nach den allgemeinen verfahrensrechtlichen Vorschriften der ZPO gestattet ist. Wenn man eine Entscheidung des Rechtspflegers anfechten will, muss man also in der ZPO nachsehen, welches Rechtsmittel für diesen Fall dort vorgesehen ist. Für den Kostenfestsetzungsbeschluss ist in § 104 Abs. 3 S. 1 ZPO das Rechtsmittel der sofortigen Beschwerde als zulässig erklärt, wobei es keinen Unterschied macht, ob man gegen den Erlass eines Kostenfestsetzungsbeschlusses oder gegen die Zurückweisung eines Kostenfestsetzungsantrages vorgehen will.

Die sofortige Beschwerde ist speziell in den §§ 567 ff. ZPO geregelt. Insbesondere ist § 567 Abs. 2 ZPO zu beachten: Demnach ist die Beschwerde unzulässig, wenn der **Beschwerdewert von mehr als 200,00 EUR**, also 200,01 EUR, nicht erreicht ist. Der Beschwerdewert, auch „Beschwer" genannt, ist übrigens der Differenzbetrag zwischen dem, was die Partei verlangt hat, und dem, was sie tatsächlich im Kostenfestsetzungsbeschluss erreicht hat. Aus der Sicht des Gegners ist der Beschwerdewert, der Betrag, den er nicht zu zahlen gewillt ist.

Beispiel: Die Partei beantragt die Festsetzung von 5 000,00 EUR Kosten. Im Beschluss erhält sie nur 4 800,00 EUR. Ihre Beschwer ist folglich 200,00 EUR und damit ist der Beschwerdewert um 1 Cent gerade nicht erreicht.

Hinweis: Falls nach der ZPO für den betreffenden Sachverhalt kein Rechtsmittel vorgesehen ist (also bei einer Beschwer von weniger als 200,01 EUR), dann ist gegen die Entscheidung des Rechtspflegers immer noch die sofortige Erinnerung gemäß § 11 Abs. 2 RPflG zulässig; siehe folgendes Kapitel.

Wenn übrigens eine Partei die sofortige Beschwerde eingelegt hat, darf die andere Partei, wenn sie den Beschwerdewert von 200,01 EUR nicht erreicht, die unselbstständige Anschlussbeschwerde erklären; *dies wird noch von der Rechtsprechung zu prüfen sein.*

Die sofortige Beschwerde ist binnen einer **Notfrist von zwei Wochen** seit Zustellung des Kostenfestsetzungsbeschlusses einzulegen (§ 569 Abs. 1 ZPO). Die Frist läuft für jede Partei gesondert und zwar ab dem Tag, an dem ihr jeweils der Beschluss zugestellt wurde. „Beschwert" ist übrigens jede Partei, für die eine gerichtliche Entscheidung ungünstig ist.

Über die eingelegte sofortige Beschwerde darf der Rechtspfleger selbst entscheiden (§ 11 Abs. 1 RPflG, § 572 Abs. 1 ZPO), wenn er die Beschwerdebegründung als richtig – und damit seinen Kostenfestsetzungsbeschluss als unrichtig – erkennt, also abhilft. Also ist durch den **Rechtspfleger nur Abhilfe** zulässig, aber keine für den Beschwerdeführer ungünstige Entscheidung. Eine mündliche Verhandlung muss nicht stattfinden (§ 128 Abs. 4

ZPO), sie kommt auch praktisch nicht häufig vor. Wenn der Rechtspfleger nicht abhilft entscheidet das **Beschwerdegericht** durch Beschluss über die sofortige Beschwerde, also das im Rechtszug nächsthöhere Gericht. Auch hier wird keine mündliche Verhandlung stattfinden. Es gilt ein Verschlechterungsverbot, d. h., in dem Beschluss darf der Beschwerdesteller nicht schlechter gestellt werden, als in dem angefochtenen Kostenfestsetzungsbeschluss (wie §§ 528, 557 Abs. 1 ZPO); *dies wird noch von der Rechtsprechung zu prüfen sein.*

Gegen den Beschluss des Beschwerdegerichts ist bei Vorliegen der Voraussetzungen eine Rechtsbeschwerde zulässig (§ 574 ZPO, siehe oben).

Merke:
Wenn der Beschwerdewert mehr als 200,00 EUR beträgt, ist gegen Entscheidungen des Rechtspflegers im Kostenfestsetzungsverfahren die sofortige Beschwerde binnen einer Notfrist von zwei Wochen seit Zustellung des Kostenfestsetzungsbeschlusses gegeben, über die das nächsthöhere Gericht entscheidet, falls der Rechtspfleger nicht selbst abhilft.

Nachstehend finden Sie ein Muster für das Beschwerdeschreiben:

An das Amtsgericht/Landgericht . . . . . .

Sofortige Beschwerde

Aktenzeichen des Gerichts . . . . .

In Sachen . . . . ./. . . . .

lege ich namens des Klägers (bzw. Beklagten) gegen den Kostenfestsetzungsbeschluss des Amts-/ Landgerichts . . . vom . . ., zugestellt am . . .,

sofortige Beschwerde

ein und beantrage, den angefochtenen Beschluss abzuändern und die Kosten wie von mir beantragt festzusetzen.

Begründung: . . .

Rechtsanwalt

Muster: Beschwerdeschreiben

Die Grundlagen des Kostenrechts

Zuletzt noch ein **praktischer Hinweis**: Wenn die zur Kostenerstattung verpflichtete Partei sofortige Beschwerde gegen den Kostenfestsetzungsbeschluss einlegt, dann ist die obsiegende Partei gemäß § 570 Abs. 1 nicht automatisch daran gehindert, die Zwangsvollstreckung aus dem angefochtenen Beschluss zu betreiben. Hier kann der Vertreter der unterlegenen Partei einen Antrag auf Erlass einer einstweiligen Anordnung gemäß § 570 Abs. 2, Abs. 3 ZPO stellen, dass die Vollstreckung des Kostenfestsetzungsbeschlusses einstweilig einzustellen sei, was von den Vollstreckungsorganen nach § 775 Ziff. 2 ZPO zu beachten ist.

Nach § 104 Abs. 3 S. 2 ZPO kann das Beschwerdegericht das Beschwerdeverfahren so lange aussetzen, bis die Kosten(grund)entscheidung, auf die der Festsetzungsantrag gestützt wird, rechtskräftig wird. Hierdurch soll vermieden werden, dass das Beschwerdegericht unnötige Mehrarbeit hat, wenn z. B. die in einem vorläufig vollstreckbaren Urteil enthaltene Kostenentscheidung später durch das Urteil eines Berufungs- oder Revisionsgerichts geändert wird.

Nachstehende **Übersicht** zeigt die Möglichkeiten der Anfechtung im Kostenfestsetzungsverfahren.

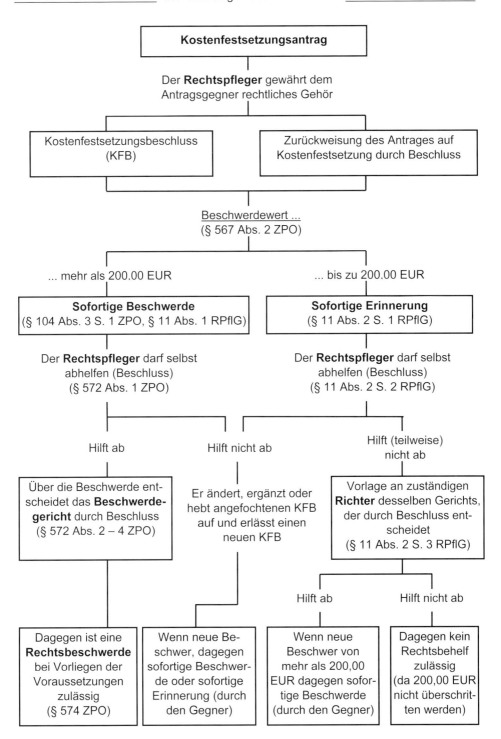

Übersicht: Erinnerung und Beschwerde gegen den Kostenfestsetzungsbeschluss

0.5.2.7.2 Die sofortige Erinnerung

Die Erinnerung ist ein Rechtsbehelf, der insbesondere gegen Entscheidungen des Rechtspflegers in den gesetzlich bestimmten Fällen zulässig ist. Es gibt zwei Arten der Erinnerung:

- die einfache (unbefristete) Erinnerung (z. B. § 766 ZPO) und

- die sofortige (befristete) Erinnerung (z. B. § 11 Abs. 2 S. 1 RPflG).

Im Kostenfestsetzungsverfahren findet sich davon nur die sofortige Erinnerung, die gemäß § 11 Abs. 2 S. 1 RPflG jedoch nur dann zulässig ist, wenn es nach den Bestimmungen der ZPO eigentlich kein Rechtsmittel gegen die Entscheidung des Rechtspflegers gibt.

Wie im vorigen Kapitel dargestellt wurde, setzt eine sofortige Beschwerde gemäß § 567 Abs. 2 ZPO eine Beschwer von mehr als 200,00 EUR voraus. Da also bis zu diesem Betrag eine Beschwerde unzulässig ist, gibt es in diesem Fall kein Rechtsmittel. Genau dieser Sachverhalt ist in § 11 Abs. 2 S. 1 RPflG gemeint, sodass bis zu einer Beschwer von bis zu genau 200,00 EUR gegen die Entscheidung des Rechtspflegers die **sofortige Erinnerung** zugelassen wird.

Bei der mit der Erinnerung anzufechtenden Entscheidung des Rechtspflegers kann es sich entweder um den Erlass eines Kostenfestsetzungsbeschlusses handeln oder um den Beschluss, mit dem ein Kostenfestsetzungsantrag zurückgewiesen wird.

In beiden Fällen kann jede Partei, sofern sie mit bis zu 200,00 EUR beschwert ist, die sofortige (befristete) Erinnerung einlegen. Hierbei ist eine **Notfrist von zwei Wochen** seit Zustellung der Entscheidung zu beachten (§ 11 Abs. 2 S. 4 RPflG i. V. m. § 569 Abs. 1 ZPO). Die Frist läuft für jede Partei gesondert und zwar ab dem Tag, an dem ihr der Beschluss zugestellt wurde. „Beschwert" ist jede Partei, für die eine gerichtliche Entscheidung ungünstig ist. Eine Mindestbeschwerdesumme gibt es hier nicht, da § 567 Abs. 2 ZPO für die Erinnerung nicht gilt.

Der Rechtspfleger darf einer sofortigen Erinnerung nach § 11 Abs. 2 S. 2 RPflG selbst abhelfen. Dies muss man so verstehen, dass der Rechtspfleger hier abhelfen **muss, wenn** sich – gegebenenfalls nach weiteren Ermittlungen – die Erinnerung als begründet erweist. Ist die Erinnerung begründet, so hilft der Rechtspfleger ihr ab, indem er den Kostenfestsetzungsbeschluss aufhebt, abändert, ergänzt oder neu erlässt. Er muss dann auch eine Kostenentscheidung treffen, da für das Erinnerungsverfahren eine besondere Anwaltsvergütung entsteht (§ 308 Abs. 2 ZPO, VV Nr. 3500 RVG). Anwaltszwang besteht für das Erinnerungsverfahren jedoch nicht (§ 13 RPflG).

Der Rechtspfleger entscheidet durch Beschluss über die Erinnerung, nachdem er dem Antragsgegner rechtliches Gehör gewährt hat. Eine mündliche Verhandlung ist möglich (§ 128 Abs. 4 ZPO), aber selten. Hilft der Rechtspfleger der Erinnerung nicht ab, so legt er sie dem Richter (bzw. der Kammer) zur Entscheidung vor (§ 11 Abs. 2 S. 3 RPflG).

Der Richter bzw. die Kammer entscheidet in diesem Fall durch Beschluss über die Erinnerung. Gegen diese richterliche Entscheidung ist in der Regel eine sofortige Beschwerde durch den Antragsteller nach § 104 Abs. 3 S. 1 ZPO nicht zulässig, da im Allgemeinen der Beschwerdewert von 200,00 EUR nicht überschritten sein kann.

> **Merke:**
> Im Kostenfestsetzungsverfahren ist gegen die Entscheidungen des Rechtspflegers die sofortige Erinnerung binnen einer Notfrist von 2 Wochen seit Zustellung der angefochtenen Entscheidung zulässig, wenn die Beschwer 200,00 EUR nicht überschreitet.
> Der Rechtspfleger darf selbst abhelfen.

0.5.2.7.3 Gebühren bei Erinnerung oder Beschwerde im Kostenfestsetzungsverfahren

Während das Kostenfestsetzungsverfahren selbst weder Gerichtsgebühren verursacht noch für den prozessbevollmächtigten RA gemäß § 19 Abs. 1 Ziff. 13 RVG Anwaltsgebühren, können im Erinnerungs- oder Beschwerdeverfahren Gebühren entstehen.

Gerichtsgebühren werden für das **Erinnerungsverfahren** nicht erhoben (§ 11 Abs. 4 RPflG). Jedoch fällt im **Beschwerdeverfahren** nach dem Kostenverzeichnis Nr. 1811 des GKG eine Gerichtsgebühr an, aber nur dann, wenn die Beschwerde verworfen oder zurückgewiesen wird, was eventuell dadurch vermieden werden kann, dass die Beschwerde noch vor einer gerichtlichen Entscheidung zurückgenommen wird.

Rechtsanwaltsgebühren entstehen für Tätigkeiten im Beschwerde- oder Erinnerungsverfahren gemäß VV Nr. 3500 RVG in Höhe einer 0,5 Verfahrensgebühr. Für das Erwachsen dieser Gebühr spielt es keine Rolle, ob ein Beschwerdeverfahren oder ein Erinnerungsverfahren betrieben wird. Alles Weitere finden Sie im Kapitel 6.5.

0.5.2.8 Streitwertänderung

Manchmal kann es vorkommen, dass das Gericht den Streitwert eines Prozesses noch nach Erlass des Kostenfestsetzungsbeschlusses abändert. Auf Antrag muss dann der Rechtspfleger des Gerichts erster Instanz auch den Kostenfestsetzungsbeschluss entsprechend abändern. Der Antrag ist binnen einer Frist von einem Monat seit Zustellung bzw. Verkündung des Wertfestsetzungsbeschlusses bei der Geschäftsstelle des Gerichts erster Instanz zu stellen (§ 107 ZPO).

0.5.2.9 Versicherungen im Kostenfestsetzungsverfahren

Wenn der Auftraggeber des Rechtsanwalts bei einer Rechtsschutz- oder Haftpflichtversicherung versichert ist, wird sich die Frage ergeben, ob dem Mandanten oder seiner Versicherung der Kostenerstattungsanspruch gegen den unterlegenen Gegner zusteht (vgl. Kapitel 0.4.2).

Da nicht die **Rechtsschutzversicherung** den Rechtsanwalt beauftragt, sondern der Versicherte selbst den Auftrag erteilt, steht der Kostenerstattungsanspruch dem Mandanten als Prozesspartei zu. Die Anwaltsvergütung wird also von dem Auftraggeber seinem Rechtsanwalt geschuldet, der deshalb auch Antragsteller im Kostenfestsetzungsverfahren ist. Die Rechtsschutzversicherung würde die Kosten allerdings dann gegenüber ihrem Versicherten übernehmen, wenn dieser den Prozess verliert.

Bei der **Haftpflichtversicherung**, insbesondere bei der Kraftfahrzeughaftpflichtversicherung, bestellt die Versicherung den Prozessbevollmächtigten häufig im eigenen Namen. Die Anwaltsvergütung wird also von der Versicherung geschuldet, sodass dann auch der Kostenerstattungsanspruch der den Prozess führenden Versicherung zusteht.

0.5.3 Begriff der notwendigen Kosten in zivilen Rechtsstreitigkeiten

Gemäß § 91 Abs. 1 ZPO hat die unterliegende Partei grundsätzlich die gesamten Kosten des Rechtsstreits zu tragen und die der obsiegenden Partei erwachsenen Kosten zu erstatten, soweit sie zur zweckentsprechenden Rechtsverfolgung oder Rechtsverteidigung **notwendig** waren. Die zu erstattenden Kosten umfassen auch die Entschädigung der obsiegenden Partei für die durch notwendige Reisen oder durch die notwendige Wahrnehmung von Terminen entstandene Zeitversäumnis, was grundsätzlich auch gilt, wenn sie anwaltlich vertreten ist. Auch einer anwaltlich vertretenen Partei werden Reisekosten dadurch entstehen, dass das Gericht das persönliche Erscheinen der Parteien anordnet.

Wie man sieht, liegt die Betonung darauf, dass die Kosten notwendigerweise entstanden sein müssen. Deshalb sind die Parteien verpflichtet, die Kosten angemessen niedrig zu halten. Notwendig in diesem Sinne sind nur für solche Handlungen entstandene Kosten, die objektiv erforderlich und geeignet erscheinen, den eingeklagten Anspruch zu verfolgen oder zu verteidigen.

Nicht notwendige Kosten müssen nicht erstattet werden, das sind Kosten für ungewöhnliche oder zwecklose Maßnahmen. So werden gemäß § 91 Abs. 2 ZPO der obsiegenden Partei die Mehrkosten nicht erstattet, die dadurch entstehen, dass der beauftragte Rechtsanwalt seinen Wohnsitz oder seine Kanzlei nicht an dem Ort des Prozessgerichts hat. Jedoch können Reisekosten des auswärtigen Rechtsanwalts erstattungsfähig sein, wenn dadurch andere Kosten, z. B. Reisekosten der Partei erspart werden, aber nur bis zur Höhe dieser ersparten Beträge. Das Gericht wird hier Vergleichsrechnungen anstellen.

Falls eine Partei mehrere Rechtsanwälte gleichzeitig bestellt hat, wird nur die Vergütung für einen Rechtsanwalt erstattet; werden mehrere Rechtsanwälte nacheinander bestellt, ist deren Vergütung ausnahmsweise zu erstatten, wenn z. B. durch Tod des erstbeauftragten Rechtsanwalts ein Anwaltswechsel zwingend notwendig wurde.

Grundsätzlich nicht zu erstatten sind auch die Aufwendungen für einen Verkehrsanwalt (Korrespondenzanwalt), der am Wohnort der Partei den Schriftverkehr mit dem bei einem auswärtigen Gericht zugelassenen prozessbevollmächtigten Rechtsanwalt führt. Nur in Ausnahmefällen sind solche Aufwendungen erstattungsfähig, z. B. wenn der Partei die erforderliche Gewandtheit zum Schriftverkehr mit dem auswärtigen Rechtsanwalt fehlt, was z. B. bei Kaufleuten kaum der Fall sein kann. Weitere Hinweise zur Erstattbarkeit der Aufwendungen für den Verkehrsanwalt können an dieser Stelle nicht gegeben werden, weshalb auf Kapitel 6.4.1 verwiesen sei.

> **Merke:**
> Die im Zivilprozess unterlegene Partei muss nur die notwendigen Prozesskosten erstatten.

Nicht zu den Kosten des Rechtsstreits gehören übrigens **vorgerichtliche Aufwendungen**, wie z. B. für Mahnschreiben der Partei, für Nachnahmesendungen oder für Inkassobüros. Diese Kosten können nur als Verzugsschaden im Sinne des § 280 Abs. 2 BGB neben der eigentlichen Hauptforderung eingeklagt werden, wobei sie gemäß § 4 Abs. 1 ZPO nicht den Streitwert erhöhen.

Dagegen rechnet die **vorprozessuale Anwaltsvergütung** grundsätzlich mit zu den Kosten, die durch den Rechtsstreit entstanden sind. Dies trifft sicherlich zu, wenn der Rechtsanwalt einen Auftrag zur gerichtlichen Geltendmachung der Forderung, also zur Durchführung des gerichtlichen Mahnverfahrens oder eines Prozesses hatte und diesen durch vorgerichtlichen Schriftverkehr mit dem Schuldner vorbereitet hat.

Allerdings wird man hier noch die *zukünftige Rechtsprechung dazu abwarten* müssen, ob es im Sinne des § 91 ZPO notwendig ist, einem Rechtsanwalt einen Auftrag zur nur außergerichtlichen Eintreibung von Forderungen zu erteilen, wenn bei einem anschließenden Prozess die Geschäftsgebühr (VV Nr. 2400 RVG) nur zur Hälfte auf die Verfahrensgebühr des Prozesses angerechnet wird (Vorbemerkung 3 Abs. 4 VV RVG); die Zahlung der anderen Hälfte wird der Schuldner verweigern. Der Schuldner könnte sich auf den Standpunkt stellen, dass ein bedingter Auftrag zur Durchführung eines gerichtlichen Mahnverfahrens oder eines Prozesses kostengünstiger zum gleichen Ergebnis geführt hätte, insbesondere wenn er seine Ablehnung einer außergerichtlichen Einigung deutlich zu erkennen gegeben hat.

Der Gesetzgeber sieht die von der obsiegenden Partei gemäß VV Nr. 7008 RVG an ihren RA zu zahlende USt. nicht als notwendige Kosten im Sinne des § 91 ZPO an, wenn diese Partei gegenüber dem Finanzamt zum Abzug der **Vorsteuer** berechtigt ist, was insbesondere bei Gewerbetreibenden wie z. B. Kaufleuten zutrifft. Als Begründung hierfür wird angegeben, dass der **vorsteuerabzugsberechtigte Auftraggeber** die an seinen RA gezahlte USt. als Vorsteuer vom Finanzamt zurückfordern kann; deshalb sei er vermögensmäßig durch die an seinen RA zu begleichende USt. nicht geschädigt und könne aus diesem Grunde auch nicht vom zur Kostentragung verurteilten Gegner die Erstattung der USt. verlangen. Außerdem könne womöglich der vorsteuerabzugsberechtigte Auftraggeber, nachdem er sich vom erstattungspflichtigen Gegner die USt. habe erstatten lassen, diese überdies auch noch als Vorsteuer gegenüber dem Finanzamt geltend machen und habe hierdurch einen zusätzlichen – ungerechtfertigten – Vorteil.

> **Exkurs:** Die Umsatzsteuer (Mehrwertsteuer) ist eine Verbrauchsteuer, der Umsätze an Lieferungen und sonstigen Leistungen unterliegen, die von Gewerbetreibenden ausgeführt werden.
>
> Kauft ein Geschäftsmann z. B. eine Ware, so kann er die auf den Kaufpreis erhobene Umsatzsteuer seinerseits als so genannte **Vorsteuer** gegenüber dem Finanzamt geltend machen, sodass ihn die gezahlte Umsatzsteuer im Ergebnis überhaupt nicht belastet.
>
> Wenn der Kaufmann dann die Ware weiterverkauft tritt Folgendes ein: Dem Käufer gegenüber berechnet er die **Umsatzsteuer** auf den gesamten Kaufpreis. Von dieser dem Finanzamt geschuldeten Umsatzsteuer kann er die Vorsteuer absetzen, sodass er nur den Teil der so genannten Mehrwertsteuer, der auf den so genannten „Mehrwert" entfällt, an das Finanzamt abführen muss. Dieser „Mehrwert" ergibt sich aus der Differenz zwischen Verkaufs- und Einkaufspreis der Ware, und auf jeder einzelnen Handelsstufe wird im Ergebnis nur diese Differenz als so genannte **„Zahllast"** mit der Umsatzsteuer belegt.
>
> Die auf den einzelnen Handelsstufen entstehenden Zahllastbeträge ergeben zusammengerechnet übrigens den Betrag der Umsatzsteuer, den der Endverbraucher zu zahlen hat.
>
> Da der Endverbraucher nicht zum Vorsteuerabzug berechtigt ist, muss er die volle auf den Kaufpreis entfallende Umsatzsteuer tragen, weshalb die Umsatzsteuer eine typische Endverbrauchersteuer ist. Aus der Sicht des Umsatzsteuerpflichtigen selbst ist sie nur ein durchlaufender Posten, der zusätzliche Buchungsarbeiten erfordert.

In § 104 Abs. 2 S. 3 ZPO ist vorgeschrieben, dass bei der **Kostenfestsetzung** Umsatzsteuerbeträge (Mehrwertsteuer) nur dann berücksichtigt werden dürfen, wenn der Antragsteller bzw. sein RA erklärt, dass diese Beträge vom Antragsteller nicht als Vorsteuer abgesetzt werden können. Ob in dem Kostenfestsetzungsbeschluss Umsatzsteuerbeträge mit aufgenommen werden, hängt also von der entsprechenden Erklärung des Antragstellers ab. Das Gericht ist nicht verpflichtet, zu prüfen, ob die Erklärung des Antragstellers aus umsatzsteuerrechtlicher Sicht zu Recht abgegeben ist.

Bestehen auf Seiten des Antragstellers im Ausnahmefall Zweifel, ob er für die Umsatzsteuerbeträge zum Vorsteuerabzug berechtigt ist, so kann er zunächst die Kostenfestsetzung ohne Ansatz der Umsatzsteuer betreiben und später in einem weiteren Festsetzungsantrag die Umsatzsteuer nach Klärung der Zweifel nachträglich geltend machen. In den meisten Fällen dürfte die **Vorsteuerabzugsberechtigung** der erstattungsberechtigten Partei unstrittig oder offenkundig sein. Jedenfalls sind z. B. Handwerker, Kaufleute, Handelsgesellschaften, Rechtsanwälte, Steuerberater und die meisten Gewerbetreibenden in der Regel umsatzsteuerpflichtig und damit zum Abzug der Vorsteuer berechtigt – Ausnahmefälle bestehen bei Kleinbetrieben.

Es ist dem Antragsteller wegen der strafrechtlichen Folgen abzuraten, seine Berechtigung zum Vorsteuerabzug wahrheitswidrig zu verneinen, um sich unberechtigte Vorteile zu erschleichen. Sollte gegen einen zur Kostenerstattung verurteilten Schuldner unerlaubterweise die USt. festgesetzt worden sein, so könnte sich dieser gegen den Kostenfestsetzungsbeschluss mit einer Vollstreckungsgegenklage nach § 767 ZPO wehren.

Nach der Vorschrift in § 104 Abs. 2 Satz 3 ZPO muss man im Rechtsanwaltsbüro bei der Kostenfestsetzung, bei Beantragung eines Mahnbescheids (siehe auf dem Vordruck für den Antrag auf Erlass eines Mahnbescheids die Zeile 46) sowie bei der Zwangsvollstreckung die **Vorsteuerabzugsberechtigung** des Auftraggebers berücksichtigen. Zahlt der Kostenschuldner in solchen Fällen nur die Gebühren und Auslagen des RA, so wird dessen obsiegender Auftraggeber folglich noch die nicht erstattete USt. seinem RA bezahlen müssen – welche er dann seinerseits als Vorsteuer steuerlich geltend machen kann. Der hierzu im Anwaltsbüro zu führende zusätzliche Schriftverkehr und die damit verbundenen hinzukommenden Buchungsarbeiten dürften unvermeidlich sein.

> **Merke:**
> Vorsteuerabzugsberechtigt sind Handwerker, Kaufleute, Handelsgesellschaften, Rechtsanwälte, Steuerberater und die meisten Gewerbetreibenden. (Ausnahme: Kleinbetriebe)
>
> Wenn die obsiegende Partei zum Vorsteuerabzug berechtigt ist, so kann sie vom unterlegenen Gegner nicht verlangen, die an ihren RA gezahlte USt. zu erstatten.
>
> Im Kostenfestsetzungsantrag ist eine Erklärung darüber abzugeben, wenn der Antragsteller nicht zum Vorsteuerabzug berechtigt ist.

0.6 Wie schreibt man eine Kostenrechnung?

0.6.1 Allgemeine Hinweise

Wer als Neuling erstmalig selbstständig eine Kostenrechnung erstellen muss, ist sich oft nicht nur über die zu berechnenden Gebühren und Auslagen im Ungewissen, sondern meist noch mehr über die notwendige **äußere Form einer Kostenrechnung**.

Dabei ist es gar nicht so schwierig, einer Kostenrechnung den „richtigen Schliff" zu geben, wenn als **Grundsatz** beachtet wird, dass der Empfänger in die Lage gebracht werden muss, die Berechnung nachvollziehen zu können. Die Kostenrechnung muss also alle Angaben enthalten, die der Empfänger zu einer Nachprüfung benötigt. Dazu ein Tipp: Wenn Sie sich an die Stelle des Empfängers der Kostenrechnung versetzen, dann müssten Sie eigentlich ganz von selbst darauf kommen, welche Angaben er braucht, um die Rechnung überprüfen und erwägen zu können, ob sie Anlass gibt, eine gerichtliche Entscheidung darüber herbeizuführen. Der Zahlungspflichtige kann die Kostenrechnung nämlich auch gerichtlich überprüfen lassen (§ 156 KostO, § 11 RVG).

Die Grundlagen des Kostenrechts

> **Merke:**
> Eine Kosten- bzw. Vergütungsrechnung muss alle Angaben enthalten, die der Empfänger benötigt, um die Rechnung überprüfen und beurteilen zu können, ob er eine gerichtliche Nachprüfung der Kostenrechnung herbeiführen sollte.

Für die Rechtsanwälte und für die so genannten Gebührennotare ist sogar gesetzlich genau vorgeschrieben, welchen Inhalt eine anwaltliche Vergütungsrechnung bzw. eine notarielle Kostenrechnung mindestens haben muss. In § 10 RVG und § 154 KostO stehen insbesondere jeweils im zweiten Absatz ähnliche Bestimmungen über den Inhalt. Danach müssen Vergütungs- bzw. Kostenrechnungen folgende **notwendige Angaben** enthalten:

(1) Der **Gegenstandswert** bzw. **Geschäftswert** ist anzugeben. Wenn die Berechnung des Wertes sonst nicht nachvollziehbar ist, müssen der Wert aufgeschlüsselt und die Überlegungen zur Ermittlung des Wertes dargestellt werden. Aus dem gleichen Grund wird es notwendig sein, die Paragrafen anzuführen, nach denen sich der Wert ergibt. Die Wertangabe kann bei den Anwaltsgebühren ausnahmsweise entfallen, wenn die Gebühren nicht nach einem Wert zu berechnen sind, wie z. B. bei Strafsachen.

(2) Die **Höhe des Gebührensatzes** muss genannt werden. Es ist hier anzugeben, ob der Gebührensatz z. B. 0,8 oder 1,3 (RVG und GKG) oder z. B. $^5/_{10}$ oder $^{10}/_{10}$ (KostO) beträgt.

(3) Die **Bezeichnung der Gebühr** ist üblich und auch in § 10 Abs. 2 Satz 1 RVG bzw. § 154 Abs. 2 KostO vorgeschrieben. Man schreibe also nicht z. B. 1,3 Gebühr gemäß §§ 2, 13, VV Nr. 3100 RVG, sondern 1,3 **Verfahrensgebühr** gemäß §§ 2, 13, VV Nr. 3100 RVG.

(4) Die **angewandten Kostenvorschriften** müssen aufgeführt werden. Hier sind die Paragrafen des Kostengesetzes bzw. die Nummern des Vergütungsverzeichnisses oder Kostenverzeichnisses zu nennen, nach denen die Gebühren oder die Auslagen berechnet wurden. Bei umfangreicheren Paragrafen bzw. Nummern ist auch jeweils Absatz, Satz, Ziffer oder Buchstabe der Anmerkung mitanzugeben, woraus sich die Gebühr ergibt. Man schreibe also nicht z. B. 0,8 Verfahrensgebühr gemäß §§ 2, 13, VV Nr. 3101 RVG, sondern 0,8 Verfahrensgebühr gemäß §§ 2, 13, VV Nrn. 3100, 3101 **Ziffer 1** RVG. Es müssen aber nur die Paragrafen angeführt werden, aus denen sich die Gebühren bzw. die Auslagen oder ihre Höhe jeweils konkret ergeben. Schreiben Sie im Zweifel lieber alle Vorschriften mit auf, die Sie benötigen, um eine konkrete Gebühr zu ermitteln.

(5) Die **Beträge in Euro** sind zu den einzelnen Gebühren jeweils anzugeben.

(6) Die **Auslagen** sind mit ihren Einzelbeträgen anzugeben. Es sind also die verschiedenen Auslagen getrennt aufzuführen, z. B. Post- und Telekommunikationsentgelte, Reisekosten pro Reise, Tage- und Abwesenheitsgelder pro Reise.

(7) Die **Umsatzsteuer** (Mehrwertsteuer) kann auf den Zahlungspflichtigen abgewälzt werden. Sie muss aber nachvollziehbar angegeben werden, wozu auch die Angabe des Prozentsatzes gehört.

Achtung: Die Umsatzsteuer (USt.) darf jedoch nur auf Gebühren und Auslagen berechnet werden, nicht etwa auch auf vorgelegte Gerichtskosten oder durchlaufende Gelder (Fremdgeld)! Berechnen Sie deshalb die USt. in der Kostenrechnung direkt nach den aufgeführten Gebühren und Auslagen und vor den vorgelegten Kosten.

(8) Die eventuell **vorgelegten Gerichtskosten** sind anzugeben, wobei bei Verauslagung in mehreren Teilbeträgen zu unterschiedlichen Zeitpunkten auch eine entsprechende Aufschlüsselung erforderlich sein wird.

(9) Empfangene **Vorschüsse** sind anzugeben und abzuziehen.

(10) Die Vergütungs- bzw. Kostenrechnungen müssen vom Rechtsanwalt bzw. Notar **eigenhändig unterschrieben** werden, sonst sind sie ungültig.

Merke:

Vergütungs- bzw. Kostenrechnungen müssen folgende **notwendige Angaben** enthalten: Gegenstands- bzw. Geschäftswert, Höhe des Gebührensatzes, Benennung der Gebühr, angewandte Gebührenvorschriften, Beträge in EUR, Auslagen, USt., vorgelegte Gerichtskosten, gezahlte Vorschüsse, eigenhändige Unterschrift.

0.6.2 Muster für die äußere Form von Kostenrechnungen

Eine Kosten- bzw. Vergütungsrechnung sieht im Allgemeinen wie nachfolgend aus. Als Beispiel wird die **Vergütungsrechnung eines Rechtsanwalts** gewählt, wobei auf die Einhaltung der Bestimmungen des § 10 RVG geachtet wird. Auf die umsatzsteuerrechtlichen Vorschriften wird erst später in Kapitel 0.6.4 eingegangen.

Gegenstandswert: 5 000,00 EUR (evtl. gemäß §§ . . .) **(1)**

1,3 **(2)** Verfahrensgebühr **(3)** gem. §§ 2, 13, VV Nr. 3100 RVG **(4)**	391,30 EUR	**(5)**
1,2 **(2)** Terminsgebühr **(3)** gem. §§ 2, 13, VV Nr. 3104 RVG **(4)**	361,20 EUR	**(5)**
Pauschale für Post- und Telekommunikationsentgelte gem. § 2 Abs. 2 S. 1, VV Nr. 7002 RVG **(4)**	20,00 EUR	**(6)**
Dokumentenpauschale (112 abzüglich 100 Fotokopien) gem. § 2 Abs. 2 S. 1, VV Nr. 7000 Ziff. 1 Lit. c RVG **(4)**	6,00 EUR	**(6)**
	778,50 EUR	
16 % USt. gemäß gem. § 2 Abs. 2 S. 1, VV Nr. 7008 RVG **(4)**	124,56 EUR	**(7)**
	903,06 EUR	
Gerichtskostenvorauszahlung vom 10.04. . .	363,00 EUR	**(8)**
	1 266,06 EUR	
abzüglich Honorarvorschusszahlung vom 30.04. . .	– 500,00 EUR	**(9)**
noch zu zahlen	766,06 EUR	
Unterschrift **(10)**		

Muster: Vergütungsrechnung eines Rechtsanwalts

Abgedruckt ist als Beispiel die Vergütungsrechnung eines Rechtsanwalts. Eine Kostenrechnung des Notars wird nach ähnlichen Grundsätzen erstellt. Die fett gedruckten Ziffern in Klammern beziehen sich auf die Erläuterungen im vorstehenden Abschnitt (siehe Kapitel 0.6.1).

0.6.3 Die Skizzierung des Sachverhalts

Insbesondere bei umfangreichen Angelegenheiten empfiehlt es sich, den Sachverhalt erst zu skizzieren, bevor man sich an die Fertigung der Kostenrechnung macht. Diese Sachverhaltsskizzierung kann man auch schon immer dann auf einem besonderen Blatt vornehmen, wenn die betreffende Akte zur Weiterbearbeitung vorliegt, weil man es sich dann erspart, später zur Erstellung der Kostenrechnung wieder den gesamten Akteninhalt nachlesen zu müssen.

Eine **Sachverhaltsskizzierung** ist nichts weiter als eine chronologische (= zeitlich geordnete) Aufzählung der für die Gebührenermittlung wichtigen Ereignisse unter Angabe des jeweiligen Wertes.

Dies sei anhand eines **Beispiels** erläutert:
RA Unser hat Klageauftrag von Alt gegen den Jung wegen Zahlung von 6 500,00 EUR. RA Unser sendet dem Jung ein Aufforderungsschreiben, wonach Jung 1 500,00 EUR zahlt. Der Restbetrag wird von RA Unser eingeklagt.
RA Euer beantragt für den Gegner Jung, die Klage abzuweisen und erhebt Widerklage wegen eines ganz anderen Streitgegenstandes in Höhe von 3 000,00 EUR. Im ersten Verhandlungstermin erkennt RA Euer einen Teilbetrag von 2 000,00 EUR sofort an, worauf ein von RA Unser beantragtes Teilanerkenntnisurteil ergeht. Über die restlichen Ansprüche aus Klage und Widerklage wird streitig verhandelt. Sodann ergeht ein Beweisbeschluss, wonach über die restlichen Ansprüche aus Klage und Widerklage Beweis erhoben werden soll. Danach erweitert RA Unser die Klage um 1 000,00 EUR. Nach der Vernehmung von zwei Zeugen und nochmaliger streitiger Verhandlung ergeht Urteil.

Die **Sachverhaltsskizzierung** zu vorstehendem Beispiel sieht wie folgt aus:

Zeitlicher Ablauf	Wert	Verfahrensgebühr	Terminsgebühr
1	2	3	4
Vorgerichtliche Erledigung	1 500,00 EUR	1 500,00 EUR	
Klage eingereicht	5 000,00 EUR		
Widerklage	3 000,00 EUR		
= zusammen	8 000,00 EUR	8 000,00 EUR	
Erster Verhandlungstermin	8 000,00 EUR		8 000,00 EUR
Nach Teilanerkenntnisurteil weitere Verhandlung wegen	2 000,00 EUR 6 000,00 EUR		
Beweisbeschluss	6 000,00 EUR		
Klageerweiterung	1 000,00 EUR	1 000,00 EUR	
Prozessgegenstand insgesamt	9 000,00 EUR	9 000,00 EUR	
Verfahrensgebühr also nach	9 000,00 EUR	9 000,00 EUR	
Zweiter Verhandlungstermin davon neuer Verhandlungsgegenstand	7 000,00 EUR 1 000,00 EUR		1 000,00 EUR
Beweisaufnahme	7 000,00 EUR		
Terminsgebühr also nach	9 000,00 EUR		9 000,00 EUR

Der Streitwert von Klage und Widerklage ist zu addieren, weil im Sachverhalt ausdrücklich gesagt ist, dass Klage und Widerklage nicht denselben Gegenstand betreffen (§ 45 Abs. 1 S. 1 GKG). Gemäß § 39 Abs. 1 GKG und nach § 22 Abs. 1 RVG sind die Werte der Klage und der Klageerweiterung zusammenzurechnen, sodass sich als für die zu berechnende Verfahrensgebühr maßgeblicher Wert ergibt:

5 000,00 EUR + 3 000,00 EUR + 1 000,00 EUR = 9 000,00 EUR. (Spalte 3)

Die Terminsgebühr berechnet sich nach dem Wert, über den insgesamt verhandelt wurde, wobei es unerheblich ist, dass im zweiten Verhandlungstermin nur noch über einen verbliebenen niedrigeren Wert verhandelt wurde, denn wenn eine Gebühr erst einmal entstanden ist, wirkt sich eine spätere Herabsetzung des Wertes nach § 15 Abs. 4 RVG nicht mehr aus:

8 000,00 EUR + 1 000,00 EUR = 9 000,00 EUR. (Spalte 4)

Es wird erkennbar, dass letztlich nur die fett gedruckten Werte bedeutsam sind; die Spalten 1 und 2 dienen nur dazu, den Fall in den Griff zu bekommen. Gerade als Anfänger sollte man jedoch den zeitlichen Ablauf des Falles genau skizzieren, damit nicht wesentliche Entwicklungen übersehen werden.

Es dürfte in vorstehendem Beispiel deutlich geworden sein, dass man die **Skizzierung als wertvolles Hilfsmittel** einsetzen sollte, um aus dem Sachverhalt die für die Erstellung einer Vergütungsrechnung notwendigen Fakten zu gewinnen. Die sich aus dem geschilderten Fall ergebende nachstehende Vergütungsrechnung des RA Unser werden allerdings erst fortgeschrittene Leser gänzlich nachvollziehen können.

	EUR	EUR
Gegenstandswert: 1 500,00 EUR * / 9 000,00 EUR *		
(* siehe vorstehende Erläuterung)		
0,8 Verfahrensgebühr		
gemäß §§ 2, 13, VV Nrn. 3100, 3101 Ziff. 1 RVG (Wert: 1 500,00 EUR)	84,00	
1,3 Verfahrensgebühr gemäß §§ 2, 13, VV Nr. 3100 RVG (Wert: 9 000,00 EUR)	583,70	
	667,70	
(Gemäß § 15 Abs. 3 RVG wären die Verfahrensgebühren zu kürzen auf 1,3 nach dem zusammengerechneten Wert von 10 500,00 EUR, also 683,80 EUR, was hier **nicht** zutrifft.)		667,70
1,2 Terminsgebühr gemäß §§ 2, 13, VV Nr. 3104 RVG (Wert: 9 000,00 EUR)		538,80
Post- und Telekommunikationsentgelte gem. § 2 Abs. 2, VV Nr. 7002 RVG		20,00
		1 226,50
16 % USt. gemäß § 2 Abs. 2, VV Nr. 7008 RVG		196,24
		1 422,74

Merke:

Vor dem Erstellen einer Kostenrechnung sollte der Sachverhalt unter Angabe der Gegenstandswerte skizziert werden. Dazu schreibt man aus der Aufgabe bzw. Akte alle in gebührenrechtlicher Hinsicht wesentlichen Angaben heraus.

Weitere Hinweise speziell zum Erstellen von Vergütungsrechnungen der Rechtsanwälte gemäß § 10 RVG finden Sie in Kapitel 1.2.9.

0.6.4 Steuerliche Vorschriften für Kostenrechnungen

Für die **Wirksamkeit einer Kostenrechnung** sind zwei verschiedene Aspekte zu unterscheiden. Zum einen geht es um die Frage, unter welchen Voraussetzungen die Rechnung gegenüber dem Zahlungspflichtigen zivilrechtlich wirksam ist und zum anderen besteht das Problem, dass die Rechnung bestimmte steuerrechtliche Vorgaben erfüllen muss, damit der Zahlungspflichtige – wenn er vorsteuerabzugsberechtigt ist – die in dieser Rechnung enthaltene Umsatzsteuer als Vorsteuer bei seinem Finanzamt geltend machen darf.

- Damit der Zahlungspflichtige wirksam zur Zahlung verpflichtet ist, muss die Vergütungsrechnung eines RA die Vorgaben des § 10 RVG und die Kostenrechnung eines Notars die Vorschriften des § 154 KostO erfüllen. Werden diese zwingenden Bestimmungen nicht eingehalten, kann der Zahlungspflichtige die Bezahlung der Rechnung verweigern. Siehe auch Kapitel 0.6.1 und 1.2.9.

- Nach dem Umsatzsteuergesetz (§ 14 UStG) müssen Rechnungen bestimmte Pflichtinhalte ausweisen, damit der Rechnungsempfänger vorsteuerabzugsberechtigt ist. Fehlt nur eine dieser Pflichtangaben, wird der Empfänger der Rechnung diese zurückgeben und eine auch im steuerrechtlicher Hinsicht einwandfreie und vollständige Rechnung verlangen und die Zahlung verweigern, bis er eine korrekte Rechnung erhält.

Nachfolgend wird es um die Ausgestaltung von **Kostenrechnungen aus steuerrechtlicher Sicht** gehen. Betroffen sind übrigens alle Rechnungen – also nicht nur von Rechtsanwälten und Notaren, sondern von allen Gewerbetreibenden wie z. B. Kaufleuten und Handwerkern. Die umsatzsteuerrechtlichen Vorschriften sind immer einzuhalten, wenn ein umsatzsteuerpflichtiger Unternehmer (oder RA, Notar) einem anderen umsatzsteuerpflichtigen **Unternehmer** eine Rechnung erteilt.

Hinweis: Für das Verständnis des Hintergrundes für diese umsatzsteuerrechtlichen Vorschriften ist eventuell die Lektüre des Exkurses in Kapitel 0.5.3 hilfreich.

Diese umsatzsteuerrechtlichen Vorschriften gelten nicht, wenn ein Unternehmer (oder RA, Notar) einem privaten **Verbraucher** eine Rechnung aufgibt, da Verbraucher nicht vorsteuerabzugsberechtigt sind. Jedoch müssen auch diese Rechnungen im Sinne von § 10 RVG oder § 154 KostO ordnungsgemäß sein.

Da jedoch inzwischen wohl die meisten Rechnungen mit Hilfe von EDV-Programmen erstellt werden, wird es zweifellos nicht sinnvoll – und eventuell gar nicht möglich – sein, Rechnungen sowohl mit als auch ohne Einhaltung der steuerrechtlichen Vorschriften zu erstellen. Also werden wahrscheinlich alle Rechnung die steuerlichen Erfordernisse erfüllen. Es könnte ferner auch sein, dass die Betriebsprüfer des Finanzamtes Aufklärungsbedarf sehen, wenn Rechnungen teilweise die steuerlichen Vorschriften erfüllen und teilweise nicht. Dies könnte eine gründlichere Überprüfung zur Folge haben. Wer will das schon?

Aus dem zuvor Gesagten dürfte klar geworden sein, dass die pingeligen steuerrechtlichen Vorschriften für die Erstellung von Rechnungen dem Finanzamt eine bessere Überprüfung und Kontrolle der Umsatzsteuerzahlungen ermöglichen sollen.

Bei den genannten Vorschriften des Umsatzsteuergesetzes handelt es sich um nachstehend aufgeführte Punkte. Nach § 14 UStG müssen folgende **Pflichtangaben in einer Rechnung** enthalten sein:

(1) Vollständiger **Name** und vollständige **Anschrift** des leistenden Unternehmers (**Rechtsanwalt**, Partnerschaftsgesellschaft, BGB-Gesellschaft, Notar)

(2) Vollständiger **Name** und vollständige **Anschrift** des **Leistungsempfängers**

(3) Die dem leistenden Unternehmer (RA, Notar) vom Finanzamt erteilte **Steuernummer** oder die ihm vom Bundesamt für Finanzen erteilte Umsatzsteuer-Identifikationsnummer

(4) das Ausstellungsdatum der Rechnung (**Rechnungsdatum**)

(5) Eine fortlaufende **Rechnungsnummer** mit einer oder mehreren Zahlenreihen, die zur Identifizierung der Rechnung vom Rechnungsaussteller einmalig vergeben wird

(6) Die Menge und die Art der gelieferten Gegenstände oder den **Umfang und die Art der sonstigen Leistung** (Beratung, Vertretung, usw.)

(7) Den **Zeitpunkt** der Lieferung oder **der sonstigen Leistung** oder bei Anzahlungen der Zeitpunkt der Vereinnahmung, sofern dieser Zeitpunkt feststeht und nicht mit dem Ausstellungsdatum der Rechnung identisch ist

(8) Das nach **Steuersätzen** und einzelnen Steuerbefreiungen aufgeschlüsselte Entgelt sowie jede im Voraus vereinbarte Minderung des Entgelts, sofern sie nicht bereits im Entgelt berücksichtigt sind

(9) Den anzuwendenden **Steuersatz** sowie den auf das Entgelt entfallenden **Steuerbetrag**

(10) Im Falle einer Steuerbefreiung den Hinweis darauf, dass für die Lieferung oder sonstige Leistung eine Steuerbefreiung gilt

Am Beispiel der Vergütungsrechnung eines Rechtsanwalts sollen die vorstehenden Pflichtangaben verdeutlicht werden. Die vorstehenden Punkte (1) bis (10) sind in der Musterrechnung kenntlich gemacht.

Justine Justus * Klaus Justus
Rechtsanwältin   Rechtsanwalt   **(1)**

Kanzlei Justus, Altenbekener Damm 79, 30173 Hannover   **(1)**

Frau
Emma Muster
Trammplatz 1   **(2)**
30159 Hannover

Aktenzeichen: 0815/2004
Steuernummer: 17/123/45678   **(3)**
Rechnungsnummer: 333/04   **(5)**
Hannover, den 2. Mai 2005   **(4)**

Vergütungsrechnung gemäß § 10 RVG

In Sachen Muster ./. Faul

Prozessführung in einer Mietangelegenheit   **(6)**
in der Zeit vom 11.11.2004 bis zum 04.04.2005   **(7)**

Sehr geehrte Frau Muster,
in Ihrer Sache gegen Faul erlauben wir uns, Ihnen unsere nachstehend berechnete Vergütung in Rechnung zu stellen:

Steuersatz 16 %   **(8)**

Gegenstandswert: 5 000,00 EUR
(gem. § 23 Abs. 1 RVG, § 41 Abs. 2 GKG

1,3 Verfahrensgebühr gem. §§ 2, 13, VV Nr. 3100 RVG	391,30 EUR
1,2 Terminsgebühr gem. §§ 2, 13, VV Nr. 3104 RVG	361,20 EUR
Pauschale für Post- und Telekommunikationsentgelte gem. § 2 Abs. 2 S. 1, VV Nr. 7002 RVG	20,00 EUR
Zwischensumme:	772,50 EUR
16 % USt. gemäß gem. § 2 Abs. 2 S. 1, VV Nr. 7008 RVG	123,60 EUR **(9)**
Zwischensumme:	896,10 EUR
Gerichtskostenvorauszahlung vom 21.11.2004	363,00 EUR
Zwischensumme:	1 259,10 EUR
abzüglich Honorarvorschusszahlung (inkl. USt.) vom 11.11.2004	– 500,00 EUR
Rechnungsendbetrag, noch zu zahlen	759,10 EUR

Bitte überweisen Sie den Rechnungsbetrag bis zum 03.06.2004 auf das Konto Nr. 12345678 bei der Postbank Hannover, BLZ 25010030.

Mit freundlichen Grüßen

Justus
Rechtsanwältin

Muster: Vergütungsrechnung gemäß § 14 UStG

Auch wenn nur eine der vorstehend genannten Pflichtangaben fehlt, ist der Rechnungsempfänger nicht zum Vorsteuerabzug berechtigt und wird die Zahlung der Rechnung bis zu deren Korrektur verweigern. Deshalb sollte auf akkurate Rechnungsschreibung geachtet werden.

Bei Rechnungen über Kleinbeträge bis zu 100 Euro sind die Pflichtangaben nach § 33 UStDV eingeschränkt, insbesondere kann die Rechnungsnummer entfallen. Solche Rechnungen werden aber eher selten auftreten und außerdem wird es aus den oben aufgeführten Gründen nicht zweckmäßig sein, Rechnungen mit und ohne Rechnungsnummer zu erstellen.

Auch bei **Berechnung eines Vergütungsvorschusses** nach § 9 RVG gegenüber zum Vorsteuerabzug berechtigten Mandanten sind von den Pflichtangaben die folgenden zu machen: der Umsatzsteuersatz, die fortlaufende Rechnungsnummer, die Steuernummer und die Art und Dauer der Tätigkeit. Für den Notar gilt dies selbstverständlich entsprechend. Auch für den Fall, dass die Vorschusszahlung die entstehenden Gebühren und Auslagen vollständig ausgleicht, ist noch die Erstellung einer **Schlussrechnung** mit allen Pflichtangaben erforderlich. In dieser ist der Gesamtbetrag der Gebühren und Auslagen zuzüglich der Umsatzsteuer zu berechnen; die gezahlten Vorschüsse sind dann mit ihrem Bruttobetrag (also inkl. USt.) abzusetzen.

Nach den steuerrechtlichen Vorschriften (§ 14 b UStG) besteht für die Rechnungen eine **Aufbewahrungsfrist von zehn Jahren**. Daher reicht eine Durchschrift in der Handakte nicht aus, denn die Handakten müssen nur fünf Jahre aufbewahrt werden (§ 50 Abs. 2 BRAO). Daher müssen Kopien der Rechnungen gesondert außerhalb der Handakten archiviert werden. Bei der **Einnahmen-Überschuss-Rechnung** nach § 4 Abs. 3 EStG ist es sinnvoll, Kopien der noch nicht bezahlten Rechnungen alphabetisch geordnet in einem Ordner „offene Posten" aufzubewahren und nach der Bezahlung zehn Jahre lang nach den fortlaufenden Rechnungsnummern geordnet in einem Ordner „bezahlte Rechnungen" abzulegen. Natürlich kann das auch mit Hilfe von EDV-Programmen erledigt werden.

Bei der **Vergabe der Rechnungsnummern** darf keine Nummer übersprungen werden, da sonst das Finanzamt eine Betrügerei darin sehen könnte. Daher sollten auch Rechnungen mit Rechnungsnummern aufbewahrt werden, die verschrieben, storniert, zurückgenommen oder umgeschrieben worden sind. Auch solche Fälle sollten sorgfältig dokumentiert werden, damit der Steuerprüfer keine Steuerhinterziehung wittert.

Zuletzt muss noch auf den Unterschied zwischen **steuerlichen Rechnungen** und **anderen Berechnungen** der Vergütung hingewiesen werden. Die genannten Pflichtangaben nach § 14 UStG sind nur in Rechnungen vorzunehmen, die **dem Auftraggeber** erteilt werden. Wenn ein Rechtsanwalt seine Vergütung in anderen Schriftsätzen berechnet, entfallen die steuerlichen Pflichtangaben, wie z. B. in

- Kostenfestsetzungsanträgen nach § 104 ZPO,
- Vergütungsfestsetzungsanträgen nach § 11 RVG,
- Abrechnungen im Rahmen der Prozesskostenhilfe,
- Berechnungen eines Verzugsschadens gemäß § 280 Abs. 2 BGB gegenüber dem Gegner des Auftraggebers,
- Vergütungsrechnungen gegenüber der Rechtsschutzversicherung des Mandanten,
- Vergütungsrechnungen gegenüber der Haftpflichtversicherung des Anspruchsgegners.

Die Konsequenz daraus ist, dass wenn z. B. eine Versicherung verpflichtet ist, die Vergütung des RA zu bezahlen, dennoch eine mit allen steuerlichen Pflichtangaben versehene Vergütungsrechnung an den Auftraggeber zu senden ist. Falls der **Mandant vorsteuerabzugsberechtigt** ist, wird die Versicherung unter Übersendung der Rechnungskopie aufgefordert, den Nettobetrag zu zahlen, während der Mandant gebeten wird, nur die Umsatzsteuer zu begleichen. Ist der **Mandant nicht vorsteuerabzugsberechtigt**, wird die Versicherung zur Zahlung des vollen Bruttobetrages inkl. Umsatzsteuer ersucht, während der Mandant die Rechnung mit allen Pflichtangaben nur zur Information erhält.

Wenn ein Rechtsanwalt von einem Mandanten nur die einzuzahlenden **Gerichtskosten** fordert, liegt keine Vergütungsrechnung vor, sondern nur die Berechnung vorgelegter Kosten. In diesem Fall darf eine fortlaufende Rechnungsnummer nicht vergeben werden.

Es sei schließlich noch darauf hingewiesen, dass **Rechtsanwälte und Notare** selbst auch **vorsteuerabzugsberechtigt** sind. Deshalb sollten Rechtsanwälte und Notare, wenn sie selber Rechnungen empfangen, darauf bestehen, dass die umsatzsteuerrechtlichen Vorschriften eingehalten werden, denn sonst könnte die in den Rechnungen enthaltene Vorsteuer nicht zum Vorsteuerabzug verwendet werden.

1 DIE GRUNDLAGEN DES RVG

1.1 Der Aufbau des RVG

Das Rechtsanwaltsvergütungsgesetz ist die gesetzliche Regelung zur Berechnung der Vergütung für die Ausübung anwaltlicher Tätigkeiten der Rechtsanwältinnen und Rechtsanwälte.

Nach dem Willen des Gesetzgebers soll das Rechtsanwaltsvergütungsgesetz schon durch seinen äußeren Aufbau transparent und dadurch anwenderfreundlich sein, insbesondere für den rechtsuchenden Bürger. So hat dies die Bundesregierung in ihrer Gesetzesvorlage begründet. Erreicht werden soll dieses Ziel durch eine **übersichtliche Struktur**:

- Die **grundlegenden gesetzlichen Regelungen** werden in 61 Paragrafen vorgeschrieben (**Paragrafenteil**).
- Die **einzelnen Gebührentatbestände** werden in einer Anlage zum RVG, dem **Vergütungsverzeichnis** (Anlage 1) geregelt. Es handelt sich um insgesamt 234 Gebührenvorschriften.
- In einer weiteren Anlage findet sich eine **Gebührentabelle** (Anlage 2) für die am häufigsten vorkommenden Gegenstandswerte bis zu 500 000,00 Euro.

Zur Erhöhung der Übersichtlichkeit ist dem Paragrafenteil des RVG eine Inhaltsübersicht und dem Vergütungsverzeichnis eine Gliederung vorangestellt. Dies macht es leichter, bestimmte Gebührenvorschriften aufzufinden.

Der Aufbau des Paragrafenteils und des Vergütungsverzeichnisses des RVG wird in den nachstehenden Übersichten aufgezeigt.

\multicolumn{4}{c}{Inhaltsübersicht des Paragrafenteils des RVG}
Abschnitt	§§	Bezeichnung	Inhalt
1	1 – 12	Allgemeine Vorschriften	Insbesondere Vergütungsvereinbarung, Regelung bei mehreren Auftraggebern, Fälligkeit und Verjährung der Vergütung, Vorschuss, Gebührenberechnung, Vergütungsfestsetzungsverfahren
2	13 – 15	Gebührenvorschriften	Definition der Wertgebühren, der Rahmengebühren und des Abgeltungsbereichs der Gebühren
3	16 – 21	Angelegenheit	Definition der Angelegenheit und des Rechtszuges, Vergütung bei Verweisung, Abgabe und Zurückverweisung von einem Gericht an ein anderes Gericht

Inhaltsübersicht des Paragrafenteils des RVG

Abschnitt	§§	Bezeichnung	Inhalt
4	22 – 33	Gegenstandswert	Verweisung auf die für die Gerichtskosten geltenden Wertvorschriften und besondere Wertvorschriften für die Rechtsanwaltsgebühren, Wertfestsetzung durch das Gericht
5	34 – 36	Mediation und außergerichtliche Tätigkeit	Anwaltstätigkeit als Mediator, Vergütung bei Hilfeleistung in Steuersachen, in schiedsrichterlichen Verfahren und in Verfahren vor dem Schiedsgericht
6	37 – 41	Gerichtliche Verfahren	Insbesondere Vergütungsregelungen für Verfahren vor den Verfassungsgerichten und dem Europäischen Gerichtshof
7	42 – 43	Straf- und Bußgeldsachen	Insbesondere Feststellung einer Pauschgebühr für Strafverteidiger
8	44 – 59	Beigeordneter oder bestellter Rechtsanwalt, Beratungshilfe	Rechtsanwaltsvergütung bei Beratungshilfe, Prozesskostenhilfe und bei gerichtlicher Bestellung oder Beiordnung eines Strafverteidigers
9	60 – 61	Übergangs- und Schlussvorschriften	Allgemeine Übergangsvorschrift, spezielle Übergangsvorschrift aus Anlass des In-Kraft-Tretens des RVG

Wahrscheinlich werden Sie aus dem Paragrafenteil am häufigsten die Abschnitte 1 bis 4 benötigen, wobei der dritte Abschnitt wegen der Definition der gebührenrechtlichen Angelegenheit und der vierte Abschnitt wegen der Wertvorschriften für Sie besonders bedeutsam sein werden.

Gliederung des Vergütungsverzeichnisses des RVG

Teil	Verzeichnisnummern	Bezeichnung	Inhalt
1	1000 – 1009	Allgemeine Gebühren	Einigungsgebühr, Aussöhnungsgebühr, Erledigungsgebühr, Gebührenregelung bei mehreren Auftraggebern, Hebegebühr
2	2100 – 2608	Außergerichtliche Tätigkeiten einschließlich der Vertretung im Verwaltungsverfahren	Beratung und Gutachten, Prüfung der Erfolgsaussicht eines Rechtsmittels, Geschäftsgebühr für außergerichtliche Vertretung, Beratungshilfe

Gliederung des Vergütungsverzeichnisses des RVG			
Teil	Verzeichnis-nummern	Bezeichnung	Inhalt
3	3100 – 3518	Bürgerliche Rechtsstreitigkeiten, Verfahren der freiwilligen Gerichtsbarkeit, öffentlich-rechtlichen Gerichtsbarkeiten, Verfahren nach dem Strafvollzugsgesetz und ähnliche Verfahren	Gebühren im ersten Rechtszug, in der Berufung und Revision, in Verfahren vor dem Finanzgericht, im Mahnverfahren, in der Zwangsvollstreckung, im Insolvenzverfahren, des Verkehrsanwalts, des Terminsvertreters, für sonstige Einzeltätigkeiten, im Beschwerde- und Erinnerungsverfahren und anderen Verfahren
4	4100 – 4304	Strafsachen	Gebühren des Strafverteidigers
5	5100 – 5200	Bußgeldsachen	Gebühren des Verteidigers
6	6100 – 6404	Sonstige Verfahren	Gebühren in Disziplinarverfahren, berufsgerichtlichen Verfahren und anderen Verfahren
7	7000 – 7008	Auslagen	Dokumentenpauschale, Entgelte für Post- und Telekommunikationsdienstleistungen, Reisekosten, spezielle Haftpflichtversicherungsprämien, Umsatzsteuer

Aus dem Vergütungsverzeichnis werden Sie vermutlich nur den sechsten Abschnitt selten gebrauchen können, aller anderen Abschnitte werden Sie sich – abhängig von den Tätigkeitsschwerpunkten der betreffenden Anwaltskanzlei – häufig bedienen.

Das GKG ist übrigens genauso aufgebaut wie das RVG. Auch das GKG unterteilt sich in einen Paragrafenteil und das Kostenverzeichnis und enthält am Ende noch eine Gebührentabelle.

Nachfolgend sollen die wichtigsten Vorschriften des Paragrafenteils und des Vergütungsverzeichnisses des RVG vorgestellt werden. Natürlich muss hier eine Auswahl getroffen werden, da es sich bei vorliegendem Buch um ein Lernbuch und nicht um einen Kommentar zum RVG handelt.

1.2 Allgemeine Vorschriften des Paragrafenteils des RVG (§§ 1 bis 12 RVG)

In dem **ersten Abschnitt des Paragrafenteils des RVG** werden Sie außer dem Geltungsbereich des Gesetzes insbesondere Regelungen über Vergütungsvereinbarungen, über Besonderheiten bei der Beauftragung mehrerer Rechtsanwälte oder beim Vorhandensein mehrerer Auftraggeber, über Honorarvorschüsse, über Fälligkeit und Verjährung der Vergütung, über den notwendigen Inhalt von Vergütungsrechnungen und über das Vergütungsfestsetzungsverfahren vorfinden.

Die einzelnen Paragrafen dieses Abschnitts werden in den folgenden Kapiteln nur insoweit vorgestellt, wie sie nicht in späteren speziellen Kapiteln behandelt werden.

1.2.1 Der Geltungsbereich des RVG (§ 1 RVG)

Rechtsanwälte und Rechtsanwältinnen erhalten für ihre Tätigkeit eine **Vergütung**, die sich aus Gebühren und dem Ersatz ihrer Auslagen zusammensetzt. Diese Vergütung wird nach dem Rechtsanwaltsvergütungsgesetz (RVG) berechnet, wie sich aus dessen § 1 Abs. 1 ergibt.

Auf Tätigkeiten, die auch andere Personen als ein Rechtsanwalt übernehmen können, findet das RVG keine Anwendung: z. B. Tätigkeiten des RA als Vormund, Betreuer, Testamentsvollstrecker, Treuhänder, Insolvenzverwalter, Nachlassverwalter usw. (§ 1 Abs. 2 RVG).

1.2.2 Die Höhe der Vergütung (§ 2 RVG)

Die Gebühren des Rechtsanwalts werden häufig nach dem Gegenstandswert berechnet, um den es in der betreffenden Angelegenheit geht (§ 2 Abs. 1 RVG). Man spricht hier auch von **Wertgebühren**. Siehe auch Kapitel 1.3.1.

Nun gibt es auch viele Angelegenheiten, in denen es um keinen in Geld bestimmbaren Wert geht. In diesen Fällen werden die Gebühren im RVG unabhängig von einem Gegenstandswert gesetzlich vorgeschrieben. Es handelt sich hierbei insbesondere um strafrechtliche Angelegenheiten und um Ordnungswidrigkeiten.

Die Höhe der Gebühren ist für jeden einzelnen Gebührentatbestand in dem als Anlage 1 zum RVG abgedruckten **Vergütungsverzeichnis** vorgeschrieben. In diesem Verzeichnis finden Sie jeweils unter einer vierstelligen Nummer zu jedem Gebührentatbestand entweder den Gebührensatz bei Wertgebühren oder die Höhe der Gebühr in Euro bei den anderen Gebühren. Bei den Rahmengebühren ist bei Satzrahmengebühren ein Gebührensatzrahmen (z. B. von 0,5 bis 2,5) und bei Betragsrahmengebühren ein Betragsrahmen (z. B. von 30,00 bis 300,00 EUR) angegeben.

Weiterhin regelt das Vergütungsverzeichnis auch die am häufigsten vorkommenden Auslagen des Rechtsanwalts.

In § 2 Abs. 2 RVG wird auch auf die übliche **Rundungsregel** hingewiesen: Geldbeträge werden auf drei Stellen nach dem Komma berechnet und dann auf zwei Stellen nach dem

Komma gerundet; dabei wird aufgerundet wenn die dritte Nachkommastelle 0,5 Cent oder mehr beträgt, ansonsten wird abgerundet.

1.2.3 Die Vereinbarung der Vergütung (§ 4 RVG)

Ein RA ist nicht verpflichtet, die Vertretung eines Mandanten zu übernehmen, im Gegensatz zum Notar, der seine Urkundstätigkeit gemäß § 15 BNotO nicht ohne ausreichenden Grund verweigern darf. Wenn der RA über die Annahme eines Auftrages frei entscheiden kann, dann steht ihm auch frei, es abzulehnen, zu den gesetzlichen Gebühren tätig zu werden. Daher darf der RA die Übernahme eines Auftrages davon abhängig machen, dass der Auftraggeber ihm eine höhere als die gesetzlich vorgeschriebene Vergütung gewährt. Selbstverständlich muss der RA erst einmal einen Auftraggeber finden, der dazu auch bereit ist.

Grundsätzlich kann also der RA eine höhere als die gesetzliche Vergütung fordern und mit seinem Auftraggeber vereinbaren. Eine solche Vergütungsvereinbarung wird auch als **Honorarvereinbarung** bezeichnet, jedoch ist **Vergütungsvereinbarung** der gesetzlich definierte Begriff. Vergütungsvereinbarungen sind für alle anwaltlichen Tätigkeiten zulässig, mit Ausnahme der Tätigkeiten, die ein im Wege der **Prozesskostenhilfe** beigeordneter RA ausübt, denn § 4 Abs. 5 S. 1 RVG ordnet an, dass in diesem Fall der Auftraggeber dem RA eine etwa vereinbarte höhere Vergütung nicht schuldet. Auch bei **Beratungshilfe** ist eine Vergütungsvereinbarung unzulässig (§ 4 Abs. 6 RVG).

Hinweis: Nach den §§ 48 und 49 a Bundesrechtsanwaltsordnung (BRAO) ist der RA grundsätzlich verpflichtet, Mandate im Rahmen der Prozesskostenhilfe oder Beratungshilfe zu übernehmen und dann auch nur die im RVG für diese Sachen vorgesehenen niedrigeren Gebühren zu berechnen. Voraussetzung für die Beiordnung des RA ist hier das finanzielle Unvermögen des Auftraggebers. Unter bestimmten Umständen kann der RA aber bei Prozesskostenhilfe auch Gebühren bis zu der für normale Fälle im RVG verordneten Höhe fordern, was in § 50 RVG geregelt ist.
Nach § 49 BRAO muss sich ein RA als Pflichtverteidiger in Straf- und Bußgeldsachen vom Gericht bestellen lassen. Jedoch muss der Beschuldigte, dem das Gericht den Pflichtverteidiger bestellt, nicht arm sein. Deshalb ist es in diesen Sachen durchaus zulässig, trotz gerichtlicher Bestellung eine Vergütungsvereinbarung abzuschließen, wenn der Mandant diese freiwillig unterschreibt und nicht etwa durch Haft oder ähnliches sich unter Druck gesetzt fühlt.

Wirksam ist eine Vergütungsvereinbarung nur bei ausdrücklicher **schriftlicher Vereinbarung** (§ 4 Abs. 1 RVG), wobei der RA standesrechtlich dazu verpflichtet ist, den Auftraggeber darauf hinzuweisen, dass das vereinbarte Honorar die gesetzliche Vergütung übersteigt. Nach dem Wortlaut des § 4 Abs. 1 RVG kann die Vergütungsvereinbarung z. B. in einem Schreiben des Auftraggebers enthalten sein oder auch in einem vom RA abgefassten Schriftstück; auf jeden Fall muss es sich um eine Erklärung des Auftraggebers handeln, mit der er eine höhere Vergütung verspricht, die in schriftlicher und von ihm unterschriebener Form vorliegt.

Zur Beachtung: Wenn der Text der Vereinbarung von dem RA stammt muss der Vertrag ausdrücklich als „Vergütungsvereinbarung" bezeichnet sein. Weiterhin darf die Erklärung des Auftraggebers, mit der er dem RA eine höhere als die gesetzliche Vergütung verspricht, nicht in der Vollmacht enthalten sein. Ferner muss der Text der Vereinbarung deutlich von etwaigen anderen Abmachungen abgesetzt sein, also z. B. von Gerichtsstandsvereinbarungen; es können also Gerichtsstandsvereinbarung und Vergütungsvereinbarung zusammen in einem Schriftstück stehen, wobei aber die Vergütungsvereinbarung eindeutig und offensichtlich von der Gerichtsstandsvereinbarung abgehoben sein muss.

> Der Gesetzgeber will durch diese Vorschrift vermeiden, dass ein Auftraggeber eine Vergütungsvereinbarung unterschreibt, ohne vorher den Text genau gelesen und seine Bedeutung erfasst zu haben. Dem Auftraggeber soll unmissverständlich erkennbar sein, dass er sich gegenüber dem RA zur Zahlung einer höheren als der gesetzlich vorgeschriebenen Vergütung verpflichtet.

Es sei darauf hingewiesen, dass das RVG eine Vergütungsvereinbarung wegen Formmangels oder bei bewilligter Prozesskostenhilfe nicht für unwirksam erklärt; der Auftraggeber ist halt nur nicht zur Leistung verpflichtet – aber durchaus berechtigt. Damit dürfte die gesetzliche Regelung verständlich werden: Zahlt ein Auftraggeber freiwillig und ohne Vorbehalt die vereinbarte höhere Vergütung, ohne eigentlich wegen Formmangels oder wegen bewilligter Prozesskostenhilfe dazu verpflichtet zu sein, so kann er das Geleistete dennoch nicht mehr zurückfordern (§ 4 Abs. 1 S. 3, Abs. 5 S. 2 RVG).

Von juristischen Formularverlagen sind vorgedruckte Vergütungsvereinbarungen erhältlich, die auch als **Honorarscheine** bezeichnet werden. Werden solche Vordrucke benutzt, dann kann man sicher sein, dass die gesetzlichen Vorschriften bezüglich der Vergütungsvereinbarungen eingehalten werden. Da andererseits Formulare gerade in einer so wichtigen Sache wie dem Verlangen einer höheren Vergütung keinen guten Eindruck bei den Mandanten hinterlassen, werden häufig in der Anwaltskanzlei geschriebene Schriftstücke bevorzugt. Muster hierfür finden Sie weiter unten.

Inhalt der Vereinbarung einer höheren Vergütung können höhere Gebühren und/oder höhere Auslagen sein. Dabei muss entweder genau die Höhe der Vergütung oder zumindest die Art und Weise ihrer Berechnung angegeben werden. Beispielsweise sind die folgenden Vergütungsvereinbarungen zulässig:

- Häufig wird ein **Pauschalhonorar** verabredet (1. Muster).
- Es kann ein **Zuschlag** auf die gesetzlichen Gebühren, also z. B. der doppelte Betrag der gesetzlichen Gebühren, vereinbart werden (2. Muster). Der Zuschlag kann auch prozentual vorgenommen werden (3. Muster).
- Es ist auch möglich, einen bestimmten **höheren Gegenstandswert** abzusprechen (4. Muster).
- Bei Vereinbarung vom Auftraggeber zu erstattender **höherer Auslagen** darf eine plausible Höhe nicht überschritten werden. Es können z. B. höhere Reisekosten, wie Kilometergelder oder Tages- und Abwesenheitsgelder, ausgemacht werden (4. Muster).
- Bei einer **Rahmengebühr** kann abgesprochen werden, dass der höchste Betrag oder Satz des Rahmens zu zahlen ist (5. Muster).
- Auch **Zeitgebühren**, also Stundenhonorare, können vereinbart werden, was des Öfteren insbesondere in außergerichtlichen Angelegenheiten geschieht. Über die Höhe der Stundenvergütung wird in Anwaltskreisen meist geschwiegen, jedoch ist zu hören, dass Stundensätze von etwa 150,00 EUR an aufwärts vereinbart werden. Für die Vereinbarung von Zeitgebühren können die folgenden Gründe sprechen:
  - Die gesetzlichen Gebühren werden der Schwierigkeit und dem Umfang des Auftrages nicht gerecht.
  - Es kann schwirig sein, den Gegenstandswert der Sache festzustellen.
  - Entweder wohnt der Mandant im Ausland oder die anwaltliche Vertretung findet gegenüber im Ausland ansässigen Personen statt.

- Die Festsetzung des Betrages der vereinbarten erhöhten Vergütung kann dem billigen **Ermessen des Vorstandes der Rechtsanwaltskammer** überlassen werden (§ 4 Abs. 3 S. 1 RVG). Eine solche Vereinbarung wird gerne dann gewählt, wenn sich Umfang und Schwierigkeit der anwaltlichen Tätigkeit im Vorhinein nicht voraussagen lassen.

Zur Beachtung: Es wird verschiedentlich empfohlen, in die Vergütungsvereinbarung eine Bestimmung aufzunehmen, wonach die Umsatzsteuer (MwSt.) vom Auftraggeber zusätzlich zu zahlen ist.

Bezüglich der **Kostenerstattungspflicht** ist zu beachten, dass der zur Kostentragung verurteilte Gegner nur die gesetzliche Vergütung zu erstatten hat, da nur diese „notwendig" im Sinne des § 91 Abs. 2 S. 1 ZPO ist, nicht aber eine zwischen Mandant und RA vereinbarte höhere Vergütung. Die obsiegende Partei erhält also vom Gegner nur die gesetzliche Vergütung erstattet und muss ihrem RA die Differenz bis zur vereinbarten Vergütung aus eigener Tasche zuzahlen.

Wenn eine vereinbarte oder vom Vorstand der Rechtsanwaltskammer festgesetzte Vergütung unter Berücksichtigung aller Umstände unangemessen hoch ist, so kann sie nach § 4 Abs. 4 RVG in einem Rechtsstreit vom Gericht auf den angemessenen Betrag bis zur Höhe der gesetzlichen Vergütung herabgesetzt werden.

Das anwaltliche Standesrecht erklärt es in § 49 b Abs. 1 Bundesrechtsanwaltsordnung (BRAO) grundsätzlich für **unzulässig, geringere Gebühren und Auslagen zu vereinbaren** oder zu fordern, als im RVG vorgesehen sind. Die Vorschriften des RVG über Gebühren und Auslagen schreiben also die jeweilige **Mindestvergütung** vor, die in der Regel nicht unterschritten werden darf. Das Unterbieten dieser Mindestvergütung ist nicht nur standeswidrig, sondern kann auch als unlauterer Wettbewerb gelten.

Zur Beachtung: Bei einer Vergütungsvereinbarung kann es dem RA unterlaufen, versehentlich eine niedrigere Vergütung auszuhandeln, als in dem RVG vorgeschrieben ist. Um nicht unbeabsichtigt das Standesrecht zu verletzen ist daher zu empfehlen, in die Vergütungsvereinbarung eine Bestimmung aufzunehmen, wonach vom Auftraggeber mindestens die gesetzlichen Gebühren und Auslagen zu zahlen sind.

Eine Vereinbarung, durch die die Höhe der Vergütung vom Ausgang der Sache oder vom sonstigen Erfolg der anwaltlichen Tätigkeit abhängig gemacht wird, also **die Vereinbarung eines Erfolgshonorars, ist grundsätzlich standeswidrig** und deshalb unzulässig (§ 49 b Abs. 2 BRAO). Die Rechtsprechung hält in bestimmten Fällen Erfolgshonorare sogar für einen Verstoß gegen die guten Sitten, womit die Vereinbarung nach § 138 BGB nichtig wird.

Nur **in außergerichtlichen Angelegenheiten** ist nach § 4 Abs. 2 RVG die Vereinbarung einer **Pauschalvergütung** oder **Zeitvergütung** standesrechtlich zulässig, die **niedriger** ist als die sich nach dem RVG ergebenden gesetzlichen Gebühren. Die vereinbarte Vergütung muss jedoch in einem angemessenen Verhältnis zur Leistung, zur Verantwortung und zum Haftungsrisiko des RA stehen. So kann der RA beispielsweise mit einem Kaufmann vereinbaren, dass dieser pro Jahr z. B. (angemessene) 5 000,00 EUR zuzüglich USt. zahlt, womit alle im laufenden Jahr durchgeführten Beratungen des Mandanten abgegolten sind. Kommt es dann infolge der außergerichtlichen Tätigkeit zu einem Prozess, so fällt das Verfahren nicht mehr unter die Pauschale, vielmehr muss der RA für die Prozessführung und die Zwangsvollstreckung die gesetzliche Vergütung nach dem RVG fordern.

Merke:

Grundsätzlich kann ein RA eine höhere als die gesetzliche Vergütung fordern und mit seinem dazu bereiten Auftraggeber in einer Vergütungsvereinbarung ausmachen.

Hierzu ist eine ausdrückliche und von der Prozessvollmacht gesonderte schriftliche Vereinbarung notwendig.

Der Auftraggeber ist darauf hinzuweisen, dass das vereinbarte Honorar die gesetzliche Vergütung übersteigt.

Der zur Kostentragung verurteilte Gegner hat nur die gesetzliche Vergütung zu erstatten.

Die im RVG vorgeschriebene Mindestvergütung darf grundsätzlich nicht unterschritten werden.

Die Vereinbarung eines Erfolgshonorars ist grundsätzlich standeswidrig.

Nachstehend werden noch einige **Muster von Vergütungsvereinbarungen** vorgestellt. Wie oben bereits erwähnt wurde, werden in der Anwaltskanzlei selbst geschriebene Vergütungsvereinbarungen nicht selten vorgedruckten Honorarscheinen vorgezogen.

1. Muster: Vergütungsvereinbarung in Zivilsachen (Pauschalhonorar)

Vergütungsvereinbarung

In der Sache ....
habe ich Herrn Rechtsanwalt ....
zu meinem Vertreter/Prozessbevollmächtigten bestellt.
Ich verpflichte mich, ihm für seine Tätigkeit in dieser Sache **anstelle der gesetzlichen Gebühren** ein Honorar von .... EUR (in Worten .... Euro) zu zahlen, das wie folgt fällig ist: ....
Sind die gesetzlichen Gebühren höher, so gelten diese.
Auslagen, Reisekosten, Tage- und Abwesenheitsgelder und die Umsatzsteuer (USt.) sind daneben gesondert zu zahlen.
Der Ausgang der anwaltlichen Bemühungen ist ohne Einfluss auf die Höhe des Honorars.
Mir ist bekannt, dass das vereinbarte Honorar höher ist als die nach den gesetzlichen Vorschriften sich ergebende Vergütung und dass im Falle des Obsiegens der Gegner nur die gesetzliche Vergütung zu erstatten hat.
.... , den ....
....
(Unterschrift des Auftraggebers)

2. Muster: Vergütungsvereinbarung in Zivilsachen (Zusatzhonorar)

Vergütungsvereinbarung

In der Sache ....
haben wir
Frau Rechtsanwältin ....
zu unserer Vertreterin/Prozessbevollmächtigten bestellt.
Wir verpflichten uns, ihr für ihre Tätigkeit in dieser Sache **zusätzlich zu den gesetzlichen Gebühren** ein Honorar von .... EUR (in Worten .... Euro) zu zahlen, das wie folgt fällig ist: ....
Auslagen, Reisekosten, Tage- und Abwesenheitsgelder und die Umsatzsteuer (USt.) sind daneben gesondert zu zahlen.
Der Ausgang und der Umfang der anwaltlichen Bemühungen sind ohne Einfluss auf die Höhe des Honorars.
Uns ist bekannt, dass das vereinbarte Honorar höher ist als die nach den gesetzlichen Vorschriften sich ergebende Vergütung und dass im Falle des Obsiegens der Gegner nur die gesetzliche Vergütung zu erstatten hat.
.... , den ....
....
(Unterschrift der Auftraggeber)

3. Muster: Vergütungsvereinbarung in Zivilsachen
(Erhöhung der gesetzlichen Gebühren)

Vergütungsvereinbarung

In der Sache ....
haben wir
Herrn Rechtsanwalt ....
zu unserem Prozessbevollmächtigten bestellt.
Wir verpflichten uns, ihm für seine Tätigkeit in dieser Sache die anfallenden gesetzlichen Gebühren in einer Höhe von **150 % des jeweils gesetzlich vorgesehenen Gebührensatzes** zu zahlen.
Auslagen, Reisekosten, Tage- und Abwesenheitsgelder und die Umsatzsteuer (USt.) sind daneben gesondert zu zahlen.
Der Ausgang und der Umfang der anwaltlichen Bemühungen sind ohne Einfluss auf die Höhe des Honorars.
Uns ist bekannt, dass das vereinbarte Honorar höher ist als die nach den gesetzlichen Vorschriften sich ergebende Vergütung und dass im Falle des Obsiegens der Gegner nur die gesetzliche Vergütung zu erstatten hat.

.... , den ....
....
(Unterschrift der Auftraggeber)

---

4. Muster: Vergütungsvereinbarung in Zivilsachen
(höherer Gegenstandswert, höhere Reisekosten)

Vergütungsvereinbarung

In der Sache ....
habe ich
Frau Rechtsanwältin ....
zu meiner Vertreterin/Prozessbevollmächtigten bestellt.
Ich verpflichte mich, ihr für ihre Tätigkeit in dieser Sache die **gesetzlichen Gebühren nach einem Gegenstandswert** von .... EUR (in Worten .... Euro) zu zahlen.
Sind die Gebühren nach den gesetzlichen Wertvorschriften höher, so gelten diese.
Für **Reisekosten mit dem Kraftwagen** sind für jeden angefangenen Kilometer des Hin- und Rückweges 0,75 EUR zu zahlen.
Sonstige Reisekosten, Tage- und Abwesenheitsgelder, Auslagen und die Umsatzsteuer (USt.) sind daneben gesondert zu zahlen.
Der Ausgang und der Umfang der anwaltlichen Bemühungen sind ohne Einfluss auf die Höhe des Honorars.
Mir ist bekannt, dass das vereinbarte Honorar höher ist als die nach den gesetzlichen Vorschriften sich ergebende Vergütung und dass im Falle des Obsiegens der Gegner nur die gesetzliche Vergütung zu erstatten hat.

.... , den ....
....
(Unterschrift des Auftraggebers)

5. Muster: Vergütungsvereinbarung in Strafsachen

Vergütungsvereinbarung

In der Strafsache/Bußgeldsache/Privatklagesache

wegen ....

habe ich

Herrn Rechtsanwalt ....

zu meinem Verteidiger/Vertreter bestellt.

Ich verpflichte mich, ihm für seine Tätigkeit in dieser Sache die **anfallenden Rahmengebühren nach dem höchsten Betrag des jeweiligen Gebührenrahmens** zu zahlen.

Auslagen, Reisekosten, Tage- und Abwesenheitsgelder und die Umsatzsteuer (USt.) sind daneben gesondert zu zahlen.

Der Ausgang der anwaltlichen Bemühungen ist ohne Einfluss auf die Höhe des Honorars.

Mir ist bekannt, dass das vereinbarte Honorar höher ist als die nach den gesetzlichen Vorschriften sich ergebende Vergütung und dass im Falle des Obsiegens nur die gesetzliche Vergütung erstattet wird.

.... , den ....

....

(Unterschrift des Auftraggebers)

Gemäß § 49 b Abs. 5 BRAO besteht bei Wertgebühren eine **Hinweispflicht auf die Berechnung der Anwaltsgebühren** nach dem Gegenstandswert. Nach dieser Vorschrift ist der RA vor der Übernahme eines Mandats verpflichtet, seinen Mandanten darauf hinzuweisen, wenn sich die Gebühren nach dem Gegenstandswert richten. Dies soll dem Auftraggeber Anlass geben, die Gelegenheit wahrzunehmen, den RA über die Höhe der zu erwartenden Gebühren zu befragen. Der Gesetzgeber begründet diese Vorschrift damit, dass in der Vergangenheit immer wieder Mandanten über die bei hohen Gegenstandswerten zu zahlenden hohen Gebühren überrascht worden seien.

Grundsätzlich darf ein RA nach § 49 b Abs. 3 S. 1 BRAO die ihm zustehenden Gebühren mit niemandem teilen, auch nicht mit einem anderen RA. Die beiden einzig zulässigen Fälle einer **Gebührenteilung** zwischen Rechtsanwälten sind in § 49 b Abs. 3 S. 2 und S. 5 BRAO normiert:

- Nach § 49 b Abs. 3 S. 2 BRAO ist es übliche Praxis, dass ein **Verkehrsanwalt** (Gebühr nach VV Nr. 3400 RVG) mit dem Hauptbevollmächtigten die Gebühren teilt, wenn der Verkehrsanwalt über das Führen des Schriftverkehrs hinaus z. B. den Entwurf der Klageschrift gefertigt hat. Üblich ist in diesen Fällen, dass die insgesamt für beide RA entstehenden Gebühren hälftig geteilt werden (§ 22 Berufsordnung für Rechtsanwälte, BORA). Auch wenn in § 49 b Abs. 3 S. 2 BRAO nur die Nr. 3400 VV RVG (Verkehrsanwalt) genannt ist, gehen die Kommentatoren davon aus, dass eine solche Gebührenteilung auch zwischen Hauptbevollmächtigtem und **Unterbevollmächtigtem** (VV Nrn. 3401, 3402 RVG) zulässig ist, wenn der Unterbevollmächtigte mehr als nur die Vertretung in einer Verhandlung erledigt hat, also z. B. Schriftsätze ausgearbeitet hat.

- Praktisch weniger bedeutsam ist die Vorschrift des § 49 b Abs. 3 S. 5 BRAO, wonach **mehrere Rechtsanwälte**, die gemeinsam einen Fall bearbeiten, die Gebühren untereinander in einem angemessenen Verhältnis teilen dürfen. Hier erhält zwar jeder RA nach § 6 RVG für seine Tätigkeit die volle Vergütung, diese wird aber unter den beteiligten RA entsprechend ihren Leistungen aufgeteilt. Zu denken wäre hier an Fälle, in denen ein RA im Einverständnis mit seinem Auftraggeber einen Spezialisten für ein bestimmtes Rechtsgebiet heranzieht.

Hinweis: Nach § 23 der Berufsordnung für Rechtsanwälte (BORA) muss ein Rechtsanwalt spätestens mit Beendigung des Mandats gegenüber dem Mandanten und/oder Gebührenschuldner unverzüglich über Honorarvorschüsse und Fremdgelder abrechnen.
Die Abgabe und Entgegennahme eines Teils der Gebühren oder sonstiger Vorteile für die Vermittlung von Aufträgen ist unzulässig (§ 49 b Abs. 3 S. 1 BRAO). Ein RA darf also niemandem eine „Provision" für die Vermittlung von Mandanten zahlen oder z. B. von einem Notar eine Belohnung dafür annehmen, dass er ihm diesen Klienten für ein Beurkundungsgeschäft zugeführt hat. Die einzig zulässige Gebührenteilung wurde vorstehend vorgestellt.
Es ist grundsätzlich unzulässig, Gebührenforderungen zwecks Beitreibung an einen Dritten, der nicht RA ist, abzutreten oder gar ein Inkassobüro mit ihrer Einziehung zu beauftragen (§ 49 b Abs. 4 S. 2 BORA).

1.2.4 Mehrere Rechtsanwälte (§ 6 RVG)

Ein Mandant kann mehrere Rechtsanwälte mit der Wahrnehmung seiner Interessen in derselben Angelegenheit beauftragen. Dies wird nur in schwierigen Fällen geschehen. Werden diese RAe nebeneinander jeweils mit einer besonderen Hauptvollmacht tätig, so kann jeder RA für sich die volle Vergütung verlangen. In der Praxis kommt es z. B. vor, dass in Strafsachen ein Angeklagter durch zwei Verteidiger vertreten wird oder dass in Verkehrsunfallsachen Versicherung und Kraftfahrer durch verschiedene RAe vertreten werden.

Achtung: Nicht unter § 6 RVG fallen Anwaltssozietäten, die die entstehenden Gebühren nur einmal verlangen können, da der Mandant den Anwaltsvertrag mit allen in der Sozietät verbundenen Anwälten als Gemeinschaft schließt, sowie die in VV Nrn. 3400 bis 3402 genannten Fälle des Verkehrsanwalts und des Terminsvertreters, da diese ergänzende Tätigkeiten ausführen (dazu siehe unten Kapitel 6.4).

Sollte ein Gegner zur Erstattung der Kosten verpflichtet sein, muss er grundsätzlich die Kosten für nur einen RA erstatten.

1.2.5 Mehrere Auftraggeber (§ 7 RVG, VV Nr. 1008 RVG)

(Dazu Aufgaben Gruppe 7)

Wenn ein RA mehrere Mandanten in derselben Angelegenheit vertritt, können sich deswegen seine Gebühren erhöhen. Dies ist zum einen in § 7 RVG und zum anderen in VV Nr. 1008 RVG geregelt. Da diese beiden Gesetzesstellen in einem engen Zusammenhang stehen, sollen sie auch nachfolgend gemeinsam dargestellt werden.

1.2.5.1 Grundsätzliche Überlegungen

In § 15 Abs. 2 RVG ist grundsätzlich bestimmt, dass der RA die Gebühren in derselben Angelegenheit nur einmal fordern kann. In § 7 Abs. 1 RVG wird zusätzlich geregelt, dass auch eine höhere Anzahl von Auftraggebern nicht dazu führt, mehrmals eine Gebühr für dieselbe Angelegenheit fordern zu können, obwohl der RA natürlich mit jedem der Auftraggeber einen Geschäftsbesorgungsvertrag abschließt und folglich von jedem der Auftraggeber eigentlich ein Honorar fordern könnte. Es ist also so, dass der RA in einer einzigen gebührenrechtlichen Angelegenheit **dieselbe Gebühr immer nur einmal** erhält.

Einerseits ist es einsehbar, dass eine anwaltliche Tätigkeit für mehrere Auftraggeber für den RA eine höhere Arbeitsbelastung bedeutet, da z. B. Besprechungen mit mehreren Mandanten in der Regel länger dauern werden, als wenn der RA nur Fragen eines Mandanten beantworten muss. Andererseits muss sich der RA nur in eine einzige Akte einarbeiten, da es sich trotz mehrerer Auftraggeber letztlich nur um eine einzige Angelegenheit handelt. Insoweit wird die Bestimmung des § 7 Abs. 1 RVG verständlich, demzufolge der RA auch bei mehreren Auftraggebern zwar jede Gebühr nur einmal erhält, aber für bestimmte Gebühren gemäß VV Nr. 1008 RVG eine **Erhöhung dieser Gebühren** für jeden zusätzlichen Auftraggeber eintritt.

Bevor wir uns aber mit der Vorschrift des VV Nr. 1008 RVG eingehender beschäftigen, sollten wir erst noch eine grundsätzliche Überlegung des Gesetzgebers nachvollziehen, die leider im Gesetz nicht ausdrücklich dargestellt worden ist. Um VV Nr. 1008 RVG richtig anwenden zu können, müssen wir nämlich die Begriffe **Angelegenheit** und **Gegenstand** unterscheiden.

Was eine **Angelegenheit** ist, richtet sich

(1) nach dem Auftrag, der eben auch einheitlich von mehreren Auftraggebern erteilt sein kann,

(2) danach, ob der RA seine Tätigkeit auftragsgemäß in einem einheitlichen Rahmen ausübt und

(3) nach dem inneren Zusammenhang der einzelnen Gegenstände.

Einen einheitlichen Auftrag haben mehrere Auftraggeber dann erteilt, wenn ihre Ansprüche vom RA gemeinsam behandelt werden sollen. Macht dann der RA die verschiedenen Ansprüche z. B. in einem Brief an den Gegner oder in einer Klage zusammen geltend, so liegt ein einheitlicher Rahmen vor. Ein innerer Zusammenhang der verschiedenen Ansprüche (Gegenstände) ist dann gegeben, wenn sie in einer einzigen Klage bei Gericht geltend gemacht werden können, z. B. wenn mehrere Unfallopfer ihre unterschiedlichen Schadenersatzansprüche gegen denselben Unfallverursacher durchsetzen wollen.

Der **Gegenstand** der anwaltlichen Tätigkeit ist das Recht oder Rechtsverhältnis, auf das sich der Auftrag bezieht, also z. B. der konkrete Zahlungsanspruch, der eingeklagt werden soll.

1.2.5.1.1 Mehrere Gegenstände in einer Angelegenheit

Eine Angelegenheit kann also **mehrere Gegenstände** umfassen, wenn z. B. der Auftrag dahin geht,

- Unterhaltsansprüche einer Mutter für sich und für ein minderjähriges Kind zusammen einzufordern, oder

- den Schadenersatzanspruch des einen Unfallopfers und den Schmerzensgeldanspruch des anderen Verletzten gegen denselben Täter einzuklagen, oder

- in einer Klage eine Kaufpreisforderung und eine Darlehensforderung zusammen geltend zu machen.

Eine Gebührenerhöhung gemäß VV Nr. 1008 RVG ist in den vorstehenden drei Beispielen nicht möglich, da Absatz 1 der Anmerkung zu Nummer 1008 bestimmt, dass als Voraussetzung der Erhöhung bei Wertgebühren der **derselbe Gegenstand** der anwaltlichen Tätigkeit vorliegen muss. In den drei Beispielsfällen werden innerhalb einer Angelegenheit (z. B. Klage) aber verschiedene Gegenstände (Ansprüche) geltend gemacht.

Ist der RA von mehreren Auftraggebern in einer Angelegenheit gemeinschaftlich wegen **verschiedener Gegenstände** beauftragt worden, so erhält er dafür auch höhere Gebühren, jedoch nicht gemäß § 7, VV Nr. 1008 RVG! In solchen Fällen werden gemäß § 22 Abs. 1 RVG von den einzelnen Gegenständen die **Werte zusammengerechnet**, sodass der RA über den sich daraus ergebenden höheren Gegenstandswert natürlich auch eine erhöhte Vergütung erhält. In diesem Falle erwachsen dem RA übrigens alle Wertgebühren für diesen Auftrag nach dem höheren Wert und es werden nicht nur bestimmte Gebühren erhöht, wie nach VV Nr. 1008 RVG.

Beispiel: Zwei Unterhaltsgläubiger klagen jeweils einen eigenen Unterhaltsanspruch in Höhe von 500,00 EUR monatlich gegen denselben Unterhaltsschuldner in einer Klage ein. Da es sich bei den Forderungen nicht um denselben Gegenstand handelt, gibt es keine Erhöhung gemäß VV Nr. 1008 RVG, sondern die Gegenstandswerte von jeweils 12 x 500,00 EUR = 6 000,00 EUR (§ 42 Abs. 1 GKG) werden nach § 22 Abs. 1 RVG addiert, sodass der Gegenstandswert in dieser Angelegenheit 12 000,00 EUR beträgt.

Es sei aber darauf hingewiesen, dass die Vergütung des RA hierbei niedriger ausfällt, als wenn er jeden Auftraggeber gesondert vertreten hätte, da die Gebühren bei steigenden Gegenstandswerten nicht mehr so stark wachsen. Man spricht hier auch von der **Degression der Gebührentabelle** (siehe Kapitel 0.3.1.2.2).

1.2.5.1.2 Derselbe Gegenstand der anwaltlichen Tätigkeit

Liegt **derselbe Gegenstand** der anwaltlichen Tätigkeit in einer Angelegenheit vor, so tritt eine **Gebührenerhöhung** gemäß VV Nr. 1008 RVG ein, und zwar nur dann. Nach dem oben Gesagten handelt es sich um denselben Gegenstand, wenn der RA für die mehreren Auftraggeber wegen desselben Rechts oder Rechtsverhältnisses tätig wird. Dies liegt grundsätzlich in den beiden folgenden Fällen vor:

(1) Der RA vertritt mehrere Auftraggeber, die als **Gesamtschuldner** (§ 421 BGB) oder als **Gesamthandsschuldner** verklagt worden sind.

Bei Gesamtschuldnern schuldet jeder einzelne die ganze Leistung, der Gläubiger kann sie aber insgesamt nur einmal verlangen. Dies kommt in der Praxis häufig vor.

Dagegen schulden Gesamthandsschuldner eine Leistung nur gemeinschaftlich, sodass gegen alle ein Titel erwirkt werden muss (§§ 736, 740 (2), 747 ZPO). Beispiele dafür sind die Erbengemeinschaft bei ungeteiltem Nachlass oder das Gesamtgut bei ehelicher Gütergemeinschaft.

(2) Der RA vertritt **Gesamthandsgläubiger** (§ 432 BGB) oder **Gesamtgläubiger** (§ 428 BGB) als Kläger.

Gesamthandsgläubiger bestehen bei Gemeinschaften zur gesamten Hand wie bei der ehelichen Gütergemeinschaft und der Erbengemeinschaft, da ein Anspruch nur allen Beteiligten gemeinsam zusteht. Gesamthandsgläubiger sind als Kläger so genannte notwendige Streitgenossen (§ 62 ZPO).

Bei Gesamtgläubigern hat zwar jeder Berechtigte einen eigenen Anspruch, der Schuldner braucht aber nur einmal zu leisten. Dies kommt in der Praxis nur selten vor. Ein Beispiel wäre ein gemeinsames Bankkonto z. B. von Eheleuten.

Achtung: Es reicht nicht, wenn es sich nur um **gleiche** oder **ähnliche** Gegenstände handelt, wie z. B. die Einforderung von Unterhaltsansprüchen von Mutter und Kind. Mutter und Kind haben nicht **denselben** Unterhaltsanspruch.

1.2.5.1.3 Zusammenfassung

Wie aus den beiden vorstehenden Abschnitten ersichtlich ist, erhält ein für mehrere Auftraggeber tätiger RA immer eine erhöhte Vergütung. Entweder erhöht sich seine Vergütung dadurch,

(1) dass bei **verschiedenen Gegenständen** die einzelnen Gegenstandswerte gemäß § 22 Abs. 1 RVG zusammengerechnet werden, oder dadurch,

(2) dass sich bei **demselben Gegenstand** die allgemeine Betriebsgebühr (Verfahrensgebühr oder Geschäftsgebühr) gemäß § 7, VV Nr. 1008 RVG erhöht.

Merke:

Bei mehreren Auftraggebern ist zu entscheiden:

Verschiedene Gegenstände → Addition der Werte (§ 22 Abs. 1 RVG)

Derselbe Gegenstand → Erhöhung der Betriebsgebühr (§ 7, VV Nr. 1008 RVG)

Merke:

Die Erhöhung einer Betriebsgebühr gemäß VV Nr. 1008 RVG für mehrere Auftraggeber ist nur möglich, wenn

– der RA für alle Auftraggeber in derselben Angelegenheit und

– wegen desselben Gegenstandes tätig wird.

Im Folgenden wollen wir uns noch eingehender mit dem § 7 RVG und der Nummer 1008 des VV RVG beschäftigen.

1.2.5.2 Wann liegt eine Mehrheit von Auftraggebern vor?

Eine Mehrheit von Auftraggebern liegt vor, wenn ein RA für verschiedene natürliche oder juristische Personen innerhalb eines Auftrages gleichzeitig tätig werden soll. Beauftragen mehrere Auftraggeber eine Anwaltssozietät, so ist diese in der Regel als ein RA anzusehen. Es kommt nicht darauf an, ob die Aufträge gleichzeitig oder nacheinander erteilt werden.

Zwei Fälle sind besonders zu beachten, da sie wegen des Pauschcharakters der Gebühren nicht unbedingt mit obigen Ausführungen über die höhere Arbeitsbelastung des RA bei mehreren Auftraggebern in Einklang stehen:

- **Juristische Personen** oder ihnen gleichgestellte Gesellschaften sind immer nur ein Auftraggeber, unabhängig von der Anzahl der Gesellschafter oder Vertreter.
- Bei **Vertretung von Personen** ist nicht die Zahl der Vertreter, sondern die Zahl der Vertretenen entscheidend; dies gilt für natürliche und für juristische Personen.

Daraus ergeben sich folgende Schlussfolgerungen: Eine GmbH, die durch zwei Geschäftsführer gemeinschaftlich vertreten wird, ist ein Auftraggeber, wogegen ein allein sorgeberechtigter Elternteil, der drei minderjährige Kinder wegen desselben Gegenstands vertritt, als Vertreter von drei Auftraggebern des RA erscheint. Wenn eine OHG und einer ihrer Gesellschafter persönlich verklagt worden sind, so hat der RA, der beide vertritt, zwei Auftraggeber. Ein Hausverwalter, der eine Wohnungseigentümergemeinschaft vertritt, ist nicht selbst der Auftraggeber des RA, sondern die von ihm vertretenen Eigentümer. Wenn ein Haftpflichtversicherer den RA beauftragt, die Versicherung, den Fahrer und den Halter des Pkw zu vertreten, so sind dies drei Auftraggeber. Die folgende Aufstellung versucht die umfangreiche Rechtsprechung zu der Frage, wann mehrere Auftraggeber vorliegen, zusammenzufassen.

Mehrere Auftraggeber liegen in folgenden Fällen vor:

- Der RA vertritt den Halter und den Fahrer eines Kfz im Auftrage der Haftpflichtversicherung.
- Bei einer Erbengemeinschaft müssen alle Erben klagen und verklagt werden, sodass es sich ebenfalls um mehrere Auftraggeber handelt.
- Wenn bei einer Klage gegen eine OHG oder KG die persönlich haftenden Gesellschafter zusammen mit der Gesellschaft verklagt werden hat der RA, der alle gemeinsam als Beklagte vertritt, mehrere Auftraggeber. Gleiches gilt für eine Klage gegen eine BGB-Gesellschaft.
- Eine Wohnungseigentümergemeinschaft hat so viele Auftraggeber, wie Eigentümer vorhanden sind, auch wenn sie vom Verwalter vertreten werden. Sind Eheleute gemeinschaftliche Eigentümer, zählen sie dabei als zwei Auftraggeber.
- Eheleute sind häufig zwei Auftraggeber, z. B. wenn sie als Gesamtschuldner verklagt werden oder als gemeinschaftliche Eigentümer klagen. In anderen Fällen ist dies bei Eheleuten nicht immer so eindeutig (siehe dazu die Anmerkungen weiter unten).
- Sind mehrere Personen wegen derselben Straftat Privat- oder Nebenkläger, so handelt es sich um mehrere Auftraggeber.

Nur **ein Auftraggeber** ist in nachstehenden Beispielen vorhanden:

- Nur ein Auftraggeber sind juristische Personen, auch wenn ihr Vorstand oder ihre Geschäftsführung aus mehreren Personen besteht.
- Dies gilt auch für Personengesellschaften (OHG, KG), weil sie unter ihrer Firma als Einheit im Rechtsverkehr auftreten, also klagen und verklagt werden können (§§ 124, 161 HGB).
- Gleiches gilt für die GmbH & Co. KG, die auch eine KG ist.
- Da die BGB-Gesellschaft nach der Rechtsprechung des BGH im Prozess als parteifähig angesehen wird, tritt sie ihrem Prozessbevollmächtigten grundsätzlich als nur ein Auftraggeber gegenüber.
- Ein minderjähriges Kind, das durch beide Eltern vertreten wird, ist ebenfalls nur ein Auftraggeber.

Eheleute leben im Regelfall im gesetzlichen Güterstand der Zugewinngemeinschaft (§§ 1363 – 1390 BGB). Das bedeutet, dass das Vermögen des Mannes und das Vermögen der Frau nicht gemeinschaftliches Vermögen der Ehegatten ist (§ 1363 Abs. 2 BGB). Aus diesem Grund sind Ehegatten auch **nicht automatisch Gesamtschuldner oder Gesamtgläubiger**! Es muss also jeweils überprüft werden, ob die Ehegatten bei einer Klage wirklich Gesamtgläubiger sind, was z. B. durch gemeinsam mit einem Dritten abgeschlossenem Kauf- oder Mietvertrag der Fall ist. Beweiskräftig erkennbar wäre dies daran, dass beide Eheleute einen schriftlichen Vertrag unterschrieben haben. Sind beide Ehegatten Kläger, so handelt es sich bei der Tätigkeit des RA um denselben Gegenstand, infolgedessen eine Gebührenerhöhung nach VV Nr. 1008 RVG eintritt. Dies kann z. B. gegeben sein, wenn eine Klage auf Herausgabe wegen einer im gemeinschaftlichen Eigentum der Eheleute stehenden Sache angestrengt wird. Gemeinschaftliches Eigentum der Eheleute ist aber der Sonderfall, was folglich jeweils nachzuprüfen ist.

Da im **Regelfall** aber die Eheleute keine vermögensrechtliche Rechtsgemeinschaft bilden, können sie im Normalfall auch nicht Gesamtschuldner oder -gläubiger sein, sodass z. B. bei einer Klage nur des Ehemanns seine Ehefrau nicht auch zur Klägerin wird. Die Ehefrau ist in diesem Fall von dem Prozess überhaupt nicht betroffen und kann somit auch nicht zur Auftraggeberin des RA des Ehemannes geworden sein. Sollte sie zusammen mit ihrem Mann zu einer Besprechung beim RA erschienen sein, so nicht als Auftraggeberin des RA, sondern nur als Begleitung ihres Mannes.

Beispiel: Die in Zugewinngemeinschaft lebenden Eheleute Wudtke klagen 2 000,00 EUR Mietrückstand gegen einen Mieter ein, dem sie eine ihnen gemeinsam gehörende Wohnung vermietet haben. Da der Mieter die Miete seinen beiden Vermietern schuldet, kann er auch nur an beide zahlen, wobei die Zahlung an einen von beiden ausreichend wäre (§ 428 BGB). Ebenso können nur beide Eheleute gemeinsam die Miete fordern und einklagen. Deshalb richtet sich die Klage beider Eheleute auf denselben Gegenstand, womit der beauftragte RA eine gemäß VV Nr. 1008 RVG erhöhte Verfahrensgebühr erhält.

In **Ehesachen** kann der RA wegen § 356 StGB (Parteiverrat) nicht beide Eheleute vertreten, sodass er auch dann nur einen Auftraggeber hat, wenn beide Eheleute zu einer Besprechung der Scheidung in seinem Büro erscheinen.

In **Strafsachen** darf der RA wegen des Verbots in § 146 StPO nicht mehrere Angeklagte verteidigen, sodass mehr als ein Auftraggeber in Strafsachen nur bei einer Mehrheit von Privat- oder Nebenklägern vorkommen kann.

Umstritten ist, ob eine in eigener Sache tätig werdende **Anwaltssozietät** als ein Auftraggeber gilt oder ob eine Erhöhung gemäß VV Nr. 1008 RVG für die der Sozietät angehörenden Anwälte zulässig ist. Grundsätzlich wird eine Erhöhung nicht zulässig sein, da es sich bei der Anwaltssozietät um eine BGB-Gesellschaft handelt (siehe oben). Gleiches gilt für den Fall, dass die Anwaltssozietät Honorarforderungen einklagt. Hier muss die Sozietät als ein RA behandelt werden, sodass eine Erhöhung unzulässig ist. Gegenüber ihrem eigenen Mandanten tritt sie nämlich als ein RA auf, und gegenüber dem erstattungspflichtigen Gegner werden erhöhte Gebühren für mehrere Sozien keine notwendigen Kosten im Sinne des § 91 ZPO sein.

Gleiches gilt, wenn sich die Anwälte in einer im Partnerschaftsregister eingetragenen **Partnerschaft** zusammengeschlossen haben, da die Partnerschaft wie eine OHG behandelt wird (§ 7 Abs. 2 PartGG i. V. m. § 124 HGB).

Es sei in diesem Zusammenhang noch darauf hingewiesen, dass ein RA, der eigene Honorarforderungen einklagt, zwar gemäß § 91 Abs. 2 S. 4 ZPO Gebühren und Auslagen **in eigener Sache** verlangen kann, aber **keine Umsatzsteuer** darauf, da es sich im umsatzsteuerlichen Sinne um eine Eigenleistung für ein Unternehmen handelt. Der nur für sich selbst tätige RA erzeugt im umsatzsteuerrechtlichen Sinne keinen Außenumsatz mit Dritten und ist daher, wenn er sich selbst vertritt, nicht zur Abführung von Mehrwertsteuer auf seine Vergütung an das Finanzamt verpflichtet, sodass er auch nicht deren Erstattung verlangen kann.

Vertritt übrigens der RA einen Mandanten in derselben Angelegenheit gegenüber **mehreren Gegnern**, so tritt keine Erhöhung gemäß VV Nr. 1008 RVG ein.

1.2.5.3 Welche Gebühren werden bei mehreren Auftraggebern erhöht?

Nach dem eindeutigen Wortlaut der Nr. 1008 VV RVG erhöhen sich bei mehreren Auftraggebern nur die **Verfahrensgebühr** oder die **Geschäftsgebühr**, also die so genannten Betriebsgebühren. Andere Gebühren werden nicht erhöht.

Als **Betriebsgebühren** bezeichnet man übrigens Gebühren, die der RA für das „Betreiben des Geschäfts einschließlich der Information" des RA durch den Mandanten erhält (vgl. VV Vorbemerkung 2.4 Abs. 3 RVG, VV Vorbemerkung 3 Abs. 2 RVG und VV Vorbemerkung 4 Abs. 2 RVG). Wenn der RA für die Durchführung eines Auftrages zusätzlich noch andere Gebühren erhält, so erwächst ihm doch als erste der Gebühren immer eine Betriebsgebühr schon für seine erste Tätigkeit nach Auftragserteilung (vgl. VV Nr. 3100 RVG).

Es werden alle Gebühren erhöht, die sich Verfahrensgebühr oder Geschäftsgebühr nennen, also z. B. die folgenden Gebühren:

- Geschäftsgebühr (VV Nr. 2400 RVG)
- Geschäftsgebühr für ein einfaches Schreiben (VV Nr. 2402 RVG)
- Verfahrensgebühr in erster Instanz (VV Nr. 3100 RVG)
- Verfahrensgebühr in erster Instanz bei vorzeitiger Erledigung (VV Nr. 3101 Nr. 1 RVG)
- Verfahrensgebühr in zweiter Instanz (VV Nr. 3200 RVG)
- Differenz-Verfahrensgebühr in zweiter Instanz (VV Nr. 3201 Anm. Nr. 2 RVG)
- Verfahrensgebühr in dritter Instanz (VV Nr. 3206 RVG)

- Verfahrensgebühr in dritter Instanz bei vorzeitiger Erledigung (VV Nr. 3207 RVG)
- Verfahrensgebühr im Mahnverfahren (VV Nr. 3305 RVG)
- Verfahrensgebühr im Mahnverfahren bei vorzeitiger Erledigung (VV Nr. 3306 RVG)
- Verfahrensgebühr im Mahnverfahren für die Einlegung des Widerspruchs (VV Nr. 3307 RVG)
- Verfahrensgebühr in der Zwangsvollstreckung (VV Nr. 3309 RVG)
- Verfahrensgebühr des Verkehrsanwalts (VV Nr. 3400 RVG)
- Verfahrensgebühr des Terminsvertreters (VV Nr. 3401 RVG)
- Verfahrensgebühr für sonstige Einzeltätigkeiten (VV Nr. 3403 RVG)
- Verfahrensgebühr für Verfahren über die Beschwerde oder Erinnerung gegen einen Kostenfestsetzungsbeschluss (VV Nr. 3500 RVG)
- Verfahrensgebühr in Strafsachen, aber nur bei Vertretung von Privat- oder Nebenklägern (VV Vorbemerkung 4 Abs. 1 RVG; z. B. VV Nrn. 4104, 4106, 4112, 4118, 4124, 4130, 4143, 4300, 4301 RVG)

Keine Betriebsgebühr ist die Beratungsgebühr (VV Nrn. 2100, 2101 RVG, ab 1. Juli 2006: § 34 RVG), da der RA, um diese Gebühr zu verdienen, nur berät und kein Verfahren betreibt. Der RA hat bei der Beratungsgebühr einen Ermessensspielraum, um eine angemessene Vergütung für die Mehrarbeit und Mehrverantwortung für mehrere Auftraggeber zu ermöglichen.

Merke:

Eine Erhöhung der Ausgangsgebühr um 0,3 für jeden weiteren Auftraggeber gibt es nur für die so genannten Betriebsgebühren, also für jede Art der Geschäftsgebühr oder der Verfahrensgebühr. Für andere als die vorgenannten Gebühren (z. B. Terminsgebühr, Einigungsgebühr, Hebegebühr, Grundgebühr) gibt es keine Erhöhung.

Die Pauschale für Post- und Telekommunikationsdienstleistungsentgelte (VV Nr. 7002 RVG: maximal 20,00 EUR) darf nur einmal gefordert werden, wobei es auf die Anzahl der Auftraggeber nicht ankommt, da es sich nur um eine einzige gebührenrechtliche Angelegenheit handelt.

1.2.5.4 Wie berechnet man die Erhöhung für mehrere Auftraggeber?

1.2.5.4.1 Die Erhöhung bei Wertgebühren

Wird der RA in **derselben Angelegenheit** und wegen **desselben Gegenstandes** für mehrere Auftraggeber tätig, so erhält er von allen Auftraggebern zusammen die Vergütung gemäß § 7 Abs. 1 RVG nur einmal. Allerdings erhöhen sich nach VV Nr. 1008 RVG die Geschäftsgebühr oder die Verfahrensgebühr, also die so genannten Betriebsgebühren, durch jeden weiteren Auftraggeber um einen Gebührensatz von 0,3. Diese 0,3 werden dem Gebührensatz der jeweiligen Ausgangsgebühr hinzugerechnet – bei mehr als einem weiteren Auftraggeber auch mehrfach. Die **Ausgangsgebühr** ist diejenige Betriebsgebühr, die der RA bei Vertretung nur eines Mandanten erhalten hätte.

Jedoch ist die **Erhöhung begrenzt**: Die Erhöhung darf insgesamt einen Gebührensatz von 2,0 nicht übersteigen, d. h., insgesamt kann maximal eine Erhöhung von 7 x 0,3 = 2,0 (!) berechnet werden, da das mathematisch richtige Ergebnis von 2,1 gemäß VV Nr. 1008 Anm. Abs. 3 RVG gesetzlich nicht zulässig ist. Bei 8 oder mehr Auftraggebern (also 7 oder mehr weiteren Auftraggebern) ist diese maximale Erhöhung immer erreicht.

Beispiel: Eine aus 11 Personen bestehende Erbengemeinschaft wird in einer Klage vertreten. Für die Ausgangsgebühr (Verfahrensgebühr) nach VV Nr. 3100 RVG gilt ein Gebührensatz von 1,3. Die Erhöhung für 10 weitere Auftraggeber würde 10 x 0,3 = 3,0 betragen, jedoch darf sie höchstens 2,0 ausmachen. Die Erhöhung von 2,0 wird zu dem Gebührensatz der Ausgangsgebühr von 1,3 addiert, sodass sich zusammen mit der Ausgangsgebühr 3,3 ergeben. Dies ist der in Verfahren in erster Instanz maximal zulässige Gebührensatz der Verfahrensgebühr.

Der Gebührensatz der Ausgangsgebühr beträgt natürlich nicht immer 1,3. In der Berufungsinstanz ist der Gebührensatz der Verfahrensgebühr 1,6 (VV Nr. 3200 RVG) und in der Revisionsinstanz vor dem Bundesgerichtshof beträgt er 2,3 (VV Nr. 3208 RVG). Der RA erhält also als Verfahrensgebühr in der ersten Instanz insgesamt höchstens 3,3, in der Berufungsinstanz höchstens 3,6 und im Revisionsverfahren vor dem BGH höchstens 4,3; also erhält er jeweils den Gebührensatz der Ausgangsgebühr zuzüglich maximal 2,0. Daneben gibt es auch noch andere Gebührensätze wie z. B. die 0,8 Verfahrensgebühr für die vorzeitige Beendigung des Auftrags (VV Nr. 3101 Ziff. 1 RVG) – hier kann die erhöhte Verfahrensgebühr höchstens 2,8 betragen – oder die 0,3 Verfahrensgebühr in der Zwangsvollstreckung (VV Nr. 3309 RVG) – hier ist maximal eine erhöhte Verfahrensgebühr von 2,3 möglich.

Beispiel: Wie vorstehendes Beispiel. In der Berufungsinstanz würde die Erhöhung für die 10 weiteren Auftraggeber 10 x 0,3 = 3,0, jedoch höchstens 2,0 betragen. Zu der Ausgangsgebühr von 1,6 addiert, ergeben sich 1,6 + 2,0 = 3,6. Da die Erhöhung auch in der Berufungsinstanz nicht mehr als 2,0 betragen darf, darf als erhöhte Verfahrensgebühr eben nur der Gebührensatz von 3,6 berechnet werden.

Anmerkung: Der folgende Hinweis ist insbesondere für alle wichtig, die bereits mit der BRAGO gearbeitet haben.

Es fällt auf, dass bei sieben oder mehr weiteren Auftraggebern die Erhöhung bei **Wertgebühren** immer höchstens 2,0 beträgt, gleichgültig, wie hoch der Gebührensatz der Ausgangsgebühr ist. Dadurch ergeben sich prozentual gesehen völlig unterschiedliche Erhöhungen für die weiteren Auftraggeber. Dies ist weder besonders intelligent noch ist es gerecht, da der RA im Revisionsverfahren vor dem BGH bei dieser Zahl von Auftraggebern seine Verfahrensgebühr gerade etwas weniger als verdoppeln kann (von 2,3 auf 4,3 = 187 %) und der RA, der die 8 Auftraggeber in einer Angelegenheit der Zwangsvollstreckung vertritt, dagegen seine Verfahrensgebühr fast verachtfachen kann (von 0,3 auf 2,3 = 767 %). Dies war im früheren Gebührenrecht (§ 6 BRAGO) sinnvoller und gerechter geregelt.

Bei den **Betragsrahmengebühren** (also z. B. der Verfahrensgebühr in Strafsachen) gilt dies merkwürdigerweise dann wieder nicht. Diese Gebühren erhöhen sich bei weiteren Auftraggebern für jeden weiteren Auftraggeber um jeweils 30 % von der Ausgangsgebühr. Somit ist bei hohen oder niedrigen Ausgangsgebühren die Erhöhung pro weiterem Auftraggeber eben immer 30 %; sie beträgt bei 7 oder mehr weiteren Auftraggebern maximal 200 % (das Doppelte der Ausgangsgebühr). Bei Betragsrahmengebühren kann es also nicht zu solchen wahnsinnig hohen Aufschlägen für mehrere Auftraggeber kommen, wie bei den Wertgebühren von bis zu 767 %.

Ein Grund für diese Ungleichbehandlung von Wertgebühren und Betragsrahmengebühren in der Nr. 1008 VV RVG ist nicht erkennbar. Es bleibt der Verdacht, dass die Autoren des Gesetzesentwurfes sich über die mathematischen Konsequenzen einer vielleicht beabsichtigten Vereinfachung der Gebührenberechnung nicht im Klaren waren.

Merke:

Die Ausgangsgebühr ist diejenige Betriebsgebühr, die der RA bei Vertretung nur eines Mandanten erhalten hätte.

Die Ausgangsgebühr erhöht sich für jeden weiteren Auftraggeber um jeweils 0,3.

Bei sieben oder mehr weiteren Auftraggebern beträgt die Erhöhung bei Wertgebühren immer höchstens 2,0, gleichgültig, wie hoch der Gebührensatz der Ausgangsgebühr ist.

Die folgende Tabelle zeigt jeweils die Erhöhung für mehrere Auftraggeber bei unterschiedlichen Ausgangsgebühren. Sie enthält Ausgangsgebührensätze unterschiedlicher Höhe, die jeweiligen Erhöhungen und in der Spalte „maximale erhöhte Gebühr" den Satz der Ausgangsgebühr zuzüglich der höchstmöglichen Erhöhung.

Ausgangs-gebühr	+	Erhöhung für ... **weitere** Auftraggeber						Maximale erhöhte Ge-bühr
	1	2	3	4	5	6	7 und mehr	
0,3	0,3	0,6	0,9	1,2	1,5	1,8	2,0	2,3
0,5	0,3	0,6	0,9	1,2	1,5	1,8	2,0	2,5
0,8	0,3	0,6	0,9	1,2	1,5	1,8	2,0	2,8
1,0	0,3	0,6	0,9	1,2	1,5	1,8	2,0	3,0
1,3	0,3	0,6	0,9	1,2	1,5	1,8	2,0	3,3
1,6	0,3	0,6	0,9	1,2	1,5	1,8	2,0	3,6
2,3	0,3	0,6	0,9	1,2	1,5	1,8	2,0	4,3

Tabelle: Maximale Erhöhung für verschiedene Ausgangsgebührensätze

Aus den vorstehenden Beispielen ergibt sich, dass die **Berechnung der Erhöhung** für mehrere Auftraggeber bei Wertgebühren in fünf Schritten vorgenommen wird. Diese fünf Schritte lassen sich zu folgendem Berechnungsschema zusammenfassen:

Berechnungsschema für Wertgebühren

(1) Zuerst wird die jeweils verdiente Geschäfts- oder Verfahrensgebühr, die man in diesem Zusammenhang **Ausgangsgebühr** nennt, festgestellt.

(2) Dann stellt man die Anzahl der **weiteren** Auftraggeber fest, indem man die Anzahl der Auftraggeber minus 1 rechnet. Für den ersten Auftraggeber gibt es ja schon die Ausgangsgebühr.

(3) Danach berechnet man die **Erhöhung** der Ausgangsgebühr, indem man die Anzahl der weiteren Auftraggeber mit 0,3 malnimmt.

(4) Nun ist zu prüfen, ob die berechnete Erhöhung insgesamt nicht mehr als **höchstens 2,0** beträgt.

(5) Den so gewonnenen Erhöhungssatz addiert man zu dem Gebührensatz der Ausgangsgebühr und erhält somit die gemäß VV Nr. 1008 RVG **erhöhte Gebühr**.

1.2.5.4.1.1 Alle Auftraggeber sind an demselben Gegenstand beteiligt

An dieser Stelle soll noch ein Problem aufgezeigt werden. Nicht selten kann man beobachten, dass die Vergütungsrechnungen bei mehreren Auftraggebern so aufgestellt werden, dass zuerst die jeweilige Betriebsgebühr als „Grundgebühr" berechnet und dann eine weitere „Erhöhungsgebühr" oder „Zusatzgebühr" erhoben wird. So sollte man nicht verfahren, da diese Art der Berechnung häufig nur zu unnötigen Verwirrungen führt und auch nicht dem Wortlaut der Nr. 1008 VV RVG entspricht. Dort ist vorgeschrieben, dass sich die Betriebsgebühr für jeden weiteren Auftraggeber um 0,3 erhöht, was heißt, dass jeweils nur eine einzige erhöhte Betriebsgebühr erwächst. Deshalb sollte die Erhöhung nur gemäß dem nachstehenden Beispiel berechnet werden.

> **Merke:**
> Bei mehreren Auftraggebern erhöht sich die jeweils entstandene Betriebsgebühr und es erwächst nur eine einzige erhöhte Gebühr. „Erhöhungsgebühren" kennt das RVG nicht.

Dazu ein Beispiel   Eine Erbengemeinschaft von 3 Erben führt einen Prozess wegen einer Forderung von 1 000,00 EUR. An den 1 000,00 EUR sind alle Auftraggeber gemeinsam beteiligt. Nach einem Verhandlungstermin ergeht das Urteil. Es wird eine Verfahrensgebühr für insgesamt 3 Auftraggeber berechnet:

		EUR
Gegenstandswert: 1 000,00 EUR		
1,9	erhöhte Verfahrensgebühr gem. §§ 2, 13, **7**, VV Nrn. 3100, **1008** Anm. Abs. 1 RVG (Anm.: einschließlich Erhöhung für 2 weitere Auftraggeber: 2 x 0,3 = 0,6)	161,50
1,2	Terminsgebühr gem. §§ 2, 13, VV Nr. 3104 RVG	102,00
20 %	Pauschale für Post- und Telekommunikationsentgelte gem. § 2 Abs. 2 S. 1, VV Nr. 7002 RVG	<u>20,00</u>
		283,50
16 %	USt. gem. § 2 Abs. 2 S. 1, VV Nr. 7008 RVG	<u>45,36</u>
		<u>328,86</u>

In diesem Beispiel wird gemäß vorstehendem Berechnungsschema in fünf Schritten vorgegangen:

(1) Die Ausgangsgebühr ist in diesem Fall eine 1,3 Verfahrensgebühr.

(2) Die Anzahl der weiteren Auftraggeber beträgt 3 – 1 = 2.

(3) Für die 2 weiteren Auftraggeber wird die Erhöhung berechnet (2 x 0,3 = 0,6).

(4) Die berechnete Erhöhung ist nicht zu kürzen, da sie nicht mehr als 2,0 beträgt.

(5) Sodann wird die einheitliche erhöhte Verfahrensgebühr errechnet (1,3 + 0,6 = 1,9).

Die Terminsgebühr wird natürlich nicht erhöht, da sie keine Betriebsgebühr ist.

Weiteres Beispiel: Eine Wohnungseigentümergemeinschaft von 8 Personen lässt den Hausverwalter als ihren Vertreter einen RA mit der Führung eines Prozesses in der Berufungsinstanz beauftragen. Gegenstandswert 4 400,00 EUR. Im Verfahren wird streitig verhandelt und ein Gutachten erstattet.

Es werden wieder Vorüberlegungen in fünf Schritten angestellt:

(1) Die Ausgangsgebühr ist in diesem Fall eine 1,6 Verfahrensgebühr gemäß VV Nr. 3200 RVG.

(2) Die Anzahl der weiteren Auftraggeber beträgt 8 – 1 = 7.

(3) Für die 7 weiteren Auftraggeber wird die Erhöhung berechnet (7 x 0,3 = 2,1).

(4) Die berechnete Erhöhung ist auf 2,0 zu kürzen, da sie mehr als 2,0 beträgt.

(5) Sodann wird die einheitliche erhöhte Verfahrensgebühr errechnet (1,6 + 2,0 = 3,6).

Die Terminsgebühr wird natürlich nicht erhöht, da sie keine Betriebsgebühr ist.

Gegenstandswert: 4 400,00 EUR   EUR
3,6   erhöhte Verfahrensgebühr gem. §§ 2, 13, **7**, VV Nrn. 3200, **1008** Anm. Abs. 1 RVG   982,80
       (Anm.: einschließlich Erhöhung für 7 weitere Auftraggeber: 7 x 0,3 = 2,0 max.)
1,2   Terminsgebühr gem. §§ 2, 13, VV Nr. 3202 RVG   327,60
20 %   Pauschale für Post- und Telekommunikationsentgelte
       gem. § 2 Abs. 2 S. 1, VV Nr. 7002 RVG   20,00
                                                                                              1 330,40
16 % USt. gem. § 2 Abs. 2 S. 1, VV Nr. 7008 RVG   212,86
                                                                                              1 543,26

1.2.5.4.1.2 Die Auftraggeber sind nur teilweise am Gegenstand beteiligt

Auf eine Stelle in Nr. 1008 VV RVG wurde bisher noch nicht eingegangen, nämlich auf Abs. 2 der Anmerkung zu dieser Nummer. Diese Stelle lautet: „Die Erhöhung wird nach dem Betrag berechnet, an dem die Personen **gemeinschaftlich beteiligt** sind". Es kann also vorkommen, dass die Auftraggeber zwar einen gemeinschaftlichen Auftrag erteilt haben, aber innerhalb der Angelegenheit nicht gleichmäßig an dem Gegenstand oder den verschiedenen Gegenständen beteiligt sind. Oder anders ausgedrückt, die Auftraggeber haben einen gemeinsamen Gegenstand und dann noch jeder einen eigenen, dies aber innerhalb eines Auftrages.

Dieselbe Angelegenheit liegt dann vor, wenn mehrere Mandanten einen einheitlichen Auftrag erteilen und den gleichen Erfolg wollen. Wenn die Auftraggeber nur teilweise ein gemeinsames Ziel verfolgen, wird die Erhöhung nur nach dem Wert berechnet, an dem die Auftraggeber gemeinsam beteiligt sind. Leider ist in VV Nr. 1008 RVG nicht geregelt, wie dies zu berechnen ist.

In der Praxis und auch in der Rechtsprechung vieler Gerichte wird auch hier die Berechnung oft so vorgenommen, dass neben einer „Grundgebühr" eine „Erhöhungsgebühr" berechnet wird. Dagegen sprechen die oben angeführten Argumente; auch führt dies häufig nur zu unnötigen Verwirrungen (siehe hierzu das vorstehende Kapitel).

Auch in den Fällen der unterschiedlichen Beteiligung der Auftraggeber an dem Gegenstand wollen wir immer eine **einheitliche erhöhte Betriebsgebühr** für den Gegenstand oder Teil des Gegenstandes berechnen, an dem die Auftraggeber innerhalb der Angelegenheit **gemeinsam** beteiligt sind. Für den Gegenstandswert, der nur **einen** der Auftraggeber betrifft, berechnen wir dann für diesen noch eine **zusätzliche nicht erhöhte Betriebsgebühr**. Dazu

Die Grundlagen des RVG

erweitern wir unser obiges 5-Schritte-Schema (vgl. Kapitel 1.2.5.4.1) zu einem **8-Schritte-Schema**:

(1) Feststellung der **Ausgangsgebühr** und des Gebührensatzes.

(2) Ermittlung der Zahl der **weiteren** Auftraggeber, die an dem **gemeinsamen Gegenstand** beteiligt sind.

(3) Berechnung des **Erhöhungssatzes**, indem die Anzahl der weiteren Auftraggeber mit 0,3 multipliziert werden.

(4) **Prüfung**, ob der berechnete Erhöhungssatz nicht 2,0 übersteigt.

(5) Berechnung des Satzes der **erhöhten Betriebsgebühr** (Satz der Ausgangsgebühr + berechneter Erhöhungssatz.

(6) Feststellung des Wertteiles, an dem die **Auftraggeber gemeinsam** beteiligt sind

(7) und des Wertteiles, der **nur einen Auftraggeber** betrifft.

(8) Da wir Gebühren von Wertteilen berechnen, **ist § 15 Abs. 3 RVG entsprechend anzuwenden**. Wir dürfen also für die erhöhte und die nicht erhöhte Betriebsgebühr zusammen höchstens eine Gebühr nach der Wertesumme und dem höchsten angewandten Gebührensatz berechnen!

Deshalb berechnen wir die Gebühren für die Wertteile nach den für diese in Betracht kommenden unterschiedlichen Gebührensätzen und vergleichen dann die Summe der Teilgebühren mit der einheitlichen Betriebsgebühr, die sich bei dem höchsten verwendeten Gebührensatz nach der Wertesumme ergibt. Die Summe der Teilgebühren müssen wir dann auf den Betrag dieser einheitlichen Betriebsgebühr kürzen, wenn der letztere niedriger ist (siehe hierzu Kapitel 1.3.3.3).

Dazu ein Beispiel: Ein RA soll in einem Prozess für zwei Auftraggeber gemeinsam 1 000,00 EUR einklagen und für einen der beiden Auftraggeber noch zusätzlich 19 000,00 EUR gegen denselben Gegner. In dem Verfahren wird streitig verhandelt und ein Gutachten erstattet.

Es werden zunächst Vorüberlegungen in acht Schritten angestellt:

(1) Die Ausgangsgebühr ist in diesem Fall eine 1,3 Verfahrensgebühr gemäß VV Nr. 3100 RVG.

(2) Die Anzahl der am gemeinsamen Gegenstand beteiligten weiteren Auftraggeber beträgt 2 – 1 = 1.

(3) Für den einen weiteren Auftraggeber wird die Erhöhung berechnet (1 x 0,3 = 0,3).

(4) Die berechnete Erhöhung ist nicht auf 2,0 zu kürzen, da sie nicht mehr als 2,0 beträgt.

(5) Sodann wird die einheitliche erhöhte Verfahrensgebühr errechnet (1,3 + 0,3 = 1,6).

(6) Die beiden Auftraggeber sind gemeinsam an den 1 000,00 EUR beteiligt.

(7) Die 19 000,00 EUR betreffen nur einen Auftraggeber.

(8) Prüfung gemäß § 15 Abs. 3 RVG.

Die Terminsgebühr wird natürlich nicht erhöht, da sie keine Betriebsgebühr ist.

Die Grundlagen des RVG

Gegenstandswert: 1 000,00 EUR / 19 000,00 EUR	EUR	EUR
1,6 erhöhte Verfahrensgebühr (Wert: 1 000,00 EUR) gem. §§ 2, 13, **7**, VV Nrn. 3100, **1008** Anm. Abs. 1, Abs. 2 RVG (Anm.: einschließlich Erhöhung für 1 weiteren Auftraggeber: 1 x 0,3 = 0,3)	136,00	
1,3 Verfahrensgebühr (Wert: 19 000,00 EUR) gem. §§ 2, 13, VV Nr. 3100 RVG	787,80	
	923,80	
Gemäß § 15 Abs. 3 RVG darf höchstens eine 1,6 Verfahrensgebühr nach der Wertesumme von 20 000,00 EUR berechnet werden, das wären 1 033,60 EUR. Da diese Gebühr nicht überschritten wird, sind die Verfahrensgebühren getrennt zu berechnen:		923,80
1,2 Terminsgebühr (Wert: 20 000,00 EUR) gem. §§ 2, 13, VV Nr. 3104 RVG		775,20
20 % Pauschale für Post- und Telekommunikationsentgelte gem. § 2 Abs. 2 S. 1, VV Nr. 7002 RVG		20,00
		1 719,00
16 % USt. gem. § 2 Abs. 2 S. 1, VV Nr. 7008 RVG		275,04
		1 994,04

Nachstehend finden Sie ein weiteres Beispiel zur Anwendung des § 15 Abs. 3 RVG im Zusammenhang mit der Berechnung der Gebührenerhöhung für mehrere Auftraggeber, die neben einem gemeinsamen Gegenstand auch noch eigene Gegenstände im Rahmen einer Angelegenheit, z. B. einem Prozess, verfolgen.

Weiteres Beispiel: Ein RA soll in einem Prozess für zwei Auftraggeber gemeinsam 19 000,00 EUR einklagen und für einen der beiden Auftraggeber noch zusätzlich 1 000,00 EUR gegen denselben Gegner. In dem Verfahren wird streitig verhandelt und ein Gutachten erstattet.

Es werden zunächst wieder Vorüberlegungen in acht Schritten wie im vorigen Beispiel angestellt.

Gegenstandswert: 19 000,00 EUR / 1 000,00 EUR	EUR	EUR
1,6 erhöhte Verfahrensgebühr (Wert: 19 000,00 EUR) gem. §§ 2, 13, **7**, VV Nrn. 3100, **1008** Anm. Abs. 1, Abs. 2 RVG (Anm.: einschließlich Erhöhung für 1 weiteren Auftraggeber: 1 x 0,3 = 0,3)	969,60	
1,3 Verfahrensgebühr (Wert: 1 000,00 EUR) gem. §§ 2, 13, VV Nr. 3100 RVG	110,50	
	1 080,10	
Gemäß § 15 Abs. 3 RVG darf höchstens eine 1,6 Verfahrensgebühr nach der Wertesumme von 20 000,00 EUR berechnet werden, das sind 1 033,60 EUR. Da diese Gebühr hier überschritten wird, darf für die Verfahrensgebühren nicht mehr berechnet werden als:		1 033,60
1,2 Terminsgebühr (Wert: 20 000,00 EUR) gem. §§ 2, 13, VV Nr. 3104 RVG		775,20
20 % Pauschale für Post- und Telekommunikationsentgelte gem. § 2 Abs. 2 S. 1, VV Nr. 7002 RVG		20,00
		1 828,80
16 % USt. gem. § 2 Abs. 2 S. 1, VV Nr. 7008 RVG		292,61
		2 121,41

In diesem Beispiel greift also der § 15 Abs. 3 RVG, sodass die Summe der Teilgebühren zu kürzen ist.

1.2.5.4.2 Die Erhöhung bei Betragsrahmengebühren

Gemäß VV Nr. 1008 RVG werden bei Betragsrahmengebühren der Mindest- und der Höchstbetrag des Rahmens für jeden weiteren Auftraggeber jeweils um 30 % erhöht und dann im Regelfall unter Anwendung des § 14 RVG die Mittelgebühr gebildet. Ein **Hinweis zur Vereinfachung**: Rein rechnerisch kommt man zum gleichen Ergebnis, wenn man von der Mittelgebühr ausgeht und dann diese um 30 % erhöht. Ist die Mittelgebühr den Umständen nach nicht angemessen, so ist sie gemäß § 14 RVG entsprechend zu ermäßigen oder zu erhöhen (siehe Kapitel 1.3.2).

Erhöhungen für mehrere Auftraggeber dürfen insgesamt das Doppelte des Mindest- und Höchstbetrages des Rahmens nicht übersteigen. Wenn man sich an den vorstehenden

Hinweis zur Vereinfachung hält, darf das Doppelte der als Ausgangsgebühr berechneten Mittelgebühr nicht überschritten werden.

1.2.5.4.3 Die Erhöhung bei Festgebühren

Bei Festgebühren werden diese für jeden weiteren Auftraggeber um 30 % erhöht, wobei auch hier die Erhöhungen insgesamt das Doppelte der als Ausgangsgebühr erhobenen Festgebühr nicht übersteigen dürfen. Zu erhöhende Festgebühren können als Verfahrensgebühren z. B. durch Beiordnung eines RA für mehrere Nebenkläger entstehen (z. B. VV Nrn. 4104, 4106, 4124, 4130, usw. RVG).

Achtung: Die im Rahmen der Beratungshilfe entstehende Geschäftsgebühr (VV Nr. 2603 RVG) ist zwar auch eine als Festgebühr ausgelegte Geschäftsgebühr, die sich eigentlich nach VV Nr. 1008 RVG bei mehreren Auftraggebern erhöhen müsste, jedoch gibt es hierfür vorrangige Sonderregelungen in den Nrn. 2604 bis 2607 VV RVG.

1.2.5.4.4 Die Erhöhung bei Satzrahmengebühren

Diese Art der Erhöhung kommt wohl nur bei der Geschäftsgebühr der Nrn. 2400 und 2401 VV RVG in Betracht. Da die Art der Berechnung der Erhöhung im Gesetz nicht vorgeschrieben ist, berechnet man die Erhöhung am einfachsten zu der innerhalb des Rahmens gemäß § 14 RVG als Ausgangsgebühr konkret festgelegten Gebühr hinzu. Also rechnet man als Erhöhung z. B. bei einem weiteren Auftraggeber 0,3 zu dem beispielsweise 0,8 betragenden Satz der Ausgangsgebühr hinzu.

Bei mehreren weiteren Auftraggebern muss man die für den ersten Auftraggeber bestimmte Ausgangsgebühr um die Anzahl der weiteren Auftraggeber mal 0,3 erhöhen, wobei die Erhöhungen insgesamt nicht mehr als 2,0 ausmachen dürfen. Siehe auch die Tabelle oben in Kapitel 1.2.5.4.1.

Beispiel: Fünf Auftraggeber lassen ein anwaltliches Aufforderungsschreiben ohne Klageandrohung fertigen. Der RA hält unter Berücksichtigung aller Umstände des § 14 RVG einen Gebührensatz von 0,8 für angemessen. Für vier weitere Auftraggeber beträgt die Erhöhung 4 x 0,3 = 1,2. Da die Ausgangsgebühr in diesem Fall 0,8 beträgt, erhöht sie sich um 1,2, also um nicht mehr als 2,0. Nun berechnet man die einheitliche erhöhte Geschäftsgebühr für alle Auftraggeber durch Addition der Ausgangsgebühr mit der Erhöhung, also 0,8 + 1,2 = 2,0. Bei einem Gegenstandswert von 1 000,00 EUR sieht die Vergütungsrechnung dann so aus:

	EUR
Gegenstandswert: 1 000,00 EUR (gem. § 23 Abs. 1 S. 3 RVG)	
2,0 Geschäftsgebühr gem. §§ 2, 7, 13, 14, VV Nrn. **1008**, 2400 RVG (einschl. Erhöhung für 4 weitere Auftraggeber)	170,00
Pauschale für Post- und Telekommunikationsentgelte gem. § 2 Abs. 2 S. 1, VV Nr. 7002 RVG	20,00
	190,00
16 % USt. gem. § 2 Abs. 2 S. 1, VV Nr. 7008 RVG	30,40
	220,40

1.2.5.5 Die Haftung der Auftraggeber für die Vergütung

Jeder **Einzelne** der Auftraggeber schuldet gemäß § 7 Abs. 2 RVG dem RA die Gebühren und Auslagen, die er schulden würde, wenn der RA nur in seinem Auftrag tätig geworden wäre. Also könnte der RA von einem der Auftraggeber z. B. die 1,3 Verfahrensgebühr und die Auslagenpauschale für Post- und Telekommunikationsentgelte verlangen und von einem zweiten nur die 0,3 Erhöhung. Er könnte aber auch z. B. von beiden jeweils 0,8 verlangen (also die Hälfte von 1,3 + 0,3 = 1,6), sowie jeweils die Hälfte der Auslagenpauschale. Mehr als 1,3 darf der RA jedoch von keinem der beiden fordern, da sie nur bis zu dieser Höhe als Gesamtschuldner haften.

Insgesamt darf er also in vorstehendem Beispiel nur einmal die 1,6 Verfahrensgebühr verlangen und auch die Auslagenpauschale nur einmal.

Sind die Auftraggeber mit verschiedenen Gegenständen an der Angelegenheit beteiligt, dann haftet jeder nur für die nach dem Einzelwert seines Auftrages berechneten Gebühren.

1.2.5.6 Erstattungspflicht der Gegenpartei

Die gemäß § 7, VV Nr. 1008 RVG erhöhten Gebühren müssen von der unterlegenen Gegenpartei erstattet werden. Dies kommt übrigens durch die Degression der Gebührentabelle für sie billiger, als wenn jeder Streitgenosse jeweils einen eigenen RA beauftragt hätte.

Umstritten ist aber, in welcher Höhe ein Einzelner der Streitgenossen Gebühren und Auslagen von der unterlegenen Gegenpartei verlangen kann. Nur eines dürfte feststehen: Der unterlegene Gegner muss nicht mehr erstatten, als die obsiegenden mehreren Auftraggeber ihrem gemeinsamen RA insgesamt gemäß § 7 Abs. 2 S. 2 RVG an Gebühren und Auslagen bezahlen müssen.

1.2.5.7 Die Dokumentenpauschale bei mehreren Auftraggebern

Beachten Sie, dass es, je mehr Auftraggeber ein RA in einer Angelegenheit hat, umso eher dazu kommt, dass der RA in dieser Angelegenheit eine Dokumentenpauschale berechnen kann. Nach Nr. 7000 Ziff. 1 Lit. c) VV RVG erhält der RA für Ablichtungen zur notwendigen Unterrichtung der Auftraggeber eine Dokumentenpauschale, soweit hierfür mehr als 100 Ablichtungen zu fertigen waren. Bis zu 100 Ablichtungen dürfen also nicht berechnet werden, sodass die Berechnung erst ab der 101. Kopie einsetzt. Diese Anzahl von Kopien ist natürlich früher erreicht, wenn der RA z. B. Mitteilungen über den Fortschritt eines Prozesses an mehr als einen Auftraggeber übersenden muss.

Die Berechnung der Dokumentenpauschale erfolgt so, dass von der 101. bis 150. Ablichtung 0,50 EUR berechnet werden und ab der 151. Kopie nur noch 0,15 EUR.

1.2.6 Die Fälligkeit der Vergütung des Rechtsanwaltes (§ 8 RVG)

Die Vergütung des Rechtsanwalts wird fällig, wenn der Auftrag erledigt oder die Angelegenheit beendet wird, ferner, wenn in einem gerichtlichen Verfahren eine Kostenentscheidung ergangen, der Rechtszug beendet ist oder auch wenn das Verfahren länger als drei Monate ruht, d. h. wenn in dieser Zeit in einer Sache nichts geschieht (§ 8 Abs. 1 RVG).

Ruhen des Verfahrens im Sinne dieser Vorschrift bedeutet, dass mehr als drei Monate lang tatsächlich nichts passiert; es muss sich nicht um ein förmliches Ruhen des Verfahrens im Sinne von § 251 ZPO handeln. Dieser Punkt wird in der Praxis häufig übersehen.

Eine Erledigung des Auftrages liegt auch dann vor, wenn der Auftrag gekündigt wurde oder seine Durchführung unmöglich geworden ist, z. B. bei Tod des RA.

Der Zeitpunkt der **Fälligkeit** bedeutet, dass der RA dann die Vergütung von seinem Auftraggeber verlangen darf. Ferner ist der Fälligkeitszeitpunkt für den Beginn der Verjährung wichtig, siehe folgendes Kapitel.

In einem gerichtlichen Verfahren kann auch nach seiner Beendigung durch Urteil die Anwaltstätigkeit noch weiterlaufen, weil das anschließend weiterhin zu betreibende Kostenfestsetzungsverfahren noch zum Auftragsumfang des RA gehört (§ 19 Abs. 1 Ziff. 13 RVG). Ein solches Kostenfestsetzungsverfahren könnte sich verzögern, möglicherweise um Jahre. In einem derartigen Fall könnte die nach dem Urteil beginnende Verjährung eintreten, bevor das Gericht die Höhe der Vergütung des RA überhaupt festgesetzt hat. Um dies zu vermeiden regelt § 8 Abs. 2 S. 1, S. 2 RVG, dass die Verjährung gehemmt ist, solange das Verfahren anhängig ist. **Hemmung** bedeutet, dass die Verjährung, solange der Grund für die Hemmung besteht, nicht eintreten kann (§ 209 BGB).

Falls die Fälligkeit durch das Ruhen des Verfahrens eingetreten ist, ist die Verjährung zunächst einmal für drei Monate gehemmt (§ 8 Abs. 2 S. 3 RVG), sodass die Verjährung erst nach Ablauf der drei Monate beginnen kann. Falls nach dem Ruhen das Verfahren dann doch weiterbetrieben wird, tritt erneut Hemmung ein, und zwar für die Dauer des Verfahrens (§ 8 Abs. 2 S. 4 RVG).

> **Merke:**
> Fälligkeit bedeutet, dass der RA dann die Vergütung von seinem Auftraggeber verlangen darf.
> Die Verjährung beginnt mit dem Ablauf des Jahres in dem der Vergütungsanspruch fällig wird.
> Die Verjährung ist gehemmt, solange ein gerichtliches Verfahren läuft.

1.2.7 Die Verjährung des Vergütungsanspruches

Für den Vergütungsanspruch des Rechtsanwalts beträgt die **Verjährungsfrist drei Jahre**. Beachten Sie, dass die Frist erst mit dem Schluss des Kalenderjahres beginnt, in dem der Vergütungsanspruch fällig geworden ist (§§ 195, 199 Abs. 1 BGB). Wenn mehrere verschiedene Fälligkeitstatbestände vorliegen, ist davon der zuerst eingetretene maßgebend.

Der Eintritt der Verjährung kann außer durch Gebührenklage oder Antrag im Mahnverfahren auch durch Antrag auf Festsetzung der Vergütung gehemmt werden (§ 11 Abs. 7 RVG, § 204 BGB).

Beispiel: RA Ruhl hat für seinen Auftraggeber Leibhammer einen Prozess geführt. Das Gericht verkündet das Urteil, das auch eine Kostenentscheidung enthält, am 1. Februar 2005. Die Anwaltsvergütung von RA Ruhl ist somit fällig geworden (§ 8 Abs. 1 S. 2 RVG, siehe vorstehendes Kapitel 1.2.6). Nach § 199 Abs. 1 BGB beginnt nun der Lauf der Verjährungsfrist mit dem Schluss des Jahres 2005, d. h. **nach seinem Ablauf** am 31. Dezember um 24 Uhr. Die Verjährungsfrist beginnt also am 1. Januar 2006 um 0 Uhr und endet am 31. Dezember 2008 um 24 Uhr.

Bis zum 31. Dezember 2008 um 24 Uhr muss RA Ruhl nun gegen Leibhammer den Antrag auf Festsetzung der Vergütung beim zuständigen Gericht der 1. Instanz einreichen. Für eine Gebührenklage oder einen Antrag im Mahnverfahren fehlt das Rechtsschutzbedürfnis (siehe Kapitel 1.2.10).

Hinweis: Die Verjährung beginnt immer mit der Fälligkeit. Dies gilt auch, wenn der RA seinem Auftraggeber noch keine Vergütungsrechnung übersandt hat, sodass der RA den Beginn der Verjährung seines Vergütungsanspruches nicht dadurch hinausschieben kann, dass er dem Auftraggeber seine Vergütungsberechnung erst zu einem späteren Zeitpunkt mitteilt (§ 10 Abs. 1 S. 2 RVG).

Merke:

Der Vergütungsanspruch des Rechtsanwalts verjährt innerhalb von drei Jahren.

Die Frist beginnt erst mit dem Ablauf des Kalenderjahres, in dem der Vergütungsanspruch fällig geworden ist.

Die Hemmung der Verjährungsfrist tritt durch Antrag auf Festsetzung der Vergütung nach § 11 RVG ein.

1.2.8 Der Gebührenvorschuss (§ 9 RVG)

Der RA kann von seinem Auftraggeber für die entstandenen und die voraussichtlich entstehenden Gebühren und Auslagen einen angemessenen Vorschuss fordern (§ 9 RVG).

Der RA kann auch die Übernahme eines Auftrags von der Zahlung des Vorschusses abhängig machen. Bis zum Eingang der Vorschusszahlung muss der RA keine Tätigkeiten beginnen. Jedoch wird der RA dies seinem Auftraggeber mitteilen müssen, insbesondere wenn dringliche Arbeiten anstehen oder Fristen einzuhalten sind.

Natürlich darf z. B. ein gerichtlich bestellter Verteidiger oder ein im Rahmen der Prozesskostenhilfe beigeordneter RA keinen Vorschuss fordern.

1.2.9 Die Berechnung der Vergütung (§ 10 RVG)

1.2.9.1 Inhalt der Vergütungsrechnung

Der RA muss die Vergütungsrechnung persönlich unterschreiben und dem Auftraggeber mitteilen, sonst ist der Auftraggeber nicht zur Zahlung verpflichtet (§ 10 Abs. 1 RVG).

Als **notwendiger Inhalt der Vergütungsrechnung** müssen gemäß § 10 Abs. 2 RVG immer angegeben werden

- der Gegenstandswert, wenn die Gebühren Wertgebühren sind,
- die Einzelberechnung der verschiedenen Gebühren mit kurzer Bezeichnung des jeweiligen Gebührentatbestands und mit Angabe der entsprechenden Nummer des Vergütungsverzeichnisses des RVG,
- die einzelnen Auslagen mit ihrer Bezeichnung und unter Benennung der entsprechenden Vorschriften des RVG,
- die Umsatzsteuer = Mehrwertsteuer (VV Nr. 7008 RVG),
- verauslagte Gerichtskosten,
- empfangene Vorschüsse.

Wenn der RA statt der Pauschale für Post- und Telekommunikationsdienstleistungsentgelte des VV Nr. 7002 RVG die tatsächlich entstandenen Post- und Telekommunikationsdienstleistungen berechnen will, so genügt die Angabe des Gesamtbetrages (§ 10 Abs. 2 S. 2 RVG). Auf Verlangen des Auftraggebers wird er die Beträge jedoch einzeln aufschlüsseln und ihre Entstehung nachweisen müssen. Die übrigen Auslagen (Dokumentenpauschale, Reisekosten) müssen nach Art und Höhe getrennt aufgeführt werden.

Wenn der RA seine Vergütung gerichtlich geltend macht, dann muss er im Vergütungsfestsetzungsantrag (§ 11 RVG), in der Klage oder im Antrag auf Erlass des Mahnbescheids angeben, dass er eine Vergütungsrechnung erstellt und dem Auftraggeber mitgeteilt und somit seiner Pflicht nach § 10 Abs. 1 S. 1 RVG genügt hat. Sonst muss das Gericht den Antrag wegen Unschlüssigkeit zurückweisen. Der RA trägt dann das Risiko, dass entstehende Gerichtskosten gemäß § 93 ZPO ihm selbst zur Last fallen.

Die Verjährung der Vergütung beginnt ab der Fälligkeit, auch wenn der RA die Berechnung dem Auftraggeber noch nicht mitgeteilt hat (§ 10 Abs. 1 S. 2 RVG).

1.2.9.2 Wie schreibt man eine Vergütungsrechnung?

Es soll hier die äußere Form einer anwaltlichen Vergütungsrechnung erläutert werden. Wenn einige Grundregeln beachtet werden, ist es gar nicht so schwierig, eine geordnete und übersichtliche Berechnung zu Papier zu bringen, die den Anforderungen des § 10 RVG genügt.

Versetzen Sie sich bei der Erstellung einer Vergütungsrechnung doch einmal in die Lage des Auftraggebers, der die Rechnung bezahlen soll. Der Rechnungsempfänger muss imstande sein, aus den Angaben in der von Ihnen entworfenen Berechnung die einzelnen Gebühren und Auslagen nachzurechnen. Überlegen Sie, welche Angaben wichtig sind, damit dem Empfänger Ihrer Berechnung dies gelingen kann. Es ist also nicht nur erforderlich, dass Sie eine Vergütungsrechnung anfertigen können, sondern Sie müssen sie auch noch so erstellen, dass sie für andere Personen verständlich ist! Deshalb dürfen Sie keine wesentlichen Angaben unterlassen.

Merke:

Eine Vergütungsrechnung muss enthalten:
den Gegenstandswert bei Wertgebühren,
die Höhe des Gebührensatzes der jeweiligen Gebühr,
die Bezeichnung des jeweiligen Gebührentatbestands,
die angewandten Gebührenvorschriften (Nummern des Vergütungsverzeichnisses),
den Betrag der Gebühr in EUR
sowie die Bezeichnung der verschiedenen Auslagen (VV Nrn. 7000 ff. RVG) mit Angabe der Nummern des Vergütungsverzeichnisses und der Einzelbeträge.

Die Umsatzsteuer, vorgelegte Gerichtskosten, das Absetzen von eventuellen Vorschüssen und die Unterschrift des RA dürfen nicht vergessen werden.

Erfahrungsgemäß stellt sich oft die Frage, welche Paragrafen und Nummern des Vergütungsverzeichnisses bei Ansatz einer Gebühr zu zitieren sind. Die Lösung liegt in der Überlegung, welche einzelnen Paragrafen und Nummern zur konkreten Ermittlung der Gebühr notwendig sind.

Hinweis: Da es sich bei dem RVG um ein völlig neues Gesetz handelt, existiert noch keine Rechtsprechung zu der Frage, welche Paragrafen und Nummern des Vergütungsverzeichnisses bei Ansatz einer Gebühr zu zitieren sind.
Manche Kommentatoren berufen sich auf § 10 Abs. 2 S. 1 RVG, wonach in der Vergütungsrechnung „... die angewandten Nummern des Vergütungsverzeichnisses ..." anzugeben sind. Daraus wird die Meinung abgeleitet, es genüge die Angabe lediglich der Nummer der jeweiligen Gebühr.
Andererseits kann man die Stelle in § 10 Abs. 2 S. 1 RVG auch so auslegen, dass **auch** die Nummern des Vergütungsverzeichnisses anzugeben sind, da im oben zitierten Gesetzestext das Wort „**nur**" fehlt. Dann wäre auch z. B. § 2 Abs. 2 S. 1 RVG mit zu zitieren, da dieser Gesetzestext erst auf das Vergütungsverzeichnis verweist. Im Einzelfall wären auch andere Paragrafen mit zu nennen, wie z. B. § 14 RVG bei Rahmengebühren oder auch jeweils andere Vorschriften für den konkreten Fall.
Vorerst sollte man sich auf den Standpunkt stellen, dass alle Vorschriften zu zitieren sind, die für die konkrete Ermittlung einer bestimmten Gebühr zu beachten sind.
Genaueres wird erst in einigen Jahren feststehen, wenn sich die Gerichte mit dieser und anderen unklaren Vorschriften des RVG befasst haben werden.

Beispiel: Bei den Wertgebühren, die nach der Tabelle ermittelt werden, wird wohl in jedem Falle der § 13 RVG mit aufzuführen sein, da dieser auf die Gebührentabelle in Anlage 2 zum RVG verweist. Weiter sollte der § 2 Abs. 2 S. 1 RVG genannt werden, da dieser Gesetzestext erst auf das Vergütungsverzeichnis verweist. Schließlich muss die Nummer aus dem Vergütungsverzeichnis zitiert werden, aus der sich die zu berechnende Gebühr ergibt, also z. B. die Nummer 3100 für die Verfahrensgebühr. Falls eine Vorschrift die Höhe des Gebührensatzes verändert, ist auch diese anzugeben, also z. B. die Nummer 1008 VV, die zu einer Erhöhung des Gebührensatzes bei mehreren Auftraggebern führt.

Andere Paragrafen, die zwar auch zu beachten sind (z. B. § 15 RVG), die aber weder eine Gebühr entstehen lassen noch die Höhe einer Gebühr beeinflussen, werden nicht zitiert. Bei § 15 RVG bildet allerdings der Absatz 3 eine Ausnahme, der angegeben werden muss, wenn er Einfluss auf die Höhe der Gebühr nimmt (siehe Kapitel 1.3.3.3). Auch § 14 RVG (Rahmengebühren, siehe Kapitel 1.3.2) gehört zu den Vorschriften, die mit anzugeben sind, da dort bestimmt wird, wie der RA innerhalb des Rahmens die Gebühr zu ermitteln hat. In der Praxis wird er übrigens oft nicht zitiert. Zumindest bei Gebühren in Strafsachen bestehen die Gerichte aber häufig darauf, dass § 14 RVG bei der Berechnung der Vergütung angegeben wird. Auch bei der Geschäftsgebühr der Nr. 2400 des VV RVG (siehe Kapitel 3.1.1) sollte § 14 RVG mit zitiert werden, da im Einzelfall immer erst der Gebührensatz innerhalb des Rahmens der Nr. 2400 VV RVG festgelegt werden muss, bevor man die Höhe der Gebühr nach dem Gegenstandswert aus der Tabelle ermitteln kann. Ohne den § 14 RVG lässt sich also eine Rahmengebühr nicht bestimmen.

Auch die Paragrafen 16 bis 19 RVG müssen meist nicht genannt werden. Dies gilt zumindest, soweit durch ihre Anwendung Gebühren nur einmal entstehen, denn man wird nicht begründen müssen, dass man nur eine einzige Gebühr verlangt. Dies betrifft die §§ 16 und 19 RVG. Werden jedoch innerhalb eines Auftrages aufgrund der §§ 17 und 18 RVG Gebühren mehrfach berechnet, so wird man diese Paragrafen auch zitieren müssen.

Die zur Ermittlung des Gegenstandswertes angewandten Vorschriften werden zwar häufig nicht angegeben. Sie sind aber immer dann zu zitieren, wenn die Berechnung des Wertes sonst nicht nachvollziehbar ist.

Die Grundlagen des RVG

> **Merke:**
> In der Vergütungsrechnung sind die Paragrafen und die Nummern des Vergütungsverzeichnisses aus dem RVG anzugeben, die den Vergütungsanspruch im Einzelnen begründen. Dabei sind auch Absätze, Sätze, Nummern, Buchstaben, usw. anzugeben.
> Man zitiert die Paragrafen und Nummern gerne in aufsteigender Reihenfolge.

Die praktische Anwendung der vorstehend aufgestellten Grundregeln soll am **Beispiel** folgender Vergütungsrechnung demonstriert werden:

Betr.: Rechtsstreit Schweinskopf ./. Sülz

Gegenstandswert: 1 500,00 EUR	EUR
1,3 Verfahrensgebühr gemäß §§ 2, 13, VV Nr. 3100 RVG	136,50
1,2 Terminsgebühr gemäß §§ 2, 13, VV Nr. 3104 RVG	126,00
1,0 Einigungsgebühr gemäß §§ 2, 13, VV Nrn. 1000, 1003 RVG	105,00
Pauschale für Post- und Telekommunikationsentgelte	
gem. § 2 Abs. 2 S. 1, VV Nr. 7002 RVG	20,00
Dokumentenpauschale (12 Fotokopien)	
gemäß § 2 Abs. 2 S. 1, VV Nr. 7000 Ziff. 1 Buchst. d) RVG	6,00
Fahrtkosten zur Besprechung am 27. 08. 20 . . 90 km mit Pkw (0,30 EUR pro km)	
gemäß § 2 Abs. 2 S. 1, VV Nr. 7003 RVG	27,00
Tage- und Abwesenheitsgeld über 4 Std.	
gemäß § 2 Abs. 2 S. 1, VV Nr. 7005 Ziff. 2 RVG	35,00
	455,50
16 % USt. gemäß § 2 Abs. 2 S. 1, VV Nr. 7008 RVG	72,88
	528,38
Gerichtskostenvorauszahlung vom 29. 05. 20 . .	195,00
	723,38
– Honorarvorschuss vom 30. 04. 20 . .	– 500,00
noch zu zahlen	223,38

Unterschrift RA

Weitere Hinweise zum Aufbau einer Vergütungsrechnung, zu den nach dem Umsatzsteuergesetz vorgeschriebenen Pflichtangaben und wie man einen Fall kostenrechtlich in den Griff bekommt, finden Sie in Kapitel 0.6.

1.2.10 Die Vergütungsfestsetzung gegen den eigenen Auftraggeber (§ 11 RVG)

(Dazu Aufgaben Gruppe 15)

Vorbemerkung: Gemäß § 1 Abs. 1 S. 1 RVG erhält der RA eine **Vergütung**, die sich aus Gebühren und Auslagen zusammensetzt (vgl. Kapitel 0.3). Im Verhältnis zwischen RA und Mandant kann die dem RA zustehende Vergütung im **Vergütungsfestsetzungsverfahren** nach § 11 RVG gerichtlich festgesetzt werden.
Dagegen werden im Verhältnis der Prozessparteien untereinander die Verfahrenskosten im **Kostenfestsetzungsverfahren** nach den §§ 103 ff. ZPO festgesetzt.

In der Praxis wird zwischen den Begriffen Vergütungsfestsetzung und Kostenfestsetzung leider häufig nicht unterschieden, da einheitliche Antragsformulare bzw. Textbausteine für beide Verfahren benutzt werden.
Es ist jedoch so, dass im **Kostenfestsetzungsverfahren** bereits ein Vollstreckungstitel vorliegt und es nur noch um die Höhe der zu erstattenden Verfahrenskosten geht, wogegen es **Zweck des Vergütungsfestsetzungsverfahrens** ist, dem RA erst einen Titel für seinen Vergütungsanspruch zu besorgen und zugleich auf Kosten sparende Weise dem Auftraggeber die Sicherheit zu verschaffen, dass die Höhe der Vergütung gerichtlich überprüft wird.

Zweck des Vergütungsfestsetzungsverfahrens nach § 11 RVG ist, die Vergütung des RA in einem vereinfachten, billigen Verfahren in vollstreckbarer Form gerichtlich feststellen zu lassen und einen ordentlichen Rechtsstreit zwischen dem Auftraggeber und dem RA zu ersparen. Der RA kann dadurch kurzfristig einen Vollstreckungstitel erlangen, während der Auftraggeber auf einfache und kostengünstige Weise die Rechnung des RA gerichtlich nachprüfen lassen kann.

Gebührenschuldner des RA ist sein Auftraggeber. Deshalb wird der RA im Namen seines Auftraggebers die Verfahrenskosten **gegen den Prozessgegner im Kostenfestsetzungsverfahren** festsetzen und später auch beitreiben lassen, wenn der Gegner zur Erstattung der Kosten verurteilt wurde (siehe Kapitel 0.5). Sollte der Gegner jedoch nicht erstattungspflichtig sein, weil er den Prozess gewonnen hat oder sollte er im Falle seiner Verurteilung zahlungsunfähig sein, wird der RA seine Vergütung vom **eigenen Auftraggeber** fordern und, falls dieser die Gebühren nicht zahlt, auch gegen ihn im **Vergütungsfestsetzungsverfahren** festsetzen lassen.

Beteiligte am Vergütungsfestsetzungsverfahren sind nur der RA und sein Auftraggeber. Das Gesetz nennt sie Antragsteller und Antragsgegner, wobei man den Auftraggeber meist auch dann als Antragsgegner bezeichnet, wenn er den Antrag gestellt hat. Dass ein Auftraggeber den Festsetzungsantrag stellt, ist übrigens in der Praxis selten; die überwiegende Zahl der Festsetzungsanträge werden vom RA gestellt. Der Gegner aus dem vorher stattgefundenen Prozess ist an dem Festsetzungsverfahren nach § 11 RVG nicht beteiligt.

Das Vergütungsfestsetzungsverfahren findet nur auf Antrag statt. **Antragsberechtigt** sind nur der RA und auch sein Auftraggeber. Der Antrag ist zulässig, sobald die Vergütung fällig ist (§ 8 Abs. 1 RVG, siehe Kapitel 1.2.2). Für den Antrag besteht kein Anwaltszwang, sodass der Auftraggeber den Antrag auch ohne anwaltliche Hilfe entweder schriftlich oder zu Protokoll der Geschäftsstelle des zuständigen Gerichts stellen kann.

Gemäß § 11 Abs. 1 S. 1 RVG ist das Vergütungsfestsetzungsverfahren nur bei der Festsetzung der **gesetzlichen Vergütung** nach den Bestimmungen des RVG anwendbar, nicht etwa bei einem vereinbarten höheren Honorar (siehe auch Kapitel 1.2.2). In Fällen der Honorarvereinbarung müssen die Gebühren eingeklagt oder im gerichtlichen Mahnverfahren geltend gemacht werden. Zu der gesetzlichen Vergütung gehören übrigens auch die in VV

Nr. 7000 ff. RVG geregelten Auslagen, aber nicht nur diese, sondern alle Auslagen, sofern sie in dem gerichtlichen Verfahren entstanden sind (so der Hinweis auf § 670 BGB). Außerdem ist die nach § 42 RVG gerichtlich festgestellte Pauschgebühr für den Wahlverteidiger im Vergütungsfestsetzungsverfahren festsetzbar.

Die gesetzliche Vergütung muss dem RA **im Rahmen eines gerichtlichen Verfahrens** erwachsen sein, was sich aus § 11 Abs. 1 S. 1 RVG ergibt. Der RA muss jedoch nicht Prozessbevollmächtigter gewesen sein, sondern es genügt auch eine Tätigkeit als Unterbevollmächtigter oder Verkehrsanwalt. Die Voraussetzung eines gerichtlichen Verfahrens hat zur Folge, dass das **Vergütungsfestsetzungsverfahren unzulässig** ist,

- wenn der RA ausschließlich mit **außergerichtlichen Tätigkeiten** beauftragt war, also z. B. mit außergerichtlichen Vergleichsverhandlungen, mit dem Abfassen von außergerichtlichen Mahn- oder Kündigungsschreiben, mit der Tätigkeit als Mediator (§ 34 RVG), mit der Erteilung eines Rates (VV Nrn. 2100, 2101 RVG, ab 01.07.2006 § 34 RVG) oder mit der Erstellung eines Gutachtens (VV Nr. 2103 RVG, ab 01.07.2006 § 34 RVG).

- Wenn der dem RA erteilte Auftrag umfassender war als der Gegenstand des gerichtlichen Verfahrens, kann nur der Teil der insgesamt angefallenen Vergütung festgesetzt werden, der auf den Gegenstand des gerichtlichen Verfahrens entfällt. Siehe nachstehendes Beispiel.

Beispiel: RA Kummer erhält Klageauftrag wegen 10 000,00 EUR. Nach der Besprechung mit dem Auftraggeber zur Entgegennahme der Information, aber noch vor der Einreichung der Klageschrift bei dem zuständigen Gericht zahlt der Schuldner 7 000,00 EUR. Wegen des Restbetrages wird die Klageschrift eingereicht.

RA Kummer erhält eine 0,8 Verfahrensgebühr gemäß VV Nr. 3101 RVG nach dem Gegenstandswert von 7 000,00 EUR und eine 1,3 Verfahrensgebühr gemäß VV Nr. 3100 RVG nach dem Gegenstandswert von 3 000,00 EUR (§ 15 Abs. 3 RVG ist zu beachten).

Im Vergütungsfestsetzungsverfahren kann nur die 1,3 Verfahrensgebühr nach dem Gegenstandswert von 3 000,00 EUR festgesetzt werden, nicht aber die 0,8 Verfahrensgebühr nach dem nur außergerichtlich erledigten Gegenstandswert von 7 000,00 EUR.

Diese 0,8 Verfahrensgebühr kann nur in einem Mahnverfahren oder in der Gebührenklage geltend gemacht werden, aber nicht im Vergütungsfestsetzungsverfahren. Alternativ hätte man sie auch mit der Klage wegen der 3 000,00 EUR als Verzugsschaden zusätzlich mit einklagen können.

Für das Vergütungsfestsetzungsverfahren **zuständig ist immer das Gericht der ersten Instanz**, auch wenn die Anwaltsgebühren aus der zweiten oder dritten Instanz geltend gemacht werden. Beim Gericht der ersten Instanz ist also der Antrag auf Festsetzung der Vergütung auch der RAe einzureichen, die nur in einem höheren Rechtszug tätig geworden sind.

Dem **Antrag auf Vergütungsfestsetzung** hat der RA eine Abschrift für den Antragsgegner und die Belege zur Gebührenberechnung, soweit sie sich nicht in den Gerichtsakten befinden, beizufügen (§ 11 Abs. 2 S. 3 RVG i. V. m. §§ 103 ff. ZPO). Anstelle eines fehlenden Beleges genügt gemäß § 104 Abs. 2 ZPO die Glaubhaftmachung, z. B. auch durch eine eidesstattliche Versicherung. Wenn der RA für Postauslagen nur den Pauschbetrag der Nr. 7002 VV RVG fordert, ist eine Glaubhaftmachung nicht erforderlich. Für über diesen Pauschbetrag hinausgehende Auslagen an Post- und Fernsprechentgelten genügt die Versicherung, dass diese tatsächlich entstanden sind (siehe Kapitel 0.5.2.1). Die dem Antrag beizufügende Gebührenrechnung ist vom RA zu unterschreiben, sofern er dem Mandanten noch keine unterschriebene Vergütungsrechnung (§ 10 Abs. 1 RVG) übersandt hatte.

Die Vorschriften der §§ 103 ff. ZPO über das normale Kostenfestsetzungsverfahren gelten sinngemäß für das Vergütungsfestsetzungsverfahren (§ 11 Abs. 2 S. 3 RVG). Beachten Sie hierbei, dass die festgesetzte Vergütung vom Eingang des Festsetzungsantrages beim Gericht an mit fünf Prozentpunkten über dem jeweiligen Basiszinssatz zu verzinsen ist (§ 104 Abs. 1 S. 2 ZPO); dieser **zusätzliche Antrag** sollte nicht vergessen werden.

Die Bearbeitung des Festsetzungsantrages gehört zu den Aufgaben des Rechtspflegers (§ 21 Nr. 2 RPflG). Vor der Festsetzung muss der Rechtspfleger den Beteiligten rechtliches Gehör gewähren (§ 11 Abs. 2 S. 2 RVG). Zu diesem Zweck wird dem Antragsgegner vom Gericht eine Abschrift des Antrags übersandt, bzw. von vielen Gerichten aus Beweisgründen auch förmlich zugestellt. Die Übersendung bzw. Zustellung muss an den Auftraggeber persönlich geschehen, da der bisher bevollmächtigte RA nun im Festsetzungsverfahren zum Gegner seines früheren Auftraggebers geworden ist. Die vom RA gezahlten Zustellungsauslagen (KV Nr. 9002 GKG) werden vom Gericht besonders erhoben und in den Vergütungsfestsetzungsbeschluss mit aufgenommen (§ 11 Abs. 2 S. 5 RVG).

Der Rechtspfleger entscheidet über den Festsetzungsantrag durch Beschluss, der zu begründen ist, wenn dem Antrag oder vom Antragsgegner vorgebrachten Einwendungen ganz oder teilweise nicht stattgegeben wird. Der vom Rechtspfleger erlassene Vergütungsfestsetzungsbeschluss ist Vollstreckungstitel im Sinne des § 794 Abs. 1 Nr. 2 ZPO.

Wird der von dem RA angegebene Gegenstandswert vom Auftraggeber bestritten, so darf der Rechtspfleger über den Wert nicht im Vergütungsfestsetzungsverfahren entscheiden, sondern er muss das Verfahren nach § 11 Abs. 4 RVG aussetzen, bis das für das zugrunde liegende Prozessverfahren zuständige Gericht gemäß den §§ 32 und 33 RVG über den Wert entschieden hat.

Grundsätzlich unzulässig ist die Vergütungsfestsetzung gemäß § 11 Abs. 8 RVG, wenn **Rahmengebühren** abgerechnet werden. Dies gilt für alle Rahmengebühren, also die Satzrahmengebühren (z. B. nach VV Nr. 2400 RVG, ab 01.07.2006 VV Nr. 2300 RVG) oder die Betragsrahmengebühren, was insbesondere für Strafsachen gilt (VV Nr. 4100 ff. RVG). Der Grund für diese Vorschrift liegt vereinfacht gesagt darin, dass bei Rahmengebühren nach § 14 Abs. 1 RVG eine Ermessensentscheidung zu treffen ist, über die im Streitfall zwischen RA und Auftraggeber nicht der Rechtspfleger, sondern in einem Gebührenprozess nur der Richter nach Einholung eines Gutachtens des Vorstandes der Rechtsanwaltskammer entscheiden soll (§ 14 Abs. 2 RVG). Jedoch gibt es **Ausnahmen**: Auch bei Rahmengebühren ist das Vergütungsfestsetzungsverfahren zulässig, wenn der RA nur die Mindestgebühren aus dem jeweiligen Rahmen verlangt oder wenn der Auftraggeber der Höhe der Gebühren ausdrücklich, also schriftlich, zugestimmt hat.

Das Vergütungsfestsetzungsverfahren ist **gebührenfrei**. Nach § 11 Abs. 2 S. 4 RVG werden keine Gerichtsgebühren berechnet. Auch der RA erhält in dem Verfahren über den Festsetzungsantrag keine Gebühr, da nach § 11 Abs. 2 S. 6 RVG eine Kostenerstattung durch den Antragsgegner – mit Ausnahme der vom RA gezahlten Zustellungsauslagen – nicht stattfindet. Ebenso erwachsen dem RA demnach im Falle eines Beschwerde- oder Erinnerungsverfahrens keine Gebühren, da dies sonst für den Mandanten gegenüber dem RA zu einer Ungleichbehandlung führen würde; der Mandant müsste dem RA Gebühren zahlen und der RA hätte dieses Risiko bei Einlegung einer Beschwerde oder Erinnerung nicht.

Einwendungen gegen den Vergütungsfestsetzungsbeschluss, die sich gegen die Art oder die Höhe der festgesetzten Gebühren richten, sind zulässig. Gemäß § 11 Abs. 2 S. 3 RVG gelten für diese Einwendungen dieselben Regeln wie im Kostenfestsetzungsverfahren, also kann man bei einer Beschwer von mehr als 200,00 EUR die **sofortige Beschwerde** einlegen und bei einer Beschwer bis 200,00 EUR die **sofortige Erinnerung** (§ 104 Abs. 3 S. 1 ZPO und § 11 Abs. 2 S. 1 RPflG), die beide binnen einer Notfrist von zwei Wochen seit Zustellung des Beschlusses einzureichen sind. Alles Weitere finden Sie in Kapitel 0.5.2.7.

Das Vergütungsfestsetzungsverfahren nach § 11 RVG ist völlig gebührenfrei. Im Erinnerungsverfahren besteht ebenso Gebührenfreiheit. Einzig im **Beschwerdeverfahren** kann gemäß KV Nr. 1811 GKG eine Gerichtsgebühr allerdings nur dann entstehen, wenn die Beschwerde verworfen oder zurückgewiesen wird. Im Beschwerde- bzw. Erinnerungsverfahren erwachsen auch – wie oben gesagt – für den RA keine Anwaltsgebühren.

Falls indessen der Auftraggeber eigens zur Vertretung im Erinnerungs- bzw. Beschwerdeverfahren einen RA bestellt hat, erwachsen diesem Gebühren nach VV Nrn. 3500, 3513 RVG. Jedoch muss der Auftraggeber diese Vergütung selbst bezahlen, da – wie oben gesagt – nach § 11 Abs. 2 S. 6 RVG eine Kostenerstattung nicht stattfindet.

Werden vom zahlungspflichtigen Mandanten **nicht im Gebührenrecht begründete Einwendungen** erhoben, so muss der RA seine Gebühren einklagen oder im gerichtlichen Mahnverfahren geltend machen (§ 11 Abs. 5 RVG). Dies wäre z. B. der Fall, wenn der Mandant behauptet, dem RA gar keinen Auftrag erteilt zu haben oder er habe die Vergütung bereits gezahlt. Auch der Vorwurf, der RA habe den ihm erteilten Auftrag nur schlampig erfüllt, ist ein nicht gebührenrechtlicher Einwand. Wendet der Auftraggeber dagegen ein, der RA habe Vorschriften des RVG unzutreffend angewandt, dann handelt es sich um gebührenrechtliche Einwendungen, über die im Vergütungsfestsetzungsverfahren entschieden werden kann. Solange eine Vergütungsfestsetzung gemäß § 11 RVG möglich ist, können die Gebühren weder im Mahn- noch im Klageverfahren durchgesetzt werden, da in diesem Fall das Rechtsschutzinteresse fehlt, denn das Festsetzungsverfahren ist einfacher und für den Mandanten billiger.

Dazu ein praktischer **Hinweis**: Sollen z. B. Rahmengebühren aus Strafsachen im gerichtlichen Mahnverfahren geltend gemacht werden, so ist zu empfehlen, im Antragsformular für das Mahnverfahren anzugeben, dass es sich um Rahmengebühren handelt, für die eine Vergütungsfestsetzung gemäß § 11 Abs. 8 RVG nicht zulässig ist, da manche Gerichte sonst anfragen, warum nicht das gegenüber dem Mahnverfahren kostengünstigere Festsetzungsverfahren gewählt worden ist, denn für eine Gebührenklage oder das Mahnverfahren fehlt das Rechtsschutzbedürfnis, solange die Vergütungsfestsetzung möglich ist.

Für **Gebührenklagen** gibt es wahlweise den besonderen **Gerichtsstand des Hauptprozesses** (§ 34 ZPO), der auch die sachliche Zuständigkeit regelt. Das Gericht des Hauptprozesses ist ohne Rücksicht auf den Streitwert der Gebührenklage das Gericht, das in der ersten Instanz mit der Sache befasst war, wegen der die Vergütung eingeklagt werden soll. Auch die in den höheren Instanzen entstehenden Gebühren sind beim Gericht der ersten Instanz einzuklagen. Wegen des einfacheren Verfahrens der Vergütungsfestsetzung gemäß § 11 RVG hat § 34 ZPO jedoch nur eine geringe praktische Bedeutung, denn – wie schon vorstehend erwähnt – fehlt für eine Gebührenklage das Rechtsschutzbedürfnis, solange die Vergütungsfestsetzung möglich ist.

Bereits mit der Einreichung des Antrags auf Festsetzung der Vergütung tritt die **Hemmung der Verjährung** ein, nicht erst durch Einreichung der Gebührenklage (§ 11 Abs. 7 RVG).

Im Vergütungsfestsetzungsverfahren kann nicht nur die Vergütung des RA festgesetzt werden, sondern auch die vom RA **verauslagten Gerichtskosten** können gegen den früheren

Mandanten in den Festsetzungsbeschluss mit aufgenommen werden. Dies ergibt sich aus dem Hinweis auf § 670 BGB in § 11 Abs. 1 RVG.

Die **Zwangsvollstreckung** aus dem Vergütungsfestsetzungsbeschluss wird nach § 11 Abs. 2 S. 3 RVG unter sinngemäßer Anwendung der Vorschriften der ZPO über die Zwangsvollstreckung aus Kostenfestsetzungsbeschlüssen (§ 794 Abs. 1 Nr. 2 ZPO) durchgeführt. Dabei ist insbesondere auf die zweiwöchige Wartefrist des § 798 ZPO vor dem Beginn der Zwangsvollstreckung zu achten.

Da bei den Verwaltungs-, Finanz- und Sozialgerichten bisher noch keine Rechtspfleger eingeführt sind, verweist § 11 Abs. 3 RVG das Vergütungsfestsetzungsverfahren in die Zuständigkeit des Urkundsbeamten der Geschäftsstelle dieser Gerichte. Die für die jeweilige Gerichtsbarkeit geltenden Vorschriften über die Erinnerung im Kostenfestsetzungsverfahren werden sinngemäß für anwendbar erklärt, das sind die §§ 126 ff. VwGO, § 149 Abs. 1 FGO und §§ 197 Abs. 1, 178 SGG.

Merke:

Zweck des Vergütungsfestsetzungsverfahrens nach § 11 RVG ist, die Vergütung des RA in einem vereinfachten, billigen Verfahren gerichtlich nachprüfen und in vollstreckbarer Form feststellen zu lassen.

Das Vergütungsfestsetzungsverfahren findet nur auf Antrag des RA oder seines Auftraggebers statt.

Die Festsetzung der Vergütung ist nur für gesetzliche Gebühren zulässig, die in einem gerichtlichen Verfahren entstanden sind, und für die dafür verauslagten Gerichtskosten.

Unzulässig ist die Vergütungsfestsetzung bei Rahmengebühren, außer wenn nur die Mindestgebühren des Rahmens geltend gemacht werden oder der Auftraggeber der konkreten Höhe der Gebühr ausdrücklich zugestimmt hat.

Unzulässig ist die Vergütungsfestsetzung bei nicht gebührenrechtlich begründeten Einwendungen und bei Honorarvereinbarung.

Zuständig für das Festsetzungsverfahren ist immer das Gericht der ersten Instanz.

Vor der Zwangsvollstreckung aus einem Vergütungsfestsetzungsbeschluss ist eine zweiwöchige Wartefrist seit Zustellung des Beschlusses zu beachten.

1.2.11 Hinweispflicht des Rechtsanwalts auf die Gebühren

Gemäß § 49 b Abs. 5 Bundesrechtsanwaltsordnung (BRAO) besteht bei Wertgebühren eine **Hinweispflicht auf die Berechnung der Anwaltsgebühren** nach dem Gegenstandswert. Nach dieser Vorschrift ist der RA vor der Übernahme eines Mandats verpflichtet, seinen Mandanten darauf hinzuweisen, wenn sich die Gebühren nach dem Gegenstandswert richten. Dies soll dem Auftraggeber Anlass geben, die Gelegenheit wahrzunehmen, den RA über die Höhe der zu erwartenden Gebühren zu befragen. Der Gesetzgeber begründet diese Vorschrift damit, dass in der Vergangenheit immer wieder Mandanten über die bei hohen Gegenstandswerten zu zahlenden hohen Gebühren überrascht worden seien.

Grundsätzlich muss aber ein Auftraggeber davon ausgehen, dass ein RA nicht umsonst für ihn arbeitet und dass folglich Gebühren für die Anwaltstätigkeit entstehen. Bei **Wertgebühren** könnten diese bei sehr hohen Werten aber auch sehr hoch ausfallen, was nicht unbedingt auch mit dem zu erwartenden Umfang der Anwaltstätigkeit in Einklang stehen muss. Dies könnte für den Auftraggeber vorher nicht erkennbar sein, sodass er sich nachher über die hohen Gebühren überrascht zeigen könnte. Deshalb gilt die Hinweispflicht nur für Wertgebühren.

Bei **anderen Gebühren** als Wertgebühren besteht diese Hinweispflicht nicht, da der Auftraggeber von der Entstehung von Gebühren ausgehen muss und diese auch nicht extrem hoch ausfallen können.

> **Merke:**
> Bei Wertgebühren muss der RA den Auftraggeber auf die Berechnung nach dem Gegenstandswert hinweisen.

1.3 Gebührenvorschriften allgemeiner Art des Paragrafenteils des RVG (§§ 13 bis 15 RVG)

In diesem **zweiten Abschnitt des Paragrafenteils des RVG** werden die Wertgebühren, die Rahmengebühren und der Abgeltungsbereich der Gebühren definiert.

1.3.1 Berechnung der Wertgebühren (§ 13 RVG)

Die Gebühren des Rechtsanwalts werden häufig nach dem Gegenstandswert berechnet, um den es in der betreffenden Angelegenheit geht (§ 2 Abs. 1 RVG). Man spricht hier auch von **Wertgebühren**. Siehe auch Kapitel 1.2.2.

Um den Betrag einer bestimmten Gebühr in Euro zu ermitteln, benötigen Sie zwei Angaben, nämlich

- den **Gebührensatz** für die betreffende Gebühr, den Sie aus dem Vergütungsverzeichnis des RVG entnehmen können und
- die **Gebühr aus der Tabelle**, die Sie aus der dem RVG als Anlage 2 beigefügten Tabelle ablesen können (§ 13 Abs. 1 S. 3 RVG). Bei den in der Tabelle aufgeführten Gebühren handelt es sich um die zu der jeweiligen Wertstufe gehörenden Gebühren, die sozusagen für den Gebührensatz 1,0 gelten.

Die konkrete Gebühr ermitteln Sie dann, indem Sie die aus der Tabelle abgelesene Gebühr mit dem aus dem Vergütungsverzeichnis entnommenen Gebührensatz multiplizieren.

Hinweis: Die in § 13 Abs. 1 S. 2 RVG enthaltene Aufstellung regelt nur den **Aufbau der Gebührentabelle**, die in der Anlage 2 zum RVG abgedruckt ist, und dient nicht dazu, aus ihr die Gebühren direkt abzulesen. Sie werden jedoch die Angaben aus der Darstellung in § 13 Abs. 1 S. 2 RVG benötigen, um Gebühren auszurechnen, wenn der Gegenstandswert höher als 500 000,00 EUR liegt, da bei diesem Wert die Tabelle in Anlage 2 endet.
Verwenden Sie also zum Berechnen der Gebühren nur die Tabelle in Anlage 2 und auch nicht die Tabelle aus § 49 RVG, die nur dann gilt, wenn dem Auftraggeber Prozesskostenhilfe bewilligt worden ist.

> **Merke:**
> Die Gebührentabelle für den Gebührensatz 1,0 befindet sich in Anlage 2 am Ende des RVG.

Schließlich ist in § 13 Abs. 2 RVG noch der Mindestbetrag einer Gebühr vorgeschrieben; danach beträgt die **Mindestgebühr 10 Euro**.

1.3.2 Rahmengebühren (§ 14 RVG)

(Dazu Aufgaben Gruppe 1)

1.3.2.1 Arten von Rahmengebühren

Rahmengebühren sind solche Gebühren, die sich nicht nach einem festen Gebührensatz wie die meisten Wertgebühren nach dem Gegenstandswert richten, sondern für die das RVG einen **Gebührenrahmen** vorsieht, für den nur die untere und die obere Grenze festgelegt ist.

Im RVG gibt es zwei Arten von Rahmengebühren, wobei für beide § 14 RVG gilt: Betragsrahmengebühren und Satzrahmengebühren. Innerhalb des Gebührenrahmens erfolgt in jedem einzelnen Fall unter Berücksichtigung aller Umstände die Festlegung der für diesen speziellen Fall angemessenen Gebühr.

Betragsrahmengebühren sind Gebühren, für die nur ein Mindest- und ein Höchst**betrag in Euro** bestimmt ist. Innerhalb des Betragsrahmens wird dann die im jeweiligen Einzelfall nach § 14 RVG geschuldete Gebühr bestimmt. Hauptanwendungsfall für Betragsrahmengebühren sind die Gebühren in Strafsachen (VV Nrn. 4100 ff. RVG; siehe auch Kapitel 9.2). Als Beispiel für einen Betragsrahmen nehmen wir VV Nr. 4105 RVG, wo ein Betragsrahmen von 30,00 EUR bis 250,00 EUR vorgegeben ist.

Satzrahmengebühren sind Gebühren, für die im RVG nur ein Mindest- und ein Höchst**satz** bestimmt ist. Unter Gebührensatz ist hier ein Multiplikator der Gebühr nach § 13 RVG, die für einen Gebührensatz von 1,0 steht, zu verstehen. Innerhalb des Spielraums des Gebührensatzrahmens muss unter Berücksichtigung aller Umstände der im Einzelfall angemessene Gebührensatz festgelegt werden. Wenn man so den Gebührensatz bestimmt hat, ergibt sich die Höhe der Gebühr in Euro zwangsläufig nach dem Gegenstandswert aus der Gebührentabelle. Hauptanwendungsfall für Satzrahmengebühren ist die Geschäftsgebühr nach VV Nr. 2400 RVG, für die ein Gebührensatzrahmen zwischen 0,5 und 2,5 vorgesehen ist (siehe auch Kapitel 3.1.1), und bis 31.06.2006 die Gebühr für einen Rat oder eine Auskunft in Zivilsachen, wo der Gebührensatzrahmen zwischen 0,1 und 1,0 liegt (VV Nr. 2100 RVG; siehe auch Kapitel 3.2). Satzrahmengebühren finden vorwiegend bei außergerichtlichen Tätigkeiten des RA Anwendung.

1.3.2.2 Die Bestimmung der Gebühr im Einzelfall

Im Einzelfall erfolgt die Bestimmung der Gebühr durch den RA. Der RA hat hierbei im Rahmen des § 14 RVG einen gewissen Ermessensspielraum, was aber nicht bedeutet, dass der RA die Gebühr besonders hoch festlegen darf, weil er vielleicht gerade Geld braucht.

Der Betrag der Gebühr in Euro bzw. der Gebührensatz muss vom RA gemäß § 14 Abs. 1 RVG in einer unter Berücksichtigung aller persönlichen und sachlichen Umstände des Einzelfalles angemessenen Höhe bestimmt werden. Im Gesetz werden einige Anhaltspunkte angegeben, nach denen der RA sein Ermessen ausüben soll. Bei diesen Anhaltspunkten handelt es sich aber nur um vom Gesetz vorgegebene Beispiele („insbesondere"), da aber alle Umstände zu beachten sind, können im konkreten Einzelfall auch noch weitere Gesichtspunkte wesentlich sein.

Sehen wir uns einmal die vom Gesetz genannten Umstände genauer an (vgl. auch Kapitel 9.2). Danach sind zu berücksichtigen:

- **Der Umfang der anwaltlichen Tätigkeit.** Hier spielt z. B. der Arbeitsaufwand des RA, insbesondere die zeitliche Dauer der Hauptverhandlung in Strafsachen, eine entscheidende Rolle. Denn es ist schon ein Unterschied, ob die Hauptverhandlung nur eine Stunde oder den ganzen Tag über dauert. Es ist auch ein zeitlicher Unterschied, ob ein Strafverteidiger sich mit seinem Mandanten in seiner Kanzlei oder im Untersuchungsgefängnis bespricht. Ähnliche Überlegungen sind z. B. über die Länge von Schriftsätzen oder die Dauer von Vertragsverhandlungen (Besprechungen mit der Gegenpartei im Rahmen der Geschäftsgebühr, VV Nr. 2400 RVG) anzustellen.

- **Die Schwierigkeit der anwaltlichen Tätigkeit.** Unter Umfang der Tätigkeit versteht man den zeitlichen Arbeitsaufwand, wogegen unter Schwierigkeit insbesondere die fachlichen Anforderungen an den RA gemeint sind. Hier ist an Fälle zu denken, in denen erhebliche, im Normalfall nicht vorkommende Probleme juristischer oder nicht juristischer Art auftauchen. Es kann sich hierbei um juristische Spezialkenntnisse handeln, über die nicht jeder RA verfügt, oder z. B. um Fremdsprachenkenntnisse des RA, der einen Ausländer verteidigt.

- **Die Bedeutung der Angelegenheit.** Hier ist die Bedeutung gemeint, die die Angelegenheit für den Auftraggeber hat – nicht die Bedeutung für den RA. Die Bedeutung kann darin liegen, welche Auswirkungen die Angelegenheit auf die wirtschaftlichen Verhältnisse des Auftraggebers hat, auf seine gesellschaftliche Stellung und auf sein Ansehen im öffentlichen Leben (z. B. bekannter Politiker). In Strafsachen wird die Bedeutung insbesondere daran zu messen sein, welche Folgen eine Verurteilung für den Beschuldigten mit sich bringen würde. Auf den Erfolg der Tätigkeit des RA kommt es hierbei nicht an; es ist also für die Bestimmung der Gebühr gleichgültig, ob der Angeklagte freigesprochen oder verurteilt wird, da die Bedeutung sich an den zu erwartenden Folgen orientiert (Erfolgshonorare sind unzulässig, vgl. auch Kapitel 1.2.3).

- **Die Vermögens- und Einkommensverhältnisse des Auftraggebers.** Da dies häufig falsch gesehen wird, sei zuerst darauf hingewiesen, dass die Vermögens- und Einkommensverhältnisse des Auftraggebers nicht allein über die Höhe der Gebühr entscheiden, sondern nur neben den anderen genannten Umständen zur Gebührenbestimmung herangezogen werden.

  Dabei werden auch nur die wirtschaftlichen Verhältnisse des Auftraggebers, nicht etwa des erstattungspflichtigen Gegners herangezogen. Ausschlaggebend sind neben der Höhe des Einkommens des Auftraggebers auch seine laufenden Ausgaben und insbesondere seine Unterhaltsverpflichtungen.

  Der Grundgedanke dafür, die wirtschaftlichen Verhältnisse des Auftraggebers mit zu berücksichtigen, liegt darin, dass niemand durch die Inanspruchnahme des RA in wirtschaftliche Not geraten soll. Andererseits soll der, der es sich leisten kann, auch eine höhere Gebühr bezahlen. Da der wirtschaftliche Gesichtspunkt aber nur einer der zu berücksichtigenden Umstände ist, bedeutet dies nicht, dass der „Arme" immer nur die Mindestgebühr und der „Reiche" immer nur die Höchstgebühr bezahlen muss. In diesen Fällen ist aber eine Ermäßigung der aufgrund der anderen Umstände ermittelten Gebühr bzw. eine Erhöhung derselben vorzunehmen.

- **Ein besonderes Haftungsrisiko des RA.** Bei **Satzrahmen**gebühren (z. B. Geschäftsgebühr) **kann** nach § 14 Abs. 1 S. 2 RVG ein besonderes Haftungsrisiko des RA bei der Bemessung der Höhe des Gebührensatzes herangezogen werden. Bei den **Betragsrahmen**gebühren (z. B. in Strafsachen) **muss** ein besonderes Haftungsrisiko des RA nach § 14 Abs. 1 S. 3 RVG berücksichtigt werden. Ein besonders hohes Haftungsrisiko des RA bei ansonsten gleichen Umständen kann sich also gebührenerhöhend auswirken; dies ist dann gegeben, wenn die Gefahr, für eine Pflichtverletzung bei Ausübung der Anwaltstätigkeit haften zu müssen, gegenüber dem Normalfall besonders hoch ist. Dass ein RA für Fehler gegenüber seinem Auftraggeber haften muss, ist normal und in der Bemessung der regulären Gebühren bereits einkalkuliert. Deshalb ist nach § 14 Abs. 1 RVG nur ein außergewöhnliches Haftungsrisiko zusätzlich zu berücksichtigen.

- **Sonstige Umstände.** Nicht zu berücksichtigen sind z. B. hohe Bürokosten des RA oder andere Gesichtspunkte, die mit dem konkreten Einzelfall nichts zu tun haben.

1.3.2.3 Mittelgebühr und Mittelsatz

Nach vorstehenden Überlegungen werden die jeweiligen Rahmenhöchstwerte z. B. nur bei den den Durchschnitt in außergewöhnlicher Weise übersteigenden Einkommens- und Vermögensverhältnissen und gleichzeitig besonderer Schwierigkeit der anwaltlichen Tätigkeit angemessen sein. Der Mindestwert des Gebührenrahmens wird z. B. nur dann in Betracht kommen, wenn die wirtschaftlichen Verhältnisse des Auftraggebers schwach sind und gleichzeitig der Fall für den RA besonders einfach ist.

Wegen der im Einzelfall zum Teil erheblichen Schwierigkeit, die angemessene Gebühr zu finden, hilft man sich im **Regelfall** damit, dass ein Mittelwert in Ansatz gebracht wird. Bei Betragsrahmengebühren wird die so genannte **Mittelgebühr** und bei Gebührensatzrahmen der **Mittelsatz** berechnet. Der Mittelwert ist bei mittleren Umständen im Sinne des § 14 RVG angemessen, also bei mittleren Einkommens- und Vermögensverhältnissen, mittlerer Bedeutung der Angelegenheit usw. Die Mittelgebühr bzw. der Mittelsatz liegen genau in der Mitte des jeweiligen Gebührenrahmens und lassen sich am schnellsten so ausrechnen:

$$\text{Betragsrahmengebühr (Mittelgebühr)} = \frac{\text{Mindest- + Höchstgebühr}}{2} = \frac{40 + 270}{2} = 155{,}00 \text{ EUR}$$

$$\text{Satzrahmengebühr (Mittelsatz)} = \frac{\text{Mindest- + Höchstsatz}}{2} = \frac{0{,}5 + 2{,}5}{2} = 1{,}5$$

Liegen im Einzelfall außergewöhnliche Umstände vor, so ermäßigt oder erhöht man die Mittelgebühr bzw. den Mittelsatz entsprechend, wobei man allerdings innerhalb der Mindest- und Höchstwerte des Gebührenrahmens bleiben muss. Auf diese Weise benutzt man also meist den Mittelwert zumindest als Ansatzpunkt, wenn keine durchschnittlichen Umstände vorliegen.

Jedoch wird man insbesondere bei der Geschäftsgebühr (VV Nr. 2400 RVG) nicht nur auf den Mittelwert sehen können, sondern bei dem sehr weiten Gebührenrahmen von 0,5 bis 2,5 für diese Gebühr wird es in erster Linie auf den Arbeitsaufwand des RA ankommen. Hier wird bei der Bestimmung des Gebührensatzes im konkreten Einzelfall auch die Gegenüberstellung mit anderen vergleichbaren Gebührenbestimmungen hilfreich sein. Gerade zu der wahrscheinlich missglückten Regelung der Geschäftsgebühr wird man noch die Rechtsprechung der nächsten Jahre abwarten müssen. Näheres siehe Kapitel 3.1.1.

Den Höchstbetrag bzw. den Mindestbetrag des Rahmens wird man als konkrete Gebühr im Einzelfall nur dann nehmen können, wenn mehrere – aber nicht unbedingt alle – der in § 14 RVG genannten Umstände dafür sprechen. Liegt auch nur ein einziger Umstand außerhalb des Normalen, ist aber ein Abweichen von dem Mittelwert bereits gerechtfertigt. Andererseits kann aber ein überdurchschnittlicher Umstand durch einen unterdurchschnittlichen auch sozusagen ausgeglichen werden.

> **Merke:**
> Bei Rahmengebühren nimmt man im Regelfall den Mittelwert des Gebührenrahmens, den man bei Vorliegen außergewöhnlicher Umstände entsprechend angemessen ermäßigt oder erhöht.

1.3.2.4 Die Geltendmachung von Rahmengebühren

Gegenüber dem Auftraggeber können Rahmengebühren im Streitfall meistens nur über den Weg einer Klage im Zivilprozess geltend gemacht werden, da eine Vergütungsfestsetzung gemäß § 11 Abs. 8 RVG bei Rahmengebühren dann unzulässig ist, wenn höhere Gebühren als die Mindestgebühren geltend gemacht werden oder wenn keine Zustimmungserklärung des Auftraggebers vorgelegt werden kann (vergleiche Kapitel 1.2.10).

Im Rechtsstreit des RA mit seinem Auftraggeber muss nach § 14 Abs. 2 RVG das Gericht ein Gutachten des Vorstandes der Rechtsanwaltskammer über die Angemessenheit der Gebühren einholen. Der RA muss in der Klage alle Gründe angeben, warum er von der Mittelgebühr abgewichen ist, damit dies in dem Gutachten berücksichtigt werden kann.

Ein eventueller Erstattungsanspruch des Auftraggebers gegen den Gegner lässt sich im Kostenfestsetzungsverfahren gemäß §§ 103 ff. ZPO durchsetzen, wobei der Rechtspfleger dann überprüft, ob der RA die Gebühren nach billigem Ermessen bestimmt hat.

1.3.3 Die Grundsätze des § 15 RVG

(Dazu Aufgaben Gruppe 11)

Der § 15 RVG regelt den **Abgeltungsbereich der Gebühren** und definiert diese als **Pauschgebühren**. In den einzelnen Absätzen werden mehrere wichtige Fragen behandelt, die für alle Gebühren gelten und deshalb für das gesamte RVG von **großer Bedeutung** sind:

Absatz 1: Begriff der Pauschgebühr

Eine Gebühr entgilt die gesamte Tätigkeit des RA, für die sie gewährt wird vom Auftrag bis zur Erledigung der Angelegenheit.

Absatz 2: Dieselbe Angelegenheit, Rechtszug

Grundsätzlich darf eine Gebühr nur einmal gefordert werden (Einmaligkeit der Gebühr).

Absatz 3: Verschiedene Gebührensätze für Teile des Gegenstands

Sind für Wertteile eines Gegenstandes verschieden hohe Gebührensätze anzuwenden, so erhält der RA zwar für die Teile gesondert berechnete Gebühren, jedoch darf insgesamt nicht mehr als die nach dem Gesamtbetrag und nach dem höchsten anzuwendenden Gebührensatz sich ergebende Gebühr berechnet werden.

Absatz 4: Vorzeitiges Ende der Tätigkeit

Eine vorzeitige Beendigung des Auftrages lässt die bereits verdienten Gebühren grundsätzlich unberührt.

Absatz 5: Neuer Auftrag in derselben Angelegenheit

Die wiederholte Erteilung eines Auftrages in derselben Angelegenheit führt nicht zu einer Vermehrung der Gebühren, es sei denn, der frühere Auftrag liegt mehr als zwei Kalenderjahre zurück.

Absatz 6: Beauftragung mit Einzelhandlungen

Ein in derselben Angelegenheit mit mehreren einzelnen Handlungen beauftragter RA erhält nicht mehr Gebühren als ein RA, der von vornherein mit der gesamten Angelegenheit beauftragt worden wäre.

Eine **wichtige Ergänzung** erfährt der § 15 RVG durch die §§ 16 bis 21 aus dem dritten Abschnitt des RVG. Sie werden bemerkt haben, dass dem Begriff der **„Angelegenheit"** in § 15 RVG eine besondere Bedeutung zukommt. Was eine Angelegenheit ist, wird in den §§ 16 ff. RVG im Einzelnen und sehr ausführlich geregelt (siehe Kapitel 1.4). Der § 15 RVG und die §§ 16 ff. RVG ergänzen sich, woraus sich letztlich ergibt, wie viele Gebühren und Auslagenpauschalen (VV Nr. 7002 RVG) ein RA für die Erledigung eines Auftrages erhält.

Die sechs Absätze des § 15 RVG werden in den nachfolgenden Kapiteln erläutert.

1.3.3.1 Eine Gebühr gilt die gesamte Tätigkeit des RA ab

Nach **§ 15 Absatz 1 RVG** entgelten die Gebühren, soweit gesetzlich nichts anderes bestimmt ist, die gesamte Tätigkeit des RA vom Auftrag bis zur Erledigung der Angelegenheit. Deshalb spricht man hier auch von **Pauschgebühren**.

> **Beispiel:** In einem Zivilprozess fertigt ein RA insgesamt 17 Schriftsätze. Er erhält dafür nur eine einzige Verfahrensgebühr gemäß §§ 2, 13, VV Nr. 3100 RVG.

Für gerichtliche Verfahren ist insbesondere in § 19 Abs. 1 Ziff. 1 bis 17 RVG geregelt, was zu einem Rechtszug gehört, insbesondere mit welchen Handlungen des RA eine Angelegenheit beendet ist (siehe Kapitel 1.4.4 und auch „Grundlagen …", Kapitel 0.3.1.1: „Pauschgebühren).

> **Merke:**
> Der RA erhält Pauschgebühren, die für seine Tätigkeit vom Anfang bis zum Ende einer Angelegenheit nur einmal entstehen.

1.3.3.2 Grundsätzlich kann eine Gebühr nur einmal gefordert werden

Nach **§ 15 Absatz 2, Satz 1 RVG** darf der RA die Gebühren **in derselben Angelegenheit** nur einmal fordern. Hat beispielsweise der RA von Anfang an den Auftrag, eine Forderung einzuklagen, so wird er zunächst versuchen, die Forderung mittels eines anwaltlichen Aufforderungsschreibens einzufordern. Erst nachdem der vorherige außergerichtliche Versuch, die Forderung beizutreiben, erfolglos verlaufen ist, wird er die Klage einreichen. In diesem Fall ist die auftragsgemäße Beitreibung der Forderung auf dem Klageweg eine einzige Angelegenheit. Für das zuerst erstellte Aufforderungsschreiben mit Klageauftrag erhält der RA keine besonderen Gebühren, da es mit zur Vorbereitung der später eingereichten Klageschrift zählt. Dies wird auch durch § 19 Ziff. 1 RVG ausdrücklich so angeordnet.

> **Beispiel:** Ein RA fertigt auftragsgemäß ein Aufforderungsschreiben, wobei er bereits Klageauftrag hat. Da das Aufforderungsschreiben bereits zur Vorbereitung der Klage gehört, könnte er hierfür eine Verfahrensgebühr nach den §§ 2, 13, VV Nr. 3100 RVG beanspruchen, die ihm jedoch nach der besonderen Vorschrift des VV Nr. 3101 Ziff. 1 RVG dann nur als eine 0,8 Verfahrensgebühr erwächst, wenn der Schuldner vor Einreichung der Klageschrift zahlt.
>
> Falls der Schuldner dagegen nicht zahlt und die Klage eingereicht wird, entsteht hierfür die 1,3 Verfahrensgebühr nach den §§ 2, 13, VV Nr. 3100 RVG und das Aufforderungsschreiben wird dann als Vorbereitungstätigkeit nicht gesondert berechnet.

Dass die Gebühren in einer Angelegenheit nur einmal entstehen können, ist sicherlich nicht schwer zu verstehen. Was jedoch eine Angelegenheit ist, ist schon nicht mehr so einfach zu erklären. Der BGH hat einmal den **Begriff der Angelegenheit** so definiert:

> Eine Angelegenheit ist der Rahmen, innerhalb dessen sich die anwaltliche Tätigkeit abspielt, wobei in der Regel der dem Anwalt erteilte Auftrag entscheidend ist.

Eine Angelegenheit kann durchaus mehrere **Gegenstände** umfassen, wenn der erteilte Auftrag dahin geht. So können z. B. in einer Klage (= Angelegenheit) eine Kaufpreisforderung und eine Schadenersatzforderung (= zwei Gegenstände) geltend gemacht werden.

> Als Gegenstand sieht man das Recht oder Rechtsverhältnis, auf das sich die anwaltliche Tätigkeit aufgrund des Auftrages bezieht.

Da das RVG den Begriff der Angelegenheit nicht definiert, hat man in der Rechtsprechung versucht, das Vorliegen einer **Angelegenheit** an **drei Voraussetzungen** zu knüpfen:

- Eine Angelegenheit liegt vor, wenn ein **einheitlicher Auftrag** besteht.
- Bei Verfolgung mehrerer Gegenstände muss der **gleiche Rahmen** eingehalten werden; es werden also z. B. mehrere Gegenstände in einer Klage oder in einem Aufforderungsschreiben geltend gemacht.
- Bei verschiedenen Gegenständen muss ein **innerer Zusammenhang** zwischen den Gegenständen bestehen; so können z. B. mehrere Unfallopfer wegen desselben Verkehrsunfalls ihre unterschiedlichen Schadenersatzansprüche in einer Klage geltend machen.

Hieraus ergeben sich folgende Überlegungen: Wird eine Klage nach Einreichung abgeändert, so ist der Rechtsstreit auch nach der Änderung noch dieselbe Angelegenheit. Dagegen liegt eine neue Angelegenheit vor, wenn eine bereits eingereichte Klage zurückgenommen und später neu erhoben wird, da mit der Zurücknahme der erste Auftrag erledigt war.

Beispiel: RA Nimm erhält Klageauftrag. Nachdem er die Klageschrift eingereicht hat, nimmt der Auftraggeber, Herr Angst, den Klageauftrag zurück, worauf RA Nimm die Klage auftragsgemäß zurücknimmt. RA Nimm berechnet eine 1,3 Verfahrensgebühr (VV Nr. 3100 RVG) und eine Auslagenpauschale.
Später ruft der Angst an, und bittet, die Klage erneut einzureichen, da er sich jetzt sicher sei, den Prozess zu gewinnen. RA Nimm berechnet ein zweites Mal eine 1,3 Verfahrensgebühr und eine Auslagenpauschale.

Wird dagegen ein Rechtsmittel zurückgenommen, z. B. weil Zweifel an der Zulässigkeit des Rechtsmittels entstanden sind, und danach das Rechtsmittel nach Ausräumung der Zweifel innerhalb der Rechtsmittelfrist erneut eingelegt, so liegt nur eine Angelegenheit vor. So sieht das die Rechtsprechung, denn solange noch Zweifel bestehen, ist der dem RA erteilte Auftrag noch nicht erledigt.

Zwei Angelegenheiten liegen ferner vor, wenn in einer Verkehrsunfallsache der RA sich zuerst an die Kaskoversicherung des Geschädigten und später an die Haftpflichtversicherung des Unfallschuldigen wendet, da hier verschiedene Anspruchsgegner vorliegen. Andererseits handelt es sich um nur eine Angelegenheit, wenn sich die Verhandlungen mit der Haftpflichtversicherung über mehrere Jahre hinziehen, oder wenn der Geschädigte als Auftraggeber des RA zuerst nur Sachschaden und später auch noch Schmerzensgeld von der Haftpflichtversicherung fordert.

Nur eine Angelegenheit liegt auch vor, wenn mehrere Personen in einer Klage gegen denselben Gegner vorgehen. Dabei muss der Auftrag nicht etwa gleichzeitig an den RA erteilt worden sein; auch wenn die so genannten Streitgenossen den RA nacheinander beauftragt haben, liegt ein einheitlicher Auftrag vor, da es schließlich um nur einen Prozess geht.

Geht der Rechtsstreit durch mehrere Instanzen, so gilt jede Instanz nach § 15 Absatz 2 Satz 2 RVG als besondere Angelegenheit, d. h., in jedem Rechtszug entsteht z. B. die Verfahrensgebühr und die Terminsgebühr neu. Eine neue Instanz, in der sämtliche Gebühren neu entstehen, beginnt grundsätzlich dann, wenn ein Gericht höherer Ordnung mit dem Rechtsstreit befasst wird.

Im Hinblick auf die Gebühren gilt sozusagen als eigene Angelegenheit auch jeder einzelne Tätigkeitsbereich, für den das RVG eine besondere Pauschgebühr vorsieht. Solche Vorschriften finden sich in den §§ 17 und 18 RVG.

Beispiele: Gemäß § 18 Ziff. 18 RVG gelten ein Zwangsvollstreckungsauftrag an den Gerichtsvollzieher und ein Verfahren zur Abnahme der eidesstattlichen Versicherung jeweils als besondere Angelegenheit, obwohl es sich für den RA um nur einen Vollstreckungsauftrag seines Mandanten handelt. Deshalb können die Vollstreckungsgebühren (VV Nr. 3309 RVG) ein zweites Mal entstehen.

Nach § 17 Ziff. 2 RVG sind das gerichtliche Mahnverfahren und der sich anschließende Prozess zwei Angelegenheiten, sodass – wenn auch die Verfahrensgebühren aufeinander angerechnet werden – die Pauschale für Entgelte für Post- und Telekommunikationsdienstleistungen (VV Nr. 7002 RVG) doppelt berechnet werden kann. (Zur Anrechnung von Gebühren siehe weiter unten.)

Zusätzlich beschreibt der § 19 Abs. 1 Ziff. 1 bis 17, was zu einem Rechtszug gehört bzw. welche Tätigkeiten des RA besondere gebührenrechtliche Angelegenheiten bilden.

Merke:

Jede Gebühr kann in derselben Angelegenheit nur einmal gefordert werden.

Der Umfang einer Angelegenheit wird im Wesentlichen durch den erteilten Auftrag bestimmt.

Es gibt aber auch nicht zu § 15 Absatz 2 RVG gehörende Fälle, in denen das RVG durch **Anrechnungsvorschriften** ausdrücklich bestimmt, dass Gebühren nur einmal anfallen, obwohl es sich eigentlich um zwei Angelegenheiten handelt. Ein solcher Fall läge vor, wenn der RA den Auftrag gehabt hätte, zu versuchen, eine Forderung erst einmal nur außergerichtlich beizutreiben. Für das Aufforderungsschreiben wäre erst einmal eine Geschäftsgebühr gemäß den §§ 2, 13, 14, VV Nr. 2400 RVG entstanden. Das Aufforderungsschreiben wäre dann auftragsgemäß eine erste Angelegenheit gewesen.

Falls nun das Aufforderungsschreiben ohne Erfolg bleibt, wird der Auftraggeber Klageauftrag erteilen. Dieser nachträglich erteilte Klageauftrag ist nun eine zweite Angelegenheit, für die eigentlich eine zusätzliche Verfahrensgebühr gemäß den §§ 2, 13, VV Nr. 3100 RVG entstehen müsste. Hier bestimmt nun Vorbemerkung 3 Abs. 4 des Vergütungsverzeichnisses des RVG ausdrücklich, dass die bereits entstandene Geschäftsgebühr auf die Verfahrensgebühr des anschließenden, mit der früheren Tätigkeit zusammenhängenden, gerichtlichen Verfahrens (zur Hälfte) anzurechnen ist. Dass die Geschäftsgebühr auf die später erwachsende Verfahrensgebühr anzurechnen ist, bedeutet, dass die Geschäftsgebühr (zur Hälfte) in der Verfahrensgebühr aufgeht, bzw. im Endergebnis, dass nur die Verfahrensgebühr in voller Höhe berechnet werden darf und von der Geschäftsgebühr nur die Hälfte übrig bleibt. Berechnungsbeispiele hierzu finden Sie in den Kapiteln 3.1.1.2 und 3.1.1.3.

Die vorstehend erläuterte Anrechnungsvorschrift ist durch die nur hälftige Anrechnung leider etwas kompliziert geregelt worden. Es gibt auch einfachere Beispiele: Ein RA hat Auftrag, das gerichtliche Mahnverfahren durchzuführen. Zur Erledigung dieses Auftrages reicht er den Antrag auf Erlass des Mahnbescheides bei Gericht ein. Nachdem der Gegner Widerspruch eingelegt hat, geht die Sache in den Zivilprozess über; der RA wird auftragsgemäß auch in dem Prozess tätig. Auch in diesem Fall hat der RA zwei Aufträge nacheinander bearbeitet. Für das Mahnverfahren erhält er eine 1,0 Verfahrensgebühr gemäß §§ 2, 13, VV Nr. 3305 RVG. Für den Prozess als zweite Angelegenheit erhält er eine 1,3 Verfahrensgebühr gemäß §§ 2, 13, VV Nr. 3100 RVG. Da es sich um zwei Angelegenheiten handelt (§ 17 Ziff. 2 RVG), müsste der RA nach § 15 Abs. 2 S. 1 RVG eigentlich beide Gebühren erhalten. Auch in diesem Fall greift jedoch als Sonderregelung eine Anrechnungsvorschrift, die als Anmerkung in VV Nr. 3305 RVG steht, sodass letzten Endes in diesem Fall nur die 1,3 Verfahrensgebühr (Nr. 3100) übrig bleibt und die 1,0 Verfahrensgebühr (Nr. 3305) gänzlich in dieser untergeht. Hierzu folgendes Beispiel:

Beispiel: Ein RA reicht auftragsgemäß einen Antrag auf Erlass eines Mahnbescheids wegen einer Forderung von 5 000,00 EUR ein und berechnet dafür eine 1,0 Verfahrensgebühr gemäß §§ 2, 13, VV Nr. 3305 RVG. Da der Schuldner Widerspruch gegen den Mahnbescheid einlegt, geht die Sache anschließend in den Zivilprozess über. Der RA erhält von seinem Auftraggeber Klageauftrag und reicht die Klageschrift ein. Auf die dafür entstehende 1,3 Verfahrensgebühr gemäß §§ 2, 13, VV Nr. 3100 RVG wird die bereits entstandene 1,0 Verfahrensgebühr nach der Anmerkung in VV Nr. 3305 RVG angerechnet. Die 1,3 Verfahrensgebühr beträgt in diesem Beispiel 391,30 EUR. Darauf ist die 1,0 Verfahrensgebühr für das Mahnverfahren (Nr. 3305), also 301,00 EUR, anzurechnen, sodass der RA im Ergebnis nur die 391,30 EUR Verfahrensgebühr erhält. Die Verfahrensgebühr für das Mahnverfahren verschwindet also sozusagen in der Verfahrensgebühr für den Prozess.

Beispiel: Wie vorstehend. Nachdem der Schuldner Widerspruch eingelegt hat, erteilt der Auftraggeber Klageauftrag über 7 000,00 EUR. Der anschließende Zivilprozess betrifft also die 5 000,00 EUR aus dem Mahnverfahren und zusätzlich werden noch weitere 2 000,00 EUR eingeklagt. Die 1,3 Verfahrensgebühr für den Prozess beträgt nun 487,50 EUR. Darin geht die 1,0 Verfahrensgebühr für das Mahnverfahren von 301,00 EUR wieder voll auf.

Beispiel: Wie vorstehend. Der RA erhält jetzt aber nur Klageauftrag über 3 000,00 EUR, da der Schuldner nach Erhalt des Mahnbescheids 2 000,00 EUR gezahlt hat. Die 1,3 Verfahrensgebühr für den Prozess beträgt nun nur 245,70 EUR. Die Anrechnung der 1,0 Verfahrensgebühr für das Mahnverfahren gestaltet sich hier etwas schwieriger, da die **Degression der Gebührentabelle** zu berücksichtigen ist. Das hat zur Folge, dass die 1,0 Verfahrensgebühr nur nach dem Wert der gerichtlichen Tätigkeit angerechnet werden darf, also nur nach 3 000,00 EUR, anstatt nach den im Mahnverfahren geltend gemachten 5 000,00 EUR. Die mit der Tätigkeit nur im Mahnverfahren wegen der 2 000,00 EUR verdiente 1,0 Verfahrensgebühr bleibt dagegen erhalten, da dieser Teil des Auftrages mit der Zahlung durch den Schuldner erledigt ist.

I. Vergütungsrechnung für das Mahnverfahren

Gegenstandswert: 5 000,00 EUR   EUR

1,0 Verfahrensgebühr im Mahnverfahren gem. §§ 2, 13, VV Nr. 3305 RVG *	301,00
20 % Pauschale für Post- und Telekommunikationsentgelte für Mahnverfahren ** gem. § 2 Abs. 2 S. 1, VV Nr. 7002 RVG	20,00
	321,00
16 % USt. gem. § 2 Abs. 2 S. 1, VV Nr. 7008 RVG	51,36
	372,36

II. Vergütungsrechnung für den Zivilprozess

Gegenstandswert: 3 000,00 EUR

		EUR
1,3	Verfahrensgebühr im Prozess gem. §§ 2, 13, VV Nr. 3100 RVG	245,70

hierauf ist nach der Anmerkung zu VV Nr. 3305 RVG anzurechnen: *
– 1,0 Verfahrensgebühr im Mahnverfahren gem. §§ 2, 13, VV Nr. 3305 RVG
(Wert: 3 000,00 EUR !) – 189,00
                                                                                                              56,70
20 % Pauschale für Post- und Telekommunikationsentgelte für Prozess **
gem. § 2 Abs. 2 S. 1, VV Nr. 7002 RVG   11,34
                                                                                                              68,04
16 % USt. gem. § 2 Abs. 2 S. 1, VV Nr. 7008 RVG   10,89
                                                                                                              78,93

* Die Mahnverfahrensgebühr wird angerechnet, d. h., sie geht in der Verfahrensgebühr für den Prozess unter. In diesem Fall muss sie abgezogen werden, da sie bereits für das Mahnverfahren in der ersten Rechnung erhoben worden ist, jedoch nur nach dem Wert, der im Prozess noch übrig geblieben ist.

** Die Auslagenpauschale entsteht in jeder Angelegenheit. Mahnverfahren und Prozess sind zwei Angelegenheiten. Die Auslagenpauschale für den Prozess wird von der übrig bleibenden Verfahrensgebühr, also von 56,70 EUR berechnet

In vorstehender Berechnung wurde also jener Teilbetrag der Verfahrensgebühr für den Prozess in Höhe von 56,70 EUR zusätzlich zur Verfahrensgebühr für das Mahnverfahren (Rechnung I.) belassen, der sich aus der Tätigkeit im Prozess ergibt, da die Gebühr für das Mahnverfahren nur nach dem Wert der prozessualen Tätigkeit angerechnet werden musste (siehe auch Kapitel 1.6.2.2, 3.1.1.2 und 3.1.1.3).

Hinweis: Wer bereits mit der BRAGO gearbeitet hat, nimmt wohl die Anrechnung aus alter Gewohnheit innerhalb nur einer Vergütungsrechnung vor (siehe hierzu frühere Auflagen dieses Buches). Nach dem RVG empfiehlt sich diese Art der Berechnung nicht mehr, da zwei verschiedene Aufträge (Mahnverfahren, Prozess) und damit zwei Angelegenheiten vorliegen und für jede Angelegenheit die Vergütung separat berechnet werden sollte. Außerdem wäre störend, dass in nur einer Vergütungsrechnung dann die Auslagenpauschale doppelt zu berechnen wäre.

Merke:
In gewissen, im RVG genannten Fällen, liegen zwar mehrere Angelegenheiten vor, jedoch wird durch Anrechnungsvorschriften geregelt, dass bestimmte Gebühren aufeinander angerechnet werden, sodass im Ergebnis auch nur eine Gebühr entsteht.

1.3.3.3 Verschiedene Gebührensätze für Teile des Gegenstands

Sind für Teile des Gegenstandswertes verschiedene Gebührensätze (z. B. 0,8 und 1,3) anzuwenden, so sind die Gebühren für die einzelnen Wertteile gesondert zu berechnen. Sie dürfen aber insgesamt nicht mehr betragen als die Gebühr nach dem höchsten verwendeten Gebührensatz (z. B. 1,3) aus den zusammengerechneten Wertteilen des Gegenstandswertes (**§ 15 Absatz 3 RVG**). Diese Vorschrift zwingt den RA zum Vergleich, was für den Mandanten bzw. erstattungspflichtigen Gegner „günstiger" ist: Die zusammengerechnete Gebühr nach den einzelnen Teilwerten oder die nach dem höchsten verwendeten Gebührensatz aus dem Gesamtbetrag berechnete Gebühr.

Die Grundlagen des RVG

Beispiel: Es entsteht innerhalb einer Angelegenheit eine 0,8 Verfahrensgebühr (VV Nr. 3101 RVG) nach einem Wertteil von 6 000,00 EUR und eine 1,3 Verfahrensgebühr (VV Nr. 3100 RVG) nach einem Wertteil von 18 000,00 EUR. Der RA kann berechnen:

0,8 Verfahrensgebühr gem. §§ 2, 13, VV Nr. 3101 RVG nach dem Wert von 6 000,00 EUR	270,40 EUR
1,3 Verfahrensgebühr gem. §§ 2, 13, VV Nr. 3100 RVG nach dem Wert von 18 000,00 EUR	787,80 EUR
Summe:	1 058,20 EUR

Der RA ist durch § 15 Abs. 3 RVG zu folgender vergleichenden Berechnung gezwungen:

1,3 Verfahrensgebühr gem. §§ 2, 13, VV Nr. 3100 RVG nach dem Gesamtwert von 24 000,00 EUR	891,80 EUR

Da der Betrag einer Gebühr mit dem höchsten verwendeten Gebührensatz von 1,3 nach dem gesamten Gegenstandswert geringer ist, kann der RA nur 891,80 EUR in Ansatz bringen.

Die Bestimmung des § 15 Absatz 3 RVG ist im Wesentlichen anzuwenden, wenn z. B. folgende Gebühren in einer Angelegenheit zusammentreffen:

- 0,8 Verfahrensgebühr bei vorzeitiger Erledigung (VV Nr. 3101 Nr. 1 RVG) und 1,3 Verfahrensgebühr (VV Nr. 3100 RVG)

- 0,8 Differenz-Verfahrensgebühr bei Einigung über nicht rechtshängige Ansprüche (VV Nr. 3101 Nr. 2 RVG) und 1,3 Verfahrensgebühr (VV Nr. 3100 RVG)

- 1,1 Differenz-Verfahrensgebühr bei Einigung über nicht rechtshängige Ansprüche (VV Nr. 3201 Anmerkung Nr. 2 RVG) und 1,6 Verfahrensgebühr (VV Nr. 3200 RVG) in der Berufungsinstanz

- 1,0 Einigungsgebühr bei rechtshängigen Ansprüchen (VV Nr. 1003 RVG) und 1,5 Einigungsgebühr bei nicht rechtshängigen Ansprüchen (VV Nr. 1000 RVG)

- 1,3 Einigungsgebühr bei in der Berufungs- oder Revisionsinstanz rechtshängigen Ansprüchen (VV Nr. 1004 RVG) und 1,5 Einigungsgebühr bei nicht rechtshängigen Ansprüchen (VV Nr. 1000 RVG)

- Erhöhte Verfahrens- oder Geschäftsgebühr, wenn mehrere Auftraggeber nur teilweise am Gegenstand gemeinsam beteiligt sind (VV Nr. 1008 Anmerkung Abs. 2 RVG) und nicht erhöhte Verfahrens- oder Geschäftsgebühr für den Rest des Gegenstands.

Merke:
Sind für Wertteile des Gegenstandes unterschiedlich hohe Gebührensätze zu berechnen, so wird für jeden Wertteil die Gebühr gesondert berechnet, jedoch darf die Summe der so errechneten Gebühren nicht höher sein, als die nach dem Gesamtwert und dem höchsten angewendeten Gebührensatz berechnete Gebühr.

Die Grundlagen des RVG

Beispiel: Der Umgang mit dem § 15 Abs. 3 RVG soll anhand einer vollständigen Vergütungsrechnung aufgezeigt werden: Der RA hat Klageauftrag über 1 600,00 EUR. Im ersten Verhandlungstermin wird eine Einigung vom Gericht zu Protokoll genommen, wonach der Beklagte 1 420,00 EUR an den Kläger zahlt. In diesen Vergleich sind 1 300,00 EUR mit einbezogen worden, die noch nicht eingeklagt waren.

		EUR	EUR
	Gegenstandswert: 2 900,00 EUR / 1 600,00 EUR / 1 300,00 EUR		
1,3	Verfahrensgebühr gem. §§ 2, 13, VV Nr. 3100 RVG (Wert: 1 600,00 EUR)	172,90	
0,8	Differenz-Verfahrensgebühr gem. §§ 2, 13, VV Nr. 3101 Ziff. 2 RVG (Wert: 1 300,00 EUR)	84,00	
		256,90	
	Gemäß **§ 15 Abs. 3 RVG** darf höchstens eine 1,3 Verfahrensgebühr nach der Wertesumme von 2 900,00 EUR berechnet werden, das wären 245,70 EUR. Da diese Gebühr hier überschritten wird, sind als Verfahrensgebühren nur zu berechnen:		245,70
1,2	Terminsgebühr gem. §§ 2, 13, VV Nr. 3104 RVG (Wert: 2 900,00 EUR)		226,80
1,0	Einigungsgebühr gem. §§ 2, 13, VV Nrn. 1000 Anm. Abs. 1, 1003 RVG (Wert: 1 600,00 EUR)	133,00	
1,5	Einigungsgebühr gem. §§ 2, 13, VV Nr. 1000 Anm. Abs. 1 RVG (Wert: 1 300,00 EUR)	157,50	
		290,50	
	Gemäß **§ 15 Abs. 3 RVG** darf höchstens eine 1,5 Einigungsgebühr nach der Wertesumme von 2 900,00 EUR berechnet werden, das wären 283,50 EUR. Da diese Gebühr hier überschritten wird, sind als Einigungsgebühren nur zu berechnen:		283,50
	Pauschale für Post- und Telekommunikationsentgelte gem. § 2 Abs. 2 S. 1, VV Nr. 7002 RVG		20,00
			776,00
	16 % USt. gem. § 2 Abs. 2 S. 1, VV Nr. 7008 RVG		124,16
			900,16

Wenn Sie diesen Fall und seine Lösung jetzt noch nicht verstanden haben, dann ist das erstens jetzt noch nicht schlimm und zweitens werden Sie die Berechnung der Einigungsgebühr in solchen Fällen schon noch lernen. Wichtig ist an dieser Stelle nur, dass Sie gesehen haben, dass die Anwendung des § 15 Abs. 3 RVG in einer Vergütungsrechnung auch mehrfach vorkommen kann. Sie sollten sich jetzt nur merken, dass Sie immer dann überlegen müssen, ob Sie eine vergleichende Berechnung gemäß § 15 Abs. 3 RVG vorzunehmen haben, wenn eine Gebühr gleicher Art zweimal vorkommt. In diesem Fall ist die Verfahrensgebühr und die Einigungsgebühr jeweils zweimal in der Berechnung vorgekommen.

Beachten Sie die übersichtliche Darstellung der Berechnung der Vergütung mit den **zwei Spalten** für die Beträge in Euro. Auf diese Weise machen Sie sich selbst die Arbeit leichter.

Merke:
Wenn in einer Vergütungsrechnung Gebühren gleicher Art zweimal vorkommen, ist eine Prüfung nach § Abs. 3 RVG zu bedenken.
Es ist sinnvoll und übersichtlich, die Gebühren gleicher Art untereinander in die Berechnung zu schreiben und dann die vergleichende Prüfung nach § Abs. 3 RVG zu dokumentieren.

Dem § 15 Abs. 3 RVG vergleichbare Regelungen gibt es auch in den anderen Kostengesetzen, also dem GKG (§ 36 Abs. 3) und der KostO (§ 44 Abs. 2b).

1.3.3.4 Bereits verdiente Gebühren fallen nicht wieder weg

Auf bereits entstandene Gebühren ist es ohne Einfluss, wenn sich die Angelegenheit vorzeitig erledigt oder der Auftrag endigt, bevor die Angelegenheit erledigt ist (**§ 15 Absatz 4 RVG**). Dies hängt mit dem Charakter der Gebühren als Pauschgebühren zusammen, sodass es gleichgültig ist, welchen Umfang an Tätigkeiten der RA entwickelt. Es ist also grundsätzlich schon ausreichend, dass der RA nach Erhalt des Auftrages die notwendigen Informationen vom Auftraggeber entgegennimmt. Erledigt sich die Sache z. B. sofort danach, so hat er die Gebühr mit dieser Informationsbeschaffung bereits verdient, sie fällt nicht etwa wieder weg.

Beispiel: Der Gegner zahlt sofort nach Zustellung der Klageschrift, weiteres Prozessieren erübrigt sich. Die 1,3 Verfahrensgebühr, die mit Einreichung der Klageschrift entstanden ist, fällt nicht wieder weg, auch nicht teilweise (VV Nr. 3100 RVG).

Das Gesetz schränkt diesen Grundsatz jedoch in einigen Gebührenbestimmungen wieder ein.

Beispiel: Endigt der Auftrag, bevor der RA die Klage bei Gericht eingereicht hat, so erhält er nur eine 0,8 Verfahrensgebühr (VV Nr. 3101 Ziff. 1 RVG).

Bei Rahmengebühren ist nach § 14 RVG auch der Umfang der anwaltlichen Tätigkeit von Bedeutung, sodass bei vorzeitiger Beendigung des Auftrages eine niedrigere Gebühr entsteht, als wenn der Auftrag vollständig durchgeführt worden wäre; dies wäre z. B. bei der Geschäftsgebühr nach VV Nr. 2400 RVG und bei den Rahmengebühren in Straf- und Bußgeldsachen (VV Nrn. 4100 ff., 5100 ff. RVG) zu beachten.

1.3.3.5 Neuer Auftrag in derselben Angelegenheit

In **§ 15 Absatz 5 RVG** wird bestimmt, dass ein RA, dem zunächst für Einzeltätigkeiten wie Schriftsatzanfertigung, Terminsvertretung oder Tätigkeit als Verkehrsanwalt Gebühren erwachsen sind, sich diese Gebühren dann anrechnen lassen muss, wenn er später in derselben Angelegenheit erneut mit Einzeltätigkeiten beauftragt wird, oder wenn er später als Bevollmächtigter für die gesamte Angelegenheit tätig wird und hierfür Gebühren erhält. Das bedeutet, dass er für die vorher erledigten Einzeltätigkeiten und für seine Tätigkeit als Bevollmächtigter insgesamt nur eine so hohe Vergütung beanspruchen darf, wie wenn er von Anfang an Bevollmächtigter für die gesamte Angelegenheit gewesen wäre.

Beispiel: RA Zeck hat als Terminsvertreter einen Beweistermin wahrgenommen und damit eine 0,65 Verfahrensgebühr (VV Nr. 3401 RVG) und eine 1,2 Terminsgebühr (VV Nr. 3401 RVG) verdient (siehe auch Kapitel 6.4.2.2). Später wird er zum Prozessbevollmächtigten in dieser Angelegenheit bestellt und nimmt an einem weiteren Termin teil, wofür ihm jeweils eine 1,3 Verfahrensgebühr (VV Nr. 3100 RVG) und eine 1,2 Terminsgebühr (VV Nr. 3104 RVG) zustehen. Er muss sich dann jeweils die früher verdienten Gebühren für Einzeltätigkeiten auf die später verdienten Gebühren des Prozessbevollmächtigten anrechnen lassen.

Durch § 15 Abs. 5 RVG soll sichergestellt werden, dass der RA keine mehrfachen Gebühren erhält, wenn die Erledigung eines einzelnen Auftrags nicht zur Erledigung der Angelegenheit selbst führt und der RA deswegen einen weiteren Auftrag in derselben Angelegenheit erhält. Es wäre jedoch ungerecht, wenn dem RA der neue Auftrag erst nach langer Zeit erteilt würde und er sich völlig neu in die betreffende Sache einarbeiten müsste, ohne dass er hierfür eine hinreichende Vergütung erhielte. Deshalb sieht § 15 Abs. 5 S. 2 RVG vor, dass seit der ersten Auftragserteilung nicht mehr als **zwei Kalenderjahre** vergangen sein dürfen, sonst wird der neue Auftrag als neue gebührenpflichtige Angelegenheit betrachtet. Das Gesetz unterstellt also, dass ein RA sich noch etwa zwei Jahre an eine Angelegenheit erinnern kann und deswegen keine zusätzlichen Gebühren für eine erneute Einarbeitung erhält.

Die 2-Jahresfrist beginnt zum Zeitpunkt der Erledigung des Auftrages, was dem Zeitpunkt entspricht, in dem die Vergütung nach § 8 RVG fällig wird. Zur Erleichterung wird die 2-Jahresfrist nicht in Jahren, sondern in **Kalender**jahren berechnet, sodass die Frist immer an einem 31. Dezember endet.

Beispiel: RA Leffers hat mit Einverständnis des Auftraggebers als Terminsvertreter einmalig einen Verhandlungstermin am 17. 05. 2005 wahrgenommen. Hierfür erhielt er eine 0,65 Verfahrensgebühr (VV Nr. 3401 RVG) und eine 1,2 Terminsgebühr (VV Nr. 3401 RVG, siehe auch Kapitel 6.4.2). Am 22. 09. 2007 wird er zum Hauptbevollmächtigten in dieser Angelegenheit bestellt und nimmt daraufhin an mehreren Terminen mit streitiger Verhandlung teil. Da die zwei Kalenderjahre seit der ersten Auftragserteilung in dieser Angelegenheit erst am 31. 12. 2007 ablaufen, kann RA Leffers auf die ihm als Prozessbevollmächtigten zustehende 1,3 Verfahrensgebühr nur die ihm sozusagen noch fehlende halbe (0,65) Verfahrensgebühr, aber keine zusätzliche Terminsgebühr mehr verlangen.

Beispiel: RA Gierig hat Prozessauftrag. Er fordert von seinem Mandanten Arm einen Honorarvorschuss von 900,00 EUR. Da Arm den Vorschuss nach einem Beratungsgespräch nicht zahlt, kündigt RA Gierig den Auftrag und fertigt nicht die Klageschrift. Drei Monate später bezahlt der Arm dem RA den verlangten Vorschuss und beauftragt den RA erneut. Die Klageschrift wird erstellt und bei Gericht eingereicht. In diesem Fall kann RA Gierig nach § 15 Abs. 5 RVG die schon vor der Kündigung angefallenen Gebühren nicht noch einmal berechnen.

> **Merke:**
> Nach § 15 Abs. 5 RVG kann ein RA, der in einem Prozess nicht mit der Vertretung im Ganzen beauftragt war, sondern zunächst nur mit Einzeltätigkeiten, insgesamt nicht mehr Gebühren als ein Prozessbevollmächtigter erhalten, wenn er später den Auftrag zu weiteren Einzeltätigkeiten oder zur Gesamtvertretung erhält.
> Diese Verpflichtung gilt zwei volle Kalenderjahre seit Erledigung des früheren Auftrages.

Innerhalb der zwei Kalenderjahre sind auch im RVG etwa vorgeschriebene **Anrechnungen von Gebühren** vorzunehmen (§ 15 Abs. 5 S. 2 RVG). Durch diese Anrechnungen wird im Prinzip das gleiche Ergebnis erreicht, wie durch die Regelung des § 15 Abs. 5 RVG. Da nicht immer klar ersichtlich ist, wann der RA im Sinne des § 15 Abs. 5 RVG „in derselben Angelegenheit" zu einem späteren Zeitpunkt „weiter tätig" wird, enthält das RVG jeden Zweifel ausschließende **Anrechnungsbestimmungen**, z. B. an folgenden Stellen:

- Beratungsgebühr (VV Nr. 2100 Anm. Abs. 2 RVG; ab 1. Juli 2006: § 34 Abs. 2 RVG)
- Gebühr für die Prüfung der Erfolgsaussicht eines Rechtsmittels (VV Nr. 2200 RVG)
- Beratungsgebühr bei Beratungshilfe (VV Nr. 2600 RVG)
- Geschäftsgebühr bei Beratungshilfe (VV Nr. 2603 Anm. Abs. 2 RVG)
- Geschäftsgebühr (VV Vorbemerkung 3 Abs. 4 RVG)
- Verfahrensgebühr bei Urkundenprozess (VV Nr. 3100 Anm. Abs. 2 RVG)
- Verfahrensgebühr im Mahnverfahren (VV Nr. 3305 RVG)
- Verfahrensgebühr für die Einlegung des Widerspruchs im Mahnverfahren (VV Nr. 3307 RVG)
- Grundgebühr des Strafverteidigers (VV Nr. 4100 Anm. Abs. 2 RVG)

- Gebühren für Einzeltätigkeiten des Strafverteidigers (VV Vorbemerkung 4.3 Abs. 4 RVG)
- Gebühren für Einzeltätigkeiten im Bußgeldverfahren (VV Nr. 5200 Anm. Abs. 3 RVG)

Beispiel: RA Rathmann erteilt dem Vermieter Wille einen Rat in einer Mietsache und berechnet dafür eine Beratungsgebühr. Nach einer Woche erscheint der Wille wieder und beauftragt RA Rathmann mit der Absendung eines Aufforderungsschreibens an den Mieter Faul. Da Faul nicht zahlt, soll RA Rathmann nun ein Mahnverfahren gegen ihn einleiten. Faul legt Widerspruch gegen den ihm zugestellten Mahnbescheid ein. Nun erteilt Wille dem RA Rathmann Prozessauftrag gegen den Faul, um seine Ansprüche im Zivilprozess durchsetzen zu können. Nach Einreichung der Klageschrift zahlt Faul.

Obwohl RA Rathmann in dieser Mietsache mit insgesamt vier gebührenpflichtigen Tätigkeiten (Rat, Aufforderungsschreiben, Mahnverfahren, Prozessauftrag) beauftragt wurde, darf er nur eine 1,3 Verfahrensgebühr (VV Nr. 3100 RVG) berechnen und daneben noch eine halbe Geschäftsgebühr (siehe VV Vorbemerkung 3 Abs. 4 RVG). Sehen Sie sich hierzu die vorstehend aufgeführten Anrechnungsbestimmungen an.

1.3.3.6 Beauftragung mit Einzelhandlungen

Der § 15 Absatz 5 RVG wird durch **§ 15 Absatz 6 RVG** ergänzt, indem dort bestimmt wird, dass ein RA für die Ausführung von **mehreren Einzeltätigkeiten**, die zu derselben Angelegenheit gehören, nicht mehr Gebühren beanspruchen darf, als wenn er von Anfang an als Prozessbevollmächtigter alle diese Einzeltätigkeiten erledigt haben würde. Die Höchstgrenze, bis zu der er für die Einzeltätigkeiten insgesamt Gebühren berechnen darf, ist also die einem Prozessbevollmächtigten zustehende Verfahrensgebühr (VV Nrn. 3100, 3200, 3206 RVG) oder Terminsgebühr (VV Nrn. 3104, 3202, 3210 RVG). Beispiele hierfür sind: Einzelaufträge jeweils zur Anfertigung mehrerer Schriftsätze (VV Nr. 3403 RVG) oder zur mehrfachen Vertretung in der mündlichen Verhandlung (VV Nrn. 3401, 3402 RVG).

Ein Auftrag zu Einzelhandlungen könnte jede einzelne Tätigkeit betreffen, für die ein mit der Durchführung des ganzen Prozesses beauftragter RA keine besonderen Gebühren, sondern nur eine einzige Pauschgebühr erhält, also z. B. einzelne Schriftsätze, einzelne Terminswahrnehmungen oder auch außergerichtliche Vergleichsverhandlungen. Es spielt dabei keine Rolle, ob der RA verschiedene Aufträge erhalten hat, solange es sich um dieselbe Angelegenheit handelt.

Beispiel: Ein RA erhält folgende Aufträge jeweils als Einzelaufträge: Zustellung des Urteils, Einholung des Rechtskraftzeugnisses, Beauftragung des Gerichtsvollziehers mit der Zwangsvollstreckung, Beantragung einer richterlichen Durchsuchungsanordnung (§ 758 a ZPO).

Hätte der RA von Anfang an einen Vollstreckungsauftrag erhalten, so hätte er nur eine einzige **0,3 Verfahrensgebühr** (Vollstreckungsgebühr) nach VV Nr. 3309 RVG erhalten. Also erhält der RA in diesem Fall nach § 15 Abs. 6 RVG auch nicht entsprechend den vier Aufträgen vier Einzelgebühren sondern nur die genannte 0,3 Verfahrensgebühr. Dies ergibt sich auch aus § 18 Ziff. 3, § 19 Abs. 1 Ziff. 9, Abs. 2 Ziff. 1 RVG.

Beispiel: RA Steiner hat auftragsgemäß in einer Prozessangelegenheit vor dem Amtsgericht für den Valentin einen Schriftsatz gefertigt. Er erhält hierfür eine **0,8 Verfahrensgebühr** für sonstige Einzeltätigkeiten (Schriftsatzgebühr) nach VV Nr. 3403 RVG. In der betreffenden Angelegenheit erhält er sodann den Auftrag, die Gewährung von Prozesskostenhilfe zu beantragen. Hierfür erwächst ihm eine **1,0 Verfahrensgebühr** nach VV Nr. 3335 RVG. Später erteilt ihm Valentin in dieser Angelegenheit noch den Auftrag, gegen eine Entscheidung des ersuchten Richters Erinnerung gemäß § 573 Abs. 1 ZPO einzulegen. Für die letzte Tätigkeit berechnet RA Steiner eine **0,5 Verfahrensgebühr** gemäß VV Nr. 3500 RVG. Die Gebühren für die drei einzelnen Handlungen würden insgesamt 2,3 betragen.

Wäre RA Steiner von Valentin zum Prozessbevollmächtigten für die gesamte Angelegenheit bestellt worden, so hätten die drei einzeln ausgeführten Tätigkeiten gemäß § 16 Ziff. 2 und § 19 Abs. 1 Nr. 1, Nr. 3, Nr. 4 und Nr. 5 RVG zum Rechtszug gehört und wären mit der **1,3 Verfahrensgebühr** (VV Nr. 3100 RVG) abgegolten gewesen. Deswegen darf RA Steiner nach § 15 Abs. 6 RVG für die drei einzelnen Handlungen auch nur insgesamt eine 1,3 Verfahrensgebühr verlangen. Die dem Prozessbevollmächtigten erwachsende Verfahrensgebühr begrenzt also nach § 15 Abs. 6 RVG die dem nur mit einzelnen Handlungen beauftragten RA zustehenden Gebühren nach oben hin.

Ein Fall, wie in diesem Beispiel, wird in der Praxis in dieser Form nur recht selten vorkommen.

In § 15 Abs. 6 RVG wird zum Grundsatz erhoben, dass z. B. der in einem Prozess nur mit Einzelhandlungen beauftragte RA keine höheren Gebühren erhalten kann, als der Prozessbevollmächtigte für das gesamte Verfahren für die gleichen Tätigkeiten als Pauschgebühren erhalten würde. Damit wird der **Grundsatz der Pauschgebühren** bestätigt (siehe Kapitel 0.3.1.1).

Der in § 15 Abs. 6 RVG ausgedrückte Grundsatz gilt nicht nur für zivilrechtliche Angelegenheiten, sondern für alle, also auch strafrechtliche oder außergerichtliche Angelegenheiten. So kann z. B. ein RA, der in einer Strafsache nur mit der Durchführung von mehreren Einzeltätigkeiten beauftragt wurde, insgesamt nicht mehr Gebühren erhalten als wenn er für diese Instanz zum Strafverteidiger bestellt worden wäre.

Merke:
Wenn in derselben Angelegenheit ein RA mit mehreren Aufträgen nur zu Einzelhandlungen bevollmächtigt wird, so erhält er nicht mehr Gebühren als wenn er von vornherein mit der Bearbeitung der gesamten Angelegenheit beauftragt worden wäre.

1.4 Der Begriff der Angelegenheit (§§ 16 bis 21 RVG)

Der **dritte Abschnitt** des Paragrafenteils des RVG ist eine **wichtige Ergänzung des § 15 RVG**, worin geregelt ist, dass der RA für seine Tätigkeit in einer bestimmten Angelegenheit nur einmalige Pauschgebühren erhalten kann, gleichgültig, wie viele Einzelhandlungen er zur Erledigung der Angelegenheit ausgeführt hat (siehe Kapitel 1.3.3).

Dass der RA die Gebühren in einer Angelegenheit nur einmal verlangen kann, hört sich einfach an, ist es aber nicht. Je nach Fall wird man auf Fragen stoßen wie, mit welcher Tätigkeit die Angelegenheit anfängt und womit sie aufhört. Zwischen Anfang und Ende liegen weitere Einzeltätigkeiten, bei denen man sich fragen wird, ob sie noch zu der Angelegenheit gehören, oder nicht doch schon zu einer anderen, neuen Angelegenheit.

Zur Beantwortung dieser Fragen wird die **Abgrenzung der Angelegenheit** durch die §§ 16 bis 21 RVG geregelt, und zwar für alle Gebühren und für alle Verfahren an dieser Stelle im dritten Abschnitt zusammengefasst. Durch die Konzentration der Abgrenzungsvorschriften in dem dritten Abschnitt weiß man zwar immer, wo nach den Abgrenzungsvorschriften zu suchen ist, andererseits sind aber auch schon einige Seiten Gesetzestext zusammengekommen, was das Finden nicht gerade leichter macht.

Hinweis: Wer schon mit dem Vorgängergesetz des RVG (der BRAGO) gearbeitet hat, konnte diese Abgrenzungsvorschriften leichter finden, da sie dort immer im Zusammenhang mit den entsprechenden Gebührenvorschriften im Gesetz standen, z. B. bei den Vollstreckungsgebühren oder bei den Gebühren für den Zivilprozess. Im RVG ist es daher wichtig, dass Sie verstanden haben, welchen Regelungsinhalt jeweils die §§ 16 bis 21 haben, da Sie dann das Sie interessierende Problem meist leichter finden werden ohne fünf Seiten Gesetzestext lesen zu müssen.

Auch wenn § 15 RVG noch im zweiten Abschnitt steht, gehört er doch mit den im dritten Abschnitt stehenden §§ 16 bis 21 RVG zusammen. Die einzelnen Paragrafen haben in ihrem Zusammenspiel die folgenden Rollen zu erfüllen:

- In § 15 RVG ist die **grundlegende Regelung** enthalten, also die **Einmaligkeit der Pauschgebühren** in einer Angelegenheit. Der Begriff der Angelegenheit wird durch die §§ 16 bis 19 RVG geklärt.

- In § 16 RVG steht eine Aufzählung von Tätigkeiten, die jeweils **dieselbe Angelegenheit** bilden. Damit werden Zweifel ausgeräumt, ob diese Tätigkeiten gemeinsam zu einer Angelegenheit gehören oder zu mehreren Angelegenheiten.

- In § 17 RVG wird genau das Gegenteil von § 16 RVG geregelt, indem vorgeschrieben wird, welche Tätigkeiten **verschiedene Angelegenheiten** bilden.

- In § 18 RVG werden Tätigkeiten aufgelistet, die grundsätzlich **besondere Angelegenheiten** sein sollen, wobei es nicht darauf ankommt, mit welchen anderen Tätigkeiten sie zusammentreffen. Sie finden hier hauptsächlich aufgeführt, welche Maßnahmen bei Tätigkeiten in Zwangsvollstreckungssachen als besondere Angelegenheiten besondere Gebühren auslösen.

- In § 19 RVG werden dem jeweiligen Rechtszug oder Verfahren **Vorbereitungs-, Neben- und Abwicklungstätigkeiten** und solche Verfahren zugeordnet, die mit dem Rechtszug oder Verfahren zusammenhängen.

- In § 20 RVG wird geregelt, inwieweit die **Abgabe oder Verweisung** eines Prozesses von einem Gericht zu einem anderen einen neuen Rechtszug darstellt, in dem die Gebühren neu entstehen.

- In § 21 RVG wird angeordnet, dass die **Zurückverweisung** eines Prozesses von einem Rechtsmittelgericht an das untergeordnete Gericht einen neuen Rechtszug darstellt, in dem die Gebühren neu entstehen.

Die §§ 16 bis 21 RVG werden in den folgenden Kapiteln noch kurz genauer vorgestellt, wobei es an dieser Stelle sinnlos ist, diese umfangreichen Paragrafen vollständig zu behandeln. Es werden die im Sinne dieses Buches bedeutsamen Stellen herausgegriffen und dargestellt, wobei bestimmte Teile besser später in Beziehung zu bestimmten Gebührenvorschriften behandelt werden; so werden z. B. insbesondere die Vorschriften, die sich mit den Angelegenheiten der Zwangsvollstreckung befassen, im Zusammenhang mit den Gebühren für Vollstreckungsaufträge dort dargestellt.

Wichtig ist nur, dass Sie verstanden haben, welchen **Regelungszweck** jeweils die §§ 16 bis 21 RVG haben. Dann finden Sie schneller heraus, was zu einer Angelegenheit gehört und was nicht.

1.4.1 Dieselbe Angelegenheit (§ 16 RVG)

Nach § 15 Abs. 2 S. 1 RVG darf der RA in derselben Angelegenheit die Gebühren nur einmal fordern. Da der **Begriff der Angelegenheit** in § 15 RVG nicht definiert ist, klärt **§ 16 RVG**, welche bestimmten Tätigkeiten zu einer Angelegenheit gehören sollen. Im Wesentlichen handelt es sich in folgenden Fällen um nur eine, also **dieselbe Angelegenheit**:

- Das Verfahren, in dem über den Antrag auf Prozesskostenhilfe entschieden wird und nach der Bewilligung der Prozesskostenhilfe der anschließende Prozess (Ziff. 2)
- Mehrere Verfahren in demselben Rechtszug, welche die Bewilligung, Aufhebung oder Änderung der Prozesskostenhilfe oder die Anordnungen von Zahlungen betreffen oder der erneute Antrag auf Bewilligung der Prozesskostenhilfe nachdem der erste Antrag wegen fehlender Begründung abgelehnt worden ist
- Das Ehescheidungsverfahren und die im Verfahren mit erledigten Folgesachen wie Sorgerecht, Unterhalt und Versorgungsausgleich (Ziff. 4)
- Mehrere Verfahren über a) die Erinnerung oder b) die Beschwerde im Kostenfestsetzungsverfahren gelten als dieselbe Angelegenheit (Ziff. 12)

Die Aufzählung in § 16 RVG ist eine vollständige, sodass es andere als die genannten Fälle in derselben Angelegenheit nicht gibt.

1.4.2 Verschiedene Angelegenheiten (§ 17 RVG)

Den Gegensatz zu § 16 RVG regelt § 17 RVG, worin eine vollständige Aufzählung der Fälle enthalten ist, in denen verschiedene Angelegenheiten bestehen. Selbst wenn der RA nur einen Auftrag erhalten hat, liegen bei diesen Sachverhalten also verschiedene Angelegenheiten vor, in denen die Gebühren jeweils getrennt berechnet werden. Im Wesentlichen handelt es sich bei den folgenden in **§ 17 RVG** aufgeführten Sachen um **verschiedene Angelegenheiten**:

- Das gerichtliche Mahnverfahren und der sich eventuell anschließende Prozess (Ziff. 2)
- Das vereinfachte Verfahren über den Unterhalt Minderjähriger und das auf Antrag stattfindende Prozessverfahren (Ziff. 3)
- Das Verfahren über die Anordnung eines Arrestes, den Erlass einer Einstweiligen Verfügung oder einer einstweiligen Anordnung mit dem jeweiligen Verfahren in der Hauptsache (Ziff. 4)

Die Grundlagen des RVG

- Der Urkunden- und Wechselprozess und das anschließend stattfindende Nachverfahren (Ziff. 5)
- Bestimmte Güte- und Schlichtungsverfahren und der anschließende Prozess (Ziff. 7)
- Das strafrechtliche Ermittlungsverfahren und ein nach dessen Einstellung sich anschließendes Bußgeldverfahren (Ziff. 10)

1.4.3 Besondere Angelegenheiten (§ 18 RVG)

In § 18 RVG werden in einer vollständigen Aufstellung solche Tätigkeiten aufgelistet, die grundsätzlich selbstständige, also **besondere Angelegenheiten** sein sollen, wobei es nicht darauf ankommt, mit welchen anderen Tätigkeiten sie zusammentreffen. Das bedeutet, dass der RA, der eine der aufgezählten Tätigkeiten ausübt, dafür immer besondere Gebühren erhält, gleichgültig, welche Gebühren für andere Tätigkeiten er daneben noch erhält. Dies ergibt sich aus § 15 Abs. 2 S. 1 RVG, wonach der RA die Pauschgebühren in derselben Angelegenheit nur einmal fordern kann, d. h., in verschiedenen Angelegenheiten kann er sie folglich mehrfach berechnen.

Im Wesentlichen handelt es sich bei den folgenden in § 18 RVG aufgeführten Sachen um **besondere Angelegenheiten**:

- Verfahren über bestimmte einstweilige Anordnungen, wobei in gewissen Fällen mehrere Verfahren zusammengefasst werden (Ziff. 1)
- Jede einzelne Vollstreckungsmaßnahme vom Beginn bis zur Erledigung dieser Maßnahme (Ziff. 3)
- Das Verfahren auf Zulassung der Austauschpfändung (Ziff. 9)
- Das Verfahren über Anträge auf anderweitige Verwertung (Ziff. 10)
- Das Verteilungsverfahren (Ziff. 12)
- Das Verfahren auf Eintragung einer Zwangshypothek (Ziff. 13)
- Das Verfahren zur Abnahme der eidesstattlichen Versicherung (Ziff. 18)

Die meisten der in § 18 RVG aufgeführten besonderen Angelegenheiten betreffen Tätigkeiten im Zusammenhang mit Zwangsvollstreckungsmaßnahmen. Deshalb wird der Katalog des § 18 RVG in dem Kapitel über die Gebührenberechnung bei Aufträgen zur Zwangsvollstreckung in diesem Zusammenhang noch ausgiebig behandelt (siehe Kapitel 7).

1.4.4 Vorbereitungs-, Neben- und Abwicklungstätigkeiten (§ 19 RVG)

In § 19 RVG wird angeordnet, dass zu einem Rechtszug oder einem Verfahren auch alle **Vorbereitungs-, Neben- und Abwicklungstätigkeiten** sowie **Nebenverfahren** gehören. Dies bedeutet, dass diese genannten Tätigkeiten alle **zusammen eine einzige Angelegenheit** bilden, sodass die Gebühren nur einmal entstehen können. Dies gilt nur dann nicht, wenn eine dieser Tätigkeiten schon in § 18 RVG als besondere Angelegenheit genannt ist.

Mit einem **Rechtszug** ist ein Prozess in erster oder in Rechtsmittelinstanz gemeint. Mit einem **Verfahren** ist jedes Verfahren gemeint, also auch z. B. ein Verfahren der Zwangsvollstreckung oder das gerichtliche Mahnverfahren.

Der Begriff des Rechtszuges bzw. des Verfahrens wird im Kostenrecht teilweise anders als im Verfahrensrecht aufgefasst. Während prozessrechtlich gesehen nur Handlungen, die sich direkt mit einem gerichtlichen Verfahren befassen, zum Rechtszug (= Instanz) gehören, beginnt die Tätigkeit des Rechtsanwalts schon **vor** Einreichung der Klage und endet erst **nach** Zustellung des Urteils. Durch § 19 RVG erfolgt eine entsprechende Klarstellung.

Prozessrechtlich ist ein Rechtszug der Verfahrensabschnitt eines Rechtsstreits vor einem bestimmten Gericht. Das gerichtliche Verfahren beginnt im ersten Rechtszug vor dem durch das Verfahrensrecht festgelegten Gericht der ersten Instanz und kann durch Einlegung von Rechtsmitteln in den zweiten und gegebenenfalls in den dritten Rechtszug vor die jeweils übergeordneten Gerichte kommen.

Die möglichen Instanzenzüge sind: AG → LG → BGH (in Familiensachen: AG → OLG → BGH) oder LG → OLG → BGH. Die gerichtliche Instanz beginnt mit der Einreichung der Klage bzw. des Rechtsmittels und endet mit dem Erlass des Endurteils.

Gebührenrechtlich beschreibt § 19 RVG für Prozessverfahren und andere gerichtliche Verfahren, was im Sinne des § 15 Abs. 2 S. 2 RVG unter einem Rechtszug verstanden wird. Der Rechtszug im Sinne des Verfahrensrechts stimmt demnach mit dem Rechtszug im Sinne des Gebührenrechts nicht überein. Gebührenrechtlich beginnt der Rechtszug schon **vor** Inanspruchnahme des Gerichts, nämlich mit dem Auftrag, und endet mit der Erledigung der Angelegenheit durch den RA (§ 15 Abs. 1 RVG), d. h. erst **nach** der Entscheidung, die die gerichtliche Instanz oder das gerichtliche Verfahren abschließt.

Durch § 19 RVG wird also der § 15 RVG ergänzt, wie schon zuvor dargestellt wurde (vgl. auch Kapitel 1.3.3 ff. und 1.4). In § 15 Abs. 1 RVG wird bestimmt, dass die Gebühren die gesamte Tätigkeit des RA vom Auftrag bis zur Erledigung der Angelegenheit abgelten. In § 15 Abs. 2 RVG wird festgestellt, dass die Gebühren in derselben Angelegenheit nur einmal gefordert werden können, wobei sie allerdings in jedem Rechtszug und in jedem gerichtlichen Verfahren beansprucht werden können. Der Begriff des Rechtszuges bzw. des Verfahrens wird nun durch den § 19 RVG beschrieben.

Im Sinne des § 19 RVG gehören **gebührenrechtlich** beispielsweise zum Rechtszug oder zum gerichtlichen Verfahren:

- die Vorbereitung der Klage oder des Verfahrensantrages (Abs. 1 Nr. 1), wozu auch die Einholung der notwendigen Informationen durch den RA und die Beratung des Mandanten sowie der Schriftverkehr mit der Gegenseite (z. B. Mahnschreiben) gehören;
- außergerichtliche Vergleichsverhandlungen (Abs. 1 Nr. 2);
- die Ablehnung von Richtern, Rechtspflegern, Urkundsbeamten oder Sachverständigen wegen Befangenheit (Abs. 1 Nr. 3);
- die Festsetzung des Streitwertes (Abs. 1 Nr. 3);
- die Einholung des Notfrist- und des Rechtskraftzeugnisses (Abs. 1 Nr. 9);
- in Straf- oder Bußgeldverfahren die Einlegung von Rechtsmitteln bei dem Gericht desselben Rechtszuges durch den bisherigen Verteidiger (Abs. 1 Nr. 10);
- die Kostenfestsetzung (Abs. 1 Nr. 13), (vgl. aber § 16 Ziff. 12 RVG);
- die Einforderung der Vergütung des RA einschließlich der Vergütungsfestsetzung nach § 11 RVG (Abs. 1 Nr. 13);
- die Zustellung eines Vollsteckungstitels im Parteibetrieb (Abs. 1 Nr. 15);
- die Herausgabe der Handakten an den Auftraggeber (Abs. 1 Nr. 17);
- richterliche Durchsuchungsbeschlüsse in Vollstreckungsverfahren (Abs. 2 Nr. 1);
- die Aufhebung einer Vollstreckungsmaßnahme (Abs. 2 Nr. 5).

Das Wort „insbesondere" in § 19 Abs. 1 S. 2 RVG zeigt übrigens, dass die dort genannte Aufzählung nicht vollständig ist. Die in § 19 RVG aufgeführten Tätigkeiten sind deshalb nur als Beispiele zu verstehen. Auch diesen Beispielen **ähnliche Tätigkeiten** sind also entsprechend als Vorbereitungs-, Neben- oder Abwicklungstätigkeiten zu behandeln. Insofern unterscheidet sich § 19 RVG von den §§ 16 bis 18 RVG, die keine Beispiele nennen, sondern ausschließlich die dort genannten Tätigkeiten regeln.

Für jede Tätigkeit, die der RA in dem Rechtszug ausführt, erhält er gemäß dem Grundsatz der pauschalen Vergütung eine oder mehrere der im Vergütungsverzeichnis des RVG aufgeführten Gebühren. Diese Gebühren erhält er jeweils nur einmal (§ 15 Abs. 2 S. 1 RVG), wenn nicht eine gesetzlich festgelegte Ausnahme vorgesehen ist. Solche Ausnahmen finden sich in den §§ 17 und 18 RVG (vgl. Kapitel 1.4.2 und 1.4.3).

> **Merke:**
> In Prozessverfahren und anderen gerichtlichen Verfahren erhält der RA für alle ausgeübten Tätigkeiten einschließlich sämtlicher Vorbereitungs-, Neben- oder Abwicklungstätigkeiten grundsätzlich die Gebühren nur einmal, vom Auftrag bis zur Erledigung des jeweiligen Verfahrens (§ 19 RVG).
> Was verschiedene und besondere Angelegenheiten sind, in denen besondere Gebühren entstehen, wird in den §§ 17 und 18 RVG geregelt.

Für den Fall, dass der RA nur den Auftrag hat, außergerichtlich tätig zu werden, gilt § 19 RVG aber nicht, da dann kein Rechtszug und kein gerichtliches Verfahren vorliegt. Sollte der RA also beispielsweise auftragsgemäß eine Forderung außergerichtlich eintreiben, so erhält er zunächst eine Geschäftsgebühr nach VV Nr. 2400 RVG. Da die Geschäftsgebühr nach Vorbemerkung 2.4 Abs. 3 VV RVG für „das Betreiben des Geschäfts einschließlich der Information" entsteht, fallen natürlich alle diesbezüglich erforderlichen Anwaltstätigkeiten mit unter diese Gebühr, ohne dass es einer Regelung wie in § 19 RVG bedarf. Wenn der RA nun nach dem Scheitern seiner Bemühungen einen Prozessauftrag erhält, dann erwächst ihm dafür eine Verfahrensgebühr nach VV Nr. 3100 RVG. Obwohl es sich hier eigentlich um zwei Aufträge und damit zwei Angelegenheiten im gebührenrechtlichen Sinn handelt, ist gemäß der Vorbemerkung 3 Abs. 4 VV RVG die Geschäftsgebühr auf die nun entstehende Verfahrensgebühr zur Hälfte anzurechnen, sodass der RA für seine gesamte Tätigkeit zwar höhere, aber eben keine doppelten Gebühren erhält. Damit wird berücksichtigt, dass der RA sich nicht in zwei unterschiedliche Angelegenheiten einarbeiten musste, sondern dass der zweite Auftrag die Fortsetzung des ersten Auftrages war, bzw. dass der erste Auftrag der Vorbereitung des zweiten Auftrages diente.

1.4.5 Verweisung, Abgabe (§ 20 RVG)

In § 20 S. 1 RVG wird bestimmt, dass eine Sache, die an ein anderes Gericht der **gleichen instanzlichen Ebene** verwiesen oder abgegeben wird, zusammen mit dem Ausgangsverfahren einen Rechtszug bildet, sodass die Gebühren bei beiden Gerichten nur einmal entstehen können, wenn ein RA die Partei vor beiden Gerichten vertritt. So könnte z. B. das Amtsgericht einen Prozess in erster Instanz wegen Erhöhung des Streitwertes an das Landgericht verweisen (§ 506 ZPO).

Eine Verweisung oder Abgabe im Sinne des § 20 S. 2 RVG erfolgt stets von einem **Rechtsmittelgericht** an **irgendein Gericht** einer niedrigeren instanzlichen Ebene. Das Gericht, an das verwiesen wird, gehört dann zwar zu einer niedrigeren instanzlichen Ebene, es ist aber nicht im gegebenen Instanzenzug dem Rechtsmittelgericht untergeordnet, sondern es ist z. B. einem anderen Rechtsmittelgericht untergeordnet. In diesem Fall ist das weitere Verfahren vor dem niedrigeren Gericht gebührenrechtlich ein neuer Rechtszug, also eine besondere Angelegenheit, sodass vor dem niedrigeren Gericht alle Gebühren neu entstehen.

Beispiel: Klage vor dem LG Bückeburg, das seine örtliche Zuständigkeit bejaht. Das OLG Celle verneint jedoch die Zuständigkeit und verweist auf Antrag an das LG Hannover. Auch wenn das Obergericht (OLG Celle) dasselbe ist, wechselt hier der Instanzenzug von LG Bückeburg → OLG Celle in LG Hannover → OLG Celle. Noch deutlicher wäre dies, wenn das OLG Celle die Sache an das LG München II verweist.

1.4.6 Zurückverweisung (§ 21 RVG)

Wenn ein Rechtsmittelgericht das angefochtene Urteil aufhebt, kann es den Rechtsstreit an die Vorinstanz zurückverweisen, damit dieses Gericht in der Sache neu verhandelt und abschließend entscheidet. Voraussetzung ist, dass das Rechtsmittelgericht durch Berufung, Revision (oder Beschwerde) mit der Sache befasst gewesen sein muss.

Die Zurückverweisung ist bei der **Revision** die Regel, da das Revisionsgericht (BGH), wenn es die Revision für zulässig und begründet hält, die Sache an das untergeordnete Gericht zur erneuten Verhandlung und Entscheidung zurückverweist (§ 563 Abs. 1 ZPO).

In einem solchen Fall ist das weitere Verfahren vor dem untergeordneten Gericht ein neuer Rechtszug, in dem die Gebühren neu entstehen. Beachten Sie aber Vorbemerkung 3 Abs. 6 VV RVG, wonach im Zivilprozess die bereits entstandene Verfahrensgebühr auf die Verfahrensgebühr für das erneute Verfahren anzurechnen ist.

1.5 Die Abschnitte 4 bis 9 des Paragrafenteils des RVG

In den vorstehenden Kapiteln wurden die allgemeinen, grundlegenden Vorschriften des RVG aus den ersten drei Abschnitten in der Reihenfolge des Gesetzes vorgestellt. Diese Anordnung wurde getroffen, damit diese Vorschriften, die schließlich für alle Gebühren gelten, in diesem Buch leichter gefunden und nachgelesen werden können.

Für die Abschnitte 4 bis 9 des RVG empfiehlt sich diese Vorgehensweise nicht mehr. Diese Abschnitte sollen – soweit für einen ersten Einstieg in das Kostenrecht erforderlich – im Zusammenhang mit bestimmten Tätigkeiten und Verfahren, die ein RA hauptsächlich betreibt, in eigenen Hauptkapiteln behandelt werden. Auf diese Weise lassen sich die allgemeinen Vorschriften aus dem Paragrafenteil des RVG mit den zugehörigen Gebührenvorschriften aus dem Vergütungsverzeichnis des RVG kombinieren und so die Verknüpfungen zwischen den beiden großen Teilen des RVG besser aufzeigen und verständlich machen. Außerdem werden in diesen Hauptkapiteln zusammengehörige Tätigkeiten unter einem Leitgedanken zusammengefasst, so wie sie auch in der anwaltlichen Praxis auftauchen. Hier sind beispielsweise die außergerichtlichen Anwaltstätigkeiten, die Vergütung bei Prozesskostenhilfe oder die Gebühren des Strafverteidigers zu nennen.

Der **4. Abschnitt** des Paragrafenteils des RVG enthält Vorschriften über die **Ermittlung des Gegenstandswertes**. Diese Wertvorschriften werden in diesem Buch schon deswegen in einem eigenen Hauptkapitel dargestellt, weil das RVG nur für einige spezielle Angelegenheiten überhaupt Wertvorschriften enthält und die gebräuchlichsten Wertvorschriften in anderen Gesetzen enthalten sind. Diese anderen Gesetze (GKG und ZPO) nehmen in der Erörterung neben dem RVG einen größeren Raum ein, sodass Sie die Gesamtdarstellung der Bewertungsregeln in Kapitel 2 finden.

Die Vorschriften über die Mediation aus dem **5. Abschnitt** des Paragrafenteils des RVG finden Sie in dem Kapitel über die außergerichtlichen Angelegenheiten (Kapitel 3.5).

Der **6. Abschnitt** des Paragrafenteils des RVG wird in diesem Buch mit Ausnahme des § 39 RVG nicht behandelt.

Der **7. Abschnitt** des Paragrafenteils des RVG wird im Zusammenhang mit der Vergütung in **Straf- und Bußgeldsachen** angesprochen (siehe Kapitel 9).

Der **8. Abschnitt** des Paragrafenteils gehört thematisch zu der Vergütung bei **Prozesskostenhilfe und Beratungshilfe** (siehe Kapitel 8).

1.6 Das Vergütungsverzeichnis des RVG

Als Anlage zum RVG enthält das Vergütungsverzeichnis eine Aufzählung sämtlicher Gebührentatbestände, die in sechs Teilen gegliedert sind. In einem siebenten Teil werden die Auslagentatbestände geregelt. Auch in anderen Kostengesetzen werden die Gebühren und Auslagen in einem eigenen Verzeichnis geregelt, so insbesondere im GKG.

Der **1. Teil** des Vergütungsverzeichnisses regelt **allgemeine Gebühren**, die im Zusammenhang mit anderen Gebühren entstehen können, wie z. B. die **Einigungsgebühr** oder die **Hebegebühr**. Diese Gebühren sollen in dem unmittelbar nachfolgenden Kapitel erörtert werden.

Der **2. Teil** des Vergütungsverzeichnisses enthält die Gebühren für **außergerichtliche Anwaltstätigkeiten**, die in diesem Buch in einem eigenen Hauptkapitel (Kapitel 3) zusammengefasst werden sollen.

Der **3. Teil** des Vergütungsverzeichnisses normiert die Gebühren insbesondere für **bürgerliche Rechtsstreitigkeiten**. Wesentliche Bestimmungen aus diesem 3. Teil sollen in speziellen Hauptkapiteln für bestimmte Verfahren präsentiert werden, so für das gerichtliche **Mahnverfahren** (Kapitel 5), für den **Zivilprozess** (Kapitel 6) und für die **Zwangsvollstreckung** (Kapitel 7).

Der **4. und 5. Teil** des Vergütungsverzeichnisses reguliert die Gebühren, die in **Straf- und Bußgeldsachen** entstehen können. Sie finden diese Gebühren in Hauptkapitel 9.

Der **8. Teil** des Vergütungsverzeichnisses wird in diesem Buch nicht behandelt.

Der **9. Teil** des Vergütungsverzeichnisses beinhaltet die Vorschriften über die **Auslagen**. Da diese Vorschriften von allgemeiner Bedeutung neben sämtlichen Gebührenvorschriften sind, werden sie in einem nachfolgenden Kapitel vorgestellt (siehe Kapitel 1.6.2).

Zunächst sollen hier noch **Hinweise zur Anwendung des Vergütungsverzeichnisses** gegeben werden. In dem nachfolgenden Abdruck aus dem Vergütungsverzeichnis wurden deshalb drei Stellen besonders hervorgehoben:

(1) Zu Beginn jedes Teils, Abschnitts oder Unterabschnitts des Vergütungsverzeichnisses finden sich **Vorbemerkungen**. Diese sind besonders wichtig, da dort die Gebühren definiert werden oder andere bedeutsame Hinweise über das Entstehen der Gebühr gegeben oder auch Anrechnungen bestimmter Gebühren angeordnet werden. Jede Vorbemerkung trägt die Nummer des Teils, Abschnitts oder Unterabschnitts des Vergütungsverzeichnisses, zu dem sie gehört. So gehört z. B. die Vorbemerkung 3.2.2 zu Teil 3, Abschnitt 2, Unterabschnitt 2. Die Vorbemerkungen müssen Sie zur Kenntnis nehmen.

(2) Diese Zeile nennt nach einer **vierstelligen Nummer** die **Gebühr mit ihrer Bezeichnung** und den zugehörigen **Gebührensatz**, z. B. 1,5 oder 1,3.

(3) Zu den meisten Gebühren erwähnt das Vergütungsverzeichnis **Anmerkungen**. Diese Anmerkungen sind häufig in Absätze untergliedert und geben wichtige Hinweise auf zusätzliche Gebührentatbestände. So ist z. B. bei der Einigungsgebühr (VV Nr. 1000 RVG) in der Anmerkung Absatz 1 geregelt, für welche Tätigkeit diese Gebühr entsteht oder in Absatz 3 wird gesagt, wann in dem häufig vorkommenden Fall der unter einem Widerrufsvorbehalt abgeschlossenen Einigung die Gebühr zur Entstehung gelangt. Die Anmerkungen müssen Sie zur Kenntnis nehmen.

Teil 1. Allgemeine Gebühren

Nr.	Gebührentatbestand	Gebühr oder Satz der Gebühr nach § 13 RVG
	Vorbemerkung 1: **(1)** Die Gebühren dieses Teils entstehen neben den in anderen Teilen bestimmten Gebühren.	
1000	Einigungsgebühr	1,5 **(2)**
	(1) Die Gebühr entsteht für die Mitwirkung beim Abschluss eines Vertrags, durch den der Streit oder die Ungewissheit der Parteien über ein Rechtsverhältnis beseitigt wird, es sei denn, der Vertrag beschränkt sich ausschließlich auf ein Anerkenntnis oder einen Verzicht. Dies gilt auch für die Mitwirkung bei einer Einigung der Parteien in einem der in § 36 RVG bezeichneten Güteverfahren. Im Privatklageverfahren ist Nummer 4147 anzuwenden.	**(3)**
	(2) Die Gebühr entsteht auch für die Mitwirkung bei Vertragsverhandlungen, es sei denn, dass diese für den Abschluss des Vertrags im Sinne des Absatzes 1 nicht ursächlich war.	
	(3) Für die Mitwirkung bei einem unter einer aufschiebenden Bedingung oder unter dem Vorbehalt des Widerrufs geschlossenen Vertrag entsteht die Gebühr, wenn die Bedingung eingetreten ist oder der Vertrag nicht mehr widerrufen werden kann.	
	(4) Soweit über die Ansprüche vertraglich verfügt werden kann, gelten die Absätze 1 und 2 auch bei Rechtsverhältnissen des öffentlichen Rechts.	
	(5) Die Gebühr entsteht nicht in Ehesachen (§ 606 Abs. 1 Satz 1 ZPO) und in Lebenspartnerschaftssachen (§ 661 Abs. 1 Nr. 1 bis 3 ZPO). Wird ein Vertrag, insbesondere über den Unterhalt, im Hinblick auf die in Satz 1 genannten Verfahren geschlossen, bleibt der Wert dieser Verfahren bei der Berechnung der Gebühr außer Betracht.	
1001	Aussöhnungsgebühr	1,5
	Die Gebühr entsteht für die Mitwirkung bei der Aussöhnung, wenn der ernstliche Wille eines Ehegatten, eine Scheidungssache oder ein Verfahren auf Aufhebung der Ehe anhängig zu machen, hervorgetreten ist und die Ehegatten die eheliche Lebensgemeinschaft fortsetzen oder die eheliche Lebensgemeinschaft wieder aufnehmen. Dies gilt entsprechend bei Lebenspartnerschaften.	

Wenn Sie im Vergütungsverzeichnis nach einer Gebühr suchen, sollten Sie sich also nicht nur mit dem hinter der jeweiligen vierstelligen Nummer stehenden Namen der Gebühr und dem Gebührensatz zufrieden geben, sondern auch die Anmerkungen zu dieser Gebühr lesen sowie die Vorbemerkungen zu dem entsprechenden Teil, Abschnitt oder Unterabschnitt des Vergütungsverzeichnisses. Außerdem sollten Sie auch noch die jeweils nachfolgenden Nummern darauf überprüfen, ob dort zu Ihrer gefundenen Gebühr nicht noch besondere Regelungen vorgesehen sind. So dürfen Sie z. B. die Einigungsgebühr (VV Nr. 1000 RVG) nicht in Scheidungssachen anwenden, sondern hierfür ist die Nr. 1001 (Aussöhnungsgebühr) vorgesehen. In der Nummer 1003 VV RVG ist eine weitere bedeutsame Änderung, nämlich eine Ermäßigung der Einigungsgebühr (VV Nr. 1000 RVG) zu finden. Es kommen Fälle vor, dass im Vergütungsverzeichnis eine zu einer bestimmten Nummer zugehörige weitere Gebühr ganz schön weit weg von der ersten Nummer zu finden ist.

> **Merke:**
> Wenn Sie eine bestimmte Gebühr im Vergütungsverzeichnis gefunden haben, sollten Sie auch folgendes prüfen:
> - die Anmerkungen zu dieser Gebühr,
> - die Vorbemerkungen zu dem entsprechenden Teil, Abschnitt oder Unterabschnitt des Vergütungsverzeichnisses,
> - die der Gebühr nachfolgenden Nummern.

Auch das **Zitieren aus dem Vergütungsverzeichnis** will bedacht sein. Bei jeder Gebühr wird anzugeben sein, dass sie aus dem Rechtsanwaltsvergütungsgesetz (RVG) stammt, und dort aus dem Vergütungsverzeichnis (VV). Es wird auf jeden Fall die jeweilige vierstellige Nummer (Nr.) und neben dem Gebührensatz die Bezeichnung der Gebühr (z. B. 1,5 Einigungsgebühr) anzugeben sein und eventuell – nur falls dies besondere Bedeutung hat – auch die entsprechende Anmerkung (Anm.) oder Vorbemerkung (Vorbem.) und daraus den betreffenden Absatz (Abs.) oder in einigen Fällen auch die betreffende Ziffer (Ziff.).

Das **Zitieren einer Gebühr** könnte demnach beispielsweise so aussehen:
    1,2 Terminsgebühr
        gemäß §§ 2, 13, VV Vorbem. Abs. 3, Nr. 3104 Anm. Abs. 1 Ziff. 1 RVG.

In vorstehendem Beispiel wurde versucht, alle eine Gebühr festlegenden Elemente mit aufzuführen. Daher handelt es sich um eine etwas übertriebene Darstellung. In den allermeisten Fällen werden Sie Ihre Zitate der Gebührenvorschriften ein wenig kürzer fassen können. Siehe hierzu auch Kapitel 0.6.

Das **kürzeste Zitat** einer Gebühr könnte demnach beispielsweise so aussehen:
    1,2 Terminsgebühr gemäß §§ 2, 13, VV Nr. 3104 RVG.

1.6.1 Allgemeine Gebühren (VV Nrn. 1000 bis 1009 RVG)

Der **1. Teil des Vergütungsverzeichnisses** regelt die Tatbestände für solche Gebühren, die unabhängig davon entstehen können, für welchen Bereich von Tätigkeiten der RA beauftragt ist und nach welchem Teil des Vergütungsverzeichnisses dafür Gebühren anfallen. Die Gebühren aus dem ersten Teil werden also **neben den Gebühren aus den anderen Teilen** des Vergütungsverzeichnisses erwachsen und gehören dann zu der betreffenden Angelegenheit.

Bei den Gebühren, die neben den anderen Gebühren entstehen können, handelt es sich um die Einigungsgebühr, die Aussöhnungsgebühr, die Erledigungsgebühr und die Hebegebühr. Außerdem ist hier noch die Erhöhung der Betriebsgebühren für den Fall geregelt, dass der RA mehrere Auftraggeber hat. Diese Gebühren werden in den folgenden Kapiteln vorgestellt.

> **Merke:**
> Laut Vorbemerkung 1 des Vergütungsverzeichnisses entstehen die Gebühren des 1. Teils neben den in anderen Teilen bestimmten Gebühren.

1.6.1.1 Die Einigungsgebühr
(VV Nrn. 1000, 1003 und 1004 RVG)

(Dazu Aufgaben Gruppe 14)

1.6.1.1.1 Außergerichtliche Einigung und gerichtlich protokollierter Vergleich

Ein **Vergleich** ist gemäß § 779 BGB ein „Vertrag, durch den der Streit oder die Ungewissheit der Parteien über ein Rechtsverhältnis im Wege gegenseitigen Nachgebens beseitigt wird." Wichtig ist nach dem BGB, dass beide Parteien nachgeben. Ein ganz geringes Nachgeben genügt bereits.

Jeder Vergleich ist natürlich auch eine **Einigung**. Jedoch ist der Begriff der Einigung weiter gefasst als der Begriff des Vergleichs, da bei einer Einigung im Gegensatz zum Vergleich **kein gegenseitiges Nachgeben** vorausgesetzt wird. Insofern ist eine Einigung also kein echter Vergleich im Sinne des BGB.

Die **Definition der Einigungsgebühr** in Anmerkung Abs. 1 zu VV Nr. 1000 RVG verzichtet auf das gegenseitige Nachgeben als Voraussetzung für das Entstehen dieser Gebühr. Demnach fällt die Einigungsgebühr an, wenn ein Vertrag abgeschlossen wird, durch den der Streit oder die Ungewissheit der Parteien über ein Rechtsverhältnis beseitigt wird. Dieser Vertrag muss also nicht unbedingt ein Vergleichsvertrag im Sinne des BGB sein. Wie viel eine Partei in einem Einigungsvertrag nachgibt, ist unerheblich, es sei denn, eine Partei gibt in vollem Umfang nach wie bei einem Anerkenntnis oder einem Verzicht. Allerdings muss für den Anfall der Einigungsgebühr ein **Streit oder eine Ungewissheit** über ein Rechtsverhältnis bestanden haben, sodass die Einigungsgebühr nicht gleich bei jedem Vertrag entsteht, den die Parteien abschließen, ohne sich zuvor je gestritten zu haben.

Eine Einigungsgebühr erhält der RA, wenn er ursächlich bei einem Einigungsvertrag mitgewirkt hat. Nach Abs. 2 der Anmerkungen zu VV Nr. 1000 RVG erhält der RA die Einigungsgebühr auch dann, wenn er nur bei den Verhandlungen über den Einigungsvertrag mitgeholfen hat, ohne bei dem späteren Abschluss des Vertrages (Unterschrift) oder bei der gerichtlichen Protokollierung der Einigung zugegen gewesen zu sein. „Ursächlich" bedeutet, dass der RA den Vertrag mitgestaltet hat.

Der **Gebührensatz der Einigungsgebühr** ist in seiner Höhe davon abhängig, ob der Einigungsvertrag außergerichtlich oder in einem gerichtlichen Verfahren abgeschlossen wird:

- Der Gesetzgeber geht davon aus, dass die **außergerichtliche Erledigung** von Rechtsstreitigkeiten im Wege der Einigung über einen Rechtsstreit der Regelfall sein sollte. Deshalb sollen die beteiligten RA nach VV Nr. 1000 RVG mit einem Gebührensatz der Einigungsgebühr von 1,5 belohnt werden, wenn sie es schaffen, Streitfälle ohne Inanspruchnahme des Gerichts durch gütliche Einigung zu bereinigen. Hierzu gehört auch insbesondere der vollstreckbare Anwaltsvergleich (siehe Kapitel 1.6.1.1.2). Der Gebührensatz der Einigungsgebühr von 1,5 ist also die grundsätzliche Regelung, die für alle die Fälle gilt, die nicht in den nachfolgenden Nummern des Vergütungsverzeichnisses nach VV Nr. 1000 RVG genannt sind.

- Gemäß VV Nr. 1003 RVG reduziert sich der Gebührensatz der Einigungsgebühr auf eine 1,0 Einigungsgebühr in der ersten Instanz, wenn der Einigungsvertrag über einen Gegenstand abgeschlossen wird, über den ein **gerichtliches Verfahren anhängig** ist. Dies betrifft alle Arten von gerichtlichen Verfahren, also auch z. B. das Verfahren auf Bewilligung der Prozesskostenhilfe. Allerdings ist in der Definition der Gebühr das selbstständige Beweisverfahren ausdrücklich ausgenommen, sodass in diesem gerichtlichen Verfahren ausnahmsweise eine 1,5 Einigungsgebühr zur Entstehung gelangt.

- In den **Rechtsmittelinstanzen** erhöht sich der Satz der Einigungsgebühr nach VV Nr. 1004 RVG für die Einigung über gerichtlich anhängige Gegenstände auf 1,3.

Beachten Sie, dass die Einigungsgebühr nie für sich allein entstehen kann, sondern immer nur zusätzlich neben anderen Gebühren, also z. B. neben einer Verfahrensgebühr oder neben einer Geschäftsgebühr. Es muss also zumindest eine Betriebsgebühr für das Betreiben des Geschäfts entstehen, sonst kann auch keine Einigungsgebühr anfallen.

> **Merke:**
> Bei außergerichtlichem Abschluss eines Einigungsvertrages beträgt der Gebührensatz der Einigungsgebühr 1,5, bei Abschluss des Einigungsvertrages in einem gerichtlich anhängigen Verfahren entsteht die Einigungsgebühr nur in Höhe von 1,0.
> Die Einigungsgebühr kann nie für sich alleine entstehen, sondern immer nur zusätzlich neben anderen Gebühren.

Für den Abschluss eines Vergleichs erhalten die beteiligten RAe häufig die folgenden Gebühren, wobei zu unterscheiden ist, ob der Vergleich außergerichtlich oder in einem gerichtlichen Verfahren abgeschlossen wird:

- Bei Abschluss eines **außergerichtlichen Einigungsvertrages** wird in der Regel eine Geschäftsgebühr nach VV Nr. 2400 RVG neben der Einigungsgebühr nach VV Nr. 1000 RVG entstehen.

Beispiel: RA Kurz hat Auftrag zur außergerichtlichen Erledigung einer Schadenersatzforderung von 25 000,00 EUR. Er führt den Schriftverkehr mit der Gegenseite, bespricht den Sachverhalt im Einverständnis mit seinem Auftraggeber mit dem Gegner und erreicht den Abschluss eines Einigungsvertrages, wonach der Schuldner 17 500,00 EUR zahlt. RA Kurz berechnet für seine Tätigkeit als Vergütung:

	EUR
Gegenstandswert: 25 000,00 EUR	
1,3 Geschäftsgebühr gem. §§ 2, 13, 14, VV Nr. 2400 RVG	891,80
1,5 Einigungsgebühr gem. §§ 2, 13, VV Nr. 1000 RVG	1 029,00
Pauschale für Post- und Telekommunikationsentgelte gem. § 2 Abs. 2, VV Nr. 7002 RVG	20,00
	1 940,80
16 % USt. gem. § 2 Abs. 2, VV Nr. 7008 RVG	310,53
	2 251,33

In Anbetracht des Umfangs der Anwaltstätigkeit erscheint ein Gebührensatz in Höhe von 1,3 für die Geschäftsgebühr angemessen.

Der Gegenstandswert der Einigungsgebühr ergibt sich aus dem durch die Einigung erledigten streitigen Betrag.

Wie man sieht, erhält der RA für den außergerichtlichen Abschluss eines Einigungsvertrages in der Regel Gebühren von insgesamt bis zu 2,8.

- Bei Abschluss eines Einigungsvertrages in einem gerichtlich **anhängigen Verfahren** wird häufig die Sache im Verhandlungstermin nur erörtert und sodann ein Vergleich zu gerichtlichem Protokoll gegeben, ohne dass es noch zur Stellung der Anträge kommt. Dies ist der typische Fall, in dem die Einigungsgebühr – jetzt aber nach VV Nr. 1003 oder Nr. 1004 RVG – neben der Verfahrensgebühr (z. B. VV Nr. 3100 RVG) und der Terminsgebühr (z. B. VV Nr. 3104 RVG) entsteht.

Beispiel: RAin Knapp hat Klageauftrag wegen einer Schadenersatzforderung von 25 000,00 EUR. Sie reicht die Klageschrift bei Gericht ein und erscheint im Verhandlungstermin, in dem es nach Erörterung der Sache durch ihre Mitwirkung zum Vergleichsabschluss kommt, wonach der Schuldner 17 500,00 EUR zahlt. Die RAin behält sich vor, diese Einigung binnen einer Woche zu widerrufen, wovon sie jedoch nach Rücksprache mit ihrem Auftraggeber keinen Gebrauch macht, sodass der gerichtlich protokollierte Vergleich wirksam wird. Der RAin Knapp erwächst der folgende Vergütungsanspruch:

```
Gegenstandswert: 25 000,00 EUR                                            EUR
1,3  Verfahrensgebühr gem. §§ 2, 13, VV Nr. 3100 RVG                   891,80
1,2  Terminsgebühr gem. §§ 2, 13, VV Nr. 3104 RVG                      823,20
1,0  Einigungsgebühr gem. §§ 2, 13, VV Nr. 1000 Abs. 1 und 3, Nr. 1003 RVG   686,00
     Pauschale für Post- und Telekommunikationsentgelte
     gem. § 2 Abs. 2, VV Nr. 7002 RVG                                   20,00
                                                                     2 421,00
16 % USt. gem. § 2 Abs. 2, VV Nr. 7008 RVG                             387,36
                                                                     2 808,36
```

Der Gegenstandswert der Einigungsgebühr ergibt sich aus dem durch die Einigung erledigten streitigen Betrag.

Sie sehen, dass ein RA für den Abschluss eines Einigungs- oder Vergleichsvertrages in einem gerichtlichen Verfahren im Allgemeinen Gebühren von insgesamt 3,5 erhält, also etwas mehr als bei außergerichtlicher Erledigung. Dafür hat der RA aber auch eine Klageschrift entwerfen und in einem gerichtlichen Verhandlungstermin erscheinen müssen. Deshalb ist, wie oben gesagt, gebührenrechtlich ein Anreiz gegeben, einen Rechtsstreit ohne Anrufung des Gerichts gütlich beizulegen, denn der Arbeitsaufwand des RA wird bei außergerichtlicher Tätigkeit geringer sein.

Bei Abschluss eines Vergleichs- oder Einigungsvertrages durch einen RA ist es üblich, Bedingungen oder Vorbehalte geltend zu machen. Der Vergleich wird in solchen Fällen erst dann wirksam, wenn die aufschiebende Bedingung eintritt oder wenn bei dem unter Vorbehalt des Widerrufs geschlossenen Vergleich der Widerruf nicht ausgeübt wird. Nach Anmerkung Abs. 3 zu VV Nr. 1000 RVG erhält der RA in solchen Fällen die Einigungsgebühr erst dann, wenn die Bedingung eingetreten ist oder der Vergleichs- oder Einigungsvertrag nicht mehr widerrufen werden kann. Anders ausgedrückt, der Vergleich bzw. die Einigung muss in jedem Fall wirksam werden, damit dem RA dafür die Einigungsgebühr erwächst. Insofern ist die Einigungsgebühr als einzige Gebühr vom Erfolg der anwaltlichen Bemühungen abhängig.

- Die Vereinbarung einer **aufschiebenden Bedingung** bei einem Einigungsvertrag kommt recht häufig vor bei Scheidungsvereinbarungen, die erst wirksam werden sollen, wenn das Scheidungsurteil rechtskräftig wird.

- Der **Vorbehalt des Widerrufs** ist üblich, wenn ein RA in einer gerichtlichen Verhandlung einen Vergleichsvertrag abschließen und zu gerichtlichem Protokoll geben will, da er dann erst seinen nicht im Termin anwesenden Mandanten fragen muss, ob dieser mit dem Abschluss des Vergleichs einverstanden sind. Für den Widerruf wird gewöhnlich eine Frist von z. B. einer Woche vereinbart; wird der Vergleich nicht innerhalb dieser Frist widerrufen, dann wird er wirksam. Sehen Sie hierzu auch die vorstehenden Beispiele.

Um die Einigungsgebühr zu erhalten, muss der RA an dem Abschluss des Vertrages über den Vergleich bzw. die Einigung zumindest mitgewirkt haben, wobei seine **Mitwirkung ur-**

sächlich für das Zustandekommen des Vergleichs gewesen sein muss (Anmerkungen Abs. 1 und 2 zu Nr. 1000 RVG). Er muss also wenigstens Verhandlungen über eine mögliche Einigung mit der Gegenseite geführt und einen Entwurf des Vertrages konzipiert oder einen solchen immerhin geprüft haben. Hat er solche Tätigkeiten entfaltet, so ist es nicht mehr unbedingt notwendig, dass er bei dem Abschluss des Einigungsvertrages, also der Unterschrift, selbst zugegen ist. Wenn die Parteien den Vergleich unter sich, also ohne Mitwirkung ihrer RAe, aushandeln, erhalten die RAe die Einigungsgebühr nicht. Gleiches gilt, wenn ein RA nur einen Vergleichsvorschlag der Gegenseite kommentarlos an seinen Auftraggeber weiterleitet. Der RA muss den Beweis dafür antreten, dass er an dem Vergleichsabschluss überhaupt mitgewirkt hat.

Maßgeblicher **Gegenstandswert** für die Berechnung der Einigungsgebühr ist immer der Wert, über den die Verhandlungen hinsichtlich einer Einigung geführt werden; niemals der Wert, der später als Ergebnis der Einigung ausgehandelt wird.

Beispiel: Klage über 4 000,00 EUR; Vergleich, wonach der Beklagte 3 300,00 EUR zahlt; Gegenstandswert für die Einigungsgebühr ist 4 000,00 EUR. Sehen Sie hierzu auch die vorstehenden Beispiele.

Gelingt eine Einigung nur über einen **Teil des Streitgegenstandes**, so errechnet sich die Einigungsgebühr nur nach dem durch die Einigung erledigten Teil.

> **Merke:**
> Gegenstandswert für eine Einigung ist immer, **worüber**, nicht **worauf** man sich einigt.

Werden in einen gerichtlich protokollierten Vergleich **nicht rechtshängige Ansprüche** mit einbezogen, so wird für die vergleichsweise Erledigung der nicht rechtshängigen Gegenstände nach VV Nr. 1000 RVG eine Einigungsgebühr mit einem Gebührensatz von 1,5 berechnet, wogegen der Gebührensatz für den Vergleich über die eingeklagten Gegenstände in der ersten Instanz 1,0 beträgt (VV Nr. 1003 RVG) und in den Rechtsmittelinstanzen 1,3 (VV Nr. 1004 RVG). Zu beachten ist, dass der RA für die vergleichsweise Erledigung der nicht rechtshängigen Gegenstände neben der 1,5 Einigungsgebühr eine weitere Verfahrensgebühr („**Differenzverfahrensgebühr**", VV Nr. 3101 Ziff. 2 RVG) nach dem Wert des nicht rechtshängigen Anspruchs erhält. Der Gebührensatz der Differenzverfahrensgebühr beträgt in der ersten Instanz 0,8 und in den Rechtsmittelinstanzen 1,1 (VV Nr. 3201 Anm. Ziff. 2 RVG, bzw. VV Nr. 3207 RVG; vgl. auch Kapitel 6.1.2.1.2). Der RA erhält die Differenzverfahrensgebühr zusätzlich zu der für das Betreiben des Prozesses nach VV Nrn. 3100, 3200 oder 3206 RVG entstehenden Verfahrensgebühr. **Achtung:** Da also in solchen Fällen sowohl zwei Verfahrensgebühren als auch zwei Einigungsgebühren zu berechnen sind, ist bezüglich der beiden Verfahrensgebühren als auch der beiden Einigungsgebühren immer eine Überprüfung nach § 15 Abs. 3 RVG vorzunehmen (siehe Kapitel 1.3.3.3).

Hinweis: Der Gegenstandswert für die 1,5 Einigungsgebühr und für die Differenzverfahrensgebühr ist derselbe, nämlich der Wert der nicht rechtshängigen Gegenstände.
Auch in den Rechtsmittelinstanzen beträgt bezüglich der nicht rechtshängigen Ansprüche der Gebührensatz der Einigungsgebühr 1,5; er wird nicht erhöht.
In den Rechtsmittelinstanzen tritt nur eine Erhöhung der Einigungsgebühr für die im Prozess anhängigen Ansprüche von 1,0 auf 1,3 ein laut VV Nr. 1004 RVG.

Beispiel: Klage auf Schadenersatz von 5 500,00 EUR. Nach streitiger Verhandlung werden in Gesprächen über eine mögliche Einigung weitere 4 500,00 EUR Schadenersatz gefordert, die nicht eingeklagt wurden. In dem Termin wird nun auch über den nicht eingeklagten Anspruch von 4 500,00 EUR mit dem Ziel der Vermeidung eines weiteren gerichtlichen Verfahrens gesprochen. Das Ergebnis, auf das man sich zur Erledigung der insgesamt geforderten

10 000,00 EUR einigt, beträgt 6 700,00 EUR, die der Beklagte zu zahlen hat, wobei jede Partei die Hälfte der Kosten übernimmt. Es wird beantragt, diesen Vergleich zu gerichtlichem Protokoll zu nehmen. Der Gegenstandswert der Einigungsgebühr ist insgesamt 10 000,00 EUR, der Wert der Verfahrensgebühr 5 500,00 EUR und derjenige der Differenzverfahrensgebühr 4 500,00 EUR. Der Wert der Terminsgebühr beträgt 10 000,00 EUR, da in dem Termin auch über den nicht eingeklagten Anspruch erörtert wurde (Umkehrschluss aus VV Nr. 3104 Anm. Abs. 3 RVG).

Jedoch ist hinsichtlich der Einigungsgebühr zu beachten, dass sich deren Gebührensatz danach richtet, ob der Gegenstand der Einigung eingeklagt ist oder nicht. Insofern ist für die eingeklagte Forderung (5 500,00 EUR) eine 1,0 Einigungsgebühr zu erheben, und für die nicht anhängige Forderung (4 500,00 EUR) beträgt der Satz der Einigungsgebühr 1,5.

Zu diesem Fall finden Sie nach den folgenden Hinweisen die Vergütungsrechnung.

Wichtig: Bei der Berechnung der **Verfahrensgebühr** und der **Differenzverfahrensgebühr** ist § 15 Abs. 3 RVG unbedingt zu beachten! Das bedeutet, dass der Gesamtbetrag beider Verfahrensgebühren in der ersten Instanz nicht höher sein darf als eine 1,3 Verfahrensgebühr nach dem gesamten durch die Einigung erledigten Wert. Ist der Gesamtbetrag jedoch niedriger, also günstiger für den Mandanten, so ist der niedrigere Wert zu berechnen (siehe auch Kapitel 1.3.3.3).

Voraussetzung für die Berechnung der **Differenzverfahrensgebühr** ist, dass der RA auch bezüglich der nicht rechtshängigen Ansprüche einen Prozessauftrag hat. Hätte er dagegen den Auftrag, wegen der nicht rechtshängigen Ansprüche eine außergerichtliche Einigung herbeizuführen, so wäre seine Vergütung hierfür nach VV Nr. 2400 RVG (Geschäftsgebühr) zu berechnen, nicht nach VV Nr. 3101 Ziff. 2 RVG. Man wird jedoch VV Nr. 2400 RVG (Geschäftsgebühr) nur dann anwenden können, wenn der Auftraggeber bei Auftragserteilung die gerichtliche Protokollierung des Vergleichs ausdrücklich ausgeschlossen hat.

Es kommt häufig vor, dass von einer Klageforderung **zunächst** nur ein Teil eingeklagt (rechtshängig gemacht) wird, um Prozesskosten zu sparen. Der restliche Teil wird dann später in einem gerichtlich protokollierten Vergleich mit einbezogen.

Weiterhin ist auch hinsichtlich der beiden zu erhebenden **Einigungsgebühren** § 15 Abs. 3 RVG zu beachten, da auch hier unterschiedliche Gebührensätze auf Wertteile des insgesamt durch die Einigung erledigten Gegenstands berechnet werden.

Zu vorstehendem Sachverhalt folgt nun das **Beispiel einer Vergütungsrechnung**:

		EUR	EUR
\multicolumn{2}{l	}{Gegenstandswert: 5 500,00 EUR / 4 500,00 EUR / 10 000,00 EUR}		
1,3	Verfahrensgebühr gem. §§ 2, 13, VV Nr. 3100 RVG (Wert: 5 500,00 EUR)	439,40	
0,8	Verfahrensgebühr (Differenzverfahrensgebühr) gem. §§ 2, 13, VV Nr. 3101 Ziff. 2 RVG (Wert: 4 500,00 EUR)	218,40	
		657,80	
	Kürzung gem. § 15 Abs. 3 RVG, da eine 1,3 Verfahrensgebühr nach dem Gesamtwert von 10 000,00 EUR, also 631,80 EUR, überschritten wird.		631,80
1,2	Terminsgebühr gem. §§ 2, 13, VV Nr. 3104 RVG (Wert: 10 000,00 EUR)		583,20
1,0	Einigungsgebühr gem. §§ 2, 13, VV Nr. 1000 Abs. 1 S. 1, Nr. 1003 RVG (Wert: 5 500,00 EUR)	338,00	
1,5	Einigungsgebühr gem. §§ 2, 13, VV Nr. 1000 Abs. 1 S. 1 RVG (Wert: 4 500,00 EUR)	409,50	
		747,50	
	Kürzung gem. § 15 Abs. 3 RVG, da eine 1,5 Einigungsgebühr nach dem Gesamtwert von 10 000,00 EUR, also 729,00 EUR, überschritten wird.		729,00
\multicolumn{2}{l	}{Pauschale für Post- und Telekommunikationsentgelte gem. § 2 Abs. 2, VV Nr. 7002 RVG}		20,00
			1 964,00
\multicolumn{2}{l	}{16 % USt. gem. § 2 Abs. 2, VV Nr. 7008 RVG}		314,24
			2 278,24

Hinweis: Wäre in dem Termin über die nicht rechtshängigen Ansprüche nicht gesprochen worden, so wäre die **Terminsgebühr** in vorstehendem Beispiel nur nach dem Wert von 5 500,00 EUR entstanden, da dann von den RA lediglich beantragt worden wäre den Vergleich zu gerichtlichem Protokoll zu nehmen, ohne dass von den RA innerhalb oder außerhalb des Gerichts über eine Einigung gesprochen worden wäre (VV Nr. 3104 Anm. Abs. 3 RVG). Die Parteien hätten sich dann alleine und ohne Mithilfe ihrer RA geeinigt haben müssen. Dies ist jedoch unwahrscheinlich. Nach der Vorbemerkung 3 Abs. 3 VV RVG entsteht eine Terminsgebühr auch für solche auf eine Einigung gerichteten Gespräche außerhalb des Gerichts, sodass wohl in den meisten Fällen auch die Terminsgebühr nach dem Wert der gesamten durch die Einigung erledigten Ansprüche erwächst.

Merke:

Werden nicht rechtshängige Ansprüche mit in einen gerichtlich protokollierten Vergleich einbezogen, so erwächst dem RA in erster Instanz eine so genannte 0,8 Differenzverfahrensgebühr nach dem Wert dieser Ansprüche zusätzlich.

Für die nicht rechtshängigen Gegenstände entsteht eine 1,5 Einigungsgebühr, und für die rechtshängigen Gegenstände beträgt der Gebührensatz der Einigungsgebühr 1,0.

Der Gegenstandswert für die 1,0 Einigungsgebühr und für die 0,8 Differenzverfahrensgebühr ist derselbe, nämlich der Wert der nicht rechtshängigen Gegenstände.

Sowohl auf die Verfahrensgebühren als auch auf die Einigungsgebühren ist jeweils § 15 Abs. 3 RVG anzuwenden.

In **Ehesachen** (§ 606 Abs. 1 S. 1 ZPO) findet im Übrigen bei nichtvermögensrechtlichen Streitigkeiten (z. B. Scheidungsantrag) die Einigungsgebühr gemäß VV Nr. 1000 Anm. Abs. 5 RVG keine Anwendung. Jedoch kann der RA bei Mitwirkung an der Aussöhnung der Eheleute eine 1,5 **Aussöhnungsgebühr** nach VV Nr. 1001 RVG beanspruchen. Auch in einigen anderen Verfahren (z. B. bestimmten Verwaltungsrechtssachen) gilt VV Nr. 1000 RVG nicht.

Hinweis: Nur soweit bei **Rechtsverhältnissen des öffentlichen Rechts** eine vertragliche Verfügung über Ansprüche zulässig ist, kann nach VV Nr. 1000 Anm. Abs. 4 RVG eine Einigungsgebühr entstehen, ansonsten nicht. In Finanz-, Verwaltungs- und Sozialgerichtssachen ist der Anfall einer Einigungsgebühr also grundsätzlich nicht möglich. In diesen Verfahren kann sich der RA jedoch eine 1,5 **Erledigungsgebühr** nach VV Nr. 1002 RVG verdienen, wenn aufgrund der Bemühungen des RA ein angefochtener Verwaltungsakt von der Behörde zurückgenommen oder geändert wird, ohne dass ein Gericht eine streitige Entscheidung in der Hauptsache erlassen muss.

Verfahrensrechtlich lässt sich noch aufzeigen, dass ein rechtshängiges Verfahren ohne Urteil dadurch beendet werden kann, dass vor Gericht von den Parteien ein so genannter **Prozessvergleich** vereinbart und vom Gericht protokolliert wird. Der Prozessvergleich ist dann nach § 794 Abs. 1 Nr. 4 ZPO ein Vollstreckungstitel. Ein Prozessvergleich entsteht auch dann, wenn die Parteien einen außergerichtlich vereinbarten Vergleich dem Gericht nur zu Protokoll geben. Auch im Prüfungsverfahren zur Prozesskostenhilfe können sich die Parteien bereits über den streitigen Anspruch vergleichen und ihn zu gerichtlichem Protokoll (§ 118 Abs. 1 S. 3 ZPO) geben, wobei ebenfalls ein Vollstreckungstitel entsteht.

Eine weitere Möglichkeit, durch eine außergerichtliche Einigung einen Vollstreckungstitel zu schaffen, ist mit dem vollstreckbaren Anwaltsvergleich gegeben.

1.6.1.1.2 Vollstreckbarer Anwaltsvergleich

Zur Förderung der außergerichtlichen Streitbeilegung ist nach § 796 a ZPO ein außergerichtlicher, für vollstreckbar zu erklärender Anwaltsvergleich möglich.

Ein Vergleich im Sinne des § 796 a ZPO muss den Anforderungen des § 779 BGB genügen, also den Streit oder die Ungewissheit über ein Rechtsverhältnis im Wege gegenseitigen Nachgebens durch Vertrag beseitigen. Insofern wird von einem solchen Vergleich mehr verlangt als von einer Einigung im Sinne von VV Nr. 1000 RVG, da ein Vergleich im Sinne des BGB nur bei **gegenseitigem Nachgeben** vorliegt; bei einer Einigung im Sinne des RVG muss nur der Streit beseitigt werden, wozu auch ein einseitiges Nachgeben genügt.

Im Unterschied zu dem gerichtlich protokollierten Vergleich (§ 163 Abs. 1 S. 1 ZPO) muss der **vollstreckbare Anwaltsvergleichr** nach § 796 a ZPO von den RA beider Parteien in deren Namen und in Vollmacht unterschrieben sein.

Aus dem Anwaltsvergleich kann nur vollstreckt werden, wenn sich der Schuldner darin der sofortigen Zwangsvollstreckung unterworfen hat und wenn der Vergleich entweder beim zuständigen Amtsgericht (§ 796 b ZPO) oder bei einem Notar (§ 796 c ZPO) in Verwahrung genommen wird.

Aus dem Anwaltsvergleich kann dann gemäß § 794 Abs. 1 Nr. 4 Lit. b ZPO unter der zusätzlichen Voraussetzung, dass der Vergleich für vollstreckbar erklärt wird, die **Zwangsvollstreckung** stattfinden:

- Gemäß § 796 b ZPO kann der Anwaltsvergleich durch das **Gericht**, das für eine entsprechende Klage zuständig gewesen wäre, als Prozessgericht auf Antrag einer Partei für vollstreckbar erklärt werden.

- Nach § 796 c ZPO kann mit Zustimmung der Parteien der Anwaltsvergleich auch von einem **Notar** in Verwahrung genommen und für vollstreckbar erklärt werden.

In beiden Fällen ist also eine **Vollstreckungsklausel** gemäß den §§ 795 und 750 Abs. 1 ZPO notwendig. Vor Beginn der Zwangsvollstreckung muss dem Schuldner die vollstreckbare Ausfertigung des Vergleichs zugestellt werden. Vor der Zwangsvollstreckung aus für vollstreckbar erklärten Anwaltsvergleichen ist gemäß § 798 ZPO eine **Wartefrist von zwei Wochen** nach der Zustellung einzuhalten.

Hinweis: Die Vollstreckbarerklärung durch den Notar gilt gegenüber derjenigen durch das Gericht als weniger umständlich und ist bei Werten bis ca. 30 000,00 EUR kostengünstiger.

Für die außergerichtlichen Vergleichsverhandlungen erhält der RA eine **Geschäftsgebühr** nach VV Nr. 2400 RVG (siehe Kapitel 3.1.1). Zusätzlich erhält er im Regelfall eine 1,5 **Einigungsgebühr** nach VV Nr. 1000 RVG. Falls jedoch ein Rechtsstreit über den Vergleichsgegenstand anhängig ist, erhält der RA nach der Einschränkung in VV Nr. 1003 RVG nur eine verminderte, also 1,0 Einigungsgebühr.

Beispiel: Zwischen den RAen der zerstrittenen Parteien Badewitz und Hasenfratz wird außergerichtlich ein von beiden RAen namens und in Vollmacht ihrer Parteien unterschriebener Anwaltsvergleich ausgehandelt, in dem sich der Schuldner der sofortigen Zwangsvollstreckung unterwirft. Die beteiligten RAe haben während der Vergleichsverhandlungen im Einverständnis mit ihren Auftraggebern mehrere Besprechungen miteinander durchgeführt. Der Vergleich beseitigt einen Streit wegen 8 000,00 EUR. Der Schuldner Badewitz hat sich vergleichsweise verpflichtet 5 500,00 EUR an Hasenfratz zu zahlen. Jeder der beiden beteiligten RAe kann folgende Vergütungsrechnung aufstellen:

Gegenstandswert: 8 000,00 EUR	EUR
1,3 Geschäftsgebühr gem. §§ 2, 13, 14, VV Nr. 2400 RVG	535,60
1,5 Einigungsgebühr gem. §§ 2, 13, VV Nr. 1000 Abs. 1 RVG	618,00
Pauschale für Post- und Telekommunikationsentgelte gem. § 2 Abs. 2, VV Nr. 7002 RVG	20,00
	1 173,60
16 % USt. gem. § 2 Abs. 2, VV Nr. 7008 RVG	187,78
	1 361,38

Der Gegenstandswert der Einigungsgebühr ergibt sich aus dem durch die Einigung erledigten streitigen Betrag.

Merke:

Der RA erhält für seine Tätigkeit im Hinblick auf den Abschluss eines Anwaltsvergleichs zusätzlich zu den sonstigen Gebühren eine 1,5 Einigungsgebühr, wenn folgende Voraussetzungen vorliegen:

Es muss sich um ein gegenseitiges Nachgeben im Sinne des § 779 BGB handeln.

Der Vergleich muss von beiden RAen namens und in Vollmacht der Parteien unterschrieben sein.

Der Schuldner muss sich der sofortigen Zwangsvollstreckung unterworfen haben.

Über den Vergleichsgegenstand darf kein Rechtsstreit anhängig sein.

Für das **Verfahren auf Vollstreckbarerklärung** des Anwaltsvergleichs nach den §§ 796 a und 796 b ZPO erhält der RA nach Vorbemerkung 3.1 Abs. 1 VV RVG die in VV Nrn. 3100 ff. RVG bestimmten Gebühren zusätzlich zu den für den Vergleichsabschluss entstandenen Gebühren. In Vorbemerkung 3 Abs. 4 VV RVG wird angeordnet, dass die bei Abschluss des Anwaltsvergleichs entstandene Geschäftsgebühr zur Hälfte (jedoch höchstens mit einem Gebührensatz von 0,75) auf die Verfahrensgebühr für ein Verfahren auf Vollstreckbarerklärung dieses Vergleichs anzurechnen ist. Eine ähnliche Regelung für den Bereich der Beratungshilfe enthält für die Geschäftsgebühr VV Nr. 2603 Anm. Abs. 2 S. 2 RVG, wonach die Festgebühr von 70,00 EUR zu einem Viertel anzurechnen ist.

Die Grundlagen des RVG

Achtung: Bei der Anrechnung können sich Probleme ergeben, wenn für die Geschäftsgebühr und die Verfahrensgebühr jeweils unterschiedliche Gebührensätze gelten und insbesondere, wenn verschiedene Gegenstandswerte zur Anwendung gelangen. Hierzu sei auf entsprechende Beispiele an anderer Stelle in diesem Buch, z. B. in Kapitel 3.1.1.3, verwiesen.

Im gerichtlichen Verfahren über den Antrag auf Vollstreckbarerklärung des Anwaltsvergleichs fällt an Gerichtskosten eine Festgebühr von 50,00 EUR nach Kostenverzeichnis Nr. 2117 GKG an.

Falls der Anwaltsvergleich vom Notar für vollstreckbar erklärt wird, erhält der Notar hierfür nach § 148 a KostO die Hälfte der vollen Gebühr.

1.6.1.2   Mehrere Auftraggeber (VV Nr. 1008 und § 7 RVG)

(Dazu Aufgaben Gruppe 7)

Wenn ein RA mehrere Mandanten in derselben Angelegenheit vertritt, können sich deswegen seine Gebühren erhöhen. Dies ist zum einen in VV Nr. 1008 RVG und zum anderen in § 7 RVG geregelt. Da diese beiden Gesetzesstellen in einem engen Zusammenhang stehen, sollen sie auch gemeinsam dargestellt werden. Dies ist bereits in Kapitel 1.2.5 erfolgt, sehen Sie bitte dort nach.

1.6.1.3   Die Hebegebühr (VV Nr. 1009 RVG)

(Dazu Aufgaben Gruppe 4)

Die Prozessvollmacht, deren Umfang in § 81 ZPO gesetzlich geregelt ist, ermächtigt den RA nur zur Empfangnahme der vom unterlegenen Gegner oder aus der Staatskasse zu erstattenden Kosten. Zur Empfangnahme von anderem Geld benötigt der RA neben der gewöhnlichen Prozessvollmacht des § 81 ZPO eine besondere Vollmacht, eine **Geldempfangsvollmacht**. Der Mandant muss also dem RA einen besonderen Auftrag zur Entgegennahme der Streitsumme erteilt haben.

Für die **Weiterleitung** von baren oder unbaren Zahlungen erhält der RA eine **Hebegebühr** zusätzlich zu den für seine sonstige Tätigkeit entstandenen Gebühren. Die Hebegebühr wird nicht aus der Tabelle des § 13 Abs. 1 RVG abgelesen, sondern gemäß VV Nr. 1009 RVG berechnet.

Die Hebegebühr lässt sich nach folgender Tabelle berechnen:

bei Beträgen	%	also
bis zu 2 500,00 EUR	1,00	1 % des Betrages
bis zu 10 000,00 EUR	0,50	0,5 % des 2 500,00 EUR übersteigenden Betrages + 25,00 EUR
über 10 000,00 EUR	0,25	0,25 % des 10 000,00 EUR übersteigenden Betrages + 25,00 EUR + 37,50 EUR

Tabelle 1: Berechnung der Hebegebühr

Beispiel der Berechnung gemäß Tabelle 1: Weiterzuleiten ist ein Betrag von 23 000,00 EUR. Der 10 000,00 EUR übersteigende Betrag ist 13 000,00 EUR. Wir rechnen: 13 000,00 EUR x 0,25 : 100 = 32,50 EUR. Wir addieren: 32,50 EUR + 25,00 EUR + 37,50 EUR = 95,00 EUR.

Es gibt auch noch eine zweite, elegantere Möglichkeit zur Berechnung der Hebegebühr, die auch **Schnellrechnung** genannt wird. Sie sollten sich aber auf eine von beiden Methoden festlegen, um Verwirrungen zu vermeiden.

bei Beträgen	%	also
bis zu 2 500,00 EUR	1,00	1 % des Betrages
bis zu 10 000,00 EUR	0,50	0,5 % des Gesamtbetrages + 12,50 EUR
über 10 000,00 EUR	0,25	0,25 % des Gesamtbetrages + 37,50 EUR

Tabelle 2: Berechnung der Hebegebühr (Schnellrechnung)

Beispiel der Berechnung gemäß Tabelle 2: Weiterzuleiten ist ein Betrag von 23 000,00 EUR. Wir rechnen: 23 000,00 EUR x 0,25 : 100 = 57,50 EUR. Wir addieren: 57,50 EUR + 37,50 EUR = 95,00 EUR. Die entsprechende Vergütungsrechnung lautet:

```
Gegenstandswert: 23 000,00 EUR                                              EUR
Hebegebühr gem. § 2 Abs. 2 S. 1, VV Nr. 1009 RVG                          95,00
Post- und Telekommunikationsentgelte gem. § 2 Abs. 2 S. 1, VV Nr. 7002 RVG *  19,00
16 % USt. gem. § 2 Abs. 2 S. 1, VV Nr. 1009 RVG                           18,24
                                                                         132,24
```
* siehe unten

Die **Mindestgebühr** der Hebegebühr beträgt 1,00 EUR (VV Nr. 1009, Randspalte RVG), also abweichend von § 13 Abs. 2 RVG. Denken Sie auch bei der Hebegebühr an die Berechnung der **Umsatzsteuer** (VV Nr. 7008 RVG).

Wie bei allen Gebühren können zur Hebegebühr noch **Auslagen für Post- und Telekommunikationsentgelte** (VV Nr. 7002) hinzugerechnet werden. Wenn Sie die Auslagenpauschale berechnen, müssen Sie allerdings darauf achten, ob Sie in der betreffenden Angelegenheit bereits eine Auslagenpauschale in Rechnung gestellt haben, da diese in Zivilsachen in einer Angelegenheit nur einmal in Höhe von 20,00 EUR entstehen kann. Wenn die 20,00 EUR bereits erreicht sind, darf auf die Hebegebühr keine zusätzliche Auslagenpauschale mehr verlangt werden. Dies ist durch die Vorbemerkung 1 zu VV RVG so geregelt, da die Hebegebühr neben den anderen Gebühren entsteht, also jeweils zu einer Angelegenheit dazugehört.

Beispiel: Auftrag zur außergerichtlichen Beitreibung einer Forderung. Zusätzlich zu der Geschäftsgebühr nach VV Nr. 2400 RVG wurde eine Auslagenpauschale für Post- und Telekommunikationsentgelte von 16,30 EUR berechnet. Dann dürfen für die Hebegebühr noch höchstens 3,70 EUR als zusätzliche Auslagenpauschale angesetzt werden, da die Geschäftsgebühr und die Hebegebühr zu einer einzigen Angelegenheit gehören.

Der RA kann die Hebegebühr erst bei der **Ablieferung** der Zahlung an den Auftraggeber entnehmen (VV Nr. 1009 Anm. Abs. 1 RVG), d. h., er darf dann die Hebegebühr von dem weiterzuleitenden Geldbetrag abziehen (VV Nr. 1009 Anm. Abs. 2 S. 2 RVG). Wird das Geld vom RA nur empfangen, aber noch nicht weitergeleitet, dann darf eine Hebegebühr noch nicht berechnet werden. Wird eine Geldsumme in Teilbeträgen ausgezahlt, so wird die Gebühr von jedem Teilbetrag gesondert erhoben (VV Nr. 1009 Anm. Abs. 3 RVG), bei Ratenzahlungen des Gegners jedoch nicht, wenn der RA alle empfangenen Teilbeträge auf einmal an seinen Mandanten auszahlt.

Der RA erhält **keine Hebegebühr** (VV Nr. 1009 Anm. Abs. 5 RVG), wenn er

- **Gerichtskosten**, z. B. als Vorschuss, einzahlt,
- vom Gegner eingezogene **Kosten** an den Mandanten weiterleitet,
- erhaltene Gelder auf die ihm zustehende **Vergütung** verrechnet.

In der Praxis wird von den Rechtsanwälten übrigens häufig auf die Hebegebühr verzichtet. Dies wird seinen Grund auch in nachstehender Überlegung haben.

Der Gegner ist meistens zur Erstattung der Hebegebühr nicht verpflichtet, da die Hinzuziehung des RA zur Weiterleitung von Geld im Regelfall nicht notwendig ist. Will der Auftraggeber des RA die Hebegebühr nicht selbst bezahlen, so muss der Gegner darauf hingewiesen werden, dass ihm die Hebegebühr berechnet wird. Der Schuldner könnte dann zur Vermeidung der Hebegebühr direkt an den Gläubiger zahlen. Wenn der RA seinen Mandanten nicht entsprechend beraten hat, wird er die Hebegebühr kaum von ihm verlangen können.

Merke:
Die Hebegebühr entsteht erst bei Ablieferung des Geldes.
Keine Hebegebühr entsteht bei Weiterleitung von Kosten.
Keine Hebegebühr entsteht bei Verrechnung von Zahlungen auf die Vergütung des RA.
Die Mindestgebühr beträgt hier 1,00 EUR.

1.6.2 Die Auslagen (VV Nrn. 7000 – 7008)

(Dazu Aufgaben Gruppe 8)

Im Teil 7 des Vergütungsverzeichnisses zum RVG werden die **Auslagentatbestände** aufgeführt. Bei den Auslagen im Sinne des Kostenrechts handelt es sich um Aufwendungen zur Ausführung eines Auftrags im Sinne des BGB (§ 675 i. V. m. § 670 BGB). Im RVG wird vorausgesetzt, dass ein RA nach § 670 BGB einen Anspruch auf Aufwandsersatz hat (Vorbemerkung 7 Abs. 1 S. 2 VV RVG). Das RVG regelt also nicht den Aufwandsersatz überhaupt, sondern nur die Berechnung von bestimmten, typischen Aufwendungen, die infolge der anwaltlichen Tätigkeiten regelmäßig vorkommen. Außerdem klärt das RVG die Beziehung zwischen Gebühren und Auslagen.

Unterscheiden Sie Gebühren und Auslagen. Mit den **Gebühren** werden auch die **allgemeinen** Praxiskosten des RA entgolten, also z. B. die Ausgaben für Bücher, Papier, Löhne, Büromiete, Telefonanschlussentgelte usw. (Vorbemerkung 7 Abs. 1 S. 1 VV RVG). Für solche allgemeinen Geschäftskosten dürfen dem Mandanten weder Gebühren noch Auslagen berechnet werden.

Besondere erforderliche Aufwendungen zur Ausführung eines Auftrags sind aber vom Mandanten zu ersetzen (§ 670 BGB). Für drei typische solche Aufwendungsarten bestimmt Teil 7 des Vergütungsverzeichnisses zum RVG, dass der RA Anspruch auf Ersatz dieser **Auslagen** hat. Andere zu ersetzende Auslagen sind z. B. vorgelegte Gerichtskosten, Gebühren für Anfragen bei der Meldebehörde, Gerichtsvollzieherkosten, Detektivkosten, Übersetzungskosten, Kosten der Anmietung eines Bankschließfaches in der Sache eines bestimmten Auftraggebers usw.

Bei den im letzten Teil des Vergütungsverzeichnisses **normierten Auslagentatbeständen** geht es im Wesentlichen um

- die Dokumentenpauschale (VV Nr. 7000 RVG),
- die Entgelte für Post- und Telekommunikationsdienstleistungen (VV Nrn. 7001, 7002 RVG),
- die Reisekosten, die nach Fahrtkosten und Tage- und Abwesenheitsgeld unterteilt werden (VV Nrn. 7003 bis 7006 RVG)
- und in bestimmten seltenen Fällen um gezahlte Prämien für eine Haftpflichtversicherung (VV Nr. 7007 RVG).

Außerdem hat der RA Anspruch auf Ersatz der auf seine Vergütung (Gebühren und Auslagen) entfallenden **Umsatzsteuer** (VV Nr. 7008 RVG). Auf andere Auslagen wie z. B. vorgelegte Gerichtskosten und selbstverständlich auf durchlaufende Gelder darf keine Umsatzsteuer berechnet werden.

Der RA muss dem Mandanten die geforderten Auslagen im Einzelnen aufstellen und belegen, außer bei den Auslagen für Post- und Telekommunikationsdienstleistungen (§ 10 Abs. 2 S. 2 RVG).

1.6.2.1 Die Dokumentenpauschale (VV Nr. 7000 RVG)

Die von einem RA z. B. zur Unterrichtung seines Auftraggebers gefertigten Schreiben oder die an das Gericht gerichteten Schriftsätze fallen nach den geltenden Grundsätzen mit unter die allgemeinen Geschäftskosten im Sinne der Vorbemerkung 7 Abs. 1 S. 1 VV RVG, die mit der pauschalen Betriebsgebühr (Geschäftsgebühr oder Verfahrensgebühr) bereits abgegolten sind und folglich nicht zusätzlich in Rechnung gestellt werden dürfen. So kann also z. B. für einen Brief an den Auftraggeber keine gesonderte Dokumentenpauschale berechnet werden. Die meisten üblichen Schreibarbeiten (z. B. Schriftsätze, Abschriften von Klageschriften zwecks Zustellung) werden also grundsätzlich schon durch die entstehenden Gebühren abgegolten.

Eine **Dokumentenpauschale** steht dem RA nur für die Herstellung und Überlassung bestimmter Ablichtungen zu, die in VV Nr. 7000 RVG genannt sind. Übrigens sind mit „Ablichtungen" nach heutigem Sprachgebrauch natürlich Fotokopien gemeint. Jedoch wird man unter dem im Gesetz gebrauchten Begriff „Ablichtungen" nicht nur mit Hilfe eines Fotokopiergerätes hergestellte Kopien verstehen müssen, sondern auch z. B. durch einen Drucker ausgedruckte Mehrfachkopien. Im Einzelnen dürfen Dokumentenpauschalen nach VV Nr. 7000 RVG unter folgenden Voraussetzungen erhoben werden:

(1) Für **Ablichtungen aus Behörden- und Gerichtsakten**, soweit deren Herstellung zur sachgemäßen Bearbeitung der Rechtssache geboten ist, darf eine Dokumentenpauschale berechnet werden (VV Nr. 7000 Ziff. 1 Lit. a) RVG). Dies ist der Fall, wenn dem RA Kopien aus der betreffenden Akte zur sachgerechten Erledigung der Angelegenheit ständig zur Verfügung stehen müssen. Insbesondere in Strafsachen benötigt der Verteidiger einen möglichst umfassenden Auszug aus den Ermittlungsakten, sodass für die hierzu gefertigten notwendigen Fotokopien immer eine Dokumentenpauschale erhoben werden darf. Auch in sozial- oder verwaltungsrechtlichen Angelegenheiten kann es erforderlich sein, Kopien aus Behörden- oder Gerichtsakten anzufertigen.

Für solche Kopien kann eine **Dokumentenpauschale ab der ersten Seite berechnet** werden.

(2) Für Fotokopien zur notwendigen Mitteilung oder **Zustellung an Gegner oder Beteiligte** aufgrund einer Rechtsvorschrift oder nach Aufforderung durch das Gericht oder eine Behörde kann **grundsätzlich keine Dokumentenpauschale** in Rechnung gestellt werden. Es handelt sich hierbei im Wesentlichen um Kopien

– der eigenen Schriftsätze des RA und

– der Schriftsatzanlagen wie z. B. Urkunden,

die einem Schriftsatz oder einer Klageschrift in einem Zivilprozess nach den §§ 131 Abs. 1, 133 Abs. 1 und 253 Abs. 5 ZPO zur Zustellung an die Gegenseite beigefügt werden müssen, also um die üblichen beglaubigten und einfachen Abschriften.

Obwohl solche Kopien grundsätzlich nicht berechnet werden dürfen, kann der RA eine **Dokumentenpauschale für mehr als 100 Kopien** erheben, wenn in einer gebührenrechtlichen Angelegenheit oder in einem Rechtszug mehr als 100 Ablichtungen dieser Art angefertigt worden sind (VV Nr. 7000 Ziff. 1 Lit. b) RVG). In diesem Fall sind die ersten 100 Kopien kostenfrei herzustellen und die 101. Kopie wird mit 0,50 EUR berechnet.

Hinweis: Der Schreibaufwand für die **eigenen Schriftsätze** des RA ist im Sinne der Vorbemerkung 7 Abs. 1 S. 1 VV RVG mit der jeweiligen Betriebsgebühr für das Verfahren bereits abgegolten, sodass diese ohne Berechnung erstellt werden müssen. Folglich sind grundsätzlich ohne Berechnung einer Dokumentenpauschale zu erstellen:

– die Urschrift des Schriftsatzes,

– eine Kopie für die Handakten des RA,

– eine Abschrift für weitere Anwälte des Auftraggebers, wie z. B. einen Terminsvertreter oder einen Korrespondenzanwalt,

– je eine Ablichtung für jeden Gegner, wobei es sich auch um mehrere Gegner handeln kann (Ausnahme mehr als 100 Kopien!),

– je eine Ablichtung für jeden RA der Gegenseite, wobei jeder Gegner durch einen anderen RA vertreten sein kann (Ausnahme mehr als 100 Kopien!),

– je eine Abschrift für den bzw. die eigenen Auftraggeber, wobei es sich auch um mehrere Personen handeln kann, was allerdings als weitere Ausnahme in VV Nr. 7000 Ziff. 1 Lit. c) RVG besonders geregelt ist (siehe nachstehend).

Die durch § 131 Abs. 1 ZPO vorgeschriebenen Schriftsatzanlagen hat der RA aus den vorgenannten Gründen ebenfalls ohne Berechnung anzufertigen. Es handelt sich dabei meist um Ablichtungen von Urkunden, die den das Verfahren vorbereitenden Schriftsätzen beigefügt werden. Aus Sicherheitserwägungen legt man die Urkunden selbst ungern den Schriftsätzen in Urschrift bei, sondern lieber nur in Kopie. Auch von den Schriftsatzanlagen sind nach § 133 Abs. 1 S. 1 ZPO grundsätzlich die für die Zustellung an den oder die Gegner erforderliche Zahl von Abschriften beizufügen. Insofern gilt das einleitend zu den Schriftsätzen Gesagte auch für die zugehörigen Anlagen, die in gleicher Anzahl wie die Schriftsätze entsprechend der oben dargestellten Aufstellung ohne Berechnung zu kopieren sind. Auch hierfür ist die Erhebung einer Dokumentenpauschale erst für den Mehraufwand ab der 101. Kopie zulässig.

Da Schriftstücke heute kaum noch im Durchschlagverfahren auf der Schreibmaschine hergestellt werden, soll dem RA ein ungewöhnlich hoher Mehraufwand für Fotokopien bzw. Abschreibarbeiten vergütet werden. Deshalb gilt für die im Gesetz ausdrücklich genannten Ablichtungen, dass nur bis zu 100 Kopien bereits mit den Gebühren abgegolten sind und erst der Mehraufwand ab der 101. Kopie zusätzlich berechnet werden kann.

(3) Ferner kann der RA eine Dokumentenpauschale für Kopien verlangen, die zur notwendigen **Unterrichtung des Auftraggebers** zusätzlich gefertigt wurden, was insbesondere bei mehreren Auftraggebern der Fall sein wird (VV Nr. 7000 Ziff. 1 Lit. c) RVG).

Obwohl auch solche Kopien grundsätzlich nicht berechnet werden dürfen, kann der RA eine **Dokumentenpauschale für mehr als 100 Kopien** erheben, wenn in einer gebührenrechtlichen Angelegenheit oder in einem Rechtszug insgesamt mehr als 100 Ablichtungen dieser Art angefertigt worden sind (VV Nr. 7000 Ziff. 1 Lit. c) RVG). In diesem Fall sind die ersten 100 Kopien kostenfrei herzustellen und die 101. Kopie wird mit 0,50 EUR berechnet.

(4) Im Übrigen darf der RA nur eine Dokumentenpauschale für Kopien verlangen, die **mit Einverständnis des Auftraggebers zusätzlich** gefertigt wurden, auch wenn sie zur Unterrichtung Dritter dienen (VV Nr. 7000 Ziff. 1 Lit. d) RVG).

Wichtig ist hierbei, dass die Ablichtungen im **Einverständnis** mit dem Auftraggeber erstellt wurden. Der Mandant ist also in der Regel zu fragen, ob er mit der Fertigung bestimmter Kopien einverstanden ist. Seine Zustimmung kann der Klient ausdrücklich oder stillschweigend und vor oder nach der Herstellung der Kopien erklären. Ein stillschweigendes Einverständnis wird man unterstellen können, wenn der RA die Kopien zur ordnungsgemäßen Besorgung der Angelegenheit erstellen musste. Für Kopien aus Gerichts- oder Behördenakten ist das Einholen der Zustimmung des Mandanten nicht erforderlich, da dies bereits unter VV Nr. 7000 Ziff. 1 Lit. a) RVG fällt.

Die Ablichtungen müssen **zusätzlich** hergestellt worden sein. Kopien, die unter den oben unter (2) und (3) aufgestellten Katalog fallen, können nicht zusätzlich gefertigt worden sein, da sie im Regelfall zur Erledigung der anwaltlichen Aufgaben notwendig sind. Gemeint sind hier also sonstige dort nicht genannte Kopien. Beispiele hierfür sind vom Auftraggeber bestellte zusätzliche Schriftsatzabschriften

– zur Unterrichtung seiner Haftpflichtversicherung,

– zur Unterrichtung seiner Rechtsschutzversicherung,

– zur Information eines durch einen anderen RA vertretenen Streitgenossen (also zur Unterrichtung eines Dritten) oder

– zur Information einer anderen Dienststelle, wenn der Auftraggeber eine prozessführende Behörde ist.

Die **Höhe der Dokumentenpauschale** bestimmt sich nach der Nr. 7000 des Vergütungsverzeichnisses im RVG und beträgt

- für die ersten 100 abzurechnenden Kopien 0,50 EUR pro Seite und
- für alle weiteren Kopien 0,15 EUR pro Seite.

Die Dokumentenpauschale wird in derselben Angelegenheit und in gerichtlichen Verfahren in jedem Rechtszug einheitlich berechnet. In einer neuen Instanz fängt also die Zählung der Kopien wieder bei 1 an; Gleiches gilt, wenn der Mandant einen neuen Auftrag in einer anderen Angelegenheit erteilt (VV Nr. 7000 Anm. RVG). Für die Kopien, die beginnend mit der 101. Kopie berechnet werden dürfen gilt, dass die 101. bis 150. Seite mit 0,50 EUR berechnet werden und erst ab der 151. Seite werden 0,15 EUR erhoben.

Hinweis: Die vorstehende Aussage trifft natürlich erst dann zu, wenn Sie festgestellt haben, wie viele Kopien überhaupt zu berechnen sind. Sie müssen also **alle zu berechnenden Kopien** in einer Angelegenheit zusammenzählen, sodass die 101. Seite sich aus der insgesamt gefertigten Zahl der Kopien ergibt, nach Abzug der Anzahl der Kopien, die nicht berechnet werden dürfen. So ist die Aussage in VV Nr. 7000 RVG gemeint, dass „für die ersten **abzurechnenden** Seiten je Seite ... 0,50 EUR" berechnet werden.

Frage: Dürfen 100 oder 200 Kopien nicht berechnet werden? Da in VV Nr. 7000 Ziff. 1 RVG unter den Buchstaben a) und b) jeweils die Aussage zu finden ist, „... soweit **hierfür** mehr als 100 Ablichtungen zu fertigen waren", ist anzunehmen, dass die Kopien, die unter den Buchstaben a) und b) fallen, jeweils getrennt zu berechnen sind. Falls folglich Kopien nach Buchstaben a) und b) zugleich gefertigt werden, müssen **jeweils** mehr als 100 Kopien entstehen, sodass in einer Angelegenheit also insgesamt höchstens 200 Kopien nicht berechnet werden dürfen. Den RA zwingt dies, die Kopien nach Arten getrennt aufzuzeichnen. Die zukünftige Rechtsprechung zu dieser Frage bleibt abzuwarten.

Beispiel 1: RAin Antel fertigt in der ersten Instanz 40 Kopien und berechnet dafür 20,00 EUR als Dokumentenpauschale. In der zweiten Instanz stellt sie 55 abzurechnende Kopien her und berechnet dafür 25,75 EUR.

Beispiel 2: RAin Winter fertigt in einer Angelegenheit 180 Ablichtungen zur Zustellung an den Gegner sowie 110 Kopien zur notwendigen Unterrichtung ihres Auftraggebers. Von den 180 Kopien nach Buchstabe b) sind 100 nicht zu berechnen und von den 110 Kopien nach Buchstabe c) sind ebenfalls 100 nicht zu berechnen. Es verbleiben 90 zu berechnenden Ablichtungen, sodass die Dokumentenpauschale so berechnet wird: 50 x 0,50 EUR + 40 x 0,15 EUR = 31,00 EUR.

Beispiel 3: RAin Kohn fertigt in einer Angelegenheit 180 Ablichtungen zur Zustellung an den Gegner sowie 20 Kopien zur notwendigen Unterrichtung ihres Auftraggebers. Von den 180 Kopien nach Buchstabe b) sind 100 nicht zu berechnen und von den 20 Kopien nach Buchstabe c) sind keine zu berechnen. Es verbleiben 80 zu berechnenden Ablichtungen, sodass die Dokumentenpauschale so berechnet wird: 50 x 0,50 EUR + 30 x 0,15 EUR = 29,50 EUR.

Beispiel 4: RAin Dietrich-Zander fertigt in einer Angelegenheit 100 Ablichtungen zur Zustellung an den Gegner sowie 100 Kopien zur notwendigen Unterrichtung ihres Auftraggebers. Von den 100 Kopien nach Buchstabe b) und von den 100 Kopien nach Buchstabe c) sind jeweils keine zu berechnen. Es verbleiben keine zu berechnenden Ablichtungen, sodass die Dokumentenpauschale 0,00 EUR beträgt.

Für nach VV Nr. 7000 Ziff. 1 Lit. d) RVG mit Einverständnis des Auftraggebers diesem oder einem Dritten überlassene **elektronisch gespeicherte Dateien** erhält der RA eine besondere Dokumentenpauschale gemäß VV Nr. 7000 Ziff. 2 RVG in Höhe von 2,50 EUR pro Datei. Die Art der Überlassung der Datei dürfte hier keine Rolle spielen: Ob die Datei auf Diskette oder auf CD-ROM gespeichert versandt oder per E-Mail übermittelt wird, führt immer nur unabhängig von der Anzahl der gespeicherten Seiten zu einer Dokumentenpauschale von 2,50 EUR.

Beispiel 5: RAin Eilers übersendet in einer Angelegenheit von einem 45-seitigen Schriftsatz eine zusätzliche Kopie per Fax im Einverständnis mit ihrem Auftraggeber an dessen Versicherung. Außerdem übersendet sie ebenfalls mit Einverständnis per E-Mail eine weitere Kopie dieses Schriftsatzes an einen Dritten. Es handelt sich um Ablichtungen nach VV Nr. 7000 Ziff. 1 Buchstabe d) und Ziff. 2 RVG. Die Dokumentenpauschale beträgt 45 x 0,50 EUR + 2,50 EUR = 25,00 EUR.

Bei **mehreren Auftraggebern** schuldet jeder Auftraggeber nur die Gebühren und Auslagen, die er schulden würde, wenn der RA nur in seinem Auftrag tätig geworden wäre (§ 7 Abs. 2 RVG). Jedoch schuldet jeder der Auftraggeber auch die Dokumentenpauschale, soweit diese nur durch die Unterrichtung der mehreren Auftraggeber entstanden ist. Damit ist wohl nur die Dokumentenpauschale gemeint, die dadurch entsteht, dass sie nach VV Nr. 7000 Ziff. 1 Lit. c) RVG bei mehr als 100 Kopien anfällt. Insgesamt kann der RA natürlich die Dokumentenpauschale von den mehreren Auftraggebern nur einmal verlangen; jeder der Auftraggeber muss aber diesbezüglich für die anderen mithaften. Ob dies vom Gesetzgeber so gemeint ist, oder ob dies alle Buchstaben in VV Nr. 7000 Ziff. 1 RVG betreffen soll, bleibt abzuwarten.

Die **Erstattung der Dokumentenpauschale** durch den unterlegenen Gegner erfolgt – wie bei den anderen Verfahrenskosten – nach § 91 ZPO nur dann, wenn die hergestellten **Ablichtungen notwendig** waren. Dies ist dann der Fall, wenn ohne die gezogenen Kopien eine ordnungsgemäße Durchführung des Prozesses nicht gewährleistet ist. So halten wohl die meisten Gerichte es für notwendig, dass von Urkunden, die im Zivilprozess der Klageschrift als Anlagen beigefügt werden sollen, Kopien gefertigt werden. Wenn der Gegner die Anzahl oder die Notwendigkeit der Kopien bestreitet, ist dies im Einzelnen von dem RA darzulegen und glaubhaft zu machen (§ 104 Abs. 2 S. 1 ZPO).

1.6.2.2 Die Auslagen für Post- und Telekommunikationsdienstleistungen (VV Nrn. 7001, 7002 RVG)

Die in Vergütungsverzeichnis Nrn. 7001 und 7002 RVG aufgeführten Auslagen für Post- und Telekommunikationsdienstleistungen werden in der Praxis oft auch nur „Auslagen" genannt. Bei den in dieser Vorschrift genannten **Entgelten für Post- und Telekommunikationsdienstleistungen** handelt es sich im Wesentlichen um Auslagen für Briefmarken sowie um zeittaktbezogene Kosten für Telefongespräche und Telefaxsendungen. Sie sind dem RA nach VV Nr. 7001 RVG in voller Höhe vom Auftraggeber zu erstatten. Dies gilt freilich nicht für z. B. die Telefonanschlussentgelte, die zu den allgemeinen Praxiskosten gehören.

Dem RA wird nach VV Nrn. 7001 und 7002 RVG eine **Wahlmöglichkeit** eingeräumt:

- Die **tatsächlich entstandenen Aufwendungen** können gemäß VV Nr. 7001 RVG in voller Höhe geltend gemacht werden. In der Berechnung braucht nur der Gesamtbetrag der Auslagen angegeben zu werden (§ 10 Abs. 2 S. 2 RVG). Da aber auf ausdrückliches Verlangen des Mandanten eine Einzelaufstellung mit Belegen erfolgen muss, sollten alle Belege gesammelt werden. Im Kostenfestsetzungsverfahren genügt die Glaubhaftmachung durch Versicherung des RA (§ 104 Abs. 2 ZPO), jedenfalls solange kein Streit über die Notwendigkeit dieser Auslagen besteht.

- Der Einfachheit halber wird in der Praxis meist die **Pauschale** gemäß VV Nr. 7002 RVG in Rechnung gestellt. Damit entfällt natürlich die Einzelberechnung und Nachweispflicht. Die Auslagenpauschale kann in derselben Angelegenheit und pro Rechtszug nur einmal berechnet werden; also dürfen z. B. bei den Anträgen auf Erlass des Mahn- und Vollstreckungsbescheids insgesamt nur 20,00 EUR geltend gemacht werden.

    Allerdings kann die Auslagenpauschale **in jeder Angelegenheit** wieder erneut geltend gemacht werden. Da z. B. das gerichtliche Mahnverfahren und der anschließende Zivilprozess verschiedene Angelegenheiten sind (§ 17 Ziff. 2 RVG), können in beiden Verfahren jeweils bis zu 20,00 EUR als Auslagenpauschale berechnet werden.

Die Auslagenpauschale beträgt nach VV Nr. 7002 RVG 20 % der Gebühren des RA. Die Pauschale darf aber in einem Rechtszug bzw. in einer Angelegenheit 20,00 EUR nicht übersteigen. Sollten tatsächlich höhere Auslagen entstanden sein, so ist eine Berechnung nach VV Nr. 7001 RVG vorzunehmen.

> Dazu ein praktischer **Hinweis**: Die höchstzulässige Pauschale wird bei Gebühren von mehr als 100,00 EUR immer erreicht; Sie brauchen dann nicht zu rechnen.

Bei der pauschalen Berechnung sind Bruchteile von Cent-Beträgen nach der üblichen kaufmännischen Rundungsregel (4/5) ab- oder aufzurunden. Obwohl § 2 Abs. 2 S. 2 RVG nur für Gebühren gilt, ist diese Art der Rundung allgemein gebräuchlich. Vermutlich wurde bei der Abfassung des RVG übersehen, die Rundung auch für die Auslagen zu regeln. Da § 13 Abs. 2 RVG nur Gebühren betrifft, kann der Betrag der Auslagenpauschale natürlich auch niedriger als die Mindestgebühr von 10,00 EUR sein.

Auch der im Wege der **Prozesskostenhilfe** beigeordnete RA kann der Staatskasse gegenüber die Auslagenpauschale wählen. Zu beachten ist, dass die Pauschale dann von den geringeren Gebühren gemäß der Tabelle in § 49 RVG zu berechnen ist und nicht von den Gebühren gemäß der Tabelle zu § 13 RVG.

Sind überhaupt **keine Auslagen** für Briefporto oder Telefongespräche entstanden, wie bei Erteilung eines mündlichen Rates, ist die Berechnung einer Auslagenpauschale unzulässig. Es müsste in der Sache wenigstens ein Telefongespräch geführt oder ein Brief versandt worden sein, um die Pauschale berechnen zu können. Selbstverständlich zählt die Briefmarke, die zur Versendung der Vergütungsrechnung verwendet wurde, hierbei nicht mit (siehe VV Nr. 7001 Anm. RVG).

Merke:

Für Post- und Telekommunikationsdienstleistungsentgelte kann der RA eine Auslagenpauschale von 20 % der gesetzlichen Gebühren fordern, die in jedem Rechtszug und in jeder Angelegenheit neu entsteht.

Die Auslagenpauschale darf in jeder Angelegenheit 20,00 EUR nicht übersteigen.

Die Grundlagen des RVG

In einigen Fällen ordnet das RVG an, dass für eine frühere Tätigkeit des RA entstandene Gebühren auf die für eine spätere Tätigkeit in derselben Sache anfallenden Gebühren anzurechnen sind, so z. B. im Vergütungsverzeichnis des RVG in Vorbemerkung 3 Abs. 4, bei Nr. 2601 Anm. Abs. 2, bei den Nrn. 3305 und 3307, bei Nr. 4100 Anm. Abs. 2. Dies hat zur Folge, dass zwar die Gebühren angerechnet werden, aber die Auslagenpauschalen nicht, da diese in jeder Angelegenheit gemäß der Anmerkung zu VV Nr. 7002 RVG wieder erneut gefordert werden können. Dies lässt sich am besten so darstellen, dass für jede Angelegenheit eine besondere Vergütungsrechung erstellt wird, womit dem Rechnungsempfänger deutlich gemacht wird, warum die Auslagenpauschale mehrfach anfällt.

Beispiel: RA Bauernfeind beantragt auftragsgemäß die Durchführung des gerichtlichen Mahnverfahrens. Nachdem der Antragsgegner Widerspruch eingelegt hat, geht die Sache in den Zivilprozess über. Vor dem ersten Verhandlungstermin zahlt der Beklagte den geschuldeten Betrag von 1 000,00 EUR. RA Bauernfeind kann alles in allem folgende Vergütungsrechnung für beide Verfahren aufstellen:

I. Vergütungsrechnung für das Mahnverfahren
Gegenstandswert: 1 000,00 EUR   EUR

1,0	Verfahrensgebühr im Mahnverfahren gem. §§ 2, 13, VV Nr. 3305 RVG *	85,00
20 %	Pauschale für Post- und Telekommunikationsentgelte für Mahnverfahren ** gem. § 2 Abs. 2 S. 1, VV Nr. 7002 RVG	17,00
		102,00
16 %	USt. gem. § 2 Abs. 2 S. 1, VV Nr. 7008 RVG	16,32
		118,32

II. Vergütungsrechnung für den Zivilprozess
Gegenstandswert: 1 000,00 EUR   EUR

1,3	Verfahrensgebühr im Prozess gem. §§ 2, 13, VV Nr. 3100 RVG	110,50
hierauf ist nach der Anmerkung zu VV Nr. 3305 RVG anzurechnen: *		
1,0	Verfahrensgebühr im Mahnverfahren gem. §§ 2, 13, VV Nr. 3305 RVG	− 85,00
		25,50
20 %	Pauschale für Post- und Telekommunikationsentgelte für Prozess ** gem. § 2 Abs. 2 S. 1, VV Nr. 7002 RVG	5,10
		30,60
16 %	USt. gem. § 2 Abs. 2 S. 1, VV Nr. 7008 RVG	4,90
		35,50

* Die Mahnverfahrensgebühr wird angerechnet, d. h., sie geht in der Verfahrensgebühr für den Prozess unter. In diesem Fall muss sie abgezogen werden, da sie bereits für das Mahnverfahren in der ersten Rechnung erhoben worden ist.

** Die Auslagenpauschale entsteht in jeder Angelegenheit. Mahnverfahren und Prozess sind zwei Angelegenheiten. Die Auslagenpauschale für den Prozess wird von der übrig bleibenden Verfahrensgebühr, also von 25,50 EUR berechnet

Auch wenn die zwei Auslagenpauschalen, davon eine auf die angerechnete und damit untergegangene Mahnverfahrensgebühr, vielleicht seltsam aussehen, ist das vom Gesetzgeber so gemeint.

Zum Thema Anrechnung von Gebühren siehe auch Kapitel 5.4

1.6.2.3 Die Reisekosten (VV Nrn. 7003 bis 7006 RVG)

Reisekosten werden dem RA nur ersetzt, wenn er bei einer **Geschäftsreise** den Ort, in dem seine Kanzlei oder seine Wohnung liegt, verlassen hat (Vorbemerkung 7 Abs. 2 RVG). Für Geschäfte an seinem Wohnort oder am Ort, in dem seine Kanzlei liegt, darf der RA Reisekosten nicht berechnen. Auch der Weg von der Kanzlei zu dem am selben Ort liegenden Gericht lässt keinen Anspruch auf Erstattung von Reisekosten entstehen. Fahrten innerhalb des Ortes sind also definitionsgemäß keine Geschäftsreisen.

Die Kosten für Geschäftsreisen, deren Ersatz der RA verlangen kann, lassen sich in folgende Gruppen unterteilen:

- Fahrtkosten (VV Nrn. 7003, 7004 RVG)
- Tage- und Abwesenheitsgeld (VV Nr. 7005 RVG)
- Übernachtungskosten (VV Nr. 7006 RVG)
- Sonstige Reisekosten (VV Nr. 7006 RVG)

Als **Fahrtkosten** sind dem RA bei Benutzung seines eigenen Pkw für jeden gefahrenen Kilometer des Hin- und Rückweges 0,30 EUR zu erstatten (VV Nr. 7003 RVG). Dieser Betrag soll die Anschaffungs-, Unterhaltungs- und Betriebskosten sowie die Abnutzung des Pkw abdecken. Ergibt sich bei Zusammenrechnung der gefahrenen Kilometer des Hin- und Rückweges ein angefangener Kilometer, so ist er aufzurunden. Zusätzlich zu dieser Kilometerpauschale kann der RA den Ersatz bestimmter bei Benutzung des Pkw anfallender barer Auslagen verlangen, insbesondere der Parkgebühren und z. B. bei Auslandsreisen der Straßenbenutzungsgebühren (Maut); diese speziellen Aufwendungen fallen unter VV Nr. 7006 RVG (siehe unten).

Bei Benutzung anderer Verkehrsmittel werden die tatsächlichen Aufwendungen ersetzt, soweit sie angemessen sind (VV Nr. 7004 RVG). Zu den anderen Verkehrsmitteln gehören die öffentlichen Verkehrsmittel wie Bahn und Straßenbahn, Taxi, Flugzeug und Schiff. Höhere Kosten für Flugzeugbenutzung werden nur dann angemessen sein, wenn mit dem Flugzeug eine beträchtliche Zeitersparnis gegenüber anderen Verkehrsmitteln zu erzielen ist.

Als **Tage- und Abwesenheitsgeld** erhält der RA bei einer Geschäftsreise
- von nicht mehr als vier Stunden 20,00 EUR,
- zwischen vier und acht Stunden 35,00 EUR und
- von mehr als acht Stunden 60,00 EUR.

Bei Auslandsreisen können diese Beträge noch um 50 % erhöht werden (VV Nr. 7005 RVG). Da es sich um Pauschalbeträge handelt, kommt es auf die tatsächlich entstandenen Kosten, z. B. für ein Frühstück oder ein Mittagessen, nicht an.

Die Zeit wird vom Verlassen der Kanzlei oder der Wohnung an gerechnet und endet mit der Rückkehr dorthin. Jeder **Kalendertag** ist gesondert zu berechnen. Da der Tag um 0 Uhr beginnt und um 24 Uhr endet, hat bei einer Übernachtung die Geschäftsreise an zwei Tagen stattgefunden. Dies ist wichtig, da die Stunden der Abwesenheit dann für jeden Reisetag gesondert gerechnet werden und nicht nur einmal mehr als 8 Stunden für die Übernachtung!

> **Beispiel:** RA Kolf verlässt sein Büro am Mittwoch um 19.55 Uhr. Von der Geschäftsreise kehrt er am Donnerstag um 13.35 Uhr in seine Kanzlei zurück. Das Tage- und Abwesenheitsgeld wird für Mittwoch und Donnerstag getrennt berechnet, sodass er am Mittwoch für mehr als vier Stunden 35,00 EUR und am Donnerstag für mehr als 8 Stunden 60,00 EUR erhält.
>
> Die Kosten der Übernachtung in einem normalen Hotel kann er durch eine Quittung nachweisen, aus der das gesondert ausgewiesene Frühstück und die darauf entfallende Umsatzsteuer herauszurechnen sind.
>
> Laut Tachometerangabe ist er mit seinem Pkw auf dem Hin- und Rückweg 387,5 km gefahren, wofür er 388 x 0,30 EUR, also 116,40 EUR für Fahrtkosten erhält. Er musste 4,00 EUR an Parkgebühren bezahlen.

Die **Übernachtungskosten** werden dem RA in der tatsächlich entstandenen Höhe erstattet, wenn sie angemessen sind. Die Übernachtungskosten fallen mit unter VV Nr. 7006 RVG. Die Kosten für ein **Frühstück** gehören übrigens nicht zu den Übernachtungskosten, sondern sind bereits mit dem Tage- und Abwesenheitsgeld abgegolten.

Neben den Übernachtungskosten gehören zu den **sonstigen Reisekosten** (VV Nr. 7006 RVG) z. B. Parkgebühren oder Mautgebühren, die nicht unter die Kilometerpauschale für die Kfz-Benutzung fallen. Ein weiteres Beispiel für sonstige Reisekosten sind Auslagen für die Beförderung von Akten, Geräten, usw.

Dient eine Reise mehreren Geschäften für verschiedene Auftraggeber, so sind die entstandenen Reisekosten wie die Fahrtkosten und die Tage- und Abwesenheitsgelder nach dem Verhältnis der Kosten zu verteilen, die bei gesonderter Ausführung der einzelnen Geschäfte entstanden wären (Vorbemerkung 7 Abs. 3 S. 1 RVG). Man muss also jeweils ausrechnen, welche Kosten entstanden wären, wenn jedes Geschäft allein ausgeführt worden wäre.

> **Beispiel:** Für die drei Auftraggeber Arm, Bein und Cerberus hat RA Götze auf einer Reise Geschäfte erledigt. Er ist insgesamt 200 km mit dem Pkw gefahren und war 9 Stunden abwesend. Die Gesamtkosten dieser Reise betragen 200 x 0,30 EUR = 60,00 EUR für Fahrtkosten und 60,00 EUR für Tage- und Abwesenheitsgeld, zusammen also 120,00 EUR.
>
> Es sind nun die Kosten zu berechnen, die entstanden wären, wenn jede Reise einzeln durchgeführt worden wäre. Zur Verteilung der Kosten gemäß der Vorbemerkung 7 Abs. 3 S. 1 VV RVG ist das folgende Lösungsschema hilfreich. Darin ergibt sich ein Teil aus der Division der Gesamtkosten von 120,00 EUR durch die 21,78 Teile. Die Teile ergeben sich aus dem unter „Summe" berechneten Euro-Betrag, wobei hier die letzte „0" weggelassen werden kann. Wenn man die Teile mit Dezimalstellen darstellt, erspart man sich übrigens die Errechnung von sehr vielen Nachkommastellen bei 1 Teil in Euro. Die anteiligen Kosten werden dann dadurch berechnet, dass man 1 Teil in Euro mit dem jeweiligen Anteil („Teile") multipliziert.
>
> In der zweiten und dritten Spalte sind die unterschiedlichen Fahrtkosten sowie die Tage- und Abwesenheitsgelder für die drei Auftraggeber angegeben, die jeweils bei getrennter Durchführung der Reisen entstanden wären, und zwar für Arm 141 km und 3 Std., für Bein 162 km und 7 Std. und für Cerberus 123 km und 5 Std.

Die Grundlagen des RVG

Mandant	Fahrtkosten	Tage- und Abwesenheitsgeld	Summe	Teile	1 Teil in EUR	Anteilige Kosten
A	42,30 EUR	20,00 EUR	62,30 EUR	6,23	5,50964	34,33 EUR
B	48,60 EUR	35,00 EUR	83,60 EUR	8,36	5,50964	46,06 EUR
C	36,90 EUR	35,00 EUR	71,90 EUR	<u>7,19</u>	5,50964	<u>39,61 EUR</u>
				21,78		<u>120,00 EUR</u>

Hierzu noch ein Tipp: Wenn Sie vermeiden wollen, dass Ihre Rechnung nicht aufgeht, sollten Sie die „Teile" und „1 Teil in EUR" mit möglichst vielen Stellen rechnen. Sonst werden Sie einige Cent oder sogar Euro übrig behalten oder auch zuviel berechnet haben. Die Endsumme bei „Anteilige Kosten" muss auf jeden Fall mit der Gesamtsumme der Ausgaben übereinstimmen. Durch Rundungen kann das Ergebnis um Cent-Beträge differieren; diese Cents müssen Sie dann „gerecht" verteilen.

2 DIE GRUNDLAGEN DER BEWERTUNG

(Dazu Aufgaben Gruppe 6)

In diesem Kapitel wird es um die zur einwandfreien Berechnung der Wertgebühren erforderliche **Ermittlung des Gegenstandswertes** gehen. Im Wesentlichen ist der Gegenstandswert an zwei Stellen in den Kostengesetzen geregelt, und zwar in den §§ 22 bis 33 RVG und in den §§ 39 bis 65 GKG

> **Merken** Sie sich schon jetzt:
> Es gibt keine korrekte Berechnung von Wertgebühren ohne vorherige richtige Ermittlung des Gegenstandswertes!

2.1 Allgemeine Hinweise (§ 23 RVG)

Wie bereits weiter oben ausgeführt wurde (siehe Kapitel 0.3.1.1: „Pauschgebühren"), hat in der Regel der Arbeitsaufwand des RA keinen Einfluss auf die Höhe der ihm zuwachsenden Gebühren, da diese, soweit das RVG nichts anderes bestimmt, nach dem Wert berechnet werden, den der Gegenstand der anwaltlichen Tätigkeit hat, welchen das RVG als Gegenstandswert bezeichnet (§ 2 Abs. 1 RVG). Die **Gebührenbestimmung nach dem Gegenstandswert ist der Regelfall** im RVG – eine wichtige Ausnahme bilden die Gebühren in Strafsachen, bei denen es naturgemäß keinen Wert geben kann. Letztlich werden die Gebühren nicht nach dem Gegenstandswert berechnet, wenn es sich um Betragsrahmengebühren jedweder Art oder um Festgebühren handelt (siehe Kapitel 0.3.1: „Der Gebührenbegriff"), sowie in bestimmten Fällen der Honorarvereinbarung (siehe Kapitel 1.2.3).

Der Gegenstandswert ist der Wert, um den es bei der Tätigkeit des RA geht, z. B. der Betrag einer eingeklagten Forderung. Während das GKG (in § 3 Abs. 1 GKG) vom „Wert des Streitgegenstandes" (Streitwert) spricht, verwendet das RVG den allgemeinen Begriff „Gegenstandswert" (§ 2 Abs. 1 RVG), da es nicht nur auf Streitfälle, sondern auf die gesamte Berufstätigkeit des RA abstellt.

> **Merke:**
> Geht es um wertabhängige Gerichtsgebühren, so wird der Wert Streitwert genannt.
> Geht es um wertabhängige Anwaltsgebühren, dann nennt man den Wert Gegenstandswert.

Wer nun die Vorschriften über die Ermittlung des Gegenstandswertes für die Anwaltsgebühren finden will, wird natürlich zuerst im RVG danach suchen. Tun Sie dies bitte jetzt. Sie werden auf die §§ 22 bis 33 im 4. Abschnitt des RVG stoßen, die nun aber dummerweise so gut wie keine allgemeinen Wertberechnungsvorschriften enthalten. In den §§ 24 bis 31 RVG finden sich Wertvorschriften für spezielle Anwendungsfälle, wie z. B. die Zwangsvollstreckung, die Zwangsversteigerung oder das Insolvenzverfahren. Die einzige **allgemeine Wertvorschrift** ist in § 23 RVG enthalten. Dort lassen sich jedoch nur **Verweise auf andere Kostengesetze** finden, so in § 23 Abs. 1 RVG auf das GKG (und indirekt auf die ZPO) sowie in § 23 Abs. 3 S. 1 RVG auf die KostO. Eigene Wertvorschriften besitzt das RVG in § 23 Abs. 3 S. 2 nur hilfsweise.

Die Grundlagen der Bewertung

> **Merke:**
> Der Gegenstandswert für die Anwaltsgebühren wird vornehmlich nach den für die Gerichtsgebühren geltenden Wertvorschriften (GKG und ZPO) ermittelt oder, wenn kein Zusammenhang mit einem gerichtlichen Verfahren besteht, nach den in § 23 Abs. 3 RVG bestimmten Wertvorschriften der KostO.

Im Folgenden müssen wir uns also zuerst einmal mit den für die Gerichtsgebühren geltenden Wertvorschriften befassen, d. h. mit den entsprechenden Vorschriften des GKG und der ZPO.

2.1.1 Die Wertvorschriften nach GKG und ZPO

Das RVG kennt also bis auf wenige hilfsweise anzuwendende Vorschriften keine eigenen Wertberechnungsvorschriften. Für gerichtliche Verfahren verweist § 23 Abs. 1 RVG auf die für die Gerichtsgebühren geltenden Vorschriften. Sie werden nun sehr richtig vermuten, dass diese Vorschriften im GKG enthalten sein werden. Schlagen Sie dieses Gesetz bitte jetzt auf.

Sie werden feststellen, dass auch das GKG noch nicht alle Regeln enthält, die zur Ermittlung des Gegenstandswertes notwendig sind, da in § 48 Abs. 1 S. 1 GKG gesagt ist, dass für die Wertberechnung in bürgerlichen Rechtsstreitigkeiten und Familiensachen die §§ 3 bis 9 der ZPO gelten, soweit das GKG in seinen sonstigen Wertvorschriften keine anderen Bestimmungen enthält. Die vorstehend genannten Wertvorschriften der ZPO sind also – je nach Fall – auch zur Wertermittlung heranzuziehen. Auch einige andere Gesetze können Wertbestimmungen enthalten, so z. B. § 182 InsO.

An dieser Stelle wird es angebracht sein, Ordnung in diese etwas verwirrende Anzahl der in verschiedenen Gesetzen enthaltenen und teilweise sogar miteinander konkurrierenden Wertvorschriften zu bringen. Dazu ist es notwendig, den Begriff „Wert" nach den in den einzelnen Gesetzen unterschiedlichen Anwendungsarten zu unterteilen, denn jedes Gesetz verwendet sozusagen seinen eigenen Wertbegriff.

2.1.1.1 Die Arten des Wertes im Zivilprozess und im Gebührenrecht

Ein „Wert" wird sowohl im Verfahrensrecht als auch im Kostenrecht zu verschiedenen Zwecken benötigt. Diese unterschiedlichen Arten des Wertes sollen zunächst einmal in nachstehender Übersicht dargestellt werden.

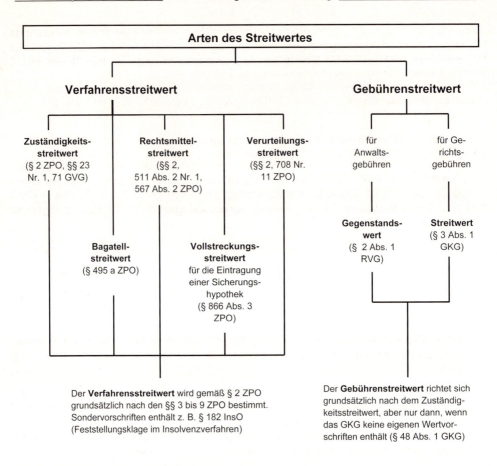

Übersicht: Arten des Wertes

Man muss sich über die verschiedenen Aufgaben der einzelnen Arten des Streitwertes im Klaren sein, damit man den Streitwert jeweils im Hinblick auf seinen Zweck und auf die entsprechenden gesetzlichen Vorschriften richtig bestimmen kann. Die Bedeutung dieser unterschiedlichen Arten des Wertes als Verfahrensstreitwert und für das Gebührenrecht sollen deshalb in den nachfolgenden Kapiteln erläutert werden.

2.1.1.2 Die Bedeutung des Wertes als Verfahrensstreitwert im Zivilprozess

Im vorstehenden Kapitel wurden fünf Arten des Verfahrensstreitwertes nach den Wertvorschriften der ZPO vorgestellt. Drei davon werden in der ZPO sogar schon ganz am Anfang beschrieben. In § 2 ZPO sind diese drei Arten aufgeführt:

- Zuständigkeitsstreitwert („Wert des Streitgegenstandes")
- Rechtsmittelstreitwert (Wert „des Beschwerdegegenstandes, der Beschwer")
- Verurteilungsstreitwert (Wert „der Verurteilung")

Neben diesen drei wichtigsten Unterscheidungen des verfahrensrechtlichen Streitwertes werden an späterer Stelle in der ZPO noch der Bagatellstreitwert (§ 495 a ZPO) und der Vollstreckungsstreitwert für die Eintragung einer Zwangssicherungshypothek (§ 866 Abs. 3 ZPO) normiert.

Die unterschiedliche Bedeutung dieser fünf Streitwertarten wird nachfolgend behandelt.

2.1.1.2.1 Der Zuständigkeitsstreitwert

Der Zuständigkeitsstreitwert ist zu der Entscheidung zu berechnen, ob eine Klage im ersten Rechtszug beim Amtsgericht oder beim Landgericht einzureichen ist. Die sachliche Zuständigkeit der ordentlichen Gerichte in erster Instanz ist in den §§ 23 Ziff. 1, 71 Abs. 1 GVG geregelt. Demnach beträgt die so genannte **Anfangsklagesumme für das Landgericht 5 000,01 EUR.**

Der Zuständigkeitsstreitwert ist gemäß § 2 ZPO nach den §§ 3 bis 9 ZPO zu bestimmen.

Beachten Sie, dass in fast allen Fällen der Streitwert über die sachliche Zuständigkeit des Amtsgerichts oder des Landgerichts in erster Instanz entscheidet. **Ohne Rücksicht auf den Wert des Streitgegenstandes** werden nur ganz bestimmte Streitigkeiten entweder den Amtsgerichten oder den Landgerichten zugewiesen:

- Die **Amtsgerichte** sind z. B. zuständig für alle Mietstreitigkeiten über Wohnräume, Streitigkeiten wegen Wildschäden, Ehe- und Kindschaftssachen (§§ 23 Ziff. 2, 23 a GVG).

- Zur ausschließlichen Zuständigkeit der **Landgerichte** gehören z. B. Ansprüche wegen Amtspflichtverletzung gegen Richter und Beamte (§ 71 Abs. 2 Ziff. 2 GVG), Streitigkeiten zwischen Notaren und Notarvertretern (§ 42 BNotO), die Auflösung einer GmbH durch Urteil (§ 61 Abs. 3 GmbHG) oder Klagen auf Unterlassung bzw. Widerruf Allgemeiner Geschäftsbedingungen (§§ 1, 6 Unterlassungsklagengesetz).

Beispiel: Althans klagt gegen Jungheinrich auf Zahlung von 2 000,00 EUR wegen Kaufpreisforderung und auf Zahlung von 3 000,00 EUR wegen Schadenersatzforderung. Da beide Klageforderungen beziffert sind, ergibt sich im Prinzip kein Problem bei der Ermittlung des Zuständigkeitsstreitwertes, man muss nur wissen, dass nach den §§ 2, 5 ZPO die beiden in einer Klage geltend gemachten Ansprüche addiert werden. Bei einem zusammengerechneten Zuständigkeitsstreitwert von genau 5 000,00 EUR ist also das Amtsgericht für die Klage zuständig (§ 23 Ziff. 1 GVG).

Merke:

Der Zuständigkeitsstreitwert dient zur Entscheidung über die sachliche Zuständigkeit des Amtsgerichts oder des Landgerichts in erster Instanz und wird nach den §§ 3 bis 9 ZPO bestimmt. Er ergibt sich in der Regel aus dem Klageantrag.

2.1.1.2.2 Der Rechtsmittelstreitwert

Der Rechtsmittelstreitwert entscheidet in vermögensrechtlichen Streitigkeiten über die Zulässigkeit der Einlegung eines gegen eine gerichtliche Entscheidung gerichteten Rechtsmittels. Den Rechtsmittelstreitwert bezeichnet § 2 ZPO als „Wert der Beschwer" bzw. als „Wert des Beschwerdegegenstands" und hebt ihn damit für die Rechtsmittelinstanzen vom „Wert des Streitgegenstandes" als Zuständigkeitsstreitwert für die erste Instanz ab.

Gemäß § 511 Abs. 2 Ziff. 1 ZPO ist die **Berufung** nur zulässig, wenn der „Wert des Beschwerdegegenstandes" **600,00 EUR übersteigt**. Eine Ausnahme davon wird nach § 511 Abs. 1 Ziff. 2, Abs. 4 ZPO gemacht, wenn die Rechtssache **grundsätzliche Bedeutung** hat oder der Fortbildung des Rechts bzw. einer einheitlichen Rechtsprechung dient.

Gemäß § 567 Abs. 2 ZPO ist eine **sofortige Beschwerde** gegen Entscheidungen **über Kosten** nur zulässig, wenn ein dort bestimmter „Wert des Beschwerdegegenstands" überstiegen wird; dieser Wert beträgt 200,00 EUR. Dies betrifft im Wesentlichen sofortige Beschwerden gegen Kostenfestsetzungsbeschlüsse (vgl. Kapitel 0.5.2.7) und gegen Entscheidungen über die Verpflichtung, die Prozesskosten zu tragen.

Nach der Bestimmung des § 2 ZPO ist der Rechtsmittelstreitwert gemäß den §§ 3 bis 9 ZPO zu ermitteln.

Voraussetzung für das Einlegen eines Rechtsmittels ist, das derjenige, der das Rechtsmittel einlegt, „beschwert" ist. „Beschwer" bedeutet, dass die Entscheidung, die angefochten werden soll, für denjenigen, der das Rechtsmittel einlegt, ungünstig ist. Das ist dann der Fall, wenn man etwas bei Gericht beantragt hat, was dann vom Gericht versagt wird. Die **„Beschwer"** ist also der Gegenstand, um den eine Partei durch eine gerichtliche Entscheidung benachteiligt ist.

Für die Zulässigkeit der Berufung oder der sofortigen Beschwerde muss nach den §§ 511 Abs. 2 Ziff. 1, 567 Abs. 2 ZPO der dort bestimmte „Wert des Beschwerdegegenstands" überschritten werden. Der „Wert des Beschwerdegegenstands" ist also maßgeblich, nicht der „Wert der Beschwer". Das heißt nichts anderes, als dass es nicht darauf ankommt, welcher Betrag in der angefochtenen gerichtlichen Entscheidung steht, sondern es kommt auf den Betrag an, dessen Änderung in der Rechtsmittelschrift beantragt wird. So könnte jemand, der zur Zahlung von 20 000,00 Euro verurteilt wurde, Berufung nur wegen eines Teilbetrages von 12 000,00 Euro einlegen.

In der ersten Instanz bestimmt der Klageantrag des Klägers den Zuständigkeitsstreitwert. In der Rechtsmittelinstanz ergibt sich der Streitwert also aus dem Rechtsmittelantrag des Rechtsmittelklägers bzw. des Beschwerdeführers. Der Beschwerdegegenstand ist dann also der Streitgegenstand, um den es in der Rechtsmittelinstanz geht. Und über die Zulässigkeit des Rechtsmittels entscheidet der „Wert des Beschwerdegegenstands".

Beispiel: Althans klagt gegen Jungheinrich auf Zahlung von 4 000,00 EUR wegen Kaufpreisforderung und auf Zahlung von 500,00 EUR wegen Schadenersatzforderung. Der Klage wird wegen der Kaufpreisforderung stattgegeben und wegen der Schadenersatzforderung wird sie abgewiesen.

Legt Jungheinrich wegen der 4 000,00 EUR Berufung ein, so ist dieser Rechtsmittelantrag zulässig, da die Berufungssumme von 600,00 EUR überschritten wird.

Althans kann wegen der 500,00 EUR keine Berufung einlegen.

Beispiel: Wie vorstehendes Beispiel. Jungheinrich möchte nur wegen eines Teilbetrages der Kaufpreisforderung in Höhe von 600,00 EUR in die Berufung gehen. Er wurde zwar zur Zahlung von 4 000,00 EUR verurteilt, aber da sein Rechtsmittelantrag nur die 600,00 EUR betrifft, ist die Berufung unzulässig, da jetzt der „Wert des Beschwerdegegenstandes" nicht die Berufungssumme von 600,00 EUR um mindestens 1 Cent übersteigt.

Die Verurteilung Jungheinrichs zur Zahlung der 4 000,00 EUR nennt man übrigens dessen Beschwer.

Es sei noch darauf hingewiesen, dass nicht nur die Berufungssumme überschritten sein muss, sondern dass auch grundsätzlich dem Gericht der ersten Instanz zur Begründung der Berufung ein rechtlicher Fehler nachgewiesen werden muss (§ 513 Abs. 1 ZPO).

Merke:

Der Rechtsmittelstreitwert entscheidet über die Zulässigkeit der Einlegung eines Rechtsmittels in vermögensrechtlichen Streitigkeiten.

Die **Berufung** ist zulässig, wenn der „Wert des Beschwerdegegenstandes" 600,00 EUR übersteigt.

Eine **Kostenbeschwerde** ist zulässig, wenn der „Wert des Beschwerdegegenstandes" 200,00 EUR übersteigt.

Bei der Berufung und bei der sofortigen Beschwerde richtet sich der „Wert des Beschwerdegegenstandes" nach dem gestellten Antrag.

2.1.1.2.3 Der Verurteilungsstreitwert

In vermögensrechtlichen Streitigkeiten sind gemäß § 708 Ziff. 11 ZPO dann **Urteile vorläufig ohne Sicherheitsleistung vollstreckbar**, wenn der „Gegenstand der Verurteilung" in der Hauptsache 1 250,00 EUR nicht übersteigt oder wenn einzig die Entscheidung über die Kosten vollstreckbar ist und eine Vollstreckung im Wert von nicht mehr als 1 500,00 EUR ermöglicht.

Gemäß § 2 ZPO wird der „Wert der Verurteilung" nach den §§ 3 bis 9 ZPO berechnet. Dabei ist § 4 Abs. 1 ZPO zu beachten, wonach für die Wertberechnung bei der Verurteilung der Zeitpunkt des Schlusses der mündlichen Verhandlung, auf die das Urteil ergeht, entscheidend ist.

Beispiel: Althaus hat Frau Neubauer wegen einer Schadenersatzforderung von 4 200,00 EUR verklagt. Die Klage wurde abgewiesen. Das Urteil ist vorläufig ohne Sicherheitsleistung vollstreckbar, da Frau Neubauer aus dem Urteil nur wegen der ihrem RA zustehenden Vergütung in Höhe von 814,90 EUR die Vollstreckung gegen den Althaus betreiben kann.

Merke:

In vermögensrechtlichen Streitigkeiten sind Urteile vorläufig ohne Sicherheitsleistung vollstreckbar, wenn der Wert der ausgeurteilten Hauptsache 1 250,00 EUR nicht übersteigt oder wenn nur die Kostenentscheidung vollstreckbar ist und eine Vollstreckung im Wert von nicht mehr als 1 500,00 EUR ermöglicht.

2.1.1.2.4 Der Bagatellstreitwert für die Bestimmung des amtsgerichtlichen Verfahrens nach billigem Ermessen (§ 495 a ZPO)

Die ZPO kennt den so genannten Bagatellstreitwert, der zum Zweck hat, bei sehr niedrigen Streitwerten zu einer Vereinfachung des Verfahrens zu kommen. Der Bagatellstreitwert wird gemäß § 2 ZPO („Wert des Streitgegenstandes") nach den §§ 3 bis 9 ZPO bestimmt. Der Bagatellstreitwert betrifft die Bestimmung des amtsgerichtlichen Verfahrens nach billigem Ermessen (§ 495 a ZPO).

Ein wichtiger Verfahrensgrundsatz der ZPO ist der Grundsatz der Mündlichkeit der Verhandlung vor Gericht (§ 128 Abs. 1 ZPO). Von diesem Grundsatz wird die folgende Ausnahme gemacht:

Der Richter am Amtsgericht kann sein **Verfahren nach billigem Ermessen** bestimmen, wenn der Streitwert 600,00 EUR nicht übersteigt (§ 495 a ZPO). Der Richter am Amtsgericht hat also bis zur Wertgrenze von 600,00 EUR die Möglichkeit, auf eine mündliche Verhandlung zu verzichten. Jedoch muss auf Antrag mündlich verhandelt werden. Wenn der Richter nach § 495 a ZPO verfährt, ist bei der Berechnung der Anwaltsvergütung VV Nr. 3104 Anm. Abs. 1 Ziff. 1 RVG zu beachten!

Der Richter am Amtsgericht braucht bei einem „Wert des Beschwerdegegenstands" von bis zu 600,00 EUR auch in sein Urteil den Tatbestand nicht mehr aufzunehmen und sein Urteil nicht mehr schriftlich zu begründen, wenn er den wesentlichen Inhalt der Begründung in das Protokoll diktiert hat. Dies ergibt sich aus § 313 a Abs. 1 i. V. m. § 511 Abs. 2 Ziff. 1 ZPO, weil dann eine Berufung gegen das Urteil nicht möglich ist, wenn die Sache keine grundsätzliche Bedeutung hat.

> **Merke:**
> Es gibt den Bagatellstreitwert in der ZPO, der nach den §§ 3 bis 9 ZPO bestimmt wird.
> Der Richter am Amtsgericht bestimmt sein Verfahren nach billigem Ermessen bis zur Wertgrenze von 600,00 EUR.

2.1.1.2.5 Der Vollstreckungsstreitwert für die Eintragung einer Sicherungshypothek (§ 866 Abs. 3 ZPO)

Bei der Zwangsvollstreckung in ein Grundstück darf eine Zwangssicherungshypothek nur für einen Betrag von mehr als 750,00 EUR in das Grundbuch eingetragen werden (§ 866 Abs. 3 ZPO). Bei der Feststellung des Erreichens dieser Wertgrenze bleiben Zinsen unberücksichtigt, wenn sie als Nebenforderungen geltend gemacht werden. Sinn dieser Wertgrenze ist, das Grundbuch von Eintragungen für Minimalbeträge frei zu halten.

Die Grundlagen der Bewertung

Beispiel: Frau Hartmann besitzt einen Vollstreckungstitel gegen den Weichholz über einen Betrag von 680,00 EUR nebst 10 % Zinsen hieraus seit dem 27. Oktober letzten Jahres. Sie beantragt am 1. April diesen Jahres die Eintragung einer Zwangssicherungshypothek im Grundbuchblatt des Weichholz wegen folgender Beträge:

(1) 680,00 EUR titulierte Hauptforderung nebst 10 % Zinsen hieraus seit dem 1. April diesen Jahres

(2) 29,09 EUR rückständige Zinsen für den Zeitraum vom 27. Oktober letzten Jahres bis zum 31. März diesen Jahres (die jedoch nicht tituliert sind)

(3) 71,00 EUR bisher aufgelaufene Vollstreckungskosten

Kann die Sicherungshypothek wie beantragt eingetragen werden?

Der Vollstreckungsstreitwert muss gemäß § 866 Abs. 3 ZPO mindestens 750,01 EUR betragen, was von der titulierten Hauptforderung zumindest ohne Zinsen und Vollstreckungskosten nicht erreicht wird. In § 866 Abs. 3 ZPO wird verboten, Zinsen zu berücksichtigen, wenn sie als Nebenforderungen geltend gemacht werden. Die bisher aufgelaufenen Kosten früherer Vollstreckungsmaßnahmen dürfen dagegen der Hauptforderung hinzugerechnet werden.

Die Sicherungshypothek kann also wie beantragt eingetragen werden, da der Vollstreckungsstreitwert 751,00 EUR beträgt (680,00 EUR + 71,00 EUR).

Die Vorschrift des § 866 Abs. 3 ZPO regelt nur den Mindestwert für die Eintragung einer Zwangssicherungshypothek in das Grundbuch, nicht den Wert für die Berechnung der Gebühren.

Auf andere Weise wird nämlich der Gegenstandswert für die Gebühren bei Beantragung der Eintragung der Sicherungshypothek durch einen RA berechnet. Nach § 25 Abs. 1 Ziff. 1 Halbsätze 1 und 2 RVG werden in den Gegenstandswert in der Zwangsvollstreckung alle Nebenforderungen einbezogen, also zusätzlich zur Hauptforderung auch Kosten und Zinsen.

> **Merke:**
> Eine Zwangssicherungshypothek darf nur bei einem Vollstreckungsstreitwert von mehr als 750,00 EUR in das Grundbuch eingetragen werden.

2.1.1.3 Die Bedeutung des Wertes im Gebührenrecht

Im Zivilprozess haben wir es sowohl bei den Anwaltsgebühren als auch bei den Gerichtsgebühren überwiegend mit vom Wert abhängigen Gebühren, so genannten **Wertgebühren**, zu tun. Das bedeutet, dass sich die Gebühren nach dem Wert des Gegenstands bemessen, um den es geht.

Das GKG nennt „seinen" Wert **Streitwert** (§ 3 Abs. 1 GKG).

Das RVG verwendet den neutralen Begriff **Gegenstandswert**, da es nicht nur auf Streitfälle, sondern z. B. auch auf die außergerichtliche Beratungstätigkeit des RA abstellt (§ 2 Abs. 1 RVG).

Der Wert für die Gerichts- und die Anwaltsgebühren ist in einem Verfahren in der Regel gleich hoch.

2.1.2 Die Wertvorschriften der ZPO und des GKG für die Ermittlung des Gebührenstreitwertes

Das RVG kennt bis auf wenige hilfsweise anzuwendende Ausnahmebestimmungen keine eigenen Wertberechnungsvorschriften. In § 23 verweist das RVG auf **andere Kostengesetze**, so in Abs. 1 für den Zivilprozess auf das GKG und in Abs. 3 in anderen Angelegenheiten auf die Kostenordnung (KostO). Beispiele für die in Abs. 3 genannten „anderen Angelegenheiten" sind der Entwurf eines Miet- oder Kaufvertrages oder eines Antragsschreibens z. B. an die Stadtverwaltung.

Der **Gegenstandswert** für die Anwaltsgebühren richtet sich **in gerichtlichen Verfahren** also nach den für die Gerichtsgebühren geltenden Wertvorschriften (§ 23 Abs. 1 S. 1 RVG). Gerichtliche Verfahren sind aber nicht nur Zivilprozesse, sondern auch Verfahren vor den Gerichten der besonderen Gerichtsbarkeit. Soweit es sich um einen bürgerlichen Rechtsstreit oder um ein Verfahren vor Gerichten der Arbeits-, Verwaltungs- oder der Finanzgerichtsbarkeit handelt, sind die Wertvorschriften des GKG heranzuziehen (§ 1 GKG). Auch in bestimmten Verfahren der Sozialgerichtsbarkeit ist das GKG anzuwenden. In einem gerichtlichen Verfahren der freiwilligen Gerichtsbarkeit gelten die Wertvorschriften der KostO.

Die vorgenannten **Wertvorschriften** werden aber gemäß § 23 Abs. 1 S. 3 RVG nicht nur bei gerichtlichen Verfahren angewandt, sondern auch sinngemäß bei üblicherweise einem **gerichtlichen Verfahren vorausgehenden anwaltlichen Tätigkeiten**, insbesondere also bei Zahlungsaufforderungen, Mahnungen, Kündigungen, Versuchen der gütlichen Einigung oder bei der Vorbereitung einer Klage oder der Rechtsverteidigung. Dies gilt selbst dann, wenn sich die Angelegenheit ohne gerichtliches Verfahren erledigt oder der RA darin später nicht tätig wird.

In § 23 Abs. 1 S. 3 RVG wird ganz deutlich erklärt, dass die genannten Wertvorschriften auch die von Anfang an beabsichtigte außergerichtliche Erledigung von Rechtsangelegenheiten betreffen, wenn nur der Gegenstand der Anwaltstätigkeit auch Gegenstand eines gerichtlichen Verfahrens **sein könnte**. Damit wird berücksichtigt, dass die Mehrzahl der Rechtsstreitigkeiten außergerichtlich erledigt wird.

Es lässt sich also festhalten, dass in gerichtlichen Verfahren und für ihnen normalerweise vorausgehende oder sie vermeidende anwaltliche Tätigkeiten der Streitwert für die Gerichtsgebühren und der Gegenstandswert für die Anwaltsgebühren grundsätzlich nach den gleichen Regeln ermittelt werden.

Nur wenn es **für die Gerichtsgebühren keine Wertvorschriften** gibt, weil z. B. das gerichtliche Verfahren gebührenfrei ist, bestimmt sich der Gegenstandswert für die Anwaltsgebühren nach § 23 Abs. 3 RVG. Weiterhin gilt § 23 Abs. 3 RVG für alle **anderen Angelegenheiten**, in denen gar **kein gerichtliches Verfahren** vorliegt und auch nicht entstehen könnte, z. B. bei Entwürfen von Verträgen oder bei der Überprüfung von fremden Vertragsentwürfen. Dies wird in Kapitel 2.3 behandelt.

Merke:
In gerichtlichen Verfahren wird der Streitwert für die Gerichtsgebühren und der Gegenstandswert für die Anwaltsgebühren grundsätzlich nach den gleichen Regeln ermittelt.
Die Bewertung von anwaltlichen Tätigkeiten, die üblicherweise einem gerichtlichen Verfahren vorausgehen, erfolgt wie bei gerichtlichen Verfahren.
Wenn
1. für die Gerichtsgebühren keine Wertvorschriften vorgesehen sind oder
2. gar kein gerichtliches Verfahren vorliegt und auch nicht entstehen kann,
ist der Gegenstandswert für die Anwaltsgebühren gemäß § 23 Abs. 3 RVG entweder nach den Wertvorschriften der KostO zu ermitteln oder, wenn dies nicht geht, nach billigem Ermessen zu schätzen, und wenn auch dies nicht möglich ist oder bei nichtvermögensrechtlichen Angelegenheiten, wird grundsätzlich ein Gegenstandswert von 4 000,00 EUR angenommen.

Für die **Wertberechnung in bürgerlichen Rechtsstreitigkeiten** und in bestimmten in § 1 Ziff. 1 Lit. b GKG genannten – eigentlich in den Bereich der freiwilligen Gerichtsbarkeit gehörenden – Scheidungsfolgesachen verweist das GKG in seinem § 48 Abs. 1 auf die Wertvorschriften der §§ 3 bis 9 ZPO, aber nur soweit das GKG in seinen anderen Wertvorschriften nichts anderes bestimmt.

Dies muss noch einmal verdeutlicht werden: Die für die Gerichts- und die Anwaltsgebühren maßgeblichen Wertvorschriften sind in erster Linie in den §§ 39 bis 60 GKG enthalten. Und nur, wenn das GKG keine Regelung trifft, sind in zweiter Linie die §§ 3 bis 9 ZPO heranzuziehen. Man spricht hier übrigens auch davon, dass die §§ 3 bis 9 ZPO nur subsidiär gelten. Sie werden sich vorstellen können, dass hier einige mögliche Fehlerquellen auf Sie lauern. Zu Ihrer Beruhigung: glücklicherweise sind die meisten den Gebührenstreitwert betreffenden Bewertungsfragen im GKG geregelt.

Andererseits heißt es im GKG an verschiedenen Stellen: „... soweit nichts anderes bestimmt ist". Andere Wertvorschriften enthält aber nicht nur die ZPO in den §§ 3 bis 9, sondern für bestimmte Fälle auch das RVG in seinen §§ 24 bis 31. Davon die wichtigsten im Rahmen dieses Buches werden für Sie sein: § 24 RVG (einstweilige Anordnungen in bestimmten Familiensachen) und insbesondere § 25 RVG (Gegenstandswert in der Zwangsvollstreckung).

Zur **praktischen Vorgehensweise** bei der Lösung einer Bewertungsfrage sollten Sie also zuerst im GKG nach einer entsprechenden Regelung suchen und erst, wenn der betreffende Sachverhalt dort nicht geregelt ist, in der ZPO nachsehen. Allerdings sollten Sie auch die speziellen Wertvorschriften in den §§ 24 bis 31 RVG im Auge behalten; da Sie danach nicht immer suchen können, sollten Sie deshalb wissen, für welche Fälle das RVG Wertvorschriften enthält!

Als Anfängerin bzw. als Anfänger auf dem Gebiet des Kostenrechts müssen Sie sich davor hüten, zur Klärung eines Bewertungsproblems gleich die erstbeste Wertvorschrift heranzuziehen, die Ihnen gerade in den Sinn kommt. Denn diese Vorschrift wird, da Sie bereits Ihre Lektion über die Berechnung des Zuständigkeitsstreitwertes gelernt haben, vermutlich eine Bestimmung aus der ZPO sein – und die ist mit ziemlicher Sicherheit für Ihr Gebührenproblem nicht anwendbar.

Ziehen Sie die falsche Vorschrift zur Ermittlung des Streit- oder Gegenstandswertes heran, so werden Sie teilweise traumhaft hohe Werte und damit ebensolche Gebühren erhalten. Genau dies wollte der Gesetzgeber nicht! Die sich nach den Bestimmungen des GKG ergebenden Gebührenstreitwerte sind teilweise sogar erheblich niedriger als die entsprechenden Zuständigkeitsstreitwerte der ZPO. Der Rechtsuchende soll halt nicht wegen relativ sehr hoher Gebühren sich einem solchen Kostenrisiko gegenübersehen, dass er auf die Verfolgung seines Rechtsanspruches lieber verzichtet.

Beachten Sie also, dass es zum Zweck der Bestimmung der sachlichen Zuständigkeit (ZPO) und zum Zweck der Berechnung der Gebühren (GKG und RVG) zum Teil sogar erheblich voneinander abweichende Wertvorschriften gibt. So beinhalten z. B. folgende Vorschriften teilweise gegensätzliche Regeln:

§ 4 ZPO ◄───► §§ 40, 43 GKG, auch § 25 Abs. 1 Nr. 1 RVG

§ 8 ZPO ◄───► § 41 GKG

§ 9 ZPO ◄───► § 42 GKG

§ 5 ZPO ◄───► §§ 41 Abs. 3, 42 Abs. 5, 44, 45 GKG

Die Grundlagen der Bewertung

Beispiel: Hurtig hat durch zu schnelles Fahren mit dem Fahrrad auf der falschen Straßenseite bei einem Unfall den Kaputtig schwer verletzt. Kaputtig fordert eine Rente in Höhe von 500,00 EUR monatlich, und zwar so lange, bis er in 32 Jahren in Pension geht. Er wird dabei von RA Taler vertreten.

a) Welches Gericht ist sachlich für die Klage zuständig?

b) Wie hoch ist der Gebührenstreitwert?

Sie vermuten schon sehr richtig, dass sich bei dieser Aufgabenstellung unterschiedlich hohe Werte nach ZPO und GKG ergeben werden. Und genau dies soll Ihnen hiermit demonstriert werden.

Lösung zu a):

Es handelt sich um eine vermögensrechtliche Angelegenheit, für die abhängig vom Streitwert die sachliche Zuständigkeit bestimmt ist. Es kommt somit nach den §§ 23 Ziff. 1, 71 Abs. 1 GVG auf die Höhe des Zuständigkeitsstreitwertes an. Dieser wird über § 2 ZPO nach den §§ 3 bis 9 ZPO ermittelt. In § 9 ZPO finden wir eine Wertberechnungsvorschrift für wiederkehrende Nutzungen oder Leistungen, wozu natürlich auch eine Rente gehört.

Da die Rente 32 Jahre lang gezahlt werden soll, handelt es sich um eine wiederkehrende Leistung von bestimmter Dauer. Der Vervielfältiger für den Jahresbetrag der Leistung ist in diesem Fall auf **höchstens den dreieinhalbfachen Wert** des einjährigen Bezugs begrenzt.

Der Zuständigkeitsstreitwert berechnet sich also wie folgt: 500,00 EUR x 12 x 3,5 = 21 000,00 EUR. Damit ist also das Landgericht zuständig.

Lösung zu b):

Gemäß der oben aufgestellten Regel, wegen des Gebührenstreitwertes zuerst im GKG nach einer passenden Vorschrift zu suchen, haben Sie dort sicher schon längst den § 42 GKG entdeckt, der sich ebenfalls mit wiederkehrenden Leistungen befasst. Dessen Absatz 2 beschäftigt sich mit einer wegen Verletzung eines Menschen zu zahlenden Geldrente. Dies ist jetzt unser Paragraf. Demnach ist der Vervielfältiger jetzt **höchstens der fünffache Jahresbetrag** der Rente.

Der Gebührenstreitwert berechnet sich also wie folgt: 500,00 EUR x 12 x 5 = 30 000,00 EUR.

Der Unterschied zwischen dem Zuständigkeitsstreitwert und dem Gebührenstreitwert ist mit 9 000,00 EUR doch recht beachtlich, oder?

Merke:

In bürgerlichen Rechtsstreitigkeiten bestimmt sich sowohl der Streitwert als auch der Gegenstandswert grundsätzlich nach den Wertvorschriften der §§ 39 bis 60 GKG.

Nur wenn das GKG keine Regelung trifft, wird der Wert nach den §§ 3 bis 9 ZPO ermittelt.

Sondervorschriften in den § 24 bis 31 RVG sind zu beachten.

In der nachstehenden Übersicht soll der Zusammenhang der bei der Wertermittlung zu beachtenden Gesetzesvorschriften verdeutlicht werden. Zusätzlich zu dem vorher Gesagten kann es in besonderen Fällen auch notwendig sein, entsprechende Wertvorschriften aus der Kostenordnung (KostO) heranzuziehen, so z. B. in bestimmten selbstständigen (isolierten) Familiensachen, die unter die Verfahrensregeln des FGG fallen. Dabei handelt es sich z. B. um Verfahren über das Sorgerecht oder Entscheidungen über die Ehewohnung und den Hausrat; die diesbezüglichen Wertvorschriften sind in den §§ 30 Abs. 3 S. 1 und 100 Abs. 3 KostO enthalten.

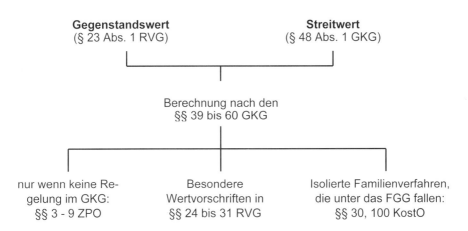

Übersicht: Wertvorschriften zum Gebührenstreitwert

2.1.3 Die Ermittlung des Gegenstandswertes für anwaltliche Tätigkeiten (§ 23 RVG)

Die Gebühren der Rechtsanwälte werden in der Regel nach dem Wert berechnet, den der Gegenstand der anwaltlichen Tätigkeit hat (§ 2 Abs. 1 RVG). Es handelt sich dann um so genannte **Wertgebühren**, zu denen auch die **Satzrahmengebühren** (z. B. die Geschäftsgebühr) gehören. In Strafsachen gilt dies nicht, da hier Betragsrahmengebühren die Regel sind.

Für Tätigkeiten **in gerichtlichen Verfahren** oder diesen **vorausgehenden** bzw. sie **vermeidenden** Tätigkeiten wird der Gegenstandswert nach den für die Gerichtsgebühren geltenden Wertvorschriften berechnet. In bürgerlichen Rechtsstreitigkeiten sind also auch für die Anwaltsgebühren die Wertvorschriften des GKG maßgeblich (§ 23 Abs. 1 RVG).

Die Wertvorschriften der ZPO sind ergänzend für die Wertberechnung in bürgerlichen Rechtsstreitigkeiten als Grundlage zur Berechnung der Rechtsanwaltsgebühren nur maßgebend, wenn das GKG oder das RVG in den §§ 24 ff. keine besondere Regelung enthalten (§ 48 Abs. 1 S. 1 GKG).

Nur für andere als in § 23 Abs. 1 RVG genannte Angelegenheiten, die nicht die Mitwirkung an einem gerichtlichen Verfahren betreffen oder seiner Vorbereitung dienen, werden in § 23 Abs. 3 S. 1 RVG bestimmte Wertvorschriften der KostO für anwendbar erklärt. Im Prinzip wird es sich hierbei häufig um anwaltliche Tätigkeiten handeln, die zur Begründung eines Rechtsverhältnisses führen, wie z. B. die Anfertigung von Vertragsentwürfen. Dies wird in Kapitel 2.3 dargestellt.

Soll der RA in derselben Angelegenheit **mehrere Ansprüche** geltend machen, werden die Werte der einzelnen Gegenstände **zusammengerechnet** (§ 22 Abs. 1 RVG; siehe auch Kapitel 2.2.4). Dies gilt auch für Scheidungssachen und deren Folgesachen, wenn die Folgesachen in den so genannten Scheidungsverbund einbezogen sind (§ 16 Ziff. 4 RVG; siehe Kapitel 10.3). Aber auch für die Regel des Zusammenrechnens gibt es Ausnahmen:

Beispielsweise wird die Hebegebühr (VV Nr. 1009 RVG) jeweils aus dem Wert des ausgezahlten Betrages berechnet; die einzelnen Auszahlungen werden nicht zusammengerechnet (siehe Kapitel 1.6.1.3).

2.1.4 Prüfungsschema zur Ermittlung des Gegenstandswertes (§ 23 RVG)

Zur Lösung einer Aufgabe aus dem Kostenrecht ist es in der überwiegenden Zahl der Fälle notwendig, zur Berechnung der Wertgebühren mit der Ermittlung des Wertes zu beginnen, sei es der Gegenstandswert für die Anwaltsgebühren, der Streitwert für die Gerichtsgebühren oder der Geschäftswert für die Notargebühren. Es wurde schon darauf hingewiesen, dass dies nicht für die Berechnung der Gebühren in Strafsachen gilt.

Sie haben Glück, wenn es sich um eine **bezifferte Klage** handelt, denn dann geht man normalerweise von dem in der Klage genannten Betrag als dem Streitwert aus. Eine bezifferte Klage liegt z. B. dann vor, wenn es sich um eine Kaufpreisforderung oder eine Darlehensrückforderung handelt, denn in diesen Fällen steht mit dem eingeforderten Geldbetrag der Gegenstand der anwaltlichen Tätigkeit und damit der Gegenstandswert eindeutig fest. In anderen Fällen werden Sie schon etwas überlegen und rechnen müssen.

Zur **Ermittlung des Gegenstandswertes** für die Anwaltsgebühren sollten Sie Überlegungen in folgender Reihenfolge schrittweise nacheinander anstellen, wie dies im nachstehenden **Prüfungsschema** aufgezeigt ist.

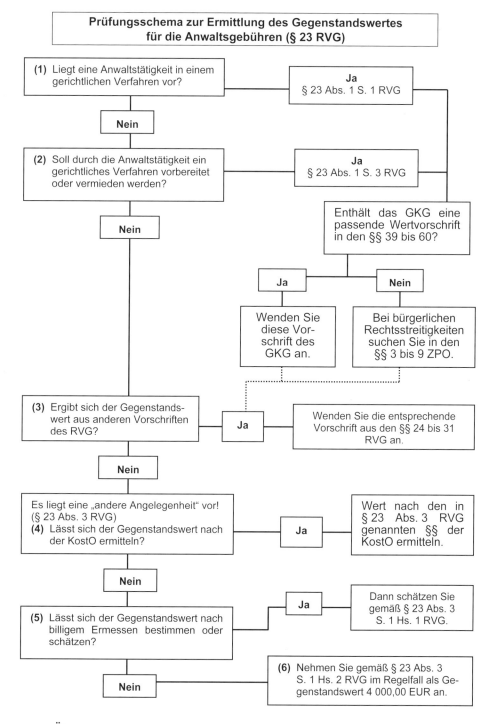

Übersicht: Prüfungsschema zur Ermittlung des Gegenstandswertes

Die Grundlagen der Bewertung

Erläuterungen zu vorstehendem Prüfungsschema:

Zu (1): Gerichtliche Verfahren in diesem Sinne sind der Zivilprozess sowie Verfahren vor Gerichten der Verwaltungs-, Arbeits-, Sozial- oder der Finanzgerichtsbarkeit.

Zu (2): Vorbereitung eines gerichtlichen Verfahrens im weitesten Sinne, ohne dass dieses Verfahren bereits eingeleitet sein muss. Auch die bloße außergerichtliche Erledigung von Rechtsangelegenheiten gehört hierzu, wenn die Angelegenheit Gegenstand eines gerichtlichen Verfahrens sein könnte.

Zu (3): Für bestimmte Verfahren, wie z. B. die Zwangsvollstreckung, kennt das RVG spezielle Wertvorschriften (siehe z. B. § 25 RVG).

Zu (4): Andere Angelegenheiten sind häufig anwaltliche Tätigkeiten, die ein Rechtsverhältnis begründen sollen, wie z. B. Vertragsentwürfe oder die Teilnahme an Verkaufsverhandlungen. Es dürfen nur die in § 23 Abs. 3 S. 1 RVG genannten Paragrafen der KostO herangezogen werden, alle anderen nicht.

Zu (5): Eine Schätzung kommt nur hilfsweise dann in Frage, wenn sich der Wert nicht nach den Punkten (1) bis (4) ergibt.

Zu (6): Es handelt sich um eine bloße Hilfsvorschrift für den Fall, dass noch nicht einmal genügend tatsächliche Anhaltspunkte für eine Schätzung vorliegen. Der Regelwert beträgt dann 4 000,00 EUR, jedoch kann er im Einzelfall auch niedriger oder höher geschätzt werden, darf aber 500 000,00 EUR nicht übersteigen.

Beispiel 1: RA Rotspon klagt Mitte Mai für ein Kind gegen dessen Vater den Unterhaltsanspruch in Höhe von monatlich 480,00 EUR vor dem Familiengericht ein, zahlbar jeweils zum Monatsersten im Voraus. Seit Januar ist der Unterhalt rückständig. Es soll der Gegenstandswert ermittelt werden. Wir gehen nach dem vorstehenden Schema vor.

(1) Es liegt ein gerichtliches Verfahren vor. Gemäß § 23 Abs. 1 RVG suchen wir zuerst im GKG nach einer entsprechenden Bestimmung. Eine diesbezügliche Wertvorschrift ist in § 42 GKG zu finden. Nach § 42 Abs. 1 GKG ist für den Gegenstandswert der Jahresbetrag des Unterhalts maßgebend, wenn er nicht für weniger als ein Jahr gefordert wird.

Der Jahresbetrag ist dann 12 x 480,00 EUR = 5 760,00 EUR.

Vorsicht! In der Aufgabe steht etwas über rückständigen Unterhalt. Dazu finden wir eine Aussage in § 42 Abs. 5 S. 1 Hs. 1 GKG, wonach die vor Klageeinreichung fälligen rückständigen Unterhaltsbeträge hinzugerechnet werden. Da der Unterhalt jeweils zum Monatsersten im Voraus zu zahlen ist, besteht ein Rückstand von Januar bis Mai, also für fünf Monate, was 5 x 480,00 EUR = 2 400,00 EUR ergibt.

Der Gegenstandswert beträgt also 5 760,00 EUR + 2 400,00 EUR = 8 160,00 EUR.

Beispiel 2: Wie 1. Beispiel. RA Rotspon soll den Vater aber nur in einem außergerichtlichen Schreiben zur Zahlung auffordern, da die Auftraggeberin sich gerne ohne ein gerichtliches Verfahren gütlich mit dem Vater einigen möchte. Es soll der Gegenstandswert ermittelt werden. Wir gehen nach dem vorstehenden Schema vor.

(1) Es liegt kein gerichtliches Verfahren vor.

(2) Es liegt ein Versuch der gütlichen Einigung vor, der den Zweck hat, ein gerichtliches Verfahren zu vermeiden. RA Rotspon soll also versuchen, ein gerichtliches Verfahren zu verhindern.

Diese Tätigkeit fällt mit unter § 23 Abs. 1 S. 3 RVG.

Der Gegenstandswert beträgt 8 160,00 EUR. Berechnung wie im Beispiel 1.

Die Grundlagen der Bewertung

Beispiel 3: RAin Müller-Thurgau hat den Auftrag, den Kaufvertrag für ein Motorboot zu entwerfen. Der Kaufpreis soll 80 000,00 EUR betragen. Es soll der Gegenstandswert ermittelt werden. Wir gehen nach vorstehendem Schema vor.

(1) Es liegt kein gerichtliches Verfahren vor.

(2) Es soll auch kein gerichtliches Verfahren vorbereitet oder verhindert werden.

(3) Es liegt eine „andere Angelegenheit" vor (§ 23 Abs. 3 RVG). Typisches Beispiel dafür: Fertigung eines Vertragsentwurfes. Der Gegenstandswert muss nach den in § 23 Abs. 3 RVG genannten Wertvorschriften der KostO ermittelt werden.

Von diesen Vorschriften befasst sich der § 20 Abs. 1 S. 1 KostO mit dem Kauf. Demnach ist der Kaufpreis maßgebend für den anwaltlichen Gegenstandswert. RAin Müller-Thurgau wurde von ihrem Auftraggeber ein Kaufpreis von 80 000,00 EUR genannt.

In einer anderen Angelegenheit führt sie einen Prozess, bei dem es um ein gleichartiges Motorboot geht. In diesem Verfahren hat der Sachverständige den Wert des Wasserfahrzeugs auf 250 000,00 EUR geschätzt.

Die Erklärung: Das Motorboot mit Sonderausstattung wird vom Vater an den Sohn zu einem „Verwandtschaftssonderpreis" verkauft. Gemäß § 20 Abs. 1 S. 2 i. V. m. § 19 Abs. 1 KostO ist aber der gemeine Wert (= Verkehrswert) einer Sache maßgebend, wenn der Kaufpreis niedriger als der Verkehrswert ist.

Also beträgt der Gegenstandswert in diesem Fall nicht 80 000,00 EUR, wie Sie beim ersten Lesen des Sachverhaltes sicherlich vermutet haben, sondern 250 000,00 EUR!

Beispiel 4: RAin Oechsle-Weinstein entwirft einen Darlehensvertrag über ein Darlehen von 50 000,00 EUR. Es soll der Gegenstandswert ermittelt werden. Wir gehen nach vorstehendem Schema vor.

(1) Es liegt kein gerichtliches Verfahren vor.

(2) Es soll auch kein gerichtliches Verfahren vorbereitet werden.

(3) Es liegt eine „andere Angelegenheit" vor (§ 23 Abs. 3 RVG). Typisches Beispiel dafür: Fertigung eines Vertragsentwurfes. Es darf der Gegenstandswert nur nach den in § 23 Abs. 3 S. 1 RVG genannten Wertvorschriften der KostO ermittelt werden, nicht nach anderen dort ungenannten Bestimmungen. Von den genannten Wertvorschriften der KostO beschäftigt sich keine mit einem Darlehen. Also weiter nach (4).

(4) Können Sie den Gegenstandswert nach billigem Ermessen bestimmen? Selbstverständlich: Bei einer Darlehenssumme von 50 000,00 EUR haben Sie damit auch den Gegenstandswert von 50 000,00 EUR. Punkt (5) entfällt also.

Den **Gerichtsgebührenstreitwert** in bürgerlichen Rechtsstreitigkeiten bestimmen Sie nach den Punkten (1) und (2) des obigen Schemas genauso wie den Gegenstandswert für die Anwaltstätigkeit.

Merke:
Es gibt keine richtige Berechnung einer Gebühr ohne richtige Ermittlung des Gegenstandswertes.

2.2 Einzelfragen der Berechnung des Gegenstandswertes, wenn ein gerichtliches Verfahren möglich ist

Nachfolgend sollen eine Reihe von häufiger auftauchenden Bewertungsfragen detailliert dargestellt werden. Es sei jedoch darauf hingewiesen, dass es den Rahmen dieses Buches sprengen würde, dabei auf jede Einzelheit einzugehen. Sollten Sie mit der Lösung eines speziellen Problems nicht zurechtkommen, so sei der Griff zu den einschlägigen Kommentarwerken empfohlen.

Wenn auch der Schwerpunkt der nachfolgenden Betrachtungen auf die Ermittlung des **Gegenstandswertes anwaltlicher Tätigkeiten** zielt, so gelten doch alle Hinweise – soweit sie nicht dem RVG entnommen sind – in gleicher Weise auch für die Berechnung des **Gebührenstreitwertes für die Gerichtsgebühren**.

Weiterhin gelten die nachstehend erläuterten Wertvorschriften nicht nur für anwaltliche Tätigkeiten innerhalb gerichtlicher Verfahren, sondern auch für diese **vorbereitende oder vermeidende Tätigkeiten** (§ 23 Abs. 1 S. 3 RVG; siehe Kapitel 2.1.3 und 2.1.4).

2.2.1 Zeitpunkt der Wertberechnung (§ 4 ZPO, § 40 GKG)

Es kann – wenn auch nicht sehr häufig – vorkommen, dass sich der Wert eines Streitgegenstandes während eines gerichtlichen Verfahrens zwischen der Einreichung der Klage und der Urteilsverkündung verändert, wobei der Streitgegenstand derselbe bleibt. Um für solche Fälle einen verbindlichen Zeitpunkt für die Wertberechnung festzulegen ordnet § 4 Abs. 1 ZPO an, dass der **Zeitpunkt der Einreichung der Klage** bei Gericht für die Wertberechnung entscheidend ist.

Für die **Berechnung des Zuständigkeitsstreitwertes** ist es also ohne Bedeutung, wenn sich der Wert des Streitgegenstandes während des Verfahrens ändert – an der sachlichen Zuständigkeit des Gerichts ändert sich hierdurch nichts.

Beispiel: Vogel klagt gegen Würmling auf Herausgabe von 100 Aktien der BMW AG. Bei Klageeinreichung betrug der Börsenkurs der Aktien 44,00 EUR. Der Kurswert der Aktien belief sich also auf 4 400,00 EUR. Vogel musste seine Klage beim Amtsgericht einreichen. Bis zum ersten Verhandlungstermin, in dem auch das Urteil verkündet werden soll, ist der Börsenkurs auf 55,00 EUR gestiegen (Kurswert 5 500,00 EUR). Würmling kann nun aber nicht die Verweisung an das Landgericht verlangen, da sich durch die Wertsteigerung nichts an der sachlichen Zuständigkeit des Amtsgerichtes ändert.

Die Aussage des § 4 ZPO gilt grundsätzlich auch für die Gerichts- und die Anwaltsgebühren. In gebührenrechtlicher Hinsicht wird § 4 ZPO durch § 40 GKG ergänzt. Wenn sich der Wert des eingeklagten Streitgegenstands während eines Prozesses ändert, so ändert sich der Streitwert nicht, sondern es gilt für den **Gebührenstreitwert** folgendes: „Für die Wertberechnung ist der Zeitpunkt der den jeweiligen Streitgegenstand betreffenden Antragstellung maßgebend, die den Rechtszug einleitet". In Prozessverfahren ist als dieser Zeitpunkt der Tag der Einreichung der Klage zu betrachten, da hierdurch der Rechtsstreit anhängig wird. Wenn während einer Instanz der Wert des eingeklagten Streitgegenstands sich erhöht oder sinkt, so ist dies also ohne Auswirkung auf den Gebührenstreitwert. Allerdings ist im Falle einer **Klageerweiterung** – es kommt also ein zusätzlicher Streitgegenstand hinzu – die erste sich hierauf beziehende Antragstellung maßgebend (siehe unten).

Beispiel: Klage auf Zahlung von 4 000,00 US-Dollar. Bei Klageeinreichung beträgt der Kurs des Euro zum US-Dollar 1,20 US-Dollar und zum Schluss der letzten mündlichen Verhandlung 1,26 US-Dollar. Gerichts- und Anwaltsgebühren werden nach dem bei Einreichung der Klage festgestellten Wert von 4 800,00 EUR, nicht nach 5 040,00 EUR berechnet. Der Streitgegenstand (die 4 000,00 US-Dollar) ist übrigens gleich geblieben, nur sein Wert hat sich verändert.

Diese Überlegungen sind für jede Instanz gesondert anzustellen. In einer Rechtsmittelinstanz kann der Streitwert jedoch nicht über dem Wert des Streitgegenstands der ersten Instanz liegen (§ 47 Abs. 2 S. 1 GKG).

Im Falle einer **Klageerweiterung** oder einer **Widerklage** ist der für die Wertberechnung maßgebliche Zeitpunkt mit der Einreichung des die Klageerweiterung oder Widerklage ankündigenden Schriftsatzes oder dem mündlichen Antrag im Verhandlungstermin gegeben (§ 40 GKG). In diesen Fällen ändert sich nämlich nicht der Wert des Streitgegenstands, sondern der Streitgegenstand **selbst** wird ein anderer, was z. B. durch Klageänderung, Klageerweiterung oder teilweise Klagerücknahme geschehen kann. Hierdurch ergibt sich ein neuer Streitwert. Siehe hierzu Kapitel 2.2.7, insbesondere 2.2.7.1.

Beispiel: Klage auf Zahlung eines Kaufpreises von 4 000,00 EUR. Im zweiten Verhandlungstermin werden zusätzlich 2 000,00 EUR Schadenersatzforderung eingeklagt. Gerichts- und Anwaltsgebühren werden nach der insgesamt rechtshängigen Summe von 6 000,00 EUR berechnet.

Merke:

Für die Wertberechnung ist grundsätzlich der Zeitpunkt der Klageeinreichung entscheidend.

Eine Änderung des Wertes des eingeklagten Streitgegenstands nach Klageeinreichung wirkt sich nicht auf den Streitwert der Instanz aus.

2.2.2 Haupt- und Nebenforderungen (§ 4 ZPO, § 43 GKG)

Normalerweise gilt der Grundsatz des § 5 Hs. 1 ZPO wie auch des § 22 Abs. 1 RVG, dass mehrere in einer Klage geltend gemachte Ansprüche zusammengerechnet werden. In der Praxis ist es die Regel, dass insbesondere bei Geldforderungen Nebenforderungen zusammen mit der Hauptforderung eingeklagt werden. Denken Sie hier nur z. B. an die gesetzlichen Verzugszinsen in Höhe von 5 Prozentpunkten über dem Basiszinssatz (§ 288 Abs. 1 BGB). Es wäre nun aber sehr umständlich, solche sich ständig erhöhenden Zinsbeträge zu berechnen und in den Streitwert mit einzurechnen.

Deshalb ordnet § 4 Abs. 1 Hs. 2 ZPO ein **Additionsverbot für** einige Arten von **Nebenforderungen** an, soweit diese nur als Nebenforderungen geltend gemacht werden. Ein Anspruch ist dann eine Nebenforderung, wenn er von einer Partei neben dem Hauptanspruch erhoben wird und wenn er von dem Hauptanspruch rechtlich abhängig ist. Die in § 4 ZPO aufgezählten Nebenforderungen sind also für die Wertberechnung ohne jede Bedeutung, wenn sie zusammen mit der Hauptforderung eingefordert werden. In § 43 Abs. 1 GKG wird dieses Additionsverbot auch für den Gebührenstreitwert bestätigt.

Zu den unter das Additionsverbot fallenden Nebenforderungen gehören nur die im Gesetz genannten: Früchte, Nutzungen, Kosten und Zinsen. Diese vier Arten sollen nachfolgend näher erläutert werden.

Früchte: Früchte einer Sache sind die Erzeugnisse oder sonstige Ausbeute einer Sache (§ 99 BGB). Beispiele: Milch von der Kuh, Wolle vom Schaf, Äpfel vom Baum. Wird die Herausgabe eines Schafes nebst der geschorenen Wolle verlangt, so darf der Wert der Wolle nicht zum Wert des Hauptgegenstandes (Schaf) addiert werden. Ist das Schaf dagegen noch ungeschoren, so ist sein Wert natürlich um den Wert seiner Wolle höher.

Nutzungen: Nutzungen sind einmal die Früchte einer Sache oder eines Rechtes und zusätzlich die Vorteile, welche der Gebrauch der Sache oder des Rechtes gewährt (§ 100 BGB). Das herauszugebende Schaf könnte z. B. als „Rasenmäher" gedient haben und damit die Kosten für ein „Mietschaf" eingespart haben.

Kosten: Kosten im Sinne des § 4 ZPO bzw. des § 43 Abs. 1 GKG sind alle Beträge, die der Kläger zur Durchsetzung seines Anspruches vorprozessual aufwenden musste. Hierzu gehören alle außergerichtlichen Kosten, die der Durchsetzung des Anspruches dienten, wie z. B. Mahnkosten, Inkassokosten, Kosten eines Privatgutachtens, Reisekosten, usw. Weiterhin gehören hierzu auch die Kosten eines früheren Prozesses, der wegen desselben Anspruches geführt worden ist, also z. B. die Kosten der ersten Instanz.

Die Prozesskosten des gerade laufenden Rechtsstreites gehören nicht zu den Kosten im Sinne des § 4 ZPO bzw. des § 43 Abs. 1 GKG, da sie nicht mit eingeklagt zu werden brauchen, sondern der unterliegenden Partei in der gerichtlichen Entscheidung von Amts wegen, soweit sie notwendig waren, auferlegt werden (§§ 91 ff., 308 Abs. 2 ZPO).

Zinsen: Im Sinne des § 4 ZPO bzw. des § 43 Abs. 1 GKG sind sowohl vertragliche als auch gesetzliche Zinsen Nebenforderungen, wenn sie zusammen mit der Hauptforderung geltend gemacht werden. Dies gilt auch für als Verzugsschaden eingeforderte Zinsen, aber nicht für anderen Verzugsschaden.

Wenn der Hauptanspruch sich nicht mehr im Streit befindet, sind die weiterhin darauf eingeforderten Zinsen nun allerdings zu einer Hauptforderung geworden; dies gilt selbst dann, wenn noch ein Teil des Hauptanspruches in dem Rechtszug anhängig ist.

Beispiel: Ohnesorg klagt gegen Sorglos auf Zahlung von 1 000,00 EUR nebst 10 % Zinsen seit 1 Jahr. Noch vor dem ersten Verhandlungstermin erkennt der Sorglos einen Teilbetrag der Hauptforderung von 700,00 EUR an. Wegen der restlichen 300,00 EUR und der 10 % Zinsen auf die 1 000,00 EUR bleibt das Verfahren anhängig. Der Kläger macht nun die nicht gezahlten Zinsen auf die Teilforderung von 700,00 EUR als weitere Hauptforderung geltend. Über die verbliebenen Ansprüche wird im ersten Verhandlungstermin streitig verhandelt.

Nach dem Anerkenntnis beläuft sich der Streitwert auf 300,00 EUR zuzüglich 10 % Zinsen auf 700,00 EUR für ein Jahr (= 70,00 EUR), also auf 370,00 EUR. Die Zinsen auf den nicht mehr streitigen Teilbetrag sind zur noch streitigen Hauptforderung geworden, da sie nicht mehr als Nebenforderung von („neben") den erledigten 700,00 EUR abhängig sind. Die Zinsen auf die noch strittigen 300,00 EUR bleiben weiterhin als Nebenforderung unberücksichtigt. So ist die Rechtsprechung mehrerer OLGe und des BGH.

Die Konsequenz: In diesem Verfahren ist die Verfahrensgebühr nach einem Wert von 1 000,00 EUR zu berechnen, da die zunächst eingeklagte Forderung von 1 000,00 EUR ohne Zinsen für den Wert maßgeblich ist. Nach dem Anerkenntnis wurde die verbliebene Hauptforderung von 300,00 EUR um eine weitere Hauptforderung von 70,00 EUR erhöht (§ 22 Abs. 1 RVG, § 39 Abs. 1 GKG).

Andere Nebenforderungen, als die in § 4 ZPO bzw. § 43 Abs. 1 GKG aufgeführten, sind folglich gemäß § 5 Hs. 1 ZPO bzw. § 39 Abs. 1 GKG und § 22 Abs. 1 RVG zum Wert der Hauptforderung zu addieren. Es kann sich bei diesen anderen Nebenforderungen z. B. handeln um einen Verzugsschaden, Lager- und Transportkosten, die gesetzliche Umsatzsteuer, Steuern, Zölle, Futterkosten eines Tieres und Zubehör (§ 97 BGB).

Merke:

Für neben der Hauptforderung geltend gemachte Nebenforderungen besteht für die Wertermittlung ein Additionsverbot, soweit es sich um Früchte, Nutzungen, Kosten und Zinsen handelt.

Schon vom **Begriff der Nebenforderungen** her setzen diese das Bestehen einer Hauptforderung voraus, mit der sie zusammen eingefordert werden. Werden Nebenforderungen dagegen allein ohne Hauptforderung geltend gemacht, so ist der Wert der Nebenforderungen als Zuständigkeitsstreitwert maßgebend (§ 4 Abs. 1 Hs. 2 ZPO: „... wenn sie als Nebenforderungen geltend gemacht werden"). Das Gleiche gilt für den Gebührenstreitwert gemäß § 43 Abs. 1 GKG („...als Nebenforderungen betroffen ...").

Besondere Regelungen für den Gebührenstreitwert trifft § 43 GKG in den Absätzen 2 und 3. In bestimmten Fällen, in denen es allein um Nebenforderungen ohne die Hauptforderung geht, ist der Wert der Nebenforderungen als Gebührenstreitwert maßgebend, soweit er den Wert der Hauptforderung nicht übersteigt:

- In § 43 Abs. 2 GKG wird der Fall geregelt, dass es bei (nicht mehr) rechtshängiger Hauptforderung allein um die Nebenforderung geht und
- in § 43 Abs. 3 GKG der Fall, dass es einzig um die Kosten des anhängigen Rechtsstreits geht, wobei der Hauptanspruch bereits erledigt ist.

Zuerst ist als **besondere Regelung für den Gebührenstreitwert § 43 Abs. 2 GKG** vorzustellen, demzufolge, wenn Nebenforderungen ohne den Hauptanspruch betroffen sind, der Wert dieser Nebenforderungen maßgebend ist, soweit er den Wert des Hauptanspruchs nicht übersteigt. In § 43 Abs. 2 GKG ist der Fall geregelt, dass eine Tätigkeit nur die Nebenforderung betrifft und nicht die Hauptforderung; sei es, dass die Hauptforderung nicht (mehr) rechtshängig oder zwar noch rechtshängig ist, aber von der Tätigkeit nicht betroffen wird. Ein Beispiel hierfür wäre, dass ein Prozess nur wegen des Zinsanspruches durchgeführt wird, nicht aber wegen der längst beglichenen Hauptforderung.

Beispiel: Maier verklagt Meyer auf Zahlung von 10 000,00 EUR nebst 5 % Zinsen seit 10 Jahren (die Verjährungsfrist war vertraglich verlängert worden). Vor dem Verhandlungstermin zahlt Meyer die 10 000,00 EUR und verweigert die Zahlung der Zinsen. Wegen der 10 000,00 EUR erklärt Maier die Sache für erledigt. Im danach stattfindenden Termin lässt das Gericht nur wegen des Zinsanspruches verhandeln. Danach ergeht das Urteil.

Die beteiligten RAe erhalten die Verfahrensgebühr (VV Nr. 3100 RVG) nach dem Wert der eingeklagten Hauptforderung, also nach 10 000,00 EUR.

Die Terminsgebühr (VV Nr. 3104 RVG) erhalten sie gemäß der Vorschrift des § 43 Abs. 2 GKG nur nach dem Wert der Nebenforderung, das sind 5 % von 10 000,00 EUR = 500,00 x 10 = 5 000,00 EUR.

Das Gericht berechnet eine Verfahrensgebühr in dreifacher Höhe gemäß KV Nr. 1210 GKG nach dem Streitwert von 10 000,00 EUR, da das Gericht noch über die Kosten des Verfahrens entscheiden muss.

Beispiel: Abwandlung vorstehenden Beispiels. Maier verklagt Meyer auf Zahlung von 10 000,00 EUR nebst 15 % Zinsen seit 10 Jahren. Es wird nach Erledigung der Hauptsache wieder nur wegen des Zinsanspruches im Termin verhandelt.

Die beteiligten RAe erhalten die Verfahrensgebühr (VV Nr. 3100 RVG) nach dem Wert der eingeklagten Hauptforderung, also nach 10 000,00 EUR.

Die Terminsgebühr (VV Nr. 3104 RVG) erhalten sie gemäß der Vorschrift des § 43 Abs. 2 GKG nur nach dem Wert der Nebenforderung, das wären 15 % von 10 000,00 EUR = 1 500,00 x 10 = 15 000,00 EUR. Jetzt greift § 43 Abs. 2 GKG erst richtig: Der Wert der Nebenforderung darf den Wert der Hauptforderung nicht übersteigen, sodass der Gegenstandswert für die Terminsgebühr hier auf 10 000,00 EUR beschränkt ist.

Die besondere Regelung für den Gebührenstreitwert des **§ 43 Abs. 3 GKG betrifft nur die Kosten des gerade anhängigen Rechtsstreits**, wobei dies gerichtliche und außergerichtliche Kosten umfasst. Das steht im Gegensatz zu den Absätzen 1 und 2 des § 43 GKG, die unter Kosten als Nebenforderungen nur vorgerichtliche Kosten meinen. Voraussetzung für die Anwendung des § 43 Abs. 3 GKG ist, dass die Hauptforderung und alle Nebenforderungen in dem Prozess bereits vollständig erledigt sind und dass es nur noch um die Verfahrenskosten geht. Auch hier ist die Begrenzung des Streitwertes für diese Kosten auf den Wert der Hauptforderung zu beachten, was gerade bei niedrigen Hauptforderungen wegen der relativ hohen Gebühren Bedeutung erlangen kann.

> **Merke:**
> Werden Nebenforderungen allein ohne die Hauptforderung geltend gemacht, so ist der Wert der Nebenforderungen maßgebend.
>
> Für Tätigkeiten, die Nebenforderungen ohne den (nicht mehr) rechtshängigen Hauptanspruch betreffen, ist der Wert dieser Nebenforderungen maßgebend, soweit er den Wert des Hauptanspruchs nicht übersteigt.

> Für Tätigkeiten, die bei erledigter Hauptforderung nur die Kosten des gerade anhängigen Rechtsstreits betreffen, ist der Wert dieser Kosten maßgebend, soweit er den Wert des Hauptanspruchs nicht übersteigt.

Im **Wechsel- oder Scheckprozess** sind die Zinsen, die Kosten und die Provisionen entgegen der Regelung im Wechselgesetz (WG) Nebenforderungen; dies gilt auch für das Nachverfahren (§ 4 Abs. 2 ZPO).

Es gibt eine **Ausnahme für die Zwangsvollstreckung**: Hier setzt sich der Gegenstandswert für die Anwaltsgebühren zusammen aus der Hauptforderung, den Verfahrenskosten, den Zinsen und den bisher angefallenen Kosten der Zwangsvollstreckung (§ 25 Abs. 1 Ziff. 1 Hs. 1 RVG).

2.2.3 Mehrere Ansprüche in einer Klage (= Klagenhäufung, § 5 ZPO)

Es ist durchaus möglich, dass ein Kläger in einer Klage mehrere unterschiedliche Ansprüche nebeneinander geltend macht. Man nennt dies **Anspruchshäufung** oder auch **objektive Klagenhäufung** (§ 260 ZPO). In der Praxis geschieht dies recht häufig.

Es kann aber auch vorkommen, dass mehrere Personen als Streitgenossen gemeinschaftlich klagen oder verklagt werden. In diesem Fall spricht man von **Parteienhäufung** bzw. **subjektiver Klagenhäufung** (§§ 59, 60 ZPO). Grundsätzlich führt jeder der Streitgenossen seinen eigenen Prozess unabhängig von den anderen Streitgenossen (§ 61 ZPO). Interessant ist die subjektive Klagenhäufung in Hinsicht auf die Wertberechnung aber nur dann, wenn die Streitgenossen voneinander unabhängige Ansprüche verfolgen oder abwehren. Dies ist aber praktisch nur recht selten der Fall.

Durch § 5 Hs. 1 ZPO wird nun für den **Verfahrensstreitwert** angeordnet, dass mehrere in einer Klage geltend gemachte Ansprüche zusammengerechnet werden. Dies gilt grundsätzlich auch für den **Gebührenstreitwert** und wird in § 39 Abs. 1 GKG und in § 22 Abs. 1 RVG ausdrücklich bestätigt. Es muss sich dabei um selbstständige Ansprüche auf unterschiedliche wirtschaftliche Leistungen handeln. Wenn dies zutrifft, wird ein Gesamtstreitwert durch Addition errechnet. Wenn die Ansprüche nicht selbstständig sind und nicht auf unterschiedliche wirtschaftliche Leistungen gerichtet sind, so darf **keine Addition** erfolgen, wie z. B. **in folgenden Fällen**:

- Wenn die Ansprüche auf **demselben Rechtsverhältnis** beruhen, so ist keiner gegenüber dem anderen wirtschaftlich selbstständig.

   Beispiel: Ein Verkäufer klagt auf Zahlung des Kaufpreises und auf Abnahme der gekauften Sache. Bei beiden eingeklagten Forderungen geht es um das gleiche wirtschaftliche Ziel, die Erfüllung des Kaufvertrages. Eine Wertaddition darf nicht vorgenommen werden.

- Wenn eine **Leistungs- und eine Feststellungsklage zusammentreffen**, wird ebenfalls das gleiche wirtschaftliche Ziel verfolgt.

   Beispiel: Ein Verkäufer klagt auf Feststellung, dass der Kaufvertrag nichtig sei und auf Rückübereignung der verkauften Sache, wobei der Kaufpreis 6 500,00 EUR betrug. Bei beiden eingeklagten Forderungen geht es um das gleiche wirtschaftliche Ziel, den Kaufvertrag aus der Welt zu schaffen. Der Zuständigkeits- und der Gebührenstreitwert bemessen sich beide auf 6 500,00 EUR.

- Wenn zusammen mit einem Hauptanspruch ein **Hilfsanspruch** eingeklagt wird. Auch in diesem Fall darf § 5 Hs. 1 ZPO nicht angewandt werden. Deshalb ist für den **Zuständigkeitsstreitwert** der höhere Wert von Hauptanspruch oder Hilfsanspruch entscheidend. Dagegen ist für den **Gebührenstreitwert** zusätzlich § 45 Abs. 1 S. 2 GKG zu beachten, wonach der Wert des Hilfsanspruchs mit dem Wert des Hauptanspruchs zusammengerechnet wird, aber nur dann, wenn das Gericht über den Hilfsanspruch entschieden hat – und wenn beide Ansprüche nicht denselben Gegenstand betreffen (§ 45 Abs. 1 S. 3 GKG), denn in diesem letzten Fall ist nur der Wert des höheren Anspruchs maßgebend.

> **Hinweis:** Kostenrechtlich liegen dann verschiedene Gegenstände vor, wenn die von den Parteien geltend gemachten gegensätzlichen Ansprüche einander nicht ausschließen, sodass es möglich ist, dass das Gericht der einen Partei den von ihr geforderten Anspruch zuerkennt und gleichzeitig der anderen Partei auch den von dieser begehrten Anspruch.
>
> Dagegen haben von den Parteien geltend gemachte gegensätzliche Ansprüche dann denselben Gegenstand, wenn das Gericht nur entweder den Anspruch der einen Partei oder den Anspruch der anderen Partei anerkennen kann. Eine Bestätigung beider Ansprüche ist logischerweise ausgeschlossen, wenn es um denselben Gegenstand geht.
>
> Auch wenn beide Ansprüche denselben Gegenstand betreffen, ist es jedoch nicht unmöglich, dass die verschiedenen Ansprüche einen unterschiedlich hohen Wert haben. Deshalb ist in solchen Fällen nach § 45 Abs. 1 S. 3 GKG der Wert des höheren Anspruchs maßgebend.

Beispiel: Ein Verkäufer klagt auf Zahlung des Kaufpreises von 6 000,00 EUR und hilfsweise für den Fall, dass diesem Antrag nicht stattgegeben wird, auf Rückübereignung der verkauften Sache, die einen Verkehrswert von 6 500,00 EUR hat. Bei beiden eingeklagten Forderungen geht es um das gleiche wirtschaftliche Ziel, die Erfüllung des Kaufvertrages (also um denselben Gegenstand), sodass der höhere Wert (6 500,00 EUR) für den **Zuständigkeitsstreitwert** entscheidend ist. Wenn das Gericht über den Hilfsantrag nicht entscheidet, bemisst sich der **Gebührenstreitwert** dagegen nach § 45 Abs. 1 S. 2, 3 GKG nur auf 6 000,00 EUR; wenn es jedoch über den Hilfsantrag entscheidet, beläuft sich der Streitwert nach § 45 Abs. 1 S. 2, 3 GKG auf 6 500,00 EUR.

Beispiel: Ein Verkäufer klagt auf Zahlung des Kaufpreises von 6 000,00 EUR und hilfsweise für den Fall, dass diesem Antrag nicht stattgegeben wird, auf Ausübung seines vereinbarten Wiederkaufsrechts (Wiederkaufpreis 6 500,00 EUR). Das Gericht weist den Hauptantrag ab und gibt dem Hilfsantrag statt. Der Gebührenstreitwert ergibt sich nach § 45 Abs. 1 S. 2 GKG durch Zusammenrechnung der Werte von Haupt- und Hilfsantrag und beträgt demnach 12 500,00 EUR, da der Kaufvertrag und das Wiederkaufsrecht verschiedene Gegenstände haben.

Merke:
Bei Klagenhäufung wird ein Gesamtstreitwert durch Addition der Werte der Einzelansprüche gebildet, wenn diese auf unterschiedliche selbstständige wirtschaftliche Leistungen gerichtet sind.

Für den **Zuständigkeitsstreitwert** ist noch zu beachten, dass keine Addition nach § 5 Hs. 1 ZPO stattfindet, wenn für einen der eingeklagten Ansprüche die sachliche Zuständigkeit in § 23 Ziff. 2 GVG streitwertunabhängig geregelt ist. Der Anspruch, der unter § 23 Ziff. 2 GVG fällt, bleibt dann bei der Ermittlung des Zuständigkeitsstreitwertes unberücksichtigt. Für den Gebührenstreitwert wird die Addition selbstverständlich vorgenommen.

Besondere Regeln gelten gemäß § 5 Hs. 2 ZPO und § 45 Abs. 1 S. 1 und S. 3 GKG für Klage und Widerklage. Dies wird in Kapitel 2.2.8.1 behandelt.

2.2.3.1 Objektive Klagenhäufung

Die **Anspruchshäufung** bzw. **objektive Klagenhäufung** besteht in einem Verfahren entweder von Anfang an oder sie entsteht erst nachträglich durch Klageänderung.

Von Anfang an besteht eine Anspruchshäufung, wenn der Kläger gemäß § 260 ZPO **mehrere verschiedene Ansprüche** gegen denselben Beklagten geltend macht. Für den Zuständigkeitsstreitwert und den Gebührenstreitwert gilt, dass die Werte der verschiedenen Ansprüche addiert werden und ein Gesamtstreitwert gebildet wird (§ 5 Hs. 1 ZPO, § 39 Abs. 1 GKG, § 22 Abs. 1 RVG).

Beispiel: Schneider klagt gegen Reents auf Herausgabe eines Pferdes (Verkehrswert: 5 000,00 EUR) und auf Rückzahlung eines Darlehens von 4 500,00 EUR. Welches Gericht ist für die Klage sachlich zuständig?

Es liegen zwei wirtschaftlich selbstständige Ansprüche vor, die zu einem Gesamtstreitwert zu addieren sind, und zwar für den Zuständigkeitsstreitwert (§ 5 Hs. 1 ZPO) wie auch für den Gebührenstreitwert (§ 39 Abs. 1 GKG, § 22 Abs. 1 RVG). Bei einem Gesamtstreitwert von 5 000,00 EUR + 4 500,00 EUR = 9 500,00 EUR ist das Landgericht sachlich zuständig.

Nachträglich kann es zur Anspruchshäufung kommen, wenn vom Kläger ein weiterer Anspruch zusätzlich eingeklagt wird. Dies wird auch **Klageerweiterung** genannt. Auch hier ist die Addition nach § 5 Hs. 1 ZPO vorzunehmen. Mit der Einreichung des Klageerweiterungsantrages erwächst dem RA eine Verfahrensgebühr nach dem nunmehr erhöhten Gegenstandswert und mit der ersten Verhandlung über den erhöhten Wert eine entsprechende Terminsgebühr.

Beispiel: RA Schmidt klagt für Scherber gegen Reents auf Herausgabe eines Pkw (Verkehrswert: 4 000,00 EUR). Nach streitiger Verhandlung und Beweisaufnahme erweitert er die Klage um den zusätzlichen Anspruch auf Zahlung von Schadenersatz in Höhe von 1 500,00 EUR, da Reents den Pkw beschädigt hat. Nach einer weiteren streitigen Verhandlung erkennt Reents beide Ansprüche an. Wie wirkt sich die Klageerweiterung auf den Wert aus?

Die Klageerweiterung ist in diesem Falle zulässig, da sie sachdienlich ist (§ 263 ZPO). Es liegen zwei wirtschaftlich selbstständige Ansprüche vor, die gemäß § 39 Abs. 1 GKG bzw. § 22 Abs. 1 RVG für den Gebührenstreitwert zu einem Gesamtstreitwert zu addieren sind. Es ergibt sich nach der Klageerweiterung ein Gesamtstreitwert von 4 000,00 EUR + 1 500,00 EUR = 5 500,00 EUR. Die nachträgliche Erhöhung des Zuständigkeitsstreitwertes durch die Klageerweiterung bleibt für die Zuständigkeitsfrage hier ohne Auswirkung (vgl. § 506 ZPO).

RA Schmidt und das Gericht berechnen die Gebühren nach dem Gegenstandswert von 5 500,00 EUR.

Merke:

Die Werte mehrerer Gegenstände in einer Angelegenheit werden zu einem Gebührenstreitwert zusammengerechnet.

2.2.3.2 Subjektive Klagenhäufung

Parteienhäufung bzw. **subjektive Klagenhäufung** liegt vor, wenn mehrere Personen als Streitgenossen gemeinschaftlich klagen oder verklagt werden (§§ 59, 60 ZPO). Die Bildung eines Gesamtstreitwertes nach § 5 Hs. 1 ZPO verbietet sich bei der Parteienhäufung aber oft, da die Streitgenossen meistens keine voneinander unabhängigen Ansprüche verfolgen oder abwehren.

Die Streitgenossenschaft besteht häufig, gerade weil die mehreren Kläger bzw. mehreren Beklagten hinsichtlich des Streitgegenstandes in Rechtsgemeinschaft stehen oder aus demselben tatsächlichen und rechtlichen Grunde berechtigt oder verpflichtet sind (§ 59 ZPO). Dies führt oft dazu,

- dass die mehreren Kläger als Gesamtgläubiger oder Gesamthandsgläubiger vom Beklagten dessen Leistung insgesamt nur einmal verlangen können, bzw.,
- dass ein Gläubiger von mehreren als Gesamtschuldner oder Gesamthandsschuldner Beklagten deren Leistung insgesamt nur einmal fordern kann (vgl. §§ 421, 428, 432 BGB und Kapitel 1.2.5.1.2).

In solchen Fällen geht es um den gleichen wirtschaftlichen Anspruch, was daran erkennbar ist, dass er nur einmal gefordert werden kann. Dieser Anspruch kann dann natürlich auch nur einmal den Gegenstandswert bilden, sodass eine Addition nach § 5 Hs. 1 ZPO nicht vorgenommen werden darf.

Beispiel: Der Möbelverkäufer Schulz klagt gegen die Eheleute Säumig auf Zahlung des Restkaufpreises von 700,00 EUR für die an beide Eheleute verkaufte Einbauküche. Obwohl Schulz zwei Schuldner hat, kann er doch deren als Gesamtschuldner zu erbringende Leistung insgesamt nur einmal verlangen. Der Wert beträgt 700,00 EUR.

Nur wenn einer der Streitgenossen eine wirtschaftlich selbstständige Forderung zusätzlich geltend macht oder deswegen in Anspruch genommen wird, ist eine Wertaddition nach § 5 Hs. 1 ZPO durchzuführen.

Beispiel: Der Möbelverkäufer Schulz klagt gegen die Eheleute Säumig auf Zahlung des Restkaufpreises von 700,00 EUR für die an beide Eheleute verkaufte Einbauküche. Zusätzlich verklagt er Frau Säumig auf Schadenersatz in Höhe von 120,00 EUR, da sie in seinem Geschäft eine Blumenvase umgestoßen hat. Der Wert beträgt hier 820,00 EUR.

Merke:
Bei der Streitgenossenschaft darf eine Wertaddition nur dann vorgenommen werden, wenn einer der Streitgenossen eine wirtschaftlich selbstständige Forderung zusätzlich geltend macht oder deswegen in Anspruch genommen wird.

Eine für den RA durch mehrere Auftraggeber möglicherweise entstehende Mehrarbeit wird nicht durch Wertaddition, sondern durch eine Gebührenerhöhung abgegolten (§ 7 RVG und VV Nr. 1008 RVG; siehe Kapitel 1.2.5).

2.2.3.3 Verbindung von Prozessen oder Trennung von Ansprüchen

2.2.3.3.1 Prozessverbindung

Ein Gericht kann die **Verbindung mehrerer** bei ihm **anhängiger Prozesse** derselben oder verschiedener Parteien zum Zwecke der gleichzeitigen Verhandlung und Entscheidung anordnen, wenn die in diesen Prozessen eingeklagten Ansprüche in einem rechtlichen Zusammenhang stehen oder in einer Klage hätten geltend gemacht werden können (§ 147 ZPO). Voraussetzung für die **Prozessverbindung** sind also mehrere anhängige Prozesse und die Möglichkeit der objektiven oder subjektiven Klagenhäufung.

Die Prozessverbindung hat hinsichtlich der Wertberechnung **keine rückwirkenden Auswirkungen**. Die bis zur Verbindung ermittelten Einzelwerte der einzelnen Prozesse und damit auch die in ihnen entstandenen Gebühren bleiben unverändert erhalten.

Von der Prozessverbindung an verfährt man dann wie bei einer Anspruchshäufung und addiert gemäß § 5 Hs. 1 ZPO die Einzelwerte der einzelnen Prozesse zu einem **Gesamtstreitwert**. Nach diesem Gesamtstreitwert werden dann alle noch **neu entstehenden Gebühren** berechnet. Dies ist wichtig, da wegen der **Degression der Gebührentabellen** die Gebühren nach dem zusammengerechneten Gesamtstreitwert geringer sind als es die zusammengerechneten Gebühren nach den Einzelstreitwerten der einzelnen Prozesse wären (vgl. Kapitel 0.3.1.2.2).

Vor der Verbindung angefallene Gebühren werden auf die nachher neu entstehenden Gebühren angerechnet, wobei es gleichgültig ist, ob die anzurechnenden Gebühren vorher nur in einem oder in mehreren der später verbundenen Prozesse entstanden sind. Da die Verfahrensgebühr schon in jedem der Einzelprozesse erwachsen sein muss, kann sich dies z. B. auf die dem RA erwachsende Terminsgebühr auswirken.

Beispiel: Zwei Prozesse werden gemäß § 147 ZPO verbunden. Prozess 1 hat einen Streitwert von 500,00 EUR und Prozess 2 einen von 800,00 EUR. RAin Mager vertritt den Kläger. In Prozess 1 war bereits vor der Verbindung in einem Termin verhandelt worden. Nach der Verbindung wird in einem neuen Termin verhandelt. RAin Mager erhält folgende Gebühren:

1,3	Verfahrensgebühr gem. §§ 2, 13, VV Nr. 3101 RVG nach dem Wert von 500,00 EUR	58,50 EUR
1,3	Verfahrensgebühr gem. §§ 2, 13, VV Nr. 3100 RVG nach dem Wert von 800,00 EUR	84,50 EUR
	Summe:	143,00 EUR
1,2	Terminsgebühr gem. §§ 2, 13, VV Nr. 3104 RVG nach dem Gesamtwert von 1 300,00 EUR	126,00 EUR
	darauf ist anzurechnen aus Prozess 1:	
1,2	Terminsgebühr gem. §§ 2, 13, VV Nr. 3104 RVG nach dem Wert von 500,00 EUR	– 54,00 EUR
	sodass im verbundenen Verfahren nur noch zusätzlich entstehen:	72,00 EUR

Die sich nach der Verbindung ergebende Verfahrensgebühr nach dem Gesamtstreitwert von 1 300,00 EUR beträgt nur 136,50 EUR. Da sie niedriger ist, wählt die RAin die obige Berechnung vor der Verbindung, welche eine höhere Verfahrensgebühr von 143,00 EUR ergibt. Dies kann sie tun, da die Verbindung sich nur auf die nach der Verbindung entstehenden Gebühren auswirkt.

> **Merke:**
> Bei der Prozessverbindung bleiben die bis dahin ermittelten Werte und die entstandenen Gebühren unverändert erhalten. Nach der Prozessverbindung wird ein Gesamtstreitwert gebildet, der für alle neu erwachsenden Gebühren maßgebend ist.

2.2.3.3.2 Prozesstrennung

Ein Gericht kann anordnen, dass mehrere in einer Klage erhobene Ansprüche in getrennten Prozessen verhandelt werden (§ 145 ZPO). Der Gesamtstreitwert des Prozesses wird dann zerlegt in Einzelwerte für die nach der Trennung verbleibenden Einzelprozesse.

Kostenrechtlich hat dies einmal zur Folge, dass die bis zur Trennung entstandenen Gebühren erhalten bleiben. In den verbleibenden Einzelprozessen entstehen aber diese Gebühren auch. Wegen der **Degression der Gebührentabellen** werden die zusammengerechneten Gebühren nach den Einzelstreitwerten der einzelnen Prozesse aber höher sein als die Gebühren nach dem zusammengerechneten Gesamtstreitwert des Verfahrens vor der Prozesstrennung (vgl. Kapitel 0.3.1.2.2). Deshalb darf der RA die hierdurch entstehende Differenz nachberechnen.

Beispiel: Ein Prozess wird gemäß § 145 ZPO in zwei Einzelprozesse aufgetrennt. Prozess 1 hat einen Streitwert von 500,00 EUR und Prozess 2 einen von 800,00 EUR. RAin Mager vertritt den Kläger. Vor der Prozesstrennung war bereits in einem Termin verhandelt worden. Nach der Trennung wird in den Einzelprozessen erneut verhandelt, dann ergehen die Urteile. RAin Mager kann folgende Gebühren (nach)berechnen:

1,3 Verfahrensgebühr gem. §§ 2, 13, VV Nr. 3101 RVG nach dem Wert von 500,00 EUR	58,50 EUR
1,3 Verfahrensgebühr gem. §§ 2, 13, VV Nr. 3100 RVG nach dem Wert von 800,00 EUR	84,50 EUR
Summe:	143,00 EUR
abzüglich der bereits berechneten Verfahrensgebühr nach dem Gesamtstreitwert von 1 300,00 EUR vor Trennung:	– 136,50 EUR
= nachzuberechnende Verfahrensgebühr	6,50 EUR
1,2 Terminsgebühr gem. §§ 2, 13, VV Nr. 3104 RVG nach dem Wert von 500,00 EUR	54,00 EUR
1,2 Terminsgebühr gem. §§ 2, 13, VV Nr. 3104 RVG nach dem Wert von 800,00 EUR	78,00 EUR
	132,00 EUR
abzüglich der bereits berechneten Terminsgebühr nach dem Gesamtstreitwert von 1 300,00 EUR vor Trennung:	– 126,00 EUR
= nachzuberechnende Terminsgebühr	6,00 EUR

Hat die RAin gegenüber ihrem Auftraggeber noch keine Gebühren berechnet, so wählt sie statt der Nachberechnung die sich nach der Prozesstrennung aus vorstehender Berechnung ergebenden höheren Gebühren.

Sie sehen, dass es bei der Prozesstrennung wegen der Degression der Gebührentabellen regelmäßig zu einer Nachforderung von Gebühren kommen wird.

> **Merke:**
> Nach der Prozesstrennung kommt es wegen der Degression der Gebührentabellen zu einer Nachforderung, wenn vor der Trennung entstandene Gebühren nach der Trennung in den Einzelprozessen noch einmal entstehen. Dies muss zumindest immer die Verfahrensgebühr des RA betreffen.

2.2.4 Mehrere Gegenstände anwaltlicher Tätigkeit in derselben Angelegenheit (§ 22 Abs. 1 RVG)

Während § 5 Hs. 1 ZPO für den Zivilprozess anordnet, dass mehrere in einer Klage geltend gemachte Ansprüche zusammengerechnet werden, erweitert § 22 Abs. 1 RVG diesen Grundsatz auf alle – auch außergerichtliche – Tätigkeiten des RA: **„In derselben Angelegenheit werden die Werte mehrerer Gegenstände zusammengerechnet"**.

Voraussetzung für die Zusammenrechnung ist, dass der RA bezüglich mehrerer Gegenstände in derselben Angelegenheit tätig wird. Dann werden die Gebühren nur nach dem zusammengerechneten Wert der einzelnen Gegenstände berechnet. In einer Angelegenheit können also mehrere Gegenstände zusammen behandelt werden. Darüber können die Mandanten bei der Auftragsvergabe frei entscheiden. Leider definiert das Gesetz nicht, was es unter den Begriffen **Gegenstand** und **Angelegenheit** versteht, sodass diese einer nachstehenden Erläuterung bedürfen.

Als **Gegenstand** der anwaltlichen Tätigkeit wird das Recht oder das Rechtsverhältnis, auf das sich der dem RA erteilte Auftrag bezieht, bezeichnet, also z. B. der Kaufpreisanspruch oder der Unterhaltsanspruch, der eingeklagt werden soll.

Was eine **Angelegenheit** ist, richtet sich

1. nach dem vorliegenden Auftrag (der auch einheitlich von mehreren Auftraggebern erteilt werden kann),
2. danach, ob der RA seine Tätigkeit auftragsgemäß im Zusammenhang eines einheitlichen Rahmens ausübt und
3. nach dem inneren Zusammenhang der einzelnen Gegenstände.

Einen **einheitlichen Auftrag** haben ein oder mehrere Auftraggeber dann erteilt, wenn unterschiedliche Ansprüche vom RA gemeinsam behandelt werden sollen. Macht dann der RA die verschiedenen Ansprüche z. B. in einem Brief an den Gegner oder in einer Klage zusammen geltend, so liegt ein **einheitlicher Rahmen** vor. Ein **innerer Zusammenhang** der verschiedenen Ansprüche (Gegenstände) ist dann gegeben, wenn sie in einer einzigen Klage bei Gericht geltend gemacht werden können, z. B.

- wenn ein Auftraggeber gegen denselben Beklagten eine Kaufpreis- und eine Darlehensforderung einklagt oder
- wenn mehrere Unfallopfer ihre unterschiedlichen Schadenersatzansprüche gegen denselben Unfallverursacher durchsetzen wollen oder
- wenn mehrere Unterhaltsberechtigte gemeinsam gegen denselben Unterhaltsverpflichteten klagen.

Für den Fall **mehrerer Auftraggeber** sieht das RVG in § 7 i. V. m. VV Nr. 1008 eine Gebührenerhöhung für den beauftragten RA vor (siehe dazu Kapitel 1.2.5 ff.).

Wegen der **Degression der Gebührentabelle** (siehe Kapitel 0.3.1.2.2) ergeben sich durch die Zusammenrechnung gemäß § 7 RVG i. V. m. VV Nr. 1008 RVG niedrigere Gebühren als wenn die Gebühren nach den Einzelstreitwerten berechnet werden.

Beispiel: In drei verschiedenen Angelegenheiten mit je einem Wert von 1 100,00 EUR ergibt sich für den beauftragten RA je eine 1,3 Verfahrensgebühr gemäß §§ 2, 13, VV Nr. 3100 RVG von 110,50 EUR, insgesamt also 331,50 EUR.

Wären dies drei Gegenstände innerhalb einer einzigen Angelegenheit, so ergäbe sich nur eine einzige 1,3 Verfahrensgebühr gemäß §§ 2, 13, VV Nr. 3100 RVG von 282,10 EUR nach dem zusammengerechneten Wert von 3 300,00 EUR, also wegen der Degression der Gebührentabelle 49,40 EUR weniger.

Der Grundsatz der Zusammenrechnung erfährt in den Kostengesetzen aber auch eine Reihe von **Ausnahmen**: so in § 48 Abs. 4 GKG für aus nichtvermögensrechtlichen Ansprüchen hergeleitete vermögensrechtliche Ansprüche, in § 44 GKG für die Stufenklage, in § 45 GKG für Klage und Widerklage sowie wechselseitig eingelegte Rechtsmittel, in VV Nr. 1009 Anm. Abs. 3 RVG für die Hebegebühr und in VV Vorbemerkung Abs. 2 RVG für die Gebühren im Insolvenzverfahren.

Merke:

Für die Anwaltsgebühren gilt, dass in derselben Angelegenheit die Werte mehrerer Gegenstände zusammengerechnet werden.

2.2.5 Teile des Streitgegenstandes (§ 36 GKG)

In § 36 GKG sind drei Absätze enthalten, die im Einzelnen regeln, wie die Gebühren zu berechnen sind, wenn Handlungen des Gerichts oder des Rechtsanwalts nur Teile des Streitgegenstandes betreffen. Es handelt sich um folgende drei Fälle:

- Gebührenberechnung nur nach dem Wert eines Teils des gesamten Streitgegenstandes (§ 36 Abs. 1 GKG)
- Gebührenberechnung für einzelne gleiche Handlungen nach dem Wert verschiedener Teile des Streitgegenstandes (§ 36 Abs. 2 GKG)
- Unterschiedlich hohe Gebührensätze für einzelne gleiche Handlungen, die Teile des Streitgegenstandes betreffen (§ 36 Abs. 3 GKG)

Wenn einzelne Handlungen nur Nebenforderungen betreffen, ist § 43 GKG anzuwenden. (Siehe Kapitel 2.2.2).

2.2.5.1 Gebühren für einen Teil des Streitgegenstandes (§ 36 Abs. 1 GKG)

Wenn während eines Rechtszuges gebührenauslösende Handlungen des Gerichts oder des Rechtsanwalts nur einen Teil des gesamten Streitgegenstandes betreffen, dann werden die Gebühren für diese Handlungen nur nach dem Wert des entsprechenden Teils des Streitgegenstandes berechnet, so die Aussage des § 36 Absatz 1 GKG.

Beispiel: RAin Ahrens klagt auftragsgemäß gegen Bolz auf Zahlung von 7 000,00 EUR. Nach Zustellung der Klageschrift zahlt Bolz 1 000,00 EUR. Die Sache wird insoweit für erledigt erklärt. Im ersten Verhandlungstermin wird über restlichen Teil des Streitgegenstandes von 6 000,00 EUR verhandelt. Anschließend ergeht das Urteil.

Während der RAin die Verfahrensgebühr nach dem vollen Wert von 7 000,00 EUR erwächst, entsteht die Terminsgebühr nur nach dem verbliebenen Teil des Streitgegenstandes im Wert von 6 000,00 EUR.

Die gerichtliche Verfahrensgebühr entsteht nach dem Wert von 7 000,00 EUR in dreifacher Höhe (KV Nr. 1210 GKG); die Ermäßigung nach KV Nr. 1211 GKG tritt nicht ein, da nicht das gesamte Verfahren durch die Teilzahlung des Beklagten erledigt wird.

2.2.5.2 Gebühren für einzelne gleiche Handlungen für Teile des Streitgegenstandes (§ 36 Abs. 2 GKG)

Es kann durchaus vorkommen, dass von einzelnen Wertteilen des gesamten Streitgegenstandes in derselben Instanz für gleiche Handlungen gleichartige Gebühren mit gleich hohem Gebührensatz zu berechnen sind. Es ist dann für jede einzelne Handlung die entsprechende Gebühr zu ermitteln. Hierbei ist nun aber eine Höchstgrenze zu beachten, die im Zusammenhang mit der **Degression der Gebührentabellen** steht. Denn § 36 Abs. 2 GKG bestimmt, dass der Gesamtbetrag der gleichartigen Gebühren nicht höher sein darf, als wenn die Gebühr von vornherein nach dem Gesamtbetrag der Wertteile zu berechnen gewesen wäre.

Das hört sich vielleicht kompliziert an, ist aber eigentlich ganz einfach zu handhaben: Sollte es wirklich vorkommen, dass der RA nur für Wertteile des ganzen Streitgegenstands tätig wird, dann addiert man die Werte der Teile und berechnet die Gebühr nach deren Gesamtwert.

2.2.5.3 Unterschiedliche Gebührensätze für Handlungen für Teile des Streitgegenstandes (§ 36 Abs. 3 GKG)

Sind in einer Instanz für einzelne gleichartige Handlungen, die Teile des Streitgegenstandes betreffen, verschieden hohe Gebührensätze anzuwenden, so müssen die Gebühren für die Wertteile gesondert berechnet werden. Hierbei ist nun aber eine **Höchstgrenze** zu beachten, die im Zusammenhang mit der **Degression der Gebührentabellen** steht. Die Gebühren dürfen insgesamt nicht mehr betragen als eine Gebühr nach dem Gesamtbetrag der Wertteile und nach dem höchsten angewandten Gebührensatz (§ 36 Abs. 3 GKG). Vergleichen Sie dazu die Vorschrift des § 15 Abs. 3 RVG, die für alle anwaltlichen Tätigkeiten den Grundsatz des § 36 Abs. 3 GKG wiederholt (siehe in Kapitel 1.3.3.3, dort auch Berechnungsbeispiele).

Um die Vorschriften der §§ 36 Abs. 3 GKG und 15 Abs. 3 RVG zu befolgen, müssen die Gebühren für die die Wertteile betreffenden Tätigkeiten jeweils gesondert berechnet werden, wobei dann die Summe der so ermittelten Gebühren mit der nach dem Gesamtwert unter Anwendung des höchsten vorkommenden Gebührensatzes sich ergebenden Gebühr zu vergleichen ist. Sodann ist die eventuell aus diesem Vergleich resultierende niedrigere Gebühr in Rechnung zu stellen. Dies wird anhand von Beispielen zu § 15 Abs. 3 RVG auch in vorstehend genanntem Kapitel demonstriert.

Beispiel: RA Dannenberg erhält Klageauftrag wegen einer Forderung von 10 000,00 EUR. Nachdem er seinen Auftraggeber beraten hat, aber vor Einreichung der Klageschrift bei Gericht, zahlt der Schuldner 1 500,00 EUR. Wegen der Restforderung wird die Klage erhoben. Danach zahlt der Schuldner auch den Restbetrag. RA Dannenberg berechnet seine Verfahrensgebühr wie folgt:

Es entsteht innerhalb der Angelegenheit eine 0,8 Verfahrensgebühr (VV Nr. 3101 RVG) nach einem Wertteil von 1 500,00 EUR und eine 1,3 Verfahrensgebühr (VV Nr. 3100 RVG) nach einem Wertteil von 8 500,00 EUR. Der RA wird berechnen:

0,8 Verfahrensgebühr
  gem. §§ 2, 13, VV Nrn. 3100, 3101 Ziff. 1 RVG nach dem Wert von 1 500,00 EUR   84,00 EUR
1,3 Verfahrensgebühr
  gem. §§ 2, 13, VV Nr. 3100 RVG nach dem Wert von 8 500,00 EUR   583,70 EUR
  Summe: 667,70 EUR

Der RA ist durch § 15 Abs. 3 RVG zu folgender vergleichenden Berechnung gezwungen:

1,3 Verfahrensgebühr
  gem. §§ 2, 13, VV Nr. 3100 RVG nach dem Gesamtwert von 10 000,00 EUR   631,80 EUR

Da der Betrag einer Gebühr mit dem höchsten verwendeten Gebührensatz von 1,3 nach dem gesamten Gegenstandswert geringer ist, kann der RA nur 631,80 EUR in Ansatz bringen.

Merke:

Für Handlungen, die nur einen Teil des Streitgegenstandes betreffen, sind die Gebühren nur nach dem Wert dieses Teiles zu berechnen (§ 36 Abs. 1 GKG).

Für gleiche Handlungen, die einzelne Wertteile des gesamten Streitgegenstandes betreffen, sind gleichartige Gebühren mit gleich hohem Gebührensatz zu berechnen. Die Gebühren können von vornherein nach dem Gesamtbetrag der Wertteile berechnet werden. Werden sie jedoch zeitlich nacheinander berechnet, so ist als Höchstgrenze die Gebühr nach dem Gesamtbetrag der Wertteile zu beachten (§ 36 Abs. 2 GKG).

Für gleichartige Handlungen, die einzelne Wertteile des gesamten Streitgegenstandes unter Anwendung unterschiedlicher Gebührensätze betreffen, sind die Gebühren gesondert zu berechnen und deren Summe dann zu vergleichen mit einer nach dem Gesamtbetrag der Wertteile und nach dem höchsten angewandten Gebührensatz sich ergebenden Gebühr. Davon ist der niedrigere Betrag als Gebühr anzusetzen (§§ 36 Abs. 3 GKG, 15 Abs. 3 RVG).

2.2.6 Stufenklage (§ 44 GKG)

Die Stufenklage bildet einen **Sonderfall der objektiven Klagenhäufung**. Der Kläger kann hierbei in mehreren miteinander verbundenen Klageanträgen sein eigentliches Klageziel schrittweise vorbereiten. Nach § 254 ZPO ist es ausnahmsweise gestattet, für die letzte Stufe einen zunächst betragsmäßig unbestimmten Klageantrag zu stellen.

Zur Vorbereitung seines eigentlichen Anspruches wird der Kläger bei der Stufenklage Klageanträge oftmals in drei Stufen miteinander verbinden, über die das Gericht nacheinander (also eine Stufe nach der anderen) verhandeln und entscheiden soll. Die Klageanträge für die **drei Stufen** werden häufig sein:

- in der **ersten Stufe** beispielsweise ein Antrag auf Rechnungslegung (z. B. gemäß § 259 Abs. 1 BGB) oder auf Auskunft über Einkommensverhältnisse und

- in der **zweiten Stufe** ein Antrag auf Abgabe der eidesstattlichen Versicherung über die Vollständigkeit der in der ersten Stufe gemachten Angaben (z. B. gemäß § 259 Abs. 2 BGB),

- wonach erst in der **dritten Stufe** der Antrag auf Zahlung oder Herausgabe bestimmt bezeichnet werden kann.

Stufenklagen kommen häufiger bei Unterhaltsprozessen oder bei Erbauseinandersetzungen vor. Die zweite Stufe kann auch entfallen, wenn auf die Abgabe einer eidesstattlichen Versicherung verzichtet wird; dann gibt es eben nur zwei Stufen.

Die in der Stufenklage miteinander verbundenen Klageanträge haben alle das gleiche Ziel, die gerichtliche Durchsetzung eines Leistungsanspruches. Es wäre also eigentlich folgerichtig, zur Streitwertermittlung den Wert des Leistungsanspruches heranzuziehen. Leider ist dies nicht so eindeutig geregelt; zudem müssen wir noch zwischen der Ermittlung des Zuständigkeitsstreitwertes und der Ermittlung des Gebührenstreitwertes unterscheiden.

Für den **Zuständigkeitsstreitwert** gilt das **Additionsgebot** des § 5 Hs. 1 ZPO, was bedeutet, dass die Werte der Ansprüche der meistens drei Stufen gemäß § 3 ZPO zu schätzen und dann zu addieren sind.

Für den **Gebührenstreitwert** existiert eine **eigenständige Regelung in § 44 GKG**, die berücksichtigt, dass der Kläger nur an dem im Endeffekt verfolgten Leistungsanspruch ein wirkliches Interesse hat. Deshalb ist für den Gebührenstreitwert nur einer der verbundenen Klageansprüche, und zwar der höhere, maßgebend. Dies mag sich schwieriger anhören als es ist: Wenn alle Stufen vom Gericht entschieden sind, kommt es praktisch nur auf den **Wert** des in **der letzten Stufe** geltend gemachten Leistungsanspruches an, denn der Wert der nur zur Vorbereitung dienenden Stufen kann nicht höher sein als dieser. Nur wenn es aus irgendwelchen besonderen Gründen nicht zur letzten Stufe kommt, sind die Vorstufen zu bewerten.

> **Merke:**
> Bei einer Stufenklage ergibt sich der Gebührenstreitwert in der Regel aus dem Wert des in der letzten Stufe geltend gemachten Leistungsanspruches.

2.2.7 Klageänderungen

Verfahrensrechtliche Vorschriften über die Klageänderung finden sich in den §§ 263 und 264 ZPO. In § 263 ZPO ist geregelt, unter welchen Voraussetzungen eine Klageänderung zulässig ist (Einwilligung des Beklagten oder Sachdienlichkeit), und in § 264 ZPO wird klargestellt, in welchen drei Fällen es sich ohne gleichzeitige Änderung des Klagegrundes nicht um eine Klageänderung handelt (Änderung der Parteiausführungen), bzw. wann sie zulässig ist (Erweiterung oder Beschränkung des Klageantrages, Einforderung eines anderen Gegenstandes oder des Interesses wegen nachträglicher Veränderung).

Eine **Klageänderung** kann z. B. vorliegen,

- wenn der Kläger in einem Prozess einen **anderen Klageantrag** stellt, auch wenn er auf demselben Sachverhalt beruht (Ausnahmen § 264 Nr. 2 und 3 ZPO). Ein anderer Klageantrag läge beispielsweise vor, wenn der Kläger von einer Feststellungsklage zu einer Leistungsklage übergeht, oder von einer Klage auf Unterlassung einer Geschäftsschädigung auf eine Schadenersatzklage überwechselt.

- wenn der Kläger den **Klagegrund ändert**, d. h. wenn der Kläger seinen Klageantrag aus einem anderen Lebenssachverhalt als zuvor herleiten will. Es ist also eine Klageänderung, wenn der Kläger eine ganz neue Begründung für seinen eingeklagten Anspruch, der der gleiche bleibt, vorbringt. Dies kommt praktisch seltener vor.

Die Klageänderung wirkt sich selbstverständlich auf den Wert des Streitgegenstandes aus, wobei zunächst die **Auswirkungen auf den Zuständigkeitsstreitwert** betrachtet werden sollen:

- Im Falle der nachträglichen **Verminderung des Streitgegenstandes** hat dies keine Auswirkungen auf die sachliche Zuständigkeit des Gerichts, da nach Eintritt der Rechtshängigkeit die Zuständigkeit gemäß § 261 Abs. 2 Nr. 2 ZPO erhalten bleibt.

- Im Falle der **Erweiterung des Klagegegenstandes** (§ 264 Nr. 2, 3 ZPO) ist jedoch der neu hinzugekommene Anspruch noch nicht rechtshängig, sodass es hierfür eine Sonderregelung gibt: das Amtsgericht muss gemäß § 506 ZPO bei Überschreitung der Streitwertgrenze den Rechtsstreit an das zuständige Landgericht verweisen, allerdings nur, wenn eine Partei einen entsprechenden Antrag stellt.

Beispiel: Maturek klagt gegen Steinheim vor dem Landgericht auf Zahlung eines Kaufpreises von 12 000,00 EUR. Nach dem ersten Verhandlungstermin nimmt Maturek den Klageantrag um 7 000,00 EUR auf 5 000,00 EUR zurück. Wie wirkt sich dies auf die Zuständigkeit des Landgerichtes aus?

Bei einer Klagesumme von genau 5 000,00 EUR wäre nun eigentlich das Amtsgericht zuständig (§ 23 Nr. 1 GVG). Eine – wirtschaftlich gesehen wenig sinnvolle – Verweisung an das Amtsgericht findet aber nicht statt, da nach Eintritt der Rechtshängigkeit die Zuständigkeit des Landgerichts gemäß § 261 Abs. 2 Nr. 2 ZPO erhalten bleibt.

Beispiel: Mutosch klagt gegen Steinel vor dem Amtsgericht auf Zahlung eines Kaufpreisteiles von 5 000,00 EUR. Nachdem der Prozess für Mutosch günstig verläuft, erweitert dieser den Klageantrag um die restlichen 7 000,00 EUR auf 12 000,00 EUR. Wie wirkt sich dies auf die Zuständigkeit des Amtsgerichtes aus?

Bei einer Klagesumme von 12 000,00 EUR ist nun eigentlich das Landgericht zuständig (§§ 23 Nr. 1, 71 Abs. 1 GVG). Das Verfahren bleibt aber beim Amtsgericht anhängig, solange keine Partei einen Antrag auf Verweisung an das Landgericht gemäß § 506 ZPO stellt.

Die **Auswirkungen auf den Gebührenstreitwert** sollen nachstehend erörtert werden.

2.2.7.1 Gebührenstreitwert bei Klageerweiterung

Der Gegenstandswert der anwaltlichen Tätigkeit kann sich während eines gerichtlichen Verfahrens durch eine **Abänderung des Streitgegenstandes** erhöhen. Dies ist bei einer Klageerweiterung oder Klageerhöhung der Fall.

Die Gebühren berechnen sich bei der Klageerweiterung nach dem erhöhten Streitgegenstand ab dem Zeitpunkt der Änderung. Davon sind selbstverständlich nur die Gebühren betroffen, die erst nach der Erhöhung (erneut oder neu) entstehen. Es kann also durchaus vorkommen, dass einzelne Gebühren

- nur vor der Erhöhung,
- andere Gebühren erst nach der Erhöhung und
- weitere Gebühren sowohl vor als auch nach der Erhöhung entstehen.

Im letzten Fall werden die Gebühren nach dem höchsten Wert berechnet.

Beispiel: Meier verklagt Müller auf Zahlung von 4 000,00 EUR. Nach der ersten streitigen Verhandlung erweitert Meier die Klageforderung um 1 000,00 EUR auf 5 000,00 EUR. Es wird erneut streitig verhandelt und eine Beweisaufnahme durchgeführt. Nun erhöht Meier die Klageforderung um zusätzliche 2 000,00 EUR auf 7 000,00 EUR. Nach weiterer streitiger Verhandlung ergeht das Urteil.

Der prozessbevollmächtigte RA des Meier erhält eine Verfahrensgebühr und eine Terminsgebühr nach dem höchsten Wert von 7 000,00 EUR, da er bezüglich dieses Wertes tätig geworden ist.

Hätte nach der letzten Erhöhung um 2 000,00 EUR – warum auch immer – kein Termin mehr stattgefunden, wäre die Terminsgebühr nur nach dem Wert von 5 000,00 EUR berechnet worden.

Von der Klageerweiterung mit Abänderung des Streitgegenstandes zu unterscheiden ist der Fall der **Wertänderung bei unverändertem Streitgegenstand**, was zum Beispiel beim Streit um Wertpapiere mit einem veränderlichen Kurswert, um Herausgabe einer bestimmten Sache bei steigendem Marktpreis oder um Zahlung einer ausländischen Währung vorkommen kann. Bei den genannten Beispielen bleibt der Streitgegenstand (die Menge der Wertpapiere, die geforderte Sache, die Menge der ausländischen Währung) gleich, nur ändert sich deren Wert in Euro. Für die Berechnung der Anwaltsgebühren ist hierbei außergerichtliche und gerichtliche Anwaltstätigkeit gegeneinander abzugrenzen:

- Für **außergerichtliche Anwaltstätigkeiten** ist in aller Regel der zum **Zeitpunkt der Verrichtung** der anwaltlichen Tätigkeit sich ergebende Wert für die Berechnung der Gebühren maßgebend. Ist der RA in einer Angelegenheit mehrmals tätig geworden, so ist der **höchste Wert** während der Anwaltstätigkeit für die Berechnung der Gebühren maßgeblich. Dies ist für jede anfallende Gebühr einzeln zu prüfen, sodass sich für verschiedene Gebühren unterschiedliche Gegenstandswerte ergeben können.

Beispiel zur Gebührenberechnung für eine außergerichtliche Anwaltstätigkeit:

Auftrag zur außergerichtlichen Eintreibung einer Forderung auf Lieferung von 1 000 Aktien der Siemens AG. Bei Auftragserteilung beträgt der Kurs der Aktie 50,00 EUR, bei Absendung eines Schreibens an den Schuldner 55,00 EUR, bei einer Besprechung mit dem Schuldner

60,00 EUR, danach 57,00 EUR. Jetzt schlägt der Schuldner in einem neuen Besprechungstermin den Abschluss eines Vergleichs vor; der Vergleich wird bei einem Kurs von 49,00 EUR abgeschlossen.

Der RA erhält eine Geschäftsgebühr (VV Nr. 2400 RVG) nach einem Wert von 60 000,00 EUR, da der höchste Kurs des Wertpapiers während seiner Tätigkeit maßgebend ist. Die Einigungsgebühr (VV Nr. 1000 RVG) kann nur nach dem Wert von 49 000,00 EUR erhoben werden, da der RA diesbezüglich nur in dem letzten Termin tätig war.

Der Gegenstand (die 1 000,00 Aktien) ist übrigens gleich geblieben, nur sein Wert in Euro hat sich verändert.

- Für **gerichtliche Verfahren** schreibt in einer besonderen Regelung § 40 GKG vor, dass es auf den **Wert zu Beginn** der Instanz ankommt. Schwankungen des Wertes zwischen Beginn und Ende der gerichtlichen Instanz bleiben hier also unberücksichtigt. Dies gilt für alle in der Instanz entstehenden Gebühren, gleichgültig zu welchem Zeitpunkt sie anfallen. Siehe hierzu Kapitel 2.2.1, dort finden sich auch Beispiele.

Handelt es sich um eine Klageänderung durch **Änderung des Streitgegenstandes** im Sinne des § 263 ZPO, sodass ein Gegenstand aus dem Verfahren ausscheidet und stattdessen ein anderer Gegenstand eingeführt wird, so werden die Gebühren nach dem zusammengerechneten Wert der beiden Gegenstände berechnet, sofern der RA sich um beide Gegenstände bemüht hat. Der Wert der Klageänderung ist für den Zeitpunkt der Einreichung des die Klageänderung ankündigenden Schriftsatzes oder des mündlichen Antrags im Verhandlungstermin festzustellen.

Beispiel: Frau Riecher lässt RAin Hartmann auf Zahlung von Unterhalt von monatlich 500,00 EUR für die Monate Juni, Juli und August klagen. Danach zahlt der Unterhaltspflichtige 500,00 EUR für den Juni. Die RAin erhöht nun die Klage um zusätzliche 500,00 EUR für den September und erklärt die Forderung bezüglich des Juni für erledigt. Danach kommt es in der Sache zum ersten Verhandlungstermin.

RAin Hartmann erhält eine Verfahrensgebühr (VV Nr. 3100 RVG) nach einem Gegenstandswert von 2 000,00 EUR (Juni, Juli, August, September) und eine Terminsgebühr (VV Nr. 3104 RVG) nach einem Gegenstandswert von 1 500,00 EUR (Juli, August, September).

Merke:
Bei der **Klageerweiterung** (zusätzlicher Streitgegenstand) werden die Gebühren nach dem erhöhten Streitgegenstand ab dem Zeitpunkt der Änderung berechnet, wenn die Gebühren nach der Erhöhung erneut oder neu entstehen. In gerichtlichen Verfahren ist zumindest für die Verfahrensgebühr immer der höhere Wert maßgeblich.

Im Fall der **Wertänderung** bei unverändertem Streitgegenstand kommt es für die Gebührenberechnung

- bei außergerichtlichen Anwaltstätigkeiten auf den höchsten während der Tätigkeit sich ergebenden Wert und

- in gerichtlichen Verfahren auf den Zeitpunkt der Einreichung der Klage an (§ 40 GKG).

2.2.7.2 Gebührenstreitwert bei nachträglicher Verminderung des Streitwertes

Von einer nachträglichen Verminderung des Wertes des Streitgegenstandes gehen keine Auswirkungen auf bis zum Zeitpunkt der Herabsetzung entstandene Anwalts- und Gerichtsgebühren aus. Nur die Gebühren, die erst nach diesem Zeitpunkt zur Entstehung gelangen, werden nach dem verminderten Wert berechnet.

Beispiel: Maturek klagt gegen Steinheim auf Zahlung eines Kaufpreises von 12 000,00 EUR. Noch vor dem ersten Verhandlungstermin nimmt Maturek den Klageantrag um 7 000,00 EUR auf 5 000,00 EUR zurück. Danach wird in einem weiteren Termin verhandelt und eine Beweisaufnahme durchgeführt. Es ergeht das Urteil.

Der prozessbevollmächtigte RA erhält eine Verfahrensgebühr (VV Nr. 3100 Ziff. 1 RVG) nach dem Wert von 12 000,00 EUR und eine Terminsgebühr (VV Nr. 3104 RVG) nur nach dem verminderten Wert von 5 000,00 EUR.

Das Gericht berechnet die dreifache Verfahrensgebühr (KV Nr. 1210 GKG), welche mit der Klageeinreichung entsteht, nach dem Wert von 12 000,00 EUR. Eine Ermäßigung der Verfahrensgebühr nach KV Nr. 1211 GKG findet nicht statt, da nicht der gesamte Klageantrag zurückgenommen wird.

Merke:
Von einer nachträglichen Verminderung des Wertes des Streitgegenstandes sind nur Gebühren betroffen, die erst nach dem Zeitpunkt der Herabsetzung zur Entstehung gelangen.

Wenn während eines Rechtsstreits sich der **Streitwert auf einen Teilbetrag vermindert** (z. B. durch jeweils teilweise Erledigterklärung, Verzicht, Anerkenntnis oder Vergleich) und dann die Klageforderung **anschließend wieder erhöht** wird, so wirkt sich die teilweise Erledigung auf die bereits entstandenen Gebühren nicht aus, jedoch werden nach dem Betrag der Erhöhung weitere, neu entstehende Gebühren berechnet. Die Gebühren entstehen in solchen Fällen jedoch nicht getrennt nach den Wertteilen, sondern nach dem Wert, der **insgesamt** in den Prozess eingebracht wurde. Für den prozessbevollmächtigten RA bedeutet dies, dass er Gebühren nach dem Wert erhält, der insgesamt in den Prozess eingebracht wurde (Verfahrensgebühr) und über den auch in einem Termin verhandelt wurde (Terminsgebühr).

Beispiel: Klage wegen Forderung von 10 000,00 EUR. Im ersten Verhandlungstermin wird streitig verhandelt. Danach wird der Rechtsstreit bezüglich 9 000,00 EUR für erledigt erklärt. Im zweiten Verhandlungstermin wird wieder streitig verhandelt. Im dritten Verhandlungstermin wird die Klage um 2 000,00 EUR erhöht und anschließend streitig verhandelt und eine Beweisaufnahme durchgeführt.

Ab dem dritten Verhandlungstermin wird der Rechtsstreit wegen 3 000,00 EUR geführt (10 000,00 EUR − 9 000,00 EUR + 2 000,00 EUR). Die Verfahrensgebühr (VV Nr. 3100 RVG) wird nach einem Wert von 12 000,00 EUR berechnet (10 000,00 EUR + 2 000,00 EUR), da der RA wegen dieser Beträge Prozessauftrag hat und die Klage eingereicht bzw. der Erhöhungsantrag gestellt ist.

Terminsgebühren (VV Nr. 3104 RVG) sind dreimal entstanden: nach 10 000,00 EUR, nach 1 000,00 EUR und nach 3 000,00 EUR. Natürlich bekommt der RA aber nur eine einzige Terminsgebühr nach dem Wert, über den insgesamt streitig verhandelt wurde (10 000,00 EUR + 2 000,00 EUR), da der RA wegen dieser Beträge Anträge in der streitigen mündlichen Verhandlung gestellt hat.

Würde man in diesem Fall die Terminsgebühr nur nach dem höchsten Wert berechnen, über den jemals verhandelt wurde (10 000,00 EUR), so hätte der RA wegen der zusätzlichen 2 000,00 EUR umsonst verhandelt.

2.2.8 Klage und Widerklage, wechselseitige Rechtsmittel, Aufrechnung, Hilfsanspruch (§ 45 GKG)

Für den **Zuständigkeitsstreitwert** wird in § 5 ZPO angeordnet: „Mehrere in einer Klage geltend gemachte Ansprüche werden zusammengerechnet; dies gilt nicht für den Gegenstand von Klage und Widerklage". Für den **Gebührenstreitwert** enthält § 45 GKG wichtige Sondervorschriften, die dem § 5 ZPO gegenüber Vorrang haben und die nachfolgend dargestellt werden sollen.

Bezüglich des Zuständigkeitsstreitwertes sei noch darauf hingewiesen, dass zwar die Gegenstände von Klage und Widerklage gemäß § 5 Hs. 2 ZPO nicht zusammengerechnet werden dürfen, aber der höhere von beiden Werten als Zuständigkeitsstreitwert heranzuziehen ist. Siehe auch Kapitel 2.2.3.

Beispiel: Klage beim Amtsgericht auf Zahlung von 5 000,00 EUR, Widerklage auf Zahlung von 12 000,00 EUR. Zur Ermittlung des Zuständigkeitsstreitwertes dürfen beide Beträge nicht addiert werden. Für die Widerklage wäre das Landgericht sachlich zuständig; das Amtsgericht verweist den Rechtsstreit jedoch nur auf Antrag einer Partei dorthin (§ 506 ZPO). Siehe auch Kapitel 2.2.7.

2.2.8.1 Klage und Widerklage (§ 45 Absatz 1 Satz 1 GKG)

Einen wichtigen Zusatz zum Additionsverbot des § 5 Hs. 2 ZPO für den Gegenstand von Klage und Widerklage enthält bezüglich des Gebührenstreitwertes der § 45 Abs. 1 S. 1 GKG, der unter bestimmten Voraussetzungen aus dem **Additionsverbot** ein **Additionsgebot** macht. Wann dies eintritt, hängt davon ab, ob Klage und Widerklage sich beziehen auf

- denselben Streitgegenstand oder auf
- verschiedene Gegenstände,

was also jeweils zu prüfen ist.

Betreffen Klage und Widerklage **denselben Streitgegenstand**, gilt der **einfache Wert** dieses Streitgegenstandes (§ 45 Abs. 1 S. 3 GKG). Der Wert des Streitgegenstandes ist also nur einmal, nicht doppelt zu nehmen. Es handelt sich dann um denselben Streitgegenstand, wenn das Gericht nur einer Partei Recht geben kann, sich also beide Anträge gegenseitig ausschließen. Weitere Voraussetzung ist, dass Klage und Widerklage nicht in getrennten Prozessen verhandelt werden. Sind die Werte von Klage und Widerklage unterschiedlich hoch, so nimmt man den höheren Wert von beiden.

Folgende Fälle mögen Ihnen als Anhaltspunkte dienen, wann Klage und Widerklage denselben Streitgegenstand haben:

- Klage auf Leistung aus einem Vertrag und Widerklage auf Feststellung der Nichtigkeit des Vertrages
- Klage auf Feststellung des Bestehens eines Vertrages und Widerklage auf Rückgabe der empfangenen Leistung
- Klage auf Herausgabe einer Sache und Widerklage auf Feststellung, dass der Beklagte Eigentümer dieser Sache ist
- Klage auf Herausgabe eines Kraftfahrzeuges und Widerklage auf Herausgabe des Kraftfahrzeugbriefes

Beispiel: Klage auf Zahlung des Kaufpreises von 2 000,00 EUR und Widerklage auf Feststellung der Nichtigkeit des Kaufvertrages. Der Streitwert beträgt 2 000,00 EUR, eine Addition findet nicht statt, da es um denselben Gegenstand (den Kaufvertrag) geht. Besteht der Kaufvertrag nicht, so darf das Gericht dem Kläger auch keinen Zahlungsanspruch zuerkennen; erkennt das Gericht den Zahlungsanspruch zu, so kann es nicht gleichzeitig die Nichtigkeit des Kaufvertrages feststellen.

Betreffen Klage und Widerklage **verschiedene Gegenstände**, so gelten deren **zusammengerechneten Werte** als Gegenstandswert (§ 45 Abs. 1 S. 1 GKG). Verschiedene Gegenstände liegen vor, wenn beide Parteien Recht bekommen, also beide Anträge nebeneinander bestehen können.

Folgende Fälle mögen Ihnen als Anhaltspunkte dienen, wann Klage und Widerklage verschiedene Gegenstände haben, sodass das Gericht beiden Klageanträgen stattgeben könnte:

- Klage auf Leistung von Schadenersatz und Widerklage auf Feststellung, dass keine weiteren Schadenersatzansprüche bestehen
- Klage auf Herausgabe des Kraftfahrzeugbriefes und Widerklage auf Zahlung des Kaufpreises

- Klage auf Auflassung eines Grundstücks und Widerklage auf Zahlung des Kaufpreises – so die Rechtsprechung. Auch dies fällt unter den oben aufgestellten Grundsatz, dass beide Parteien Recht bekommen können sollen, denn man kann sich auch vorstellen, dass keine Partei leisten muss, falls der Kaufvertrag nichtig ist – dies passt aber auch unter das Schema, denn dann hat eben keine Partei Recht bekommen. Geht es dagegen in dem Verfahren nicht um die Nichtigkeit des Kaufvertrages, so kann die eine Partei zur Auflassung und die andere Partei zur Kaufpreiszahlung verurteilt werden, also beide Parteien Recht erhalten.

- Klage des Auftraggebers bei einem Werkvertrag auf Rückzahlung einer geleisteten Anzahlung und Widerklage des Werkunternehmers auf Zahlung des restlichen Werklohnes – wenn also gegenseitig Teilansprüche aus demselben Rechtsverhältnis eingeklagt werden. Dieser Fall entspricht nicht unbedingt dem oben aufgestellten Grundsatz, dass beide Parteien Recht bekommen können müssen, denn wenn das Gericht der Klage stattgibt, wird es den Widerkläger abweisen und umgekehrt. So sieht es aber die Rechtsprechung mit der Begründung, dass die Werte zu addieren sind, weil letztlich die gesamte Werklohnforderung zwischen den Parteien streitig ist.

Beispiel: Klage auf Lieferung einer gekauften Sache (Kaufpreis 8 000,00 EUR) und Widerklage auf Leistung von 2 000,00 EUR Schadenersatz. Da beide Parteien Recht bekommen können, beträgt der Streitwert hier 10 000,00 EUR.

Beispiel: Klage auf Zahlung des Restkaufpreises von 4 000,00 EUR und Widerklage auf Klageabweisung und auf Rückzahlung der Anzahlung von 1 000,00 EUR; der Streitwert beträgt 5 000,00 EUR. Zwischen den Parteien ist genau genommen der gesamte Kaufpreis streitig.

Betreffen Klage und Widerklage nur **teilweise denselben Gegenstand** und schließen sich somit also beide Anträge gegenseitig nur teilweise aus, so erhöht man den Streitwert der Klage um den Teilbetrag der Widerklage, der einen verschiedenen Gegenstand betrifft.

Beispiel: Ein Unfallschuldiger klagt auf Feststellung, dass er keinen Schadenersatz schuldet; der Geschädigte erhebt Widerklage auf Zahlung eines Teilbetrages des Schadens von 5 000,00 EUR. In Höhe von 5 000,00 EUR sind die Feststellungsklage und die Widerklage auf Zahlung wirtschaftlich deckungsgleich, sodass deren Werte nicht zusammengerechnet werden. Der den Teilbetrag von 5 000,00 EUR übersteigende Wert der Feststellungsklage (z. B. 25 000,00 EUR) ist dagegen zu den 5 000,00 EUR zu addieren. Der Schadenersatz, um den es geht, beläuft sich also insgesamt auf 30 000,00 EUR.

Merke:

Derselbe Gegenstand von Klage und Widerklage liegt vor, wenn das Gericht bei Zuerkennung des Anspruches der einen Partei der anderen Partei deren Anspruch zwangsläufig aberkennen muss. Dann besteht ein **Additionsverbot** für den Wert von Klage und Widerklage.

Verschiedene Gegenstände von Klage und Widerklage liegen vor, wenn das Gericht beiden Klageanträgen stattgeben könnte. Dann besteht ein **Additionsgebot** für den Wert von Klage und Widerklage.

2.2.8.2 Hilfswiderklage

Die Hilfswiderklage – auch Eventualwiderklage genannt – wird als Hilfsantrag des Beklagten für den Fall gestellt, dass dem Klageantrag des Klägers stattgegeben wird.

Beispiel: Kaltenbach klagt gegen den Verkäufer Bolle auf Herausgabe einer Digitalkamera. Bolle beantragt mit seinem Hauptantrag Klageabweisung wegen Nichtigkeit des Kaufvertrages und erhebt nur für den Fall, dass der Klage stattgegeben wird, mit einem Hilfsantrag Widerklage auf Zahlung des Kaufpreises.

Nach herrschender Meinung hat die Hilfswiderklage immer einen von der Klage verschiedenen Streitgegenstand, da der Hilfswiderklage erst dann stattgegeben werden kann, wenn der Eventualfall eintritt, dass die Klage begründet ist. Die Logik der Mehrheitsmeinung liegt darin, dass, wenn schon die Klage als begründet erkannt wurde, für eine Widerklage nur dann noch Raum ist, wenn der Widerkläger zusätzlich Recht bekommen könnte. Deshalb sind die Werte von Klage und Widerklage zu addieren. Die Zusammenrechnung der Werte von Klage und Widerklage darf nach herrschender Meinung allerdings nur dann stattfinden, wenn der Eventualfall, für den sie erhoben wurde, auch tatsächlich eintritt. Falls die Klage z. B. abgewiesen wird, findet eine Zusammenrechnung nicht statt.

Beispiel: Fortsetzung des vorstehenden Beispiels:
Wird der Klage stattgegeben, so ist der Eventualfall eingetreten und die Werte der Gegenstände von Klage und Widerklage werden zusammengerechnet.

2.2.8.3 Wechselseitige Rechtsmittel (§ 45 Absatz 2 GKG)

Man spricht von wechselseitigen Rechtsmitteln, wenn von beiden Parteien gegen dasselbe Urteil jeweils ein Rechtsmittel eingelegt wird. Dies kann durch jede Partei entweder selbstständig oder im Wege der Anschließung an das vom Gegner bereits eingelegte Rechtsmittel geschehen. Zu den Rechtsmitteln gehören bekanntlich neben Berufung und Revision auch die Beschwerde.

Auch bei wechselseitigen Rechtsmitteln gelten gemäß § 45 Abs. 2 GKG die in § 45 Abs. 1 S. 1 und 3 GKG aufgestellten Grundsätze, so dass wechselseitige Rechtsmittel in gebührenrechtlicher Hinsicht wie Klage und Widerklage zu behandeln sind (siehe Kapitel 2.2.8.1). Betreffen also die von beiden Parteien eingelegten Rechtsmittel **denselben Streitgegenstand**, so bestimmt sich der Gebührenstreitwert nach dem einfachen Wert dieses Gegenstands (bzw. dem höheren von einer Partei geltend gemachten Wert); betreffen die wechselseitigen Rechtsmittel **verschiedene Streitgegenstände**, so sind deren Werte zusammenzurechnen. Verschiedene Streitgegenstände liegen auch dann vor, wenn sich die Rechtsmittelanträge der Parteien auf verschiedene Teile derselben Forderung beziehen. Voraussetzung ist, dass über beide Rechtsmittelanträge in einem Verfahren verhandelt wird.

Im Berufungs- und im Revisionsverfahren bestimmt sich der Streitwert grundsätzlich nach den Anträgen des Rechtsmittelklägers (§ 47 Abs. 1 S. 1 GKG). Bei wechselseitigen Rechtsmitteln kommt es auf beide Anträge an.

Beispiel: Klingmann verklagt den Bohne auf Zahlung von 10 000,00 EUR. Das Gericht der ersten Instanz gibt in seinem Urteil der Klage in Höhe von 6 000,00 EUR statt und weist sie wegen der restlichen 4 000,00 EUR ab.

Klingmann legt wegen der abgewiesenen 4 000,00 EUR Berufung ein und Bohne wegen der Verurteilung zur Zahlung von 6 000,00 EUR.

Der Gebührenstreitwert der Berufungsinstanz ergibt sich aus der Addition der Werte beider Berufungsanträge (§§ 45 Abs. 1 S. 1 und Abs. 2, 47 Abs. 1 S. 1 GKG) und beträgt folglich 10 000,00 EUR. Die Zusammenrechnung ist vorzunehmen, weil die beiden Berufungsanträge sich auf verschiedene Teile derselben Forderung beziehen, über die das Berufungsgericht letztlich insgesamt entscheiden muss.

Beispiel: Kuppe verklagt Brosius und Bertram als Gesamtschuldner auf Zahlung von 5 000,00 EUR. Das Gericht der ersten Instanz gibt in seinem Urteil der Klage gegen Brosius in voller Höhe statt und weist sie gegen Bertram ab.

Kuppe legt Berufung wegen der Abweisung seiner Forderung gegen Bertram ein und Brosius legt Berufung wegen der Verurteilung zur Zahlung der 5 000,00 EUR ein.

Der Gebührenstreitwert der Berufungsinstanz beträgt 5 000,00 EUR gemäß den §§ 45 Abs. 1 S. 1 und 3 und Abs. 2, 47 Abs. 1 S. 1 GKG. Eine Zusammenrechnung findet nicht statt, da es sich um denselben Streitgegenstand (die 5 000,00 EUR) handelt.

Merke:

Derselbe Gegenstand von wechselseitig eingelegten Rechtsmitteln liegt vor, wenn das Gericht bei Zuerkennung des Anspruches der einen Partei der anderen Partei deren Anspruch zwangsläufig aberkennen muss. Dann besteht ein **Additionsverbot** für die Werte der wechselseitig eingelegten Rechtsmittel.

Verschiedene Gegenstände von wechselseitig eingelegten Rechtsmitteln liegen vor, wenn das Gericht beiden Rechtsmittelanträgen stattgeben könnte. Dann besteht ein **Additionsgebot** für die Werte der wechselseitig eingelegten Rechtsmittel.

2.2.8.4 Hilfsaufrechnung (§ 45 Absatz 3 GKG)

Wenn zwei Personen einander Geld schulden, so kann grundsätzlich jeder seine Forderung gegen die Forderung des anderen aufrechnen, wenn die wechselseitigen Forderungen fällig sind (§§ 387 ff. BGB). Die **Aufrechnung** bewirkt, dass die Forderungen, soweit sie sich decken, als erloschen gelten.

Klagt nun bei wechselseitigen Forderungen eine Partei wegen ihres Anspruches, so kann die andere – die beklagte – Partei ohne die Klageforderung zu bestreiten im Prozess die Aufrechnung mit ihrer Gegenforderung erklären. Da in diesem Fall die Klageforderung unbestritten bleibt und der Beklagte zur Bekämpfung der Klageforderung die Aufrechung als erstes Abwehrmittel geltend macht, wird diese als **Primäraufrechnung (Hauptaufrechnung)** bezeichnet. Streitig kann dieser Prozess überhaupt nur dann verlaufen, falls nun der Kläger seinerseits die zur Aufrechnung verwendete Gegenforderung bestreitet. Es dürfte auf der Hand liegen, dass der Streit bei der Primäraufrechnung im Grunde genommen nur über eine Forderung (die vom Kläger bestrittene Gegenforderung des Beklagten) gehen kann, sodass eine Zusammenrechnung der Werte beider Forderungen nicht gerechtfertigt ist – deshalb fällt die Primäraufrechnung auch nicht unter § 45 Abs. 3 GKG. Über den unbestrittenen Bestand der Klageforderung wird weder verhandelt noch muss das Gericht eine Entscheidung über sie fällen; verhandelt und entschieden wird nur über das Bestehen der vom Kläger bestrittenen Gegenforderung.

Von der Primäraufrechnung zu unterscheiden ist die **Hilfsaufrechnung**, auch **Eventualaufrechnung** genannt, die vom Beklagten nur hilfsweise als Verteidigungsmittel im Prozess vorgebracht wird. In einem solchen Fall bestreitet der Beklagte zuerst einmal das Bestehen der Klageforderung, beantragt Klageabweisung und bringt Einreden und Einwendungen gegen die Klageforderung vor; nur für den Fall, dass das Gericht gegen ihn entscheiden will, erklärt er hilfsweise die Aufrechnung mit einer ihm gegen den Kläger zustehenden Gegenforderung. Im Gegensatz zur Primäraufrechnung darf das Gericht die Hilfsaufrechnung also erst dann berücksichtigen, wenn die sonstigen Verteidigungsmittel des Beklagten gegen die

Klageforderung diese nicht entkräften können. Der Kläger wird nun seinerseits gegen die hilfsweise aufgerechnete Forderung Verteidigungsmittel vorbringen, denn nur wenn er diese ausschalten kann, wird seine Klage den gewünschten Erfolg haben. Sie sehen, dass das Gericht, wenn der Eventualfall eintritt, sich nicht nur mit der Klageforderung, sondern auch mit der Gegenforderung – also mit zwei Forderungen – beschäftigen muss.

Es wird nun für das Verständnis der Regelung des § 45 Abs. 3 GKG förderlich sein, sich zunächst einmal mit dem Zweck dieser Vorschrift zu beschäftigen. Wie vorstehend dargestellt, müssen sich das Gericht und die beteiligten Rechtsanwälte im Falle der Hilfsaufrechnung nicht nur mit der Überprüfung von einer Forderung, sondern von zwei Forderungen befassen: der Klageforderung und auch der Aufrechnungsforderung. Die hierdurch entstehende Mehrarbeit soll nach dem Gesetz durch höhere Gebühren abgegolten werden, die sich als Folge der in § 45 Abs. 3 GKG angeordneten Zusammenrechnung der Werte von Klageforderung und Aufrechnungsforderung ergeben. Höhere Gebühren sind aber nur bei vorstehend dargestelltem Sachverhalt gerechtfertigt, nicht dagegen bei der Primäraufrechnung. Deswegen setzt § 45 Abs. 3 GKG enge Grenzen für die Werteaddition.

Gemäß § 45 Abs. 3 GKG ist bei der Hilfsaufrechnung eine Zusammenrechnung der Werte von Klageforderung und Aufrechnungsforderung nur unter den folgenden drei Voraussetzungen zulässig:

(1) Es muss sich um eine Hilfsaufrechnung handeln – nicht um eine Primäraufrechnung.

(2) Die zur Aufrechnung verwendete Gegenforderung muss vom Kläger bestritten werden – eine Hilfsaufrechnung mit einer unstreitigen Gegenforderung berechtigt nicht zur Werteaddition.

(3) Über die Gegenforderung muss eine der Rechtskraft fähige Entscheidung ergehen – eine Werteaddition ist also nicht zulässig, wenn es zu keiner Entscheidung über die Gegenforderung kommt oder sie nicht der Rechtskraft fähig ist.

Mit „der Rechtskraft fähig" hat es folgende Bewandtnis: das Gericht entscheidet nicht nur über die Klageforderung, sondern auch über das Bestehen der Gegenforderung. Dies birgt für den die Aufrechnung erklärenden Beklagten das Risiko in sich, dass das Gericht zu der Entscheidung gelangt, dass die Gegenforderung nicht besteht. Da dann diese Entscheidung nach § 322 Abs. 2 ZPO der Rechtskraft fähig ist, kann der Beklagte diese Gegenforderung bis zur Höhe des Betrages, für den die Aufrechnung geltend gemacht worden ist, nicht mehr in einem späteren Prozess einklagen. Nur der Mehrbetrag könnte zukünftig noch eingeklagt werden. Übrigens, wenn das Gericht auf das Bestehen der Gegenforderung erkennt, hat diese dann natürlich auch „ausgedient", da sie mit der Aufrechnung erlischt.

Es lassen sich nun beispielhaft einige Fälle aufführen, in denen zwar eine Hilfsaufrechnung erklärt wird, eine Werteaddition jedoch wegen Fehlens einer der in § 45 Abs. 3 GKG aufgezählten Voraussetzungen unterbleiben muss:

- Das Gericht weist die Klage ab, weil die Klageforderung nicht besteht.
- Das Gericht gibt der Klage statt, weil die Klageforderung besteht, erklärt aber die Aufrechnung für unzulässig.
- Das Gericht gibt der Klage statt, weil die Klageforderung besteht und durch Aufrechnung mit der unbestrittenen Gegenforderung erloschen ist.
- Der Kläger nimmt die Klage zurück.
- Die Parteien erklären die Hauptsache für erledigt.

Nur wenn die vorstehend genannten drei Voraussetzungen des § 45 Abs. 3 GKG zutreffen, dürfen die Werte der Klageforderung und der Gegenforderung zusammengerechnet werden, wobei die Gegenforderung nur bis zur Höhe der Klageforderung berücksichtigt werden darf, falls sie höher als diese ist. Da die Werteaddition nicht von der Aufrechnungserklärung, sondern nur von der Entscheidung des Gerichts abhängt, kann der Gebührenstreitwert erst nach der gerichtlichen Entscheidung rückwirkend für den Zeitpunkt der Aufrechnungserklärung festgestellt werden. Die verschiedenen Fälle, in denen die Werteaddition entweder vorzunehmen ist oder zu unterbleiben hat, lassen sich am besten anhand folgender Beispiele erläutern:

Beispiel: Kilger klagt gegen Börnsen auf Zahlung von 5 000,00 EUR. Börnsen bestreitet das Bestehen dieser Klageforderung und beantragt Klageabweisung; hilfsweise erklärt er, für den Fall, dass das Gericht das Bestehen der Klageforderung bejaht, die Aufrechnung mit einer ihm von Kilger geschuldeten Gegenforderung von 5 000,00 EUR, wodurch Klageforderung und Gegenforderung beide zum Erlöschen kämen. Kilger bestreitet das Bestehen der Gegenforderung.

Der Gebührenstreitwert kann erst nach Erlass des Urteils festgestellt werden, wobei mehrere Möglichkeiten (1. bis 4. Urteil) alternativ durchgespielt werden sollen:

1. Urteil: Das Gericht gibt der Klage statt, weil nach gerichtlicher Erkenntnis die Klageforderung besteht. In der Urteilsbegründung stellt das Gericht rechtskräftig fest (§ 322 Abs. 2 ZPO), dass die Gegenforderung nicht besteht.

Das Gericht musste in diesem Beispiel beide Forderungen untersuchen. Es ist zu prüfen, ob die Voraussetzungen des § 45 Abs. 3 GKG zutreffen: Es handelt sich um eine Hilfsaufrechnung. Der Kläger bestreitet die Gegenforderung. Über die Gegenforderung wurde rechtskräftig entschieden.

Also sind die Werte von Forderung und Gegenforderung zusammenzurechnen. Der Gebührenstreitwert beträgt 10 000,00 EUR.

2. Urteil: Das Gericht weist die Klage ab, weil zwar die Klageforderung besteht, aber auch die Gegenforderung, sodass beide Forderungen durch Aufrechnung erloschen sind. In der Urteilsbegründung stellt das Gericht diese Rechtsfolge rechtskräftig fest, da auch die Entscheidung, dass die Gegenforderung durch Aufrechnung „verbraucht" ist, in Rechtskraft ergeht (§ 322 Abs. 2 ZPO).

Das Gericht musste auch in diesem Beispiel beide Forderungen untersuchen. Da wiederum die Voraussetzungen des § 45 Abs. 3 GKG zutreffen, sind die Werte von Forderung und Gegenforderung zusammenzurechnen. Der Gebührenstreitwert beträgt 10 000,00 EUR.

3. Urteil: Das Gericht weist die Klage ab, weil die Klageforderung nicht besteht. Die hilfsweise Aufrechnung kommt hier also überhaupt nicht zum Zuge.

Der Gebührenstreitwert beträgt 5 000,00 EUR.

4. Urteil: Abwandlung des 2. Urteils. Börnsen rechnet hilfsweise mit einer ihm von Kilger geschuldeten Gegenforderung von 8 000,00 EUR auf. Die Gegenforderung ist nur in Höhe von 5 000,00 EUR durch Aufrechnung erloschen. In der Urteilsbegründung stellt das Gericht diese Rechtsfolge rechtskräftig fest, da auch die Entscheidung, dass die Gegenforderung durch Aufrechnung in Höhe von 5 000,00 EUR „verbraucht" ist, in Rechtskraft ergeht (§ 322 Abs. 2 ZPO). Nur in Höhe von 3 000,00 EUR darf Börnsen die Gegenforderung später noch gegen Kilger einklagen.

Der Gebührenstreitwert beträgt nicht 13 000,00 EUR (5 000,00 EUR + 8 000,00 EUR), sondern 10 000,00 EUR (5 000,00 EUR + 5 000,00 EUR), da die übrig gebliebenen 3 000,00 EUR noch nicht „verbraucht" sind.

Zuletzt noch ein Wort zu den **Anwaltsgebühren im Falle der Hilfsaufrechnung**: Wie bereits oben ausgeführt wurde, kann der Gebührenstreitwert erst nach dem Urteil rückwirkend für den Zeitpunkt der hilfsweisen Aufrechnungserklärung festgestellt werden, falls das Gericht über die hilfsweise aufgerechnete Gegenforderung entschieden hat. Der prozessbevollmächtigte RA erhält dann die ihm zustehenden Gebühren nach den zusammengerechneten Werten von Klage- und Gegenforderung, wenn er nach Erklärung der Hilfsaufrechnung entsprechend tätig war.

Das bedeutet, dass der RA die Verfahrensgebühr (VV Nr. 3100 RVG) dann für die Stellung des Antrags nach dem erhöhten Wert erhält und im Regelfall auch die Terminsgebühr (VV Nr. 3104 RVG).

Merke:

Bei der Hilfsaufrechnung ist eine Zusammenrechnung der Werte von Klageforderung und Aufrechnungsforderung nur unter folgenden drei Voraussetzungen vorzunehmen (§ 45 Abs. 3 GKG):

1. Es muss sich um eine **Hilfs**aufrechnung handeln
2. Die zur Aufrechnung verwendete Gegenforderung muss vom Kläger bestritten werden
3. Über die Gegenforderung muss eine rechtskraftfähige Entscheidung ergehen

---

2.2.8.5 Hilfsanspruch (§ 45 Absatz 1 Satz 2 GKG)

Es kommt vor, dass ein Kläger neben seinem Hauptantrag, für den Fall, dass dieser keinen Erfolg hat, einen **Hilfsantrag (Eventualantrag)** stellt.

Beispiel: Kania verklagt Brösel auf Zahlung des Kaufpreises von 10 000,00 EUR für den verkauften Gebrauchtwagen (Hauptantrag); für den Fall, dass das Gericht diesen Anspruch zurückweist, beantragt er hilfsweise, den Brösel zur Rückgabe des Pkw zu verurteilen (Hilfsantrag).

Der Kläger stellt hier zwei Anträge, es handelt sich also um einen Fall der Anspruchshäufung. Da der zweite Antrag nur hilfsweise gestellt wird, spricht man auch von einer **hilfsweisen Anspruchshäufung**. Diese ist für den Zuständigkeitsstreitwert und für den Gebührenstreitwert unterschiedlich geregelt.

Für den **Zuständigkeitsstreitwert** ist § 5 Hs. 1 ZPO nicht anwendbar, sodass die Werte von Haupt- und Hilfsantrag nicht zusammengerechnet werden dürfen. Nach herrschender Meinung ist der höhere Wert entweder des Haupt- oder des Hilfsantrages maßgebend.

Für den **Gebührenstreitwert** enthält § 45 Abs. 1 S. 2 und 3 GKG eine besondere Regelung: Wird neben einem Hauptanspruch ein Hilfsanspruch geltend gemacht, so ist der Wert des Hilfsanspruches und der Wert des Hauptanspruchs zusammenzurechnen, wenn das Gericht über den Hilfsanspruch entscheidet. Entscheidet das Gericht nicht über den Hilfsanspruch, so bleibt sein Wert außer Betracht. Eine Addition der Werte darf dagegen auf keinen Fall vorgenommen werden, wenn beide Ansprüche denselben Gegenstand betreffen (§ 45 Abs. 1 S. 3 GKG); dann ist nur der Wert des höheren Anspruchs maßgebend.

Beispiel: Kania verklagt Brösel auf Zahlung des Kaufpreises von 10 000,00 EUR für den verkauften Gebrauchtwagen; für den Fall, dass das Gericht diesen Anspruch zurückweist, beantragt er hilfsweise, den Brösel zur Rückgabe des Pkw zu verurteilen. Der Verkehrswert des Pkw hat sich zwischenzeitlich wegen gestiegener Nachfrage nach diesem Modell auf 11 000,00 EUR erhöht. Es werden drei mögliche Ausgänge des Prozesses geprüft (Urteile 1 bis 3).

1. Urteil: Brösel wird zur Zahlung des Kaufpreises verurteilt. Über den Hilfsantrag musste also vom Gericht nicht entschieden werden. Der Gebührenstreitwert beträgt 10 000,00 EUR.

2. Urteil: Brösel wird zur Herausgabe des Pkw verurteilt. Das Gericht hat also auch über den Hilfsantrag entschieden. Der Gebührenstreitwert beträgt 11 000,00 EUR. Da beide Ansprüche denselben Gegenstand betreffen, ist der Wert des höheren Anspruchs maßgebend.

3. Urteil: Die Klage des Kania wird abgewiesen, womit über den Hauptantrag und auch über den Hilfsantrag entschieden wurde. Der Gebührenstreitwert beträgt 11 000,00 EUR. Da beide Ansprüche denselben Gegenstand betreffen, ist der höhere Wert des Hilfsantrages maßgebend.

Was in Kapitel 2.2.8.4 (Hilfsaufrechnung) bezüglich der **Anwaltsgebühren** gesagt ist, gilt in ähnlicher Weise auch für den Fall des Hilfsantrages. Der RA wird die Verfahrensgebühr (VV Nr. 3100 RVG) und im Regelfall auch die Terminsgebühr (VV Nr. 3104 RVG) nach dem gemäß § 45 Abs. 1 S. 2 und 3 GKG erhöhten Wert erhalten.

> **Merke:**
> Für den Gebührenstreitwert wird der Wert eines Hilfsanspruches nur dann mit dem Wert des Hauptanspruches zusammengerechnet, wenn das Gericht über den Hilfsanspruch entscheidet.
>
> Betreffen beide Ansprüche denselben Gegenstand, so ist nur der Anspruch mit dem höheren Wert maßgebend.

2.2.9 Geldforderungen

Die Einforderung von Geldbeträgen bietet erfreulicherweise in der Regel bewertungstechnisch überhaupt keine Probleme. Bei Geltendmachung z. B. einer Kaufpreisforderung oder einer Darlehensrückforderung steht mit dem eingeforderten Geldbetrag der Gegenstand der anwaltlichen oder gerichtlichen Tätigkeit und damit der Streitwert eindeutig fest.

Wenn ein Geldbetrag gefordert wird, ist also die Höhe dieses Betrages für die Bemessung des Gegenstandswertes maßgebend, allerdings **ohne Nebenforderungen** wie Zinsen oder Kosten (§ 4 ZPO, § 43 Abs. 1 GKG; siehe Kapitel 2.2.2).

Werden **Nebenforderungen** alleine **ohne die Hauptforderung** geltend gemacht, so ist der Wert der Nebenforderungen maßgebend, soweit sie die Hauptforderung nicht übersteigen (§ 43 Abs. 2 und 3 GKG; siehe Kapitel 2.2.2).

Eine praktisch sehr wichtige Ausnahme für die Anwaltsgebühren gilt für die Wertermittlung in Angelegenheiten der **Zwangsvollstreckung**. Hier setzt sich der Gegenstandswert abweichend von § 43 Abs. 1 GKG zusammen aus Hauptforderung und Nebenforderungen wie z. B. Zinsen und den bisher angefallenen Kosten (§ 25 Abs. 1 Ziff. 1 Hs. 1 RVG; siehe Kapitel 7.1.3).

2.2.10 Herausgabeansprüche (§ 6 ZPO)

Bei Ansprüchen auf Herausgabe von beweglichen Sachen oder Grundstücken wird der Streitwert durch den **Verkehrswert** der jeweiligen Sache bestimmt (§ 6 S. 1 ZPO).

Der Verkehrswert ist der objektive Wert der Sache, also der Wert, den die Sache nach allgemeiner Anschauung hat. Nur der objektive Wert ist maßgeblich, nicht z. B. der Liebhaberwert oder der Wert, den die Sache nur speziell für den Kläger persönlich hat.

Das bedeutet auch, dass nicht etwa der für die Sache gezahlte Kaufpreis, sondern nur der objektive Verkehrswert entscheidend ist. Dies gilt insbesondere, wenn der Kaufpreis besonders hoch (Liebhaberpreis) oder besonders niedrig (Freundschaftspreis) war. Allerdings wird der Kaufpreis in der Regel einen wichtigen Hinweis auf die Höhe des zu schätzenden Verkehrswertes liefern.

Der Verkehrswert ist vom Gericht nach „freiem Ermessen" festzusetzen (§ 3 ZPO), was übrigens nicht so ausgelegt werden darf, dass das Gericht den Wert völlig willkürlich festsetzen dürfte. Häufig wird jedoch nur eine Schätzung weiterhelfen. Das Gericht kann eine Beweiserhebung durchführen, muss dies aber nicht (§ 3 ZPO: „kann"). Im Übrigen müssen sich schon die RAe der Parteien über den Verkehrswert Gedanken machen, denn die Parteien sollen bei jedem Antrag, sofern dieser nicht in einer bestimmten Geldsumme besteht, den Wert des Streitgegenstands angeben (§ 61 GKG, § 253 Abs. 3 ZPO).

Sehr **umstritten** ist, ob Abzüge vom Verkehrswert für auf der Sache ruhende Lasten und Schulden vorgenommen werden dürfen. Dies betrifft insbesondere Grundstücke, die mit Grundpfandrechten belastet sind. Es wird richtig sein, den Verkehrswert ohne Abzug valutierender Grundpfandrechte zu schätzen. Dagegen werden nach herrschender Meinung dauernde Belastungen (z. B. Erbbaurechte, Wegerechte), die den wirtschaftlichen Wert des Grundstücks nachhaltig mindern, abgezogen. Prüfen Sie vorsichtshalber, wie sich die für Sie zuständigen Gerichte zu dieser Frage stellen.

Beispiel Kaffke verklagt Breitner auf Rückgabe des verkauften Gebrauchtwagens, den er diesem für einen Kaufpreis von 10 000,00 EUR verkauft hatte. Der Verkehrswert des Pkw hat sich bis zur Klageerhebung (§ 4 Abs. 1 ZPO) wegen gestiegener Nachfrage auf 11 000,00 EUR erhöht. Der Streitwert beträgt 11 000,00 EUR.

Merke:
Bei Herausgabeansprüchen wird der Streitwert durch den objektiven Wert (Verkehrswert) der jeweiligen Sache bestimmt.

2.2.11 Miet- oder Pachtverträge (§ 41 GKG, § 8 ZPO)

Hinweis: Die Streitwertermittlung in Miet- oder Pachtvertragssachen gehört zu den Angelegenheiten, in denen man sehr leicht sehr große Fehler machen kann. Wenn Sie hierbei den falschen Paragrafen heranziehen, erhalten Sie möglicherweise einen Streitwert von der 25fachen Höhe des Wertes, der sich nach der richtigen Wertvorschrift ergibt. Einen solch großen Unterschied ergeben die Bewertungsvorschriften für den Zuständigkeitsstreitwert und für den Gebührenstreitwert. Es ist daher bei Miet- oder Pachtverträgen noch mehr als sonst notwendig, diese beiden Streitwertarten streng auseinander zu halten.

Der **Zuständigkeitsstreitwert** und der Rechtsmittelstreitwert in Miet- oder Pachtvertragssachen werden nach § 8 ZPO bestimmt, sofern die sachliche Zuständigkeit bei Mietverhältnissen über Wohnraum nicht sowieso schon durch § 23 Ziff. 2 Lit. a GVG ohne Rücksicht auf den Wert den Amtsgerichten zugesprochen ist. Von § 8 ZPO werden aber nur die Fälle betroffen, in denen das Bestehen oder die Dauer eines Miet- oder Pachtverhältnisses streitig ist, wobei sich dann der Zuständigkeitsstreitwert aus dem auf die gesamte streitige Zeit entfallenden Entgelt ergibt, höchstens aber dem 25fachen Jahresbetrag. Ein Rechtsstreit wegen Zahlung des Miet- oder Pachtentgelts oder sonstiger Leistungen fällt nicht unter § 8 ZPO.

Der **Gebührenstreitwert** in Miet- oder Pachtvertragssachen wurde aus sozialen Gründen (nur) in den in § 41 GKG genannten Streitigkeiten besonders niedrig gehalten; er darf höchstens nach dem einjährigen Entgelt berechnet werden.

Beachten Sie, dass § 41 GKG nicht für Leistungsklagen auf Zahlung rückständigen Miet- oder Pachtentgelts gilt: Streitwert ist hier natürlich der eingeforderte Betrag.

2.2.11.1 Streit über Bestehen oder Dauer eines Miet- oder Pachtvertrages (§ 41 Absatz 1 GKG)

Ist das **Bestehen** oder die **Dauer** eines Miet-, Pacht- oder ähnlichen Nutzungsverhältnisses streitig, so ist für die Berechnung des **Gebührenstreitwertes** das einjährige Entgelt („Miete", „Pacht") heranzuziehen. Bezieht sich der Streit auf einen kürzeren Zeitraum, so ist der Streitwert für diesen Zeitraum zu berechnen (§ 41 Abs. 1 GKG). Beachten Sie die Erläuterungen über den Begriff des Miet- und Pachtentgelts in Kapitel 2.2.11.5.

Der **Anwendungsbereich des § 41 Abs. 1 GKG** betrifft alle Fälle, in denen die Parteien um Bestehen, Nichtbestehen oder Dauer eines Miet- oder Pachtvertrages streiten, worunter insbesondere folgende Klagen fallen:

- Feststellungsklage, dass ein Miet- oder Pachtvertrag (auch Untermietvertrag) besteht oder nicht besteht, oder über dessen Dauer.
- Feststellungsklage, dass eine fristgerechte oder fristlose Kündigung unwirksam ist.

Nicht anzuwenden ist § 41 Abs. 1 GKG z. B. bei Streitigkeiten über die Zahlung des Miet- oder Pachtentgelts oder wenn das Gericht den Inhalt des Mietvertrages feststellen soll.

Die nach § 41 Abs. 1 GKG zu berücksichtigende streitige Zeit beginnt regelmäßig mit der Klageerhebung. Das Ende dieser streitigen Zeit ist

- bei einem auf bestimmte Dauer abgeschlossenen Vertrag das Vertragsende und
- bei einem auf unbestimmte Zeit abgeschlossenen Vertrag der Zeitpunkt, zu dem die nächste Kündigung zulässig ist.
- Bei einer fristlosen Kündigung wird die streitige Zeit vom Zeitpunkt der fristlosen Kündigung bis zum Zeitpunkt des nächsten ordentlichen Kündigungstermins berechnet.

Beispiel: Förster und Fleischer streiten darüber, ob zwischen ihnen ein Jagdpachtvertrag auf vier Jahre wirksam abgeschlossen ist. Es war ein monatliches Pachtentgelt von 400,00 EUR vereinbart. Der Gebührenstreitwert beträgt 12 x 400,00 EUR = 4 800,00 EUR.

> **Merke:**
> Bei Streit über Bestehen oder Dauer eines Miet- oder Pachtverhältnisses ist der Gebührenstreitwert höchstens das einjährige Entgelt.

2.2.11.2 Räumungsklage nach Beendigung eines Miet- oder Pachtvertrages (§ 41 Absatz 2 GKG)

Wenn ein Miet- oder Pachtverhältnis abgelaufen oder gekündigt ist und dann Räumungsklage erhoben wird, so ist aus sozialen Gründen der **Gebührenstreitwert** höchstens der Betrag des Entgelts für ein Jahr; er ist geringer, wenn die streitige Zeit weniger als ein Jahr ausmacht (§ 41 Abs. 2 S. 1 GKG). Nach dem Wortlaut dieser Vorschrift ist diese auch dann anzuwenden, wenn gleichzeitig ein Streit über das Bestehen des Nutzungsverhältnisses ansteht.

Nach der Formulierung des § 41 Abs. 2 GKG gilt dieser nur für die Räumung eines Grundstücks, Gebäudes oder Gebäudeteils, nicht aber für die Klage auf Herausgabe beweglicher Sachen. Geht es um die Herausgabe, ohne dass ein Miet- oder Pachtverhältnis vorliegt, so ist die Bewertung nach dem Verkehrswert gemäß § 6 ZPO vorzunehmen (siehe Kapitel 2.2.10), was z. B. zutrifft, wenn der Käufer einer Eigentumswohnung vom Verkäufer die Räumung verlangt.

Sollte zusätzlich zum Räumungsverlangen rückständiges Miet- oder Pachtentgelt eingeklagt werden, sind gemäß § 5 ZPO (§ 22 Abs. 1 RVG) der Jahresbetrag (12 x Monatsmiete/pacht) und das rückständige Entgelt zu addieren, wobei der Rückstand auch das einjährige Entgelt übersteigen darf.

Beispiel: Völz hat den Mietvertrag über die an Morbach vermietete Wohnung gekündigt, da Morbach ihm für insgesamt 13 Monate die Miete schuldig geblieben ist. Da Morbach die Wohnung nicht verlässt, klagt Völz auf Räumung der Wohnung. Die monatliche Miete beträgt 1 000,00 EUR.

Der Gebührenstreitwert berechnet sich wie folgt:

Räumungsklage (§ 41 Abs. 2 S. 1 GKG)	12 x 1 000,00 EUR = 12 000,00 EUR
Rückstand für 13 Monate	13 x 1 000,00 EUR = <u>13 000,00 EUR</u>
Gebührenstreitwert insgesamt (§ 22 Abs. 1 RVG, § 5 ZPO)	<u>25 000,00 EUR</u>

Merke:
Bei Räumungsklage nach Beendigung eines Miet- oder Pachtverhältnisses ist der Gebührenstreitwert höchstens ein Jahresbetrag des Entgelts.

Verlangt der Kläger die Räumung nicht nur wegen Beendigung eines Miet- oder Pachtverhältnisses, sondern auch aus einem anderen Rechtsgrund (z. B. Eigentum oder Besitz), so ist immer der Wert der Nutzung eines Jahres maßgebend, der meistens dem einjährigen Entgelt entspricht (§ 41 Abs. 2 S. 2 GKG).

2.2.11.3 Räumungsklage und Sozialklausel des BGB (§ 41 Absätze 3 und 4 GKG)

In § 41 Abs. 3 GKG ist für den Fall eine Anordnung getroffen, dass bei einem anhängigen Räumungsprozess der Mieter (z. B. auch durch Widerklage) seine Ansprüche auf Fortsetzung des Mietverhältnisses („Sozialklausel", § 574 BGB) geltend macht. Der Streitwert des Räumungsverlangens und der Streitwert des Fortsetzungsverlangens sind dann nicht zusammenzurechnen, obwohl hier verschiedene Streitgegenstände vorliegen. Als Gebührenstreitwert für das gesamte Verfahren ist also stets nur maximal ein Jahresbetrag des Entgelts anzusetzen. Voraussetzung ist, dass das Gericht über beide Ansprüche in demselben Prozess verhandelt.

Für die Rechtsmittelinstanz ist nach § 41 Abs. 4 GKG grundsätzlich derselbe Wert anzunehmen, der für die erste Instanz maßgeblich war, wenn nicht die Beschwer geringer ist.

2.2.11.4 Erhöhung der Wohnungsmiete (§ 41 Absatz 5 GKG)

Bei einer Klage des Vermieters auf Zustimmung des Mieters zur Erhöhung der Miete gemäß den §§ 558 ff. BGB ist höchstens der Jahresbetrag des zusätzlich geforderten Entgelts maßgebend. Man muss also den Unterschiedsbetrag zwischen der bisherigen und der vom Vermieter verlangten höheren Miete ermitteln und davon den Jahresbetrag berechnen, wenn nicht die streitige Zeit kürzer als ein Jahr ist. Die Regelung des § 41 Abs. 5 GKG gilt nur für Wohnraum, bei Geschäftsräumen ist § 9 ZPO anzuwenden.

2.2.11.5 Zum Begriff der Miete (§ 41 GKG)

Bei einer **Leistungsklage auf Zahlung der Miete** setzt man selbstverständlich den eingeforderten Betrag als Streitwert an, wobei dieser sich aus der eigentlichen Miete und den so genannten Nebenkosten zusammensetzt. Der Mieter schuldet dem Vermieter eben diesen im Mietvertrag vereinbarten Gesamtbetrag. Es gibt hierbei keine Begrenzung auf das einjährige Mietentgelt!

Dagegen ist der **Mietbegriff des § 41 GKG** erklärungsbedürftig, denn es war bisher in der Rechtsprechung umstritten, ob für den Anwendungsbereich dieser Vorschrift zur monatlichen Nettomiete die Nebenkosten hinzuzurechnen sind.

Die Miete ist als Entgelt des Mieters für die Gebrauchsüberlassung durch den Vermieter gedacht, wogegen die Nebenkosten für den Vermieter nur durchlaufende Posten sind, die nicht für ihn bestimmt sind, sondern an Dritte (z. B. Schornsteinfeger, Heizöllieferant) weiterzuleiten sind. Zumindest wurden in der Rechtsprechung meist die Nebenkosten weggelassen, die nicht als Entgelt für die Gebrauchsüberlassung angesehen werden; es wurden hier häufig Heizkosten und Warmwasserkosten genannt.

In der neueren Rechtsprechung gab es eine deutliche Tendenz dahin, sämtliche Nebenkosten wegzulassen und nur die Nettomiete zur Wertberechnung heranzuziehen. Durch die Aufnahme des Satzes 2 in § 41 Abs. 1 GKG wird diese Rechtsprechung bestätigt. Damit wird klargestellt, dass Nebenkosten nur noch dann als Entgelt im Sinne des § 41 GKG anzusehen sind, wenn diese als zusätzliches Entgelt für die Gebrauchsüberlassung zu betrachten sind. Werden diese Nebenkosten vereinbarungsgemäß als Pauschale erhoben ohne Verpflichtung, darüber eine gesonderte Abrechnung zu erstellen, so kann man davon ausgehen, dass sie ein zusätzliches pauschales Entgelt darstellen. In diesem Falle gehen die Nebenkosten in die Wertberechnung gemäß § 41 GKG mit ein; dies dürfte eher selten der Fall sein. Andernfalls ist Grundlage der Berechnung des Wertes nur die **Nettomiete**. Für Pachtverträge gelten diese Überlegungen gleichermaßen.

> **Merke:**
> Für den Anwendungsbereich des § 41 GKG wird in der Regel nur die Nettomiete oder -pacht der Berechnung des Gebührenstreitwertes zugrunde gelegt.

2.2.12 Ansprüche auf wiederkehrende Leistungen (§ 42 GKG, § 9 ZPO)

Hinweis: Bei der Bewertung wiederkehrender Leistungen gibt es große Unterschiede, je nachdem, ob die Bewertungsvorschriften für den Zuständigkeitsstreitwert oder für den Gebührenstreitwert heranzuziehen sind. Man kann hier leicht schwer wiegende Fehler begehen, wenn das falsche Gesetz zur Anwendung gelangt. Es ist daher bei wiederkehrenden Leistungen notwendig, die Streitwertarten streng auseinander zu halten.

Wiederkehrende Leistungen sind solche, die sich aus demselben Rechtsgrund in kleineren oder größeren Zeitabständen wiederholen, wobei die einzelnen Leistungen nicht unbedingt gleichmäßig hoch und die zeitlichen Zwischenräume nicht unbedingt regelmäßig sein müssen. Zuständigkeitsstreitwert und Gebührenstreitwert haben gemein, dass zunächst der Wert des Bezugs für ein Jahr festzustellen und dann – je nach der anzuwendenden Wertvorschrift – mit der entsprechenden Zahl der Jahre zu vervielfältigen ist.

Der **Zuständigkeitsstreitwert** und der Rechtsmittelstreitwert werden bei wiederkehrenden Leistungen nach § 9 ZPO bestimmt, der außerdem für die Ermittlung des Gebührenstreitwertes heranzuziehen ist, sofern § 42 GKG hierfür keine Sonderregeln enthält. Danach verbleiben z. B. im **Anwendungsbereich des § 9 ZPO**: vertragliche Unterhaltsansprüche und Geldrenten, Leibrenten, Nutzungen (§ 100 BGB), Reallasten, Erbbauzinsen.

Zur **Berechnung des Zuständigkeitsstreitwertes** wird bei einem Recht auf wiederkehrende Nutzungen oder Leistungen gemäß § 9 ZPO der dreieinhalbfache Wert des Jahresbetrages angesetzt. Es kommt dabei nicht (wie in der KostO) darauf an, ob das den wiederkehrenden Leistungen zugrunde liegende Recht von bestimmter oder von unbeschränkter Dauer ist, oder ob der Zeitpunkt des Wegfalls des Rechts ungewiss ist. Jedoch bildet bei einem Recht von bestimmter Dauer der dreieinhalbfache Jahresbetrag nur den Höchstwert; bei einer kürzeren bestimmten Dauer ist die tatsächliche Zeit anzusetzen, sodass z. B. bei einem nur auf zwei Jahre vereinbarten Unterhalt der Jahresbetrag mit 2 zu vervielfältigen ist.

> **Exkurs:** Der zukünftige Wegfall eines Rechts kann gewiss sein, nur der Zeitpunkt des Wegfalls nicht. Es handelt sich bei solchen Rechten von **unbestimmter Dauer** häufig um Rechte, die an das Leben einer Person geknüpft sind; wann diese sterben wird, weiß halt niemand.
>
> Die Dauer eines Rechts kann ferner **zeitlich unbeschränkt** sein (also ein Recht auf ewig) oder auch der **Zeit nach bestimmt** sein (z. B. auf 30 Jahre). Bezugsrechte von unbeschränkter Dauer können z. B. häufig Reallasten sein.
>
> Nur bei einem **zeitlich bestimmten Recht** kann ein Vervielfältiger von weniger als 3,5 zur Berechnung des Zuständigkeitsstreitwertes herangezogen werden.
>
> Da dies manchmal verwechselt wird, sei darauf hingewiesen, dass für Grunddienstbarkeiten § 7 ZPO anzuwenden ist, wobei der zu vergleichende Wert der Grunddienstbarkeit für das herrschende und das dienende Grundstück nach § 3 ZPO zu schätzen ist.

Entscheidend ist bei allen Streitwertarten, dass § 9 ZPO und § 42 GKG nur anzuwenden sind, wenn es bei dem Streit um das Recht als solches geht. Betrifft der Rechtsstreit nur **Rückstände einzelner Leistungen**, ohne dass zugleich um das Recht auf zukünftige Leistungen selbst gestritten wird, so bestimmt nur der Gesamtbetrag der Rückstände vor Klageeinreichung den Streitwert.

Wird das **Recht auf zukünftige Leistungen zusammen mit Ansprüchen auf Rückstände** aus der Zeit vor der Einreichung der Klage eingefordert, so werden die Rückstände dem Streitwert hinzugerechnet (§ 5 Hs. 1 ZPO, § 42 Abs. 5 S. 1 Hs. 1 GKG); ausgenommen sind Prozesse vor den Arbeitsgerichten (§ 42 Abs. 5 S. 1 Hs. 2 GKG). Ein solcher Rückstand kann durchaus den nach den Absätzen 1 bis 3 des § 42 GKG errechneten Wert übersteigen. Es werden nur Rückstände bis zum Zeitpunkt der Klageeinreichung (nicht bis zur Klagezustellung bzw. Rechtshängigkeit) berücksichtigt; der Eingangsstempel des Gerichts ist hierfür entscheidend. Nach Einreichung der Klage aufgelaufene Rückstände bleiben unberücksichtigt. Rückständig ist jeder Betrag, der vor dem Zeitpunkt der Einreichung der Klage oder des Antrags auf Prozesskostenhilfe fällig gewesen ist (§ 42 Abs. 4 S. 2 GKG). Im Fall des Antrags auf Prozesskostenhilfe gilt dies jedoch nur dann, wenn die Klage alsbald nach der Bewilligung eingereicht wird.

Beispiel: Am 16. Dezember wird eine Klage auf monatliche Unterhaltszahlung von 500,00 EUR seit dem 1. September eingereicht, wobei die einzelnen Unterhaltsbeträge jeweils zum 1. eines jeden Monats im Voraus zahlbar sein sollen, also fällig sind.

Der Wert der **Unterhaltsklage** wird im nächsten Kapitel bestimmt.

Diesem Wert hinzuzurechnen ist der Betrag des bis zur Klageeinreichung rückständigen Unterhalts, wobei auch ein „angebrochener" Monat oder ein begonnenes Vierteljahr mitzählt, wenn nur die einzelne Leistung vor Klageeinreichung fällig war.

Bis zum 16. Dezember (Klageeinreichung) waren die Unterhaltszahlungen für September, Oktober, November und Dezember bereits fällig gewesen, sodass die **Rückstände** sich auf 4 x 500,00 EUR = 2 000,00 EUR belaufen.

Für den **Gebührenstreitwert** zur Berechnung der Anwalts- und Gerichtsgebühren werden die Wertvorschriften des § 9 ZPO durch die Bestimmung des § 42 GKG für einzelne Ansprüche abgeändert, was im Wesentlichen gesetzliche Unterhaltsansprüche und Geldrenten wegen Verletzung oder Tötung eines Menschen betrifft.

2.2.12.1 Gesetzliche Unterhaltsansprüche (§ 42 Absatz 1 GKG)

Bei Ansprüchen auf Erfüllung einer **gesetzlichen** Unterhaltspflicht ist grundsätzlich der **Jahresbetrag des Unterhalts** für den Gebührenstreitwert maßgebend. Von § 42 Abs. 1 GKG erfasst werden nur gesetzliche Unterhaltsansprüche jeder Art (z. B. des Ehegatten, der Kinder), nicht aber freiwillige Unterhaltszahlungen, diese auch nicht, wenn sie vertraglich vereinbart wurden.

Der Gebührenstreitwert kann nur dann geringer sein als der Jahresbetrag des Unterhalts, wenn schon bei Klageeinreichung endgültig absehbar ist, dass der gesetzliche Unterhalt für weniger als ein Jahr verlangt wird.

Bei unterschiedlich hohen Monatsbeträgen des gesetzlichen Unterhalts werden die Monatsbeträge der ersten 12 Monate nach Einreichung der Klage zusammengerechnet. Unterhaltsrückstände, die vor der Klageeinreichung fällig waren, sind dem nach § 42 Abs. 1 GKG berechneten Wert hinzuzurechnen (§ 42 Abs. 5 GKG).

Beispiel: Am 16. Dezember wird von Herrn Kunze, vertreten durch RAin Müller-Lüdenscheidt, eine Klage auf monatliche Unterhaltszahlung von 500,00 EUR seit dem 1. September gegen Frau Kunze eingereicht, wobei die einzelnen Unterhaltsbeträge jeweils zum 1. eines jeden Monats im Voraus zahlbar sein sollen.

a) Der **Zuständigkeitsstreitwert** (§ 9 ZPO) braucht nicht bestimmt zu werden, da die Klage sowieso in die Zuständigkeit der Amtsgerichte (Familiengerichte, §§ 23 a Ziff. 2, 23 b Abs. 1 Ziff. 6 GVG) fällt.

b) Zur Feststellung des **Gebührenstreitwertes** ist zunächst der Wert der Klage auf Erfüllung der Unterhaltspflicht zu ermitteln: Der ergibt sich vorerst aus dem Jahresbetrag des geforderten Unterhalts: 12 x 500,00 EUR = 6 000,00 EUR. Diesem Wert hinzuzurechnen ist der Betrag des bis zur Klageeinreichung rückständigen Unterhalts. Bis zum 16. Dezember (Klageeinreichung) waren die Unterhaltszahlungen für September, Oktober, November und Dezember bereits fällig gewesen (vgl. Beispiel in Kapitel 2.2.12), sodass die Rückstände sich auf 4 x 500,00 EUR = 2 000,00 EUR belaufen.

Der Gebührenstreitwert beträgt also insgesamt: Jahresbetrag: 6 000,00 EUR
  + Rückstand: 2 000,00 EUR
  8 000,00 EUR

Wenn ein **minderjähriges Kind** Unterhalt von einem Elternteil verlangt, mit dem es nicht in einem Haushalt lebt, so kann es den Unterhalt als Vomhundertsatz des jeweiligen Regelbetrages nach der Regelbetrag-Verordnung verlangen (§§ 1612 a bis 1612 c BGB). Die Regelbeträge dieser Verordnung steigen in Stufen mit dem Alter des Kindes und werden alle zwei Jahre vom Bundesjustizministerium der allgemeinen Einkommensentwicklung angepasst. Wenn Unterhalt in dieser Form eingeklagt wird, so wird der Unterhaltsberechnung der

Regelbetrag zugrunde gelegt, der entsprechend dem Alter des Kindes zum Zeitpunkt der Einreichung der Klage maßgeblich ist (§ 42 Abs. 1 S. 2 GKG). Außer im Falle der Klage gilt dies auch im vereinfachten Verfahren zur Festsetzung des Unterhalts nach § 645 ff. ZPO ab Stellung des Antrags. Siehe auch Kapitel 10.6.2.2.1

> **Merke:**
> Bei Ansprüchen auf Erfüllung einer **gesetzlichen** Unterhaltspflicht ist grundsätzlich der Jahresbetrag des Unterhalts für den Gebührenstreitwert maßgebend. Unterhaltsrückstände, die vor der Klageeinreichung fällig waren, sind hinzuzurechnen.

Der Gebührenstreitwert für Streitigkeiten um **freiwillige oder vertragliche Unterhaltsansprüche** und Geldrenten wird nach § 9 ZPO ermittelt, da § 42 Abs. 1 GKG nur gesetzliche Unterhaltsansprüche erfasst.

2.2.12.2 Rentenansprüche aus unerlaubten Handlungen (§ 42 Absatz 2 GKG)

Der **Gebührenstreitwert** für als Schadenersatz geforderter **Geldrenten wegen Tötung oder Verletzung** eines Menschen ist in § 42 Abs. 2 S. 1 GKG geregelt. Maßgebend ist der **fünffache Jahresbetrag** der verlangten Geldrente, wenn nicht der beanspruchte Gesamtbetrag niedriger ist. Betroffen sind alle **gesetzlichen** Rentenansprüche aus unerlaubter Handlung nach den §§ 843, 844 Abs. 2 und 845 BGB.

Sind die geforderten Jahresbeträge unterschiedlich hoch, dann ist nach herrschender Meinung bei der Berechnung des fünffachen Jahresbetrages von den höchsten verlangten Jahresrentenbeträgen auszugehen, nicht etwa von einem errechneten Durchschnitt. Rückstände, die vor der Klageeinreichung fällig waren, werden hinzugerechnet (§ 42 Abs. 5 GKG).

Beispiel: Hurtig hat durch zu schnelles Fahren mit dem Fahrrad auf der falschen Straßenseite bei einem Unfall den Kaputtig schwer verletzt. Kaputtig, vertreten durch RA Taler, fordert eine Geldrente bis er in 12 Jahren in Rente geht. Für die Dauer der 12 Jahre verlangt er

- für die ersten 5 Jahre 300,00 EUR monatlich,
- dann für vier Jahre 400,00 EUR monatlich und
- für die letzten drei Jahre 500,00 EUR monatlich.

Wie hoch ist der Gebührenstreitwert?

Gemäß § 42 Abs. 2 S. 1 GKG ist der Vervielfältiger (höchstens) der fünffache Jahresbetrag der Rente. Da unterschiedlich hohe Jahresbeträge gefordert werden, muss man die höchsten vorkommenden Jahresbeträge in den Fünfjahreszeitraum einbeziehen.

Der Gebührenstreitwert berechnet sich also wie folgt:

```
3 x 12 x 500,00 EUR   = 18 000,00 EUR   (höchster Jahresbetrag)
2 x 12 x 400,00 EUR   =  9 600,00 EUR   (zweithöchster Jahresbetrag)
für 5 Jahre           = 27 600,00 EUR
```

Für die Berechnung des Zuständigkeitsstreitwertes nach § 9 ZPO vergleichen Sie das ähnliche Beispiel in Kapitel 2.1.2.

> **Merke:**
> Der Gebührenstreitwert einer kraft Gesetzes als Schadenersatz wegen Tötung oder Verletzung eines Menschen geforderten Geldrente ist höchstens der fünffache Jahresbetrag der verlangten Rente.

Von der die gesetzlichen Ansprüche begünstigenden Vorschrift des § 42 Abs. 2 GKG sind in Satz 2 ausdrücklich alle Rentenansprüche ausgenommen, die auf vertraglichen Vereinbarungen beruhen, wozu z. B. bestimmte Lebensversicherungsverträge gehören. Diese Ansprüche sind nach § 9 ZPO zu bewerten.

2.2.12.3 Ansprüche auf wiederkehrende Leistungen aus öffentlich-rechtlichen Dienstverhältnissen und von Arbeitnehmern (§ 42 Absatz 3 GKG)

Für Ansprüche dieser Art ist der **dreifache Jahresbetrag** maßgebend, wenn nicht der geltend gemachte Gesamtbetrag geringer ist.

Beachten Sie, dass die Wertermittlung für eine Klage, die das Bestehen, das Nichtbestehen oder die Kündigung eines Arbeitsverhältnisses einschließlich von Eingruppierungsstreitigkeiten betrifft, in § 42 Abs. 4 GKG besondere Wertbestimmungen mit niedrigeren Werten getroffen wurden (vgl. Kapitel 2.2.13).

2.2.12.4 Sonstige wiederkehrende Leistungen (§ 9 ZPO)

Für alle nicht unter § 42 GKG fallenden wiederkehrenden Leistungen ist der Gebührenstreitwert gemäß § 48 Abs. 1 GKG nach den Vorschriften für den Zuständigkeitsstreitwert nach § 9 ZPO zu ermitteln. Es handelt sich dabei z. B. um vertragliche Unterhaltsansprüche und Geldrenten, Leibrenten, Nutzungen (§ 100 BGB), Reallasten, Erbbauzinsen. Die Wertberechnung gemäß § 9 ZPO ist oben in Kapitel 2.2.12 beschrieben.

2.2.13 Arbeitsverhältnisse (§ 42 Absatz 4 GKG)

In Verfahren vor den Arbeitsgerichten wegen Bestehens oder Nichtbestehens eines Arbeitsverhältnisses oder wegen Feststellung der Unwirksamkeit einer Kündigung ist der Streitwert nicht nach § 42 Abs. 3 GKG, sondern nach § 42 Abs. 4 GKG zu ermitteln, was zu ermäßigten Werten führt. Streitwert ist höchstens der Bruttoarbeitsverdienst für 3 Monate; Abfindungen werden nicht hinzugerechnet.

Bei Rechtsstreitigkeiten über eine Eingruppierung ist der Wert des dreijährigen Unterschiedsbetrages zwischen der gewährten und der begehrten Vergütung maßgebend, sofern nicht der Gesamtbetrag der geforderten Leistung geringer ist. Bis zur Klageerhebung entstandene Rückstände werden nicht hinzugerechnet.

2.2.14 Der Gegenstandswert in der Zwangsvollstreckung (§ 25 Absatz 1 RVG)

In § 4 Abs. 1 Hs. 2 ZPO wird ein **Additionsverbot für** einige Arten von **Nebenforderungen** wie Zinsen und Kosten angeordnet, soweit diese als Nebenforderungen geltend gemacht werden. Von diesem Additionsverbot gibt es eine wichtige **Ausnahme in Zwangsvollstre-**

ckungsangelegenheiten für die Berechnung der Anwaltsgebühren: Bei Aufträgen zur Zwangsvollstreckung setzt sich der Gegenstandswert für die Anwaltsgebühren zusammen aus der Hauptforderung, den Verfahrenskosten, den Zinsen und den bisher angefallenen Kosten der Zwangsvollstreckung (§ 25 Abs. 1 Ziff. 1 Hs. 1 RVG). Siehe Kapitel 7.1.3.

2.2.15 Arrest und einstweilige Verfügung (§ 53 GKG)

Bei Verfahren über einen Antrag auf Anordnung, Abänderung oder Aufhebung eines Arrestes oder einer einstweiligen Verfügung bestimmt sich der Wert nach dem gemäß § 3 ZPO frei zu schätzenden Interesse des Antragstellers an der Sicherstellung seines Anspruches (§ 53 Abs. 1 Ziff. 1 GKG). Da es sich bei diesen Verfahren nur um eine vorläufige Maßnahme handelt, wird in der Regel ein Wert angenommen, der erheblich unter dem der Hauptsache liegt; im Allgemeinen wird ein Drittel bis zur Hälfte des Wertes der Hauptsache festgesetzt.

Beispiel: Kandel aus Saarbrücken hat gegen den Berger aus Kaiserslautern eine Kaufpreisforderung von 60 000,00 EUR, die Berger seit Monaten nicht bezahlt hat. Nachdem Kandel erfahren hat, dass Berger auswandern will und dabei ist, sein Vermögen zu versilbern, beantragt er die Anordnung eines Arrestes zur Eintragung einer Arresthypothek auf dem Grundstück des Berger.

Der Gebührenstreitwert für das Arrestverfahren wird z. B. auf ein Drittel der Hauptforderung, also auf 20 000,00 EUR festgesetzt (§ 53 Abs. 1 Ziff. 1 GKG).

2.2.16 Berufungs- und Revisionsverfahren (§ 47 GKG)

Im Berufungs- und im Revisionsverfahren bestimmt sich gemäß § 47 Abs. 1 S. 1 GKG grundsätzlich der **Streitwert nach den Anträgen des Rechtsmittelklägers**, also nicht unbedingt nach den Anträgen der ersten Instanz. Der Rechtsmittelkläger kann übrigens auch der Beklagte aus der früheren Instanz sein.

Beispiel: Braun wird von Kohl auf Zahlung von 5 000,00 EUR verklagt. Das Gericht gibt der Klage wegen 4 000,00 EUR statt und weist sie wegen 1 000,00 EUR ab. Braun legt wegen der Verurteilung Berufung ein und zwar beschränkt auf einen Teilbetrag von 3 000,00 EUR.

Der Gebührenstreitwert richtet sich gemäß § 47 Abs. 1 S. 1 GKG nach dem Antrag des Rechtsmittelklägers und beläuft sich folglich auf 3 000,00 EUR.

Für den wertbestimmenden Antrag hat der Rechtsmittelkläger Zeit bis zum Ende der Rechtsmittelbegründungsfrist (§§ 520 Abs. 3 Ziff. 1, 551 Abs. 3 Ziff. 1 ZPO), sodass der Streitwert durchaus bis zum Ablauf der Begründungsfrist ungeklärt bleiben kann. Wenn nun nach Einlegung des Rechtsmittels das Verfahren endet,

- ohne dass überhaupt ein Antrag gestellt wurde, oder
- ohne dass Anträge noch innerhalb der Begründungsfrist gestellt wurden,

so wäre nach § 47 Abs. 1 S. 1 GKG ohne Antrag auch kein Streitwert feststellbar. Deshalb ordnet § 47 Abs. 1 S. 2 GKG an, dass es in einem solchen Fall nicht auf den Antrag, sondern auf die Beschwer des Rechtsmittelklägers ankommt. Die Beschwer ergibt sich aus dem Unterschied zwischen den Anträgen aus der Vorinstanz und dem angefochtenen Urteil.

Beispiel: Braun wird von Kohl auf Zahlung von 5 000,00 EUR verklagt. Das Gericht gibt der Klage wegen 4 000,00 EUR statt und weist sie wegen 1 000,00 EUR ab. Braun legt wegen der Verurteilung Berufung ein, stellt jedoch während der Berufungsbegründungsfrist keinen Sachantrag.

Der Gebührenstreitwert richtet sich gemäß § 47 Abs. 1 S. 2 GKG nach der Beschwer des Rechtsmittelklägers und beläuft sich folglich auf 4 000,00 EUR.

Sofern der Streitgegenstand nicht erweitert wird, kann der Streitwert einer Rechtsmittelinstanz nicht höher als der Streitwert der ersten Instanz sein (§ 47 Abs. 2 GKG).

> **Merke:**
> Im Berufungs- und im Revisionsverfahren bestimmt sich der Streitwert nach den Anträgen des Rechtsmittelklägers oder, wenn er keinen Sachantrag stellt, nach seiner Beschwer.

2.2.17 Nichtvermögensrechtliche Streitigkeiten (§ 48 Absätze 2 und 3 GKG)

Nichtvermögensrechtliche Ansprüche haben eigentlich keinen messbaren Wert. Eine Bewertung dieser Streitigkeiten muss auch nur zum Zweck der Gebührenberechnung und der Klärung der Zuständigkeitsfrage vorgenommen werden.

Nichtvermögensrechtliche Ansprüche sind solche Ansprüche, die sich nicht in Geld ausdrücken oder in einen Geldwert umsetzen lassen, weil sie eben auf einem nichtvermögensrechtlichen Verhältnis beruhen. Angelegenheiten nichtvermögensrechtlicher Art sind insbesondere Ehesachen, Vaterschaftssachen, Kindschaftssachen, Familien- und Personenstandssachen, aber auch z. B. Streitigkeiten über das Recht zum Gebrauch eines Namens, wegen Unterlassung ehrenrühriger Behauptungen, wegen Herausgabe eines Tagebuches, wegen Einsicht in eine Personalakte.

Die **Bewertung nichtvermögensrechtlicher Ansprüche** ist nach § 48 Abs. 2 GKG vorzunehmen. Der Streitwert ist unter **Berücksichtigung aller Umstände des Einzelfalles** nach Ermessen zu bestimmen, wobei man sein Augenmerk insbesondere auf den **Umfang der Sache** für das Gericht, die **Bedeutung der Sache** für die Parteien und die **Vermögens- und Einkommensverhältnisse** der Parteien richten muss. Der Wert ist im Allgemeinen gemäß vorstehender Anleitung nach Ermessen zu bestimmen, wobei das Gesetz nur in einigen Fällen einen so genannten Ausgangswert zur Verfügung stellt. Der Wert darf nicht über 1 Million Euro angenommen werden. Wie man bei der Bewertung nichtvermögensrechtlicher Ansprüche vorzugehen hat, ist detailliert in Kapitel 10.2.1.1.2 für die Wertberechnung in Ehesachen dargestellt.

In der Praxis hat man mit nichtvermögensrechtlichen Streitigkeiten am häufigsten in Ehe-, Familien- und Kindschaftssachen zu tun. Die Bewertung dieser Angelegenheiten ist in den Kapiteln 10.2.1.1.2 und 10.3.2.2 ausführlich beschrieben. Nachfolgend sollen daher nur einige allgemeine Hinweise gegeben werden:

- In **Ehesachen** (Ehescheidung) ist für die Einkommensverhältnisse das in drei Monaten erzielte Nettoeinkommen beider Eheleute gemäß § 48 Abs. 2 S. 1 GKG als Ausgangswert einzusetzen, wobei dann nach Lage des Falles noch die anderen wertbestimmenden Faktoren des § 48 Abs. 2 GKG zu berücksichtigen sind. Der Mindestwert beträgt 2 000,00 EUR (§ 48 Abs. 2 S. 2 GKG). Siehe Kapitel 10.2.1.1.2.

- In einigen **Scheidungsfolgesachen im Verbund** (z. B. Regelung der elterlichen Sorge) beträgt der Wert nach § 48 Abs. 2 S. 3 GKG 900,00 EUR (Festwert). Siehe Kapitel 10.3.2.2.

- In **Kindschaftssachen** (z. B. Feststellung der Vaterschaft) beträgt der Wert nach § 48 Abs. 2 S. 3 GKG 2 000,00 EUR (Festwert). Siehe Kapitel 10.6.1.

- Der Gebührenstreitwert darf in nichtvermögensrechtlichen Streitigkeiten nicht über 1 Million EUR, in Ehesachen jedoch nicht unter 2 000,00 EUR angenommen werden (§ 48 Abs. 2 und 3 GKG).

- In bestimmten zu den **Angelegenheiten der Freiwilligen Gerichtsbarkeit** gehörenden Familiensachen (so genannte „FGG-Sachen", z. B. Regelung der elterlichen Sorge), wenn sie als selbstständige Verfahren betrieben werden, sind die Werte nach der KostO zu ermitteln. Nach § 30 Abs. 3 i. V. m. Abs. 2 KostO kann der Wert in diesen Angelegenheiten auf bis zu 500 000,00 EUR angenommen werden, wobei der Ausgangswert regelmäßig 3 000,00 EUR beträgt. Siehe Kapitel 10.2.2.2.

Beispiel: Susanne hat ihr Tagebuch ihrer Freundin Sonja vor einigen Monaten zum Lesen gegeben. Da Sonja die Rückgabe verweigert, wird sie von Susanne auf Herausgabe verklagt. Beide Parteien studieren und haben weder Vermögen noch Einkommen.

Unter Berücksichtigung aller Umstände gemäß § 48 Abs. 2 GKG dürfte hier ein Wert von 300,00 EUR als Gebührenstreitwert angemessen sein.

Beispiel: Ein bekannter Politiker hat sein Tagebuch einem Journalisten leihweise zur Verfügung gestellt, weil dieser ihm bei der Abfassung seiner Biografie helfen sollte. Die Lebensbeschreibung wird nicht erstellt, dennoch gibt der Journalist das Tagebuch nicht zurück. Der Politiker befürchtet, dass das Tagebuch in die Hände seiner politischen Gegner gelangt und klagt auf Herausgabe.

Da das Tagebuch für den Politiker eine überdurchschnittliche Bedeutung hat und wegen der überdurchschnittlichen Einkommens- und Vermögensverhältnisse wird ein Gebührenstreitwert von z. B. 30 000,00 EUR angemessen sein.

Merke:

Die Bewertung nichtvermögensrechtlicher Ansprüche ist unter Berücksichtigung aller Umstände des Einzelfalles nach Ermessen vorzunehmen, wobei es auf den Umfang und die Bedeutung der Sache und die Vermögens- und Einkommensverhältnisse der Parteien ankommt.

Der Wert darf in nichtvermögensrechtlichen Streitigkeiten nicht über 1 Million EUR, in Ehesachen jedoch nicht unter 2 000,00 EUR angenommen werden.

In selbstständigen „FGG-Sachen" wird der Wert in der Regel nach der KostO bestimmt.

Bei **Verbindung von vermögensrechtlichen und nichtvermögensrechtlichen Ansprüchen** wird aus dem grundsätzlich auch für den Gebührenstreitwert geltenden Additionsgebot des § 5 Hs. 1 ZPO über § 48 Abs. 1 S. 1 GKG durch die Sondervorschrift des § 48 Abs. 4 GKG ein Additionsverbot, wenn die Verbindung einen nichtvermögensrechtlichen Anspruch und einen **aus diesem hergeleiteten** vermögensrechtlichen Anspruch betrifft. In diesem Fall ist der Wert beider Ansprüche getrennt festzustellen und sodann der höhere Wert von beiden als Streitwert anzunehmen. Häufig vorkommendes Beispiel hierfür ist die Verbindung der Klage auf Feststellung der Vaterschaft mit der auf Zahlung von Kindesunterhalt in Höhe der Regelbeträge gemäß der Regelbetrag-Verordnung nach § 653 ZPO. Siehe Kapitel 10.6.2.2.3.

2.3 Gegenstandswert für anwaltliche Tätigkeiten ohne Zusammenhang mit einem gerichtlichen Verfahren (§ 23 Absatz 3 RVG)

Die Ermittlung des Gegenstandswertes für anwaltliche Tätigkeiten erfolgt nach § 23 RVG, der seinerseits auf die anderen Kostengesetze verweist. Dies wurde bereits oben in den Kapiteln 2.1.2 und 2.1.3 dargestellt. Während § 23 RVG

- in Absatz 1 Wertvorschriften für gerichtliche und diesen vorausgehende oder sie vermeidende Anwaltstätigkeiten enthält,
- beinhaltet Absatz 3 Wertvorschriften für Angelegenheiten, die nicht die Mitwirkung des RA an einem gerichtlichen Verfahren betreffen bzw. seiner Vorbereitung oder Vermeidung dienen,
- wobei Absatz 3 auch auf die Fälle anwendbar ist, in denen für die Gerichtsgebühren keine Wertvorschriften vorgesehen sind, weil z. B. das gerichtliche Verfahren gebührenfrei ist, sofern das RVG nicht an anderer Stelle entsprechende Wertvorschriften normiert, so in den §§ 24 bis 31 RVG.

Es sei in diesem Zusammenhang auf das in Kapitel 2.1.4 dargestellte Prüfungsschema zur Ermittlung des Gegenstandswertes zu § 23 RVG hingewiesen.

Für die in § 23 Abs. 1 RVG aufgeführten Anwaltstätigkeiten ist typisch, dass sie entweder der **Geltendmachung oder der Abwehr von Rechten** dienen, auch ohne dass sich unbedingt ein Gericht damit beschäftigen muss. Im Gegensatz dazu befasst sich § 23 Abs. 3 RVG im Wesentlichen mit der **Begründung von Rechten**, worunter insbesondere die Anfertigung von Vertrags- oder Urkundenentwürfen fällt, aber auch z. B. die Mitwirkung des RA an Verkaufsverhandlungen oder bei der Auseinandersetzung von Gemeinschaften und Gesellschaften, wenn dabei kein Rechtsstreit zu erwarten ist.

> **Merke:**
> Nach § 23 Abs. 1 RVG darf nur bewertet werden, wenn es um irgendein gerichtliches Verfahren geht, oder um diesem gewöhnlicherweise vorausgehende oder es vermeidende Anwaltstätigkeiten.
>
> Nach § 23 Abs. 3 RVG darf nur bewertet werden, wenn kein Rechtsstreit zu erwarten ist (oder wenn ausnahmsweise für einen Rechtsstreit Wertvorschriften fehlen).

In § 23 Abs. 3 S. 1 RVG werden bestimmte **Wertvorschriften der KostO** für anwendbar erklärt, was gleichzeitig die nicht genannten Vorschriften der KostO ausschließt. Es handelt sich dabei um folgende Bestimmungen:

§ 18 Abs. 2 KostO Maßgebend ist nur der Hauptgegenstand des Geschäfts; keine Berücksichtigung von Zinsen, Kosten, usw.

§ 19 KostO Die Bewertung von beweglichen Sachen und Grundstücken erfolgt grundsätzlich mit dem gewöhnlichen Verkaufspreis bzw. dem Verkehrswert.

§ 20 KostO Beim Kauf von Sachen ist der Kaufpreis zuzüglich zusätzlicher Leistungen des Käufers maßgebend, oder der Verkehrswert der Sache, falls er höher ist;

Die Grundlagen der Bewertung

	Vorkaufs- und Wiederkaufsrechte werden mit dem halben Wert der Sache bewertet.
§ 21 KostO	Bei Bestellung von Erbbaurechten beträgt der Wert grundsätzlich 80 % vom Grundstückswert, wobei ein Vergleich mit dem vereinbarten Erbbauzins (§ 24 KostO) anzustellen ist;
	bei Bestellung von Wohnungseigentum ist die Hälfte des Grundstückswertes anzunehmen.
§ 22 KostO	Zur Bewertung einer Grunddienstbarkeit ist festzustellen, ob sich der Wert des herrschenden Grundstücks durch sie mehr erhöht als der Wert des dienenden Grundstücks sinkt; sodann ist der höhere von beiden Werten maßgebend.
§ 23 KostO	Bei Pfandrechten und sonstigen Sicherheiten ist der Nennbetrag der gesicherten Forderung oder der geringere Wert des Sicherungsgegenstands maßgebend, also der niedrigere Wert von beiden zu nehmen.
§ 24 KostO	Bei wiederkehrenden Nutzungen und Leistungen wird der Wert des einjährigen Bezugs mit unterschiedlichen Vervielfältigungsfaktoren multipliziert, die teilweise vom Lebensalter der Personen abhängen; beachten Sie, dass Absatz 3 für nicht anwendbar erklärt ist!
§ 25 KostO	Bei Miet- und Pachtrechten nimmt man bei bestimmter Vertragsdauer das Entgelt während der gesamten Vertragsdauer, höchstens jedoch für 25 Jahre und bei unbestimmter Vertragsdauer grundsätzlich für drei Jahre;
	bei Dienstverträgen geht man höchstens vom dreifachen Jahresbetrag der Bezüge aus.
§ 39 Abs. 2 KostO	Bei Austauschverträgen (gegenseitigen Verträgen) nimmt man als Wert die Leistung des Vertragspartners, die den höheren Wert hat.
§ 39 Abs. 3 KostO	Bei Eheverträgen bestimmt sich der Geschäftswert nach dem zusammengerechneten gegenwärtigen Vermögen beider Ehegatten. Bei Ermittlung des Vermögens werden die Schulden abgezogen!
§ 46 Abs. 4 KostO	Bei Testamenten und Erbverträgen bestimmt sich der Wert nach Abzug der Verbindlichkeiten (!) vom gegenwärtig vorhandenen Vermögen, wenn über den ganzen Nachlass oder einen Bruchteil davon verfügt wird. Vermächtnisse, Pflichtteilsrechte und Auflagen werden nicht abgezogen.

Beachten Sie, dass im Falle der Anwendung der §§ 39 Abs. 3 und 46 Abs. 4 KostO entgegen dem nach § 18 Abs. 3 KostO geltenden **Schuldenabzugsverbot** die Verbindlichkeiten abgezogen werden. Bei den anderen für den RA gültigen Wertvorschriften der KostO dürfen Schulden nicht abgezogen werden.

Soweit sich der Gegenstandswert von nicht auf gerichtliche Verfahren zielenden Anwaltstätigkeiten aus den vorstehend beschriebenen Wertvorschriften der KostO nicht ergibt und auch sonst nicht feststeht, ist er nach billigem Ermessen zu bestimmen (§ 23 Abs. 3 S. 2 RVG). In Ermangelung genügender tatsächlicher Anhaltspunkte für eine Schätzung, sowie bei **nichtvermögensrechtlichen Gegenständen**, ist grundsätzlich von einem Gegenstandswert von 4 000,00 EUR auszugehen. Je nach Lage des Falles ist der Gegenstandswert niedriger oder höher anzusetzen, jedoch nicht über 500 000,00 EUR.

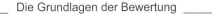

Beispiel: Der Nothdurft möchte seinen Familiennamen in Nötig ändern lassen. RAin Bauer stellt den entsprechenden Antrag bei der zuständigen Behörde.

Gegenstandswert: in Ermangelung konkreter Anhaltspunkte 4 000,00 EUR.

Weitere Beispiele: Sehen Sie in Kapitel 2.1.4 nach, das 3. und das 4. Beispiel beschäftigen sich mit der Bewertung nach § 23 Abs. 3 RVG.

Merke:

In § 23 Abs. 3 S. 1 RVG werden für Anwaltstätigkeiten außerhalb eines zu erwartenden Rechtsstreits bestimmte Wertvorschriften der KostO für anwendbar erklärt.

Ist der Wert auch nach den Vorschriften der KostO nicht feststellbar, so ist er auf einen Betrag von bis zu 500 000,00 EUR zu schätzen, wobei man in der Regel von 4 000,00 EUR ausgehen kann.

2.4 Festsetzung des Gegenstandswertes (§§ 32, 33 RVG)

Bei jeder Beantragung einer gerichtlichen Handlung, mit der ein selbstständiges Verfahren eingeleitet wird (z. B. Klage, Berufung, Arrest, usw.), müssen sich die RAe der Parteien über den Wert des Streitgegenstandes Gedanken machen, denn die Parteien sollen bei jedem Antrag, sofern dieser nicht in einer bestimmten Geldsumme besteht, den Wert des Streitgegenstands angeben (z. B. §§ 253 Abs. 3, 520 Abs. 4 Ziff. 1, 920 Abs. 1 ZPO). Außerdem verlangt § 61 GKG grundsätzlich bei jedem Antrag, der ein gebührenpflichtiges Verfahren einleitet, die **Angabe des Wertes**.

An diese Wertangabe sind weder die Parteien noch das Gericht gebunden. Der Kläger kann seine Wertangabe jederzeit berichtigen (§ 61 S. 2 GKG), da es sich zunächst zu Beginn eines Verfahrens häufig nur um eine erste Schätzung des Wertes handeln wird. Andererseits bleibt die Wertangabe des Klägers, wenn sie nicht widerlegt wird, maßgebender Anhaltspunkt für das Festsetzungsverfahren.

2.4.1 Wertfestsetzung für die Gerichtsgebühren (§ 32 RVG)

In bürgerlichen Rechtsstreitigkeiten kann der Streitwert aus drei Gründen festgesetzt werden, weil man ihn benötigt als

- Zuständigkeitsstreitwert,
- Rechtsmittelstreitwert oder
- Gebührenstreitwert.

Wenn durch das Gericht eine **Festsetzung des Zuständigkeitsstreitwertes** oder des Rechtsmittelstreitwertes erfolgt ist, dann ist diese Festsetzung auch für den Gebührenstreitwert maßgebend, und zwar für die Gerichtsgebühren (§ 62 S. 1 GKG), sowie für die Anwaltsgebühren (§ 32 Abs. 1 RVG). In § 62 S. 1 GKG wird dies jedoch eingeschränkt durch den Hinweis: „... soweit die Wertvorschriften dieses Gesetzes nicht von den Wertvorschriften des Verfahrensrechtes abweichen". Darin steckt die Logik, dass der **Zuständigkeits- oder Rechtsmittelstreitwert** nach den Wertvorschriften der §§ 3 bis 9 ZPO ermittelt wird, wobei dann naturgemäß die besonderen gebührenrechtlichen Bestimmungen der §§ 39 bis 60 GKG unberücksichtigt bleiben. Deshalb sagt § 63 Abs. 2 S. 1 GKG folgerichtig: „Soweit

Die Grundlagen der Bewertung

eine Entscheidung nach § 62 Satz 1 nicht ergeht oder **nicht bindet**, setzt das Prozessgericht den Wert für die zu erhebenden Gebühren durch Beschluss fest ...", womit für diese Fälle durch § 63 Abs. 2 GKG ein **spezieller Festsetzungsbeschluss für den Gebührenstreitwert** vorgeschrieben wird. Das Gericht muss den Wert durch Beschluss festsetzen, sobald eine Entscheidung über den gesamten Streitgegenstand ergeht oder sich das Verfahren anderweitig erledigt.

Beispiel: Hurtig hat durch zu schnelles Fahren mit dem Fahrrad auf der falschen Straßenseite bei einem Unfall den Kaputtig schwer verletzt. Kaputtig fordert eine Rente in Höhe von 500,00 EUR monatlich und zwar so lange, bis er in 32 Jahren in Pension geht. Er wird dabei von RA Taler vertreten, der die Klage beim Landgericht einreicht (Zuständigkeitsstreitwert gemäß § 9 ZPO: 12 x 500,00 EUR x 3,5 = 21 000,00 EUR).

Das Landgericht gibt der Klage in Höhe von 400,00 EUR monatlich statt und weist sie in Höhe von 100,00 EUR zurück. Kaputtig legt durch RA Taler Berufung ein und beantragt, den Beklagten zur Zahlung der abgewiesenen 100,00 EUR zu verurteilen.

Das Oberlandesgericht weist die Berufung nicht zurück und setzt den Wert des Beschwerdegegenstands gemäß § 9 ZPO fest auf 12 x 100,00 EUR x 3,5 = 4 200,00 EUR.

Der so festgesetzte **Rechtsmittelstreitwert** ist für die Gerichtsgebühren nicht verbindlich, da § 42 Abs. 2 GKG für die Gebühren eine vorrangige Sonderregel enthält – und damit auch zugleich nicht bindend gemäß § 32 Abs. 1 RVG für die Anwaltsgebühren.

Nach § 63 Abs. 2 S. 1 GKG setzt das Oberlandesgericht bei Erlass des Berufungsurteils den **Gebührenstreitwert** gemäß § 42 Abs. 2 GKG fest auf: 12 x 100,00 EUR x 5 = 6 000,00 EUR.

Die **Festsetzung des Gebührenstreitwertes** ist vom Prozessgericht nach § 63 GKG von Amts wegen durch Beschluss vorzunehmen

- bei Eingang einer Klage oder eines Antrags, wenn streitwertabhängige Verfahrenskosten im Voraus zu zahlen sind und wenn der Gegenstand des Verfahrens **nicht eine bestimmte Geldsumme** in Euro ist (§ 63 Abs. 1 S. 1 GKG). Diese Festsetzung ist dann nur vorläufig, damit der Kostenbeamte die Vorauszahlung anfordern kann; sie wird aber in den meisten Fällen der endgültigen Wertfestsetzung entsprechen;

- bei Erlass einer **Entscheidung über den gesamten Streitgegenstand** (z. B. Endurteil), wenn ein Festsetzungsbeschluss über den Zuständigkeitsstreitwert gemäß § 62 S. 1 GKG nicht ergangen ist oder nach § 62 S. 1 Hs. 2 GKG für den Gebührenstreitwert keine bindende Wirkung hat (§ 63 Abs. 2 S. 1 GKG). Dies gilt auch, wenn das gesamte Verfahren sich anders als durch Entscheidung des Gerichts erledigt, also z. B. durch Zurücknahme der Klage.

Zuständig für das Wertfestsetzungsverfahren ist das Prozessgericht der jeweiligen Instanz, sodass für jede Instanz der Streitwert eigenständig festgesetzt werden kann.

Das Gericht entscheidet über den Gebührenstreitwert durch einen **Festsetzungsbeschluss**, der grundsätzlich begründet sein sollte, was in der Praxis aber oft nicht geschieht. Es handelt sich auch dann um einen Streitwertfestsetzungsbeschluss, wenn die Streitwertfestsetzung mit in das Urteil aufgenommen wird. Der Beschluss ist gebührenfrei. Der Streitwertbeschluss ist Grundlage für den Kostenansatz und das Kostenfestsetzungsverfahren gemäß den §§ 103 ff. ZPO.

Wenn die Festsetzung des Wertes für die Gerichtsgebühren erfolgt ist, so ist der Streitwertbeschluss gemäß § 32 Abs. 1 RVG auch für die Gebühren des RA bindend. Deshalb ist der RA auch aus eigenem Recht – also nicht im Namen seines Auftraggebers – dazu berechtigt, die Festsetzung des Wertes zu beantragen und Rechtsmittel gegen die Festsetzung einzulegen (§ 32 Abs. 2 RVG). Es kann nun aber auch vorkommen, dass der Wert der Handlungen des Gerichts nicht mit dem Wert der Tätigkeit des RA übereinstimmt, was z. B. dann der Fall sein kann, wenn der dem RA erteilte Auftrag sich vor der Klageeinreichung teilweise erledigt.

Beispiel: Einem RA wird Klageauftrag über 8 000,00 EUR erteilt. Bevor der RA die Klageschrift beim zuständigen Gericht einreicht, zahlt der Gegner 3 000,00 EUR. Die Klage wird nun nur noch wegen 5 000,00 EUR erhoben.

Das Gericht wird später den Streitwert auf 5 000,00 EUR festsetzen, da die nicht eingeklagten 3 000,00 EUR bei dem Streitwertbeschluss nicht berücksichtigt werden können.

Aus vorstehendem Beispiel wird deutlich, dass die zum Zweck der Berechnung der Gerichtsgebühren erfolgende Streitwertfestsetzung nicht in jedem Falle auch zur Ermittlung der Anwaltsgebühren geeignet ist. Die Gebühren, die hinsichtlich der 3 000,00 EUR entstanden sind, können nicht im Kostenfestsetzungsverfahren (§§ 103 ff. ZPO) gerichtlich festgesetzt werden. Der RA wird sie auf andere Weise einfordern müssen: entweder werden sie gegen den Gegner mit eingeklagt oder der RA wird notfalls seinen Mandanten verklagen müssen.

In einigen Fällen gibt es noch eine spezielle Wertfestsetzung für die Rechtsanwaltsgebühren gemäß § 33 RVG, die weiter unten erläutert werden soll.

Es gibt grundsätzlich drei verschiedene **Möglichkeiten der Feststellung des Gegenstandswertes** als Grundlage der Berechnung der Anwaltsgebühren, was von der jeweiligen Tätigkeit des RA abhängig ist:

1. Der Gegenstand der Handlungen des Gerichts stimmt wertmäßig mit dem der Tätigkeit des RA überein, sodass der Gebührenstreitwert für die Gerichtsgebühren und für die Anwaltsgebühren der gleiche ist; dann gilt der gerichtliche Streitwertbeschluss gemäß **§ 32 RVG** auch als Grundlage für die Berechnung der Anwaltsgebühren.

2. Der Gegenstand der Handlungen des Gerichts stimmt wertmäßig mit dem der Tätigkeit des RA nicht überein, weil beispielsweise der Wert der anwaltlichen Tätigkeit geringer ist (z. B. RA vertritt in einem Prozess nur einen von zwei Beklagten), oder weil sich in dem gerichtlichen Verfahren die Gebühren nicht nach dem Wert richten (z. B. das Gericht erhebt Festgebühren oder Betragsrahmengebühren) bzw. wenn das Verfahren gerichtsgebührenfrei ist; dann ist der Gegenstandswert der anwaltlichen Tätigkeit nach **§ 33 RVG** festzusetzen.

3. Der RA wird nur außergerichtlich tätig. In diesem Fall richtet sich die Tätigkeit des RA überhaupt nicht auf ein anhängiges gerichtliches Verfahren, sodass ein gerichtlicher Streitwertbeschluss nicht ergehen kann. Falls sich RA und Auftraggeber in diesem Falle nicht über den Gegenstandswert einigen, wird eine gerichtliche Entscheidung über den Wert nur im Rahmen einer **Gebührenklage** möglich sein. Ein gerichtliches Verfahren liegt auch dann nicht vor, wenn der Klageauftrag des RA endet, bevor es zur Klageeinreichung kommt, z. B. weil der Schuldner gezahlt hat.

2.4.2 Wertfestsetzung für die Rechtsanwaltsgebühren (§ 33 RVG)

Wie schon vorstehend dargelegt, kann es vorkommen, dass eine gerichtliche Streitwertfestsetzung nicht gemäß § 32 RVG für den Gegenstandswert der Anwaltstätigkeit maßgebend sein kann. Einige Gründe hierfür seien nachfolgend beispielshalber zusammengefasst:

a) Das gerichtliche Verfahren ist gerichtsgebührenfrei. Das Gericht hat also keinen Anlass, einen Gebührenstreitwert festzusetzen. So werden beispielsweise für das Bewilligungsverfahren über die Prozesskostenhilfe keine Gerichtsgebühren erhoben, jedoch erhält der RA, der den Antrag gestellt hat, eine Gebühr nach VV Nr. 3335 RVG. Der Gegenstandswert für diese Gebühr kann deshalb nach § 33 RVG festgesetzt werden.

b) Als Gerichtskosten fallen Festgebühren an, die Anwaltsgebühren werden dagegen nach dem Gegenstandswert berechnet. Dies kann beispielsweise in Angelegenheiten der Zwangsvollstreckung der Fall sein, wenn für Vollstreckungshandlungen des Vollstreckungsgerichts Festgebühren z. B. nach KV Nr. 2110 GKG (15,00 EUR), nach KV Nr. 2114 GKG (15,00 EUR) oder nach KV Nr. 2117 GKG (50,00 EUR) erhoben werden, der RA aber eine wertabhängige Gebühr nach VV Nr. 3309 RVG berechnet.

c) Wenn z. B. vor dem Amtsgericht die Partei selbst Klage einreicht und erst nachdem sich der Anspruch teilweise erledigt hat, einen RA mit der Fortführung des Prozesses beauftragt, dann ist für die Gerichtsgebühren der gesamte Streitwert maßgebend, für die Anwaltsgebühren dagegen nur der übriggebliebene Teil.

d) Es kann sein, dass ein RA nur einen von mehreren Streitgenossen vertritt, wobei das Gericht nach § 5 ZPO die Klageforderungen aller Streitgenossen zusammengerechnet hat. Der RA kann seine Gebühren aber nur nach dem Wert berechnen, mit dem der von ihm vertretene Streitgenosse an dem Verfahren beteiligt ist.

Beispiel: Der durch einen Verkehrsunfall verletzte Putt verklagt den Halter und den am Unfall schuldigen Fahrer des Pkw als Gesamtschuldner auf Zahlung von 5 000,00 EUR Schadenersatz und zusätzlich den Fahrer auf Zahlung von 2 000,00 EUR Schmerzensgeld. Die RAe des Putt und des Fahrers können ihre Gebühren nach dem vom Gericht festgesetzten Gesamtstreitwert des Verfahrens in Höhe von 7 000,00 EUR berechnen, der RA des Halters dagegen nur nach dem Wert, für den er beauftragt ist, also 5 000,00 EUR.

In den vorstehenden und ähnlichen Fällen ist die Wertfestsetzung nach den §§ 62 und 63 GKG i. V. m. § 32 RVG nicht möglich. Um dennoch eine **Wertfestsetzung für die Rechtsanwaltsgebühren** zu ermöglichen, wurde § 33 in das RVG aufgenommen. Diese Vorschrift schafft ein eigenständiges Festsetzungsverfahren nur zum Zwecke der Festsetzung des Gegenstandswertes für die Anwaltsgebühren. Das Wertfestsetzungsverfahren des § 33 RVG hat einige Besonderheiten, die es von dem Verfahren des § 32 RVG unterscheidet:

- Eine Wertfestsetzung erfolgt in ihm nur auf Antrag, nicht von Amts wegen.
- Die Wertfestsetzung betrifft nur die Gebühren des RA, (oder dessen Auftraggeber) der den Antrag gestellt hat, nicht die Gebühren anderer am Verfahren beteiligter RAe (z. B. eines Verkehrsanwalts oder eines Terminsvertreters).

Die Wertfestsetzung gemäß § 33 RVG ist nur unter folgenden **Voraussetzungen** zulässig:

1. Der RA muss in einem **gerichtlichen Verfahren** tätig geworden sein.
2. a) Die Gebühren des RA können nach dem für die Gerichtsgebühren maßgebenden Wert **nicht** berechnet werden oder
   b) es **fehlt ein Wert** für die Gerichtsgebühren, da das gerichtliche Verfahren gebührenfrei ist oder wertunabhängige Gebühren dafür berechnet werden.
3. Das Wertfestsetzungsverfahren gemäß § 33 RVG wird **nur auf Antrag** eingeleitet (nie von Amts wegen).
4. Der Antrag auf Einleitung des Wertfestsetzungsverfahrens ist erst zulässig, wenn für den RA die **Vergütung fällig ist** (§ 8 RVG).
5. **Antragsberechtigt** sind der RA, der Auftraggeber, ein erstattungspflichtiger Gegner und bei Gewährung von Prozesskostenhilfe auch die Staatskasse (§ 33 Abs. 2 RVG).

Hinweis: Ist der RA überhaupt nicht in einem gerichtlichen Verfahren tätig gewesen, dann ist eine Wertfestsetzung nicht zulässig. Der RA muss dann den Gegenstandswert im Rahmen einer **Gebührenklage** vom Prozessgericht ermitteln lassen. Auch ein Antrag auf Vergütungsfestsetzung gemäß § 11 RVG ist in diesem Fall nicht möglich, da auch hierfür ein gerichtliches Verfahren die Voraussetzung ist (siehe § 11 Abs. 1 RVG und in Kapitel 1.2.10).

2.4.3 Zusammenfassung

Vorstehende Erläuterungen zur Streitwertfestsetzung sollen in einer Übersicht zusammengefasst werden.

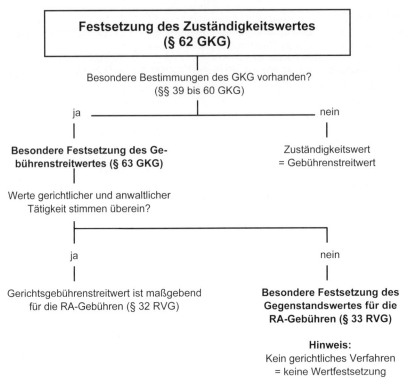

Übersicht: Wertfestsetzung

> **Merke:**
> Eine Festsetzung des Zuständigkeitsstreitwertes oder des Rechtsmittelstreitwertes ist grundsätzlich auch für die Berechnung der Gerichtsgebühren maßgebend (§ 62 S. 1 GKG).
>
> Ergeht keine Entscheidung über den Zuständigkeitsstreitwert oder berücksichtigt sie die besonderen gebührenrechtlichen Bestimmungen des GKG nicht, dann muss der Gebührenstreitwert von Amts wegen in einem speziellen Beschluss festgesetzt werden (§ 63 Abs. 2 GKG).
>
> Stimmt der Gegenstand der gerichtlichen Tätigkeit mit dem der anwaltlichen überein, dann gilt der gerichtliche Streitwertbeschluss gemäß **§ 32 RVG** auch als Grundlage für die Berechnung der Anwaltsgebühren.
>
> Stimmt der Gegenstand der gerichtlichen Tätigkeit nicht mit dem der anwaltlichen überein, so ist der Gegenstandswert der anwaltlichen Tätigkeiten in einem speziellen Festsetzungsverfahren nach **§ 33 RVG** zu bestimmen.
>
> Richtet sich die Tätigkeit des RA überhaupt nicht auf ein anhängiges gerichtliches Verfahren, so ist ein Wertfestsetzungsverfahren nicht zulässig.

Was geschieht eigentlich, wenn weder ein Antrag auf Wertfestsetzung gestellt wird, noch das Gericht von Amts wegen den Streitwertbeschluss erlässt? Wenn ein Streitwertbeschluss durch das Gericht nicht ergangen ist und auch nicht beantragt wurde, setzt der Urkundsbeamte der Geschäftsstelle des Gerichts den Wert an und berechnet danach die Gerichtsgebühren; der Rechtspfleger setzt den Wert im Kostenfestsetzungsverfahren an. Grundsätzlich soll das Gericht diesen Beamten die Prüfung der Gerichtsakten ersparen und den Wert nach § 63 GKG von Amts wegen festsetzen, da das Gericht den Verlauf des Prozesses kennt und somit ohne Prüfung der Akten den Wert festsetzen kann.

Im Übrigen kann der RA nicht nur aus eigenem Recht die Wertfestsetzung beantragen, sondern auch Rechtsmittel gegen die Festsetzung einlegen. Als Rechtsmittel gegen den Festsetzungsbeschluss ist die – im Fall des § 33 RVG mit zwei Wochen befristete – Beschwerde zulässig, falls sich durch sie eine Änderung der Anwaltsgebühren um mehr als 200,00 EUR ergeben könnte (§§ 32 Abs. 2, 33 Abs. 3 RVG, § 68 GKG).

2.5 Zusammenstellung häufig gebrauchter Wertvorschriften

Gegenstand	Gegenstandswert
Anwaltliche Tätigkeiten ohne Zusammenhang mit einem gerichtlichen Verfahren	In § 23 Abs. 3 S. 1 RVG genannte Wertvorschriften der KostO anwenden, hilfsweise schätzen auf bis zu 500 000,00 EUR, Regelwert 4 000,00 EUR.
Arbeitseinkommen, Pfändung von künftig fällig werdendem (§ 850 d Abs. 3 ZPO)	§ 25 Abs. 1 Ziff. 1 Hs. 3 RVG: Bewertung wie wiederkehrende Leistungen nach § 42 Abs. 1 und 2 GKG. Siehe dort.
Berufungs- und Revisionsverfahren	§ 47 Abs. 1 und 2 GKG: Antrag des Rechtsmittelklägers oder, wenn er keinen Sachantrag stellt, nach seiner Beschwer.
Dienst- und Arbeitsverhältnisse, Bestehen oder Nichtbestehen, Kündigung	§ 42 Abs. 4 GKG: höchstens der Bruttoarbeitsverdienst für drei Monate; Abfindungen werden nicht hinzugerechnet.
Eidesstattliche Versicherung, Antrag auf Abnahme	§ 25 Abs. 1 Ziff. 4 RVG: Wert einschließlich der noch geschuldeten Nebenforderungen, höchstens 1 500,00 EUR.
Einstweilige Anordnungen nach § 620 Ziff. 7 ZPO: a) Ehewohnung b) Hausrat	§ 53 Abs. 2 S. 2 GKG: a) Ehewohnung: 2 000,00 EUR. b) Hausrat: 1 200,00 EUR.
Einstweilige Anordnungen nach § 620 Ziff. 1 bis 3 ZPO (Sorgerecht, Umgangsrecht, Herausgabe des Kindes)	§ 24 S. 1 RVG: in der Regel Ausgangswert 500,00 EUR, nach Ermessen bis zu 500 000,00 EUR.
Einstweilige Anordnungen über Unterhalt a) nach § 620 Ziff. 4 und 6 ZPO für Ehegatten und Kinder b) nach § 641 d ZPO für Kinder, deren Eltern nicht miteinander verheiratet sind	§ 53 Abs. 2 S. 1 GKG: 6facher Monatsunterhalt.
Ehesachen	§ 48 Abs. 2 und 3 GKG: Ausgangswert = Nettoeinkommen beider Eheleute in drei Monaten, jedoch nicht unter 2 000,00 EUR; Höchstwert 1 Mio. EUR.

Gegenstand	Gegenstandswert
Hausrats-Verordnung a) Ehewohnung b) Hausrat c) Benutzung des Hausrats	§ 100 Abs. 3 KostO: a) Ehewohnung: einjähriger Mietwert. b) Hausrat: Wert des Hausrats. c) Benutzung des Hausrats: Interesse der Beteiligten (schätzen gemäß § 30 Abs. 1 KostO).
„FGG-Sachen" als selbstständige Ehesachen (z. B. Sorgerecht)	§ 30 Abs. 3 und 2 KostO: Wert bis zu 500 000,00 EUR, Ausgangswert regelmäßig 3 000,00 EUR.
Haupt- und Nebenforderungen	§ 4 ZPO, § 43 Abs. 1 GKG: Früchte, Kosten, Nutzungen, Zinsen dürfen nicht hinzugerechnet werden, aber andere Nebenforderungen.
Herausgabeansprüche	§ 6 ZPO: Verkehrswert der jeweiligen Sache.
Hilfsanspruch	§ 45 Abs. 1 S. 2 und 3 GKG: Werte des Hilfsanspruchs und des Hauptanspruchs werden nur dann zusammengerechnet, wenn das Gericht über den Hilfsanspruch entscheidet. Betreffen beide Ansprüche denselben Gegenstand, so ist nur der Anspruch mit dem höheren Wert maßgebend.
Hilfsaufrechnung	§ 45 Abs. 3 GKG: Bei der Hilfsaufrechnung ist eine Zusammenrechnung der Werte von Klageforderung und Aufrechnungsforderung vorzunehmen, wenn der Kläger die Gegenforderung bestreitet und eine rechtskraftfähige Entscheidung über sie ergeht.
Hilfswiderklage	Werte von Klage und Widerklage addieren, wenn der Eventualfall eintritt (h. M.).
Kindschaftssachen (z. B. Feststellung der Vaterschaft)	§ 48 Abs. 3 S. 3 GKG: Festwert 2 000,00 EUR.
Klageerweiterung = zusätzlicher Streitgegenstand	Ab dem Zeitpunkt der Änderung entstehende Gebühren werden nach dem erhöhten Streitgegenstand berechnet. In gerichtlichen Verfahren ist zumindest für die Verfahrensgebühr immer der höhere Wert maßgeblich.
Lebenspartnerschaftssachen	Werden verfahrensrechtlich (§ 661 ZPO) wie die entsprechenden Familiensachen behandelt; Werte siehe dort.
Mehrere Ansprüche in einer Klage	§ 39 Abs. 1 GKG: Additionsgebot für mehrere wirtschaftlich selbstständige Ansprüche. Siehe auch § 22 Abs. 1 RVG, § 5 ZPO.
Miet- oder Pachtverträge a) Bestehen, Dauer b) Räumung c) Zahlungsklage	§ 41 GKG, § 8 ZPO: Unterschied zwischen Gebührenstreitwert und Zuständigkeitsstreitwert beachten! Mietrückstand hinzurechnen, Nettomiete heranziehen. a) (höchstens) einjähriges Entgelt (§ 41 Abs. 1 GKG). b) (höchstens) einjähriges Entgelt (§ 41 Abs. 2 GKG). c) eingeklagter Betrag einschließlich Nebenkosten.

Gegenstand	Gegenstandswert
Nichtvermögensrechtliche Ansprüche	§ 48 Abs. 2, 3 GKG: Bewertung nichtvermögensrechtlicher Ansprüche unter Berücksichtigung aller Umstände des Einzelfalles nach Ermessen vornehmen, wobei es auf den Umfang und die Bedeutung der Sache und die Vermögens- und Einkommensverhältnisse der Parteien ankommt. Wert nicht über 1 Mio. EUR, in Ehesachen nicht unter 2 000,00 EUR.
Pfändungen	§ 25 RVG: Der Gegenstandswert für die Anwaltsgebühren setzt sich zusammen aus der Hauptforderung, den Verfahrenskosten, den Zinsen und den bisher angefallenen Kosten der Zwangsvollstreckung. Bei Pfändung eines bestimmten Gegenstands ist dessen Wert maßgebend, wenn sein Wert niedriger ist als die titulierte Forderung.
Sorgerechtsregelung im Scheidungsverbund	§ 48 Abs. 3 S. 3 GKG: Festwert 900,00 EUR.
Stufenklage	§ 44 GKG: Der Gebührenstreitwert ergibt sich in der Regel aus dem Wert des in der letzten Stufe geltend gemachten Leistungsanspruches.
Teile des Streitgegenstandes	§ 36 Abs. 1 GKG: Gebühren nur nach dem Wert des Teiles berechnen. Beachten Sie § 36 Abs. 2, 3 GKG und für die Anwaltsgebühren speziell § 15 Abs. 3 RVG.
Unterhalt	Siehe wiederkehrende Leistungen
Verbindung von nichtvermögensrechtlichen und aus diesen hergeleiteten vermögensrechtlichen Ansprüchen	§ 48 Abs. 4 GKG: Es ist der Wert beider Ansprüche getrennt festzustellen und sodann der höhere Wert von beiden als Streitwert anzunehmen. (Gilt nicht für Scheidungs- und Folgesachen gemäß § 46 Abs. 1 S. 3 GKG.)
Verminderung des Wertes des Streitgegenstandes, nachträgliche	Es sind nur Gebühren betroffen, die erst nach dem Zeitpunkt der Herabsetzung zur Entstehung gelangen.
Versorgungsausgleich	§ 49 GKG: In der Regel Festwert 1 000,00 EUR (bei unterschiedlichen Anrechten 2 000,00 EUR).
Verteilungsverfahren	§ 25 Abs. 1 Hs. 4 Ziff. 1 RVG: Wert der Forderung, jedoch höchstens der zu verteilende Geldbetrag.
Wechselseitige Rechtsmittel	§ 45 Abs. 2 GKG: (Verhandlung in einem Prozess). Derselbe Gegenstand von wechselseitig eingelegten Rechtsmitteln = Additionsverbot. Verschiedene Gegenstände von wechselseitig eingelegten Rechtsmitteln = Additionsgebot.
Wertänderung	§ 40 GKG: Für die Wertberechnung ist der Zeitpunkt der betreffenden Antragstellung entscheidend.

Gegenstand	Gegenstandswert
Widerklage und Klage	§ 45 Abs. 1 GKG: (Verhandlung in einem Prozess). Derselbe Gegenstand von Klage und Widerklage = Additionsverbot. Verschiedene Gegenstände von Klage und Widerklage = Additionsgebot.
Wiederkehrende Leistungen, a) Gesetzliche Unterhaltsansprüche (gilt nicht für vertragliche Unterhaltsansprüche) b) Rentenansprüche aus unerlaubten Handlungen (gilt nicht für vertragliche Rentenansprüche) c) Rückstände	§ 42 GKG, § 9 ZPO: Unterschied zwischen Gebührenstreitwert und Zuständigkeitsstreitwert beachten! a) Grundsätzlich der Jahresbetrag des Unterhalts (§ 42 Abs. 1 GKG). b) Bei Tötung oder Verletzung eines Menschen höchstens der fünffache Jahresbetrag der verlangten Rente (§ 42 Abs. 2 GKG). c) Vor Klageeinreichung fällige Rückstände sind hinzuzurechnen (§ 42 Abs. 5 GKG).
Wiederkehrende Leistungen, sonstige	Wertberechnung gemäß § 9 ZPO für nicht unter § 42 GKG fallende wiederkehrende Leistungen.

3 AUßERGERICHTLICHE TÄTIGKEITEN

Nach statistischen Erhebungen werden derzeit mehr als 70 % aller Aufträge von den Rechtsanwälten außergerichtlich erledigt. Es handelt sich dabei zum einen um **außergerichtlich beigelegte Streitfälle** und zum anderen um Tätigkeiten der **vorsorgenden Rechtspflege**, beispielsweise der Gestaltung von Verträgen. Da die außergerichtlichen Tätigkeiten also heute den Schwerpunkt der anwaltlichen Beschäftigungen ausmachen, sind die diesbezüglichen Gebührenvorschriften an den Anfang des Vergütungsverzeichnisses des RVG gestellt worden.

Gebührenregelungen für außergerichtliche Anwaltstätigkeiten enthält das RVG in seinem Paragrafenteil in den §§ 34 bis 36 und im Vergütungsverzeichnis in den Nummern 2100 bis 2608.

Im Paragrafenteil wurde neu gegenüber dem früheren Gebührenrecht die anwaltliche Tätigkeit als Mediator (§ 34 RVG) erwähnt und die Gebühren für die Hilfeleistung in Steuersachen (§ 35 RVG) geregelt.

In Teil 2 des Vergütungsverzeichnisses werden insbesondere die Gebühren für folgende außergerichtliche Anwaltstätigkeiten festgelegt: Beratung und Gutachten, Prüfung der Erfolgsaussicht eines Rechtsmittels, außergerichtliche Vertretung und die Gebühren für Bemühungen im Rahmen der Beratungshilfe.

Die oft gebrauchte und wichtigste Gebühr für die außergerichtliche Geschäftsbesorgung und Vertretung ist die **Geschäftsgebühr**. Die Geschäftsgebühr kann häufig dann berechnet werden, wenn kein Prozessauftrag erteilt worden ist. Die Geschäftsgebühr wird im nachfolgenden Kapitel behandelt.

Hinweis: Beachten Sie, dass sowohl der Paragrafenteil (§ 34 RVG) als auch das Vergütungsverzeichnis (Nrn. 2100 bis 2608) zum 1. Juli 2006 schon wieder geändert werden. Die Gebühren für Beratung und Gutachten werden ab diesem Termin in § 34 RVG geregelt. Der Gesetzgeber hat es für sinnvoll gehalten, die Nummern 2100 bis 2103 VV RVG zu diesem Datum aus dem Vergütungsverzeichnis zu entfernen und dafür alle nachfolgenden Nummern aufrücken zu lassen.

3.1 Außergerichtliche Vertretung und Geschäftsbesorgung

(Dazu Aufgaben Gruppe 3)

Nahezu alle Fälle der **außergerichtlichen Vertretung** und Geschäftsbesorgung werden mit einer **Geschäftsgebühr** abgegolten. Diese Gebühr entsteht für die **außergerichtliche** Erledigung von bürgerlich-rechtlichen und öffentlich-rechtlichen Streitigkeiten aber auch für solche **außergerichtlichen Angelegenheiten,** für die das gerichtliche Verfahren nach dem FGG abläuft. Bei den gerichtlichen Verfahren, die im FGG geregelt sind, handelt es sich im Wesentlichen um bestimmte selbstständige Familiensachen; die Geschäftsgebühr erwächst dem RA in diesen Sachen aber nur ausschließlich für außergerichtliche Vertretung. Außerdem werden auch Tätigkeiten in der **vorsorgenden Rechtspflege**, beispielsweise die Gestaltung von Verträgen, mit einer Geschäftsgebühr entgolten (Vorbemerkung 2.4 Abs. 3 VV RVG).

_____ Außergerichtliche Tätigkeiten _____

Die Geschäftsgebühr für die außergerichtliche Rechtsbesorgung wird im Vergütungsverzeichnis vor den Gebühren geregelt, die für Tätigkeiten in gerichtlichen Verfahren geschaffen sind. Dies ist auch eine sinnvolle Reihenfolge: Häufig wird der RA versuchen, eine Rechtsstreitigkeit zunächst außergerichtlich beizulegen und erst wenn dies nicht erfolgreich verläuft, wird er die Sache vor Gericht bringen. Deshalb wird erst einmal eine Geschäftsgebühr entstehen und sodann später eine Verfahrensgebühr für die Betreibung des Verfahrens vor Gericht. Da es sich bei der erst außergerichtlichen und späteren gerichtlichen Tätigkeit immer noch um dieselbe Rechtssache handelt, gibt es Vorschriften über die **Anrechnung der Geschäftsgebühr** auf die später entstehende Verfahrensgebühr – der RA würde sonst in einer Sache doppelt bezahlt werden. Die Anrechnung von Gebühren wird weiter unten beschrieben.

> **Merke:**
> Ganz allgemein kann man sagen, dass eine Geschäftsgebühr immer dann entsteht, wenn keine andere Gebührenvorschrift auf die Anwaltstätigkeit zutrifft, also insbesondere in außergerichtlichen Angelegenheiten.

3.1.1   Die Geschäftsgebühr (VV Nr. 2400 RVG)

Besondere Bedeutung für die Berechnung der insbesondere außergerichtlichen Anwaltstätigkeiten hat die Geschäftsgebühr nach VV Nr. 2400 RVG. Der **Anwendungsbereich der Geschäftsgebühr** lässt sich im Wesentlichen in vier Gruppen unterteilen:

- **Tätigkeiten außerhalb gerichtlicher und behördlicher Verfahren.**
  Hierzu zählen z. B. die außergerichtliche Regelung von Schadenersatzansprüchen, anwaltliche Aufforderungsschreiben, außergerichtliche Vergleichs- bzw. Einigungsverhandlungen.

  Beispiel: Außergerichtliche Regulierung eines Verkehrsunfalls mit der gegnerischen Versicherung oder der eigenen Vollkaskoversicherung.

- **Tätigkeiten im Sinne einer vorsorgenden Rechtsbetreuung.**
  Hierzu zählen z. B. die Anfertigung von Vertragsentwürfen und sonstigen Urkunden, der Entwurf von allgemeinen Geschäftsbedingungen, Mitwirkung bei Gesellschaftsgründungen. Voraussetzung ist, dass ein Anwaltsnotar als Rechtsanwalt und nicht als Notar tätig wird!

  Beispiel: Mitwirkung des RA bei der Gestaltung eines Kaufvertrages über einen Handwerksbetrieb (vgl. Vorbemerkung 2.4 Abs. 3 VV RVG).

- **Tätigkeiten in Verfahren der freiwilligen Gerichtsbarkeit.**
  Dazu gehören beispielsweise folgende Angelegenheiten: Register-, Grundbuch-, Vormundschafts-, Pflegschafts-, Nachlass- und Verschollenheitssachen, sowie bestimmte dem FGG unterliegende selbstständige Familiensachen. Voraussetzung ist, dass ein Anwaltsnotar als Rechtsanwalt und nicht als Notar tätig wird!

  Beispiel: Vertretung im Aufgebotsverfahren zum Zwecke der Todeserklärung.

- **Verfahren vor Verwaltungsbehörden.**
  Hier lassen sich z. B. nennen: Vertretung in Verfahren zur Änderung des Familiennamens, in baupolizeilichen und in Sozialhilfeangelegenheiten oder Vertretung in Enteignungsverfahren vor der Verwaltungsbehörde.

Außergerichtliche Tätigkeiten

Beispiel: RA vertritt Antragsteller bei Antrag auf Änderung des Familiennamens.

Bei der Geschäftsgebühr nach VV Nr. 2400 RVG handelt es sich um eine **Satzrahmengebühr**. Die Höhe des Gebührensatzes ist für jeden Einzelfall vom RA nach seinem – nachvollziehbaren – Ermessen innerhalb des von 0,5 bis 2,5 gesetzten Rahmens gemäß § 14 RVG festzulegen (vgl. Kapitel 1.3.2). Bei durchschnittlichen Angelegenheiten ergäbe sich rein rechnerisch als **Mittelsatz** ein Gebührensatz von 1,5. Jedoch wurde im RVG eine **Kappungsgrenze** in der Anmerkung zu VV Nr. 2400 RVG aufgenommen, wonach bei nicht umfangreicher oder nicht schwieriger Anwaltstätigkeit ein Gebührensatz von nicht mehr als 1,3 gefordert werden darf. Das heißt, dass der RA einen Gebührensatz von mehr als 1,3 (bis zu maximal 2,5) nur dann verlangen kann, wenn entweder Umfang oder Schwierigkeit der Sache über dem Durchschnitt liegen. Ist dies nicht der Fall, darf der Gebührensatz der Geschäftsgebühr nur zwischen 0,5 und 1,3 angesetzt werden. Die anderen in § 14 RVG genannten Umstände – also außer Umfang und Schwierigkeit – sind für das Überschreiten der Kappungsgrenze nicht von Bedeutung.

Anmerkung: Es ist sicherlich praktisch nicht einfach, die konkrete Höhe des Gebührensatzes der Geschäftsgebühr in dem sehr weiten Rahmen von 0,5 bis 2,5 zu bestimmen. Der Rahmen ist bewusst so weit gehalten worden, um in allen Fällen eine angemessene Gebühr finden zu können. Es wird eben sehr einfache Angelegenheiten geben, in denen ein Gebührensatz von 0,5 eine völlig ausreichende Bezahlung sichert und andere, sehr komplizierte und umfangreiche Tätigkeiten, für die ein Gebührensatz von 2,5 vielleicht gerade ausreichend ist.

Auch wenn der RA einen gewissen Ermessensspielraum hat, den die Gerichte bisher etwa mit bis zu 20 % angesetzt haben, so muss der von ihm begehrte konkrete Gebührensatz doch im Vergleich zu ähnlichen Sachverhalten, die sich aus der Rechtsprechung ergeben, angemessen sein. Nun wird es voraussichtlich aber einige Jahre dauern, bis zu dem Thema der Geschäftsgebühr eine gefestigte Kostenrechtsprechung vorhanden sein wird.

Bereits vor dem Inkrafttreten des RVG hat gerade das Thema Geschäftsgebühr für erhebliche Irritationen gesorgt und zu zahlreichen Diskussionen und Zeitschriftenaufsätzen geführt, in denen über die Höhe des Gebührensatzes der Geschäftsgebühr gestritten wurde. Daraus könnte man schließen, dass die Regelung der Geschäftsgebühr im RVG höchstwahrscheinlich misslungen ist und vermutlich die Gerichte – die eigentlich entlastet werden sollten – in den nächsten Jahren sich mit dieser Gebührenneuregelung besonders ausgiebig befassen werden müssen. Nur darauf können Sie nicht warten. Wie wird denn nun der Gebührensatz bemessen?

Bei der Ermittlung des konkreten Gebührensatzes der Geschäftsgebühr im Einzelfall ist zu empfehlen, zunächst einen durchschnittlichen Fall zu unterstellen (Mittelgebühr 1,5) und dann im Sinne des § 14 RVG zu überlegen, ob eine Erhöhung oder eine Verminderung dieser Mittelgebühr angebracht ist. Hierzu sind alle Umstände, die in § 14 RVG aufgeführt sind, heranzuziehen. Ein Vergleich mit ähnlichen Sachverhalten ist zweckmäßig. Von allen in § 14 RVG genannten Umständen berechtigen jedoch nur Umfang oder Schwierigkeit der Tätigkeit – wenn überdurchschnittlich – zu einer Überschreitung der Kappungsgrenze von 1,3.

Zur Beurteilung der Angemessenheit der Geschäftsgebühr ist weiter wahrscheinlich die Kenntnis der bisherigen entsprechenden Gebührenvorschrift hilfreich. Die außergerichtliche Tätigkeit war bisher in § 118 BRAGO mit einer dreigeteilten Gebühr geregelt. Danach entstand eine Geschäftsgebühr für das Betreiben des Geschäfts, eine Besprechungsgebühr für Besprechungen mit der Gegenseite, und eine Beweisaufnahmegebühr für behördliche Beweisaufnahmen. Diese drei verschiedenen Tätigkeiten stecken nun in der neuen Geschäftsgebühr des RVG sozusagen alle mit drin – deshalb der weite Gebührenrahmen von 0,5 bis 2,5. Wenn ein RA bisher alle drei Gebühren verdient hatte, so entsprach dies in der Regel einer Geschäftsgebühr von 2,25. Hatte er nur das Geschäft betrieben und Besprechungen mit der Gegenseite durchgeführt, so entsprach dies in vielen Fällen einem Gebührensatz von 1,5. Hatte er nur die Geschäftsgebühr verdient, so wurde meistens ein Gebührensatz von 0,75 berechnet. Vielleicht sollte dies im Auge behalten werden, wenn der Gebührensatz der neuen Geschäftsgebühr des RVG ermittelt wird, die alle drei der genannten Tätigkeiten abdeckt. Die Findung des angemessenen Gebührensatzes wird noch weiter unten am Beispiel des Aufforderungsschreibens ohne Klageauftrag dargestellt.

Der **Gegenstandswert** der Geschäftsgebühr bestimmt sich nach den allgemeinen Vorschriften gemäß § 23 RVG, sodass die Wertvorschriften des GKG und der ZPO heranzuziehen sind (siehe Kapitel 2). In Angelegenheiten der freiwilligen Gerichtsbarkeit (praktisch bedeutsam: isolierte sonstige Familiensachen, vgl. Kapitel 10.2.2) wird der Geschäftswert nach der KostO ermittelt. In allen „anderen Angelegenheiten" als in den in § 23 Abs. 1 RVG genannten, erfolgt die Wertfeststellung nach § 23 Abs. 3 RVG, was in der Praxis vorkommt z. B. beim Entwurf von Verträgen und Urkunden, bei der Auseinandersetzung von Gemeinschaften oder beim Mitwirken an Verkaufsverhandlungen.

Eine **Anrechnung** auf eine später noch entstehende Verfahrensgebühr in einem nachfolgenden gerichtlichen Verfahren findet für die Geschäftsgebühr statt gemäß Vorbemerkung 3 Abs. 4 VV RVG. Demnach wird die Geschäftsgebühr zur Hälfte, jedoch höchstens mit einem Gebührensatz von 0,75 auf die Verfahrensgebühr angerechnet (siehe Kapitel weiter unten).

Da es sich um eine **Pauschgebühr** handelt, kann die Geschäftsgebühr in der gleichen Angelegenheit nur einmal erwachsen. Mehr Arbeit kann natürlich durch einen höheren Gebührensatz entgolten werden.

Für die Geschäftsgebühr – Voraussetzung ist das Entstehen in einem gerichtlichen Verfahren – ist eine **Festsetzung der Vergütung** gegen den eigenen Mandanten gemäß § 11 Abs. 8 RVG nur zulässig, wenn entweder nur die Mindestgebühr (0,5) geltend gemacht oder der Auftraggeber der Höhe der Gebühr ausdrücklich zugestimmt hat.

Neben der Geschäftsgebühr kann der RA z. B. noch die Einigungsgebühr (VV Nr. 1000 RVG) und die Hebegebühr erhalten (VV Nr. 1009 RVG).

3.1.1.1 Die Entstehung der Geschäftsgebühr

Die Geschäftsgebühr nach VV Nr. 2400 RVG entsteht „für das Betreiben des Geschäfts" und ist somit eine so genannte allgemeine Betriebsgebühr wie die Verfahrensgebühr, die in den gerichtlichen Verfahren erwächst. Durch sie werden alle Tätigkeiten des RA in der Angelegenheit abgegolten, soweit nicht zusätzlich spezielle Gebühren wie insbesondere die Einigungsgebühr entstehen. Die Geschäftsgebühr entgilt also die gesamte Arbeit des RA von der Einholung der Information über die Beratung des Mandanten bis zur Durchführung der vom Mandanten gewünschten Tätigkeit. Da sie eine Pauschgebühr ist, entgilt sie auch alle für das Betreiben des Geschäfts notwendigen Nebentätigkeiten, wie z. B. Einsicht in gerichtliche Akten oder öffentliche Register.

Außergerichtliche Tätigkeiten

Als Beispiel für den **Umfang der anwaltlichen Tätigkeit,** der durch die Geschäftsgebühr abgegolten wird, kann folgende Aufzählung dienen:
- die erste Unterredung mit dem Auftraggeber (= Entgegennahme der Information),
- die Beratung des Auftraggebers,
- das Anfertigen einer Gesprächsnotiz darüber und die anschließende Anlegung einer Handakte,
- die Fertigung des Entwurfs eines Schreibens und die Übersendung des Entwurfs an den Auftraggeber zur Prüfung,
- Telefongespräch mit dem Auftraggeber und Änderung des Entwurfs,
- Feststellung der genauen Anschrift des Schuldners des Auftraggebers,
- Reinschrift des Entwurfs und Absendung an den Schuldner,
- mündliche oder telefonische Besprechungen mit dem Gegner oder einem Dritten,
- das Entwerfen und das Aushandeln eines schriftlichen Vergleichsvorschlages oder die Prüfung eines Einigungsvorschlages der Gegenseite,
- die Verwertung von speziellen Fachkenntnissen oder Sprachkenntnissen.

Beschränkt sich die Tätigkeit des RA auftragsgemäß auf eine **Beratung**, in der er den Mandanten dahingehend berät, dass sich eine anwaltliche Tätigkeit in der Sache nicht lohnt, so ist eine Beratungsgebühr gemäß VV Nr. 2100 RVG (ab 1. Juli 2006: § 34 RVG) zu berechnen, da es zur Definition der Beratungsgebühr gehört, dass die Beratung „... nicht mit einer anderen gebührenpflichtigen Tätigkeit zusammenhängt".

Da sie eine Pauschgebühr ist, entsteht die Geschäftsgebühr bereits mit der Entgegennahme der Information durch den Auftraggeber. Eine Ermäßigung der Geschäftsgebühr, wie sie z. B. in VV Nr. 3101 RVG bei vorzeitiger Beendigung des Auftrages für die Verfahrensgebühr vorgesehen ist, findet nicht statt. Ein geringer Umfang der anwaltlichen Tätigkeit ist jedoch bei der Findung der Gebühr innerhalb des Rahmens von 0,5 bis 2,5 zu berücksichtigen, sodass in einem solchen Fall die Gebühr unterhalb des Mittelsatzes z. B. mit 0,8 anzusetzen ist.

Das anwaltliche **Aufforderungsschreiben ohne Klageauftrag** ist ein in der Praxis häufig vorkommender Anwendungsfall für die Geschäftsgebühr nach VV Nr. 2400 RVG. Zu unterscheiden sind das Aufforderungsschreiben ohne Klageauftrag, das nach VV Nr. 2400 RVG abgerechnet wird, und das Aufforderungsschreiben mit Klageauftrag, das nach VV Nr. 3101 RVG abgerechnet wird (siehe dort bei Kapitel 6.1.2.1.1). Für die Berechnung der Gebühr kommt es dabei auf den erteilten Auftrag an; durch den Auftrag wird festgelegt, nach welcher Nummer des VV die Gebühr für das Aufforderungsschreiben zu berechnen ist. Da der Arbeitsaufwand für den RA in beiden Fällen derselbe sein dürfte, wird dies wohl auch bei der Ermittlung des Gebührensatzes der Geschäftsgebühr zu berücksichtigen sein. Das heißt, bei gleichem Tätigkeitsumfang und gleicher Schwierigkeit wird schwerlich zu begründen sein, warum ein Aufforderungsschreiben mit Klageauftrag eine 0,8 Gebühr (VV Nr. 3101 RVG) kosten soll und praktisch dasselbe Schreiben, nur ohne Klageauftrag, eine 1,3 Gebühr (VV Nr. 2400 RVG). Dies wird die Gerichte in den nächsten Jahren noch beschäftigen.

Außergerichtliche Tätigkeiten

Hinweis: Im Gesetzentwurf der Bundesregierung (Bundesratsdrucksache 830/03) steht auf Seite 263 zur Begründung der Nr. 3101 VV RVG: „...Der Rechtsanwalt wird, nicht zuletzt mit Rücksicht auf die gebührenmäßige Privilegierung der außergerichtlichen Einigung ...versuchen, die Gegenseite zunächst für eine Einigung zu gewinnen. Gelingt ihm dies, wird dadurch ein gerichtliches Verfahren überflüssig. Der Anwalt hat in der Regel bereits eine meist auch zeitaufwändige Vorarbeit unter Einsatz seines Fachwissens und seiner beruflichen Erfahrung geleistet, die sich schon in der Fertigung der Klageschrift und deren direkter Übermittlung an die Gegenseite niedergeschlagen hat (ein gern und häufig mit Erfolg praktiziertes Verfahren, mit dem der Gegenseite noch einmal eine Chance zum Einlenken eingeräumt und der Ernst der Lage vor Augen geführt wird). Oft kommen dadurch überhaupt erst Einigungsverhandlungen in Gang, die vielfach zur gütlichen außer- und vorgerichtlichen Beendigung des Rechtsstreits führen. ... Deshalb ist mit Rücksicht auf die künftige Verfahrensgebühr nach Nummer 3100 VV RVG-E mit einem Gebührensatz von 1,3 in der dargestellten Fallkonstellation ein Gebührensatz von 0,8 gerechtfertigt."

Dies ist die offizielle Argumentation des Gesetzgebers, warum für einen vorgerichtlichen Versuch der Beilegung eines Rechtsstreits ein Gebührensatz von 0,8 angemessen ist. Dabei ist zu berücksichtigen, dass der RA Klageauftrag hat und, wie in der Begründung des Bundesjustizministeriums dargestellt, in den meisten Fällen sogar schon den Entwurf der Klageschrift fertig gestellt hat.

- Für ein Aufforderungsschreiben ohne Klageauftrag, wenn eine Klageschrift noch nicht einmal entworfen werden muss, kann denn wohl kaum ein höherer Gebührensatz als 0,8 (im Vergleich mit VV Nr. 3101 RVG) verlangt werden – ob ein geringerer Gebührensatz angemessen ist, sei dahingestellt. Natürlich entscheiden im Sinne des § 14 RVG die Umstände des Einzelfalles, aber für den Durchschnittsfall wird der Satz der Geschäftsgebühr für ein solches Aufforderungsschreiben nach vorstehenden Überlegungen zu ermitteln sein.

Beispiel: Assel hat gegen Schlumpf eine ausstehende Forderung von 5 000,00 EUR. Der Auftraggeber Assel bittet RA Rost, gegen den Schuldner Schlumpf vorläufig keine Klage zu erheben, wenn Schlumpf nach einem Aufforderungsschreiben von RA Rost nicht zahle, da dem Assel das Prozesskostenrisiko zu hoch erscheint. Hier liegt also kein Auftrag vor, gerichtlich im Klage- oder im Mahnverfahren gegen den Schlumpf vorzugehen, sodass RA Rost nur außergerichtlich tätig wird. Für die Entgegennahme der Information, die Beratung des Assel und das Anfertigen des Aufforderungsschreibens erhält RA Rost eine Geschäftsgebühr gemäß VV Nr. 2400 RVG. Der RA hat nicht mehr getan, als auch zur Vorbereitung einer Klage erforderlich gewesen wäre, eher weniger. Insbesondere hat der RA keine Besprechungen oder Verhandlungen mit dem Schuldner durchgeführt. Ein Gebührensatz der Geschäftsgebühr von 0,8 erscheint hierfür angemessen. Die Vergütungsrechnung des RA Rost sieht dann so aus:

Gegenstandswert: 5 000,00 EUR	EUR
0,8 Geschäftsgebühr gem. §§ 2, 13, 14*, VV Nr. 2400 RVG	240,80
Pauschale für Post- und Telekommunikationsentgelte gem. § 2 Abs. 2 S. 1, VV Nr. 7002 RVG	20,00
	260,80
16 % USt. gem. § 2 Abs. 2 S. 1, VV Nr. 7008 RVG	41,73
	302,53

* Da es sich um eine Rahmengebühr handelt, ist auch § 14 RVG zu zitieren.

Bei **mehreren Auftraggebern** erhöht sich die Geschäftsgebühr gemäß § 7 und VV Nr. 1008 RVG für jeden weiteren Auftraggeber um 0,3 (siehe Kapitel 1.2.5).

Merke:

Die Geschäftsgebühr ist eine Betriebsgebühr für das meist außergerichtliche Betreiben einer Angelegenheit durch den RA. Sie ist auf die in einem nachfolgenden gerichtlichen Verfahren entstehende Verfahrensgebühr grundsätzlich zur Hälfte anzurechnen.

3.1.1.2 Die Anrechnung der Geschäftsgebühr

Die Anrechnung der Geschäftsgebühr ist aus systematischen Gründen erforderlich, wenn ein RA in derselben Rechtssache **zwei Aufträge nacheinander** erhalten hat. Dies soll am Beispiel einer Forderungssache deutlich gemacht werden.

- Wegen einer Forderung hat der RA zunächst den **ersten Auftrag** erhalten, die Forderung außergerichtlich beizutreiben. Das RVG nennt dies **eine Angelegenheit**. Für das Betreiben dieses Geschäfts entsteht die Geschäftsgebühr gemäß Vorbemerkung 2.4 Abs. 3 und Nr. 2400 VV RVG.

- Nachdem die außergerichtlichen Bemühungen erfolglos bleiben, erhält der RA den **zweiten Auftrag**, nunmehr die Forderung bei Gericht einzuklagen. Dieser zweite Auftrag ist eine **zweite Angelegenheit**. Für das Betreiben dieses zweiten Geschäfts entsteht die Verfahrensgebühr gemäß Vorbemerkung 3 Abs. 2 und Nr. 3100 VV RVG.

Der Umfang der anwaltlichen Tätigkeit ist in der zweiten Angelegenheit natürlich dadurch geringer, dass einige erforderliche Arbeiten bereits in der ersten Angelegenheit vorgerichtlich erledigt worden sind, so z. B. die Entgegennahme der Information vom Auftraggeber, die Beratung des Auftraggebers und die Fertigung eines Aufforderungsschreibens. Diese Handlungen muss der RA in der zweiten Angelegenheit nicht erneut durchführen. Deshalb wäre es ungerecht, dem RA in einem solchen Fall für praktisch nur einmal ausgeübte Tätigkeiten zwei volle Betriebsgebühren zukommen zu lassen.

Aus diesem Grund sieht das Gesetz in der Vorbemerkung 3 Abs. 4 VV RVG vor, dass eine wegen desselben Gegenstands entstandene Geschäftsgebühr (= erste Angelegenheit) auf die Verfahrensgebühr eines nachfolgenden gerichtlichen Verfahrens (= zweite Angelegenheit) anzurechnen ist. **Die Geschäftsgebühr wird allerdings nur zur Hälfte, jedoch höchstens mit einem Gebührensatz von 0,75, auf die Verfahrensgebühr angerechnet.** Der nicht anzurechnende Teil der Geschäftsgebühr bleibt dem RA für seine Dienste in der außergerichtlichen Angelegenheit erhalten.

Es spielt keine Rolle, welcher Art das nachfolgende gerichtliche Verfahren ist, da in allen Verfahren eine Verfahrensgebühr entsteht. Häufigster Anwendungsfall für die Anrechnung ist der, dass der RA zunächst den Auftrag nur zu außergerichtlichen Tätigkeiten erhält und erst nach dem Scheitern dieser Bemühungen den Auftrag bekommt, ein gerichtliches Verfahren einzuleiten, z. B. ein Mahnverfahren oder einen Zivilprozess. Über die Anrechnung von Gebühren finden Sie bei Bedarf in Kapitel 5.4 eine ausführliche Darstellung (siehe auch Kapitel 1.3.3.2).

Beispiel: Abwandlung des vorstehenden Falles. Nachdem der Schuldner Schlumpf auch nach Erhalt des Aufforderungsschreibens nicht zahlt, beauftragt Assel RA Rost nunmehr mit der Erhebung der Klage. Nach Zustellung der Klageschrift zahlt Schlumpf. Die Geschäftsgebühr wird auf die jetzt entstehende Verfahrensgebühr angerechnet. RA Rost erstellt folgende Vergütungsrechnung:

I. Vergütung für die außergerichtliche Tätigkeit
Gegenstandswert: 5 000,00 EUR

	EUR
0,8 Geschäftsgebühr gem. §§ 2, 13, 14, VV Nr. 2400 RVG	240,80
Pauschale für Post- und Telekommunikationsentgelte gem. § 2 Abs. 2 S. 1, VV Nr. 7002 RVG	20,00
	260,80
16 % USt. gem. § 2 Abs. 2 S. 1, VV Nr. 7008 RVG	41,73
	302,53

II. Vergütung für die gerichtliche Tätigkeit
Gegenstandswert: 5 000,00 EUR

	EUR
1,3 Verfahrensgebühr gem. §§ 2, 13, VV Nr. 3100 RVG	391,30
darauf ist gemäß der Vorbemerkung 3 Abs. 4 VV RVG anzurechnen:	
0,4 Geschäftsgebühr gem. §§ 2, 13, 14, VV Nr. 2400 RVG *	– 120,40
Pauschale für Post- und Telekommunikationsentgelte für den Prozess **	
gem. § 2 Abs. 2 S. 1, VV Nr. 7002 RVG	20,00
	290,90
16 % USt. gem. § 2 Abs. 2 S. 1, VV Nr. 7008 RVG	46,54
	337,44

* Die Vorbemerkung 3 Abs. 4 VV RVG zeigt die Anrechnungsvorschrift. Da nur die Hälfte der Geschäftsgebühr anzurechnen ist, bleibt die andere Hälfte aus der ersten Rechnung erhalten.

** Die Auslagenpauschale entsteht nach VV Nr. 7008 RVG in jeder Angelegenheit und wird nicht angerechnet, da es hierfür keine Anrechnungsvorschrift gibt.

Durch die Anrechnungsvorschrift in Vorbemerkung 3 Abs. 4 VV RVG wird sozusagen die außergerichtliche Tätigkeit des RA zu einer vorgerichtlichen Tätigkeit im Sinne der „Vorbereitung der Klage" (vgl. § 19 Ziff. 1 RVG), also der Vorbereitung des Rechtszuges erklärt, obwohl es sich eigentlich um zwei verschiedene Aufträge und damit zwei Angelegenheiten im Sinne des RVG handelt. Der Zweck dieser Bestimmung ist, eine Doppelvergütung des RA für dieselbe Tätigkeit zu vermeiden. Die Anrechnung erfolgt jedoch nur, wenn zwischen den beiden Aufträgen ein gewisser **zeitlicher Zusammenhang** besteht, sodass der RA sich nicht für den zweiten Auftrag völlig neu einarbeiten muss. Ist der frühere Auftrag seit **mehr als zwei Kalenderjahren** erledigt, gilt ein neuer Auftrag in derselben Angelegenheit als neue Angelegenheit und die **Anrechnung der Geschäftsgebühr entfällt** gemäß § 15 Abs. 5 S. 2 RVG.

Die Anrechnungsvorschrift betrifft nur die Geschäftsgebühr, keine Auslagen. Deshalb entsteht die **Auslagenpauschale** für Post- und Telekommunikationsentgelte nach VV Nr. 7008 RVG in jeder Angelegenheit und wird nicht angerechnet. Das heißt, dass die Auslagenpauschale in einer Vergütungsrechnung doppelt erscheinen kann, obwohl die Geschäftsgebühr, die ihr zugrunde liegt, angerechnet wird. Vermutlich werden viele RAe in solchen Fällen die Auslagenpauschale nur einmal berechnen – mit Rücksicht auf den Eindruck, den eine doppelte Berechnung bei den Mandanten hinterlassen würde.

3.1.1.3 Die Anrechnung in besonderen Fällen

Der Gegenstandswert der gerichtlichen Tätigkeit kann gleich, höher oder niedriger sein als der Wert der außergerichtlichen Tätigkeit.

- Ist der Gegenstandswert **gleich**, dann wird die Geschäftsgebühr nach dem vollen Wert der außergerichtlichen Tätigkeit auf die Verfahrensgebühr des nachfolgenden Verfahrens angerechnet.

- Ist der Gegenstandswert der gerichtlichen Tätigkeit **höher**, dann wird die Geschäftsgebühr ebenfalls nach dem vollen Wert der außergerichtlichen Tätigkeit angerechnet.

- Ist der Gegenstandswert der gerichtlichen Tätigkeit **niedriger** als der Wert der außergerichtlichen Tätigkeit, dann ist die **Degression der Gebührentabelle** zu berücksichtigen. Es ist zu empfehlen, in solchen Fällen die Vergütung wie in nachfolgendem Beispiel zu berechnen.

Beispiel: Wie vorstehend. RA Rost fordert für Assel außergerichtlich 5 000,00 EUR von Schlumpf. Nachdem Schlumpf 3 000,00 EUR gezahlt hat, erteilt Assel RA Rost Klageauftrag über die restlichen 2 000,00 EUR. Nach Zustellung der Klageschrift zahlt Schlumpf auch den Restbetrag. Die Vergütung von RA Rost wird dann so berechnet:

I. Vergütungsrechnung für die außergerichtliche Tätigkeit
Gegenstandswert: 5 000,00 EUR

	EUR
0,8 Geschäftsgebühr gem. §§ 2, 13, 14, VV Nr. 2400 RVG	240,80
Pauschale für Post- und Telekommunikationsentgelte gem. § 2 Abs. 2 S. 1, VV Nr. 7002 RVG	20,00
	260,80
16 % USt. gem. § 2 Abs. 2 S. 1, VV Nr. 7008 RVG	41,73
	302,53

II. Vergütungsrechnung für die Tätigkeit im Zivilprozess
Gegenstandswert: 2 000,00 EUR

	EUR
1,3 Verfahrensgebühr gem. §§ 2, 13, VV Nr. 3100 RVG (Wert: 2 000,00 EUR)	172,90
darauf ist gemäß der Vorbemerkung 3 Abs. 4 VV RVG anzurechnen:	
0,4 Geschäftsgebühr gem. §§ 2, 13, 14, VV Nr. 2400 RVG (Wert: 2 000,00 EUR) *	– 53,20
Pauschale für Post- und Telekommunikationsentgelte gem. § 2 Abs. 2 S. 1, VV Nr. 7002 RVG (Klage) **	20,00
	139,70
16 % USt. gem. § 2 Abs. 2 S. 1, VV Nr. 7008 RVG	22,35
	162,05

* Die Geschäftsgebühr entstand nach einem Wert von 5 000,00 EUR und kann nicht nachträglich weggenommen werden, jedoch muss sie angerechnet werden, allerdings nur nach dem Wert, der in das gerichtliche Verfahren übergegangen ist. Achten Sie auf die Werte!

** Die Auslagenpauschale entsteht nach VV Nr. 7008 RVG in jeder Angelegenheit und wird nicht angerechnet, da es hierfür keine Anrechnungsvorschrift gibt.

In vorstehender Berechnung muss die Geschäftsgebühr nur nach dem Wert von 2 000,00 EUR, der gerichtlich geltend gemacht wurde, angerechnet werden. Dagegen bleibt die bereits verdiente Geschäftsgebühr, die sich aus der nur außergerichtlichen Tätigkeit ergibt, zusätzlich zur Verfahrensgebühr erhalten. Es darf nun aber nicht einfach eine Geschäftsgebühr für die außergerichtliche Tätigkeit nach dem Wert von 3 000,00 EUR (5 000,00 EUR – 2 000,00 EUR) berechnet werden, da dann die **Degression der Gebührentabelle** nicht berücksichtigt würde. Daher wurde nur jener Teilbetrag der Geschäftsgebühr in Höhe von 187,60 EUR (=240,80 EUR – 53,20 EUR) belassen, der sich nach Verrechnung der Gebühren nach dem Wert der gerichtlichen und der nur außergerichtlichen Tätigkeit ergibt. Zum Verständnis der Berechnungsweise achten Sie bitte auf die angegebenen Gegenstandswerte.

3.1.1.4 Zur Erstattung der Geschäftsgebühr

Nach § 91 ZPO hat eine im Prozess unterlegene Partei die dem obsiegenden Gegner entstandenen Verfahrenskosten zu erstatten. Zu den Verfahrenskosten gehören natürlich nur im gerichtlichen Verfahren entstandene Kosten, keine nur außergerichtlichen Kosten. Die für eine vorgerichtliche Anwaltstätigkeit entstandene und dann auf die Verfahrensgebühr **angerechnete Hälfte** der Geschäftsgebühr ist davon nicht betroffen, da sie in der Verfahrensgebühr sozusagen mit drin steckt. Jedoch gehört die andere, **anrechnungsfreie Hälfte** der Geschäftsgebühr nicht zu den Kosten des Prozesses.

Beispiel: Assel hat gegen Schlumpf eine ausstehende Forderung von 5 000,00 EUR. Er erteilt RA Rost einen ersten Auftrag, den Schuldner außergerichtlich zu mahnen. Nachdem der Schuldner Schlumpf nach Erhalt des Aufforderungsschreibens nicht zahlt, beauftragt Assel RA Rost nunmehr mit der Erhebung der Klage. Nach einem Verhandlungstermin ergeht Urteil. Die Geschäftsgebühr wird auf die jetzt entstehende Verfahrensgebühr angerechnet. RA Rost erstellt folgende Vergütungsrechnung:

I. Vergütungsrechnung für die außergerichtliche Tätigkeit
Gegenstandswert: 5 000,00 EUR   EUR
0,8   Geschäftsgebühr gem. §§ 2, 13, 14, VV Nr. 2400 RVG   240,80
Pauschale für Post- und Telekommunikationsentgelte
   gem. § 2 Abs. 2 S. 1, VV Nr. 7002 RVG   20,00
                                                                                             260,80
16 % USt. gem. § 2 Abs. 2 S. 1, VV Nr. 7008 RVG   41,73
                                                                                             302,53

II. Vergütungsrechnung für die Tätigkeit im Zivilprozess
Gegenstandswert: 5 000,00 EUR   EUR
1,3   Verfahrensgebühr gem. §§ 2, 13, VV Nr. 3100 RVG   391,30

darauf ist gemäß der Vorbemerkung 3 Abs. 4 VV RVG anzurechnen:
0,4   Geschäftsgebühr gem. §§ 2, 13, 14, VV Nr. 2400 RVG *   – 120,40

1,2 Terminsgebühr gem. §§ 2, 13, VV Nr. 3104 RVG   361,20
Pauschale für Post- und Telekommunikationsentgelte für den Prozess
   gem. § 2 Abs. 2 S. 1, VV Nr. 7002 RVG   20,00
                                                                                             652,10

Zu den Verfahrenskosten, die vom unterlegenen Schuldner zu tragen sind, gehören aus der Vergütungsrechung II die Verfahrensgebühr (391,30 EUR) und die Terminsgebühr (361,20 EUR) zuzüglich Auslagenpauschale (20,00 EUR) und USt. (123,60 EUR), also insgesamt 896,10 EUR.

16 % USt. gem. § 2 Abs. 2 S. 1, VV Nr. 7008 RVG   104,34
                                                                                             756,44

* Die anrechnungsfreie andere Hälfte der Geschäftsgebühr beträgt 120,40 EUR. Sie wird zusätzlich berechnet. Diese Hälfte gehört nicht zu den Verfahrenskosten.

Diese **anrechnungsfreie Hälfte der Geschäftsgebühr** darf nicht angerechnet werden. Somit **gehört** dieser Teil der Geschäftsgebühr auch **nicht zu den Verfahrenskosten** und darf deshalb nicht im Rahmen des Kostenfestsetzungsverfahrens gegen den unterlegenen Gegner mit festgesetzt werden. Dies betrifft die im vorstehenden Beispiel übrig bleibende Geschäftsgebühr von 120,40 EUR. Dieser Betrag gehört nicht zu den notwendigen Kosten des Prozesses. Ob dies auch für die Auslagenpauschale aus der außergerichtlichen Tätigkeit gilt, werden wohl die Gerichte noch entscheiden müssen.

Wenn dieser Betrag nicht gegen den Gegner festgesetzt werden kann, wird ihn sich der RA von seinem Auftraggeber holen müssen. Da aber natürlich der Schuldner eigentlich auch diese Kosten tragen muss, ist es sinnvoll, diese übrig bleibende Geschäftsgebühr in der Klage mit geltend zu machen, indem sie als zusätzliche Forderung nach dem BGB, z. B. als Verzugsschaden, Schaden wegen einer Vertragsverletzung oder als Schadenersatz wegen eines Delikts neben der eingeklagten Hauptforderung in den Klageantrag mit aufgenommen wird.

> **Merke:**
> Da die Geschäftsgebühr nur zur Hälfte auf die Verfahrensgebühr eines nachfolgenden Prozesses anzurechnen ist, sollte die anrechnungsfreie andere Hälfte der Geschäftsgebühr z. B. als Verzugsschaden mit eingeklagt werden.

3.1.1.5 Die Tätigkeit des Anwaltsnotars

In den Bundesländern, in denen der **RA gleichzeitig Notar** (Anwaltsnotar) ist, muss insbesondere beim Entwerfen von Urkunden geprüft werden, ob er die Urkunde als RA oder als Notar entworfen hat. Ganz allgemein lässt sich sagen, dass der Entwurf einer Urkunde zum Bereich der vorsorgenden Rechtspflege gehört und damit in den Zuständigkeitsbereich des Notars fällt (was nicht bedeutet, dass ein Nur-RA einen solchen Entwurf nicht fertigen dürfte!). In den meisten Fällen wird also der RA als Notar die Urkunde entworfen haben, was bedeutet, dass keine Geschäftsgebühr nach RVG, sondern eine Gebühr nach den §§ 145, 32, 36 KostO abzurechnen ist. Diese Überlegung ist deshalb wichtig, weil die Gebühren gemäß Kostenordnung teilweise erheblich niedriger ausfallen als nach dem RVG. Ein Klient, der sich im Kostenrecht auskennt, wird auf jeden Fall bei der Bestellung des Urkundenentwurfes gegenüber dem Anwaltsnotar angeben, dass die spätere Beurkundung des Entwurfs beabsichtigt sei! Ist Ihnen klar, warum?

Beispiel: Der Wert eines Vertragsentwurfes beträgt 100 000,00 EUR. Eine 1,3 Geschäftsgebühr (VV Nr. 2400 RVG) ergibt dann für den **Rechtsanwalt** 1 760,20 EUR. Als **Notar** erhält er gemäß den §§ 141, 32, 36 Abs. 2, 145 Abs. 1 S. 1 KostO eine $^{20}/_{10}$ Entwurfsgebühr von 414,00 EUR. Also wird der Anwaltsnotar nur 414,00 EUR berechnen können.

3.1.2 Einfache Schreiben (VV Nr. 2402 RVG)

Bei der **Geschäftsgebühr für ein einfaches Schreiben** nach VV Nr. 2402 RVG handelt es sich um eine Ergänzung zu VV Nr. 2400 RVG. Hierdurch soll die Vergütung des RA für Tätigkeiten, die erfahrungsgemäß nur wenig Arbeit verursachen, herabgesetzt werden.

Ob ein einfaches Schreiben durch den RA zu erstellen ist, ergibt sich erstens aus dem **Auftrag des Mandanten** und zweitens aus der **Art des Schreibens**. Wenn der RA nur den Auftrag erhalten hat, ein Schreiben im Sinne von VV Nr. 2402 RVG zu fertigen, dann erhält er auch nur die Gebühr nach dieser Vorschrift. Hat er einen über den Rahmen der Anmerkung zu VV Nr. 2402 RVG hinausgehenden Auftrag, dann wird er eine Geschäftsgebühr nach VV Nr. 2400 RVG erhalten, selbst wenn seine Tätigkeit dann doch nicht so umfangreich wird, was jedoch durch die Festlegung der Gebühr innerhalb des Rahmens von 0,5 bis 2,5 zu berücksichtigen ist.

Schreiben einfacher Art sind beispielsweise kurze Mahnungen oder Kündigungen. Entscheidend ist, ob diese Schreiben schwierige rechtliche Ausführungen oder größere sachliche Auseinandersetzungen enthalten. Der Gebührensatz der Geschäftsgebühr für diese einfachen Schreiben beträgt 0,3. Allerdings erhält der RA diese Gebühr nur, wenn sich sein Auftrag auf dieses Schreiben beschränkt und der Auftraggeber z. B. auf eine Beratung verzichtet. Um dies noch einmal deutlich zu machen: **Es kommt allein auf den erteilten Auftrag an**, nicht auf den tatsächlichen Inhalt des Schreibens. Hat der RA den Auftrag für ein einfaches Schreiben angenommen und wird das Schreiben dann doch etwas länger, hat dies keinen Einfluss auf die Gebühr.

Beispiele für **Schreiben einfacher Art:** Ermittlung der neuen Anschrift des Schuldners z. B. durch Anfrage beim Einwohnermeldeamt, einfaches Mahnschreiben, Kündigung eines Mietvertrages über Wohnraum, Schreiben an das Grundbuchamt, mit dem nur eine Anträge und Bewilligung enthaltende Ausfertigung eines Vergleichs vorgelegt wird.

Weiterhin gehören zu den einfachen Schreiben auch solche, die auftragsgemäß nur das äußere Betreiben eines Verfahrens bezwecken, wie z. B. Benachrichtigungen, Beschleunigungsgesuche, Gesuche um Erteilung von Abschriften, also kurze Schreiben, die nur dem äußeren Ablauf des Verfahrens dienen. Diese Schreiben haben keinen Einfluss auf das Ergebnis des Verfahrens, also z. B. auf das später ergehende Urteil. Der RA darf jedoch keinen darüber hinausgehenden Auftrag haben.

Das Gesetz hat nicht präzise definiert, wann ein Schreiben „einfach" ist. Wahrscheinlich ist eine solche Definition auch gar nicht möglich. Es wird hier auch vom äußeren Eindruck des Schreibens auszugehen sein. Ein kurzes Schreiben wird sicherlich meist auch einfach sein. Gemäß der Anmerkung zu VV Nr. 2402 RVG handelt es sich dann um ein Schreiben einfacher Art, wenn dieses weder schwierige rechtliche Ausführungen noch größere sachliche Auseinandersetzungen enthält. „Leichtere" rechtliche Ausführungen und „kleinere" sachliche Auseinandersetzungen sind also durchaus noch einfach. Behalten Sie im Auge, dass es darauf ankommt, ob der erteilter Auftrag auf die Erstellung eines einfachen Schreibens zielte, oder ob er darüber hinausging. Der spätere tatsächliche Inhalt des Schreibens ist für die Gebühr unerheblich.

Für **mehrere Schreiben** in derselben Angelegenheit erhält der RA die Gebühr nur einmal. Hat der RA die 0,3 Geschäftsgebühr verdient und fertigt in dieser Angelegenheit noch weitere Schreiben, so kann die Gebühr nicht noch einmal entstehen.

Hinweis: In derselben Angelegenheit erhält der RA auch für **mehrere einfache Schreiben** nur einmal die 0,3 Geschäftsgebühr. Dies war zumindest die Rechtsprechung zu dem vergleichbaren § 120 Abs. 1 BRAGO. Ob nun die Formulierung in VV Nr. 2402 RVG, dass sich der Auftrag „auf **ein** Schreiben" beschränkt, wörtlich zu nehmen ist, oder nur eine unglückliche Formulierung darstellt, werden wohl zukünftig noch die Gerichte entscheiden müssen.

In Kapitel 3.1.1.1 wurde die Geschäftsgebühr für ein anwaltliches Aufforderungsschreiben ohne Klageauftrag nach VV Nr. 2400 RVG berechnet, weil dies in der Praxis meist so gehandhabt wird und weil der RA oft noch einen über die Erstellung des Schreibens hinausgehenden Auftrag hat; hier sei nur die Beratung des Mandanten erwähnt. Es sei aber darauf hingewiesen, dass viele RAe für ein solches Aufforderungsschreiben bei entsprechendem Auftrag und Inhalt nur die Geschäftsgebühr für ein einfaches Schreiben nach VV Nr. 2402 RVG nehmen.

Außergerichtliche Tätigkeiten

Beispiel: RA Richtig erhält von einem Arbeitgeber den Auftrag, an dessen Arbeitnehmer ein Kündigungsschreiben folgenden Inhalts zu senden: „Hiermit kündige ich namens und im Auftrage Ihres Arbeitsgebers ... Ihr Arbeitsverhältnis ... zum ...". Der monatliche Arbeitslohn beträgt 2 400,00 EUR. RA Richtig sendet seinem Auftraggeber folgende Vergütungsrechnung:

Gegenstandswert: 7 200,00 EUR *   EUR

0,3 Geschäftsgebühr gem. §§ 2, 13, VV Nr. 2402 RVG	123,60
Pauschale für Post- und Telekommunikationsentgelte gem. § 2 Abs. 2 S. 1, VV Nr. 7002 RVG	20,00
	143,60
16 % USt. gem. § 2 Abs. 2 S. 1, VV Nr. 7008 RVG	22,98
	166,58

* 3 x 2 400 EUR = 7 200,00 EUR (§ 42 Abs. 4 S. 1 GKG)

Die **Anrechnungspflicht** nach Vorbemerkung 3 Abs. 4 VV RVG gilt auch für die Geschäftsgebühr nach VV Nr. 2402 RVG, da sie in der Vorbemerkung ausdrücklich genannt ist. Wenn also der RA nach einem einfachen Kündigungs- oder Mahnschreiben in dieser Sache Prozessauftrag erhält, muss die Geschäftsgebühr für das einfache Schreiben auf die spätere Verfahrensgebühr angerechnet werden.

Merke:

Der Satz der Geschäftsgebühr für ein Schreiben einfacher Art beträgt 0,3. Solche Schreiben enthalten keine schwierigen rechtlichen Ausführungen oder größere sachliche Auseinandersetzungen. Der Auftrag muss ausschließlich auf die Fertigung eines solchen Schreibens gerichtet sein, nicht auf andere Tätigkeiten, wie Beratung usw.

3.1.3 Die außergerichtliche Regulierung von Verkehrsunfällen

Auch die außergerichtliche Regulierung von Verkehrsunfällen wird grundsätzlich mit einer **Geschäftsgebühr** vergütet, sodass die vorstehenden Ausführungen in Kapitel 3.1.1 gelten. Jedoch gab es hier eine Besonderheit von 1991 bis zum In-Kraft-Treten des RVG, und zwar nur bei der außergerichtlichen Regulierung von Kraftfahrzeughaftpflichtschäden, nicht aber bei sonstigen Haftpflichtschäden. Dies wird an dieser Stelle nur für diejenigen Leserinnen und Leser mitgeteilt, die schon vor dem 1. Juli 2004 solche Aufträge abgerechnet haben und sich nun umstellen müssen.

Der Deutsche Anwaltverein (DAV) hatte Empfehlungen (**DAV-Empfehlungen**) herausgegeben, die die Anwaltsgebühren bei der Unfallschadenregulierung mit Kraftfahrzeug-Haftpflichtversicherungen regelten. Diese Empfehlungen basierten auf den Gebührensätzen der BRAGO. Wegen der neuen Gebührenstruktur des RVG entfällt die Grundlage für diese Empfehlungen. Deshalb zieht der DAV die Empfehlungen zurück. Eine Nachfolgeregelung wird es erst dann geben, wenn ausreichende Erfahrungen mit der Gebührenberechnung nach dem RVG vorliegen werden. **Die DAV-Empfehlungen gelten nicht mehr** ab 1. Juli 2004 für danach erteilte Aufträge.

Weiterhin sei noch darauf hingewiesen, dass zwischen dem DAV und dem HUK-Verband eine Vereinbarung abgeschlossen wurde, die das **„Honorar für Akteneinsicht und Aktenauszüge aus Unfallstrafsachen für Versicherungsgesellschaften"** regelt. Kurz gesagt, erhält der RA für die Einsichtnahme in Unfallakten und die Fertigung von Auszügen daraus für ein Versicherungsunternehmen ein Pauschalhonorar von 25,00 EUR für jede Sache und außerdem für Fotokopien eine Dokumentenpauschale nach (jetzt) VV Nr. 7000 RVG. Auslagen (Pauschale gemäß jetzt VV Nr. 7002 RVG) für Porto und Telefon – außer für Ferngespräche – dürfen nicht besonders in Rechnung gestellt werden; jedoch zahlt die Versicherung die vom RA zu berechnende USt. Für eine spätere Ergänzung des Aktenauszuges erhält der RA pauschal 12,50 EUR zuzüglich einer Dokumentenpauschale und USt. Es ist derzeit nicht in Erfahrung zu bringen, ob diese Vereinbarung auch zurückgezogen wird oder ob sie auch nach dem In-Kraft-Treten des RVG weiterhin anwendbar bleibt.

Inzwischen liegen kurz vor dem Druck dieses Buches Arbeitsanweisungen von verschiedenen Versicherungsgesellschaften (darunter die Allianz AG) vor, die für die außergerichtliche Schadenregulierung auf dem Gebiet der Kraftfahrzeughaftpflicht vorsehen, dass ausgehend vom Gesamterledigungswert ein Schaden bis zu 10 000, 00 Euro mit einer Pauschalgebühr von 1,8 und darüber hinaus bei einem Geschädigten mit einer Pauschalgebühr von 2,1 abgerechnet wird. Dieser Gebührensatz entgilt pauschal die Geschäftsgebühr einschließlich Besprechungen und die Einigungsgebühr.

3.2 Die Beratungsgebühr

(Dazu Aufgaben Gruppe 13)

Hinweis: Beachten Sie, dass sowohl der Paragrafenteil (§ 34 RVG) als auch das Vergütungsverzeichnis (Nrn. 2100 bis 2608) zum **1. Juli 2006** schon wieder geändert werden. Die Gebühren für Beratung und Gutachten (derzeit VV Nrn. 2100 bis 2103 RVG) werden ab diesem Termin in § 34 RVG geregelt. Der Gesetzgeber hat es für sinnvoll gehalten, die Nummern 2100 bis 2103 VV RVG zu diesem Datum aus dem Vergütungsverzeichnis zu entfernen und dafür alle nachfolgenden Nummern aufrücken zu lassen.

Ab 1. Juli 2006 sollen nach dem ab dann gültigen § 34 RVG die Gebühren für Beratung und für Gutachten vereinbart werden. Ohne Gebührenvereinbarung beträgt die Gebühr für einen **Verbraucher** für ein Gutachten höchstens 250 Euro und für eine Erstberatung höchstens 190 Euro.

In VV Nr. 2100 RVG wird die Vergütung für die Tätigkeit des RA geregelt, die auftragsgemäß beschränkt ist auf die **Erteilung eines Rates oder einer Auskunft in Zivilsachen**. Es darf also kein weitergehender Auftrag erteilt worden sein. Die Beratung kann mündlich oder schriftlich erfolgen.

Hinweis: Bei einem **Rat** geht der RA auf ein spezielles Rechtsproblem eines Mandanten ein, wogegen eine **Auskunft** sich mit rechtlichen Fragen allgemeiner Art beschäftigt, die nichts mit einem bestimmten rechtlichen Sachverhalt des Mandanten zu tun haben.

Hängt der Rat mit einer anderen gebührenpflichtigen Tätigkeit des RA zusammen, dann entsteht die **Beratungsgebühr** überhaupt nicht (Anmerkung Abs. 1 zu VV Nr. 2100 RVG), sondern eine Geschäftsgebühr oder eine Verfahrensgebühr. Ist die Beratungsgebühr entstanden und wird der RA in dieser Sache später mit der Vertretung der Partei beauftragt, so wird sie auf dann entstehende Gebühren **angerechnet** (Anmerkung Abs. 2 zu VV Nr. 2100 RVG).

In **Zivilsachen** liegt der Gebührensatz zwischen 0,1 und 1,0. Der konkrete Gebührensatz bestimmt sich nach § 14 RVG. Der Mittelgebührensatz innerhalb des Rahmens beträgt 5,5.

Beachte: Als Anhaltspunkt kann man davon ausgehen, dass für einen einfachen Rat ein Gebührensatz von 0,1 bis zu 0,3, für einen mittelschwierigen oder etwas umfangreicheren Rat ein Gebührensatz von 0,4 bis 0,9 und für einen sehr schwierigen oder sehr umfangreichen Rat ein Gebührensatz von 1,0 angemessen ist.

Bezieht sich der Rat auf **strafrechtliche**, **bußgeldrechtliche** oder sonstige Angelegenheiten, in denen die Gebühren nicht nach dem Gegenstandswert berechnet werden, so beträgt nach VV Nr. 2101 RVG die Beratungsgebühr 10,00 EUR bis 260,00 EUR. § 14 RVG findet Anwendung. Die Mittelgebühr berechnet sich hier auf 135,00 EUR. Auch diese Gebühr entsteht nur, wenn auftragsgemäß ausschließlich eine Beratung stattfindet und sie ist auf später noch in dieser Sache entstehende Gebühren anzurechnen, da die Anmerkungen zu VV Nr. 2100 RVG (siehe oben) auch hier gelten.

Wenn der RA einen **Verbraucher** zum ersten Mal in einer Zivil- oder Strafsache berät, wird nach VV Nr. 2102 RVG die Beratungsgebühr auf höchstens 190,00 EUR nach oben hin begrenzt. Die Beratungsgebühr wird in diesem Fall als **Erstberatungsgebühr** bezeichnet. Sinn dieser Vorschrift ist, dass ein privater Auftraggeber, der sich wegen einer ersten Beratung an einen RA wendet, schon im Voraus absehen können soll, wie viel ihn diese erste Raterteilung maximal kosten wird. Einen solchen Verbraucherschutz hat ein Unternehmer nicht nötig, sodass es für Nicht-Verbraucher eine Erstberatungsgebühr nicht gibt.

Außergerichtliche Tätigkeiten

Achtung: Die Erstberatungsgebühr ist keine besondere Gebühr, sondern nur eine Höchstgrenze für die Gebühren nach VV Nr. 2100 und Nr. 2101 RVG. Deshalb ist zunächst die Beratungsgebühr ganz normal zu berechnen und danach erst zu prüfen, ob die 190,00 EUR überschritten werden. Es ist also falsch, wenn in der Praxis ohne z. B. den Gegenstandswert zu berücksichtigen, einfach für jede Erstberatung immer 190,00 EUR liquidiert werden. Die Gebühr könnte auch niedriger sein.

Die Erstberatungsgebühr gilt nur für die **allererste mündliche Beratung** des Verbrauchers, nicht für eine schriftliche Beratung. Sollte nach dem ersten Beratungsgespräch bzw. einer mündlichen Auskunft der RA weitere Tätigkeiten dieser Art ausüben, die mit der Erstberatung in einem engen Zusammenhang stehen oder eine Fortsetzung der ersten Beratung darstellen oder einen schriftlichen Rat erteilen, so wird die Beratungsgebühr nicht mehr auf 190,00 EUR beschränkt.

Hinweis: Die zukünftige Rechtsprechung wird darüber entscheiden müssen, ob die Beratungsgebühr bei mehreren Auftraggebern erhöht wird (wahrscheinlich nicht, da die Verfahrens- oder Geschäftsgebühr in VV Nr. 1008 RVG ausdrücklich genannt sind) und ob die Gebühren nach VV Nr. 2100 und Nr. 2101 RVG nebeneinander entstehen können, wenn eine Beratung zivil- und strafrechtliche Aspekte gleichzeitig betrifft.

Achtung: Bei Erteilung eines mündlichen Rates werden in der Regel keine Post- und Telekommunikationsdienstleistungsentgelte entstehen, also auch keine Auslagenpauschale!

Beispiel 1: Schneider ist beim Joggen von einem Hund umgerannt worden. Er will von dem Hundehalter Schmerzensgeld verlangen und fragt in dieser Sache RAin Schmidt-Möller mündlich um Rat. Die RAin teilt ihm mit, dass sein Schmerzensgeldanspruch 4 000,00 EUR betragen könnte. Weiter wird sie in dieser Angelegenheit nicht tätig, da sich Schneider mit dem Hundehalter ohne anwaltliche Hilfe einigt. Die entsprechende Vergütungsrechnung lautet bei durchschnittlichen Umständen:

Gegenstandswert: 4 000,00 EUR	EUR
0,55 Beratungsgebühr gem. §§ 2, 13, 14, VV Nr. 2100 RVG	134,75
16 % USt. gem. § 2 Abs. 2 S. 1, VV Nr. 7008 RVG	21,56
	156,31

Eine Erstberatungsgebühr entsteht nicht, da die Beratungsgebühr weniger als 190,00 EUR beträgt.

Die Auslagenpauschale nach VV Nr. 7008 RVG entsteht hier nicht, da keinerlei Auslagen für Porto und Telefon entstanden sind.

Beispiel 2: Der Rentner Moser bittet RA Grummelt um ein erstes Beratungsgespräch wegen einer Schadenersatzforderung von 50 000,00 EUR. RA Grummelt berät seinen Auftraggeber mündlich. Eine weitergehende Auftragserteilung erfolgt nicht. RA Grummelt berechnet das folgende Honorar, das von Moser bezahlt wird:

Gegenstandswert: 50 000,00 EUR	EUR
Erstberatungsgebühr gem. §§ 2, 13, VV Nrn. 2100, 2102 RVG	190,00
16 % USt. gem. § 2 Abs. 2 S. 1, VV Nr. 7008 RVG	30,40
	220,40

_____ Außergerichtliche Tätigkeiten _____

Beispiel 3: Im Fall des vorstehenden Beispiels bittet nach einem halben Jahr der Moser RA Grummelt um eine weitere Beratung in der Schadenersatzangelegenheit. RA Grummelt berät den Moser mündlich und bestätigt den Rat anschließend schriftlich. Es handelt sich um eine durchschnittliche Angelegenheit. Nun erwächst RA Grummelt die folgende Vergütung:

Gegenstandswert: 50 000,00 EUR   EUR

0,55 Beratungsgebühr gem. §§ 2, 13, 14, VV Nr. 2100 RVG	575,30
– Erstberatungsgebühr gem. §§ 2, 13, VV Nrn. 2100, 2102 RVG (aus Beispiel 2)	– 190,00
Pauschale für Post- und Telekommunikationsentgelte gem. § 2 Abs. 2 S. 1, VV Nr. 7002 RVG	20,00
	405,30
16 % USt. gem. § 2 Abs. 2 S. 1, VV Nr. 7008 RVG	64,85
	470,15

Beispiel 4: Frau Hinz hat Frau Kunz eine „alte Schlampe" genannt, ihr ein Auge blau geschlagen und den Lack ihres Autos zerkratzt. Frau Hinz erkundigt sich mündlich bei RAin Mussmann, welche **Strafe** sie für diese Taten zu erwarten habe. Eine weitergehende Auftragserteilung erfolgt nicht, da sich Frau Hinz bei Frau Kunz entschuldigt und auch den Schaden begleicht. In dieser durchschnittlichen Angelegenheit erhebt RAin Mussmann das folgende Honorar:

                                                                                                EUR

Beratungsgebühr gem. §§ 2, 13, 14, VV Nr. 2101 RVG	135,00
16 % USt. gem. § 2 Abs. 2 S. 1, VV Nr. 7008 RVG	21,60
	156,60

Beispiel 5: Haensgen lässt sich von RA Plumhoff in einer Kaufvertragssache (Wert: 20 000,00 EUR) einen mündlichen Rat erteilen.
Nach zwei Wochen erteilt Haensgen in dieser Sache Prozessauftrag. RA Plumhoff mahnt zunächst den Schuldner schriftlich. Kurz vor Einreichung der Klageschrift zahlt der Schuldner, womit sich die Sache erledigt hat. Die Vergütung für die Raterteilung war noch nicht abgerechnet, sodass sich folgende Vergütungsrechnung ergibt:

Gegenstandswert: 20 000,00 EUR   EUR

0,8 Verfahrensgebühr bei vorzeitiger Beendigung gem. §§ 2, 13, VV Nrn. 3100, 3101 Ziff. 1, 2100 Anm. Abs. 2, 2102 * RVG	516,80
Pauschale für Post- und Telekommunikationsentgelte gem. § 2 Abs. 2 S. 1, VV Nr. 7002 RVG **	20,00
	536,80
16 % USt. gem. § 2 Abs. 2 S. 1, VV Nr. 7008 RVG	85,89
	622,69

* Die Erstberatungsgebühr wird auf die Verfahrensgebühr angerechnet.
** Die Pauschale für Post- und Telekommunikationsentgelte ist nur für den Prozessauftrag entstanden.

Merke:

Die Beratungsgebühr (VV Nrn. 2100 bis 2102 RVG) darf nur berechnet werden, wenn der Rat oder die Auskunft nicht mit einer anderen gebührenpflichtigen Tätigkeit zusammenhängt.

Für die allererste mündliche Beratung eines Verbrauchers in einer Angelegenheit bzw. eine erste mündliche Auskunftserteilung erhält der RA eine Erstberatungsgebühr von höchstens 190,00 EUR.

Die Beratungsgebühr ist auf später entstehende Gebühren in derselben Sache anzurechnen.

3.3 Die Gutachtengebühr

(Dazu Aufgaben Gruppe 13)

Im Gegensatz zu einem Rat, der normalerweise mündlich erteilt wird, ist ein Gutachten eine ausführliche, objektive, **schriftliche** und immer **juristisch begründete** Ausarbeitung des RA über die Sach- und Rechtslage eines bestimmten Sachverhalts.

> **Merke:**
> Ein Gutachten unterscheidet sich vom Rat dadurch, dass es immer ausführlich schriftlich begründet wird.

Die Gebühr für die Ausarbeitung eines schriftlichen Gutachtens gemäß VV Nr. 2103 RVG soll eine **angemessene Gebühr** im Sinne des § 14 RVG sein (siehe Kapitel 1.3.2). Die Gutachtengebühr ist in der Regel höher als die Gebühr für einen erteilten Rat. Bei Streit über die Angemessenheit oder Höhe der Gebühr entscheidet im Prozesswege das Gericht, das zuvor ein Gutachten des Vorstandes der Rechtsanwaltskammer einholt (§ 14 Abs. 2 RVG). Die Gutachtengebühr ist nicht auf eine im eventuell anschließenden Verfahren entstehende Verfahrensgebühr anzurechnen, da eine Anrechnungsvorschrift fehlt.

Hinweis: Beachten Sie, dass sowohl der Paragrafenteil (§ 34 RVG) als auch das Vergütungsverzeichnis (Nrn. 2100 bis 2608) zum **1. Juli 2006** schon wieder geändert werden. Die Gebühren für Beratung und Gutachten (derzeit VV Nrn. 2100 bis 2103 RVG) werden ab diesem Termin in § 34 RVG geregelt.

Ab 1. Juli 2006 sollen nach dem ab dann gültigen § 34 RVG die Gebühren für Gutachten vereinbart werden. Ohne **Gebührenvereinbarung** beträgt die Gebühr für einen **Verbraucher** für ein Gutachten höchstens 250 Euro.

3.4 Prüfung der Erfolgsaussicht eines Rechtsmittels

Wird ein RA mit der Prüfung der Erfolgsaussicht einer Berufung, Revision oder Beschwerde **in einer Zivilsache** beauftragt, so erhält er gemäß VV Nr. 2200 RVG eine **Gebühr für die Prüfung der Erfolgsaussicht eines Rechtsmittels**, die eine Rahmengebühr mit einem Rahmen von 0,5 bis 1,0 ist; die Mittelgebühr beträgt 0,75. Die Anwaltstätigkeit kann mündlich oder schriftlich vorgenommen werden. Falls später ein Rechtsmittel eingelegt wird, ist diese Gebühr auf die Verfahrensgebühr für das Rechtsmittelverfahren **anzurechnen**.

Ist die Prüfungstätigkeit mit der Erstellung eines **schriftlichen Gutachtens** verbunden, so erhält der RA anstelle der Gebühr nach VV Nr. 2200 RVG eine Gebühr nach VV Nr. 2201 RVG; der Gebührensatz beträgt 1,3.

_____ Außergerichtliche Tätigkeiten _____

Beispiel: Delougne hat in erster Instanz einen Prozess vor dem Amtsgericht selbst geführt und ist zur Zahlung von 9 000,00 EUR verurteilt worden. RAin Kuss wird mit der Prüfung der Erfolgsaussicht einer Berufung in dieser Sache beauftragt, mit der sie bisher noch nicht befasst war. Da sie keine Chance sieht, den Berufungsprozess zu gewinnen, rät sie mündlich von der Einlegung der Berufung ab. Delougne erteilt ihr daraufhin keinen weiteren Auftrag. RAin Kuss erstellt in dieser durchschnittlichen Sache folgende Vergütungsrechnung:

Gegenstandswert: 9 000,00 EUR	EUR
0,75 Gebühr für die Prüfung der Erfolgsaussicht eines Rechtsmittels	
gem. §§ 2, 13, 14, VV Nr. 2200 RVG	336,75
16 % USt. gem. § 2 Abs. 2 S. 1, VV Nr. 7008 RVG	53,88
	390,63

In Straf- und Bußgeldsachen und bestimmten sozialrechtlichen Angelegenheiten liegt die **Gebühr für die Prüfung der Erfolgsaussicht eines Rechtsmittels** nach VV Nr. 2202 RVG in einem Rahmen von 10,00 bis 260,00 EUR, da in diesen Sachen Betragsrahmengebühren anfallen. Für ein schriftliches **Gutachten** in einer solchen Angelegenheit beträgt die Gebühr nach VV Nr. 2203 RVG zwischen 40,00 und 400,00 EUR.

3.5 Mediation (§ 34 RVG)

Bisher war die Vergütung für die Tätigkeit des RA als Mediator gesetzlich nicht besonders geregelt. Solche Aufträge wurden bisher als außergerichtliche Geschäftsbesorgung mit einer Geschäftsgebühr (jetzt VV Nr. 2400 RVG) oder – wohl zutreffender – mit einer Beratungsgebühr (jetzt VV Nr. 2100 RVG) abgerechnet, oder es wurde die Vergütung vereinbart.

Jetzt hat sich der Gesetzgeber etwas „ganz Tolles" einfallen lassen und die Mediation in § 34 RVG ausdrücklich genannt. Er hat sie genannt, aber nicht geregelt! Der Hinweis auf eine **Gebührenvereinbarung** ist nicht neu, denn vereinbart werden konnten die Gebühren des Mediators auch schon nach dem früheren Gebührenrecht.

Wird keine Gebührenvereinbarung getroffen, so soll sich die Gebühr nach den Vorschriften des bürgerlichen Rechts richten. Nach dem bürgerlichen Recht erhält der RA gemäß den §§ 675, 612 Abs. 2 BGB für die Mediationstätigkeit die „taxmäßige Vergütung" und in Ermangelung einer Taxe die „übliche Vergütung". Leider gibt es für die Mediationstätigkeit derzeit weder eine Taxe noch irgendwelche Hinweise auf eine übliche Vergütung!

Dies muss wohl so ausgelegt werden, dass der RA – anders als nach dem bisherigen Gebührenrecht – praktisch gezwungen sein soll, eine **Gebührenvereinbarung** (§ 4 RVG, siehe Kapitel 1.2.3) mit den Auftraggebern auszumachen. Es bietet sich hier an, ein Zeithonorar oder eine Festvergütung zu vereinbaren.

Hinweis: Ein **Mediator** ist ein Vermittler im Auftrage beider (bzw. aller) Parteien. Der Mediator soll im Rahmen eines außergerichtlichen Beratungsverfahrens die Parteien darin unterstützen, eine für sie passende rechtsverbindliche Vereinbarung über einen Rechtsstreit auszuarbeiten. Es handelt sich also um eine Vermittlung zwischen über rechtliche Probleme streitenden Parteien, z. B. in Scheidungsangelegenheiten.

4 ANWALTLICHE AUFFORDERUNGSSCHREIBEN

(Dazu Aufgaben Gruppe 2)

Die Anwaltstätigkeiten, die in diesem Kapitel betrachtet werden sollen, sind insbesondere solche, mit denen ein RA beauftragt wird, Geldforderungen gegenüber einem Schuldner anzumahnen. Diese Tätigkeit wird entweder auftragsgemäß

- unabhängig von einem gerichtlichen Verfahren nur **außergerichtlich** vorgenommen oder aber
- einem beabsichtigten **gerichtlichen Verfahren vorgeschaltet**.

Im Allgemeinen geht der Auftrag des Gläubigers dahin, den Schuldner schriftlich zur Zahlung aufzufordern durch ein so genanntes anwaltliches Aufforderungsschreiben.

Was die Gebühren für andere Anwaltstätigkeiten in außergerichtlichen Angelegenheiten betrifft, so wurden diese bereits in Kapitel 3 dargestellt. Gegenstand des vorliegenden Kapitels ist im Wesentlichen nur das Aufforderungsschreiben. Außerdem sollen hier die verschiedenen auf außer- und vorgerichtliche Besorgungen anwendbaren Gebührenvorschriften gegeneinander abgegrenzt werden.

4.1 Die Arten von Aufforderungsschreiben

Ein von einem RA verfasstes Mahnschreiben oder eine Zahlungsaufforderung nennt man **anwaltliches Aufforderungsschreiben**.

Meistens hat der RA den Auftrag, einen Schuldner schriftlich zu mahnen und zur Zahlung seiner Schulden anwaltlich aufzufordern. Für ein solches anwaltliches Aufforderungsschreiben sprechen in der Regel **zwei Gründe**, die sich aus der Berücksichtigung gesetzlicher Bestimmungen ergeben und dazu noch ein praktischer Gesichtspunkt:

- Das Aufforderungsschreiben hat oft den Zweck, den Schuldner durch Mahnung wirksam **in Verzug** zu setzen (§ 286 Abs. 1 BGB) falls dies nicht schon durch den Gläubiger selbst erfolgt ist.
- Weiterhin dient das Aufforderungsschreiben meist dazu, dem Schuldner klarzumachen, dass er ernsthaft mit gerichtlichen Schritten des Gläubigers rechnen muss, falls er nicht zahlt. Wenn er es dann trotzdem zu einem Verfahren kommen lässt, wird ihm damit die Möglichkeit genommen, die eingeklagte Forderung sofort anzuerkennen, was sonst nach § 93 ZPO („**sofortiges Anerkenntnis**") zur Folge hätte, dass der Gläubiger die Verfahrenskosten selbst tragen müsste.
- Letztlich lassen viele Gläubiger ihrem Schuldner ein Aufforderungsschreiben durch einen RA übersenden, weil sie sich davon versprechen, dass ein von einem RA abgeschicktes Schreiben den Schuldner so sehr beeindrucken und ihm **Angst einjagen** werde, dass er daraufhin zur Zahlung bereit sei.

Es gibt **zwei grundsätzliche Arten von anwaltlichen Aufforderungsschreiben**, die sich durch ihren Inhalt und durch die für sie anfallenden Gebühren unterscheiden:

Anwaltliche Aufforderungsschreiben

(1) Bei dem anwaltlichen **Aufforderungsschreiben mit Klageandrohung**, hat der RA bereits Klageauftrag. Anstelle einer Klage könnte auch das **gerichtliche Mahnverfahren** angedroht werden. Es könnten auch nur gerichtliche Schritte angedroht werden.

(2) Bei dem anwaltlichen **Aufforderungsschreiben ohne Klageandrohung**, hat der RA keinen Klageauftrag bzw. keinen Auftrag gerichtliche Schritte einzuleiten.

Bereits an dieser Stelle soll auf den **inhaltlichen Unterschied** zwischen den beiden Arten von Aufforderungsschreiben hingewiesen werden. Im Prinzip unterscheiden sich die Aufforderungsschreiben nur in einem einzigen Satz:

(1) Im **Aufforderungsschreiben mit Klageandrohung** ist sinngemäß folgender Satz enthalten: „Sollten Sie nicht ... zahlen, werde ich gegen Sie die **Klage einreichen**, zu der ich bereits beauftragt wurde", oder noch stärker „... die Klage einreichen, die bereits gegen Sie vorbereitet ist." Anstelle einer Klage könnte auch das **gerichtliche Mahnverfahren** oder nur einfach gerichtliche Schritte angedroht werden.

(2) Dagegen findet sich im **Aufforderungsschreiben ohne Klageandrohung** dem Sinne nach diese Aussage: „Sollten Sie nicht ... zahlen, werde ich meinem Mandanten **empfehlen**, gegen Sie Klage einzureichen."

Aus dem inhaltlichen Unterschied ergibt sich als gebührenrechtliche Folge eine **unterschiedliche Gebührenberechnung**.

Beispiel: RAin Seefeldt wird von Frau Soffel gebeten, von dem säumigen Schuldner Faulstich die fällige Forderung einzutreiben, was durch Absendung eines Aufforderungsschreibens geschieht. Der Faulstich zahlt daraufhin. Wie soll nun diese Tätigkeit gebührenrechtlich eingeordnet werden?

Das Aufforderungsschreiben der RAin könnte sowohl Gebühren nach VV Nr. 2400 RVG (bzw. nach VV Nr. 2402 RVG) oder auch nach VV Nr. 3101 Ziff. 1 RVG (bzw. nach VV Nr. 3306 RVG) verursacht haben. Jede dieser vier Möglichkeiten kann zu Gebühren in unterschiedlicher Höhe führen. Deshalb kann es nicht egal sein, zu welcher Lösung man sich entscheidet.

Grundsätzlich kommt es bei der Berechnung der Anwaltsgebühren darauf an, welchen **Auftrag** der Mandant seinem RA erteilt hat. Der RA darf nur Tätigkeiten ausüben, zu denen er beauftragt wurde. Wurde der RAin bereits **Prozessauftrag** erteilt, so kann sie keine Gebühren aus dem Teil 2 des Vergütungsverzeichnisses des RVG erheben, also nicht die Gebühr nach VV Nr. 2400 RVG oder nach VV Nr. 2402 RVG, da diese Vorschriften grundsätzlich nur in außergerichtlichen Angelegenheiten Anwendung finden. Hat die RAin dagegen **keinen Prozessauftrag** erhalten, so kann sie in vorstehendem Beispiel keine Gebühren aus dem Teil 3 des Vergütungsverzeichnisses des RVG berechnen, also nicht die Gebühr nach VV Nr. 3101 Ziff. 1 RVG (bzw. nach VV Nr. 3306 RVG), da diese Vorschrift nur für bürgerliche Rechtsstreitigkeiten (gemeint ist hier der Zivilprozess) anwendbar ist. In obigem Beispiel hat die RAin also versäumt, sich einen eindeutigen Auftrag erteilen zu lassen!

> **Merke:**
>
> Im Wesentlichen hängt es vom Inhalt des erteilten Auftrages ab, auf welche Weise der RA zur Erledigung der Angelegenheit vorgehen soll und welche Gebühren dann für diese Tätigkeit entstehen.

4.1.1 Aufforderungsschreiben mit Klageauftrag

In einem **Aufforderungsschreiben mit Klageandrohung** ist dem Sinn entsprechend folgender Satz enthalten: „Sollten Sie nicht ... zahlen, werde ich gegen Sie die **Klage einreichen**, zu der ich bereits Prozessauftrag habe." Mit dieser Aussage wird dem Schuldner gegenüber zum Ausdruck gebracht, dass er ohne weiteres damit rechnen muss, dass gerichtliche Schritte gegen ihn eingeleitet werden, wenn er auf das Mahnschreiben hin nicht zahlt. Aus dem Umstand, dass er seinem RA bereits Prozessauftrag erteilt hat, lässt sich erkennen, dass der Gläubiger zu einer gerichtlichen Geltendmachung seiner Forderung fest entschlossen ist. Dies ist übrigens auch der für die Gebührenberechnung wesentliche Teil des Aufforderungsschreibens.

Grundsätzlich kommt es bei der Berechnung der Anwaltsgebühren darauf an, welchen Auftrag der Mandant seinem RA erteilt hat. Der RA darf nur Tätigkeiten ausüben, zu denen er beauftragt wurde. In diesem Fall wurde ihm ein **Prozessauftrag** erteilt, also der Auftrag, den Anspruch des Gläubigers gegen den Schuldner gerichtlich einzuklagen. Als Honorar für die Erledigung dieses Auftrages kommen nur Gebühren aus dem Teil 3 des Vergütungsverzeichnisses des RVG in Betracht, da nur dieser Teil sich in Abschnitt 1 mit den Gebühren in bürgerlichen Rechtsstreitigkeiten – also dem Zivilprozess – befasst.

Weiterhin kommt, da dem RA ein **Prozessauftrag** erteilt wurde, für seine dementsprechende Tätigkeit grundsätzlich nur die **Verfahrensgebühr** nach VV Nr. 3100 RVG in Frage. Für diese Gebühr muss ein RA jedoch normalerweise schon etwas mehr tun, als nur eine Mahnung zu schreiben. Immerhin gehört zur Führung eines Prozesses unter anderem auch das Erstellen der Klageschrift und anderer Schriftsätze. In diesem Fall ist die Tätigkeit des RA jedoch zunächst einmal nur vorgerichtlich, wobei es in dem Fall verbleibt, wenn der Schuldner nach Erhalt des Aufforderungsschreibens zahlt. Das Aufforderungsschreiben gehört mit zur Vorbereitung des Prozesses, um den Schuldner – falls erforderlich – in Verzug zu setzen und um ihm die Möglichkeit zu nehmen, den eingeklagten Anspruch mit der Folge des § 93 ZPO sofort anzuerkennen.

Weil der RA, dessen Prozesstätigkeit bereits mit dem Aufforderungsschreiben endet, mit einer gleich hohen Verfahrensgebühr, wie sie ein Anwalt erhält, der einen Prozess bis zum Ende führt, überbezahlt wäre, hat der Gesetzgeber in VV Nr. 3101 Ziff. 1 RVG für solche Fälle die **Verfahrensgebühr reduziert**. Wenn der Schuldner nach Zugang des Aufforderungsschreibens zahlt, kommt es natürlich nicht zur Einreichung der Klageschrift beim Gericht, was genau die Voraussetzung für die Anwendung von VV Nr. 3101 Ziff. 1 RVG ist. Demnach erhält der RA, dessen Prozessauftrag schon nach Fertigung des Aufforderungsschreibens erledigt ist, nur eine **0,8 Verfahrensgebühr für die vorzeitige Beendigung** des Auftrags nach VV Nr. 3101 Ziff. 1 RVG i. V. m. VV Nr. 3100 RVG.

Da die Verfahrensgebühr eine allgemeine **Betriebsgebühr** für das Betreiben eines Prozesses ist, sind mit der verminderten Verfahrensgebühr nach VV Nr. 3101 Ziff. 1 RVG alle Tätigkeiten abgegolten, die normalerweise bei der Einleitung eines Prozesses anfallen. Die (verminderte) Verfahrensgebühr entsteht nach der Auftragserteilung bereits mit der ersten Tätigkeit des RA, was regelmäßig die Entgegennahme der von dem Mandanten abgegebenen Information und dessen Beratung sein wird, und schließt als Pauschgebühr die weitere Bearbeitung dieser Sache, insbesondere auch Schriftverkehr mit der Gegenseite, ein. Weitere Gebühren werden also für ein Aufforderungsschreiben mit Klageauftrag – wenn der Schuldner nach Erhalt des Schreibens sofort zahlt – nicht entstehen. Je nachdem wie die Sache weiter abläuft, können indessen auch noch zwei zusätzliche Gebühren **neben der Verfahrensgebühr** entstehen:

- eine 1,2 **Terminsgebühr** nach VV Nr. 3104 RVG für auf die Vermeidung eines gerichtlichen Verfahrens gerichtete Besprechungen außerhalb des Gerichts (Vorbemerkung 3 Abs. 3 VV RVG) oder/und

- eine 1,5 **Einigungsgebühr** nach VV Nr. 1000 RVG für den Abschluss eines Vertrages über eine Einigung bzw. einen Vergleich.

Beispiel 1: RA Stumm wird von dem Gutbrod beauftragt, gegen den Schuldner Faulstroh eine Forderung von 60 000,00 EUR einzuklagen. Zuvor soll der RA jedoch noch eine Mahnung an Faulstroh schicken, um diesen in Verzug zu setzen. Der RA sendet dem Faulstroh ein Aufforderungsschreiben mit Klageandrohung. Faulstroh zahlt daraufhin den geforderten Betrag an Gutbrod.

RA Stumm hat dem Faulstroh in dem Aufforderungsschreiben für seine Anwaltstätigkeit die folgende Vergütung berechnet:

Gegenstandswert: 60 000,00 EUR	EUR
0,8 Verfahrensgebühr bei vorzeitiger Beendigung gem. §§ 2, 13, VV Nrn. 3100, 3101 Ziff. 1 RVG	898,40
Pauschale für Post- und Telekommunikationsentgelte gem. § 2 Abs. 2 S. 1, VV Nr. 7002 RVG	20,00
	918,40
16 % USt. gem. § 2 Abs. 2 S. 1, VV Nr. 7008 RVG	146,94
	1 065,34

Beispiel 2: RAin Oppel erhält von Frau Gutschmidt den Auftrag, gegen den Schuldner Faulhaber eine Forderung von 20 000,00 EUR einzuklagen. Um den Schuldner in Verzug zu setzen, soll ihm die RAin zuvor noch eine Mahnung zusenden.

Nach Erhalt des von der RAin abgesandten Aufforderungsschreibens mit Klageandrohung ruft der Faulhaber in der Kanzlei an und schlägt vor, er wolle den Betrag in Raten zahlen, wenn er dann nur die Hälfte zahlen müsse; mehr würde er sowieso nicht schulden.

RAin Oppel führt daraufhin eine Besprechung mit dem Faulhaber in ihrem Büro durch und handelt in einem weiteren Gespräch mit dem Schuldner einen Vergleich aus, wonach der Schuldner in monatlichen Raten einen Betrag von insgesamt 16 500,00 EUR an Frau Gutschmidt und die Anwaltsvergütung zahlt. Mit diesem Vergleich erklärt sich Frau Gutschmidt einverstanden.

Die Vergütung für RAin Oppel berechnet sich wie folgt:

Gegenstandswert: 20 000,00 EUR	EUR
0,8 Verfahrensgebühr bei vorzeitiger Beendigung gem. §§ 2, 13, VV Nrn. 3100, 3101 Ziff. 1 RVG	516,80
1,2 Terminsgebühr gem. §§ 2, 13, VV Nr. 3104 i. V. m. Vorbemerkung 3 Abs. 3 RVG	775,20
1,5 Einigungsgebühr gem. §§ 2, 13, VV Nr. 1000 RVG	969,00
Pauschale für Post- und Telekommunikationsentgelte gem. § 2 Abs. 2 S. 1, VV Nr. 7002 RVG	20,00
	2 281,00
16 % USt. gem. § 2 Abs. 2 S. 1, VV Nr. 7008 RVG	364,96
	2 645,96

Hinweis: Bei der verminderten **Verfahrensgebühr** sollte VV Nr. 3100 RVG neben VV Nr. 3101 Ziff. 1 RVG zitiert werden, da nur beide Vorschriften gemeinsam das Wesen und die Höhe dieser Gebühr bestimmen.

Die **Terminsgebühr** gilt auch Besprechungen mit dem Gegner ab, die der Vermeidung eines Prozesses dienen.

Der Gebührensatz der **Einigungsgebühr** beträgt hier 1,5, da die Sache noch nicht rechtshängig war.

Gegenstandswert für die Einigungsgebühr ist immer der Wert, **worüber** man sich einigt, nicht worauf man sich einigt.

Merke:

Für ein oder mehrere Aufforderungsschreiben mit Klageandrohung erhält der RA in einer Angelegenheit eine 0,8 Verfahrensgebühr nach VV Nrn. 3100, 3101 Ziff. 1 RVG.

Die Art des Aufforderungsschreibens und die Vergütung hängt vom erteilten Auftrag ab.

Zum Aufforderungsschreiben mit Klageauftrag und zur verminderten Verfahrensgebühr bei vorzeitiger Beendigung des Klageauftrags siehe auch Kapitel 6.1.2.1.1.

4.1.2 Aufforderungsschreiben mit Auftrag zum Mahnverfahren

Anstelle einer Klageandrohung kann ein Aufforderungsschreiben auch die **Androhung eines gerichtlichen Mahnverfahrens** enthalten, was z. B. in folgendem Satz zum Ausdruck gebracht werden kann: „Sollten Sie nicht ... zahlen, werde ich gegen Sie das **gerichtliche Mahnverfahren** beantragen, zu dem ich bereits beauftragt bin." Mit dieser Aussage wird dem Schuldner gegenüber zum Ausdruck gebracht, dass er ohne weiteres damit rechnen muss, dass gerichtliche Schritte gegen ihn eingeleitet werden, wenn er auf das Mahnschreiben hin nicht zahlt. Aus dem Umstand, dass er seinem RA bereits Auftrag zum Mahnverfahren erteilt hat, lässt sich erkennen, dass der Gläubiger zu einer gerichtlichen Geltendmachung seiner Forderung fest entschlossen ist. Dies ist übrigens auch der für die Gebührenberechnung wesentliche Teil des Aufforderungsschreibens.

Grundsätzlich kommt es bei der Berechnung der Anwaltsgebühren darauf an, welchen Auftrag der Mandant seinem RA erteilt hat. Der RA darf nur Tätigkeiten ausüben, zu denen er beauftragt wurde. In diesem Fall wurde ihm ein **Auftrag** zur Durchführung des gerichtlichen Mahnverfahrens erteilt, also der Auftrag, den Anspruch des Gläubigers gegen den Schuldner gerichtlich geltend zu machen. Als Honorar für die Erledigung dieses Auftrages kommen nur Gebühren aus dem Teil 3 des Vergütungsverzeichnisses des RVG in Betracht, da nur in diesem Teil sich Abschnitt 3, Unterabschnitt 2 mit den Gebühren in bürgerlichen Rechtsstreitigkeiten – also dem Zivilprozess oder besonderen Verfahren wie dem Mahnverfahren – befasst.

Da dem RA ein **Auftrag zum Mahnverfahren** erteilt wurde, kommt für seine dementsprechende Tätigkeit grundsätzlich nur die **Verfahrensgebühr** nach VV Nr. 3305 RVG in Frage. Für diese Gebühr muss ein RA jedoch normalerweise schon etwas mehr tun, als nur eine Mahnung zu schreiben. Zumindest müsste er die amtlichen Vordrucke für das gerichtliche Mahnverfahren ausfüllen und den Antrag bei dem zuständigen Gericht stellen. In diesem Fall ist die Tätigkeit des RA jedoch zunächst einmal nur vorgerichtlich, wobei es in dem Fall verbleibt, wenn der Schuldner nach Erhalt des Aufforderungsschreibens zahlt. Das Aufforderungsschreiben gehört mit zur Vorbereitung des gerichtlichen Mahnverfahrens, um den Schuldner – falls erforderlich – in Verzug zu setzen und um ihm die Möglichkeit zu nehmen, den eingeklagten Anspruch mit der Folge des § 93 ZPO sofort anzuerkennen.

Weil der RA, dessen Tätigkeit im Mahnverfahren bereits mit dem Aufforderungsschreiben endet, mit einer gleich hohen Verfahrensgebühr, wie sie ein Anwalt erhält, der ein Mahnverfahren bis zum Ende führt, überbezahlt wäre, hat der Gesetzgeber in VV Nr. 3306 RVG für solche Fälle die **Verfahrensgebühr reduziert**. Wenn der Schuldner nach Zugang des Aufforderungsschreibens zahlt, kommt es natürlich nicht zur Einreichung des Antrags beim Gericht, was genau die Voraussetzung für die Anwendung von VV Nr. 3306 RVG ist. Demnach erhält der RA, dessen Auftrag schon nach Fertigung des Aufforderungsschreibens erledigt ist, nur eine **0,5 Verfahrensgebühr für die vorzeitige Beendigung** des Auftrags nach VV Nr. 3306 RVG i. V. m. VV Nr. 3305 RVG.

Da die Verfahrensgebühr eine allgemeine **Betriebsgebühr** für das Betreiben des Mahnverfahrens ist, sind mit der verminderten Verfahrensgebühr nach VV Nr. 3306 RVG alle Tätigkeiten abgegolten, die normalerweise bei der Einleitung eines Mahnverfahrens anfallen. Die (verminderte) Verfahrensgebühr entsteht nach der Auftragserteilung bereits mit der ersten Tätigkeit des RA, was regelmäßig die Entgegennahme der von dem Mandanten abgegebenen Information und dessen Beratung sein wird, und schließt als Pauschgebühr die weitere Bearbeitung dieser Sache, insbesondere auch die Entgegennahme des Widerspruchs der Gegenseite, ein. Weitere Gebühren werden also für ein Aufforderungsschreiben mit Auftrag zur Durchführung des Mahnverfahrens – wenn der Schuldner nach Erhalt des Schreibens sofort zahlt – nicht entstehen.

Je nachdem wie die Sache weiter abläuft, kann indessen auch noch eine zusätzliche Gebühr **neben der Verfahrensgebühr** entstehen: Der RA kann eine 1,5 **Einigungsgebühr** nach VV Nr. 1000 RVG für den Abschluss eines Vertrages über eine Einigung bzw. einen Vergleich erhalten.

Hinweis: Eine **Terminsgebühr** nach VV Nr. 3104 RVG für auf die Vermeidung eines gerichtlichen Verfahrens gerichtete Besprechungen außerhalb des Gerichts (Vorbemerkung 3 Abs. 3 VV RVG) wird nicht entstehen, da eine solche Gebühr in Teil 3, Abschnitt 3, Unterabschnitt 2 („Mahnverfahren") des VV zum RVG nicht vorgesehen ist. In einem Mahnverfahren werden keine Termine angesetzt.

Beispiel: RAin Hermerding erhält von Frau Kaiser den Auftrag, gegen den Schuldner König eine Forderung von 20 000,00 EUR im gerichtlichen Mahnverfahren einzutreiben. Um den Schuldner in Verzug zu setzen, soll ihm die RAin zuvor noch eine Mahnung zusenden.

Nach Erhalt des von der RAin abgesandten Aufforderungsschreibens mit Androhung des Mahnverfahrens ruft der König in der Kanzlei an und schlägt vor, er wolle den Betrag in Raten zahlen, wenn er dann nur die Hälfte zahlen müsse; mehr würde er sowieso nicht schulden.

RAin Hermerding führt daraufhin eine Besprechung mit dem König in ihrem Büro durch und handelt in einem weiteren Gespräch mit dem Schuldner einen Vergleich aus, wonach der Schuldner in monatlichen Raten einen Betrag von insgesamt 16 500,00 EUR an Frau Kaiser und die Anwaltsvergütung zahlt. Mit diesem Vergleich erklärt sich Frau Kaiser einverstanden.

Die Vergütung für RAin Hermerding berechnet sich wie folgt:

Gegenstandswert: 20 000,00 EUR	EUR
0,5 Verfahrensgebühr im Mahnverfahren bei vorzeitiger Beendigung gem. §§ 2, 13, VV Nrn. 3305, 3306 RVG	323,00
1,5 Einigungsgebühr gem. §§ 2, 13, VV Nr. 1000 RVG	969,00
Pauschale für Post- und Telekommunikationsentgelte gem. § 2 Abs. 2 S. 1, VV Nr. 7002 RVG	20,00
	1 312,00
16 % USt. gem. § 2 Abs. 2 S. 1, VV Nr. 7008 RVG	209,92
	1 521,92

Vergleichen Sie das ähnliche Beispiel 2 im vorausgehenden Kapitel und die Hinweise dazu.

Merke:
Für ein Aufforderungsschreiben mit Androhung des gerichtlichen Mahnverfahrens erhält der RA eine 0,5 Verfahrensgebühr nach VV Nrn. 3305, 3306 RVG.

Die Art des Aufforderungsschreibens und die Vergütung hängt vom erteilten Auftrag ab.

4.1.3 Aufforderungsschreiben ohne Klageauftrag

In einem Aufforderungsschreiben **ohne Klageandrohung** ist sinngemäß folgender Satz enthalten: „Sollten Sie nicht . . . zahlen, werde ich meinem Mandanten **empfehlen**, gegen Sie Klage einzureichen." Damit bringt der RA zum Ausdruck, dass ihm ein Auftrag, gegen den Schuldner gerichtliche Schritte einzuleiten, noch nicht vorliegt und dass sein Auftraggeber erst einmal die Reaktion des Schuldners abwarten möchte, bevor er sich zu weiteren – dann auch gerichtlichen – Schritten entschließen wird. Dies ist der für die Gebührenberechnung wesentliche Teil des Aufforderungsschreibens.

Grundsätzlich kommt es bei der Berechnung der Anwaltsgebühren darauf an, welchen Auftrag der Mandant seinem RA erteilt hat. Der RA darf nur Tätigkeiten ausüben, zu denen er beauftragt wurde. In diesem Fall wurde ihm noch **kein Prozessauftrag** erteilt, sondern nur ein **Auftrag zur außergerichtlichen Erledigung** der Angelegenheit. Damit scheidet eine Berechnung der Gebühr für diesen Auftrag nach dem Teil 3 des Vergütungsverzeichnisses zum RVG aus, da dieser Teil nur für bürgerliche Rechtsstreitigkeiten (= Zivilprozess) anwendbar ist. Vielmehr ist in diesem Fall die Gebühr nach dem **Teil 2 des VV zum RVG** zu erheben, da dieser Teil insbesondere in außergerichtlichen Angelegenheiten Anwendung findet.

Wenn der RA nur mit der **außergerichtlichen Erledigung** der Angelegenheit beauftragt ist, so ist seine Vergütung in der Regel nach VV Nr. 2400 RVG zu berechnen. Das Gleiche gilt, wenn er einen unbedingten Auftrag zu vorerst nur außergerichtlichen Bemühungen hat und nur für den Fall des Fehlschlagens dieser Anstrengungen bereits einen **bedingten Prozessauftrag** besitzt, die Forderung einzuklagen.

Das Honorar für ein Aufforderungsschreiben wird überwiegend nicht nach VV Nr. 2402 RVG berechnet, da der RA in der Regel mehr tut, als nur eine Mahnung zu schreiben. Über das reine Schreiben des Aufforderungsschreibens hinaus wird der RA seinen Mandanten beraten, den Beginn des Verzuges und die Höhe des Zinssatzes der Verzugszinsen feststellen, den Fortgang der Sache weiter im Auge behalten, je nach Sachlage und Notwendigkeit ein weiteres Mahnschreiben an den Schuldner senden und Zahlungen des Schuldners auf ihre Richtigkeit hin überprüfen.

Für das Aufforderungsschreiben und die damit verbundene Tätigkeit erhält der RA in der Regel die **Geschäftsgebühr** nach VV Nr. 2400 RVG. Die Geschäftsgebühr entsteht nach der Auftragserteilung bereits mit der ersten Tätigkeit des RA, was regelmäßig die Entgegennahme der von dem Mandanten abgegebenen Information und dessen Beratung sein wird; sie entgilt die Anfertigung des Aufforderungsschreibens und schließt als Pauschgebühr die weitere Bearbeitung dieser Sache mit ein. Die Geschäftsgebühr honoriert als allgemeine Betriebsgebühr für außergerichtliche Angelegenheiten also alle mit dem Auftrag zusammenhängenden Arbeiten des RA.

Der Gebührensatz der Geschäftsgebühr muss nach § 14 RVG den Umständen des Falles nach innerhalb des Rahmens in VV Nr. 2400 RVG angemessen gewählt werden. In Kapitel 3.1.1 und insbesondere in Kapitel 3.1.1.1 wurde begründet, warum für ein Aufforderungsschreiben ohne Klageauftrag ein Gebührensatz der Geschäftsgebühr von 0,8 angemessen sein wird – unter der Voraussetzung, dass es bei der Fertigung des Aufforderungsschreibens verbleibt und dass der Schuldner nach Erhalt des Aufforderungsschreibens ohne weiteres zahlt.

Wenn der RA mündliche oder telefonische Gespräche mit dem Schuldner führt, kann der Gebührensatz der Geschäftsgebühr entsprechend dem zusätzlichen Arbeitsaufwand für diese Besprechungen erhöht werden bei durchschnittlichen Umständen auf bis zu maximal 1,3 (Anmerkung zu Nr. 2400 RVG). Solche Besprechungen werden sich insbesondere bei Vergleichsverhandlungen mit der Gegenseite ergeben. Zurzeit wird vielfach für alle Aufforderungsschreiben ohne Rücksicht auf die Umstände des Falles (§ 14 RVG) eine 1,3 Geschäftsgebühr berechnet. Da es hierzu noch keine Rechtsprechung gibt, wird dies nicht zu beanstanden sein. Die zukünftige Rechtsprechung in dieser Sache bleibt abzuwarten.

Beispiel 1: RA Steiner wird von dem Koppelmann beauftragt, gegen den Schuldner Faulstroh eine Forderung von 60 000,00 EUR außergerichtlich geltend zu machen. Der RA sendet dem Faulstroh ein Aufforderungsschreiben ohne Klageandrohung. Faulstroh zahlt daraufhin sofort den geforderten Betrag an Koppelmann.

RA Steiner hat dem Faulstroh in dem Aufforderungsschreiben für seine Anwaltstätigkeit die folgende Vergütung berechnet:

	EUR
Gegenstandswert: 60 000,00 EUR	
0,8 Geschäftsgebühr gem. §§ 2, 13, 14, VV Nr. 2400 RVG	898,40
Pauschale für Post- und Telekommunikationsentgelte	
gem. § 2 Abs. 2 S. 1, VV Nr. 7002 RVG	20,00
	918,40
16 % USt. gem. § 2 Abs. 2 S. 1, VV Nr. 7008 RVG	146,94
	1 065,34

Beispiel 2: RAin Ostermann erhält von Frau Gaul den Auftrag, gegen den Schuldner Faulhaber wegen einer Forderung von 20 000,00 EUR außergerichtlich vorzugehen. Frau Gaul gibt zu erkennen, dass sie auch bereit sei, mit dem Faulhaber einen Vergleich abzuschließen.

Nach Erhalt des von der RAin abgesandten Aufforderungsschreibens ohne Klageandrohung ruft der Faulhaber in der Kanzlei an und schlägt vor, er wolle den Betrag in Raten zahlen, wenn er dann nur die Hälfte zahlen müsse; mehr würde er sowieso nicht schulden.

RAin Ostermann führt daraufhin eine Besprechung mit dem Faulhaber in ihrem Büro durch und handelt einen Vergleich aus, wonach der Schuldner in monatlichen Raten einen Betrag von insgesamt 16 500,00 EUR an Frau Gaul und die Anwaltsvergütung zahlt. Mit diesem Vergleich erklärt sich Frau Gaul einverstanden.

Die Vergütung für RAin Ostermann berechnet sich wie folgt:

Gegenstandswert: 20 000,00 EUR	EUR
1,3 * Geschäftsgebühr gem. §§ 2, 13, 14, VV Nr. 2400 RVG	839,80
1,5 Einigungsgebühr gem. §§ 2, 13, VV Nr. 1000 RVG	969,00
Pauschale für Post- und Telekommunikationsentgelte gem. § 2 Abs. 2 S. 1, VV Nr. 7002 RVG	20,00
	1 828,80
16 % USt. gem. § 2 Abs. 2 S. 1, VV Nr. 7008 RVG	292,61
	2 121,41

* Wegen der durchgeführten Besprechung wird bei ansonsten durchschnittlichen Umständen der Gebührensatz auf 1,3 festgelegt, das nach der Anmerkung zu VV Nr. 2400 RVG zulässige Maximum.

Hinweis: Da es sich bei der Geschäftsgebühr um eine **Rahmengebühr** handelt, sollte § 14 RVG mit zitiert werden.

Der Gebührensatz der **Einigungsgebühr** beträgt hier wegen des vollkommen außergerichtlichen Vergleichsabschlusses 1,5.

Gegenstandswert der **Einigungsgebühr** ist immer der Wert, **worüber** man sich einigt, nicht worauf man sich einigt.

Merke:

Für ein Aufforderungsschreiben ohne Klageandrohung erhält der RA, wenn der Schuldner nach Erhalt des Aufforderungsschreibens sofort zahlt, eine 0,8 Geschäftsgebühr nach VV Nr. 2400 RVG (Empfehlung).

Insbesondere bei Besprechungen mit dem Schuldner kann die Geschäftsgebühr bei durchschnittlichen Umständen bis zu 1,3 betragen.

Die Art des Aufforderungsschreibens hängt vom erteilten Auftrag ab.

Die zukünftige Rechtsprechung hierzu bleibt abzuwarten.

Wenn es nach Fehlschlagen der außergerichtlichen Bemühungen des RA zu dem neuen Auftrag kommt, nunmehr die Forderung im Mahnverfahren oder im Zivilprozess gerichtlich geltend zu machen, so hat nach der Vorbemerkung 3 Abs. 4 VV RVG eine **Anrechnung der Geschäftsgebühr** auf die Verfahrensgebühr zu erfolgen, die in dem nachfolgenden gerichtlichen Verfahren entsteht. Die Geschäftsgebühr ist zur Hälfte, höchstens mit einem Gebührensatz von 0,75, auf die Verfahrensgebühr anzurechnen.

Zum Aufforderungsschreiben ohne Klageauftrag, zur Geschäftsgebühr gemäß VV Nr. 2400 RVG und zur Anrechnung der Geschäftsgebühr auf die Verfahrensgebühr eines nachfolgenden gerichtlichen Verfahrens, siehe auch die Kapitel 3.1.1 ff.

4.2 Einfache Schreiben

Eine Ergänzung zu VV Nr. 2400 RVG ist in VV Nr. 2402 RVG normiert. Diese Vorschrift soll die Vergütung des RA für Schreiben, die erfahrungsgemäß nur wenig Arbeit verursachen, herabsetzen. Solche Schreiben werden im RVG als **Schreiben einfacher Art** bezeichnet, aber meistens nur **einfache Schreiben** genannt.

Ob ein einfaches Schreiben durch den RA zu erstellen ist, ergibt sich erstens aus dem **Auftrag** des Mandanten und zweitens aus der **Art und dem Inhalt** des Schreibens. Wenn der RA nur den Auftrag erhalten hat, ein Schreiben im Sinne von VV Nr. 2402 RVG zu fertigen, dann erhält er auch nur die entsprechende Gebühr, selbst wenn das Schreiben länger ausfällt. Hat er einen über den Rahmen von VV Nr. 2402 RVG hinausgehenden Auftrag, dann wird er nach VV Nr. 2400 RVG vergütet, selbst wenn seine Tätigkeit dann doch nicht so umfangreich wird, was jedoch gemäß § 14 RVG durch die Festlegung der Gebühr innerhalb des Gebührenrahmens der Geschäftsgebühr zu berücksichtigen ist.

Einige Beispiele für **Schreiben einfacher Art** sind die folgenden Schreiben: einfaches Mahnschreiben, einfache Kündigungen, Ermittlung der neuen Anschrift des Schuldners z. B. durch Anfrage beim Einwohnermeldeamt.

Wann ein Schreiben „einfach" ist, wird wohl auch vom äußeren Eindruck des Schreibens abhängen. Ein kurzes Schreiben wird sicherlich meist auch einfach sein. Gemäß der Anmerkung zu VV Nr. 2402 RVG handelt es sich dann um ein Schreiben einfacher Art, wenn dieses weder schwierige rechtliche Ausführungen noch größere sachliche Auseinandersetzungen enthält. „Leichtere" rechtliche Ausführungen und „kleinere" sachliche Auseinandersetzungen sind also durchaus noch einfach. Behalten Sie im Auge, dass es darauf ankommt, ob der erteilter Auftrag auf die Erstellung eines einfachen Schreibens zielte, oder ob er darüber hinausging. Der spätere tatsächliche Inhalt des Schreibens ist für die Gebühr unerheblich. Insbesondere liegt selbstverständlich dann kein einfaches Schreiben vor, wenn der RA über die Anfertigung des Schreibens hinaus den Auftraggeber beraten hat und vor Abfassung des Schreibens zunächst rechtliche Fragen hat klären müssen.

Wenn sich der Auftrag und die Tätigkeit des RA auf ein einfaches Schreiben beschränkt, erhält er hierfür eine **0,3 Geschäftsgebühr** gemäß VV Nr. 2402 RVG. Für mehrere Schreiben in derselben Angelegenheit erhält der RA die Gebühr nur einmal. Hat der RA die Gebühr verdient und bekommt er in dieser Angelegenheit den neuen Auftrag, nunmehr gerichtlich vorzugehen, ist die **Gebühr anzurechnen**.

Für ein Aufforderungsschreiben ohne Klageauftrag wird die 0,3 Geschäftsgebühr (VV Nr. 2402 RVG) meistens nicht berechnet, weil der RA oft noch einen über die Erstellung des Schreibens hinausgehenden Auftrag hat. Ein Schreiben ist dann einfach, wenn es weder schwierige rechtliche Ausführungen noch größere sachliche Auseinandersetzungen enthält. Dies könnte bei den häufig verwendeten Vordrucken bzw. Textbausteinen für Aufforderungsschreiben durchaus der Fall sein. Jedoch wird der RA über das reine Schreiben des Aufforderungsschreibens hinaus seinen Mandanten beraten, den Beginn des Verzuges und die Höhe des Zinssatzes der Verzugszinsen feststellen, den Fortgang der Sache weiter im Auge behalten, je nach Sachlage und Notwendigkeit ein weiteres Mahnschreiben an den Schuldner senden und Zahlungen des Schuldners auf ihre Richtigkeit hin überprüfen. Eine Tätigkeit mit diesen Merkmalen fällt jedoch unter VV Nr. 2400 RVG, denn in diesen Fällen wird ein **„Geschäft betrieben"**.

Aus diesen Gründen wird in den meisten Fällen eine Geschäftsgebühr nach VV Nr. 2400 RVG für ein Aufforderungsschreiben ohne Klageauftrag berechnet und nicht nach VV Nr. 2402 RVG.

Wann wird denn nun ein Aufforderungsschreiben ohne Klageauftrag nach VV Nr. 2402 RVG vergütet? Zusammenfassend lässt sich feststellen, dass eine **0,3 Geschäftsgebühr** nach VV Nr. 2402 RVG nur dann für ein solches Schreiben entsteht, wenn

- der Auftrag des RA nur dahin geht, ein **einfaches Schreiben** ohne schwierige rechtliche Ausführungen oder größere sachliche Auseinandersetzungen zu fertigen, und

- der RA **nicht** damit beauftragt wird, für den Mandanten **ein Geschäft zu betreiben**, also ihn zu beraten und über das Erstellen des Schreibens hinaus ihn zu betreuen und sich um den weiteren Fortgang der Angelegenheit zu kümmern. Dass der RA, um das Schreiben anfertigen zu können, die notwendige Information vom Auftraggeber entgegennehmen muss, ist selbstverständlich und stellt noch kein Betreiben eines Geschäfts dar.

> **Merke:**
> Bei einem Auftrag für ein Aufforderungsschreiben ohne Klageauftrag wird in den meisten Fällen der RA ein **Geschäft** für den Auftraggeber **betreiben** und nicht nur ein (einfaches) Schreiben erstellen, weshalb eine Gebühr für ein einfaches Schreiben nicht in Betracht kommt.

Zum Thema einfache Schreiben siehe auch Kapitel 3.1.2.

4.3 Abgrenzung der Nummern 2100 (§ 34), 2400, 2402, 3101, 3403, 3404 des Vergütungsverzeichnisses des RVG

Nicht nur dem Anfänger, sondern häufig auch dem Fortgeschrittenen macht es Schwierigkeiten, bestimmte Vorschriften des RVG zu unterscheiden. Es handelt sich dabei um die folgenden Gebührenvorschriften:

- VV Nrn. 2100, 2102 RVG: Rat, Auskunft, Erstberatung (ab 1. Juli 2006: § 34 RVG)

- VV Nr. 2400 RVG: Geschäftsgebühr (ab 1. Juli 2006: VV Nr. 2300 RVG)

- VV Nr. 2402 RVG: Geschäftsgebühr für einfache Schreiben (ab 1. Juli 2006: VV Nr. 2302 RVG)

- VV Nr. 3101 Ziff. 1 RVG: Vorzeitige Beendigung des Auftrags

- VV Nrn. 3403, 3404: Verfahrensgebühr für sonstige Einzeltätigkeiten, einfache Schreiben

Diese sehr unterschiedlichen Gebührenvorschriften sollen an dieser Stelle gegeneinander abgegrenzt werden. Wichtiges Abgrenzungskriterium ist dabei die **Stellung dieser Bestimmungen im RVG**. Die genannten Vorschriften stehen einmal im Teil 2 und andererseits im Teil 3, Abschnitte 1 und 4 des Vergütungsverzeichnisses des RVG. Jene in diesem Zusammenhang wesentlichen Abschnitte müssen wir uns einmal in folgender **Übersicht** kurz ansehen.

Fundstelle im RVG	Überschrift/Inhalt
Abschnitt 5 des Gesetzesteils	**Außergerichtliche Beratung und Vertretung** (ab 1. Juli 2006!) Daraus, dass die **Beratungsgebühr** (jetzt noch VV Nr. 2100 RVG, ab 1. Juli 2006: § 34 RVG) unter der Überschrift „Außergerichtlich" steht, folgt, dass diese Gebühr für jeden Rat und jede Auskunft über sämtliche Rechtsgebiete Anwendung findet, aber nicht anwendbar ist, wenn der Auftrag für ein gerichtliches Verfahren besteht.
Teil 2 des Vergütungsverzeichnisses	**Außergerichtliche Tätigkeiten ...** In diesem Teil ist die **Geschäftsgebühr** nach VV Nr. 2400 RVG oder auch nach VV Nr. 2402 RVG (ab 1. Juli 2006: Nrn. 2300 und 2302) enthalten, woraus folgt, dass diese Gebühr meistens nur dann erhoben wird, wenn der Auftrag auf außergerichtliche Erledigung der Angelegenheit lautet.
Teil 3 des Vergütungsverzeichnisses	**Gebühren in bürgerlichen Rechtsstreitigkeiten und in ähnlichen Verfahren** Dieser Teil bestimmt u. a. die Gebühren im Zivilprozess, im Mahnverfahren und in der Zwangsvollstreckung, also auch die Gebühren von in der ZPO geregelten Verfahren. Die Vorschriften aus diesem Teil dürfen nur für die dort angegebenen Verfahren herangezogen werden. In diesem Teil ist die **Verfahrensgebühr** in VV Nr. 3100 und Nr. 3101 Ziff. 1 RVG normiert, die immer dann als allgemeine Betriebsgebühr entsteht, wenn der RA Auftrag zur Führung eines Zivilprozesses hat. Auch die **Verfahrensgebühr für das Betreiben des Mahnverfahrens** findet sich in diesem Teil in VV Nr. 3305 bzw. Nr. 3306 RVG. Weiterhin enthält dieser Teil die **Verfahrensgebühr für sonstige Einzeltätigkeiten** in VV Nr. 3403 und Nr. 3404 RVG.

Mit der Stellung der betreffenden Gebührenvorschrift im RVG ist eigentlich bereits der Zweck ihrer Anwendung erkennbar. Insofern lässt sich bereits durch Kenntnis des Gesetzesteils, in dem die betreffende Vorschrift enthalten ist, die Frage teilweise beantworten: **„Wie wende ich die Nummern 2100 (§ 34), 2400, 2402, 3101, 3403, 3404 des Vergütungsverzeichnisses des RVG richtig an?"**

Das Problem soll mit der folgenden **Übersicht zur Abgrenzung der einzelnen Gebührenbestimmungen** gelöst werden:

Gebührenvorschrift	Erläuterung
Beratungsgebühr	Die Beratungsgebühr (jetzt noch VV Nr. 2100 RVG, ab 1. Juli 2006: § 34 RVG) entsteht nur für **außergerichtliche Beratung** für jeden Rat und jede Auskunft über sämtliche Rechtsgebiete, also z. B. für einen zivil-, verwaltungs- oder strafrechtlichen Rat.
	Jedoch darf der Rat nicht mit einer anderen gebührenpflichtigen Tätigkeit zusammenhängen, was bedeutet, dass es bei der Raterteilung verbleiben muss und der RA **keinen Auftrag zur Geschäftsbesorgung** haben darf. Sobald nach einer Raterteilung der RA den Auftrag erhält, in der Sache über die Beratung hinaus tätig zu werden, muss für diese Tätigkeit eine Betriebsgebühr erhoben werden, auf die dann die Beratungsgebühr anzurechnen ist (§ 34 Abs. 2 RVG ab 1. Juli 2006). Zielt der Auftrag von vornherein auf eine Geschäftsbesorgung, so kann eine Beratungsgebühr gar nicht erst erwachsen.
	Fazit: Die Beratungsgebühr wird nur dann erhoben, wenn es bei der Raterteilung verbleibt.
Geschäftsgebühr	Die Geschäftsgebühr nach VV Nr. 2400 RVG (ab 1. Juli 2006: Nr. 2300) ist die Betriebsgebühr für das Betreiben eines **außergerichtlichen Geschäfts**. Der Auftrag geht über eine bloße Rat- oder Auskunftserteilung hinaus, zielt aber in der Regel nicht auf die Führung eines gerichtlichen Verfahrens.
	Die **verminderte Geschäftsgebühr** nach VV Nr. 2402 RVG (ab 1. Juli 2006: Nr. 2302) entsteht unter den gleichen Voraussetzungen, wenn jedoch **kein Geschäft** zu betreiben, sondern lediglich ein einfaches Schreiben zu fertigen ist.
	Fazit: Eine Geschäftsgebühr nach VV Nr. 2400 RVG (ab 1. Juli 2006: Nr. 2300) entsteht in der Regel für das nur **außergerichtliche Betreiben eines Geschäfts**, wenn das Geschäft über das bloße Fertigen eines Schreibens hinausgeht.
	Ist nur ein **einfaches Schreiben** zu fertigen, ist die Geschäftsgebühr nach VV Nr. 2402 RVG (ab 1. Juli 2006: Nr. 2302) einschlägig.
Verfahrensgebühr	Die Verfahrensgebühr nach VV Nr. 3100 RVG ist die Betriebsgebühr für das Betreiben eines Zivilprozesses.
	Dies gilt natürlich auch für die **verminderte Verfahrensgebühr**, die nach VV Nr. 3101 Ziff. 1 RVG bei vorzeitiger Beendigung des Auftrags entsteht, wenn der Auftrag auf die Führung eines Zivilprozesses gerichtet war.
	Fazit: Eine Verfahrensgebühr wird nur dann erhoben, wenn der Auftrag auf die Führung eines Zivilprozesses zielt.

Gebührenvorschrift	Erläuterung
„Schriftsatzgebühr"	Im Teil 3, Abschnitt 4 VV RVG werden Gebühren für Einzeltätigkeiten dafür normiert, dass bestimmte einzelne Anwaltstätigkeiten im Rahmen eines Rechtsstreites vorgenommen werden, **ohne** dass dem RA eine **Prozessvollmacht** für das ganze Verfahren erteilt wird. Wie bei allen Vorschriften aus dem Teil 3 ist auch hier Voraussetzung, dass ein Zivilprozess oder ein ähnliches Verfahren stattfindet und dass der RA in diesem Verfahren einzelne Schriftsätze fertigt oder einzelne Termine wahrnimmt. **Fazit:** Die so genannte **Schriftsatzgebühr** nach VV Nr. 3403 RVG setzt voraus, dass der RA bestimmte einzelne Handlungen innerhalb eines Prozesses vornimmt, ohne dass er Auftrag und Vollmacht zum Betreiben des Prozesses im Ganzen hat (siehe auch Kapitel 6.4.3). Dies gilt auch für einfache Schreiben nach VV Nr. 3404 RVG.

Zusammenfassend lässt sich feststellen, dass

- die **Beratungsgebühr** (jetzt noch VV Nr. 2100 RVG, ab 1. Juli 2006: § 34 RVG) nur für die **bloße Raterteilung** entsteht,

- die **Geschäftsgebühr** nach VV Nr. 2400 RVG oder auch nach VV Nr. 2402 RVG (ab 1. Juli 2006: Nrn. 2300 und 2302) in der Regel das **außergerichtliche** Betreiben einer Angelegenheit voraussetzt, wogegen

- die **verminderte Geschäftsgebühr** nach VV Nr. 2402 RVG (ab 1. Juli 2006: Nr. 2302) für das **bloße Fertigen eines einfachen Schreibens** erwächst,

- die **Verfahrensgebühr** nach VV Nr. 3100 bzw. Nr. 3101 Ziff. 1 RVG nur bei Vorliegen eines **Prozessauftrages** anfällt, wogegen

- die **Verfahrensgebühr im Mahnverfahren** nach VV Nr. 3305 bzw. Nr. 3306 RVG nur bei Auftrag für das **Betreiben des Mahnverfahrens** entsteht, und

- die so genannte **Schriftsatzgebühr** nach VV Nr. 3403 bzw. Nr. 3404 RVG voraussetzt, dass ein RA **innerhalb eines Prozesses** nur bestimmte einzelne Handlungen vornimmt, ohne dass Auftrag für den Prozess insgesamt vorliegt.

Merke:

- **Beratungsgebühr** = nur Raterteilung, kein Betreiben eines Geschäfts

- **Geschäftsgebühr**
  VV Nr. 2400 RVG = meist nur außergerichtliches Betreiben eines Geschäfts
  VV Nr. 2402 RVG = ausschließlich einfaches Schreiben, kein Betreiben eines Geschäfts

- **Verfahrensgebühr** = nur bei Prozessauftrag

- **Verfahrensgebühr im Mahnverfahren** = nur für das Betreiben des Mahnverfahrens

- So genannte **Schriftsatzgebühr** = lediglich einzelne Handlungen in einem Prozess

  ▶ Für ein vorgerichtliches Aufforderungsschreiben können also nur eine Geschäftsgebühr oder eine Verfahrensgebühr entstehen.

5 DIE GEBÜHREN IM MAHNVERFAHREN

(Dazu Aufgaben Gruppe 5)

Das Mahnverfahren verfolgt den **Zweck**, dem Gläubiger auf relativ schnelle Weise entweder Geld von dem Schuldner zu verschaffen oder ihm einen Vollstreckungstitel, den Vollstreckungsbescheid, gegen den Schuldner in die Hand zu geben. Die Hoffnung des Gläubigers, durch Vermeidung eines Prozesses schnell zu einem Titel zu kommen, wird in der Praxis jedoch oft enttäuscht, da viele Schuldner Widerspruch gegen den Mahnbescheid einlegen. Im Mahnverfahren bezeichnet man den Gläubiger als Antragsteller und den Schuldner als Antragsgegner.

Häufig wird der RA des Antragstellers erst dann im Mahnverfahren tätig, nachdem sein erster Auftrag, die Eintreibung einer Forderung auf außergerichtliche Weise zu versuchen, gescheitert ist. Da der RA sich schon in die Sache eingearbeitet hat, wird dann die Gebühr für seine vorangegangene Tätigkeit auf die ihm nun erwachsende Mahnverfahrensgebühr angerechnet, wie dies schon in Kapitel 3.1.1.2 am Beispiel der Anrechnung der Geschäftsgebühr auf die im Prozess entstehende Verfahrensgebühr dargestellt wurde. Schließt sich dann wiederum nach Widerspruch des Antragsgegners gegen den Mahnbescheid ein Prozess an das Mahnverfahren an, findet mit der gleichen Begründung abermals eine **Anrechnung** der bisher entstandenen Gebühren auf die nun im Prozess entstehende Verfahrensgebühr statt.

5.1 Die Gebühren des Rechtsanwalts des Antragstellers

Im Mahnverfahren erhält der Rechtsanwalt des Antragstellers eine Verfahrensgebühr für die Vertretung des Antragstellers im Mahnverfahren („**Mahnverfahrensgebühr**") und gegebenenfalls eine Verfahrensgebühr für die Beantragung des Vollstreckungsbescheids („**Vollstreckungsbescheidgebühr**").

5.1.1 Die Mahnverfahrensgebühr

5.1.1.1 Die Entstehung der Mahnverfahrensgebühr

Für die Tätigkeit im Mahnverfahren erhält der RA des Antragstellers eine 1,0 Verfahrensgebühr (VV Nr. 3305 RVG). Diese **1,0 Mahnverfahrensgebühr** ist eine Verfahrenspauschgebühr, die von der Auftragsannahme bis einschließlich der Mitteilung des Widerspruchs an den Auftraggeber alle Einzeltätigkeiten abgilt und damit Ähnlichkeit mit der Verfahrensgebühr im Zivilprozess hat (VV Nr. 3100 RVG, vgl. Kapitel 6.1.1.1). Die Gebühr ist schon damit entstanden, dass der RA den Antrag auf Erlass des Mahnbescheids bei Gericht einreicht; ob der Mahnbescheid dann auch erlassen wird, ist für das Entstehen der Gebühr unbedeutend.

Beispiel: RA Fleißner hat den Auftrag, einen Kaufpreis von 1 100,00 EUR im Mahnverfahren einzufordern. RA Fleißner füllt das Formular aus und reicht sodann den Antrag bei Gericht ein. Nach Erhalt der Kostenrechnung vom Mahngericht zahlt er die angeforderten Gerichtskosten ein. Seinem Auftraggeber sendet RA Fleißner daraufhin folgende Vergütungsrechnung:

Gegenstandswert: 1 100,00 EUR   EUR

1,0   Verfahrensgebühr im Mahnverfahren gem. §§ 2, 13, VV Nr. 3305 RVG   85,00
20 % Pauschale für Post- und Telekommunikationsentgelte
      gem. § 2 Abs. 2 S. 1, VV Nr. 7002 RVG   17,00
                                                                                    102,00
16 % USt. gem. § 2 Abs. 2 S. 1, VV Nr. 7008 RVG   16,32
                                                                                    118,32
Vorgelegte Gerichtskosten vom ...
0,5   Verfahrensgebühr über den Antrag auf Erlass eines Mahnbescheids
      gem. §§ 3, 34, KV Nr. 1110 GKG   27,50
                                                                                    145,82

Erledigt sich jedoch der Auftrag nach Entgegennahme der Information, aber vor Einreichung des Antrags auf Erlass des Mahnbescheids bei Gericht, erhält der RA nach VV Nrn. 3305, 3306 RVG nur eine **0,5 Mahnverfahrensgebühr wegen vorzeitiger Beendigung**. Der entscheidende Zeitpunkt ist der Eingang des Antrags bei dem zuständigen Mahngericht.

Beispiel: RA Tutnix bespricht eine Forderungsangelegenheit mit seinem Mandanten und erhält den Auftrag, das Mahnverfahren einzuleiten. Als RA Tutnix gerade dabei ist, seine Auszubildende Nicole mit der Ausfüllung des Formulars zu beauftragen, ruft der Mandant an und teilt mit, die Sache habe sich erledigt, da der Schuldner die geforderten 1 500,00 EUR soeben gezahlt habe. RA Tutnix lässt Nicole daraufhin folgende Vergütungsrechnung erstellen:

Gegenstandswert: 1 500,00 EUR   EUR

0,5   Verfahrensgebühr im Mahnverfahren bei vorzeitiger Beendigung
      gem. §§ 2, 13, VV Nrn. 3305, 3306 RVG   52,50
20 % Pauschale für Post- und Telekommunikationsentgelte
      gem. § 2 Abs. 2 S. 1, VV Nr. 7002 RVG   10,50
                                                                                     63,00
16 % USt. gem. § 2 Abs. 2 S. 1, VV Nr. 7008 RVG   10,08
                                                                                     73,08

Sollte der RA nach Stellung des Antrags auf Erlass des Mahnbescheids einen Vertrag über eine Einigung mit dem Schuldner abschließen, erhält er zusätzlich zu der Verfahrensgebühr für die Antragstellung noch eine **1,0 Einigungsgebühr** (VV Nr. 1003 RVG, siehe Kapitel 1.6.1.1).

Bei **mehreren Auftraggebern** ist die Mahnverfahrensgebühr gemäß § 7, VV Nr. 1008 RVG für jeden weiteren Auftraggeber um 0,3 zu erhöhen (siehe Kapitel 1.2.5).

Merke:

Die Mahnverfahrensgebühr erwächst dem RA bereits mit der ersten Tätigkeit, meist durch die Entgegennahme der Information.

Bei vorzeitiger Beendigung des Auftrags wird sie halbiert.

5.1.1.2 Anrechnung der Mahnverfahrensgebühr bei weiterer Tätigkeit

Falls der Gegner Widerspruch gegen den erlassenen Mahnbescheid bzw. Einspruch gegen den erlassenen Vollstreckungsbescheid einlegt und es daraufhin zum Zivilprozess kommt, wird gemäß der Anmerkung zu VV Nr. 3305 RVG die entstandene **Mahnverfahrensgebühr angerechnet auf die Verfahrensgebühr**, die im nachfolgenden Prozess entsteht. Dies gilt natürlich nur, wenn der mit dem Mahnverfahren beauftragte RA auch den Prozessauftrag erhält, nicht aber bei Anwaltswechsel. Ein anderer RA erhält selbstständige Gebühren. Da im Regelfall auf dem Vordruck für die Beantragung des Mahnbescheids angekreuzt wird, dass im Falle des Widerspruchs die Durchführung des streitigen Verfahrens beantragt wird, entsteht die Verfahrensgebühr für den Prozess in diesem Fall, wenn nach der Einlegung des Widerspruchs das Amtsgericht, das den Mahnbescheid erlassen hat, Termin zur mündlichen Verhandlung bestimmt bzw. den **Rechtsstreit abgibt** an das im Mahnbescheidsantrag bezeichnete Gericht. Auch mit der Einlegung des **Einspruchs gegen den Vollsteckungsbescheid** endet das Mahnverfahren (§ 700 Abs. 3 ZPO) und beginnt der Prozess.

Der Gesetzgeber gibt folgende Begründung für die Anrechnung: Das Mahnverfahren soll in vielen Fällen einen Prozess ersparen, daher wünscht der Gesetzgeber nicht, dass durch die Vorschaltung des Mahnverfahrens vor den Zivilprozess höhere Gebühren entstehen, als wenn gleich eine Klage eingereicht worden wäre. Auch bedeutet das Ausfüllen des Vordruckes für das Mahnverfahren keine erhebliche Mehrarbeit für den RA. Deshalb soll der RA für das Betreiben des Geschäfts in diesem Fall insgesamt nur eine Verfahrensgebühr erhalten.

Beispiel 1 a) RA Fleißner hat den Auftrag, einen Kaufpreis von 1 100,00 EUR im Mahnverfahren einzufordern. Der Antragsgegner legt gegen den ihm zugestellten Mahnbescheid Widerspruch ein. Nachdem das Gericht, an das der Rechtsstreit abgegeben wurde, einen Verhandlungstermin anberaumt hat, zahlt der Schuldner. Die Mahnverfahrensgebühr wird auf die jetzt entstehende Verfahrensgebühr des Prozesses angerechnet. RA Fleißner erhält für seine Tätigkeit nun insgesamt folgende Vergütung, wobei unterstellt wird, dass die Vergütung für das Mahnverfahren noch nicht berechnet wurde:

Gegenstandswert: 1 100,00 EUR   EUR

1,3   Verfahrensgebühr für Prozess und Mahnverfahren
      gem. §§ 2, 13, VV Nr. 3100 und Anmerkung zu Nr. 3305 RVG *   110,50
20 % Pauschale für Post- und Telekommunikationsentgelte für Mahnverfahren **
      gem. § 2 Abs. 2 S. 1, VV Nr. 7002 RVG   17,00
20 % Pauschale für Post- und Telekommunikationsentgelte für Prozess **
      gem. § 2 Abs. 2 S. 1, VV Nr. 7002 RVG   5,10
                                                                                                      132,60
16 % USt. gem. § 2 Abs. 2 S. 1, VV Nr. 7008 RVG   21,22
                                                                                                      153,82

* Die Mahnverfahrensgebühr wird angerechnet, d. h., sie geht in der Verfahrensgebühr für den Prozess unter.

** Die Auslagenpauschale entsteht in jeder Angelegenheit. Mahnverfahren und Prozess sind zwei Angelegenheiten. Im Mahnverfahren beträgt die – angerechnete – Verfahrensgebühr 85,00 EUR, davon 20 % sind 17,00 EUR. Die Auslagenpauschale für den Prozess ergibt sich aus der nach der Anrechnung übrig bleibenden Verfahrensgebühr (110,50 EUR – 85,00 EUR = 25,50 EUR, davon 20 % = 5,10 EUR). Ob diese nach dem Gesetz korrekte Abrechnung mit zwei Auslagenpauschalen in der anwaltlichen Praxis so vorgenommen wird, sei wegen des dadurch beim Auftraggeber erzeugten Eindrucks dahingestellt.

Die Vergütungsrechnung in Beispiel 1 a) wurde insbesondere deshalb so dargestellt, weil nach dem früheren Gebührenrecht der Fall auf diese Weise abgerechnet worden wäre. Nachdem das RVG das Gebührenrecht neu geregelt hat, ist für den Ausgangsfall **dringend zu empfehlen, die Vergütung eher gemäß Beispiel 1 b) abzurechnen**.

Beispiel 1 b) Wie vorstehender Fall in Beispiel 1 a). Jedoch mit einer etwas umständlicher aussehenden Berechnung der Vergütung, die allerdings berücksichtigt, dass das Mahnverfahren und der anschließende Zivilprozess **zwei verschiedene Angelegenheiten** sind. Diese Lösung ist deswegen der Lösung in Beispiel 1 a) vorzuziehen.

I. Mahnverfahren
Gegenstandswert: 1 100,00 EUR   EUR
1,0   Verfahrensgebühr im Mahnverfahren gem. §§ 2, 13, VV Nr. 3305 RVG *   85,00
20 % Pauschale für Post- und Telekommunikationsentgelte für Mahnverfahren **

Die Gebühren im Mahnverfahren

gem. § 2 Abs. 2 S. 1, VV Nr. 7002 RVG	17,00
	102,00
16 % USt. gem. § 2 Abs. 2 S. 1, VV Nr. 7008 RVG	16,32
	118,32

II. Zivilprozess
Gegenstandswert: 1 100,00 EUR   EUR

1,3 Verfahrensgebühr im Prozess gem. §§ 2, 13, VV Nr. 3100 RVG	110,50
hierauf ist nach der Anmerkung zu VV Nr. 3305 RVG anzurechnen: *	
1,0 Verfahrensgebühr im Mahnverfahren gem. §§ 2, 13, VV Nr. 3305 RVG	– 85,00
	25,50
20 % Pauschale für Post- und Telekommunikationsentgelte für Prozess **	
gem. § 2 Abs. 2 S. 1, VV Nr. 7002 RVG	5,10
	30,60
16 % USt. gem. § 2 Abs. 2 S. 1, VV Nr. 7008 RVG	4,90
	35,50

* Die Mahnverfahrensgebühr wird angerechnet, d. h., sie geht in der Verfahrensgebühr für den Prozess unter. In diesem Fall muss sie abgezogen werden, da sie bereits für das Mahnverfahren in der ersten Rechnung erhoben worden ist.

** Die Auslagenpauschale entsteht in jeder Angelegenheit. Mahnverfahren und Prozess sind zwei Angelegenheiten. Die Auslagenpauschale für den Prozess wird von der übrig bleibenden Verfahrensgebühr, also von 25,50 EUR berechnet

Siehe auch Kapitel 5.4 zur Erläuterung der Anrechnung von Gebühren.

Beispiel 2 Wie vorstehend. RA Fleißner hat die ihm für das Mahnverfahren zustehende Vergütung bereits abgerechnet und erhalten. Nach dem Widerspruch hat das Gericht, an das der Rechtsstreit abgegeben wurde, vom Antragsteller die Klagebegründung angefordert und dem Beklagten zugestellt. Daraufhin beantragt der Schuldner Klageabweisung und erhebt Widerklage auf Darlehensrückzahlung von 1 000,00 EUR. Nach einem Verhandlungstermin ergeht Urteil.

Die bereits abgerechnete Mahnverfahrensgebühr wird auf die jetzt entstehende Verfahrensgebühr des Prozesses angerechnet. RA Fleißner erhält für seine Tätigkeit nun folgende Vergütung:

I. Vergütungsrechnung für das Mahnverfahren
Gegenstandswert: 1 100,00 EUR   EUR

1,0 Verfahrensgebühr im Mahnverfahren gem. §§ 2, 13, VV Nr. 3305 RVG **	85,00
20 % Pauschale für Post- und Telekommunikationsentgelte für Mahnverfahren ***	
gem. § 2 Abs. 2 S. 1, VV Nr. 7002 RVG	17,00
	102,00
16 % USt. gem. § 2 Abs. 2 S. 1, VV Nr. 7008 RVG	16,32
	118,32

II. Vergütungsrechnung für die Tätigkeit im Zivilprozess
Gegenstandswert: 2 100,00 EUR *   EUR

1,3 Verfahrensgebühr für den Prozess	
gem. §§ 2, 13, VV Nr. 3100 RVG (Wert: 2 100,00 EUR)	209,30
hierauf ist nach der Anmerkung zu VV Nr. 3305 RVG anzurechnen: **	
1,0 Verfahrensgebühr für das Mahnverfahren	
gem. §§ 2, 13, VV Nr. 3305 RVG (Wert: 1 100,00 EUR)	– 85,00
1,2 Terminsgebühr gem. §§ 2, 13, VV Nr. 3104 RVG (Wert: 2 100,00 EUR)	193,20
20 % Pauschale für Post- und Telekommunikationsentgelte für den Prozess ***	
gem. § 2 Abs. 2 S. 1, VV Nr. 7002 RVG	20,00
	337,50
16 % USt. gem. § 2 Abs. 2 S. 1, VV Nr. 7008 RVG	54,00
	391,50

* Addition der Werte von Klage und Widerklage, da verschiedene Streitgegenstände gemäß § 45 Abs. 1 S. 1 GKG.

** Die Mahnverfahrensgebühr (Wert nur 1 100,00 EUR!) wird angerechnet, d. h., sie geht in der Verfahrensgebühr für den Prozess unter. In diesem Fall muss sie abgezogen werden, da sie bereits abgerechnet worden ist.

*** Die Auslagenpauschale für das Mahnverfahren wurde bereits abgerechnet. Sie braucht im Gegensatz zu der Gebühr nicht angerechnet zu werden, da sie in jeder Angelegenheit entsteht. Mahnverfahren und Prozess sind zwei Angelegenheiten.

Merke:

Die Mahnverfahrensgebühr ist auf eine dem RA anschließend im Prozess erwachsende Verfahrensgebühr anzurechnen.

Die Mahnverfahrensgebühr geht sozusagen in der Verfahrensgebühr des Prozesses unter, wenn der Wert im Mahnverfahren gleich oder niedriger ist als im Prozess.

5.1.1.3 Anrechnung der Mahnverfahrensgebühr in besonderen Fällen

Der Gegenstandswert des Mahnverfahrens kann gleich, höher oder niedriger sein als der Wert, über den anschließend prozessiert wird. Dies kann z. B. durch Klageerweiterung oder Teilzahlung des Schuldners eintreten.

- Ist der Gegenstandswert des Mahnverfahrens **gleich** oder ist er **niedriger**, dann wird die Mahnverfahrensgebühr vollständig auf die Verfahrensgebühr des nachfolgenden Rechtsstreits angerechnet, wie in vorstehendem Beispiel gezeigt wurde.

- Ist der Gegenstandswert des Mahnverfahrens **höher** als der Wert des nachfolgenden Rechtsstreits, dann darf die Mahnverfahrensgebühr nur nach dem niedrigeren Wert des nachfolgenden Prozesses angerechnet werden, da die **Degression der Gebührentabelle** zu berücksichtigen ist:

Beispiel: RA Tüchtig hat einen Mahnbescheid über 5 000,00 EUR erwirkt. Der Schuldner zahlt daraufhin 3 000,00 EUR und legt wegen der restlichen 2 000,00 EUR Teilwiderspruch ein. Nach einem Verhandlungstermin vor dem zuständigen Gericht ergeht Urteil.

Die Vergütung von RA Tüchtig für beide Verfahren wird dann so berechnet:

I. Vergütungsrechnung für das Mahnverfahren

Gegenstandswert: 5 000,00 EUR   EUR

1,0   Verfahrensgebühr im Mahnverfahren gem. §§ 2, 13, VV Nr. 3305 RVG **   301,00
20 % Pauschale für Post- und Telekommunikationsentgelte für Mahnverfahren ***
      gem. § 2 Abs. 2 S. 1, VV Nr. 7002 RVG   20,00
                                                                                                                321,00
16 % USt. gem. § 2 Abs. 2 S. 1, VV Nr. 7008 RVG   51,36
                                                                                                                372,36

II. Vergütungsrechnung für die Tätigkeit im Zivilprozess

Gegenstandswert: 2 000,00 EUR *   EUR

1,3   Verfahrensgebühr für den Prozess
      gem. §§ 2, 13, VV Nr. 3100 RVG (Wert: 2 000,00 EUR)   172,90

hierauf ist nach der Anmerkung zu VV Nr. 3305 RVG anzurechnen: **
1,0   Verfahrensgebühr für das Mahnverfahren
      gem. §§ 2, 13, VV Nr. 3305 RVG (Wert: 2 000,00 EUR) **   – 133,00

1,2	Terminsgebühr gem. §§ 2, 13, VV Nr. 3104 RVG (Wert: 2 000,00 EUR)	159,60
20 %	Pauschale für Post- und Telekommunikationsentgelte für den Prozess *** gem. § 2 Abs. 2 S. 1, VV Nr. 7002 RVG	20,00
		219,50
16 %	USt. gem. § 2 Abs. 2 S. 1, VV Nr. 7008 RVG	35,12
		254,62

* Im Prozess wird nur der Betrag rechtshängig, über den Teilwiderspruch eingelegt wurde.

** Die Mahnverfahrensgebühr wird nur zu dem Teilbetrag (2 000,00 EUR) angerechnet, der in den Prozess übergegangen ist. Die Gebühr für den im Mahnverfahren bereits erledigten Teilbetrag (3 000,00 EUR) bleibt erhalten. Siehe dazu nachstehende Anmerkung.

*** Die Auslagenpauschale für das Mahnverfahren wird gesondert berechnet. Sie braucht im Gegensatz zu der Gebühr nicht angerechnet zu werden, da sie in jeder Angelegenheit entsteht. Mahnverfahren und Prozess sind zwei Angelegenheiten.

Anmerkung: In den vorstehenden beiden Berechnungen wurde dem RA zusätzlich zur entstandenen Verfahrensgebühr für den Prozess letztlich nur jener Teilbetrag der Mahnverfahrensgebühr in Höhe von 168,00 EUR (= 301,00 EUR – 133,00 EUR) belassen, der sich unter **Beachtung der Degression der Gebührentabelle** aus dem Unterschied der Gebühren zwischen dem Mahnverfahren (Wert 5 000,00 EUR; Gebühr 301,00 EUR) und aus dem gerichtlich geltend gemachten Restbetrag (Wert 2 000,00 EUR; Gebühr 133,00 EUR) ergibt. Dazu musste nur ein Teil der Mahnverfahrensgebühr, der nach dem niedrigeren Wert des Prozesses berechnet wurde, angerechnet werden. Die Mahnverfahrensgebühr nach dem im Mahnverfahren erledigten Teilbetrag von 3 000,00 EUR (5 000,00 EUR – 2 000,00 EUR) ist bereits verdient und bleibt dem RA erhalten. Wegen der Degression der Gebührentabelle darf aber nicht einfach eine Teil-Mahnverfahrensgebühr nach dem Wert von 3 000,00 EUR berechnet werden, sondern es muss dem RA die Differenz der Gebühren erhalten bleiben. Zum Verständnis der Berechnungsweise achten Sie bitte auf die angegebenen Gegenstandswerte. (Vgl. Kapitel 3.1.1.3 und 5.2.3).

Noch einmal ganz kurz und deutlich: Es wäre **falsch**, für das Mahnverfahren eine Verfahrensgebühr (nach in diesem Fall) einem Wert von 3 000,00 EUR zu berechnen und für den Prozess eine Verfahrensgebühr nach dem Wert von 2 000,00 EUR.

Merke:
Ist der Gegenstandswert des Rechtsstreits niedriger als der des Mahnverfahrens, dann darf die Mahnverfahrensgebühr nur nach dem niedrigeren Wert des Prozesses angerechnet werden.

5.1.2 Die Vollstreckungsbescheidsgebühr

Neben der Mahnverfahrensgebühr erhält der RA des Antragstellers für den Antrag auf Erlass des Vollstreckungsbescheids eine 0,5 „Verfahrensgebühr für die Vertretung des Antragstellers im Verfahren über den Antrag auf Erlass eines Vollstreckungsbescheids" (**„Vollstreckungsbescheidsgebühr"**), aber nur dann, wenn innerhalb der Widerspruchsfrist von zwei Wochen kein Widerspruch erhoben wurde (VV Nr. 3308 RVG). Die Vollstreckungsbescheidsgebühr entsteht bereits mit dem Eingang des Antrages bei Gericht.

Die Vollstreckungsbescheidsgebühr wird im Gegensatz zur Mahnverfahrensgebühr auf die im nachfolgenden Rechtsstreit entstehenden Gebühren **nicht angerechnet**; der RA erhält sie also zusätzlich zur Verfahrensgebühr für den Prozess, wenn der Antragsgegner gegen den erlassenen Vollstreckungsbescheid Einspruch eingelegt hat.

Der Gegner muss die Vollstreckungsbescheidsgebühr im Unterliegensfall erstatten, wenn er innerhalb der Widerspruchsfrist keinen Widerspruch eingelegt hat. Es ist daher zu empfehlen, nicht sofort nach Ablauf der Widerspruchsfrist den Antrag auf Erlass des Vollstreckungsbescheids zu stellen, da der Widerspruch noch „unterwegs" sein könnte.

Bei mehreren Auftraggebern ist die Vollstreckungsbescheidsgebühr **nicht** gemäß § 7, VV Nr. 1008 RVG zu **erhöhen**.

Das Mahn- und das Vollstreckungsbescheidsverfahren gelten als **eine Angelegenheit**, sodass die Auslagenpauschale nach VV Nr. 7002 RVG von höchstens 20,00 EUR nur einmal für beide Verfahren erhoben werden darf. Lag die Auslagenpauschale für das Mahnverfahren unter diesem Höchstbetrag, so kann für den Antrag auf Erlass des Vollstreckungsbescheids die Differenz bis zum Höchstbetrag noch nachgefordert werden.

Beispiel: (Vgl. erstes Beispiel in Kapitel 5.1.1.1). RA Fleißner hat für seinen Auftraggeber eine Kaufpreisforderung von 1 100,00 EUR im Mahnverfahren geltend gemacht und die Gerichtskosten vorgelegt. RA Fleißner beantragt nach Ablauf der Widerspruchsfrist den Erlass des Vollstreckungsbescheids bei Gericht. Seinem Auftraggeber sendet RA Fleißner daraufhin folgende Vergütungsrechnung, wobei wir unterstellen, dass die Vergütung für das Mahnverfahren noch nicht abgerechnet ist:

Gegenstandswert: 1 100,00 EUR   EUR
1,0   Verfahrensgebühr im Mahnverfahren gem. §§ 2, 13, VV Nr. 3305 RVG   85,00
0,5   Vollstreckungsbescheidsgebühr gem. §§ 2, 13, VV Nr. 3308 RVG   42,50
20 %   Pauschale für Post- und Telekommunikationsentgelte für Mahnverfahren
       gem. § 2 Abs. 2 S. 1, VV Nr. 7002 RVG   20,00
                                                                             147,50
16 %   USt. gem. § 2 Abs. 2 S. 1, VV Nr. 7008 RVG   23,60
                                                                             171,10
Vorgelegte Gerichtskosten vom ...
0,5   Verfahrensgebühr über den Antrag auf Erlass eines Mahnbescheids
       gem. §§ 3, 34, KV Nr. 1110 GKG   27,50
                                                                             198,60

War in vorstehendem Beispiel die Vergütung für das Mahnverfahren bereits mit dem Auftraggeber abgerechnet, dann sieht die Gebührenberechnung für den Antrag auf Erlass des Vollstreckungsbescheids so aus:

Gegenstandswert: 1 100,00 EUR   EUR
0,5   Vollstreckungsbescheidsgebühr gem. §§ 2, 13, VV Nr. 3308 RVG   42,50
20 %   Pauschale für Post- und Telekommunikationsentgelte für Vollstreckungsbescheid *
       gem. § 2 Abs. 2 S. 1, VV Nr. 7002 RVG   3,00
                                                                              45,50
16 %   USt. gem. § 2 Abs. 2 S. 1, VV Nr. 7008 RVG   7,28
                                                                              52,78

* Die Auslagenpauschale auf die Mahnverfahrensgebühr beträgt 17,00 EUR (= 20 % von 85,00 EUR), sodass nur noch 3,00 EUR bis zum Höchstbetrag zulässig sind. Dies wird oft falsch gemacht.

Merke:
Für die Beantragung des Vollstreckungsbescheids erhält der RA des Antragstellers eine 0,5 Vollstreckungsbescheidsgebühr, wenn innerhalb der Frist kein Widerspruch erhoben wurde. Diese Gebühr wird nicht angerechnet und kann neben der Verfahrensgebühr eines nachfolgenden Prozesses erwachsen.

5.2 Die Gebühren des Rechtsanwalts des Antragsgegners

5.2.1 Die Entstehung der Widerspruchsgebühr

Für die Vertretung des Antragsgegners bei der Erhebung des Widerspruchs erhält der RA des Schuldners eine Verfahrensgebühr, die **0,5 „Widerspruchsgebühr"** (VV Nr. 3307 RVG). Die Gebühr entgilt auch die Entgegennahme der Information, die Beratung des Gegners und die Prüfung der Erfolgsaussicht des Widerspruchs. Auch wenn er den Widerspruch unnötigerweise begründet, erhält der RA nur diese Widerspruchsgebühr und keine zusätzliche Verfahrensgebühr für einen Prozessauftrag. Es tritt keine Verminderung der Widerspruchsgebühr bei vorzeitiger Beendigung des Auftrags ein.

Der **Gegenstandswert** der Widerspruchsgebühr richtet sich nach dem Betrag, dessentwegen Widerspruch eingelegt wird, also normalerweise nach dem Gesamtstreitwert des Mahnbescheids. Will jedoch der Schuldner nur einen Teil der Forderung bestreiten, oder hat er bereits einen Teilbetrag an den Gläubiger bezahlt, dann verbleibt nur der Restbetrag als Streitwert.

Beispiel: Zu dem im ersten Beispiel in Kapitel 5.1.1.1 erlassenen Mahnbescheid wegen einer Kaufpreisforderung von 1 100,00 EUR legt RA Rührig für den Schuldner fristgerecht Widerspruch ein. Dafür berechnet er die nachstehende Vergütung.

Gegenstandswert: 1 100,00 EUR	EUR
0,5 Widerspruchsgebühr gem. §§ 2, 13, VV Nr. 3307 RVG	42,50
20 % Pauschale für Post- und Telekommunikationsentgelte gem. § 2 Abs. 2 S. 1, VV Nr. 7002 RVG	8,50
	51,00
16 % USt. gem. § 2 Abs. 2 S. 1, VV Nr. 7008 RVG	8,16
	59,16

Da die Widerspruchsgebühr mit einem Satz von 0,5 relativ niedrig ist, gibt es Überlegungen, wie dem RA des Schuldners eine volle Gebühr zukommen könne. Die Lösung dieser Frage ist **umstritten**. In vielen Fällen wird der Gläubiger bereits bei der Stellung des Antrags auf Erlass eines Mahnbescheids die Durchführung des streitigen Verfahrens gemäß § 696 Abs. 1 ZPO beantragen durch Ankreuzen auf dem Formular. Es ist also überflüssig, dass der Schuldner mit seinem Widerspruch ebenfalls einen solchen Streitantrag stellt. Nur wenn also der Gläubiger den Streitantrag noch nicht gestellt hat, kann ihn der Schuldner mit dem Widerspruch stellen. Der RA des Schuldners würde für diese Tätigkeit keine Widerspruchsgebühr, sondern für die **Beantragung des Streitverfahrens** eine 1,3 Verfahrensgebühr gemäß VV Nr. 3100 RVG erhalten. Der Schuldner wird jedoch in der Praxis einen solchen Auftrag nur selten erteilen, sodass sein RA sich im Regelfall mit der 0,5 Widerspruchsgebühr begnügen muss.

Der RA des Antragstellers erhält die Widerspruchsgebühr selbstverständlich nicht, auch nicht dafür, dass er seinen Auftraggeber von der Einlegung des Widerspruchs informiert.

Bei mehreren Auftraggebern ist die Widerspruchsgebühr gemäß § 7, VV Nr. 1008 RVG (siehe Kapitel 1.2.5) für jeden weiteren Auftraggeber um 0,3 zu erhöhen, da es sich um eine Verfahrensgebühr handelt.

> **Merke:**
> Nur der RA des Schuldners erhält für die Einlegung des Widerspruchs eine 0,5 Widerspruchsgebühr.
> Die Gebühr wird nach dem Betrag berechnet, dessentwegen Widerspruch eingelegt wird.

5.2.2 Anrechnung der Widerspruchsgebühr bei weiterer Tätigkeit

Die Widerspruchsgebühr wird auf die Verfahrensgebühr des nachfolgenden Rechtsstreits angerechnet (Anmerkung zu VV Nr. 3307 RVG), wenn der RA den Schuldner auch im Prozess vertritt. Bei Anwaltswechsel erfolgt keine Anrechnung, da ein anderer RA selbstständige Gebühren erhält.

Beispiel: Nachdem RA Rührig im Beispiel aus Kapitel 5.2.1 Widerspruch eingelegt hat, wird aufgrund des Antrages des Gläubigers das Streitverfahren vor dem Amtsgericht eröffnet. RA Rührig erhält Prozessauftrag und erwidert schriftlich auf die Anspruchsbegründung des Gläubigers. Danach gewinnt der Schuldner im Lotto und zahlt seine Schulden. RA Rührig sendet ihm folgende Vergütungsberechnung.

I. Einlegung des Widerspruchs
Gegenstandswert: 1 100,00 EUR   EUR

0,5	Widerspruchsgebühr gem. §§ 2, 13, VV Nr. 3307 RVG	42,50
20 %	Pauschale für Post- und Telekommunikationsentgelte gem. § 2 Abs. 2 S. 1, VV Nr. 7002 RVG	8,50
		51,00
16 %	USt. gem. § 2 Abs. 2 S. 1, VV Nr. 7008 RVG	8,16
		59,16

II. Vertretung im Zivilprozess
Gegenstandswert: 1 100,00 EUR   EUR   EUR

1,3	Verfahrensgebühr im Prozess gem. §§ 2, 13, VV Nr. 3100 RVG	110,50	
hierauf ist nach der Anmerkung zu VV Nr. 3307 RVG anzurechnen:			
0,5	Widerspruchsgebühr gem. §§ 2, 13, VV Nr. 3307 RVG	– 42,50	68,00
20 %	Pauschale für Post- und Telekommunikationsentgelte gem. § 2 Abs. 2 S. 1, VV Nr. 7002 RVG		13,60
			81,60
16 %	USt. gem. § 2 Abs. 2 S. 1, VV Nr. 7008 RVG		13,06
			94,66

5.2.3 Anrechnung der Widerspruchsgebühr in besonderen Fällen

Der Gegenstandswert, nach dem sich die Widerspruchsgebühr berechnet, kann gleich, höher oder niedriger sein als der Wert, über den anschließend prozessiert wird. Dies kann z. B. durch Klageerweiterung, Teilzahlung des Schuldners oder Teilwiderspruch eintreten.

- Ist der Gegenstandswert des Mahnverfahrens **gleich** oder ist er **niedriger**, dann wird die Widerspruchsgebühr vollständig auf die Verfahrensgebühr des nachfolgenden Rechtsstreits angerechnet, wie in vorstehendem Kapitel gezeigt wurde.

- Ist der Gegenstandswert, nach dem sich die Widerspruchsgebühr berechnet, **höher** als der Wert des nachfolgenden Rechtsstreits, dann ist zum einen die **Degression der Gebührentabelle** zu berücksichtigen.

Zum anderen dürfen, wenn der Gegenstandswert des Rechtsstreits niedriger als der Wert des vorausgegangenen Mahnverfahrens ist, die im Mahnverfahren entstandenen Gebühren nur insoweit angerechnet werden, wie sie entstanden wären, wenn sich auch das Mahnverfahren auf **den geringeren Streitwert beschränkt** hätte.

Beispiel: RA Hartmann hat gegen einen Mahnbescheid über 5 000,00 EUR auftragsgemäß Teilwiderspruch wegen 2 000,00 EUR eingelegt, nachdem er seinen Auftraggeber dahingehend beraten hat, die restlichen 3 000,00 EUR an den Gläubiger zu zahlen, was geschah. Wegen der 2 000,00 EUR wird aufgrund des Antrages des Gläubigers das Streitverfahren vor dem zuständigen Amtsgericht eröffnet.

RA Hartmann erhält Prozessauftrag und erwidert schriftlich auf die Anspruchsbegründung des Gläubigers. In einem vom Gericht anberaumten Verhandlungstermin ergeht nach streitiger Verhandlung ein Urteil in der Sache.

Die Vergütung von RA Hartmann für beide Verfahren wird dann so berechnet:

I. Vergütungsrechnung für die Tätigkeit im Mahnverfahren
Gegenstandswert: 5 000,00 EUR

		EUR
0,5	Widerspruchsgebühr gem. §§ 2, 13, VV Nr. 3307 RVG **	150,50
20 %	Pauschale für Post- und Telekommunikationsentgelte für Mahnverfahren *** gem. § 2 Abs. 2 S. 1, VV Nr. 7002 RVG	20,00
		170,50
16 %	USt. gem. § 2 Abs. 2 S. 1, VV Nr. 7008 RVG	27,28
		197,78

II. Vergütungsrechnung für die Tätigkeit im Zivilprozess
Gegenstandswert: 2 000,00 EUR *

		EUR	EUR
1,3	Verfahrensgebühr für den Prozess gem. §§ 2, 13, VV Nr. 3100 RVG (Wert: 2 000,00 EUR)	172,90	
	hierauf ist nach der Anmerkung zu VV Nr. 3307 RVG anzurechnen: **		
0,5	Widerspruchsgebühr aus dem Mahnverfahren gem. §§ 2, 13, VV Nr. 3307 RVG (Wert: 2 000,00 EUR) **	− 66,50	106,40
1,2	Terminsgebühr gem. §§ 2, 13, VV Nr. 3104 RVG (Wert: 2 000,00 EUR)		159,60
20 %	Pauschale für Post- und Telekommunikationsentgelte für den Prozess *** gem. § 2 Abs. 2 S. 1, VV Nr. 7002 RVG		20,00
			286,00
16 %	USt. gem. § 2 Abs. 2 S. 1, VV Nr. 7008 RVG		45,76
			331,76

* Im Prozess wird nur der Betrag rechtshängig, über den Teilwiderspruch eingelegt wurde.

** Die Widerspruchsgebühr wird nur zu dem Teilbetrag (2 000,00 EUR) angerechnet, der in den Prozess übergegangen ist. Die Gebühr für den im Mahnverfahren bereits erledigten Teilbetrag (3 000,00 EUR) bleibt erhalten. Siehe dazu nachstehende Anmerkung.

*** Die Auslagenpauschale für das Mahnverfahren wird gesondert berechnet. Sie braucht im Gegensatz zu der Gebühr nicht angerechnet zu werden, da sie in jeder Angelegenheit entsteht. Mahnverfahren und Prozess sind zwei Angelegenheiten.

Anmerkung: In den vorstehenden beiden Berechnungen wurde dem RA zusätzlich zur entstandenen Verfahrensgebühr für den Prozess letztlich nur jener Teilbetrag der Widerspruchsgebühr in Höhe von 84,00 EUR (= 150,50 EUR − 66,50 EUR) belassen, der sich unter **Beachtung der Degression der Gebührentabelle** aus dem Unterschied der Gebühren zwischen dem Mahnverfahren (Wert 5 000,00 EUR; Gebühr 150,50 EUR) und aus dem gerichtlich geltend gemachten Restbetrag (Wert 2 000,00 EUR; Gebühr 66,50 EUR) ergibt. Dazu musste nur ein Teil der Widerspruchsgebühr, der nach dem niedrigeren Wert des Prozesses berechnet wurde, angerechnet werden. Die Widerspruchsgebühr von 84,00 EUR nach dem im Mahnverfahren erledigten Teilbetrag von 3 000,00 EUR (5 000,00 EUR − 2 000,00 EUR) ist bereits verdient und bleibt dem RA erhalten. Wegen der Degression der Gebührentabelle darf aber nicht einfach eine Teil-Widerspruchsgebühr nach dem Wert von 3 000,00 EUR berechnet werden, sondern es muss dem RA die Differenz der beiden Gebühren erhalten bleiben. Zum Verständnis der Berechnungsweise achten Sie bitte auf die angegebenen Gegenstandswerte. (Vgl. Kapitel 3.1.1.3 und 5.1.1.3).

Noch einmal ganz kurz und deutlich: Es wäre **falsch**, für das Mahnverfahren eine Widerspruchsgebühr (nach in diesem Fall) einem Wert von 3 000,00 EUR zu berechnen und für den Prozess eine Verfahrensgebühr nach dem Wert von 2 000,00 EUR.

Man kann die vorstehenden Überlegungen auch noch anders ausdrücken: RA Hartmann erhält eine Verfahrensgebühr im Prozess von 172,90 EUR nach dem Wert von 2 000,00 EUR. Zusätzlich hat RA Hartmann eine Widerspruchsgebühr von 150,50 EUR nach dem Wert von 5 000,00 EUR verdient, von der eine Teil-Widerspruchsgebühr von 66,50 EUR nach dem Wert von 2 000,00 EUR abzuziehen ist, da sie anzurechnen ist. Schreiben Sie übungshalber die Vergütungsrechnung in dieser Reihenfolge auf, und Sie werden sehen, dass Sie bei den Gebühren zum gleichen Ergebnis gelangen. Sie könnten jedoch Probleme bei der Berechnung der Auslagenpauschale bekommen.

> **Merke:**
> Die Widerspruchsgebühr wird auf die Verfahrensgebühr des nachfolgenden Rechtsstreits angerechnet.
>
> Ist der Gegenstandswert des Rechtsstreits niedriger als der Wert des vorausgegangenen Mahnverfahrens, dann sind die im Mahnverfahren entstandenen Gebühren nur insoweit anzurechnen, wie sie entstanden wären, wenn sich auch das Mahnverfahren auf den geringeren Streitwert beschränkt hätte.

5.3 Erstattungsfähigkeit der Gebühren bei Anwaltswechsel

Wird der Gegner im späteren Prozess zur Zahlung des im Mahnverfahren geltend gemachten Anspruches verurteilt, so hat er auch die dem Antragsteller entstandenen Kosten zu ersetzen. Hierzu gehören in einem gewissen Umfang auch die Reisekosten des Prozessbevollmächtigten zu dem auswärtigen Gericht, an das die Sache nach dem Widerspruch abgegeben wurde. Dies gilt aber auch dann, wenn zusätzliche Gebühren dadurch entstanden sind, dass nach dem Widerspruch ein Anwaltswechsel **notwendig** wurde.

Die Beauftragung eines zweiten RA kann z. B. erforderlich werden, weil die Sache nach Widerspruch an ein auswärtiges Gericht verwiesen werden muss, bei dem der bisher beauftragte RA wegen großer Entfernung und damit hoher Reisekosten nicht auftreten will. In diesem Fall wird der bislang tätige RA entweder als Verkehrsanwalt weiterhin tätig bleiben oder – was wohl häufiger vorkommt – er als Hauptbevollmächtigter setzt einen Unterbevollmächtigten bzw. Terminsvertreter ein.

Wird der im Mahnverfahren am Wohnsitz des Gläubigers tätige RA im Prozess entweder zum Verkehrsanwalt oder zum Hauptbevollmächtigten bestellt, so muss er sich auf die neu entstehenden Gebühren die Mahnverfahrensgebühr anrechnen lassen. Ein zweiter RA erhält seine eigenen Gebühren.

Nach der Rechtsprechung sind die Kosten eines zweiten RA jedoch in der Regel nicht vollständig zu erstatten. Der erstattungspflichtige Gegner muss in der Regel nicht die vollen Kosten für zwei RAe, sondern nur die Kosten für einen RA zuzüglich fiktiver (also ersparter) Reisekosten und einer fiktiven Beratungsgebühr erstatten. Im Kostenfestsetzungsverfahren wird also meistens eine Vergleichsrechnung angestellt, in der geprüft wird, ob es billiger gewesen wäre, zu reisen oder einen zweiten RA zu bevollmächtigen.

Bei einem auswärtigen Schuldner darf also der Antragsteller grundsätzlich einen RA an seinem Wohnort mit dem Antrag auf Erlass des Mahnbescheids beauftragen. Die Rechtsprechung macht hiervon Ausnahmen für rechtskundige Parteien, also Nicht-Verbraucher wie z. B. Kaufleute, die von vornherein einen RA am Sitz des auswärtigen Gerichts, bei dem der Schuldner seinen Gerichtsstand hat, mit der Durchführung des Mahnverfahrens beauftragen müssen.

Insgesamt ist die Frage der Kostenerstattung bei einem Anwaltswechsel nach einem vorausgegangenen Mahnverfahren eine sehr **umstrittene Sache**. Je nach Gericht müssen Sie mit einer unterschiedlichen Handhabung rechnen. Eine **rechtskundige Partei**, die dieses Problem vermeiden will, rechnet im Mahnverfahren mit Widerspruch des Gegners und beauftragt von vornherein auch schon mit dem Mahnverfahren einen RA am Ort des auswärtigen Gerichts, bei dem später der Prozess stattfinden wird. So kann ein Anwaltswechsel vermieden werden.

5.4 Exkurs zur Anrechnung von Gebühren

Frage: Was heißt es eigentlich, eine Gebühr ist anzurechnen?

Zweck der Anrechnungsvorschrift ist es, zu verhindern, dass in einer Sache eine vergleichbare Tätigkeit mehrfach honoriert wird, wenn der RA z. B. zunächst einen Anspruch außergerichtlich verfolgt hat und später in dieser Sache gerichtlich tätig wird. Wäre es in der Sache gleich zum Prozess gekommen, hätte der RA auch keine anderen Tätigkeiten ausgeübt, sodass die vorprozessuale Tätigkeit letztlich nur der Vorbereitung der Klage gedient hat.

Nehmen Sie zum Beispiel die Mahnverfahrensgebühr (VV Nr. 3305 RVG): Sie wird auf die gerichtliche Verfahrensgebühr (VV Nr. 3100 RVG) angerechnet, d. h. aber nicht, dass sie wieder weggenommen wird. Anders ausgedrückt, wird die Mahnverfahrensgebühr infolge der Anrechnung nicht durch die Verfahrensgebühr des nachfolgenden Prozesses nachträglich aufgehoben. Dies bedeutet, dass die Mahnverfahrensgebühr z. B. dann (teilweise) bestehen bleibt, wenn die Verfahrensgebühr im späteren Prozess geringer ist (z. B. durch niedrigeren Wert im Prozess). Beide Verfahrensgebühren hat sich der RA verdient, da es sich um zwei Angelegenheiten handelt. Eine einmal verdiente Gebühr kann nicht wieder genommen werden (§ 15 RVG), sie kann jedoch in einer Gebühr, auf die sie aufgrund einer Vorschrift anzurechnen ist, **untergehen**. Wegen der Anrechnungsvorschrift kann der RA insgesamt schließlich nur eine dieser Gebühren berechnen. Dies hängt natürlich auch noch von den Gebührensätzen ab.

Die Anmerkung zu VV Nr. 3305 RVG besagt, dass die Mahnverfahrensgebühr auf die Verfahrensgebühr für einen nachfolgenden Rechtsstreit angerechnet wird. Grundsätzlich wird also die **erste verdiente Gebühr auf die spätere verdiente Gebühr angerechnet**, nicht umgekehrt. Ausnahmen sind denkbar, weil in extremen Fällen gar nicht anders gerechnet werden kann.

Meist wird also die erste Gebühr in der zweiten Gebühr verschwinden bzw. untergehen – zumindest wenn die Werte in beiden Angelegenheiten (und die Gebührensätze) gleich sind. Da die erste Gebühr in einer Vergütungsrechnung für die betreffende Angelegenheit berechnet wird, ist sie eben in der Berechnung für die spätere Angelegenheit von der späteren Gebühr abzuziehen, sodass der RA insgesamt doch nur einmal eine Verfahrensgebühr erhält.

Ein praktisches Problem bei der Gestaltung der Abrechnung kann allerdings daraus entstehen, dass nach VV Nr. 7002 RVG die Auslagenpauschale für Post- und Telekommunikationsdienstleistungsentgelte in jeder Angelegenheit entsteht. Obwohl die Mahnverfahrensgebühr also angerechnet werden muss, wird eine Auslagenpauschale für die erste Angelegenheit (Mahnverfahren) und eine zweite Auslagenpauschale für die zweite Angelegenheit (Prozess) entstehen.

Beispiel a) Nach dem Mahnverfahren wegen 500,00 EUR folgt nach Widerspruch der Prozess. Der RA hat den Antragsteller in beiden Verfahren vertreten. Es handelt sich um zwei Angelegenheiten, die getrennt abgerechnet werden. Das folgende Beispiel dient dem Verständnis; jedoch sollten Sie so nicht abrechnen!

I. Mahnverfahren:
1,0 Mahnverfahrensgebühr	45,00 EUR	
20 % Postentgeltpauschale	9,00 EUR	
− 1,0 Mahnverfahrensgebühr	− 45,00 EUR	(weil sie anzurechnen ist)
	9,00 EUR	

Die Mahnverfahrensgebühr geht in der Verfahrensgebühr des nachfolgenden Prozesses unter, sie verschwindet also sozusagen. Im Mahnverfahren bleibt nur die Auslagenpauschale übrig.

II. Prozess:
1,3 Verfahrensgebühr	58,50 EUR	(einschließlich Mahnverfahrensgebühr)
20 % Postentgeltpauschale	2,70 EUR	(auf die **zusätzlich** im Prozess verdiente Gebühr)
	61,20 EUR	

In der Verfahrensgebühr von 58,50 EUR steckt die Mahnverfahrensgebühr sozusagen mit drin. Jedoch dürfen Sie die Auslagenpauschale nur von der Gebühr berechnen, die im Prozess zusätzlich verdient wurde, da Sie schon im Mahnverfahren Auslagen von 9,00 EUR berechnet haben. Die Auslagenpauschale beträgt daher 20 % von 58,50 EUR − 45,00 EUR = 13,50 EUR, also 2,70 EUR.

Insgesamt können Sie keine höhere Auslagenpauschale als 20 % von 58,50 EUR erhalten, das sind 11,70 EUR (= 9,00 EUR + 2,70 EUR).

Die Berechnungsweise in vorstehendem Beispiel a) ist umständlich. Außerdem wird kein Mandant verstehen, wieso Sie ihm bei 0,00 EUR Gebühren eine Auslagenpauschale von 9,00 EUR abnehmen wollen. **Deshalb wird in solchen Fällen anders gerechnet.** Siehe nächstes Beispiel b).

Beispiel b) Nach dem Mahnverfahren wegen 500,00 EUR folgt nach Widerspruch der Prozess. Der RA hat den Antragsteller in beiden Verfahren vertreten. Es handelt sich um zwei Angelegenheiten, die getrennt abgerechnet werden. Dabei wird berücksichtigt, dass eine einmal verdiente Gebühr erhalten bleibt und nicht wieder weggenommen werden kann. Dieser Lösungsweg sollte einsichtig sein und wird deshalb bevorzugt.

I. Mahnverfahren:
1,0 Mahnverfahrensgebühr	45,00 EUR
20 % Postentgeltpauschale	9,00 EUR
	54,00 EUR

Die bereits verdiente Mahnverfahrensgebühr geht in der Verfahrensgebühr des nachfolgenden Prozesses unter, sie verschwindet sozusagen darin. Deshalb wird sie von der Verfahrensgebühr des Prozesses einfach abgezogen, sodass im Prozess nur der Mehrbetrag der Gebühr verbleibt, da die Verfahrensgebühr um 0,3 höher ist als die Mahnverfahrensgebühr.

II. Prozess:
1,3 Verfahrensgebühr	58,50 EUR	
− 1,0 Mahnverfahrensgebühr	− 45,00 EUR	**(weil sie anzurechnen ist)**
(= 0,3)	13,50 EUR	(= sozusagen 0,3 von 45,00 EUR)
20 % Postentgeltpauschale	2,70 EUR	(auf die zusätzlich im Prozess verdiente Gebühr)
	61,20 EUR	

Jetzt wurde die Auslagenpauschale von dem Mehrbetrag der 1,3 Verfahrensgebühr des Prozesses gegenüber der 1,0 Mahnverfahrensgebühr berechnet. Der Mehrbetrag entspricht übrigens 0,3 von 45,00 EUR (Gebühr laut Tabelle bei einem Wert von 500,00 EUR).

Insgesamt können Sie keine höhere Auslagenpauschale als 20 % von 58,50 EUR erhalten, das sind 11,70 EUR (= 9,00 EUR + 2,70 EUR).

Das hier gezeigte Prinzip der Berechnung sollte in allen Fällen der Gebührenanrechnung Anwendung finden.

Die Postentgeltpauschale wird in Höhe von 20 % der verdienten Gebühren berechnet. Auch wenn eine Gebühr angerechnet werden muss, ist diese Gebühr gleichwohl erst einmal verdient worden. In jeder Angelegenheit wird auf die entstandenen Gebühren die Auslagenpauschale wieder neu berechnet (VV Nr. 7002 Anm. RVG). In zwei Angelegenheiten entstehen also auch zwei Postentgeltpauschalen. Nun besagen die Anrechnungsvorschriften, dass **Gebühren anzurechnen** sind – dagegen die **Postentgeltpauschalen nicht**! Dies führt zu dem Ergebnis, dass aus einer Angelegenheit die Gebühren zwar – weil sie auf die entsprechenden Gebühren einer zweiten Angelegenheit angerechnet werden – gewissermaßen untergehen, die errechnete Auslagenpauschale bleibt jedoch erhalten! In vorstehenden Beispielen a) und b) wurde versucht, dies schematisch darzustellen damit Sie die Zusammenhänge verstehen können. Infolgedessen ist es also durchaus möglich, dass die Gebühren aus einer Angelegenheit in den Gebühren einer zweiten Angelegenheit mit enthalten sind – aber nicht die Postentgeltpauschale. Dies wird manchem Mandaten wohl merkwürdig vorkommen, ist aber vom Gesetzgeber zweifellos so gemeint. Besonders interessant ist dies, wenn beide Pauschalen 20,00 EUR betragen.

Deshalb ist es zweckmäßig – falls man zwei Postentgeltpauschalen berechnen möchte – auch beide Angelegenheiten getrennt abzurechnen. Die Alternative, zwei Postentgeltpauschalen in nur einer Vergütungsrechnung zu erheben, sieht sicherlich seltsam aus und wird zu Rückfragen von Seiten der Auftraggeber führen. Siehe hierzu auch Beispiele in Kapitel 5.1.1.2, sowie auch in den Kapiteln 5.1.1.3 und 1.6.2.2. Denkbar ist auch, dass ein RA auf die zweite Pauschale verzichtet, um Auseinandersetzungen mit seinen Auftraggebern zu vermeiden.

Selbstverständlich ist eine Anrechnung von Gebühren nur dann vorzunehmen, wenn die anwaltlichen Tätigkeiten in beiden Angelegenheiten denselben Gegenstand betreffen und wenn noch ein **gewisser zeitlicher Zusammenhang** im Sinne von § 15 Abs. 5 S. 2 RVG zwischen beiden Angelegenheiten besteht.

Weitere Hinweise zur Anrechnung der Widerspruchsgebühr finden Sie in den Kapiteln 5.2.2 und 5.2.3 sowie zur Anrechnung der Geschäftsgebühr in den Kapiteln 3.1.1.2 und 3.1.1.3.

Hinweis zur BRAGO: Aufgrund der anderen gesetzlichen Regelung der Auslagenpauschale gegenüber dem § 26 BRAGO wird man in vielen Fällen der Anrechnung von Gebühren jede Angelegenheit einzeln abrechnen müssen, wogegen nach der BRAGO meist nur eine Vergütungsrechnung genügte. Gegenüber der bisherigen Abrechnungsweise wird man sich also umstellen müssen.

Merke:

Aufgrund einer Anrechnungsvorschrift angerechnet werden nur Gebühren.

Anrechnen bedeutet, dass die Gebühr aus der ersten Angelegenheit in der entsprechenden Gebühr der zweiten Angelegenheit untergeht. In der ersten Angelegenheit ist sie dann zwar verdient worden, wird aber nicht zusätzlich zu der zweiten Gebühr berechnet.

Eine angerechnete Gebühr steckt sozusagen in der Gebühr, auf die sie angerechnet wird, mit drin.

Gezeigt wird dies dadurch, dass für beide Angelegenheiten die Vergütung getrennt berechnet wird und die anzurechnende Gebühr aus der ersten Angelegenheit von der Gebühr aus der zweiten Angelegenheit abgezogen wird.

Die Auslagenpauschale nach VV Nr. 7002 RVG entsteht in jeder Angelegenheit, auch wenn die Gebühren anzurechnen sind.

6 BÜRGERLICHE RECHTSSTREITIGKEITEN

In Teil 3 des Vergütungsverzeichnisses des RVG werden die Gebühren für alle Tätigkeiten des RA in gerichtlichen Verfahren geregelt, außer in den Verfahren in Strafsachen und Bußgeldsachen und in bestimmten sonstigen Verfahren (diese Gebühren sind in den Teilen 4 bis 6 VV RVG festgelegt). Teil 3 gilt also insbesondere für alle bürgerlichen Rechtsstreitigkeiten einschließlich der Verfahren vor den Gerichten für Arbeitssachen und für Verfahren vor den Gerichten der Finanz-, Sozial- und Verwaltungsgerichtsbarkeit. Weiterhin werden in Teil 3 auch Gebühren in besonderen Verfahren bestimmt, wie Verfahren der Zwangsvollstreckung, der Zwangsversteigerung und Zwangsverwaltung, Insolvenzverfahren und die Vollziehung von Arresten, einstweiligen Verfügungen und einstweiligen Anordnungen.

In gerichtlichen Verfahren gibt es nur noch **zwei Arten von Gebühren**: Verfahrensgebühren und Terminsgebühren.

- Eine **Verfahrensgebühr** entsteht für das Betreiben des Verfahrens (Vorbemerkung 3 Abs. 2 VV RVG).

- Eine **Terminsgebühr** entsteht innerhalb eines Verfahrens für die Vertretung in einem (irgendeinem!) Termin, selbst wenn er außerhalb des Gerichts stattfindet um den Rechtsstreit gütlich beizulegen (Vorbemerkung 3 Abs. 3 VV RVG). Nur für Besprechungen mit dem Auftraggeber gibt es natürlich keine Terminsgebühr.

Hinweis: Im Gegensatz zum früheren Gebührenrecht werden jetzt auch die Gebühren in Verfahren nach dem FGG nach dem Teil 3 berechnet, was bestimmte Verfahren in Familiensachen betrifft; siehe dort.
Eine **Beweisgebühr** gibt es im RVG nicht mehr. Beweisaufnahmen finden innerhalb eines Termins statt und werden mit der Terminsgebühr vergütet.

6.1 Die Gebühren des Prozessbevollmächtigten

(Dazu Aufgaben Gruppe 9)

6.1.1 Die Gebühren im ersten Rechtszug

Der zum Prozessbevollmächtigten bestellte RA erhält für seine Tätigkeit die in Teil 3 Abschnitt 1 VV RVG bestimmten Gebühren. Dagegen gilt Abschnitt 1 nicht für Verfahren, für die das RVG eigene Gebührenvorschriften in den Abschnitten 3 ff. des Teils 3 vorsieht, wie z. B. das Mahnverfahren oder das Zwangsvollstreckungsverfahren.

In gerichtlichen Verfahren entstehen für den bevollmächtigten RA in der Regel zwei Gebühren: eine Verfahrensgebühr und eine Terminsgebühr. Deshalb werden diese Gebühren manchmal auch als Regelgebühren bezeichnet.

Genau genommen gibt es nicht nur eine Verfahrensgebühr und nur eine Terminsgebühr, sondern je nach Tätigkeitsmerkmalen verschiedene dieser Gebühren in unterschiedlicher Höhe. Mit den Begriffen Verfahrensgebühr und Terminsgebühr werden nämlich **gewisse Typen von Gebühren** bezeichnet, die für ganz bestimmte Tätigkeitsbereiche vorgesehen sind. Es ist also auf die Beschreibung einer jeden Gebühr in der entsprechenden Nummer des VV des RVG und auf die Definitionen in den Vorbemerkungen zu achten. Die Gebühren des RVG unterscheiden sich häufig nicht durch den Namen sondern nur in der Höhe des Gebührensatzes.

Da diese Gebühren Wertgebühren sind, wird der Betrag in Euro aus der Gebührentabelle abgelesen, die als Anlage zu § 13 Abs. 1 dem RVG beigefügt ist. Die Gebühren in der Tabelle gelten für den Gebührensatz 1,0. Der Gebührenbetrag aus der Tabelle ist also mit dem jeweiligen Gebührensatz zu multiplizieren.

Die Verfahrensgebühr und die Terminsgebühr erwachsen sowohl dem Prozessbevollmächtigten des Klägers als auch dem Prozessbevollmächtigten des Beklagten, wenn sie die entsprechenden Tätigkeiten durchgeführt haben.

6.1.1.1 Die Verfahrensgebühr

Die Verfahrensgebühr entsteht „für das Betreiben des Geschäfts" und ist somit eine typische so genannte allgemeine **Betriebsgebühr**. Da sie eine **Pauschgebühr** ist, werden durch sie alle Tätigkeiten des RA in der Angelegenheit vergütet, die in § 19 RVG als zum Rechtszug gehörend bezeichnet werden.

Die Verfahrensgebühr gilt die **gesamte Tätigkeit** des RA in einem Rechtszug ab, außer wenn das RVG besondere Gebühren für eine bestimmte Tätigkeit vorsieht (z. B. Terminsgebühr, Einigungsgebühr). Mit der Verfahrensgebühr werden im Einzelnen beispielsweise folgende Tätigkeiten des RA vergütet:

- dass der RA sich über den Streitstoff **informiert**,
- dass er den Mandanten während des gesamten Verfahrens **berät**,
- dass er **Schriftsätze anfertigt** und absendet,
- beim **Einwohnermeldeamt anfragt** wegen der Anschrift des Gegners,
- **Anträge stellt**,
- **Beweismittel angibt**,
- den **Prozess führt** oder auch
- die **Klage zurücknimmt**.

Die Verfahrensgebühr entsteht, sobald der RA irgendeine Tätigkeit als Prozessbevollmächtigter entfaltet hat. Im Normalfall hat er sie also bereits mit der Entgegennahme der ersten Information von seinem Auftraggeber verdient. Damit sie in voller Höhe entsteht, muss der RA des Klägers allerdings die Klageschrift bei Gericht eingereicht haben bzw. der RA des Beklagten einen Schriftsatz mit Anträgen; ansonsten erhält er wegen **vorzeitiger Beendigung** des Auftrages nur eine verminderte Verfahrensgebühr gemäß VV Nr. 3101 Ziff. 1 RVG (siehe Kapitel 6.1.2.1.1).

Im Zivilprozess gelten **in der ersten Instanz** für die Verfahrensgebühr die folgenden Gebührensätze:

- In der Regel erhält der RA eine **1,3 Verfahrensgebühr** gemäß VV Nr. 3100 RVG.
- Bei vorzeitiger Beendigung des Auftrages wird der Gebührensatz vermindert auf eine **0,8 Verfahrensgebühr** gemäß VV Nr. 3101 Ziff. 1 RVG (siehe Kapitel 6.1.2.1.1).

    Eine 0,8 Verfahrensgebühr entsteht auch bei Einbeziehung nicht rechtshängiger Ansprüche in einen gerichtlichen Vergleich nach VV Nr. 3101 Ziff. 2 RVG (siehe Kapitel 6.1.2.1.2).

Es ist unmöglich, dass in einem gerichtlichen Verfahren eine Terminsgebühr oder die Einigungsgebühr nach VV Nr. 1003 RVG anfällt, ohne dass gleichzeitig eine Verfahrensgebühr entsteht. Die Verfahrensgebühr muss als allgemeine Betriebsgebühr auf jeden Fall erwachsen, bevor eine der anderen Gebühren zur Entstehung gelangen kann. Ebenso kann der Gegenstandswert der Verfahrensgebühr – mit Ausnahme des Falles der Einbeziehung nicht rechtshängiger Ansprüche in einen gerichtlichen Vergleich – nicht unter dem Wert der Terminsgebühr oder der Einigungsgebühr liegen.

Der **Gegenstandswert** der Verfahrensgebühr ergibt sich aus der Summe der Ansprüche, die gleichzeitig oder nacheinander in dem Prozess geltend gemacht werden. Man muss also die Werte der einzelnen Ansprüche zusammenzählen (§ 22 Abs. 1 RVG).

Wird im Laufe des Verfahrens der Gegenstandswert erhöht, was z. B. durch Klageerweiterung der Fall sein kann, dann wird die Verfahrensgebühr nach dem höheren Gegenstandswert berechnet. Dagegen wirkt es sich auf eine bereits entstandene Verfahrensgebühr nicht aus, wenn der Gegenstandswert später z. B. durch Teilzahlung des Beklagten vermindert wird. Halten wir also fest: **Gebührenstreitwert für die Verfahrensgebühr** ist der Streitwert, wegen dessen der RA insgesamt Prozessauftrag erhält und die Klage einreicht bzw. tätig wird (vgl. Kapitel 2.2.7).

Beispiel: Klage wegen Forderung von 5 000,00 EUR. Vor dem ersten Verhandlungstermin zahlt der Schuldner 1 000,00 EUR. Wegen der verbleibenden 4 000,00 EUR wird streitig verhandelt. Im zweiten Verhandlungstermin wird die Klage um 2 000,00 EUR erhöht. Obwohl der Rechtsstreit jetzt nur noch wegen 6 000,00 EUR geführt wird, berechnet sich die Verfahrensgebühr nach 7 000,00 EUR (5 000,00 EUR + 2 000,00 EUR).

Von der Klageänderung bzw. Klageerweiterung zu unterscheiden ist der Fall der **Wertänderung** des Streitgegenstandes, der ansonsten unverändert bleibt. Wenn der Streitgegenstand derselbe bleibt und nur sein Wert sich verändert, dann ist nach § 40 GKG für die Wertberechnung der **Zeitpunkt der Einreichung der Klage** maßgeblich.

Beispiel: Klage auf Herausgabe von Aktien. Bei Klageeinreichung stand der Börsenkurs für die Aktie bei 100,00 EUR. Bei Urteilsverkündung war der Kurs 120,00 EUR. Zur Feststellung des Gebührenstreitwertes nimmt man den Kurs von 100,00 EUR.

Die Wertänderung muss also von der Klageerweiterung oder Klageermäßigung unterschieden werden, da in diesen Fällen sich nicht der Wert, sondern der Klagegegenstand ändert.

Zur Erhöhung der Verfahrensgebühr („Differenz-Verfahrensgebühr") und der Terminsgebühr („Differenz-Terminsgebühr") gemäß VV Nr. 3101 Ziff. 2 RVG bei Einbeziehung nicht rechtshängiger Ansprüche in einen gerichtlichen Vergleich siehe Kapitel 1.6.1.1 und Kapitel 6.1.2.1.2.

Merke:

In jedem Prozess muss dem Prozessbevollmächtigten zumindest die Verfahrensgebühr als allgemeine Betriebsgebühr erwachsen.

Bei vorzeitiger Beendigung des Auftrages gibt es nur eine verminderte Verfahrensgebühr.

Für die Verfahrensgebühr ist stets der Streitwert während der Tätigkeit des Prozessbevollmächtigten maßgeblich, wegen dessen der RA insgesamt Prozessauftrag hat und tätig wird.

Beachten Sie, dass auf die im Prozess entstehende Verfahrensgebühr eine zuvor wegen desselben Gegenstands bereits angefallene **Geschäftsgebühr** (VV Nrn. 2400 bis 2403 RVG; ab 1. Juli 2006: VV Nrn. 2300 bis 2303 RVG) zur Hälfte, jedoch höchstens mit einem Gebührensatz von 0,75, **anzurechnen ist**. Beispiele zur Anrechnung der Geschäftsgebühr finden Sie in den Kapiteln 3.1.1.2 und 3.1.1.3.

6.1.1.2 Die Terminsgebühr

Die Terminsgebühr erhält der RA grundsätzlich nur für sein **Tätigwerden in einem Termin**. Es spielt fast keine Rolle um welche Art von Termin es sich handelt. Allerdings wird der RA in der Regel seinen Mandanten in einem gerichtlichen Termin vertreten. Das Gesetz zählt in der Vorbemerkung 3 Abs. 3 VV RVG ausdrücklich die folgenden **Arten von Terminen** auf und rechnet auch bestimmte Besprechungen hinzu:

- Verhandlungstermine
- Erörterungstermine
- Beweisaufnahmetermine
- von einem gerichtlich bestellten Sachverständigen anberaumte Termine
- Besprechungen ohne Beteiligung des Gerichts, die auf die Vermeidung oder Erledigung des Verfahrens gerichtet sind
- Besprechungen mit dem Auftraggeber gehören **nicht** zu diesen Terminen

Auch die Güteverhandlung (§ 278 ZPO) lässt die Terminsgebühr entstehen. Weiterhin spielt es auch fast keine Rolle, was der RA in dem Termin tut. Nach der Begründung des Gesetzes durch die Bundesregierung „soll es für das Entstehen der Gebühr genügen, dass der Rechtsanwalt einen **Termin wahrnimmt**. ... Dabei soll es künftig nicht mehr darauf ankommen, ob in dem Termin Anträge gestellt werden oder die Sache erörtert wird." Für den Anfall der Terminsgebühr in einem gerichtlichen Termin ist es ausreichend, wenn der RA nach Beginn des Termin **für seinen Auftraggeber auftritt**, also dem Gericht seine Anwesenheit bekannt gibt. Es ist also keineswegs erforderlich, dass der RA danach noch etwas tut, also z. B. Anträge stellt oder die Sach- und Rechtslage mit dem Gericht oder der Gegenseite erörtert. Ein RA, der in dem Termin still sitzt und nur aufmerksam zuhört, ohne etwas zu sagen, hat die Terminsgebühr nach der neuen Regelung im RVG bereits verdient. Er war ja schließlich da.

Die **Besprechungen ohne Beteiligung des Gerichts** (Vorbemerkung 3 Abs. 3 VV RVG) sollen zu einer möglichst frühen Beendigung des gerichtlichen Verfahrens durch eine gütliche Einigung beitragen. Der Gesetzgeber sieht es als eine Verpflichtung des RA, „... nach seiner Bestellung zum Verfahrens- oder Prozessbevollmächtigten in jeder Phase des Verfahrens zu einer möglichst frühen, der Sach- und Rechtslage entsprechenden Beendigung des Verfahrens beizutragen". Das Gesetz sagt nicht, mit wem der RA die Besprechung geführt haben muss; es wird hier hauptsächlich der Gegner oder sein RA in Betracht kommen. Aber auch eine Haftpflichtversicherung des Gegners könnte ein möglicher Gesprächspartner sein. Ausgeschlossen von dieser Art von Besprechungen sind laut Gesetz nur das Gericht und der Auftraggeber, wobei die bloße Anwesenheit von Letzterem unschädlich sein dürfte. Wichtig ist nur, dass die Besprechung auf die **Vermeidung oder Erledigung des Verfahrens** gerichtet ist. Das Gesetz verlangt nicht, dass die Besprechung in einem Termin – der Begriff Termin wurde vermieden – stattfindet, sodass auch telefonische Besprechungen eine Terminsgebühr auslösen können. Auch wird von dem RA nicht viel an Tätigkeit verlangt, bloßes Zuhören dürfte bereits ausreichend sein. Es ist übrigens auch nicht von Bedeutung, ob diese Besprechungen erfolgreich verlaufen sind; es muss nur ein Versuch stattgefunden haben, den Streit beizulegen.

Beispiele **Fall 1:** Nach Aufruf der Sache meldet sich der zum Prozessbevollmächtigten bestellte RA in der mündlichen Verhandlung als Vertreter des Klägers.
Damit hat er bereits die Terminsgebühr verdient. Weitere Tätigkeiten können sich nicht mehr auf die Gebühr auswirken, da es sich um eine Pauschgebühr handelt.

Fall 2: Ein gerichtlich bestellter Sachverständiger hat einen Ortstermin anberaumt. Der RA erscheint als Vertreter seines Mandanten und sieht sich z. B. den Unfallort an.
Bereits dadurch wurde in dem Verfahren die Terminsgebühr ausgelöst. Weitere Termine z. B. bei Gericht führen nicht mehr zu einer Erhöhung der Terminsgebühr.

Fall 3: Nachdem der RA den Prozessauftrag erhalten hat, ruft er die gegnerische Versicherung an und fordert sie zur umgehenden Zahlung auf. Die Versicherung erläutert ihre Argumente, warum sie nicht zu zahlen beabsichtigt. Der RA nimmt dies zur Kenntnis.
Dies war zwar kein Termin, aber eine Besprechung zur Vermeidung des Prozesses. Damit hat der RA bereits die Terminsgebühr verdient.

Fazit: Der Wortlaut und die Begründung des Gesetzes sind wohl so wie dargestellt auszulegen. Ob eine Terminsgebühr auch mit einem Telefongespräch von z. B. 1 Minute Dauer ergattert werden kann, werden vermutlich die Gerichte noch zu entscheiden haben.

Ganz unwesentlich ist es denn aber doch nicht, was der RA in einem Termin tut, zumindest wenn einer der Ausnahmefälle vorliegt, in denen die Terminsgebühr nur in reduzierter Höhe anfällt. Im **Normalfall** spielt es keine Rolle, ob in dem Termin verhandelt wird, und falls ja, ob die Verhandlung streitig oder nichtstreitig verläuft. Auch z. B. bei Beantragung eines Anerkenntnisurteils entsteht die Terminsgebühr in voller Höhe, obwohl nur eine nichtstreitige Verhandlung vorliegt. Zu den **Ausnahmefällen** gehören insbesondere Termine, in denen Versäumnisurteile ergehen, da für deren Beantragung in bestimmten Fällen nur eine **verminderte Terminsgebühr** entsteht.

In der ersten Instanz gibt es im Wesentlichen zwei Möglichkeiten, in welcher Höhe die Terminsgebühr entstehen kann. Es sind zwei verschiedene **Gebührensätze der Terminsgebühr** anwendbar:

- Im Regelfall entsteht eine **1,2 Terminsgebühr** nach VV Nr. 3104 RVG.
- Eine verminderte **0,5 Terminsgebühr** entsteht in den Fällen, die in VV Nr. 3105 RVG aufgeführt werden. Diese verminderte Terminsgebühr bei besonderem Verlauf des Verfahrens wird in den Kapiteln 6.1.2.2 und 6.1.2.3 dargestellt.

Die normale **1,2 Terminsgebühr** nach VV Nr. 3104 RVG erwächst für die Wahrnehmung der oben aufgeführten Termine, natürlich in jedem Rechtszug nur einmal. Überspitzt ausgedrückt, ist die Gebühr verdient, wenn der RA an dem Termin oder der Besprechung teilgenommen hat.

Sie werden das bisher so verstanden haben, dass zumindest ein Termin oder eine Besprechung im wortwörtlichen Sinn stattgefunden haben muss. Aber selbst auf dieses Erfordernis wird nach VV Nr. 3104 Anm. Abs. 1 Ziff. 1 RVG verzichtet, wenn in dem Verfahren anstelle einer eigentlich vorgeschriebenen mündlichen Verhandlung **ohne mündliche Verhandlung entschieden wird** oder ein schriftlicher Vergleich geschlossen wird. In einem solchen Fall entsteht folglich eine 1,2 Terminsgebühr, obwohl überhaupt nicht verhandelt wurde und auch kein Termin stattfand.

Die Begründung für diese Regelung ist darin zu sehen, dass der RA in einem solchen Fall seine Schriftsätze noch genauer als sonst formulieren muss. Deshalb soll er für diese größere Mühe die unverminderte Terminsgebühr erhalten. Im Übrigen ist Voraussetzung für das Entstehen der 1,2 Terminsgebühr nach Ziff. 1, dass das Gericht (außer im Fall des § 278 Abs. 6 ZPO) über den eingeklagten Anspruch **eine Entscheidung erlässt**, wenn auch im schriftlichen Verfahren.

Anmerkung: Nach § 128 Abs. 1 ZPO ist in einem Verfahren **grundsätzlich mündlich zu verhandeln**. Von diesem Grundsatz kann in zwei Fällen abgewichen werden.

Gemäß § 128 Abs. 2 ZPO darf das Gericht **mit Zustimmung der Parteien** den Rechtsstreit ohne mündliche Verhandlung entscheiden.

Nach § 307 Abs. 2 ZPO wird **im schriftlichen Vorverfahren** bei Anerkenntniserklärung des Beklagten von Amts wegen über ein **Anerkenntnisurteil** ohne mündliche Verhandlung entschieden.

Gemäß § 495 a ZPO darf das Amtsgericht bei einem **Streitwert bis zu 600,00 EUR** das Verfahren nach billigem Ermessen durchführen und darf somit auch ohne mündliche Verhandlung entscheiden.

In einem Verfahren, für das eigentlich eine mündliche Verhandlung vorgeschrieben ist, kann auch nach § 278 Abs. 6 ZPO auf Vorschlag des Gerichts ein **schriftlicher Vergleich** geschlossen werden, ohne dass darüber mündlich verhandelt wird.

Verstehen Sie das bitte nicht falsch: Die **1,2 Terminsgebühr ohne mündliche Verhandlung** entsteht nicht immer dann, wenn ohne mündliche Verhandlung entschieden wurde, sondern nur dann, wenn für das Verfahren eigentlich eine mündliche Verhandlung vorgeschrieben war und aufgrund der vorgenannten besonderen Vorschriften ohne eine solche entschieden wurde. In Verfahren, in denen das Gericht sowieso nach Belieben ohne mündliche Verhandlung entscheiden darf und auch entscheidet, oder in denen eine solche gar nicht vorgesehen ist, entsteht natürlich überhaupt keine Terminsgebühr.

Eine Besonderheit wird durch VV Nr. 3104 Anm. Abs. 2 RVG geregelt. Demnach kann der RA auch eine 1,2 Terminsgebühr für die Verhandlung über gar nicht eingeklagte Ansprüche erhalten. Diese neue, spezielle Gebühr wird vermutlich als „**Differenz-Terminsgebühr**" bezeichnet werden. Diese Gebühr entsteht, wenn über in diesem Verfahren nicht rechtshängige Ansprüche verhandelt wird mit dem Ziel, über diese Ansprüche zusammen mit den im Verfahren rechtshängigen Ansprüchen eine Einigung zu erzielen. Andererseits muss diese Differenz-Terminsgebühr auf eine Terminsgebühr angerechnet werden, die in einem anderen Verfahren entsteht, falls die Ansprüche in einem anderen Verfahren rechtshängig sind. Damit soll verhindert werden, dass der RA die Terminsgebühr doppelt verdienen kann. Die Differenz-Terminsgebühr wird zusammen mit der Differenz-Verfahrensgebühr entstehen, siehe auch dort. Im Gegensatz zur Differenz-Verfahrensgebühr ist der Umgang mit der Differenz-Terminsgebühr aber dadurch einfacher, dass Letztere nur mit einem Gebührensatz von 1,2 entstehen kann, sodass eine Anwendung des § 15 Abs. 3 RVG im Unterschied zur Verfahrensgebühr unterbleiben kann.

Die Höhe der Terminsgebühr richtet sich nach dem **Wert des Gegenstands**, über den verhandelt worden ist.

- Wird nur über einen **Teil des Klagegegenstands** verhandelt, da sich z. B. ein Teil **vor** dem Verhandlungstermin erledigt hat, so ist nur der noch strittige Teil maßgeblich.

    Beispiel: Klage wegen Forderung von 5 000,00 EUR. Vor dem ersten Verhandlungstermin zahlt der Schuldner 1 000,00 EUR. Wegen der verbleibenden 4 000,00 EUR wird streitig verhandelt. In diesem Fall wird die Verfahrensgebühr nach 5 000,00 EUR, die Terminsgebühr aber nur nach 4 000,00 EUR berechnet.

- Eine einmal erwachsene Terminsgebühr ermäßigt sich durch eine **nach** der Verhandlung eingetretene teilweise Erledigung des Rechtsstreits nicht. Nachdem die Gebühren erst einmal entstanden sind, kommt es nicht darauf an, ob der Prozess durch Urteil endet, oder ob die eingeklagten Forderungen anderweitig erledigt werden (z. B. durch Anerkenntnis, Verzicht oder Vergleich).

Beispiel: Klage wegen Forderung von 5 000,00 EUR. Nach dem ersten Verhandlungstermin mit streitiger Verhandlung zahlt der Schuldner 1 000,00 EUR. In diesem Fall wird die Verfahrensgebühr und auch die Terminsgebühr nach 5 000,00 EUR berechnet.

- **Mehrere Ansprüche**, über die getrennt verhandelt wird, werden zusammengerechnet.

Beispiel: Klage wegen Kaufpreisforderung von 3 000,00 EUR und Schadenersatz von 2 000,00 EUR. Im ersten Verhandlungstermin wird wegen des Kaufpreises, im zweiten Termin wegen des Schadenersatzes streitig verhandelt. In diesem Fall wird die Terminsgebühr nach 5 000,00 EUR berechnet.

- Bei **Klageerweiterungen** nach der ersten mündlichen Verhandlung berechnet sich die Terminsgebühr für eine erneute Verhandlung nach dem höheren, nicht nach dem ursprünglichen Wert. Rechnen Sie aber bitte hierzu keine zusätzliche Terminsgebühr nach dem Unterschiedsbetrag aus, sondern ermitteln Sie einfach die Terminsgebühr nach dem jetzt höheren Wert.

Beispiel: Klage wegen Forderung von 5 000,00 EUR. Im ersten Verhandlungstermin wird streitig verhandelt. Danach wird die Klage um 1 000,00 EUR erhöht. Im zweiten Verhandlungstermin wird wieder streitig verhandelt. Im dritten Verhandlungstermin wird die Klage um 2 000,00 EUR erhöht und anschließend streitig verhandelt. Ab dem dritten Verhandlungstermin wird der Rechtsstreit wegen 8 000,00 EUR geführt (5 000,00 EUR + 1 000,00 EUR + 2 000,00 EUR), wonach sich die Verfahrensgebühr berechnet. Terminsgebühren sind dreimal entstanden: nach 5 000,00 EUR, nach 6 000,00 EUR und nach 8 000,00 EUR. Der RA bekommt aber nur eine einzige Terminsgebühr nach dem höchsten Wert von 8 000,00 EUR.

- Wenn sich nach einer Verhandlung der Rechtsstreit **teilweise erledigt** und dann anschließend die Klageforderung **wieder erhöht** wird, so wirkt sich die teilweise Erledigung auf die bereits verdienten Verfahrens- und Terminsgebühren nicht aus, jedoch werden nach dem Betrag der Erhöhung weitere Gebühren berechnet. Die Gebühren entstehen in solchen Fällen jedoch nicht getrennt nach den Wertteilen, sondern nach dem Wert, der **insgesamt** in den Prozess eingebracht wurde (Verfahrensgebühr) und über den auch verhandelt wurde (Terminsgebühr).

Beispiel: Klage wegen Forderung von 10 000,00 EUR. Im ersten Verhandlungstermin wird streitig verhandelt. Danach wird der Rechtsstreit bezüglich 9 000,00 EUR für erledigt erklärt. Im zweiten Verhandlungstermin wird wieder streitig verhandelt. Im dritten Verhandlungstermin wird die Klage um 2 000,00 EUR erhöht und anschließend streitig verhandelt und eine Beweisaufnahme durchgeführt.

Ab dem dritten Verhandlungstermin wird der Rechtsstreit wegen 3 000,00 EUR geführt (10 000,00 EUR − 9 000,00 EUR + 2 000,00 EUR). Die Verfahrensgebühr wird nach einem Wert von 12 000,00 EUR (10 000,00 EUR + 2 000,00 EUR) berechnet, da der RA wegen dieser Beträge Prozessauftrag hat und die Klage eingereicht ist. Terminsgebühren sind dreimal entstanden: nach 10 000,00 EUR, nach 1 000,00 EUR und nach 3 000,00 EUR. Der RA bekommt aber nur eine einzige Terminsgebühr nach dem Wert, über den insgesamt verhandelt wurde (10 000,00 EUR + 2 000,00 EUR), da der RA nämlich wegen dieser Beträge Anträge in der mündlichen Verhandlung gestellt hat.

Würde man in diesem Fall die Terminsgebühr nur nach dem höchsten Wert berechnen, über den verhandelt wurde (10 000,00 EUR), so hätte der RA wegen der zusätzlichen 2 000,00 EUR umsonst verhandelt. Solche Fälle werden praktisch häufig falsch gelöst.

Merke:

Die 1,2 Terminsgebühr erhält der RA grundsätzlich für sein Auftreten in Verhandlungsterminen, von Sachverständigen anberaumten Terminen und für Besprechungen außerhalb des Gerichts, die auf die Vermeidung oder Beilegung des Verfahrens zielen.

Für Besprechungen mit dem Auftraggeber entsteht keine Terminsgebühr.

Wenn in einem Verfahren anstelle einer eigentlich vorgeschriebenen mündlichen Verhandlung ohne mündliche Verhandlung entschieden wird oder ein schriftlicher Vergleich geschlossen wird, entsteht trotzdem eine 1,2 Terminsgebühr.

Eine einmal erwachsene Terminsgebühr bleibt erhalten.

Eine einmal erwachsene Terminsgebühr gilt auch alle folgenden Verhandlungen mit ab.

Die Höhe der Terminsgebühr richtet sich nach dem Wert des Gegenstands, über den verhandelt wird; dies ist insbesondere bei Verhandlungen über einen Teil des Klagegegenstands wichtig.

Bei mehreren Verhandlungen über Wertteile wird die Terminsgebühr nach dem Wert berechnet, über den insgesamt verhandelt worden ist.

6.1.1.3 Beispiel einer Vergütungsrechnung für einen Zivilprozess

RA Knüll reicht auftragsgemäß eine Klage wegen 8 900,00 EUR beim Landgericht ein. Nach Zustellung der Klageschrift zahlt der Beklagte 900,00 EUR. Im ersten Verhandlungstermin erörtern die Parteien die Sache mit dem Gericht und stellen einen Vertagungsantrag, da sie außergerichtliche Vergleichsverhandlungen aufnehmen wollen. Nachdem diese nicht zustande gekommen sind, beraumt das Gericht einen zweiten Verhandlungstermin an. In diesem wird die Sache noch einmal erörtert, woraufhin der Beklagte sofort weitere 1 000,00 EUR zahlt.

Danach wird streitig verhandelt und ein vom Kläger mitgebrachter Zeuge wegen eines Teils der Klageforderung von 2 000,00 EUR vernommen. In einem weiteren Termin wird erneut streitig verhandelt und ein weiterer Zeuge wegen eines anderen Teils der Klageforderung von 3 000,00 EUR vernommen. Anschließend wird die Sache noch einmal erörtert, wobei das Gericht darauf hinweist, dass es die Klage in Höhe von 2 000,00 EUR nicht für schlüssig hält. Der Kläger nimmt die Klage wegen der 2 000,00 EUR zurück.

Nun erweitert der Kläger seine Klage um eine Schadenersatzforderung in Höhe von 1 100,00 EUR wegen eines inzwischen eingetretenen weiteren Schadens. Über den jetzt noch streitigen Betrag von 6 100,00 EUR ergeht nach einem erneuten Verhandlungstermin Urteil.

Wir skizzieren den Sachverhalt: **Klageschrift eingereicht (8 900,00 EUR)**, **Erörterung im ersten Termin (8 000,00 EUR)**, Vertagungsantrag (8 000,00 EUR), weitere Erörterung (8 000,00 EUR), streitige Verhandlung (7 000,00 EUR), Beweisaufnahme (2 000,00 EUR), weitere streitige Verhandlung (7 000,00 EUR), weitere Beweisaufnahme (3 000,00 EUR, nunmehr insgesamt 5 000,00 EUR), weitere Erörterung (7 000,00 EUR), Klagerücknahme (2 000,00 EUR), **Klageerhöhung (1 100,00 EUR)**, dann **erneute Verhandlung (1 100,00 EUR)**. Jetzt noch streitig 6 100,00 EUR (8 900,00 EUR – 900,00 EUR – 1 000,00 EUR – 2 000,00 EUR + 1 100,00 EUR).

Aus dieser Aufzählung suchen wir nun die für die Abrechnung wichtigen Gesichtspunkte heraus. Es wurden alle Handlungen genannt, die geeignet sind, eine Gebühr auszulösen. Da aber jede Gebühr nur einmal entstehen kann, sind natürlich auch einige Punkte in dieser Aufstellung ohne Bedeutung, da die Gebühr bereits mit der ersten diesbezüglichen Handlung verdient worden ist. Um für Sie die Sache einfacher zu machen, sind die Handlungen, die für das Entstehen der Gebühren wesentlich sind, in Fettdruck dargestellt.

Für das Entstehen der Verfahrensgebühr bedeutsam ist die Einreichung der Klage und die Klageerweiterung (zusammen 10 000,00 EUR). Die Terminsgebühr ergibt sich aus dem Betrag, der im ersten Termin noch streitig war und aus der Verhandlung über die Klageerhöhung (zusammen 9 100,00 EUR). Die zwischenzeitlichen Erniedrigungen durch aus dem Verfahren ausgeschiedene Wertteile sind ohne Bedeutung, da nachträgliche Verminderungen des Wertes die bereits verdienten Gebühren nicht wieder rückgängig machen können. Deshalb spielt auch der vor dem Urteil noch streitige Betrag keine Rolle.

Jetzt kann die Vergütungsrechnung für RA Knüll erstellt werden, die im Gegensatz zu den Vorüberlegungen eigentlich ganz einfach ist:

Bürgerliche Rechtsstreitigkeiten

Gegenstandswert: 10 000,00 EUR / 9 100,00 EUR	EUR
1,3 Verfahrensgebühr gem. §§ 2, 13, VV Nr. 3100 RVG (Wert: 10 000,00 EUR)	631,80
1,2 Terminsgebühr gem. §§ 2, 13, VV Nr. 3104 RVG (Wert: 9 100,00 EUR)	583,20
20 % Pauschale für Post- und Telekommunikationsentgelte gem. § 2 Abs. 2 S. 1, VV Nr. 7002 RVG	20,00
	1 235,00
16 % USt. gem. § 2 Abs. 2 S. 1, VV Nr. 7008 RVG	197,60
	1 432,60

6.1.2 Die Gebühren bei besonderem Verfahrensverlauf

6.1.2.1 Die verminderte Verfahrensgebühr (VV Nr. 3101 RVG)

Die in VV Nr. 3100 RVG normierte Verfahrensgebühr wird durch **VV Nr. 3101 RVG** im Hinblick auf ihre Höhe ergänzt, indem der Gebührensatz in den genannten Fällen auf eine **0,8 Verfahrensgebühr** vermindert wird.

- In Ziffer 1 der Nr. 3101 VV RVG wird bestimmt, dass die Verfahrensgebühr auf 0,8 vermindert wird, wenn der Auftrag des RA endigt, bevor er eine genau bestimmte Handlung vorgenommen hat. Dieser Gebührentatbestand wird auch als „**vorzeitige Beendigung**" bezeichnet.

- In Ziffer 2 der Nr. 3101 VV RVG wird die Verfahrensgebühr auf 0,8 herabgesetzt, wenn der RA nur den Auftrag hat, bei Gericht zu beantragen, eine Einigung über nicht rechtshängige Ansprüche zu gerichtlichem Protokoll zu nehmen. Die dafür entstehende Gebühr wird auch „**Differenzverfahrensgebühr**" genannt.

- In Ziffer 3 der Nr. 3101 VV RVG wird die Verfahrensgebühr auf 0,8 reduziert, wenn in einem **nicht streitigen FGG-Verfahren** lediglich ein Antrag gestellt und eine Einigung entgegengenommen wird. Siehe auch das Kapitel über die Gebühren in Familiensachen.

Auf diese Gebührentatbestände wird in den nachfolgenden Kapiteln eingegangen. In Vergütungsrechnungen sollte übrigens neben der Nr. 3101 VV RVG auch die Nr. 3100 VV RVG mit zitiert werden, da in den bestimmten Fällen die Verfahrensgebühr nur vermindert wird und da in VV Nr. 3101 RVG ausdrücklich Bezug auf VV Nr. 3100 RVG genommen wird.

6.1.2.1.1 Verfahrensgebühr bei vorzeitiger Beendigung

(Dazu Aufgaben Gruppe 10)

Endigt der Auftrag vorzeitig, weil z. B. der Mandant ihn zurücknimmt, so erhält der RA gemäß VV Nr. 3101 Ziff. 1 RVG nur eine reduzierte **0,8 Verfahrensgebühr** (bzw. in den Rechtsmittelinstanzen 1,1 nach VV Nr. 3201 oder Nr. 3207 RVG bzw. 1,8 nach VV Nr. 3209 RVG).

Damit wird für diesen Fall die allgemeine Vorschrift des § 15 Abs. 4 RVG außer Kraft gesetzt, wonach es auf entstandene Gebühren ohne Einfluss bleibt, wenn sich der Auftrag vorzeitig erledigt. Der Grund für diese Ausnahmeregelung ist darin zu sehen, dass es unangemessen wäre, wenn der Auftrag so frühzeitig endet, dass der RA erfahrungsgemäß noch nicht so viel Arbeit mit der Sache hatte. Da es sich um eine pauschale Regelung handelt, tritt die Gebührenverminderung allerdings auch dann ein, wenn der RA vor einem der in VV

Nr. 3101 Ziff. 1 RVG genannten Zeitpunkte eine sehr umfangreiche Tätigkeit entfaltet hat, was aber eher unwahrscheinlich ist.

Entscheidend ist der Zeitpunkt, zu dem der Auftrag endigt. Die Verfahrensgebühr wird nur dann verringert, wenn sich der Auftrag erledigt, bevor der RA eine der folgenden Handlungen vorgenommen hat, also bevor er

- die Klage eingereicht hat, oder
- den ein Verfahren einleitenden Antrag eingereicht hat, oder
- einen Schriftsatz, der Sachanträge, die Zurücknahme der Klage oder die Zurücknahme des Antrags enthält, eingereicht hat, oder
- für seine Partei einen gerichtlichen Termin wahrgenommen hat. Die Wahrnehmung eines außergerichtlichen Termins verhindert die Ermäßigung der Verfahrensgebühr nicht.

Beachten Sie, dass die Verringerung der Verfahrensgebühr auch dann vorzunehmen ist, wenn der RA die Klage oder den Schriftsatz bereits fertiggestellt und unterschrieben, aber zu dem Zeitpunkt, zu dem der Auftrag endigt, noch nicht bei Gericht eingereicht hat.

Endigt der Auftrag zu einem späteren als in VV Nr. 3101 Ziff. 1 RVG genannten Zeitpunkt, so bleibt die Verfahrensgebühr nach § 15 Abs. 4 RVG in voller Höhe bestehen.

Als Beispiel für die Anwendung von VV Nr. 3101 Ziff. 1 RVG sei das **anwaltliche Aufforderungsschreiben mit Klageauftrag** genannt. Sie erinnern sich sicherlich, dass zwei Arten von Aufforderungsschreiben zu unterscheiden sind: das Aufforderungsschreiben **ohne** Klageauftrag, für das eine Geschäftsgebühr erhoben wird (siehe Kapitel 3.1.1), und das Aufforderungsschreiben **mit** Klageauftrag, das nach VV Nr. 3101 Ziff. 1 RVG abzurechnen ist.

Beispiel: Der Auftraggeber Amsel bittet RA Rotschwanz, gegen den Schuldner Specht wegen einer Forderung von 7 000,00 EUR Klage zu erheben, wenn Specht nach Erhalt eines Aufforderungsschreibens nicht zahle. Hier liegt also ein Klageauftrag vor, der sich jedoch vor Erhebung der Klage erledigt, falls Specht nach Empfang des Aufforderungsschreibens zahlt. Es entsteht für RA Rotschwanz eine 0,8 Verfahrensgebühr gemäß VV Nr. 3101 Ziff. 1 und Nr. 3100 RVG.

Gegenstandswert: 7 000,00 EUR	EUR
0,8 Verfahrensgebühr bei vorzeitiger Beendigung gem. §§ 2, 13, VV Nrn. 3100, 3101 Ziff. 1 RVG	300,00
20 % Pauschale für Post- und Telekommunikationsentgelte gem. § 2 Abs. 2 S. 1, VV Nr. 7002 RVG	20,00
	320,00
16 % USt. gem. § 2 Abs. 2 S. 1, VV Nr. 7008 RVG	51,20
	371,20

Beispiel: Der Auftraggeber Amsel bittet RA Rotschwanz, gegen den Schuldner Specht wegen einer Forderung von 7 000,00 EUR Klage zu erheben, wenn Specht nach Erhalt eines Aufforderungsschreibens nicht zahle. Hier liegt also ein Klageauftrag vor, der sich jedoch vor Erhebung der Klage erledigt, falls Specht nach Empfang des Aufforderungsschreibens zahlt.

Nach Erhalt der Aufforderungsschreibens zahlt Specht 1 000,00 EUR. Wegen der restlichen 6 000,00 EUR wird die Klage eingereicht.

Es entsteht für RA Rotschwanz eine 0,8 Verfahrensgebühr nach dem Wert von 1 000,00 EUR und eine 1,3 Verfahrensgebühr gemäß VV Nr. 3100 RVG nach dem Wert von 6 000,00 EUR. Bei der Berechnung ist § 15 Abs. 3 RVG zu beachten!

Bürgerliche Rechtsstreitigkeiten

Gegenstandswert: 1 000,00 EUR / 6 000,00 EUR	EUR	EUR
0,8 Verfahrensgebühr bei vorzeitiger Beendigung gem. §§ 2, 13, VV Nrn. 3100, 3101 Ziff. 1 RVG (Wert: 1 000,00 EUR)	68,00	
1,3 Verfahrensgebühr für den Prozess gem. §§ 2, 13, VV Nr. 3100 RVG (Wert: 6 000,00 EUR)	439,40	
	507,40	
Gemäß **§ 15 Abs. 3 RVG** darf höchstens eine 1,3 Verfahrensgebühr nach der Wertesumme von 7 000,00 EUR berechnet werden, das wären 487,50 EUR. Da diese Gebühr hier überschritten wird, sind als Verfahrensgebühren nur zu berechnen:		487,50
20 % Pauschale für Post- und Telekommunikationsentgelte gem. § 2 Abs. 2 S. 1, VV Nr. 7002 RVG		20,00
		507,50
16 % USt. gem. § 2 Abs. 2 S. 1, VV Nr. 7008 RVG		81,20
		588,70

Merke:
Endigt der Prozessauftrag, bevor der RA die Klage oder einen ähnlichen Schriftsatz bei Gericht eingereicht hat, dann erhält er nur eine 0,8 Verfahrensgebühr (bzw. in der Rechtsmittelinstanz eine 1,1 Verfahrensgebühr).

Nach dieser Vorschrift wird insbesondere auch das anwaltliche Aufforderungsschreiben mit Klageauftrag abgerechnet.

6.1.2.1.2 Protokollierung einer Einigung der Parteien (Differenzverfahrensgebühr)

Wird in einem rechtshängigen Verfahren eine Einigung der Parteien über einen Gegenstand, der in diesem Verfahren nicht eingeklagt war und über den nicht verhandelt wurde, auf Antrag der Parteien zu gerichtlichem Protokoll genommen, so erhält der RA gemäß VV Nr. 3101 Ziff. 2 RVG hierfür eine **0,8 Verfahrensgebühr („Differenzverfahrensgebühr")**, aber **zusätzlich** zu der normalen 1,3 Verfahrensgebühr in dem rechtshängigen Verfahren. Entscheidend für das Entstehen dieser Gebühr ist, dass ein Antrag gestellt wird, die Einigung zu Protokoll zu nehmen; die Gebühr ist also auch dann entstanden, wenn die Einigung später doch nicht zustande kommt.

Es handelt sich dabei um nicht rechtshängige, also zumindest nicht in **diesen** Rechtsstreit einbezogene Ansprüche, die bei einem Prozessvergleich in dem Rechtsstreit sozusagen miterledigt werden. Diese Ansprüche sind also nicht in der Klage geltend gemacht worden, sie können aber auch bereits in einem anderen Prozess anhängig sein. Recht häufig kommt es vor, dass von einer Klageforderung **zunächst** nur ein Teilbetrag eingeklagt wird, um Kosten zu sparen. In diesem Fall erhält der RA neben der normalen 1,3 Verfahrensgebühr für den Rechtsstreit eine zusätzliche 0,8 Verfahrensgebühr (Differenzverfahrensgebühr) nach dem Wert der mit in den Vergleich einbezogenen nicht rechtshängigen Ansprüche. In der ersten Instanz beträgt die Differenzverfahrensgebühr 0,8 und in den Rechtsmittelinstanzen 1,1.

Daneben steht dem RA auch noch die **Einigungsgebühr** nach VV Nr. 1000 und Nr. 1003 RVG zu. Beachten Sie, dass die Einigung teilweise rechtshängige und teilweise nicht rechtshängige Ansprüche betrifft (Vgl. auch Kapitel 1.6.1.1.1).

Werden in einen gerichtlich protokollierten Vergleich **nicht rechtshängige Ansprüche** mit einbezogen, so wird für die vergleichsweise Erledigung der nicht rechtshängigen Gegenstände nach VV Nr. 1000 RVG eine **Einigungsgebühr** mit einem Gebührensatz von 1,5 berechnet, wogegen der Gebührensatz für die Einigung über die **eingeklagten Gegenstände** 1,0 nach VV Nr. 1003 RVG beträgt.

Achtung: Da also in solchen Fällen sowohl zwei Verfahrensgebühren als auch zwei Einigungsgebühren zu berechnen sind, ist bezüglich der beiden Verfahrensgebühren als auch der beiden Einigungsgebühren immer eine Überprüfung nach § 15 Abs. 3 RVG vorzunehmen (siehe Kapitel 1.3.3.3).

Hinweis: Der Gegenstandswert für die 1,5 Einigungsgebühr und für die 0,8 Differenzverfahrensgebühr ist derselbe, nämlich der Wert der nicht rechtshängigen Gegenstände.

Auch in den Rechtsmittelinstanzen beträgt bezüglich der nicht rechtshängigen Ansprüche der Gebührensatz der Einigungsgebühr 1,5; jedoch beträgt der Gebührensatz der Einigungsgebühr für die rechtshängigen Ansprüche 1,3 nach VV Nr. 1004 RVG.

Beispiel: Klage auf Schadenersatz von 30 000,00 EUR. Nach streitiger Verhandlung werden in Einigungsgesprächen weitere 4 000,00 EUR Schadenersatz gefordert, die nicht eingeklagt wurden. Das Ergebnis, auf das man sich geeinigt hat, beträgt 29 100,00 EUR, wobei jede Partei die Hälfte der Kosten übernimmt. Es wird beantragt, den Vergleich zu gerichtlichem Protokoll zu nehmen.

Der Gegenstandswert der Einigungsgebühr beträgt insgesamt 34 000,00 EUR. Der Wert der 1,3 Verfahrensgebühr und der 1,2 Terminsgebühr ist 30 000,00 EUR, jedoch entsteht für die Besprechungen über die nicht rechtshängigen 4 000,00 EUR eine zusätzliche 1,3 **Differenzterminsgebühr** nach der Vorbemerkung 3 Abs. 3 VV RVG und für die Beantragung der gerichtlichen Vergleichsprotokollierung eine zusätzliche 0,8 Differenzverfahrensgebühr. Da bei der Terminsgebühr nur ein Gebührensatz von 1,3 anwendbar ist, wird insgesamt nur eine einzige Terminsgebühr nach dem Wert von 34 000,00 EUR berechnet.

Bei der Einigungsgebühr zu ist beachten, dass sich deren Gebührensatz danach richtet, ob der Vergleichsgegenstand eingeklagt ist oder nicht. Deshalb ist für die eingeklagte Forderung (30 000,00 EUR) eine 1,0 Einigungsgebühr zu erheben und für die nicht eingeklagten Ansprüche (4 000,00 EUR) eine 1,5 Einigungsgebühr.

Wichtig: Bei der Berechnung der Verfahrensgebühr und der Differenzverfahrensgebühr ist § 15 Abs. 3 RVG unbedingt zu beachten! Das bedeutet, dass der Gesamtbetrag beider Verfahrensgebühren nicht höher sein darf als eine 1,3 Verfahrensgebühr nach dem Gesamtwert, über den die Einigung erzielt wurde. Ist der Gesamtbetrag der Gebühren jedoch niedriger, also günstiger für den Mandanten, so ist der niedrigere Wert zu berechnen. (Siehe auch Kapitel 1.3.3.3).

Voraussetzung für die Berechnung der Differenzverfahrensgebühr ist, dass der RA auch bezüglich der nicht rechtshängigen Ansprüche einen Prozessauftrag hat. Hätte er dagegen den Auftrag, wegen der nicht rechtshängigen Ansprüche einen außergerichtlichen Vergleich herbeizuführen, so wäre hierfür eine Geschäftsgebühr zu berechnen, keine 0,8 Verfahrensgebühr. Man wird jedoch eine Geschäftsgebühr nur dann erheben können, wenn der Auftraggeber bei Auftragserteilung die gerichtliche Protokollierung des Vergleichs ausdrücklich ausgeschlossen hat.

Um Prozesskosten zu sparen, wird bei einer höheren Klageforderung häufig zunächst nur ein Teilbetrag eingeklagt, also rechtshängig gemacht. Dies ist ein typischer Fall für das Entstehen der Differenzverfahrensgebühr bei einem späteren Vergleichsabschluss, wenn die nicht rechtshängigen Ansprüche mit in den Vergleich einbezogen werden.

Weiterhin ist auch hinsichtlich der beiden zu erhebenden Einigungsgebühren § 15 Abs. 3 RVG zu beachten, da auch hier unterschiedliche Gebührensätze auf Wertteile des insgesamt durch den Vergleich erledigten Gegenstands berechnet werden.

Zu vorstehendem Sachverhalt das Beispiel einer Vergütungsrechnung:

Gegenstandswert: 30 000,00 EUR / 4 000,00 EUR   EUR   EUR

1,3	Verfahrensgebühr für den Prozess gem. §§ 2, 13, VV Nr. 3100 RVG (Wert: 30 000,00 EUR)	985,40	
0,8	Differenzverfahrensgebühr gem. §§ 2, 13, VV Nrn. 3100, 3101 Ziff. 2 RVG (Wert: 4 000,00 EUR)	196,00	
		1 181,40	
	Gemäß § 15 Abs. 3 RVG darf höchstens eine 1,3 Verfahrensgebühr nach der Wertesumme von 34 000,00 EUR berechnet werden, das sind 1 079,00 EUR. Da diese Gebühr hier überschritten wird, sind als Verfahrensgebühren nur zu berechnen:		1 079,00
1,2	Terminsgebühr gem. §§ 2, 13, VV Nr. 3104 RVG (Wert: 34 000,00 EUR)		996,00
1,0	Einigungsgebühr gem. §§ 2, 13, VV Nr. 1000 Abs. 1, 3, Nr. 1003 RVG (Wert: 30 000,00 EUR)	758,00	
1,5	Einigungsgebühr gem. §§ 2, 13, VV Nr. 1000 RVG (Wert: 4 000,00 EUR)	367,50	
		1 125,50	
	Gemäß § 15 Abs. 3 RVG darf höchstens eine 1,5 Einigungsgebühr nach der Wertesumme von 34 000,00 EUR berechnet werden, das wären 1 245,00 EUR. Da diese Gebühr hier **nicht** überschritten wird, sind als Einigungsgebühren zu berechnen:		1 125,50
20 %	Pauschale für Post- und Telekommunikationsentgelte gem. § 2 Abs. 2 S. 1, VV Nr. 7002 RVG		20,00
			3 220,50
16 %	USt. gem. § 2 Abs. 2 S. 1, VV Nr. 7008 RVG		515,28
			3 735,78

Merke:

Werden nicht rechtshängige Ansprüche in einem Prozessvergleich mitverglichen, dann erhält der RA zusätzlich zur Verfahrensgebühr nach dem Wert der rechtshängigen Ansprüche eine Differenzverfahrensgebühr nach dem Wert der nicht rechtshängigen Ansprüche. Sie beträgt in der ersten Instanz 0,8 und in der Rechtsmittelinstanz 1,1.

Für die nicht rechtshängigen Gegenstände entsteht weiterhin eine 1,5 Einigungsgebühr, und für die rechtshängigen Gegenstände beträgt der Gebührensatz der Einigungsgebühr 1,0, bzw. in den Rechtsmittelinstanzen 1,3.

Der Gegenstandswert für die 1,5 Einigungsgebühr und für die Differenzverfahrensgebühr ist derselbe, nämlich der Wert der nicht rechtshängigen Gegenstände.

Sowohl auf die Verfahrensgebühren als auch auf die Einigungsgebühren ist § 15 Abs. 3 RVG anzuwenden.

Der Einfachheit halber wurde oben von „nicht rechtshängigen Ansprüchen" gesprochen, die in einen gerichtlichen Vergleich mit einbezogen werden. Natürlich können solche mit **einbezogenen Ansprüche** auch **rechtshängig** sein – zwar nicht in diesem, aber **in einem anderen Verfahren**. Für die Berechnung der Differenzverfahrensgebühr macht das keinen Unterschied. Allerdings ist zu beachten, dass nach VV Nr. 3101 Anm. Abs. 1 RVG die in diesem Verfahren entstehende **Verfahrensgebühr** auf die Verfahrensgebühr des anderen Verfahrens **anzurechnen** ist. Anzurechnen ist nur der Teil der insgesamt berechneten Verfahrensgebühr (= Ergebnis der Kappung nach § 15 Abs. 3 RVG), der eine 1,3 Verfahrensgebühr (VV Nr. 3100 RVG) übersteigt.

Beispiel: In vorstehendem Beispiel (= Rechtsstreit A) wurde nach Berücksichtigung des § 15 Abs. 3 RVG insgesamt eine Verfahrensgebühr von 1 079,00 EUR erhoben. Angenommen, die mit verglichenen 4 000,00 EUR sind bereits in einem anderen Rechtsstreit (= Rechtsstreit B) anhängig. Dann muss nach VV Nr. 3101 Anm. Abs. 1 RVG die in diesem Verfahren (A) entstehende Verfahrensgebühr auf die Verfahrensgebühr des anderen Verfahrens (B) teilweise angerechnet werden.

Verfahrensgebühr aus Rechtsstreit A insgesamt (nach Berücksichtigung von § 15 Abs. 3 RVG)	1 079,00 EUR
− Verfahrensgebühr nur nach dem Wert von 30 000,00 EUR	− 985,40 EUR
= auf die Verfahrensgebühr von Rechtsstreit B anzurechnen	93,60 EUR

Die Anrechnung bedeutet, dass von der in Rechtsstreit B eigentlich zu berechnenden Verfahrensgebühr die 93,60 EUR abzuziehen sind, da der RA nach den allgemeinen Grundsätzen die Gebühren nicht doppelt verdienen soll.

Für die Terminsgebühr gilt nach VV Nr. 3104 Anm. Abs. 2 RVG eine ähnliche Anrechnungsvorschrift. Die Anrechnung würde, auch bezogen auf das vorstehende Beispiel, so aussehen.

1,2 Terminsgebühr aus Rechtsstreit A insgesamt	996,00 EUR
− 1,2 Terminsgebühr nur nach dem Wert von 30 000,00 EUR	− 909,60 EUR
= auf die Terminsgebühr von Rechtsstreit B anzurechnen:	86,40 EUR

Auch hier soll die Terminsgebühr nicht doppelt verdient werden. Dass übrigens die anzurechnenden Beträge der Verfahrens- und der Terminsgebühr unterschiedlich ausfallen, ergibt sich auch infolge der Degression der Gebührentabellen.

Eine Differenzverfahrensgebühr entsteht auch dann, wenn das Gericht das Zustandekommen eines **Vergleichs nach § 278 Abs. 6 ZPO** feststellt, sofern in diesen Vergleich nicht rechtshängige Ansprüche mit einbezogen werden. Es handelt sich dabei um solche Fälle, in denen ein Vergleich auf Vorschlag des Gerichts ohne mündliche Verhandlung schriftlich geschlossen wird. Die Berechnung erfolgt wie in den vorstehenden Beispielen. Beachten Sie, dass die 1,2 Terminsgebühr in solchen Fällen nach der Sondervorschrift in VV Nr. 3104 Anm. Abs. 1 Ziff. 1 RVG auch für die mit verglichenen, nicht rechtshängigen Ansprüche, erhoben wird, obwohl über diese Ansprüche gar nicht in einem Termin verhandelt wurde.

Ein gerichtlich protokollierter Vergleich wird üblicherweise unter einem Widerrufsvorbehalt abgeschlossen. Entsteht nun eine Differenzverfahrensgebühr auch dann, wenn bei dem **Vergleich mit Widerrufsvorbehalt** der Vergleich vom Auftraggeber des RA widerrufen wird? Die Antwort ist ja, da VV Nr. 3101 Ziff. 2 RVG als Voraussetzung für das Entstehen der Gebühr verlangt, dass die Einigung „lediglich beantragt ist". Da es sich also um eine Antragsgebühr handelt, fällt sie auch dann nicht wieder weg, wenn die Einigung letztlich nicht zustande kommt.

6.1.2.1.3 Nur Antrag in nicht streitigen FGG-Verfahren

Durch VV Nr. 3101 Ziff. 3 RVG wird der Gebührensatz der Verfahrensgebühr auf 0,8 reduziert, wenn in **nicht streitigen FGG-Verfahren** sich die Tätigkeit des RA darauf beschränkt, bei Gericht einen Antrag zu stellen und dann die Entscheidung des Gerichts entgegenzunehmen. Durch die Anmerkung Abs. 2 zu VV Nr. 3101 RVG wird klargestellt, dass dagegen in streitigen FGG-Verfahren (z. B. Regelung der elterlichen Sorge oder des Umgangsrechtes) keine Reduzierung der Gebühr eintritt, was im Umkehrschluss bedeutet, dass dann die 1,3 Verfahrensgebühr anzuwenden ist.

Beispiel: Für ein minderjähriges Kind haben seine Eltern einen nach § 1643 BGB genehmigungspflichtigen Vertrag geschlossen. RA Roller reicht eine Vertragskopie beim Familiengericht ein und beantragt dessen Genehmigung. Anschließend nimmt er die familiengerichtliche Genehmigung entgegen. Das Gericht hat in dieser Sache weder einen Termin angesetzt noch eine zusätzliche Erläuterung des Sachverhalts gefordert. In diesem Fall erwächst für RA Roller nur eine 0,8 Verfahrensgebühr nach VV Nr. 3101 Ziff. 3 RVG.

6.1.2.2 Die verminderte Terminsgebühr (VV Nr. 3105 RVG)

Die in VV Nr. 3104 RVG normierte Terminsgebühr wird durch **VV Nr. 3105 RVG** im Hinblick auf ihre Höhe ergänzt, indem in der ersten Instanz der Gebührensatz in den genannten Fällen auf eine **0,5 Terminsgebühr** vermindert wird. Die Terminsgebühr kann sich insbesondere unter der **Voraussetzung** reduzieren, dass zu einem Verhandlungstermin eine der Parteien nicht erschienen oder nicht ordnungsgemäß vertreten ist. Bei **Nichterscheinen einer Partei** oder nicht ordnungsgemäßer Vertretung, z. B. vor dem Landgericht, entsteht die ermäßigte Terminsgebühr, wenn **nicht verhandelt** wird und

- die erschienene Partei ein **Versäumnisurteil** beantragt, oder
- die erschienene Partei einen **Antrag nur zur Prozess- oder Sachleitung** stellt.
- Auch bei Erlass eines **Versäumnisurteils im schriftlichen Vorverfahren,** wenn der Beklagte seine Verteidigungsabsicht nicht innerhalb der Notfrist von zwei Wochen anzeigt, erwächst für den RA des Klägers eine verminderte Terminsgebühr, falls er den Erlass des Versäumnisurteils bereits in der Klageschrift beantragt hatte (VV Nr. 3105 Anm. Abs. 1 Ziff. 2 RVG).

Beispiel: Zum Termin zur mündlichen Verhandlung erscheint nur der RA des Klägers, der einen Antrag auf Erlass eines Versäumnisurteils stellt.

Es entsteht eine 0,5 Terminsgebühr nach VV Nr. 3105 RVG – selbstverständlich nur für den RA des Klägers.

Gegenbeispiel: Zum Termin zur mündlichen Verhandlung erscheinen die RAe beider Parteien. Die Sach- und Rechtslage wird mit dem Gericht erörtert.

Danach erklärt der RA des Beklagten, er wolle nicht verhandeln – das heißt, er stellt keinen Antrag. Daraufhin ergeht ein Versäumnisurteil auf Antrag des Klägervertreters.

Es entsteht eine 1,2 Terminsgebühr nach VV Nr. 3104 Anm. Abs. 1 Ziff. 1 RVG – für beide RAe.

Begründung: Die Voraussetzungen nach VV Nr. 3105 RVG sind nicht erfüllt, da erstens beide Parteien erschienen waren und zweitens außer dem Antrag auf Erlass des Versäumnisurteils auch noch eine Erörterung stattfand. Dies ist ausdrücklich in VV Nr. 3105 Anm. Abs. 3 RVG so geregelt.

Hinweis: Aus prozesstaktischen Gründen kann es geschehen, dass eine Partei im Verhandlungstermin zwar erscheint, sich aber weigert, zu verhandeln. Jetzt muss man wissen, dass „verhandeln" im Sinne der ZPO heißt, Anträge zu stellen. Eine Partei, die nicht verhandelt, stellt also keine Anträge. In diesem Fall gilt sie nach § 333 ZPO **verfahrensrechtlich** als nicht erschienen und es wird ein auf Antrag Versäumnisurteil gegen sie ergehen. **Gebührenrechtlich** ist aber diese Vorschrift der ZPO ausgeschlossen worden (VV Nr. 3105 Anm. Abs. 3 RVG), sodass in diesem Fall für beide anwesenden RAe eine 1,2 Terminsgebühr entsteht. Es kommt also tatsächlich nur darauf an, ob ein RA im Termin anwesend ist.

Beispiel: Im schriftlichen Vorverfahren hat der Beklagte erst nach 3 Wochen angezeigt, dass er sich gegen die Klage verteidigen wolle. Auf den bereits in der Klageschrift gestellten Antrag des Klägers ergeht ein Versäumnisurteil ohne mündliche Verhandlung.

Es entsteht eine 0,5 Terminsgebühr nach VV Nr. 3105 RVG – selbstverständlich nur für den RA des Klägers.

Gegenbeispiel: Im schriftlichen Vorverfahren erkennt der Beklagte durch seinen RA die eingeklagte Forderung an. Daraufhin ergeht von Amts wegen (§ 307 Abs. 2 ZPO) ein Anerkenntnisurteil ohne mündliche Verhandlung gegen den Beklagten.

Es entsteht eine 1,2 Terminsgebühr nach VV Nr. 3104 Anm. Abs. 1 Ziff. 1 RVG – für beide RAe.

Der Beklagte sollte daher wohl besser ein Versäumnisurteil gegen sich in Kauf nehmen – dann verliert er den Prozess immerhin billiger. Sein RA wird ihn auch diesbezüglich beraten müssen.

Beachten Sie, dass eine Terminsgebühr – wie grundsätzlich jede Gebühr – nur einmal entstehen kann. Es kann also nicht sein, dass eine 1,2 Terminsgebühr neben einer 0,5 Terminsgebühr erwächst.

Beispiel: Im ersten Verhandlungstermin vor dem Amtsgericht war der Beklage erschienen und hat Klageabweisung beantragt. Im zweiten Termin ist er säumig, sodass auf Antrag des Klägervertreters ein Versäumnisurteil ergeht.

Für sein Auftreten im ersten Termin erhält der RA des Klägers eine 1,2 Terminsgebühr und theoretisch für den zweiten Termin eine 0,5 Terminsgebühr. Da aber die Gebühr nur einmal anfallen kann, verleibt es bei der 1,2 Terminsgebühr.

Für **Anträge zur Prozess- oder Sachleitung** erhält ein RA nur dann eine reduzierte Terminsgebühr, wenn keine normale Terminsgebühr entsteht. Die andere Partei muss also nicht erscheinen oder ordnungsgemäß vertreten sein und der RA muss lediglich einen Antrag zur Prozess- oder Sachleitung stellen. Solche Anträge betreffen nur den Ablauf des Verfahrens, aber nicht das Streitverhältnis selbst. Beispiele hierfür sind Anträge auf Vertagung, auf Unterbrechung oder Aussetzung des Verfahrens, auf Bestimmung oder Änderung von Terminen oder Fristen usw. Die in diesen Fällen anfallende verminderte Terminsgebühr wird auch als **„Vertagungsgebühr"** bezeichnet, da sie häufig bei Anträgen auf Vertagung entsteht.

Beispiel: RA Wupper stellt im ersten beim Amtsgericht anberaumten Verhandlungstermin Antrag auf Vertagung, da sich die Parteien zurzeit in Vergleichsverhandlungen befinden. Der nicht anwaltlich vertretene Beklagte ist zum Termin nicht erschienen. Nach der Vertagung wird vor dem neuen Termin die Klage zurückgenommen, weil eine Einigung zustande gekommen ist.

RA Wupper erhält neben der Verfahrensgebühr eine 0,5 Terminsgebühr („Vertagungsgebühr") nach VV Nr. 3105 RVG.

Hinweis: Die mündliche Verhandlung ist der eigentliche Kern des Prozessverfahrens. In ihr bestimmen die Parteien durch ihre Anträge den Umfang und Verlauf des Verfahrens. Die Anträge lassen sich in Prozessanträge und Sachanträge unterscheiden:

- Ein **Sachantrag** ist ein Antrag, mit dem eine bestimmte Sachentscheidung des Gerichtes gewünscht wird. Die Parteien erklären in einem Sachantrag, welchen Inhalt die Formel des von ihnen angestrebten Urteils haben soll. Sachanträge sind z. B. der Antrag aus der Klage, Antrag auf Erlass eines Versäumnisurteils oder Anerkenntnisurteils, auf Klageerweiterung, Klageermäßigung, Klageänderung, Zurückweisung der Klage usw.

- **Prozessanträge** sind alle Anträge zur Prozess- und Sachleitung, die nur auf den äußeren Gang des Verfahrens zielen, aber auf das Streitverhältnis selbst keine Auswirkung haben, die somit also reine Verfahrensanträge sind. Prozessanträge sind z. B. der Antrag auf Terminbestimmung, der Vertagungsantrag, der Beweisantrag usw.

In den **Rechtsmittelinstanzen** beträgt die verminderte Terminsgebühr 0,5 (Berufung, VV Nr. 3203 RVG) bzw. 0,8 (Revision, VV Nr. 3211), wobei dann die Verminderung nur unter der Voraussetzung eintritt, dass jeweils der **Kläger** in dem Rechtsmittelverfahren nicht erschienen ist. Ist der Beklagte nicht erschienen, wird der Rechtsmittelkläger Antrag auf Erlass eines Versäumnisurteils stellen und dafür eine ungekürzte Terminsgebühr erhalten.

_____ Bürgerliche Rechtsstreitigkeiten _____

> **Merke:**
> Die verminderte Terminsgebühr kann bei Nichterscheinen einer Partei entstehen, wenn die erschienene Partei ein Versäumnisurteil beantragt oder einen Antrag nur zur Prozess- oder Sachleitung stellt.
>
> Bei Erlass eines Versäumnisurteils im schriftlichen Vorverfahren kann sie sogar ohne mündliche Verhandlung entstehen.
>
> Neben der 1,2 Terminsgebühr kann keine 0,5 Terminsgebühr zusätzlich entstehen.
>
> In den Rechtsmittelinstanzen beträgt die verminderte Terminsgebühr 0,5 (Berufung) bzw. 0,8 (Revision), wobei die Verminderung nur dann eintritt, wenn der **RA des Beklagten** einen Antrag auf Versäumnisurteil usw. stellt.

Beispiele von Vergütungsrechnungen hierzu finden Sie im folgenden Kapitel über die Gebührenberechnung in Verfahren, in denen ein Versäumnisurteil ergeht.

6.1.2.3   Gebühren für die Beantragung eines Versäumnisurteils

(Dazu Aufgaben Gruppe 12)

Hinweis: Dieses Kapitel wurde insbesondere für die Leserinnen und Leser geschrieben, die bereits die Gebühren nach der BRAGO berechnet haben. Nach dem früheren Gebührenrecht war gerade die Gebührenberechnung im Zusammenhang mit der Beantragung von Versäumnisurteilen besonders kompliziert. Davon ist praktisch nichts übrig geblieben.

Im Prinzip sind alle für die Berechnung der Gebühren bei Beantragung eines Versäumnisurteils notwendigen Erläuterungen bereits in den vorausgehenden Kapiteln, insbesondere in Kapitel 6.1.2.2 enthalten.

Für das Betreiben des Prozesses im ersten Rechtszug erhält der RA zunächst die 1,3 Verfahrensgebühr nach VV Nr. 3100 RVG.

Wenn dann im mündlichen Verhandlungstermin die Gegenseite nicht erscheint oder z. B. vor dem Landgericht nicht ordnungsgemäß vertreten ist, dann erhält der RA für den Antrag auf Erlass eines Versäumnisurteils eine **0,5 Terminsgebühr** nach VV Nr. 3105 RVG.

Beispiel: RA Quitzow erhebt auftragsgemäß Klage wegen einer Kaufpreisforderung von 3 000,00 EUR beim Amtsgericht. Im Verhandlungstermin erscheint für den Beklagten niemand. RA Quitzow beantragt den Erlass eines Versäumnisurteils, welches vom Gericht erlassen und rechtskräftig wird. RA Quitzow berechnet die folgende Vergütung:

Gegenstandswert: 3 000,00 EUR	EUR
1,3 Verfahrensgebühr gem. §§ 2, 13, VV Nr. 3100 RVG	245,70
0,5 Terminsgebühr gem. §§ 2, 13, VV Nrn. 3104, 3105 RVG	94,50
20 % Pauschale für Post- und Telekommunikationsentgelte gem. § 2 Abs. 2 S. 1, VV Nr. 7002 RVG	20,00
	360,20
16 % USt. gem. § 2 Abs. 2 S. 1, VV Nr. 7008 RVG	57,63
	417,83

Da nur eine einzige Terminsgebühr in einer Angelegenheit anfallen darf, ist Voraussetzung für die Entstehung der 0,5 Terminsgebühr, dass es bei dem Termin verbleibt, in dem das Versäumnisurteil ergangen ist. Hat der RA noch andere Termine wahrgenommen, so erwächst ihm eine 1,2 Terminsgebühr für alle Termine insgesamt.

Bürgerliche Rechtsstreitigkeiten

Beispiel: RA Quitzow erhebt auftragsgemäß Klage wegen einer Kaufpreisforderung von 3 000,00 EUR beim Amtsgericht. Im Verhandlungstermin erscheint für den Beklagten niemand. RA Quitzow beantragt den Erlass eines Versäumnisurteils, welches vom Gericht erlassen wird. Gegen das Versäumnisurteil legt der Beklagte fristgerecht Einspruch ein. Zu dem nächsten Verhandlungstermin erscheint der Beklagte und verhandelt streitig. Danach ergeht das Urteil.

RA Quitzow berechnet die folgende Vergütung:

Gegenstandswert: 3 000,00 EUR	EUR
1,3 Verfahrensgebühr gem. §§ 2, 13, VV Nr. 3100 RVG	245,70
1,2 Terminsgebühr gem. §§ 2, 13, VV Nr. 3104 RVG	226,80
20 % Pauschale für Post- und Telekommunikationsentgelte gem. § 2 Abs. 2 S. 1, VV Nr. 7002 RVG	20,00
	492,50
16 % USt. gem. § 2 Abs. 2 S. 1, VV Nr. 7008 RVG	78,80
	571,30

Natürlich könnten auch mehrere Termine vorkommen, in denen jeweils nur eine 0,5 Terminsgebühr anfällt. Auch dann gilt der Grundsatz, dass jede Gebühr nur einmal in einer Angelegenheit entstehen darf.

Beispiel: RA Quitzow erhebt auftragsgemäß Klage wegen einer Kaufpreisforderung von 3 000,00 EUR beim Amtsgericht. Im Verhandlungstermin erscheint für den Beklagten niemand. RA Quitzow beantragt den Erlass eines Versäumnisurteils, welches vom Gericht erlassen wird. Gegen das Versäumnisurteil legt der Beklagte fristgerecht Einspruch ein. Zu dem Einspruchstermin erscheint der Beklagte wieder nicht, sodass sein Einspruch durch ein so genanntes zweites Versäumnisurteil verworfen wird.

RA Quitzow hat also zweimal einen Antrag auf Erlass eines Versäumnisurteils gestellt und berechnet hierfür die folgende Vergütung:

Gegenstandswert: 3 000,00 EUR	EUR
1,3 Verfahrensgebühr gem. §§ 2, 13, VV Nr. 3100 RVG	245,70
0,5 Terminsgebühr gem. §§ 2, 13, VV Nrn. 3104, 3105 RVG	94,50
20 % Pauschale für Post- und Telekommunikationsentgelte gem. § 2 Abs. 2 S. 1, VV Nr. 7002 RVG	20,00
	360,20
16 % USt. gem. § 2 Abs. 2 S. 1, VV Nr. 7008 RVG	57,63
	417,83

Achten Sie in den **Rechtsmittelinstanzen** darauf, von welcher Partei der prozessbevollmächtigte RA den Antrag auf Erlass eines Versäumnisurteils stellt! Dies wird in den folgenden Bespielen für die Berufungsinstanz aufgezeigt. In der Revisionsinstanz gelten die gleichen Regeln.

Beispiel: RA Hundertmark hat auftragsgemäß eine Berufungsklage gegen ein klageabweisendes Urteil der ersten Instanz über 2 700,00 EUR eingereicht.

In dem Berufungstermin erscheint **für den Berufungsbeklagten** niemand. RA Hundertmark beantragt ein Versäumnisurteil, welches ergeht und rechtskräftig wird.

RA Hundertmark berechnet die folgende Vergütung:

Gegenstandswert 2 700,00 EUR	EUR
1,6 Verfahrensgebühr gem. §§ 2, 13, VV Nr. 3200 RVG	302,40
1,2 Terminsgebühr gem. §§ 2, 13, VV Nr. 3202 RVG	226,80
20 % Pauschale für Post- und Telekommunikationsentgelte gem. § 2 Abs. 2 S. 1, VV Nr. 7002 RVG	20,00
	549,20
16 % USt. gem. § 2 Abs. 2 S. 1, VV Nr. 7008 RVG	87,87
	637,07

Beispiel: RA Hundertmark hat auftragsgemäß eine Berufungsklage gegen ein klageabweisendes Urteil der ersten Instanz über 2 700,00 EUR eingereicht. Vor dem Berufungstermin hat sich RA Hundertmark mit seinem Auftraggeber zerstritten und das Mandat niedergelegt.

In dem Berufungstermin erscheint **für den Berufungskläger** niemand. RA Winner, der den Berufungsbeklagten vertritt, beantragt ein Versäumnisurteil, welches ergeht und rechtskräftig wird.

RA Winner berechnet die folgende Vergütung:

Gegenstandswert: 2 700,00 EUR	EUR
1,6 Verfahrensgebühr gem. §§ 2, 13, VV Nr. 3200 RVG	302,40
0,5 Terminsgebühr gem. §§ 2, 13, VV Nrn. 3202, 3203 RVG	94,50
20 % Pauschale für Post- und Telekommunikationsentgelte gem. § 2 Abs. 2 S. 1, VV Nr. 7002 RVG	20,00
	416,90
16 % USt. gem. § 2 Abs. 2 S. 1, VV Nr. 7008 RVG	66,70
	483,60

Da nur eine einzige Terminsgebühr in einer Angelegenheit anfallen darf, ist Voraussetzung für die Entstehung der 0,5 Terminsgebühr, dass es bei dem Termin verbleibt, in dem das Versäumnisurteil ergangen ist. Hat der RA noch andere Termine wahrgenommen, so erwächst ihm eine 1,2 Terminsgebühr für alle Termine insgesamt. Da die Vorbemerkung 3 Abs. 3 VV RVG auch für die Rechtsmittelinstanzen gilt, fällt auch für außergerichtliche Besprechungen, die zu einer Einigung führen sollen, die Terminsgebühr an.

Beispiel: RA Hundertmark hat auftragsgemäß eine Berufungsklage gegen ein klageabweisendes Urteil der ersten Instanz über 2 700,00 EUR eingereicht. Vor dem Berufungstermin hat RA Hundertmark die Möglichkeit einer Einigung mit dem RA des Gegners besprochen. In dem Berufungstermin erscheint für den Berufungsbeklagten niemand. RA Hundertmark beantragt ein Versäumnisurteil, welches ergeht und rechtskräftig wird.

RA Hundertmark berechnet die folgende Vergütung:

Gegenstandswert: 2 700,00 EUR	EUR
1,6 Verfahrensgebühr gem. §§ 2, 13, VV Nr. 3200 RVG	302,40
1,2 Terminsgebühr gem. §§ 2, 13, VV Nr. 3202, Vorbemerkung 3 Abs. 3 RVG	226,80
20 % Pauschale für Post- und Telekommunikationsentgelte gem. § 2 Abs. 2 S. 1, VV Nr. 7002 RVG	20,00
	549,20
16 % USt. gem. § 2 Abs. 2 S. 1, VV Nr. 7008 RVG	87,87
	637,07

6.1.3 Die Gebühren in den Rechtsmittelinstanzen

Die Gebühren in den Rechtsmittelinstanzen sind grundsätzlich die gleichen wie in der ersten Instanz, nur sind meist die Gebührensätze höher. Insofern wird zur Beschreibung der Gebühren auf die vorausgehenden Kapitel (6.1.1 und 6.1.2) verwiesen. Für die Aufstellung der Vergütungsrechnungen ergeben sich keine Besonderheiten gegenüber der ersten Instanz, sodass alle Erläuterungen prinzipiell auch für die Rechtsmittelinstanzen anwendbar sind, was z. B. die Anwendung des § 15 Abs. 3 RVG oder die Erhebung von Einigungsgebühren betrifft.

In der **Berufungsinstanz** beträgt der Gebührensatz der **Verfahrensgebühr** 1,6 nach VV Nr. 3200 RVG; der Satz der verminderten Verfahrensgebühr bei vorzeitiger Beendigung beläuft sich auf 1,1 nach VV Nr. 3202 RVG.

Im Normalfall entsteht eine 1,2 **Terminsgebühr** (VV Nr. 3202 RVG) und bei Nichterscheinen einer Partei eine 0,5 Terminsgebühr unter den Voraussetzungen der Nr. 3203 VV RVG.

Achten Sie darauf, dass die 0,5 Terminsgebühr nur dann entsteht, wenn der RA des **Berufungsbeklagten** ein Versäumnisurteil usw. beantragt; bei Antragstellung durch den RA des Berufungsklägers fällt eine normale 1,2 Terminsgebühr an. Beispiele hierzu finden Sie im vorausgehenden Kapitel über die Gebührenberechnung in Verfahren, in denen ein Versäumnisurteil ergeht.

In der **Revisionsinstanz** beträgt im Zivilprozess der Gebührensatz der **Verfahrensgebühr** 2,3 nach VV Nr. 3208 RVG; der Satz der verminderten Verfahrensgebühr bei vorzeitiger Beendigung beläuft sich auf 1,8 gemäß VV Nr. 3209 RVG.

Im Normalfall entsteht eine 1,5 **Terminsgebühr** (VV Nr. 3210 RVG) und bei Nichterscheinen einer Partei eine 0,8 Terminsgebühr unter den Voraussetzungen der Nr. 3211 VV RVG. Achten Sie darauf, dass die 0,8 Terminsgebühr nur dann entsteht, wenn der RA des **Revisionsbeklagten** ein Versäumnisurteil usw. beantragt; bei Antragstellung durch den RA des Revisionsklägers fällt eine normale 1,5 Terminsgebühr an.

Merke:

In der Berufungs- und Revisionsinstanz entstehen grundsätzlich die gleichen Gebühren wie im ersten Rechtszug, nur sind meist die Gebührensätze höher.

Hinsichtlich der verminderten Terminsgebühr bei Nichterscheinen einer Partei ist darauf zu achten, dass diese nur dann anfällt, wenn der Rechtsmittelkläger nicht erschienen ist und der RA des Rechtsmittelbeklagten ein Versäumnisurteil usw. beantragt!

6.2 Die Gebühren für besondere Verfahren

In Teil 3 des Vergütungsverzeichnisses des RVG werden die Gebühren für alle Tätigkeiten des RA **in gerichtlichen Verfahren**, insbesondere für alle bürgerlichen Rechtsstreitigkeiten, geregelt. Dies betrifft also in erster Linie den Zivilprozess im ersten Rechtszug (Abschnitt 1) und in den Rechtsmittelinstanzen (Abschnitt 2). Weiterhin werden in **Teil 3 in Abschnitt 3** des Vergütungsverzeichnisses auch Gebühren **in besonderen Verfahren** bestimmt, wie im Mahnverfahren, in Verfahren der Zwangsvollstreckung, der Zwangsversteigerung und Zwangsverwaltung, Insolvenzverfahren und für die Vollziehung von Arresten, einstweiligen Verfügungen und einstweiligen Anordnungen. Abschnitt 3 enthält eigene Gebührenvorschriften für diese besonderen Verfahren, wobei auch hier für den bevollmächtigten RA in der Regel zwei Gebühren entstehen können, eine Verfahrensgebühr und eine Terminsgebühr.

Die Gebühren für zwei wesentliche und häufige Verfahren, nämlich das **Mahnverfahren** (Kapitel 5) und die Verfahren der **Zwangsvollstreckung** (Kapitel 7) sollen in eigenen Hauptkapiteln vorgestellt werden. Siehe dort.

6.3 Die Gebühren in besonderen Arten von Verfahren

In diesem Kapitel werden im Gegensatz zu dem vorstehenden Kapitel 6.2 keine speziellen Gebührenvorschriften aus dem Teil 3, Abschnitt 3 des Vergütungsverzeichnisses des RVG dargestellt, sondern es wird die Anwendung der bereits aus Kapitel 6.1 bekannten Gebühren aus dem Teil 3, Abschnitte 1 und 2 des Vergütungsverzeichnisses in **besonderen Verfahrensarten der ZPO** aufgezeigt. Solche besonderen Verfahrensarten sind z. B. das selbstständige Beweisverfahren oder der Urkunden- und Wechselprozess.

6.3.1 Die Gebühren im selbstständigen Beweisverfahren

(Dazu Aufgaben Gruppe 16)

Das selbstständige Beweisverfahren nach den §§ 485 ff. ZPO kann sowohl während als auch außerhalb eines anhängigen Rechtsstreites durchgeführt werden. Dieses Verfahren dient einer vorsorglichen Beweisaufnahme durch Augenschein, Zeugen oder Sachverständigengutachten, insbesondere wenn die Gefahr besteht, dass ein Beweismittel verloren gehen könnte.

Schon vor der Anhängigkeit eines Rechtsstreits kann ein schriftliches Sachverständigengutachten bei Gericht beantragt werden, wenn dies der Vermeidung des Rechtsstreits dienen kann (§ 485 Abs. 2 ZPO).

Eine mündliche Verhandlung muss in diesem Verfahren nicht stattfinden, jedoch kann das Gericht die Parteien zur mündlichen Erörterung laden, wenn dabei eine Einigung der Parteien zu erwarten ist (§ 492 Abs. 3 ZPO).

Das selbstständige Beweisverfahren ist gebührenrechtlich immer eine **eigenständige Angelegenheit**, da es nicht in § 19 RVG genannt ist. In § 19 RVG werden alle Vorbereitungs-, Neben- und Abwicklungstätigkeiten aufgeführt, die ein RA während seiner Tätigkeit innerhalb eines Rechtszuges oder eines Verfahrens vornehmen muss, ohne dafür besondere Gebühren berechnen zu können (siehe Kapitel 1.4.4). Da das selbstständige Beweisverfahren nicht zu dem Katalog von Tätigkeiten des § 19 RVG gehört und auch in keiner anderen Vorschrift in diesem Abschnitt genannt wird, muss es im Umkehrschluss eine eigenständige Angelegenheit sein.

Hinweis: Wer bisher schon mit der BRAGO gearbeitet hat, muss hier umdenken. Durch einen Vergleich von § 37 Ziff. 3 BRAGO mit § 19 RVG ergibt sich, dass das Beweisverfahren aus dem Katalog der zum Rechtszug gehörenden Tätigkeiten herausgefallen ist. Die Regelung im RVG steht also im Gegensatz zur Regelung in der BRAGO.

In dem selbstständigen Beweisverfahren können die normale **Verfahrensgebühr** und die normale **Terminsgebühr** entstehen. Der Antrag auf ein selbstständiges Beweisverfahren setzt ähnliche Vorbereitungen voraus wie für eine Klage. Das rechtfertigt das Entstehen der Verfahrensgebühr gemäß VV Nr. 3100 RVG. Die Terminsgebühr (VV Nr. 3104 RVG) entsteht für die Teilnahme des RA an einem gerichtlichen Termin, aber nach Vorbemerkung 3 Abs. 3 VV RVG auch für außergerichtliche Besprechungen, die der Vermeidung oder Erledigung des Verfahrens dienen sollen.

Der Antrag auf Durchführung des selbstständigen Beweisverfahrens erfordert praktisch dieselben Tätigkeiten wie die Vorbereitung einer Klage. Deshalb erhält der RA für die Einreichung des Antrags eine Verfahrensgebühr gemäß VV Nr. 3100 RVG. Andererseits soll der RA aber auch für beinahe dieselbe Tätigkeit die Verfahrensgebühr nicht doppelt erhalten. Deswegen gibt es in VV Vorbemerkung 3 Abs. 5 RVG eine **Anrechnungsvorschrift für die Verfahrensgebühr**: die Verfahrensgebühr aus dem selbstständigen Beweisverfahren muss auf die Verfahrensgebühr des Hauptprozesses angerechnet werden.

Die Anrechnungsvorschrift gilt dagegen nicht für die Terminsgebühr. Für den Fall, dass in einer Sache ein selbstständiges Beweisverfahren und ein Hauptprozess stattgefunden haben, sind zwei Vergütungsrechnungen aufzustellen, da es sich um zwei Angelegenheiten handelt.

> **Merke:**
> Im selbstständigen Beweisverfahren entstehen ganz normale Verfahrens- und Terminsgebühren.
>
> Wenn der RA auch im Hauptprozess tätig ist, sind zwei Vergütungsrechnungen aufzustellen.
>
> Die Verfahrensgebühr aus dem selbstständigen Beweisverfahren ist auf die Verfahrensgebühr des Hauptprozesses anzurechnen.

6.3.1.1 Die Gebühren bei nicht anhängigem Hauptprozess

Im selbstständigen Beweisverfahren, das **isoliert außerhalb eines Streitverfahrens** stattfindet, können dem RA bei Vorliegen der jeweiligen Voraussetzungen eine Verfahrensgebühr und eine Terminsgebühr nach VV Nrn. 3100 ff. RVG (bzw. in der Rechtsmittelinstanz nach VV Nrn. 3200 ff. RVG) erwachsen:

- Die **Verfahrensgebühr** entsteht mit der Einreichung des Antrages auf Durchführung des selbstständigen Beweisverfahrens. Bei vorzeitiger Erledigung des Auftrages vor Einreichung des Antrages bei Gericht erhält der RA gemäß VV Nr. 3101 Ziff. 1 RVG nur eine Gebühr in Höhe von 0,8 (bzw. 1,1 in der Berufungsinstanz nach VV Nr. 3201 RVG).

- Die **Terminsgebühr** gemäß VV Nr. 3104 RVG (Berufung VV Nr. 3202 RVG) erhält der RA nur, wenn eine mündliche Verhandlung stattgefunden hat. Das Gericht kann über den Antrag auf Durchführung des selbstständigen Beweisverfahrens ohne mündliche Verhandlung durch Beschluss entscheiden (§ 490 Abs. 1 ZPO). Wenn eine mündliche Verhandlung über den Antrag stattfindet, entsteht die Terminsgebühr. Über den Antrag wird jedoch in der Regel ohne mündliche Verhandlung entschieden. Andererseits könnte das Gericht die Parteien zur mündlichen Erörterung laden, wenn dabei eine Einigung der Parteien zu erwarten ist (§ 492 Abs. 3 ZPO). Das Entstehen einer Terminsgebühr ist im selbstständigen Beweisverfahren also eher unwahrscheinlich, es sei denn, es kommt zu außergerichtlichen Besprechungen, die der Vermeidung oder Erledigung des Verfahrens dienen sollen.

- Eine zusätzliche **1,5 Einigungsgebühr** kann nach VV Nr. 1000 RVG anfallen. Der Gebührensatz der Einigungsgebühr beträgt hier 1,5, denn in VV Nr. 1003 RVG ist das selbstständige Beweisverfahren ausdrücklich von der Gebührenreduzierung ausgeschlossen! Der Gebührensatz in der Berufungsinstanz beträgt auch 1,5. (Zur Einigungsgebühr siehe auch Kapitel 1.6.1.1.)

Die Möglichkeit des Abschlusses eines Vergleichs im selbstständigen Beweisverfahren ist in § 492 Abs. 3 ZPO ausdrücklich vorgesehen; Zweck des selbstständigen Beweisverfahrens kann auch die Vermeidung eines Rechtsstreits sein (§ 485 Abs. 2 S. 2 ZPO). Zur mündlichen Erörterung sollen die Parteien geladen werden, wenn das Gericht eine Einigung der Parteien erwarten kann. Ein in diesem Erörterungstermin geschlossener Vergleich über die Hauptsache ist dann zu gerichtlichem Protokoll zu nehmen.

Hinweis: Falls in den Vergleich noch nicht gerichtlich geltend gemachte Ansprüche einbezogen werden, entsteht für diese nicht rechtshängigen Ansprüche eine verminderte **Differenzverfahrensgebühr** gemäß VV Nr. 3101 Ziff. 1 RVG (Berufung: VV Nr. 3201 Anm. Ziff. 2 RVG) sowie eine 1,5 (auch in der Berufungsinstanz!) Einigungsgebühr gemäß VV Nr. 1000 RVG (siehe Kapitel 6.1.2.1.2). Da hier eine normale und eine verminderte Verfahrensgebühr entstehen, ist die Kappung nach § 15 Abs. 3 RVG zu beachten.

Der **Gegenstandswert** des selbstständigen Beweisverfahrens richtet sich nach dem Wert der Hauptsache, eventuell kann er auch niedriger liegen, wenn nur über einen Teil der Hauptsache Beweis im selbstständigen Beweisverfahren erhoben werden soll.

Im selbstständigen Beweisverfahren kann die Pauschale für Post- und Telekommunikationsdienstleistungsentgelte (VV Nr. 7002 RVG) berechnet werden, da es sich um eine eigene Angelegenheit handelt.

Beispiel: Zur vorsorglichen Beweissicherung für eine Schmerzensgeldforderung von 3 000,00 EUR wegen eines ärztlichen Kunstfehlers soll sofort ein selbstständiges Beweisverfahren durchgeführt werden. RA Gemeiner reicht den Antrag beim zuständigen Gericht ein. Das Gericht gibt dem Antrag durch Beschluss ohne mündliche Verhandlung statt. Das Gericht lässt den todkranken Antragsteller Pechner von einem Sachverständigen untersuchen.

Sofort nach Abschluss des selbstständigen Beweisverfahrens übersendet RA Gemeiner seinem todkranken Auftraggeber die Vergütungsrechnung, die bezahlt wird.

Gegenstandswert: 3 000,00 EUR	EUR
1,3 Verfahrensgebühr gem. §§ 2, 13, VV Nr. 3100 RVG	245,70
1,2 Terminsgebühr gem. §§ 2, 13, VV Nr. 3104 RVG	226,80
20 % Pauschale für Post- und Telekommunikationsentgelte gem. § 2 Abs. 2 S. 1, VV Nr. 7002 RVG	20,00
	492,50
16 % USt. gem. § 2 Abs. 2 S. 1, VV Nr. 7008 RVG	78,80
	571,30

Beispiel: Zur vorsorglichen Beweissicherung wegen eines undichten Daches soll im selbstständigen Beweisverfahren ein Sachverständigengutachten erstellt werden. Nachdem RA Gallig einen dementsprechenden Antrag gestellt hat, lädt das Gericht die Parteien gemäß § 492 Abs. 3 ZPO zu einer mündlichen Erörterung. Im Termin gelingt es dem Gericht und den beteiligten RAen die Parteien zu einem Vergleichsabschluss zu bewegen.

Wir berechnen die Vergütung von RA Gallig. Der Streitwert wird auf 27 000,00 EUR festgesetzt.

Gegenstandswert: 27 000,00 EUR	EUR
1,3 Verfahrensgebühr gem. §§ 2, 13, VV Nr. 3100 RVG	985,40
1,2 Terminsgebühr gem. §§ 2, 13, VV Nr. 3104 RVG	909,60
1,5 Einigungsgebühr gem. §§ 2, 13, VV Nr. 1000 RVG *	1 137,00
20 % Pauschale für Post- und Telekommunikationsentgelte gem. § 2 Abs. 2 S. 1, VV Nr. 7002 RVG	20,00
	3 052,00
16 % USt. gem. § 2 Abs. 2 S. 1, VV Nr. 7008 RVG	488,32
	3 540,32

* Die Einigungsgebühr wird nicht nach VV Nr. 1003 RVG vermindert.

Merke:

Für das selbstständige Beweisverfahren kann der RA eine Verfahrens- und eine Terminsgebühr erhalten.

Die Verfahrensgebühr kann bei vorzeitiger Beendigung vermindert werden.

Der Gegenstandswert richtet sich in der Regel nach dem Wert der Hauptsache.

Der Vergleichsabschluss gehört zu den Zielen des Verfahrens. Hierfür entsteht eine 1,5 Einigungsgebühr, obwohl es sich um ein gerichtliches Verfahren handelt.

6.3.1.2 Gebühren bei Anhängigkeit des Hauptprozesses

Das selbstständige Beweisverfahren kann vor Anhängigwerden der Hauptsache oder auch während eines bereits anhängigen Streitverfahrens durchgeführt werden. Gebührenrechtlich spielt dies keine Rolle. Das selbstständige Beweisverfahren ist immer eine vom Hauptprozess verschiedene Angelegenheit, in der die Gebühren unabhängig vom Hauptprozess entstehen. Andererseits soll nach der **Anrechnungsvorschrift für die Verfahrensgebühr** aus VV Vorbemerkung 3 Abs. 5 RVG die Verfahrensgebühr aus dem selbstständigen Beweisverfahren auf die Verfahrensgebühr des Hauptprozesses angerechnet werden.

> **Merke:**
>
> Das selbstständige Beweisverfahren ist gebührenrechtlich immer eine eigene Angelegenheit, in der alle Gebühren und eine Auslagenpauschale entstehen können.
>
> Jedoch muss die Verfahrensgebühr aus dem selbstständigen Beweisverfahren auf die Verfahrensgebühr des Hauptprozesses angerechnet werden.

Beispiel: Wegen einer defekten Heizungsanlage hat Warmbold RA Brommel beauftragt, gegen den Heizungsbauer Kaltwasser Gewährleistungsansprüche einzuklagen, was geschieht. Da die Klage im Januar eingereicht wird und die Heizungsanlage sofort repariert werden muss, wird von RA Brommel beantragt, im selbstständigen Beweisverfahren ein Sachverständigengutachten über den derzeitigen Zustand der Anlage erstellen zu lassen.

Das Gericht entscheidet über den Antrag ohne mündliche Verhandlung durch Beschluss und lässt von dem Sachverständigen Brause ein Gutachten erstellen.

Im Hauptprozess wird streitig verhandelt und das Gutachten aus dem selbstständigen Beweisverfahren herangezogen. In einem weiteren Verhandlungstermin einigen sich die Parteien und geben einen Vergleich zu gerichtlichem Protokoll, wonach der Kaltwasser dem Warmbold 7 000,00 EUR zahlt. Den Streitwert setzt das Gericht auf 10 250,00 EUR fest.

Wir berechnen die Vergütung von RA Brommel für seine Tätigkeit im selbstständigen Beweisverfahren und im Hauptprozess.

I. Selbstständiges Beweisverfahren
Gegenstandswert: 10 250,00 EUR   EUR

1,3	Verfahrensgebühr gem. §§ 2, 13, VV Nr. 3100 RVG	683,80
20 %	Pauschale für Post- und Telekommunikationsentgelte gem. § 2 Abs. 2 S. 1, VV Nr. 7002 RVG	20,00
		703,80
16 %	USt. gem. § 2 Abs. 2 S. 1, VV Nr. 7008 RVG	112,61
		816,41

Eine Terminsgebühr entsteht nicht, da das Gericht ohne mündliche Verhandlung entschieden hat.

II. Hauptprozess
Gegenstandswert: 10 250,00 EUR   EUR

1,3	Verfahrensgebühr gem. §§ 2, 13, VV Nr. 3100 RVG	683,80
− 1,3	Verfahrensgebühr gem. §§ 2, 13, VV Nr. 3100, Vorbemerkung 3 Abs. 5 RVG *	− 683,80
1,2	Terminsgebühr gem. §§ 2, 13, VV Nr. 3104 RVG	631,20
1,0	Einigungsgebühr gem. §§ 2, 13, VV Nrn. 1000, 1003 RVG **	526,00
20 %	Pauschale für Post- und Telekommunikationsentgelte gem. § 2 Abs. 2 S. 1, VV Nr. 7002 RVG	20,00
		1 177,20
16 %	USt. gem. § 2 Abs. 2 S. 1, VV Nr. 7008 RVG	188,35
		1 365,55

* Die Verfahrensgebühr aus dem selbstständigen Beweisverfahren ist anzurechnen.

** Die Einigungsgebühr wird nach VV Nr. 1003 RVG vermindert, da ein anderes Verfahren als ein selbstständiges Beweisverfahren anhängig ist.

6.3.1.3 Die Erstattung der Kosten des selbstständigen Beweisverfahrens

Wenn während eines anhängigen Streitverfahrens ein selbstständiges Beweisverfahren durchgeführt wird, dann umfasst die Kostenentscheidung im Urteil des Hauptprozesses auch die Kosten des selbstständigen Beweisverfahrens. Der Verlierer des Hauptprozesses hat also auch die Kosten des selbstständigen Beweisverfahrens zu tragen.

Wenn ein Streitverfahren nicht anhängig ist, so hat das Gericht nach Beendigung der selbstständigen Beweiserhebung gemäß § 494 a ZPO auf Antrag anzuordnen, dass der Antragsteller binnen einer zu bestimmenden Frist Klage zu erheben hat. Kommt der Antragsteller dieser Anordnung nicht nach, so hat das Gericht auf Antrag durch Beschluss anzuordnen, dass der Antragsteller die dem Gegner entstandenen Kosten zu tragen hat.

Werden für das selbstständige Beweisverfahren und für den Hauptprozess verschiedene RAe bevollmächtigt, so muss der Unterlegene die hierdurch entstehenden Mehrkosten nur dann erstatten, wenn der Anwaltswechsel im Sinne von § 91 Abs. 2 S. 3 ZPO notwendig war.

6.3.2 Gebühren nach einem Vorbehaltsurteil im Urkunden- oder Wechselprozess

Weil im Urkunden-, Wechsel- oder Scheckprozess als Beweismittel nur der Urkundenbeweis oder Parteivernehmung zulässig ist (§ 592 ff. ZPO), schließt dieser Prozess mit einem **Vorbehaltsurteil** ab, wonach der Kläger seine Rechte im **Nachverfahren** geltend machen kann. In dem Nachverfahren sind dann – da es sich bei diesem um ein ordentliches Verfahren handelt – alle Beweismittel zugelassen. **Verfahrensrechtlich** bildet der Urkunden-, Wechsel- oder Scheckprozess zusammen mit dem Nachverfahren eine Einheit (§ 600 Abs. 1 ZPO).

Gebührenrechtlich gelten dagegen der Urkunden-, Wechsel- oder Scheckprozess und das Nachverfahren jeweils als **besondere Angelegenheiten** gemäß § 17 Ziff. 5 RVG. Auch wenn der RA schon eine Verfahrens- und eine Terminsgebühr im Urkunden-, Wechsel- oder Scheckprozess verdient hat, kann er sie im Nachverfahren noch einmal berechnen. Jedoch ist die **Verfahrensgebühr** für den Urkunden- und Wechselprozess auf die Verfahrensgebühr des nachfolgenden ordentlichen Verfahrens (Nachverfahren) **anzurechnen**, sodass bei gleichem Wert im Nachverfahren nur die Terminsgebühr übrig bleiben dürfte (Anmerkung Abs. 2 zu VV Nr. 3100 RVG).

Da es sich um eine verfahrensrechtliche Einheit handelt, ergibt sich der **Streitwert des Nachverfahrens** aus dem Gegenstand, über den das Vorbehaltsurteil ergangen ist, also wegen dessen der Beklagte sich die Ausführung seiner Rechte vorbehalten hat. Wenn dies wegen des ganzen Gegenstands geschehen ist, so ist folglich der Streitwert des Nachverfahrens genauso hoch wie der der Urkunden-, Wechsel- oder Scheckklage. **Maßgeblicher Zeitpunkt** für die Höhe des Streitwerts im Nachverfahren ist also der der Erhebung der Urkundenklage und nicht der Beginn des Nachverfahrens (§ 40 GKG i. V. m. § 4 Abs. 1 ZPO). Eine spätere **Minderung des Wertes** z. B. durch Geldwertänderung wirkt sich nicht aus.

Wenn sich jedoch die Anträge im Nachverfahren nur auf einen Teil der Klage beschränken, dann können die Gebühren im Nachverfahren nur nach diesem Teil berechnet werden. Sollte z. B. durch Klageerweiterung im Nachverfahren der **Gegenstandswert höher** als im früheren Verfahren sein, so werden auch die Gebühren für das Nachverfahren nach dem höheren Wert berechnet.

Der **Gegenstandswert** des gesamten Verfahrens ergibt sich aus dem Betrag, der aus der Urkunde, dem Wechsel oder dem Scheck geltend gemacht wird. Beachten Sie § 4 Abs. 2 ZPO, wonach Nebenforderungen, wie Zinsen, Protestkosten oder Provisionen (Art. 48 Wechselgesetz), unberücksichtigt bleiben.

Beispiel: Im Wechselprozess wird Klage auf Zahlung von 2 000,00 EUR erhoben. Der Beklagte beantragt im Termin, ihm die Ausführung seiner Rechte im Nachverfahren vorzubehalten. Zum Beweis der Forderung wird die Wechselurkunde vorgelegt. Ein dem Klageantrag entsprechendes Vorbehaltsurteil ergeht.

Im anschließenden Nachverfahren kommt es zur streitigen Verhandlung und zur Vernehmung der Großmutter des Beklagten als Zeugin, woraufhin der Beklagte zur Zahlung verurteilt wird.

Die Vergütung des Klägervertreters berechnet sich so:

I. Wechselprozess
Gegenstandswert: 2 000,00 EUR

		EUR
1,3	Verfahrensgebühr gem. §§ 2, 13, VV Nr. 3100 RVG	172,90
1,2	Terminsgebühr gem. §§ 2, 13, VV Nr. 3104 RVG	159,60
20 %	Pauschale für Post- und Telekommunikationsentgelte gem. § 2 Abs. 2 S. 1, VV Nr. 7002 RVG	20,00
		352,50
16 %	USt. gem. § 2 Abs. 2 S. 1, VV Nr. 7008 RVG	56,40
		408,90

II. Nachverfahren
Gegenstandswert: 2 000,00 EUR

		EUR	EUR
1,3	Verfahrensgebühr gem. §§ 2, 13, VV Nr. 3100 RVG	172,90	
– 1,3	Verfahrensgebühr gem. §§ 2, 13, VV Nr. 3100 Anm. Abs. 2 RVG *	– 172,90	
		0,00	
1,2	Terminsgebühr gem. §§ 2, 13, VV Nr. 3104 RVG		159,60
20 %	Pauschale für Post- und Telekommunikationsentgelte gem. § 2 Abs. 2 S. 1, VV Nr. 7002 RVG		20,00
			179,60
16 %	USt. gem. § 2 Abs. 2 S. 1, VV Nr. 7008 RVG		28,74
			208,34

* Anrechnung der Verfahrensgebühr aus dem Wechselprozess.

Für den Urkunden-, Wechsel- und Scheckprozess und das Nachverfahren wird jeweils eine gesonderte Vergütungsrechnung erstellt, wobei dann jeweils auch eine gesonderte Pauschale für Post- und Telekommunikationsdienstleistungen (VV Nr. 7002 RVG) berechnet werden kann.

Bei einer **Berufung** gegen das Vorbehaltsurteil entstehen selbstverständlich auch alle Gebühren im neuen Rechtszug neu, da es sich dann nicht um ein Nachverfahren handelt.

Merke:

Gebührenrechtlich gelten der Urkunden-, Wechsel- oder Scheckprozess und das anschließende Nachverfahren als besondere Angelegenheiten, in denen jeweils neue Gebühren und Auslagen entstehen.

Die Verfahrensgebühr des Urkunden- und Wechselprozesses ist auf die Verfahrensgebühr des Nachverfahrens anzurechnen.

Der Streitwert beider Verfahren ist häufig gleich hoch. Bei seiner Berechnung müssen Nebenforderungen unberücksichtigt bleiben.

6.4 Gebühren für Einzeltätigkeiten

(Dazu Aufgaben Gruppe 19)

In Abschnitt 4 des Teils 3 des Vergütungsverzeichnisses des RVG werden die Gebühren für bestimmte Einzeltätigkeiten eines RA innerhalb eines Prozesses geregelt, wenn der RA in dem Prozess tätig wird, ohne dass ihm eine Vollmacht für die Führung des gesamten Prozesses erteilt ist.

Die Tätigkeit dieser RAe beschränkt sich entweder auf die Vermittlung des Schriftverkehrs zwischen dem Auftraggeber und dem Prozessbevollmächtigten oder auf Teilaufgaben der Prozessführung, wie die Vertretung in der mündlichen Verhandlung oder die Vertretung in einem Beweistermin oder auch in einem anderen Termin. Auch das Fertigen von nur einzelnen Schriftsätzen innerhalb eines Prozesses lässt eine Gebühr aus diesem Abschnitt entstehen.

Demnach lassen sich folgende Tätigkeiten und Gebührenvorschriften unterscheiden:

Tätigkeit	Bezeichnung	VV Nr. ... RVG
Führung des Schriftverkehrs zwischen dem Auftraggeber und dem Prozessbevollmächtigten	**Verkehrsanwalt** (Korrespondenzanwalt)	VV Nrn. 3400, 3405 RVG
Vertretung in der mündlichen Verhandlung	**Terminsvertreter** (Unterbevollmächtigter)	VV Nrn. 3401, 3402, 3405 RVG
Vertretung in einem Beweistermin	Beweisanwalt	VV Nrn. 3401, 3402, 3405 RVG
Vertretung in einem anderen Termin	–	VV Nrn. 3403 RVG
Anfertigung oder Einreichung von Schriftsätzen, auch einfache Schreiben	„Schriftsatzgebühr"	VV Nrn. 3403, 3404 RVG

6.4.1 Die Gebühren des Verkehrsanwalts

Wenn für einen Prozess ein auswärtiges Gericht örtlich zuständig ist, dann hat der Kläger drei Alternativen, sich anwaltlich vertreten zu lassen:

- Der Kläger beauftragt direkt einen RA am Sitz des auswärtigen Gerichts, oder

- er lässt sich von einem an seinem Wohnort ansässigen RA („**Verkehrsanwalt**") erst einmal beraten und diesen dann auch den Schriftverkehr mit dem auswärtigen Prozessbevollmächtigten führen. Die zweite Möglichkeit erspart der Partei Mühe und Kosten, verursacht aber zusätzliche Anwaltsgebühren.

- Da vor den Amtsgerichten und Landgerichten jeder bei einem dieser Gerichte zugelassene RA auftreten kann, hat die Partei vor diesen Gerichten eine dritte Möglichkeit: Sie lässt sich von dem an ihrem Wohnort ansässigen RA vor dem auswärtigen Gericht vertreten. Da dies jedoch insbesondere bei mehreren Terminen hohe Reisekosten verursacht, wird normalerweise in diesen Fällen zur Wahrnehmung der Termine ein Unterbevollmächtigter als **Terminsvertreter** beauftragt (siehe Kapitel 6.4.2).

Die dritte Alternative (Untervollmacht) kommt bei Prozessen vor den Amts- und Landgerichten am häufigsten vor, wogegen der Verkehrsanwalt eher bei Prozessen vor den höheren Gerichten zum Einsatz kommt, jedoch nur bei nicht rechtskundigen Parteien.

Vom **Verkehrsanwalt** (auch **Korrespondenzanwalt** genannt) ist also der unterbevollmächtigte Terminsvertreter zu unterscheiden:

Verkehrsanwalt	Terminsvertreter
Ist nicht Prozessbevollmächtigter	Ist nicht Prozessbevollmächtigter
Prozessbevollmächtigter ist der RA an dem auswärtigen Gericht	Prozessbevollmächtigter ist der RA am Wohnort der Partei
Kommt meist in Verfahren vor dem OLG oder dem BGH vor, weil der RA am Ort des Auftraggebers bei diesen auswärtigen Gerichten nicht zugelassen ist. Oft ist auch der RA der ersten Instanz Verkehrsanwalt, z. B. für den beim OLG zugelassenen Prozessbevollmächtigten zweiter Instanz.	Kommt meist in Verfahren vor dem AG oder dem LG vor, weil der Prozessbevollmächtigte am Ort des Auftraggebers zwar grundsätzlich vor jedem AG oder LG verhandeln könnte, aber die Reisespesen zum auswärtigen Gericht im Vergleich zum Honorar des unterbevollmächtigten Terminsvertreters hoch wären.

Die **Tätigkeit des am Wohnort der Partei ansässigen Verkehrsanwalts** liegt lediglich darin, den Verkehr des Auftraggebers mit dem auswärtigen Prozessbevollmächtigten zu vermitteln. Hierzu gehören z. B. die Vermittlung des Schriftwechsels zwischen dem Mandanten und dem Prozessbevollmächtigten, die Anfertigung von Schriftsätzen wie der Entwurf einer Klageschrift, Telefongespräche mit dem Prozessbevollmächtigten, aber auch die Beratung des Mandanten.

Wenn der Auftraggeber nach Abschluss der ersten Instanz Berufung einlegen will, gehört die **Übersendung der Handakten** an den RA der höheren Instanz noch zur Tätigkeit des RA der ersten Instanz, der hierdurch gemäß § 19 Abs. 1 Ziff. 17 RVG keine besondere Gebühr nach VV Nr. 3400 RVG verdient. Anders wäre es gemäß der Anmerkung zu VV Nr. 3400 RVG, wenn er damit auf Wunsch des Mandanten gutachterliche Äußerungen verbindet.

Der Verkehrsanwalt erhält nach VV Nr. 3400 RVG für seine Tätigkeit eine Verfahrensgebühr, die auch als „**Verkehrsgebühr**" bezeichnet wird, in Höhe der dem Prozessbevollmächtigten zustehenden Verfahrensgebühr, jedoch **höchstens mit einem Gebührensatz von 1,0**. Das bedeutet, dass in den meisten Fällen die Verkehrsgebühr immer mit 1,0 berechnet wird, gerade auch wenn der Verkehrsanwalt in den Rechtsmittelinstanzen tätig ist. Im Zwangsvollstreckungsverfahren beträgt die Verkehrsgebühr nur 0,3.

Ermäßigt sich die Verfahrensgebühr des Prozessbevollmächtigten z. B. gemäß VV Nr. 3101 RVG auf 0,8, so beträgt die Verkehrsgebühr ebenfalls nur 0,8, andererseits kann sie auch in dem Umfang höher sein, in dem dem Prozessbevollmächtigten eine weitere Verfahrensgebühr (Differenzverfahrensgebühr) bei Abschluss eines Prozessvergleichs über rechtshängige und nicht rechtshängige Ansprüche zusteht (vgl. Kapitel 1.6.1.1 und Kapitel 6.1.2.1.2).

Ist dem Korrespondenzanwalt bereits die Verfahrensgebühr (VV Nr. 3100 RVG) oder die Gebühr für den Antrag auf Erlass des Mahnbescheids oder die Gebühr für den Widerspruch (VV Nrn. 3305, 3307 RVG) oder die Geschäftsgebühr für eine außergerichtliche Tätigkeit

(VV Nr. 2400 RVG) erwachsen, so kann er eine Verkehrsgebühr (VV Nr. 3400 RVG) nicht mehr zusätzlich verlangen, da die vorgenannten Gebühren auf diese **angerechnet** werden.

Für die Verkehrsgebühr gilt § 7 i. V. m. VV Nr. 1008 RVG, sodass sie sich für jeden **weiteren Auftraggeber** um 0,3 erhöht.

Der **Gegenstandswert** der Verkehrsgebühr richtet sich nach dem Gegenstandswert der Verfahrensgebühr des Prozessbevollmächtigten.

Beispiel: Fischer in Bad Kreuznach sucht RA Anders auf und beauftragt ihn, den Kaufpreis für die Lieferung von 2 000 Flaschen Wein in Höhe von 19 000,00 EUR gegen den Käufer Suffig einzuklagen. Anders stellt fest, dass für den in Langenhagen wohnenden Suffig das Landgericht Hannover örtlich zuständig ist. Nachdem er dies dem Fischer mitgeteilt hat, bittet ihn dieser, einen RA in Hannover mit der Prozessführung zu beauftragen und den Verkehr mit diesem zu vermitteln. Anders entwirft eine Klageschrift und sendet diese an RA Weinstein in Hannover mit dem Auftrag, den Prozess dort zu führen.

Vor dem Landgericht Hannover wird streitig verhandelt und in einem Beweistermin eine Flasche des Weins vom Richter gekostet, da der Käufer geltend macht, der Wein sei ihm nicht süß genug. Suffig wird zur Kaufpreiszahlung verurteilt.

Die Vergütungsrechnungen beider RAe sehen so aus:

I. Verkehrsanwalt (RA Anders)

Gegenstandswert: 19 000,00 EUR	EUR
1,0 Verfahrensgebühr (Verkehrsgebühr) gem. §§ 2, 13, VV Nrn. 3400, 3100 RVG	606,00
20 % Pauschale für Post- und Telekommunikationsentgelte gem. § 2 Abs. 2 S. 1, VV Nr. 7002 RVG	20,00
	626,00
16 % USt. gem. § 2 Abs. 2 S. 1, VV Nr. 7008 RVG	100,16
	726,16

II. Prozessbevollmächtigter (RA Weinstein)

Gegenstandswert: 19 000,00 EUR	EUR
1,3 Verfahrensgebühr gem. §§ 2, 13, VV Nr. 3100 RVG	787,80
1,2 Terminsgebühr gem. §§ 2, 13, VV Nr. 3104 RVG	727,20
20 % Pauschale für Post- und Telekommunikationsentgelte gem. § 2 Abs. 2 S. 1, VV Nr. 7002 RVG	20,00
	1 535,00
16 % USt. gem. § 2 Abs. 2 S. 1, VV Nr. 7008 RVG	245,60
	1 780,60

Beispiel: Gegen das Urteil aus dem vorstehenden Beispiel wird Berufung vor dem OLG Celle eingelegt. RA Anders ist wieder als Verkehrsanwalt tätig. Vor dem OLG wird der Fall verhandelt. Suffig wird wieder zur Kaufpreiszahlung verurteilt.

Die Vergütungsrechnungen beider RAe sehen so aus:

I. Verkehrsanwalt (RA Anders)
Gegenstandswert: 19 000,00 EUR   EUR

1,0	Verfahrensgebühr (Verkehrsgebühr) gem. §§ 2, 13, VV Nrn. 3400, 3200 RVG *	606,00
20 %	Pauschale für Post- und Telekommunikationsentgelte gem. § 2 Abs. 2 S. 1, VV Nr. 7002 RVG	20,00
		626,00
16 %	USt. gem. § 2 Abs. 2 S. 1, VV Nr. 7008 RVG	100,16
		726,16

* Die Verfahrensgebühr (Verkehrsgebühr) ist auch in der Berufung auf 1,0 begrenzt!

II. Prozessbevollmächtigter (RA Weinstein)
Gegenstandswert: 19 000,00 EUR   EUR

1,6	Verfahrensgebühr gem. §§ 2, 13, VV Nr. 3200 RVG	969,60
1,2	Terminsgebühr gem. §§ 2, 13, VV Nr. 3202 RVG	727,20
20 %	Pauschale für Post- und Telekommunikationsentgelte gem. § 2 Abs. 2 S. 1, VV Nr. 7002 RVG	20,00
		1 716,80
16 %	USt. gem. § 2 Abs. 2 S. 1, VV Nr. 7008 RVG	274,69
		1 991,49

Im Falle einer **vorzeitigen Beendigung** beträgt die Verkehrsgebühr nach VV Nr. 3405 Ziff. 1 RVG höchstens 0,5.

Nach der Vormerkung 3.4 VV RVG erhält der Verkehrsanwalt eine Terminsgebühr nur, wenn dies ausdrücklich bestimmt ist. Dies sind Fälle, in denen der RA einen Termin im Sinne der Vorbemerkung 3 Abs. 3 VV RVG wahrnimmt; denkbar wäre eine Besprechung mit der Gegenseite zur Vermeidung oder Erledigung des Verfahrens. In der ersten Instanz würde diese **Terminsgebühr** mit einem Gebührensatz von 1,2 berechnet. Falls der Verkehrsanwalt entsprechende Tätigkeiten entfaltet hat, kann er auch eine **Einigungsgebühr** erhalten.

In der Praxis ist es oft so, dass der Korrespondenzanwalt, der vom Auftraggeber informiert wurde und ihn beraten hat, auch die Klageschrift und andere für das Gericht bestimmte Schriftsätze fertigt, die er dann dem eigentlichen Prozessbevollmächtigten übersendet, der sie unter seinem Namen einreicht und die Klage erhebt. In diesem Fall ist es üblich, dass die beiden RAe die insgesamt an sie zu zahlenden Gebühren unter sich je zur Hälfte aufteilen. Diese **Gebührenteilung** ist nach § 49 b Abs. 3 S. 2 BRAO zulässig.

Der unterlegene Gegner ist zur **Erstattung der Verkehrsgebühr** verpflichtet, wenn die Tätigkeit des Verkehrsanwalts zur zweckentsprechenden Rechtsverfolgung notwendig war (§ 91 ZPO). Dies ist gegeben, wenn die Partei den Prozessbevollmächtigten nicht selbst schriftlich, telefonisch oder mündlich (Reisekosten!) informieren konnte. Da die Partei auch beraten werden muss, wird die Verkehrsgebühr in den Fällen zu erstatten sein, in denen die Partei selbst nicht rechtskundig ist – was z. B. bei kaufmännischen Unternehmen mit eigener Rechtsabteilung wohl kaum der Fall sein wird. Eine gewisse Rechtskenntnis der Partei ist schon deshalb notwendig, damit sie weiß, welche prozesserheblichen Tatsachen sie in Schreiben an den auswärtigen RA darstellen muss.

Sollte einer Partei die Notwendigkeit der Hinzuziehung eines Verkehrsanwaltes verneint werden, dann hat die Partei zwar keinen Anspruch auf die Erstattung der Verkehrsgebühr, aber zumindest auf deren teilweise Erstattung in Höhe der **ersparten Reisekosten** zum auswärtigen Prozessbevollmächtigten, die durch die Tätigkeit des Verkehrsanwaltes eingespart worden sind. Mindestens eine solche Reise wird man aber fast jeder Partei zubilligen müssen.

Merke:

Der Verkehrsanwalt (Korrespondenzanwalt) ist nicht Prozessbevollmächtigter, aber vermittelt den Verkehr der Partei mit dem Prozessbevollmächtigten beim auswärtigen Gericht.

Er erhält eine Verkehrsgebühr in Höhe der dem Prozessbevollmächtigten zustehenden Verfahrensgebühr, höchstens aber einen Gebührensatz von 1,0.

Gegenstandswert ist der Streitwert in dem Prozess.

Der unterlegene Gegner muss die Verkehrsgebühr nur erstatten, wenn die Einschaltung des Verkehrsanwaltes notwendig war.

6.4.2 Die Gebühren des Terminsvertreters

In VV Nrn. 3401 und 3402 RVG werden insbesondere die Gebühren für den Fall geregelt, dass ein RA, der Prozessbevollmächtigter ist, einen anderen RA als Vertreter für die mündliche Verhandlung beauftragt, der dann als **Terminsvertreter** bezeichnet wird. Ein Terminsvertreter wird meist dann beauftragt, wenn der Prozessbeauftragte nicht am Ort des auswärtigen Gerichts, bei dem der Prozess geführt wird, ansässig ist (Vgl. auch Kapitel 6.4.1). Der Terminsvertreter wird häufig auch als **Unterbevollmächtigter** bezeichnet, was aber nicht ganz korrekt ist (siehe dazu weiter unten).

Es kann aber auch sein, dass eine Partei den Prozess vor dem Amtsgericht zulässigerweise zwar selbst führt, aber ausschließlich zur Vertretung in der mündlichen Verhandlung einen RA beauftragt. Auch dieser verdient sich als Terminsvertreter die Gebühren nach VV Nrn. 3401 und 3402 RVG.

Der nur als **Terminsvertreter** zur Vertretung in der mündlichen Verhandlung unterbevollmächtigte RA **erhält folgende Gebühren**: neben der **Terminsgebühr** (VV Nr. 3402 RVG) immer **die Hälfte der** dem Prozessbevollmächtigten zustehenden **Verfahrensgebühr** (VV Nr. 3401 RVG). Diese Verfahrensgebühr erhält er auch dann, wenn der Auftrag bereits vor der mündlichen Verhandlung erledigt ist, für die Einarbeitung in den Prozessstoff, aber nur als höchstens eine **0,5 Verfahrensgebühr bei vorzeitiger Beendigung**. Natürlich bekommt er dann keine Terminsgebühr wenn es nicht zur Verhandlung kommt. Dem Unterbevollmächtigten kann daneben aber auch die Einigungsgebühr (VV Nr. 1003 RVG) erwachsen.

Vergleich der Gebühren des Hauptbevollmächtigten mit denen des Terminsvertreters bzw. Unterbevollmächtigten:

Bürgerliche Rechtsstreitigkeiten

Gebühren des Hauptbevollmächtigten, also des eigentlich Prozessbevollmächtigten	Gebühren des Terminsvertreters (Unterbevollmächtigten)
1,3 Verfahrensgebühr (VV Nr. 3100 RVG)	0,65 Verfahrensgebühr (VV Nr. 3401 RVG)
Keine Terminsgebühr	1,2 Terminsgebühr (VV Nr. 3104 RVG) oder 0,5 Terminsgebühr (VV Nr. 3105 RVG i. V. m. VV Nr. 3402 RVG)
0,8 Verfahrensgebühr (VV Nr. 3101 Ziff. 1 RVG)	(Höchstens) 0,5 Verfahrensgebühr (VV Nr. 3405 Ziff. 1 RVG)
1,0 Einigungsgebühr (VV Nr. 1003 RVG)	1,0 Einigungsgebühr (VV Nr. 1003 RVG)

Hinweis: Nach der BRAGO (§ 33 Abs. 3 BRAGO) gab es für den Hauptbevollmächtigten noch eine Verhandlungsgebühr (Terminsgebühr). Dies ist im RVG entfallen!

Beispiel: Klage wegen 2 000,00 EUR. Der Kläger bestellt RA Arm in Aachen zum Prozessbevollmächtigten. Dieser bestellt wiederum RA Bein in Bremen zum Terminsvertreter für die mündliche Verhandlung vor dem Amtsgericht Bremen. In der mündlichen Verhandlung ergeht auf Antrag von RA Bein ein Versäumnisurteil gegen den nicht erschienenen Beklagten, welches rechtskräftig wird.

Der Prozessbevollmächtigte (RA Arm) und der Terminsvertreter (RA Bein) erstellen die folgenden Vergütungsrechnungen:

I. Prozessbevollmächtigte (RA Arm)
Gegenstandswert: 2 000,00 EUR   EUR
1,3   Verfahrensgebühr gem. §§ 2, 13, VV Nr. 3100 RVG   172,90
20 % Pauschale für Post- und Telekommunikationsentgelte
      gem. § 2 Abs. 2 S. 1, VV Nr. 7002 RVG   20,00
                                                                                             192,90
16 % USt. gem. § 2 Abs. 2 S. 1, VV Nr. 7008 RVG   30,86
                                                                                             223,76

II. Terminsvertreter (RA Bein)
Gegenstandswert: 2 000,00 EUR   EUR
0,65 Verfahrensgebühr gem. §§ 2, 13, VV Nrn. 3100, **3401** RVG   86,45
0,5   Terminsgebühr gem. §§ 2, 13, VV Nrn. 3104, 3105, **3402** RVG   66,50
20 % Pauschale für Post- und Telekommunikationsentgelte
      gem. § 2 Abs. 2 S. 1, VV Nr. 7002 RVG   20,00
                                                                                             172,95
16 % USt. gem. § 2 Abs. 2 S. 1, VV Nr. 7008 RVG   27,67
                                                                                             200,62

Voraussetzung für die Anwendung von VV Nrn. 3401 und 3402 RVG ist, dass die Erteilung der Untervollmacht mit dem Einverständnis des Auftraggebers erfolgt ist. Hat der Prozessbevollmächtigte dagegen von sich aus ohne Rückfrage beim Auftraggeber die Untervollmacht erteilt, sind diese Vorschriften nicht anwendbar, und der prozessbevollmächtigte RA selbst ist verpflichtet, dem von ihm unterbevollmächtigten RA eine Vergütung zu zahlen. Grund dafür könnte eine plötzliche Verhinderung des Prozessbevollmächtigten sein. Der prozessbevollmächtigte RA ist zur Erteilung einer Untervollmacht übrigens berechtigt, da dies zum gesetzlichen Umfang der Prozessvollmacht gemäß § 81 ZPO gehört (Vgl. auch § 5 RVG).

Ob der unterlegene Gegner die Vergütung des Unterbevollmächtigten **erstatten** muss, richtet sich nach § 91 Abs. 2 ZPO. Da die Partei meist nicht begründen können wird, warum sie ausgerechnet einen nicht am Gerichtsort zugelassenen RA zum Prozessbevollmächtigten bestellt hat, wird der Gegner die zusätzlichen Kosten nicht zu erstatten haben, jedenfalls soweit nicht, wie sie ersparte Reisekosten der Partei übersteigen.

Einer nicht rechtskundigen Partei wird man zumindest eine fiktive Reise zu einem RA am Ort des Prozesses und eine fiktive Beratungsgebühr zubilligen müssen. Bis zur Höhe dieser ersparten Kosten wird der unterlegene Gegner die Gebühren des Unterbevollmächtigten erstatten müssen. Es gibt hierzu unterschiedliche Rechtsprechung.

> **Merke:**
> Der Prozessbevollmächtigte erhält eine Verfahrensgebühr nach VV Nr. 3100 RVG, der Terminsvertreter (Unterbevollmächtigte) erhält seine Gebühren gemäß VV Nrn. 3401 und 3402 RVG.
> Der Terminsvertreter (Unterbevollmächtigte) erhält immer die Hälfte der dem Hauptbevollmächtigten zustehenden Verfahrensgebühr.
> Bei vorzeitiger Beendigung beträgt die Verfahrensgebühr des Terminsvertreters höchstens 0,5.
> Der Terminsvertreter erhält eine Terminsgebühr in der Höhe, wie sie dem Hauptbevollmächtigten zustehen würde.
> Die Untervollmacht muss mit Einverständnis des Auftraggebers erteilt sein.

Sollte der Hauptbevollmächtigte selbst einen Termin im Sinne der Vorbemerkung 3 Abs. 3 VV RVG wahrgenommen haben, z. B. eine Besprechung mit dem Gegner mit dem Ziel der Vermeidung oder Erledigung des Verfahrens, so erwächst im dafür eine 1,2 Terminsgebühr nach VV Nr. 3104 RVG.

6.4.2.1 Der Unterbevollmächtigte

Die Bezeichnung des Terminsvertreters als Unterbevollmächtigter ist zwar üblich, aber nicht ganz korrekt, da ein Unterbevollmächtigter nicht nur zum Vertreter in der mündlichen Verhandlung bestellt wird, sondern ganz allgemein zum Vertreter. In der Praxis kann der bei dem auswärtigen Amtsgericht tätige RA nicht nur zum Terminsvertreter bestellt, sondern bevollmächtigt werden, Schriftsätze bei Gericht einzureichen sowie Ladungen und Entscheidungen entgegenzunehmen und sie an den Prozessbevollmächtigten – oft mit eigener Stellungnahme – weiterzuleiten. Dies ist dann eine typische Untervollmacht.

Die Gebühren des Unterbevollmächtigten bestimmen sich wie die Gebühren des Terminsvertreters (siehe oben), sodass es hier keinen Unterschied gibt.

6.4.2.2 Der Beweisanwalt

Beweisanwalt nennt man den RA, der – ohne Prozessbevollmächtigter zu sein – von der Partei oder dem Prozessbevollmächtigten mit der Vertretung in einem Beweistermin beauftragt ist, und dessen Tätigkeit sich hierauf beschränkt. In der Praxis ist dies nur von Bedeutung bei einer Beweisaufnahme vor dem beauftragten oder ersuchten Richter (§§ 361, 362 ZPO), da normalerweise der Termin der Beweisaufnahme vor dem Prozessgericht zugleich zur Fortsetzung der mündlichen Verhandlung bestimmt ist (§ 370 Abs. 1 ZPO). Weiterhin könnte es vorkommen, dass der Beweisanwalt einen von einem gerichtlich bestellten Sachverständigen anberaumten Termin wahrnehmen soll.

Der Beweisanwalt erhält dieselben Gebühren wie der Terminsvertreter bzw. der Unterbevollmächtigte. Siehe vorstehendes Kapitel.

6.4.3 Sonstige Einzeltätigkeiten (VV Nrn. 3403, 3404 RVG)

Wenn in einem Prozess ein RA weder als Prozessbevollmächtigter oder als Verkehrsanwalt (VV Nr. 3400 RVG) noch als Terminsvertreter (VV Nrn. 3401, 3402 RVG) eingesetzt wird, dann verbleibt noch als weitere Möglichkeit, dass der RA in dem Prozess nur mit ganz bestimmten Einzeltätigkeiten (VV Nrn. 3403, 3404 RVG) beauftragt wird. Diese beiden Nummern des VV erfüllen also eine Funktion als „Lückenfüller".

Voraussetzung ist also, dass ein **gerichtliches Verfahren** anhängig ist oder anhängig gemacht werden soll und dass der RA in diesem Verfahren nur eine **Einzeltätigkeit** entfalten soll und deshalb **keine Prozessvollmacht** erhält. Da es um ein gerichtliches Verfahren geht, ist für solche Tätigkeiten auch keine Geschäftsgebühr zu berechnen.

So könnte z. B. ein RA damit beauftragt werden, in einem Prozess – den die Partei z. B. vor dem Amtsgericht selbst führt – nur die Kostenfestsetzung zu beantragen, den Rechtsmittelverzicht zu erklären oder ganz allgemein einen Schriftsatz anzufertigen, zu prüfen und zu unterzeichnen oder einzureichen. Der Auftrag kann sich nicht auf eine Terminswahrnehmung im Sinne der Vorbemerkung 3 Abs. 3 VV RVG erstrecken, da der RA dann Terminsvertreter wäre und eine Gebühr nach VV Nr. 3401 RVG erhielte.

Die Gebühr für sonstige Einzeltätigkeiten kann also nur unter den folgenden **Voraussetzungen** entstehen:

- Der RA darf **nicht Prozessbevollmächtigter** sein und auch nicht zum Verkehrsanwalt bestellt sein. Wenn der Prozessbevollmächtigte einen Schriftsatz bei Gericht einreicht, dann ist dieser mit der pauschalen Betriebsgebühr für das Verfahren bereits abgegolten, also z. B. mit der Verfahrensgebühr nach VV Nr. 3100 RVG, sodass für die Anwendung der Nr. 3403 VV RVG kein Raum bleibt.

- Da VV Nr. 3403 RVG in Teil 3 des Vergütungsverzeichnisses steht, kann diese Vorschrift nur im Rahmen dieses Teils Anwendung finden. Es muss sich also um ein **gerichtliches Verfahren** im Sinne des Teils 3 handeln, in dem der nicht prozessbevollmächtigte RA auftragsgemäß eine bestimmte Einzeltätigkeit der in VV Nr. 3403 RVG genannten Art erledigt.

- Nach VV Nr. 3403 RVG entsteht die 0,8 Schriftsatzgebühr für die Einreichung, Anfertigung oder Unterzeichnung von **Schriftsätzen**. Es reicht völlig aus, wenn der RA den Schriftsatz entweder selbst anfertigt oder einen fremden Schriftsatz mit eigenem Begleitschreiben (also nicht nur als Bote!) bei Gericht einreicht oder wenn der RA einen fremden Schriftsatz nur unterzeichnet. In den beiden letztgenannten Fällen sieht es zwar so aus, als wenn der RA kaum Arbeit mit dem Schriftsatz hätte, jedoch trägt er sowohl beim Einreichen als auch beim Unterschreiben fremder Schriftsätze eine gewisse Verantwortung für das Schreiben - und dies wird durch VV Nr. 3403 RVG vergütet.

- Die Gebühr nach VV Nr. 3403 RVG kann auch für die Wahrnehmung von gerichtlich angeordneten **Terminen**, die jedoch weder zu einer mündlichen Verhandlung noch zu einer Beweisaufnahme bestimmt sein dürfen, anfallen. Ein solcher Termin kann beispielsweise ein Sühnetermin, ein Termin zur Parteianhörung nach § 141 ZPO oder ein Termin sein, in dem sich eine Partei über die Echtheit einer Urkunde erklären soll, wenn die Partei ansonsten nicht durch den RA in dem Verfahren vertreten wird.

Für solcherart Tätigkeiten erhält der RA eine **0,8 Verfahrensgebühr** nach VV Nr. 3403 RVG; diese Gebühr wird auch als „Schriftsatzgebühr" bezeichnet. Andere Gebühren werden daneben nicht entstehen können. Übt jedoch der RA z. B. in einem Verfahren der Zwangsvollstreckung nur eine Einzeltätigkeit aus, so sollte er dafür gemäß § 15 Abs. 6 RVG auch nur eine 0,3 Verfahrensgebühr erhalten; das gleiche gilt für andere Verfahren, in denen niedrigere Gebührensätze als 0,8 entstehen.

Handelt es sich bei dem Schriftsatz auftragsgemäß um ein **einfaches Schreiben**, so erhält der RA hierfür eine 0,3 Verfahrensgebühr nach VV Nr. 3404 RVG. Solche einfachen Schreiben enthalten weder schwierige rechtliche Ausführungen noch größere sachliche Auseinandersetzungen. Sie können beispielsweise folgende Anträge beinhalten: Antrag auf erstmalige Erteilung der Vollstreckungsklausel, des Rechtskraft- oder Notfristzeugnisses oder auf Bestimmung der Zuständigkeit des Gerichts. Weitere Beispiele für solche Schreiben sind Benachrichtigungen, Beschleunigungsgesuche und Anträge auf Erteilung von Ausfertigungen oder Abschriften.

Diese Gebühren sind Pauschgebühren, die auch Vorbesprechungen und den Schriftwechsel mit dem Auftraggeber abgelten. Auch wenn der RA **mehrere Schriftsätze** gefertigt hat, erwächst ihm die Verfahrensgebühr nach VV Nrn. 3403 oder 3404 RVG in jedem Rechtszug nur einmal. Dies lässt sich schon daran erkennen, dass er nach dem Wortlaut der Anmerkung zur Vorschrift VV Nr. 3403 RVG die Gebühr für sonstige „Tätigkeiten in einem gerichtlichen Verfahren" erhält.

Endigt der Auftrag, bevor der RA den Schriftsatz ausgehändigt oder eingereicht hat, so erhält der RA nur (höchstens) eine 0,5 Verfahrensgebühr gemäß der Anmerkung zu VV Nr. 3403 RVG. Bei **mehreren Auftraggebern** erhöht sich die Verfahrensgebühr gemäß § 7 i. V. m. VV Nr. 1008 RVG für jeden weiteren Auftraggeber um jeweils 0,3.

Der **Gegenstandswert** ergibt sich aus dem Gegenstand des Schriftsatzes oder aus dem Wert der Sache, um die es in dem Verfahren geht. Betrifft die Tätigkeit des RA nur einen Teil des Prozessgegenstands, so ist auch nur dieser Teil als Gegenstandswert maßgebend. Geht es z. B. in einem Schriftsatz nur um die Kosten des Verfahrens, dann ergibt sich der Wert nur aus dem Betrag dieser Kosten, nicht aus dem der eingeklagten Hauptforderung.

Zu diesem Thema siehe auch das Kapitel 4.3 zur „Schriftsatzgebühr".

Beispiel: RA Marfilius ist von dem Hägar, der einen Prozess vor dem Amtsgericht Alzey wegen einer Forderung von 4 500,00 EUR selbst geführt hat, damit beauftragt worden, nur den Antrag auf Festsetzung der Verfahrenskosten nach den §§ 103 ff. ZPO bei dem Gericht einzureichen.

Der Kostenfestsetzungsantrag gehört laut § 19 Abs. 1 Ziff. 13 RVG noch zum Rechtszug, weshalb für die diesbezügliche Anwaltstätigkeit nur eine Gebühr nach dem Teil 3 VV RVG in Frage kommen kann. Da der RA mit dem Verfahren insgesamt nicht beauftragt war, kann sich seine Vergütung nicht nach VV Nr. 3100 RVG, sondern nur nach VV Nr. 3403 RVG berechnen.

Der Gegenstandswert für die nach VV Nr. 3403 RVG entstehende Schriftsatzgebühr berechnet sich nicht nach dem Streitwert des Prozesses, sondern nach dem Betrag der Kosten, um die es bei der Anwaltstätigkeit geht. RA Marfilius stellt fest, dass die Verfahrenskosten 339,00 EUR betragen und reicht den Kostenfestsetzungsantrag ein. Seine Vergütung, die in diesem Fall vom unterlegenen Gegner erstattet werden muss, berechnet er wie folgt:

Bürgerliche Rechtsstreitigkeiten

Gegenstandswert: 339,00 EUR	EUR
0,8 Verfahrensgebühr gem. §§ 2, 13, VV Nr. 3403 RVG	36,00
20 % Pauschale für Post- und Telekommunikationsentgelte gem. § 2 Abs. 2 S. 1, VV Nr. 7002 RVG	7,20
	43,20
16 % USt. gem. § 2 Abs. 2 S. 1, VV Nr. 7008 RVG	6,91
	50,11

Der unterlegene Gegner ist nach § 91 ZPO zur Erstattung der Gebühr der Nr. 3403 VV RVG nur dann verpflichtet, wenn ihre Entstehung notwendig war. Dies kann nur dann der Fall sein, wenn der RA von einer Partei, die sich vor dem Amtsgericht selbst vertritt, mit einer Einzeltätigkeit beauftragt wird. Ist die Partei dagegen bereits durch einen Prozessbevollmächtigten vertreten, so ist in der Regel die einem anderen RA nach VV Nr. 3403 RVG gezahlte Gebühr nicht erstattungsfähig.

> **Merke:**
> Für bestimmte Einzeltätigkeiten im Rahmen von bürgerlichen Rechtsstreitigkeiten erhält ein RA, der nicht zum Prozessbevollmächtigten bestellt ist, gemäß VV Nr. 3403 RVG eine 0,8 Verfahrensgebühr.
>
> Für ein einfaches Schreiben entsteht nur eine 0,3 Verfahrensgebühr.

6.5 Die Gebühren bei Beschwerde und Erinnerung

(Dazu Aufgaben Gruppe 21)

Das Beschwerdeverfahren und die nicht in § 19 Abs. 1 Ziff. 5 RVG genannten Erinnerungsverfahren gehören nicht zum Rechtszug. Das Verfahren über die Beschwerde und über die meisten Erinnerungen zählt also gebührenrechtlich als besondere Angelegenheit. Daher erhält der in diesen Verfahren tätige RA hierfür gesonderte Gebühren. Zur Abgrenzung der Beschwerde von der Erinnerung siehe Kapitel 0.5.2.7.

Die Gebühren für die meisten Beschwerden und Erinnerungen und für die Nichtzulassungsbeschwerde sind in Teil 3, Abschnitt 5 VV RVG geregelt. Für Tätigkeiten im Beschwerde- oder Erinnerungsverfahren erhält der RA eine **0,5 Verfahrensgebühr** nach VV Nr. 3500 RVG. Falls der RA in einem solchen Verfahren eine Tätigkeit in einem Termin im Sinne der Vorbemerkung 3 Abs. 4 VV RVG entfaltet, erwächst ihm zusätzlich eine **0,5 Terminsgebühr** nach VV Nr. 3513 RVG. Die Vorschriften der Nrn. 3500, 3513 VV RVG gelten sowohl für den RA, der das Verfahren betreibt, als auch für den RA, der den Gegner vertritt.

Achtung: Auch in der zweiten Instanz beträgt der Gebührensatz nur 0,5. Wenn der RA im Beschwerde- oder Erinnerungsverfahren entsprechend tätig geworden ist, erhält er die Terminsgebühr besonders. Im Normalfall wird aber nur die Verfahrensgebühr entstehen, da über Beschwerden in den meisten Fällen ohne mündliche Verhandlung und ohne Beweiserhebung entschieden wird.

Für die Erinnerung oder die Beschwerde gegen die Festsetzung der aus der Staatskasse zu gewährenden Vergütung bei **Prozesskostenhilfe** erhält der RA jedoch keine Gebühren (§ 56 Abs. 2 RVG).

Als **Gegenstandswert** ist im Allgemeinen der Betrag anzunehmen, dessen Ab- oder Festsetzung der RA in dem Beschwerdeverfahren fordert.

Werden in demselben Rechtsstreit **mehrere Beschwerden** oder Erinnerungen gegen verschiedene gerichtliche Entscheidungen eingelegt, so grundsätzlich jede Beschwerde oder Erinnerungen gebührenrechtlich als besondere Angelegenheit, sodass die Gebühren jeweils neu entstehen (§ 18 Ziff. 5 RVG).

Vermutlich werden Sie besonders häufig mit Erinnerungen oder Beschwerden gegen einen Kostenfestsetzungsbeschluss beschäftigt sein. Während das Kostenfestsetzungsverfahren selbst weder Gerichtsgebühren verursacht noch für den prozessbevollmächtigten RA gemäß § 19 Abs. 1 Ziff. 13 RVG Anwaltsgebühren entstehen lässt, können dagegen im Erinnerungs- oder Beschwerdeverfahren gegen den Kostenfestsetzungsbeschluss Gebühren entstehen.

Nur im **Kostenfestsetzungsverfahren** gelten **mehrere Verfahren** über die Beschwerde oder die Erinnerung gegen den Kostenfestsetzungsbeschluss gemäß § 16 Ziff. 12 RVG als dieselbe Angelegenheit, sodass die Gebühren nur einmal entstehen. Bei verschiedenen Gegenständen sind deren Werte nach § 22 Abs. 1 RVG zu addieren. Es ist in der Rechtsprechung **umstritten**, ob die Zusammenrechnung nur Erinnerungen bzw. Beschwerden gegen denselben Kostenfestsetzungsbeschluss betrifft oder auch Erinnerungen bzw. Beschwerden gegen den Kostenfestsetzungsbeschluss und die daraufhin ergangene Abhilfeentscheidung des Rechtspflegers.

> **Merke:**
> Für seine Tätigkeit im Erinnerungs- oder Beschwerdeverfahren können dem RA eine 0,5 Verfahrensgebühr und gegebenenfalls eine 0,5 Terminsgebühr entstehen. Nur 0,5 gibt es auch in der zweiten Instanz.
>
> Im Kostenfestsetzungsverfahren gelten mehrere Verfahren über die Beschwerde oder die Erinnerung gegen den Kostenfestsetzungsbeschluss als dieselbe Angelegenheit.
>
> Gegenstandswert ist der Betrag, dessen Ab- oder Festsetzung gefordert wird.

Eine Erhöhung der Verfahrensgebühr für **mehrere Auftraggeber** ist möglich.

Eine Ermäßigung der Verfahrensgebühr nach VV Nr. 3500 RVG wegen vorzeitiger Beendigung des Auftrages ist nicht vorgesehen, sodass die Gebühr auch dann 0,5 beträgt, wenn nach Auftragserteilung sich die Sache vorzeitig erledigt.

Beispiel: RA Blau reicht wegen der vom Gegner zu ersetzenden Prozesskosten einen Kostenfestsetzungsantrag über 2 540,00 EUR ein. Im Kostenfestsetzungsbeschluss setzt der Rechtspfleger jedoch nur 2 010,00 EUR fest. RA Blau legt gegen den Beschluss sofortige Beschwerde ein. Danach führt er ein längeres Telefongespräch mit dem gegnerischen Prozessbevollmächtigten und unterbreitet einen Vorschlag für eine Einigung. In einem weiteren Telefongespräch lehnt der RA des Gegners eine Einigung ab.

Der Rechtspfleger hilft der Beschwerde ab. RA Blau erstellt folgende Vergütungsrechnung.

Gegenstandswert: 530,00 EUR	EUR
0,5 Verfahrensgebühr für ein Beschwerdeverfahren gem. §§ 2, 13, VV Nr. 3500 RVG	22,50
0,5 Terminsgebühr für ein Beschwerdeverfahren gem. §§ 2, 13, VV Nr. 3513 RVG	22,50
20 % Pauschale für Post- und Telekommunikationsentgelte gem. § 2 Abs. 2 S. 1, VV Nr. 7002 RVG	9,00
	54,00
16 % USt. gem. § 2 Abs. 2 S. 1, VV Nr. 7008 RVG	8,64
	62,64

Für das Verfahren über eine **Rechtsbeschwerde** (§ 574 ZPO) entsteht eine 1,0 Verfahrensgebühr nach VV Nr. 3502 RVG, die sich bei vorzeitiger Beendigung auf 0,5 reduziert gemäß VV Nr. 3503 RVG.

In Verfahren über die **Beschwerde gegen die Nichtzulassung der Berufung** oder der Revision entsteht eine 1,6 Verfahrensgebühr nach VV Nr. 3504 bzw. Nr. 3506 RVG.

7 ZWANGSVOLLSTRECKUNG UND ÄHNLICHE TÄTIGKEITEN

In diesem Kapitel wird es insbesondere um die Gebühren gehen, die ein RA für Tätigkeiten in der Zwangsvollstreckung erhält. Weiterhin sollen hier auch die in Zwangsversteigerungsverfahren, Zwangsverwaltungsverfahren und Insolvenzverfahren entstehenden Gebühren zusammengefasst werden. Die Gebühren für diese Tätigkeiten sind sämtlich in Teil 3, Abschnitt 3 des Vergütungsverzeichnisses des RVG geregelt.

7.1 Die Gebühren in der Zwangsvollstreckung

(Dazu Aufgaben Gruppe 20)

7.1.1 Allgemeines

Für seine Tätigkeit in der Zwangsvollstreckung erhält der RA besondere **Gebühren gemäß VV Nrn. 3309 und 3310 RVG**. Der Zivilprozess bzw. das Mahnverfahren und die sich daran anschließende Zwangsvollstreckung sind prozessrechtlich voneinander unabhängige Verfahren. Auch gebührenrechtlich ist die Zwangsvollstreckung eine selbstständige Angelegenheit, die wiederum aus mehreren besonderen Angelegenheiten im gebührenrechtlichen Sinne bestehen kann.

Die Nrn. 3309 und 3310 VV RVG regeln die Vergütung des RA im Zwangsvollstreckungsverfahren, gemäß § 18 Ziff. 4 RVG für die Vollziehung eines Arrestbefehls oder einer einstweiligen Verfügung und gemäß § 18 Ziff. 12 RVG für die Vertretung im Verteilungsverfahren, also insbesondere für die Vertretung im Verteilungsverfahren gemäß den §§ 872 ff. ZPO, wenn der hinterlegte Geldbetrag zur Befriedigung der beteiligten Gläubiger nicht ausreicht. Die Gebühr für die Vertretung im Verteilungsverfahren erwächst dem RA neben einer für die Vertretung in der Zwangsvollstreckung bereits verdienten Gebühr.

> **Merke:**
> Die **Gebühren** im Zwangsvollstreckungsverfahren werden durch VV Nrn. 3309 und 3310 RVG bestimmt.
>
> Der **Gegenstandswert** wird in § 25 RVG geregelt (siehe Kapitel 7.1.3 und 7.1.4).
>
> Der Begriff der einzelnen **Zwangsvollstreckungsangelegenheit** wird in § 18 Ziff. 3 bis 22 RVG i. V. m. § 19 Abs. 1 Ziff. 11, 12, 15 und Abs. 2 RVG beschrieben (siehe Kapitel 7.1.2).

In folgenden Fällen gelten die Nrn. 3309 und 3310 VV RVG nicht: Die Vergütung des RA für Tätigkeiten im Zwangsversteigerungs- und Zwangsverwaltungsverfahren ist in VV Teil 3, Abschnitt 3, Unterabschnitt 4 RVG besonders geregelt. Für Tätigkeiten im Insolvenzverfahren erhält der RA Gebühren gemäß VV Teil 3, Abschnitt 3, Unterabschnitt 5 RVG.

Für die Vertretung im Verwaltungszwangsverfahren und im Zwangsverfahren gemäß § 33 FGG, also wenn z. B. der RA aufgrund einer vollstreckbaren Ausfertigung eines rechtskräftigen Urteils auf Eintragungsbewilligung eine Eintragung in das Grundbuch beantragt, erwachsen die Gebühren gemäß Vorbemerkung 3.3.3 VV RVG ebenfalls nach den Nrn. 3309 und 3310 VV RVG. Bei dem Verfahren gemäß § 33 FGG handelt es sich nicht um eine Angelegenheit der Zwangsvollstreckung, sondern um eine der freiwilligen Gerichtsbarkeit. Dagegen handelt es sich um eine Zwangsvollstreckungstätigkeit, wenn z. B. die Eintragung einer Zwangshypothek (§ 867 ZPO) oder die Eintragung der Pfändung einer Hypothek (§ 830 ZPO) beantragt wird.

Folgendes ist derzeit **umstritten**: Unter den Voraussetzungen der Nrn. 1000 oder 1003 VV RVG (siehe Kapitel 1.6.1.1) kann auch während der Zwangsvollstreckung neben den Gebühren der Nrn. 3309 und 3310 VV RVG eine **Einigungsgebühr** in Höhe von 1,0 (VV Nr. 1003 RVG) entstehen, wenn gleichzeitig eine Vollstreckungsmaßnahme durch das Vollstreckungsgericht betrieben wird. Wenn kein gerichtliches Verfahren anhängig ist, beträgt der Gebührensatz der Einigungsgebühr 1,5 (VV Nr. 1000 RVG). Die bloße Bereitschaft des Schuldners zu Ratenzahlungen kann zwar nicht als Nachgeben im Sinne des § 779 BGB (siehe insbesondere auch Abs. 2) verstanden werden, aber sie beseitigt zumindest die Ungewissheit über die Realisierung des titulierten Anspruchs. Da eine Einigungsgebühr dafür entsteht, dass die „Ungewissheit der Parteien über ein Rechtsverhältnis beseitigt" wird, könnte für die Ratenvereinbarung eine Einigungsgebühr berechnet werden. Auf der anderen Seite besteht natürlich keine Ungewissheit über den Anspruch, denn darüber liegt ja immerhin ein Vollstreckungstitel vor. Es bleibt also abzuwarten, wie die Gerichte in der Frage „Einigungsgebühr auch in Vollstreckungsangelegenheiten" zukünftig entscheiden werden. Es ist auch denkbar, dass der Gesetzgeber bei der Formulierung der Voraussetzungen der Einigungsgebühr nicht an diese Auslegungsmöglichkeit gedacht hat.

7.1.2 Angelegenheiten der Zwangsvollstreckung

Der **Grundsatz** ist in § 18 Ziff. 3 RVG bestimmt:

> **Merke:**
> In der Zwangsvollstreckung gilt **jede Vollstreckungsmaßnahme** zusammen mit den durch sie vorbereiteten weiteren Vollstreckungshandlungen bis zur Befriedigung des Gläubigers als eine besondere Angelegenheit im Sinne des § 15 RVG.

Da diese Regelung nicht selten Schwierigkeiten bereitet, soll sie anhand einiger Beispiele weiter unten (siehe Kapitel 7.1.2.2) erläutert werden.

7.1.2.1 Abgrenzung zum Prozess- bzw. zum Mahnverfahren

Zunächst ist eine Abgrenzung zwischen dem Prozess- bzw. Mahnverfahren (Erkenntnisverfahren) einerseits und dem Zwangsvollstreckungsverfahren andererseits vorzunehmen. Die Verfahrensgebühr nach VV Nr. 3309 RVG ist unter bestimmten Voraussetzungen für gewisse Tätigkeiten des RA, die er zur Vorbereitung des Zwangsvollstreckungsverfahrens ausübt, nicht anwendbar. Dies ist dann der Fall, wenn er bereits im Erkenntnisverfahren Prozessbevollmächtigter war, denn dann gehören gemäß § 19 Abs. 1 Ziff. 9, 12, 15 RVG folgende die Zwangsvollstreckung vorbereitende Tätigkeiten noch zum Rechtszug des Erkenntnisverfahrens:

- Einholung des Notfristzeugnisses oder des Rechtskraftzeugnisses,
- Antrag auf erstmalige Erteilung der Vollstreckungsklausel und
- die Zustellung des Titels.

Nach § 15 Abs. 1 RVG sind in diesem Fall diese Tätigkeiten mit der Verfahrensgebühr abgegolten und können daher nicht mehr gesondert berechnet werden.

War dagegen der mit der Zwangsvollstreckung beauftragte RA nicht im Erkenntnisverfahren Prozessbevollmächtigter, können diese Tätigkeiten unter bestimmten Umständen die Verfahrensgebühr nach VV Nr. 3309 RVG auslösen (siehe Kapitel 7.1.2.2.2).

7.1.2.2 Besondere Angelegenheit oder nicht?

In § 18 Ziff. 3 RVG ist in Abweichung von § 15 Abs. 2 S. 1 RVG bestimmt, dass die Tätigkeit des RA in der Zwangsvollstreckung bis zur Befriedigung des Gläubigers für **jede einzelne Vollstreckungsmaßnahme zusammen mit den durch sie vorbereiteten weiteren Vollstreckungshandlungen** grundsätzlich eine Angelegenheit darstellt, sodass ihm hierfür Gebühren insgesamt nur einmal erwachsen. Die Absicht des Gesetzgebers ist dabei, dass dem RA unter Umständen während eines Zwangsvollstreckungsverfahrens Gebühren für **verschiedene** Vollstreckungsmaßnahmen mehrfach erwachsen können, da seine Tätigkeit je nach Lage des Falles sehr umfangreich werden kann, und dies auch normalerweise im Voraus nicht absehbar ist.

Andererseits gilt auch in der Zwangsvollstreckung keineswegs jede einzelne Handlung des RA als besondere Angelegenheit. Dies soll im Folgenden erläutert werden.

Zum besseren Verständnis müssen zuvor die Begriffe „Vollstreckungsmaßnahme" und „Vollstreckungshandlung" des § 18 Ziff. 3 RVG unterschieden werden:

- Vollstreckungs**maßnahme** ist von den verschiedenen Möglichkeiten der Zwangsvollstreckung eine ganz bestimmte Möglichkeit, die der Gläubiger im konkreten Fall ergreift.

    Beispiele: Antrag auf Forderungspfändung an das Vollstreckungsgericht oder Auftrag zur Sachpfändung an GVZ.

- Vollstreckungs**handlungen** sind notwendig, um die gewählte Vollstreckungsmaßnahme in einzelnen aufeinander folgenden Schritten durchzuführen, d. h. es sind Einzeltätigkeiten (Einzelmaßnahmen), die zusammen eine Vollstreckungsmaßnahme und damit eine besondere Angelegenheit bilden.

    Beispiel: Antrag auf Erlass der richterlichen Durchsuchungsanordnung und anschließender Vollstreckungsauftrag und Versteigerung der gepfändeten Sachen.

> **Merke:**
> Vollstreckungs**handlungen** sind Einzeltätigkeiten, die in einem inneren Zusammenhang stehen und **zusammen** eine Vollstreckungs**maßnahme** bilden.
> **Jede** zur Verwirklichung des Gläubigeranspruchs ergriffene Vollstreckungs**maßnahme** bildet gebührenrechtlich eine besondere Angelegenheit.

7.1.2.2.1 Grundsatz (§ 18 Ziff. 3 RVG)

Um **dieselbe Angelegenheit** handelt es sich grundsätzlich bei den gesamten zu einer ganz bestimmten Vollstreckungsmaßnahme gehörenden Einzelhandlungen von der Vorbereitung der Vollstreckung bis entweder zur Befriedigung des Gläubigers durch diese Maßnahme oder bis zum **sonstigen Abschluss** der Zwangsvollstreckung. Die Einzelhandlungen gehören dann zu einer bestimmten Vollstreckungsmaßnahme, wenn sie diese **bestimmte** Maßnahme vorbereiten oder fortsetzen.

Tun sie dies nicht, dann liegen **verschiedene Angelegenheiten** vor.

7.1.2.2.1.1 Dieselbe Angelegenheit der Zwangsvollstreckung

Beispiele für dieselbe Angelegenheit:

1. Androhung der Zwangsvollstreckung, Vollstreckungsauftrag an GVZ, Anfrage beim Einwohnermeldeamt wegen Wohnungswechsels des Schuldners, erneuter Vollstreckungsauftrag, Einholung der richterlichen Durchsuchungsanordnung (§ 758 a ZPO), erneuter Vollstreckungsauftrag, die Empfangnahme des Pfändungsprotokolls, Benachrichtigung des Gläubigers, die Empfangnahme des Versteigerungserlöses und seine Weiterleitung an den Gläubiger.

2. Vorpfändung (§ 845 ZPO), Aufforderung an Drittschuldner zur Erklärung gemäß § 840 ZPO und Antrag auf Erlass des Pfändungs- und Überweisungsbeschlusses (§§ 829, 835 ZPO) gegen denselben Schuldner aus demselben Vollstreckungstitel.

In § 18 Ziff. 3 Hs. 1 RVG ist übrigens mit „ … bis zur Befriedigung des Gläubigers …" nicht gemeint, dass die Zwangsvollstreckung eine einzige Angelegenheit bis zur **vollständigen** Befriedigung des Gläubigers darstellt. Die Zwangsvollstreckungsangelegenheit endet auch dann, wenn eine Vollstreckungsmaßnahme ganz oder teilweise fehlschlägt, der Gläubiger also nicht das gewünschte Ergebnis erzielt. Dies wäre der oben genannte „sonstige Abschluss der Zwangsvollstreckung". Sonst wären auch die weiter unten folgenden Erläuterungen überflüssig.

> **Merke:**
>
> Dieselbe Angelegenheit liegt dann vor, solange ein innerer Zusammenhang von einzelnen Vollstreckungshandlungen insofern besteht, dass eine einmal eingeleitete Maßnahme **weiterverfolgt** wird, bis sie mit der Befriedigung, teilweisen Befriedigung oder eben auch keiner(!) Befriedigung des Gläubigers **endet**.

Sollten Sie dies nun schon verstanden haben, überspringen Sie die folgenden Sätze. Das Ganze lässt sich auch einfacher ausdrücken: Der RA erhält immer dann seine Vergütung, wenn ein bestimmter Auftrag zur Zwangsvollstreckung beendet ist – gleichgültig, ob seine Tätigkeit für den Auftraggeber erfolgreich war oder nicht. Wie Sie sich erinnern werden, ist dies bei dem Auftrag zur Prozessführung auch nicht anders. Durch § 18 Ziff. 3 Hs. 1 RVG wird verhindert, dass ein Mandant einen Auftrag so formulieren kann, dass der RA erst dann Gebühren verdient, wenn er irgendwann auf irgendeine Weise im Wege der Zwangsvollstreckung von dem Schuldner Geld bekommen hat – dies wäre nämlich ein standesrechtlich unzulässiges Erfolgshonorar.

7.1.2.2.1.2 Verschiedene Angelegenheiten der Zwangsvollstreckung

Beispiele für verschiedene Angelegenheiten:

1. Vollstreckungsauftrag an GVZ, Empfangnahme der Unpfändbarkeitsbescheinigung und Mitteilung an Auftraggeber; nach Verbesserung der Vermögenslage des Schuldners später erneuter Vollstreckungsauftrag an GVZ (= 2 Angelegenheiten).

2. Vollstreckungsauftrag an GVZ; da Gläubiger nur teilweise befriedigt wurde, Antrag auf Erlass eines Pfändungs- und Überweisungsbeschlusses (= 2 Angelegenheiten).

Merke:
Führt ein Vollstreckungsversuch zu keiner oder nur zur teilweisen Befriedigung des Gläubigers, dann ist ein späterer erneuter Versuch keine Fortsetzung des früheren, sodass es sich bei dem erneuten Versuch um eine **neue Angelegenheit** im Sinne des Gebührenrechts handelt.

7.1.2.2.1.3 Begriff der Angelegenheit in der Zwangsvollstreckung

In § 18 Ziff. 3 und Ziff. 6 bis 20 RVG i. V. m. § 19 Abs. 1 und 2 RVG wird der **Begriff der Angelegenheit** in der Zwangsvollstreckung bestimmt. Nachdem in

- § 18 Ziffer 3 RVG die oben beschriebene **grundsätzliche Regelung** getroffen wurde, nennt
- § 19 Absätze 1 und 2 RVG in einer **beispielhaften Aufzählung** Tätigkeiten, die nicht als besondere Angelegenheiten gelten, wogegen
- § 18 Ziffer 6 bis 20 RVG eine **vollständige Aufzählung** von 15 Fällen, die besondere Angelegenheiten sind, beinhaltet.

   Hinweis: In der BRAGO war dies in § 58 sehr übersichtlich an einer Stelle geregelt und so leicht zu finden. Jetzt müssen Sie aus den §§ 18 und 19 RVG in den vielen Ziffern die Ziffern heraussuchen, die die Zwangsvollstreckung betreffen. Eventuell hilft das Markieren der entsprechenden Ziffern im Gesetzestext, besser den Überblick zu gewinnen.

7.1.2.2.2 Keine besonderen Angelegenheiten der Zwangsvollstreckung (§ 19 Abs. 1 und 2 RVG)

Lesen Sie die Aufzählung im Gesetz nach. Es sei noch einmal darauf hingewiesen, dass diese **Aufzählung nur beispielhaft** ist, was bedeutet, dass auch ähnliche Tätigkeiten unter die Absätze 1 und 2 des § 19 RVG fallen. Das ergibt sich aus dem Wort „insbesondere" im Gesetzestext. In Absatz 1 werden wohl hauptsächlich die Ziffern 1, 2, 9, 11, 12 und 15 für Zwangsvollstreckungssachen von Bedeutung sein, der Absatz 2 beschäftigt sich ausschließlich damit.

Die in § 19 Abs. 1 und 2 RVG genannten Handlungen sind **keine besonderen Angelegenheiten**, d. h., für sie erwachsen im Normalfall keine besonderen Gebühren. Entweder gehören sie noch mit zur Tätigkeit des Prozessbevollmächtigten, oder sie sind vorbereitende Tätigkeiten der Zwangsvollstreckung; in beiden Fällen sind sie bereits mit den anderweitig verdienten Gebühren abgegolten.

Keine besonderen Angelegenheiten sind zum Beispiel:

- Anträge auf Erteilung des Notfristzeugnisses und des Rechtskraftzeugnisses (§ 19 Abs. 1 Ziff. 9 RVG)
- Anträge auf erstmalige Erteilung der Vollstreckungsklausel (§ 19 Abs. 1 Ziff. 12 RVG)
- Zustellung des Urteils zur Vorbereitung der Zwangsvollstreckung (§ 19 Abs. 1 Ziff. 15 RVG)
- Antrag auf Zulassung der Zwangsvollstreckung zur Nachtzeit, an Sonn- und Feiertagen (§ 19 Abs. 2 Ziff. 1 RVG)
- Antrag auf Erlass der richterlichen Anordnung der Wohnungsdurchsuchung (§ 19 Abs. 2 Ziff. 1 RVG)
- Die Aufhebung einer Vollstreckungsmaßnahme (§ 19 Abs. 2 Ziff. 5 RVG)

Nur im Sonderfall können für diese Handlungen Gebühren entstehen, und zwar dann, wenn der RA nur mit einer solchen Handlung beauftragt wurde und keine anderen Tätigkeiten ausführt.

> **Merke:**
> Für die in § 19 RVG genannten oder ähnliche Handlungen erwachsen im Normalfall keine besonderen Gebühren.

7.1.2.2.3 Besondere Angelegenheiten der Zwangsvollstreckung (§ 18 Ziff. 6 bis 20 RVG)

Lesen Sie die Aufzählung im Gesetz nach. Es sei noch einmal darauf hingewiesen, dass diese **Aufzählung vollständig** ist, es also keine ähnlichen Tätigkeiten gibt. Für jede der genannten Maßnahmen entstehen als **besondere Angelegenheit** besondere Gebühren, also können in einer Vollstreckungssache auch mehrere Gebühren nebeneinander entstehen.

In jeder besonderen Angelegenheit kann die Auslagenpauschale nach VV Nr. 7002 RVG gesondert berechnet werden.

Jeweils besondere Angelegenheiten sind zum Beispiel:

- Vollstreckungsauftrag an den GVZ (§ 18 Ziff. 3 RVG)
- Antrag auf Erlass eines Pfändungs- und Überweisungsbeschlusses (§ 18 Ziff. 3 RVG)
- Antrag auf Zulassung der Austauschpfändung (§ 18 Ziff. 9 RVG)
- Anträge auf Anordnung einer anderen Verwertungsart nach § 825 ZPO (§ 18 Ziff. 10 RVG)
- Antrag auf Eintragung einer Zwangssicherungshypothek (§ 18 Ziff. 13 RVG)
- Antrag auf Abnahme der eidesstattlichen Versicherung (§ 18 Ziff. 18 RVG)

Dazu gehören jeweils alle Einzelhandlungen, die zur vollständigen Durchführung der betreffenden Vollstreckungsmaßnahme notwendig sind.

Auch die **Androhung der Zwangsvollstreckung** kann eine besondere Angelegenheit sein, wenn die Vollstreckungsvoraussetzungen vorliegen und wenn der RA anschließend keine weiteren Tätigkeiten ausübt, z. B. weil der Schuldner auf die Zahlungsaufforderung hin gezahlt hat.

7.1.2.2.4 Prüfungsschema für praktische Fälle

Wie Sie aus vorstehenden Ausführungen ersehen können, ist die gebührenrechtliche Lösung von Fällen aus der Zwangsvollstreckung entscheidend davon abhängig, dass Sie erkennen, ob es sich darin um eine oder um mehrere verschiedene Angelegenheiten der Zwangsvollstreckung handelt. Dazu müssen Sie prüfen, ob die im Einzelfall ausgeübten Tätigkeiten zu einer Angelegenheit oder zu mehreren gehören. Diese Überlegungen lassen sich mit einem **Prüfungsschema** etwas leichter machen. Die Berechnung der Verfahrensgebühr ist nämlich in Zwangsvollstreckungssachen kein Kunststück, aber häufig die Berechnung des Gegenstandswertes und die Feststellung, wie viele gebührenrechtliche Angelegenheiten vorliegen.

Prüfungsschema

Um festzustellen, ob gebührenrechtlich eine oder mehrere Angelegenheiten der Zwangsvollstreckung vorliegen, sollte man jede einzelne Tätigkeit (Handlung) aus dem jeweiligen Fall in folgender Reihenfolge durchprüfen:

(1) Fällt die Tätigkeit unter die Aufzählung des § 18 Ziff. 6 bis 20 RVG?
▶ Ja: **besondere Angelegenheit**, weiter (4)   ▶ Nein: weiter

(2) Fällt die Tätigkeit unter die Aufzählung des § 19 Abs. 1 und 2 RVG?
▶ Ja: keine besondere Angelegenheit (Ende)   ▶ Nein: weiter

(3) Liegt eine **ähnliche** Tätigkeit wie unter (2) vor?
▶ Ja: keine besondere Angelegenheit (Ende)   ▶ Nein: weiter

(4) Liegt vielleicht eine „**weitere** Vollstreckungshandlung" im Sinne des § 18 Ziff. 3 Hs. 1 RVG vor? (siehe Kapitel 7.1.2.2.1)
▶ Nein: ist eine **besondere Angelegenheit**   ▶ Ja: ist keine

Merke:
Wurden in einer Zwangsvollstreckungssache unterschiedliche Einzeltätigkeiten ausgeübt, so ist zu prüfen, ob diese eine oder mehrere Angelegenheiten bilden.
Für jede besondere Angelegenheit wird eine Vergütungsrechnung einschließlich Auslagen und USt. erstellt.

7.1.3 Der Gegenstandswert in der Zwangsvollstreckung

Zur Ermittlung des Gegenstandswertes in der Zwangsvollstreckung ist es nicht möglich, nach § 23 Abs. 1 RVG die für die Gerichtskosten geltenden Wertvorschriften heranzuziehen, da es solche Wertvorschriften nicht gibt. In gerichtlichen Verfahren der Zwangsvollstreckung sieht das GKG in den Nummern 2110 bis 2115 des Kostenverzeichnisses nämlich Festgebühren vor, sodass hierfür Wertvorschriften überflüssig sind.

Wegen des Fehlens gerichtlicher Wertvorschriften ist eine Regelung der **Bestimmung des Gegenstandswertes** im RVG selbst notwendig. Dabei sind einige **wichtige Besonderheiten** zu berücksichtigen, da z. B. § 4 Abs. 1 ZPO und § 43 Abs. 1 GKG (Nichtberücksichtigung von Nebenforderungen) keine Geltung haben. Im Wesentlichen ist zu beachten:

- Bei der **Zwangsvollstreckung wegen Geldforderungen** bestimmt sich der Gegenstandswert nach dem Betrag der zu vollstreckenden Geldforderung **einschließlich der Nebenforderungen** (§ 25 Abs. 1 Ziff. 1 Hs. 1 RVG). In den Gegenstandswert sind folglich einzurechnen: Hauptforderung, die Kosten des Erkenntnisverfahrens, Zinsen, Kosten früher durchgeführter Vollstreckungsmaßnahmen usw. Es handelt sich bei diesen Vollstreckungsmaßnahmen hauptsächlich um **Pfändungen**, also um Aufträge zur Sachpfändung an den Gerichtsvollzieher oder um Anträge auf Erlass eines Pfändungs- und Überweisungsbeschlusses z. B. zwecks Lohnpfändung.

  Die Wertberechnung ist zu dem **Zeitpunkt** vorzunehmen, zu dem der RA die gebührenpflichtige Tätigkeit vornimmt. Die Kosten der gerade begonnenen Vollstreckungsmaßnahme sind bei der Wertermittlung jedoch außer Acht zu lassen! Die Zinsen werden im Anwaltsbüro bis zu dem Tag berechnet, an dem der RA dem Gerichtsvollzieher den Auftrag zur Pfändung erteilt bzw. einen Antrag an das Gericht stellt.

- Soll nach dem Willen des Gläubigers nur ein **bestimmter Gegenstand gepfändet** werden und hat dieser einen geringeren Wert als der Betrag der beizutreibenden Forderung, so ist nur der geringere Wert dieses Gegenstands der für die Vollstreckungsmaßnahme maßgebliche Gegenstandswert (§ 25 Abs. 1 Ziff. 1 Hs. 2 RVG). Ein bestimmter Gegenstand in diesem Sinne ist der Pfändungsgegenstand, den der Gläubiger hinsichtlich der vorzunehmenden Vollstreckungsmaßnahme als solchen bezeichnet hat, wobei es im Prinzip auf den Wert dieses Gegenstands zum Zeitpunkt der Einleitung der Vollstreckungsmaßnahme ankommt. Für die Wertbemessung ist die (realistische) Einschätzung des Gläubigers zu diesem Zeitpunkt entscheidend. Sollte sich anlässlich der Pfändung erst nachträglich herausstellen, dass der Gläubiger den Wert zu hoch geschätzt hat, so wirkt sich dies nicht aus. Ist umgekehrt schon bei Einleitung der Vollstreckungsmaßnahme für den Gläubiger ersichtlich, dass der zu pfändende Gegenstand wegen seines gegenüber der titulierten Forderung niedrigeren Wertes nicht zu einer vollständigen Befriedigung des Gläubigers führen wird, so muss zwingend der niedrigere Wert dieses bestimmten Gegenstands als Gegenstandswert angesetzt werden.

  Beispiele: (1) Ein Vollstreckungstitel über 8 000,00 EUR plus Nebenforderungen liegt vor. Der Gläubiger beauftragt einen RA, nur das Reitpferd des Schuldners im Werte von 5 000,00 EUR pfänden zu lassen. Der Gegenstandswert beläuft sich auf die 5 000,00 EUR.

  (2) Ein Vollstreckungstitel über 7 000,00 EUR einschließlich Nebenforderungen liegt vor. Der Gläubiger beauftragt einen RA, das Motorrad des Schuldners im Werte von 7 500,00 EUR pfänden zu lassen. Der Gegenstandswert beläuft sich auf 7 000,00 EUR.

  (3) Ein Vollstreckungstitel über 6 000,00 EUR plus Nebenforderungen liegt vor. Da frühere Vollstreckungsversuche fruchtlos verliefen und da der Schuldner von Beruf Kellner ist, soll der GVZ eine Taschenpfändung durchführen. Bei einer Taschenpfändung soll ebenfalls nur ein bestimmter Gegenstand gepfändet werden, und zwar das Bargeld, welches der Schuldner bei sich trägt. Er wird sicherlich keine 6 000,00 EUR Trinkgelder herumtragen, sondern vielleicht 100,00 EUR. Nach diesen erwarteten 100,00 EUR richtet sich der Wert und nicht nach der Gläubigerforderung.

- Ein bestimmter zu pfändender Gegenstand kann auch eine Forderung sein. Für den Fall der **Forderungspfändung** ist **umstritten**, ob § 25 Abs. 1 Ziff. 1 Hs. 2 RVG anwendbar ist. In der jüngeren Rechtsprechung hierzu wird schlüssig begründet, dass der Gegenstandswert der Forderungspfändung sich nach dem Wert der Gläubigerforderung richtet, auch wenn sich später herausstellt, dass der Betrag der gepfändeten Forderung geringer ist. Nur wenn der Gläubiger von vornherein weiß, dass die beim Drittschuldner zu pfändende Forderung nicht zu seiner vollständigen Befriedigung führen wird, ist deren gegenüber der Gläubigerforderung geringerer Betrag als Gegenstandswert heranzuziehen. Im Regelfall wird sich jedoch der Gläubiger vollständige Befriedigung versprechen. Dies entspricht wohl nunmehr der Mehrheitsmeinung.

Beispiele: (1) Ein Vollstreckungstitel über 8 000,00 EUR einschließlich Nebenforderungen liegt vor. Der Gläubiger beauftragt einen RA, das Arbeitseinkommen des Schuldners pfänden zu lassen. Der Gläubiger verspricht sich davon – wenn auch nicht auf einmal – seine vollständige Befriedigung. Der Gegenstandswert beläuft sich auf die 8 000,00 EUR.

(2) Ein Vollstreckungstitel über 7 000,00 EUR einschließlich Nebenforderungen liegt vor. Der Gläubiger beauftragt einen RA, beim Drittschuldner eine Forderung des Schuldners auf Rückzahlung eines Darlehens in Höhe von 3 000,00 EUR pfänden zu lassen. Der Gegenstandswert beläuft sich auf die 3 000,00 EUR.

3. Ein Vollstreckungstitel über 6 000,00 EUR einschließlich Nebenforderungen liegt vor. Der Gläubiger beauftragt einen RA, das Arbeitseinkommen des Schuldners pfänden zu lassen. Der Gläubiger verspricht sich davon seine vollständige Befriedigung. Der Pfändungs- und Überweisungsbeschluss wird erwirkt, dann stellt sich heraus, dass kein Arbeitsverhältnis mehr besteht. Der Wert der zu pfändenden Forderung ist nachträglich gesehen also 0,00 EUR. Der Gegenstandswert beläuft sich gemäß der ursprünglichen Einschätzung durch den Gläubiger auf die 6 000,00 EUR.

- Wird bei Pfändungs- und Überweisungsbeschlüssen gemäß § 850 d Abs. 3 ZPO **wegen gesetzlicher Unterhaltsansprüche** oder wegen einer Geldrente aus Anlass einer Verletzung des Körpers oder der Gesundheit auch das erst zukünftig fällig werdende Arbeitseinkommen gepfändet (so genannte Vorratspfändung), so ist § 25 Abs. 1 Ziff. 1 Hs. 3 RVG zu beachten: In den Gegenstandswert wird der bis zum Zeitpunkt der Antragstellung rückständige fällige Unterhalt und zusätzlich der Jahresbetrag des Unterhalts eingerechnet (§ 42 Abs. 1 GKG); bei Rentenforderungen aus Anlass einer Körperverletzung gilt § 42 Abs. 2 GKG, also wird in diesem Fall der fünffache Jahresbetrag berechnet.

- Wird die Vollstreckung nur wegen eines Teilbetrages der titulierten Forderung betrieben, so ist nur dieser **Teilbetrag**, nicht der Betrag der gesamten Forderung, der maßgebende Wert.

Beispiel: Ein Vollstreckungstitel über 8 000,00 EUR liegt vor. Der Gläubiger vermutet, dass beim Schuldner nicht mehr als 2 000,00 EUR zu holen seien. Um Kosten zu sparen, beauftragt er einen RA, nur wegen eines Teilbetrages von 2 000,00 EUR pfänden zu lassen. Der Gegenstandswert beläuft sich auf die 2 000,00 EUR.

- Im **Verteilungsverfahren** (§ 858 Abs. 5, §§ 872 bis 877 und 882 ZPO) ist höchstens der zu verteilende Geldbetrag maßgebend, nicht der Betrag der titulierten Forderungen, wenn dieser höher ist (§ 25 Abs. 1 Ziff. 1 Hs. 4 RVG).

- Wenn die Zwangsvollstreckung wegen anderer Ansprüche als Geldforderungen betrieben wird, kann es logischerweise keinen Betrag der zu vollstreckenden Geldforderung geben. Deshalb bestimmt sich der Gegenstandswert bei Vollstreckung wegen eines Anspruches auf **Herausgabe von Sachen** nach dem Verkehrswert der herauszugebenden oder zu leistenden Sachen (§ 25 Abs. 1 Ziff. 2 RVG). Jedoch darf bei der Räumung oder Herausgabe von Mietraum der nach § 41 Abs. 2 GKG zu berechnende Jahresbetrag des Mietzinses nicht überschritten werden.

- In den Verfahren zur Ausführung der Zwangsvollstreckung auf Vornahme einer **Handlung** oder zur Verurteilung zu einem Ordnungsgeld bei einem Titel auf **Unterlassung** oder **Duldung** wird der Gegenstandswert nach dem Wert bestimmt, den der Anspruch für den Gläubiger hat (§ 25 Abs. 1 Ziff. 3 RVG).

- Bei Verfahren zur Abnahme der **eidesstattlichen Versicherung** nach § 807 ZPO ist als Ausnahme bei der Wertermittlung zu beachten, dass der **Gegenstandswert höchs-**

tens 1 500,00 EUR betragen darf (§ 25 Abs. 1 Ziff. 4 RVG)! Dies ist übrigens eine beliebte Prüfungsfrage.

Frühere Unklarheiten bei der Wertberechnung in diesem Verfahren sind durch die Neufassung des Gesetzes erfreulicherweise beseitigt worden: Der Gegenstandswert richtet sich nach dem Betrag der Hauptforderung, der aus dem Vollstreckungstitel noch geschuldet wird, wobei die Nebenforderungen – wie allgemein bei der Zwangsvollstreckung wegen Geldforderungen – mit eingerechnet werden.

Im Verfahren zur Abnahme der eidesstattlichen Versicherung werden also zur noch offenen Hauptforderung die noch offenen Zinsen und Kosten hinzugerechnet, wobei die Obergrenze für den Gegenstandswert von 1 500,00 EUR zu beachten ist. Mit „noch offen" ist übrigens gemeint, dass der Schuldner diese Beträge noch nicht gezahlt hat.

- In Verfahren über insbesondere **Vollstreckungsschutzanträge** des Schuldners ist der Gegenstandswert nach dem Interesse des Antragstellers nach billigem Ermessen zu bestimmten (§ 25 Abs. 2 RVG). Der Grund für diese Regelung liegt darin, dass in diesen Fällen der Gegenstandswert vom gestellten Antrag abhängig ist und deshalb nicht immer genauso hoch sein muss wie der zu vollstreckende Anspruch.

- Der Gegenstandswert ist zu dem **Zeitpunkt** festzustellen, in dem der RA tätig wird, also z. B. an dem Tag der Antragstellung – das ist der Tag, an dem der Antrag abgesandt wird. Die **bis zum Tag der Antragstellung** in der Zwangsvollstreckungssache angefallenen noch offenen Zinsen und Kosten werden also zur einzutreibenden Hauptforderung hinzugerechnet.

    Anmerkung: Dies ist jedoch umstritten. Teilweise wird die Ansicht vertreten, dass der Zeitpunkt der Einreichung des Antrages bei Gericht entscheidend sei. Die wohl gängige Praxis ist, den Zeitpunkt des Tätigwerdens des RA als maßgeblich anzusehen

- **Weitere Hinweise** zum Gegenstandswert siehe in Kapitel 7.1.4.2.

Merke:

Bei Pfändungen setzt sich der Gegenstandswert zusammen aus: Hauptforderung zuzüglich bis zum Tag der Antragstellung entstandener Kosten und Zinsen. Die Kosten der gerade eingeleiteten Vollstreckungshandlung gehören jedoch nicht dazu!

Bei Pfändung eines bestimmten Gegenstandes ist dessen Wert maßgeblich, wenn er geringer ist als der Betrag der Forderung.

Bei Pfändung wegen einer Teilforderung ist deren Wert maßgeblich.

Bei Verfahren zur Abnahme der eidesstattlichen Versicherung darf der Gegenstandswert höchstens 1 500,00 EUR betragen.

Ein Beispiel für eine Vergütungsrechnung finden Sie in Kapitel 7.1.8.

7.1.3.1 Die Berechnung von Zinsen in der Zwangsvollstreckung

Die Gebühren des RA für Vollstreckungsmaßnahmen können nur auf der Grundlage eines richtig berechneten Gegenstandswertes in der richtigen Höhe ermittelt werden. Dazu ist die Berechnung der bisher in der Vollstreckungssache aufgelaufenen Zinsen notwendig. Da diese Zinsen den Gegenstandswert erhöhen, kann es sein, dass durch die Einberechnung der Zinsen in den Streitwert die nächsthöhere Wertstufe in der Gebührentabelle erreicht wird. Wenn Sie die Zinsrechnung nicht beherrschen, kann Folgendes eintreten: Werden die Zinsen nicht oder zu niedrig berechnet, verschenkt der RA ihm zustehende Gebühren; werden die Zinsen zu hoch berechnet, werden überhöhte Gebühren verlangt!

> **Merke:**
> Bei Zwangsvollstreckungsaufträgen sind zur Ermittlung der Anwaltsgebühren die richtig berechneten Zinsen bis zum Tag der Antragstellung in den Gegenstandswert einzurechnen.

Der Euro-Betrag der bis zum Tag der Antragstellung berechneten Zinsen wird genaugenommen nur für die Ermittlung der RA-Vergütung benötigt und wird deshalb zusammen mit den bisher aufgelaufenen Kosten zur Begründung des Gegenstandswertes in den Vollstreckungsauftrag aufgenommen. Bei der Pfändung müssen die Zinsen dann sowieso vom GVZ errechnet werden, da sie bis zum Pfändungstag weiterlaufen. Wenn man sie nun aber schon einmal wegen des Gegenstandswertes berechnet hat, kann man sie selbstverständlich auch deshalb in den Antrag mit aufnehmen, damit der GVZ dann nur die weiteren Zinsen bis zum Tag der Pfändung zu berechnen braucht.

Bei der Berechnung von Zinsen im Zusammenhang mit der Zwangsvollstreckung sind gegenüber den normalerweise in der Schule erlernten Methoden der Zinsberechnung **einige Besonderheiten** zu beachten:

7.1.3.1.1 Die Berechnung der Zinstage in der Zwangsvollstreckung

Hier ist eine **Besonderheit der Zinsberechnung** zu beachten: Im Gegensatz zu der bei der kaufmännischen Zinsrechnung üblicherweise gültigen Regel, dass der erste Tag – an dem z. B. das Kapital eingezahlt wird – nicht mitgerechnet wird, der letzte Tag aber mitgerechnet wird, gilt für die Zinsrechnung im Rahmen der Zwangsvollstreckung folgende **Regel**:

> **Merke:**
> Bei dem zu verzinsenden Zeitraum werden sowohl der erste als auch der letzte Tag des angegebenen Zeitraums mitgerechnet.

Dies gilt z. B. auch in den Fällen des Schuldnerverzuges. Lassen Sie uns dies gemeinsam überlegen: Wenn der Schuldner nicht rechtzeitig zahlt, kommt er in **Zahlungsverzug** entweder

(1) mit dem Zugang einer Mahnung (§ 286 Abs. 1 S. 1 BGB) oder

(2) mit Ablauf eines kalendermäßig festgelegten Zahlungstermins (§ 286 Abs. 2 Ziff. 1 BGB) oder

(3) nach Ablauf von 30 Tagen nach Zugang einer Rechnung oder einer gleichwertigen Forderungsaufstellung (§ 286 Abs. 3 BGB).

Der Verzug beginnt in den drei Fällen am jeweils darauf folgenden Tag (um 0.00 Uhr), der somit der erste Tag ist, an dem der Schuldner Verzugszinsen zahlen muss. Dieser **erste Verzugstag** wird folglich voll mitgerechnet.

Der Beginn der **Verzinsung der Hauptforderung** ergibt sich bei Urteilen aus dem im Urteil genannten Tag (**z. B.: „.... nebst Zinsen in Höhe von 5 Prozentpunkten über dem jeweiligen Basiszinssatz seit dem ..."**), ebenso bei Vollstreckungsbescheiden.

Die **Verzinsung von festgesetzten Prozesskosten** beginnt gemäß § 104 Abs. 1 S. 2 ZPO seit dem Tag, an dem der Kostenfestsetzungsantrag bei dem Gericht einging. Im Kostenfestsetzungsbeschluss wird vom Gericht als Beginn der Verzinsung der Tag des Eingangs des Antrags eingesetzt. Dieser Tag ist bei der Verzinsung bereits zu berücksichtigen. Angenommen, der Schuldner zahlt am nächsten Tag, so muss er folglich für zwei Tage Zinsen zahlen.

Beim **vereinfachten Kostenfestsetzungsverfahren** ohne förmlichen Antrag nach § 105 Abs. 2 ZPO beginnt die Verzinsung mit dem Tag der Verkündung des Urteils (§ 104 Abs. 1 S. 2 ZPO). Das Gleiche gilt auch für die im Vollstreckungsbescheid festgesetzten Verfahrenskosten ab dem Tag des Erlasses des Vollstreckungsbescheids (§ 699 Abs. 3 ZPO).

Merke zum Beginn der Verzinsung:

Schuldnerverzug = Tag nach Zugang der Mahnung, Tag nach festem Termin, Tag nach Ablauf des 30. Tages nach Rechnungszugang.

Urteil = im Urteil genannter Tag.

Kostenfestsetzungsbeschluss = Tag des Eingangs des Antrags bei Gericht.

Vereinfachte Kostenfestsetzung = Tag der Verkündung des Urteils.

Der **letzte Tag**, an dem die Zahlung erfolgt, wird mitgerechnet, da die Verzinsungspflicht bereits mit dem Anfang eines Tages beginnt. Man berechnet Zinsen eben immer nach vollen Tagen.

Merke:

Werden Verzugszinsen oder Zinsen auf festgesetzte Kosten berechnet, so muss folglich, wenn die Zinstage nach der üblichen Subtraktionsmethode ermittelt werden, dem Ergebnis noch 1 Tag zugezählt werden.

Beispiel 1: Eine Mahnung geht am 27. 08. zu. Verzugszinsen sind vom 28. 08. bis 31. 12. zu berechnen.

Lösung: 30 Tage (!),   12 Monate
          − 28 Tage,   8 Monate
           2 Tage,   4 Monate   = 2 + 120 Tage = 122 Tage
                                     + __1 Tag__ !
                                       123 Tage

Beispiel 2: Eine Mahnung geht am 27. 08. zu. Verzugszinsen sind vom 28. 08. bis zum 15. 10. zu berechnen.

Lösung: 15 Tage   10 Monate
          − 28 Tage   8 Monate
          − 13 Tage   2 Monate   = 60 Tage − 13 Tage = 47 Tage
                                     + __1 Tag__
                                       48 Tage

Beispiel 3: Eine Mahnung geht am 27. 08. 2005 zu. Verzugszinsen sind vom 28. 08. 2005 bis zum 20. 07. 2007 zu berechnen.

Lösung: 20 Tage   7 Monate   2007 Jahre
          − 28 Tage   8 Monate   2005 Jahre
          − 8 Tage   − 1 Monat   2 Jahre   = 720 Tage − 30 Tage − 8 Tage
                                             = 682 Tage
                                             + __1 Tag__
                                               683 Tage

Anstatt „negative Tage" zu berechnen, lässt sich auch eine Subtraktion mit „Borgen" von Monaten und Jahren durchführen.

7.1.3.1.2 Kaufmännisches und bürgerliches Zinsrechnen

Zu beachten ist noch, dass Zinsen in Deutschland nur unter Kaufleuten nach der Methode berechnet werden, dass das Jahr 360 Tage und ein Monat 30 Tage hat. Unter Privatleuten (**bürgerliche Zinsrechnung**) gilt, dass das Jahr 365 (Schaltjahr: 366) Tage hat und der Monat so lang ist, wie es im Kalender steht. Z. B. hat der Februar dann also auch zinsmäßig nur 28 Tage (29 Tage). Da dies in der Praxis meist nicht beachtet wird, wird es wohl nicht schaden, wenn Sie die Zinsen auch für Privatleute nach der kaufmännischen Methode berechnen.

[In den **Lösungen zu den Übungsaufgaben** werden aus diesem Grund die Zinstage nach der kaufmännischen Methode berechnet.]

Weiterhin muss bei der bürgerlichen Zinsrechnung entgegen dem, was Sie möglicherweise woanders gelernt haben, auch mit den Centbeträgen des Kapitals gerechnet werden. Die Cents dürfen also nicht etwa weggelassen werden.

> **Merke:**
> Unter Privatleuten müssen Zinsen nach der bürgerlichen Zinsrechnung berechnet werden, also sind die Zinstage nach dem Kalender zu ermitteln.
> Dies wird in der Praxis aber meist nicht beachtet.
> Sollte sich aber ein privater Schuldner gegen die kaufmännische Art der Zinsberechnung zur Wehr setzen, müssen Sie die bürgerliche Zinsrechnung anwenden.

7.1.4 Die Gebühren für Tätigkeiten in der Zwangsvollstreckung

7.1.4.1 Grundsätzliches

Für seine Tätigkeit im Zwangsvollstreckungsverfahren erhält der RA eine **0,3 Verfahrensgebühr** nach VV Nr. 3309 RVG. Eine **0,3 Terminsgebühr** gemäß VV Nr. 3310 RVG kann dem RA z. B. bei Wahrnehmung eines Termins zur Abnahme der eidesstattlichen Versicherung erwachsen. Die Terminsgebühr entsteht nach der Anmerkung zu VV Nr. 3310 RVG nur für die Teilnahme an einem gerichtlichen Termin oder einem Termin zur Abnahme der eidesstattlichen Versicherung; sie entsteht folglich nicht für Besprechungen außerhalb des Gerichts, die auf eine Erledigung des Verfahrens zielen! Gerichtliche Termine mit Ausnahme des Termins zur Abnahme der eidesstattlichen Versicherung sind in Zwangsvollstreckungssachen eher selten. Eine „**Vollstreckungsgebühr**" anstelle der Verfahrensgebühr gibt es übrigens begrifflich im RVG nicht, jedoch wird diese Bezeichnung in der Praxis häufig verwendet.

Diese Gebühren sind **Verfahrenspauschgebühren**, d. h., sie entgelten nicht Einzeltätigkeiten, sondern jeweils die Gesamtheit aller zu einer Vollstreckungsmaßnahme (= Angelegenheit; siehe Kapitel 7.1.2) gehörenden Vollstreckungshandlungen.

Diese Gebühren erhält sowohl der RA des Gläubigers als auch ein eventuell für den Schuldner tätiger RA.

Folgendes ist derzeit **umstritten**: Unter den Voraussetzungen der Nrn. 1000 oder 1003 VV RVG (siehe Kapitel 1.6.1.1) kann auch während der Zwangsvollstreckung neben den Gebühren der Nrn. 3309 und 3310 VV RVG eine **Einigungsgebühr** in Höhe von 1,0 (VV Nr. 1003 RVG) entstehen, wenn gleichzeitig eine Vollstreckungsmaßnahme durch das Vollstreckungsgericht betrieben wird. Wenn kein gerichtliches Verfahren anhängig ist, beträgt der Gebührensatz der Einigungsgebühr 1,5 (VV Nr. 1000 RVG). Häufig werden in Vollstreckungssachen Ratenzahlungen mit dem Schuldner vereinbart, was dem Gläubiger die Mühe der Vollstreckung erspart und dem Schuldner den Verdruss. Die bloße Bereitschaft des Schuldners zu Ratenzahlungen kann zwar nicht als Nachgeben im Sinne des § 779 BGB (siehe insbesondere auch Abs. 2) verstanden werden, aber sie beseitigt zumindest die Ungewissheit über die Realisierung des titulierten Anspruchs. Da eine Einigungsgebühr dafür entsteht, dass die „Ungewissheit der Parteien über ein Rechtsverhältnis beseitigt" wird, könnte für die Ratenvereinbarung eine Einigungsgebühr berechnet werden. Auf der anderen Seite besteht natürlich keine Ungewissheit über den Anspruch, denn darüber liegt ja immerhin ein Vollstreckungstitel vor. Es bleibt also abzuwarten, wie die Gerichte in der Frage „Einigungsgebühr auch in Vollstreckungsangelegenheiten" zukünftig entscheiden werden. Es ist auch denkbar, dass der Gesetzgeber bei der Formulierung der Voraussetzungen der Einigungsgebühr nicht an diese Auslegungsmöglichkeit gedacht hat.

Die Gebühren für die Zwangsvollstreckung werden immer mit einem Gebührensatz von 0,3 berechnet und auch bei vorzeitiger Beendigung des Auftrags nie geringer, da es im RVG keinen niedrigeren Gebührensatz als 0,3 gibt. .

Wird auftragsgemäß nur wegen eines **Teilbetrags der Forderung** vollstreckt, so ist der Teilbetrag Gegenstandswert. Wird mehrmals wegen eines Teilbetrags der Forderung vollstreckt, dann kann die Gebühr für jeden Teilauftrag gesondert berechnet werden (§ 8 RVG), jedoch darf die Summe der einzelnen Gebühren nicht 0,3 nach dem Gesamtbetrag der einzelnen Teilbeträge überschreiten (vgl. § 36 Abs. 2 GKG, Kapitel 2.2.5.2). Es handelt sich hierbei um eine dem § 15 Abs. 3 RVG ähnliche Regelung, nur gibt es keine unterschiedlich hohen Gebührensätze. Es empfiehlt sich in solchen Fällen, die Sache erst nach ihrer vollständigen Erledigung abzurechnen, wobei dann nur eine Gebühr nach der Summe der Teilbeträge zu berechnen ist.

Auch in Zwangsvollstreckungssachen kann der RA **Hebegebühren** für die Weiterleitung der vom Schuldner oder GVZ eingegangenen Zahlungen berechnen, sofern ein entsprechender Auftrag des Gläubigers vorliegt (VV Nr. 1009 RVG; siehe auch Kapitel 1.6.1.3).

> **Merke:**
> Im Regelfall erwächst dem RA in Zwangsvollstreckungsangelegenheiten eine 0,3 Verfahrensgebühr (Vollstreckungsgebühr) gemäß VV Nr. 3309 RVG.

Ein Beispiel für eine Vergütungsrechnung in Vollstreckungssachen finden Sie in Kapitel 7.1.8.

7.1.4.2 Einzelne Gebührenfälle in der Zwangsvollstreckung

7.1.4.2.1 Vollstreckungsschutzanträge (§ 18 Ziff. 8 RVG)

Da **Vollstreckungsschutzverfahren** nach § 18 Ziff. 8 RVG selbstständige Angelegenheiten bilden, erwachsen dem RA die Gebühren nach VV Nrn. 3309, 3310 RVG. Es handelt sich um das Verfahren über Anträge nach den §§ 765 a, 813 b, 851 a oder 851 b ZPO. Hierzu gehören nur **gerichtliche** Verfahren, nicht jedoch z. B. ein Aufschub, den der GVZ nach § 765 a Abs. 2 ZPO gewährt.

Gegenstandswert ist in der Regel der Wert des Gegenstandes der Vollstreckung (§ 25 Abs. 2 RVG).

7.1.4.2.2 Zulassung der Austauschpfändung (§ 18 Ziff. 9 RVG)

Im **Verfahren auf Zulassung der Austauschpfändung** nach § 811 a ZPO kann der RA die Gebühren nach VV Nrn. 3309, 3310 RVG gemäß § 18 Ziff. 9 RVG gesondert erhalten.

Der **Gegenstandswert** ergibt sich aus dem Wert der Gläubigerforderung oder dem Wert des zu schätzenden Überschusses des Versteigerungserlöses für den ausgetauschten Gegenstand. Der Gegenstandswert ist davon der niedrigere Wert (§ 25 Abs. 1 Ziff. 1 Hs. 2 RVG).

Die **vorläufige Austauschpfändung** durch den GVZ (§ 811 b ZPO) gehört nicht hierzu, da sie in § 18 Ziff. 9 RVG nicht genannt ist. Hierfür entstehen also keine besonderen Gebühren.

7.1.4.2.3 Anderweitige Verwertung (§ 18 Ziff. 10 RVG)

Da es sich nach Ziff. 10 bei den Verfahren über **Anträge auf anderweitige Verwertung** gemäß § 825 ZPO um eine besondere Angelegenheit handelt, erhält der RA gesonderte Gebühren nach den Nrn. 3309, 3310 VV RVG.

Als **Gegenstandswert** ist der Betrag der Forderung des Gläubigers anzunehmen, wenn nicht der Wert des Pfandgegenstandes geringer ist (§ 25 Abs. 1 Ziff. 1 Hs. 2 RVG).

7.1.4.2.4 Eintragung einer Zwangssicherungshypothek (§ 18 Ziff. 13 RVG)

Nach § 867 ZPO wird auf Antrag des Gläubigers eine **Zwangssicherungshypothek** in das Grundbuch eingetragen. Da es sich bei diesem Verfahren gemäß § 18 Ziff. 13 um eine besondere Angelegenheit handelt, erhält der RA gesonderte Gebühren nach den Nrn. 3309, 3310 VV RVG.

Als **Gegenstandswert** ist die durch die Eintragung abzusichernde Gläubigerforderung nebst Zinsen und Kosten anzunehmen.

7.1.4.2.5 Vertretbare Handlung (§ 18 Ziff. 14 RVG)

Wenn der Schuldner verurteilt worden ist, eine Handlung vorzunehmen, deren **Vornahme auch durch einen Dritten** erfolgen kann, so ist der Gläubiger von dem Prozessgericht des ersten Rechtszuges auf Antrag zu ermächtigen, selbst die Handlung **auf Kosten des Schuldners** vorzunehmen, wenn der Schuldner die Handlung nicht vorgenommen hat (§ 887 ZPO). Eine solche Handlung wird als **vertretbare Handlung** bezeichnet, im Gegensatz zur unvertretbaren Handlung, die nur vom Schuldner selbst vorgenommen werden kann.

Beispiel: Vertretbare Handlungen sind die Anfertigung oder die Reparatur von Sachen.

Das Verfahren gemäß § 887 **Abs. 1** ZPO über den Antrag des Gläubigers auf **Ermächtigung, auf Kosten des Schuldners** eine vertretbare Handlung vornehmen zu lassen, ist eine **Angelegenheit im Sinne von § 18 Ziff. 3 RVG**, für die Gebühren nach den Nrn. 3309, 3310 VV RVG erwachsen. Diese Tätigkeit des RA ist also **nicht in § 18 Ziff. 14 RVG geregelt**, da sie unter die allgemeine Gebührenvorschrift des § 18 Ziff. 3 RVG fällt. **Gegenstandswert** ist in der Regel der Wert der vorzunehmenden Handlung (§ 25 Abs. 1 Ziff. 3 RVG).

Der Gläubiger kann auch zugleich mit dem Antrag gemäß § 887 Abs. 1 ZPO beantragen, den Schuldner zur Vorauszahlung dieser Kosten zu verurteilen. Dieser Antrag gemäß § 887 Abs. 2 ZPO, den Schuldner zur Vorauszahlung der Kosten der Ersatzvornahme zu verurteilen, gehört auf jeden Fall gebührenrechtlich zu dem Antrag gemäß § 887 Abs. 1 ZPO, sodass hierfür keine besonderen Gebühren zusätzlich entstehen.

Erst wenn dann aus dem **Beschluss gemäß** § 887 **Abs. 2** ZPO die **Zwangsvollstreckung wegen Vorauszahlung dieser Kosten** betrieben wird, stellt dies nach **§ 18 Ziff. 14 RVG** eine besondere Angelegenheit dar, für die die Gebühren nach den Nrn. 3309, 3310 VV RVG gesondert anfallen. **Gegenstandswert** ist in diesem Falle der beizutreibende Kostenbetrag.

Beispiel: Ein Schuldner ist verurteilt worden, eine Sache zu reparieren. RA Meier stellt auftragsgemäß für den Gläubiger erstens den Antrag auf Ermächtigung, die Reparatur auf Kosten des Schuldners vornehmen zu lassen und beantragt zugleich, zweitens den Schuldner zur Vorauszahlung der hierdurch entstehenden Kosten zu verurteilen. Beide Anträge bilden zusammen nur eine Angelegenheit der Zwangsvollstreckung, sodass RA Meier hierfür nur einmal Gebühren nach den Nrn. 3309, 3310 VV RVG erhält.

Wenn nun RA Meier aus dem Beschluss, womit der Schuldner zur Vorauszahlung der Kosten verurteilt wird, ebenfalls die Zwangsvollstreckung betreibt, z. B. durch Pfändungsauftrag an den GVZ, dann handelt es sich gemäß § 18 Ziff. 14 RVG um eine besondere Angelegenheit, in der die Gebühren nach § 18 Ziff. 14, VV Nrn. 3309, 3310 RVG zusätzlich entstehen.

7.1.4.2.6 Unvertretbare Handlung (§ 18 Ziff. 15 RVG)

Die **unvertretbare Handlung** unterscheidet sich von der vertretbaren Handlung dadurch, dass nur der Schuldner, nicht aber ersatzweise ein Dritter diese Handlung vornehmen kann.

Beispiele: Erteilung einer Auskunft, Erklärung des Widerrufs einer Behauptung, Arbeitszeugnis ausstellen.

Wenn der Schuldner die unvertretbare Handlung, zu der er verurteilt wurde, nicht vornimmt, kann der Gläubiger gemäß § 888 ZPO einen Antrag beim Prozessgericht stellen, das durch Beschluss ein **Zwangsgeld oder Zwangshaft** für den Fall festsetzt, dass die Handlung nicht bis zu einem bestimmten Termin vorgenommen wird. Der Beschluss ist Vollstreckungstitel (§ 794 Abs. 1 Ziff. 3 ZPO), der dem Schuldner zuzustellen ist (§ 329 Abs. 3 ZPO). Nach fruchtlosem Fristablauf kann der Gläubiger den GVZ mit der Vollstreckung des Beschlusses beauftragen. Obwohl das Zwangsgeld an die Staatskasse zu zahlen ist, erfolgt die Vollstreckung nicht von Amts wegen, sondern auf Betreiben des Gläubigers durch den GVZ.

Das gesamte Verfahren gemäß § 888 ZPO bildet nach § 18 Ziff. 15 RVG eine einzige Angelegenheit, von der Antragstellung bis zur Zwangsvollstreckung. Dies gilt auch, wenn mehrmals Anträge auf Festsetzung eines Zwangsgeldes gestellt werden. Die Gebühren nach § 18 Ziff. 15, VV Nrn. 3309, 3310 RVG erhält der RA also nur einmal. Der **Gegenstandswert** richtet sich nicht nach der Höhe des Zwangsgeldes, sondern nach dem Wert der zu erzwingenden Handlung (§ 25 Abs. 1 Ziff. 3 RVG).

7.1.4.2.7 Unterlassung und Duldung (§ 18 Ziff. 16 RVG)

In einem Urteil oder in einem Prozessvergleich kann ausgesprochen sein, dass der Schuldner bestimmte Unterlassungs- oder Duldungspflichten hat.

Beispiele: Unterlassung unlauteren Wettbewerbs, Unterlassung der Verletzung eines Urheberrechts, Duldung der Benutzung eines Wegerechtes durch den Berechtigten.

Ein solcher Titel wird in der Weise vollstreckt, dass auf Antrag des Gläubigers das Prozessgericht des ersten Rechtszuges für den Fall der Zuwiderhandlung ein Ordnungsgeld und für den Fall, dass dieses nicht beigetrieben werden kann, Ordnungshaft oder gleich von vornherein Ordnungshaft bis zu 6 Monaten durch Beschluss festsetzt (§ 890 Abs. 1 ZPO). Dieser Festsetzung muss nach § 890 Abs. 2 ZPO eine entsprechende Androhung vorausgehen, die aber im Regelfall bereits im Urteil enthalten ist. Der Ausdruck „verurteilen" in § 890 Abs. 1 ist übrigens nicht wörtlich zu nehmen, da die Entscheidung durch Beschluss ergeht, was ohne mündliche Verhandlung geschehen kann (§§ 891 S. 1, 128 Abs. 4 ZPO).

Wird bei der Zwangsvollstreckung wegen Unterlassung oder Duldung der Antrag auf **Androhung eines Ordnungsgeldes oder der Ordnungshaft** gestellt (§ 890 Abs. 2 ZPO), so ist dies nach § 19 Abs. 2 Ziff. 4 RVG **keine besondere Angelegenheit**, sodass der RA hierfür keine gesonderten Gebühren erhält. Entweder gehört der Antrag noch zum Rechtszug des Prozesses oder, falls der RA nicht Prozessbevollmächtigter war, ganz allgemein zur Zwangsvollstreckung. Dieser Antrag ist aber nur dann notwendig, wenn die Androhung nicht im Urteil enthalten ist bzw. immer bei Vollstreckung aus einem Vergleich.

Dagegen ist gemäß § 18 Ziff. 16 RVG jeder einzelne **Antrag auf Verurteilung zu einem Ordnungsgeld oder zur Ordnungshaft** eine **besondere Angelegenheit**, sodass hierfür jeweils besondere Gebühren nach den Nrn. 3309, 3310 VV RVG entstehen.

Der **Gegenstandswert** richtet sich nicht nach der Höhe des Ordnungsgeldes, sondern nach dem Interesse des Gläubigers an der zu erzwingenden Unterlassung oder Duldung (§ 25 Abs. 1 Ziff. 3 RVG). Meistens wird man hier den Wert des Klageanspruchs nehmen können.

Die Ordnungsmittel werden in diesem Falle von Amts wegen vollstreckt, also ohne Mitwirkung eines RA, dem folglich für deren Vollstreckung auch keine Gebühren erwachsen können. Beigetriebenes Ordnungsgeld fließt der Staatskasse zu.

Beispiele: (Fall 1:) RA Arm stellt Antrag auf Androhung eines Ordnungsgeldes, woraufhin der Schuldner den Wettbewerbsverstoß unterlässt. RA Arm hat nach der allgemeinen Vorschrift des § 18 Ziff. 3 RVG Anspruch auf Gebühren der Nrn. 3309, 3310 VV RVG.

(Fall 2:) RA Bein stellt Antrag auf Androhung eines Ordnungsgeldes und, nachdem der Schuldner den Wettbewerbsverstoß weiterhin nicht unterlässt, Antrag auf Verurteilung zu einem Ordnungsgeld. RA Bein hat für beide Anträge zusammen Anspruch auf Gebühren nach § 18 Ziff. 16, VV Nrn. 3309, 3310 RVG.

Nach Zahlung des Ordnungsgeldes handelt der Schuldner erneut der Verpflichtung zur Unterlassung zuwider. RA Bein stellt erneut einen Antrag auf Verurteilung zu einem Ordnungsgeld. RA Bein hat erneut Anspruch auf Gebühren nach § 18 Ziff. 16, VV Nrn. 3309, 3310 RVG.

7.1.4.2.8 Eidesstattliche Versicherung (§ 18 Ziff. 18 RVG)

Das Verfahren zur Abnahme der eidesstattlichen Versicherung nach den §§ 807, 883, 899 ff. ZPO ist gemäß § 18 Ziff. 18 RVG eine besondere Angelegenheit.

Das Verfahren beginnt nach § 900 Abs. 1 ZPO mit einem Antrag an den GVZ beim zuständigen Amtsgericht (§ 899 ZPO). Der GVZ nimmt dem Schuldner die eidesstattliche Versicherung unter den in § 807 ZPO genannten Voraussetzungen ab, wenn

1. die Pfändung nicht zur vollständigen Befriedigung des Gläubigers geführt hat,
2. der Gläubiger die Aussichtslosigkeit der Pfändung glaubhaft macht,
3. der Schuldner die Durchsuchung (§ 758 ZPO) verweigert hat, oder
4. der GVZ den Schuldner wiederholt und nach einer Vorankündigung nicht in seiner Wohnung angetroffen hat.

Da der Schuldner erst nach drei Jahren eine erneute eidesstattliche Versicherung abzugeben hat (§ 903 ZPO), muss der GVZ vor jeder Abnahme der Versicherung prüfen, ob der Schuldner bereits im Schuldnerverzeichnis eingetragen ist.

Der GVZ **kann** die eidesstattliche Versicherung auch sofort nach einer fruchtlosen Pfändung abnehmen (§ 900 Abs. 2 ZPO).

Die 0,3 Verfahrensgebühr gemäß § 18 Ziff. 18, VV Nr. 3309 RVG wird vom RA des Gläubigers bereits mit der Stellung des Antrags verdient. Er erhält sie auch dann, wenn das Vollstreckungsgericht (§ 900 Abs. 5 ZPO) auf seinen Antrag nur eine Abschrift des Vermögensverzeichnisses übersendet (§ 299 ZPO), weil der Schuldner die eidesstattliche Versicherung bereits innerhalb der letzten drei Jahre abgegeben hat (§ 903 ZPO). Für das gesamte Verfahren kann die Gebühr nur einmal entstehen.

Hinweis: Der GVZ erhält für die Abnahme der eidesstattlichen Versicherung nach Nr. 260 KV zum GvKostG 30,00 EUR. Für die nach § 900 Abs. 1 ZPO vom GVZ vorzunehmende Zustellung der Ladung des Schuldners zum Termin entstehen zusätzlich Kosten von 7,50 EUR nach Nr. 100 KV zum GvKostG.

Für die Erteilung einer Abschrift des Vermögensverzeichnisses oder für die Gewährung von Akteneinsicht sind jeweils 15,00 EUR nach KV Nrn. 2114, 2115 GKG an das Vollstreckungsgericht zu zahlen.

Wenn der Schuldner nicht zum Termin zur Abgabe der eidesstattlichen Versicherung erscheint, kann der Gläubiger Antrag auf **Verhaftung und Vorführung** des Schuldners stellen (§ 901 ZPO). Eine besondere, zusätzliche Gebühr entsteht für diesen Antrag nicht.

Für den Antrag auf Abnahme einer **wiederholten eidesstattlichen Versicherung**, der nach § 903 ZPO zulässig ist, wenn sich innerhalb von drei Jahren nach Abgabe der ersten Versicherung die Vermögensverhältnisse des Schuldners verändert haben, entstehen die Gebühren für den RA erneut.

Der **Gegenstandswert** richtet sich nach dem Wert der Hauptforderung einschließlich der Nebenforderungen und beträgt **höchstens 1 500,00 EUR** (§ 25 Abs. 1 Ziff. 4 RVG, siehe auch Kapitel 7.1.3).

> **Merke:**
> Obergrenze für den Gegenstandswert im Verfahren zur Abnahme der eidesstattlichen Versicherung sind 1 500,00 EUR.

7.1.4.2.9 Löschung der Eintragung im Schuldnerverzeichnis (§ 18 Ziff. 19 RVG)

Stellt der RA des Schuldners gemäß § 915 a Abs. 2 ZPO den **Antrag auf Löschung der Eintragung im Schuldnerverzeichnis**, so erhält er hierfür eine besondere Verfahrensgebühr nach § 18 Ziff. 19, VV Nr. 3309 RVG. Der RA des Gläubigers ist in der Regel an diesem Verfahren nicht beteiligt.

Als **Gegenstandswert** ist das Interesse des Schuldners an der Löschung gemäß § 25 Abs. 2 RVG zu schätzen.

7.1.5 Erhöhung für mehrere Auftraggeber

Wird der RA in einer Zwangsvollstreckungsangelegenheit für mehrere Auftraggeber tätig, so ist gemäß § 7 i. V. m. VV Nr. 1008 RVG für jeden weiteren Auftraggeber die 0,3 Verfahrensgebühr (VV Nr. 3309 RVG) um 0,3 zu erhöhen (siehe auch Kapitel 1.2.5). Denken Sie daran, dass nur die Verfahrensgebühr, nicht aber die Terminsgebühr zu erhöhen ist.

7.1.6 Zwangsvollstreckung gegen Gesamtschuldner

Die Zwangsvollstreckung gegen mehrere Schuldner, auch z. B. gegen Eheleute, die gesamtschuldnerisch haften, stellt in der Regel **mehrere Angelegenheiten** dar. Die Vollstreckung richtet sich nämlich in diesem Fall nicht gegen alle Schuldner zusammen, sondern gegen jeden Schuldner einzeln.

Erteilt der RA des Gläubigers Zwangsvollstreckungsaufträge gegen mehrere Gesamtschuldner, so erhält er meistens für jeden einzelnen Auftrag die Gebühr(en) nach VV Nrn. 3309, 3310 RVG zuzüglich Auslagenpauschale und USt., selbst wenn sie aufgrund desselben Vollstreckungstitels und in einem einzigen Schriftsatz (Formular) erfolgen.

Achtung: Wenn **mit Sicherheit** feststeht, dass die Zwangsvollstreckung gegen einen bestimmten der Gesamtschuldner zur vollständigen Befriedigung des Gläubigers führen wird, so wird man in der Regel davon ausgehen müssen, dass der RA vom Gläubiger beauftragt ist, die Zwangsvollstreckung bei dem zweiten Schuldner nur dann und nur insoweit fortzusetzen, als bei dem ersten Schuldner keine Befriedigung zu erlangen war, sodass nur so oft besondere Gebühren entstehen, wie Vollstreckungsaufträge tatsächlich **notwendig** waren.

Beispiel: Vollstreckungsauftrag gegen Eheleute, die hier gesamtschuldnerisch haften sollen. Es ist bekannt, dass nur die Ehefrau Vermögen besitzt. Die Pfändung bei der Ehefrau führt zur vollen Befriedigung des Gläubigers. Dem RA erwächst nur eine 0,3 Verfahrensgebühr für den Vollstreckungsauftrag gegen die Ehefrau, da ein Vollstreckungsauftrag gegen den Ehemann nicht mehr notwendig ist.

Merke:
Bei Vollstreckung gegen mehrere Schuldner entstehen dem RA nur so oft Gebühren, wie gegen einzelne Schuldner Vollstreckungshandlungen der Vollstreckungsorgane **notwendig** werden. In den meisten Fällen sind Vollstreckungsmaßnahmen gegen alle Gesamtschuldner notwendig.

7.1.7 Erstattungsfähigkeit der Kosten durch den Schuldner

Die Kosten der Zwangsvollstreckung fallen dem Schuldner gemäß § 91 ZPO nur zur Last, soweit sie **notwendig (!)** waren. Sie werden von dem Vollstreckungsorgan zugleich mit dem zur Zwangsvollstreckung stehenden Anspruch beigetrieben (§ 788 Abs. 1 ZPO), ohne dass es eines besonderen Kostenfestsetzungsbeschlusses bedarf. Dazu müssen dem Vollstreckungsorgan die **entstandenen Kosten nachgewiesen** werden, d. h., der RA des Gläubigers wird z. B. einem Vollstreckungsauftrag die Kostenbelege früherer Vollstreckungsversuche und die Belege für sonstige Kosten, wie beispielsweise für Anschriftenermittlungen, als so genannte Vollstreckungsunterlagen beifügen müssen.

In der Praxis kann es hier zu Problemen kommen, da ungeeignete oder vermeidbare Kosten der Zwangsvollstreckung als nicht notwendig aberkannt werden können.

Dafür folgende **Beispiele**:

- Es wird kurzfristig nach einer fruchtlosen Pfändung ein erneuter Pfändungsauftrag erteilt, ohne dass bekannt ist, dass der Schuldner inzwischen Vermögen erworben hat. Ein erneuter Vollstreckungsauftrag ist aber erst mehrere Monate nach einem erfolglosen früheren Versuch zulässig, sonst muss der Gläubiger die Kosten möglicherweise selbst tragen.
- Mehrere getrennte Pfändungsanträge, wenn einer ausreicht.
- Kosten einer Vorpfändung, wenn nicht innerhalb eines Monats der Pfändungsbeschluss erfolgt (§ 845 Abs. 2 ZPO).
- Die Hebegebühr muss der Schuldner nur erstatten, wenn er nicht freiwillig geleistet hat.

Merke:
Der Schuldner muss dem Gläubiger die notwendigen Kosten der Zwangsvollstreckung erstatten, aber nicht die Kosten überflüssiger Vollstreckungsmaßnahmen.

Hinweis: Die Vorschrift des § 788 Abs. 2 ZPO lässt eine Festsetzung der Vollstreckungskosten gemäß den §§ 103 ff. ZPO zu. Will man bei umfangreichen Vollstreckungsangelegenheiten nicht bei jedem neuen Vollstreckungsversuch sämtliche Belege früherer Vollstreckungsmaßnahmen beilegen, so kann man diese früheren Kosten festsetzen lassen. Für diesen Antrag des Gläubigers ist grundsätzlich das Vollstreckungsgericht (Rechtspfleger) zuständig. In den Fällen der §§ 887, 888 und 890 ZPO (Handlungen, Duldungen) entscheidet das Prozessgericht der ersten Instanz.

7.1.8 Beispiele für Vergütungsrechnungen in der Zwangsvollstreckung

In Sachen Lieb gegen Frech obsiegte Lieb. Ihm wurden im Urteil 1 200,00 EUR nebst 10 % Zinsen seit dem 5. Januar zugesprochen. Am 25. April war die Kostenfestsetzung beantragt worden, was gemäß § 19 Ziff. 13 RVG gebührenrechtlich noch zum Erkenntnisverfahren gehört.

RA Hartnack wurde nun von Lieb damit beauftragt, wegen der titulierten Forderung die Zwangsvollstreckung zu betreiben. Er erteilte dem GVZ am 15. Mai schriftlich einen Vollstreckungsauftrag, der nachstehend abgedruckt ist. Zur Vereinfachung werden die Zinsen auf die festgesetzten Kosten mit 10 % gerechnet.

Muster eines Vollstreckungsauftrages

An die Verteilungsstelle
für Gerichtsvollzieheraufträge
beim Amtsgericht Hannover

Vollstreckungsauftrag

In Sachen des Karl Lieb – Gläubiger
gegen den Gustav Frech – Schuldner

werden Sie beauftragt, aufgrund der anliegenden vollstreckbaren Ausfertigungen, nämlich
1) Urteil des AG Hannover vom 10. März ..., Geschäfts-Nr. 61 C 100/..., zugestellt am 20. März ...,
2) Kostenfestsetzungsbeschluss vom 30. April ..., zugestellt am 5. Mai ..., folgende Beträge im Wege der Zwangsvollstreckung einzuziehen:

1.	Hauptforderung	1 200,00 EUR
2.	10 % Zinsen hieraus vom 05.01. bis 15.05. (121 Tage)	40,33 EUR
3.	festgesetzte Prozesskosten	435,28 EUR
4.	10 % Zinsen hieraus vom 25.04. bis 15.05. (21 Tage)	2,82 EUR
		1 678,43 EUR
5.	RA-Vergütung für diesen Auftrag	
	Gegenstandswert: 1 678,43 EUR	
	0,3 Verfahrensgebühr gem. §§ 2, 13, 18 Ziff. 3, VV Nr. 3309 RVG	39,90 EUR
	20 % Pauschale für Post- und Telekommunikationsentgelte gem. § 2 Abs. 2 S. 1, VV Nr. 7002 RVG	7,98 EUR
		47,88 EUR
	16 % USt. gem. § 2 Abs. 2 S. 1, VV Nr. 7008 RVG	7,66 EUR
		55,54 EUR
	also insgesamt	1 733,97 EUR

Die bis zum Tage der Pfändung noch entstehenden Zinsen bitte ich hinzuzusetzen.

Als Anlagen sind beigefügt:

1. Vollstreckbare Ausfertigung des Urteils vom 10. März ...
2. Vollstreckbare Ausfertigung des Kostenfestsetzungsbeschlusses vom 30. April ...

Rechtsanwalt

Ein Pfändungsversuch des GVZ beim Schuldner verlief fruchtlos, was wir aus der per Nachnahme bei uns eingegangenen Unpfändbarkeitsbescheinigung erfahren. Für die Nachnahme müssen wir 20,00 EUR bezahlen.

Da der Gläubiger erfahren hat, dass der Schuldner geerbt hat, erteilt er RA Hartnack nach einem Vierteljahr erneut einen Vollstreckungsauftrag. RA Hartnack beauftragt den GVZ am 27. August schriftlich mit der Zwangsvollstreckung. Nachstehend ist nur der Teil dieses Auftragsschreibens abgedruckt, der die Berechnung der Schuld und der Gebühren enthält.

Berechnungen in einem zweiten Vollstreckungsauftrag

… folgende Beträge im Wege der Zwangsvollstreckung einzuziehen:	
1. Hauptforderung	1 200,00 EUR
2. 10 % Zinsen hieraus vom 05.01. bis 27.08. (233 Tage)	77,67 EUR
3. festgesetzte Prozesskosten	435,28 EUR
4. 10 % Zinsen hieraus vom 25.04. bis 27.08. (123 Tage)	16,54 EUR
5. RA-Vergütung für ersten Vollstreckungsauftrag	55,54 EUR
6. GVZ-Nachnahme für ersten Vollstreckungsauftrag	20,00 EUR
	1 805,03 EUR
7. RA-Vergütung für diesen Auftrag	
Gegenstandswert: 1 805,03 EUR	
0,3 Verfahrensgebühr gem. §§ 2, 13, 18 Ziff. 3, VV Nr. 3309 RVG	39,90 EUR
20 % Pauschale für Post- und Telekommunikationsentgelte gem. § 2 Abs. 2 S. 1, VV Nr. 7002 RVG	7,98 EUR
	47,88 EUR
16 % USt. gem. § 2 Abs. 2 S. 1, VV Nr. 7008 RVG	7,66 EUR
	55,54 EUR
also insgesamt	1 860,57 EUR
Die bis zum Tage der Pfändung noch entstehenden Zinsen bitte ich hinzuzusetzen.	
…	

Wir stellen fest, dass der Gegenstandswert für die RA-Vergütung des zweiten Vollstreckungsauftrages sich um die Kosten des ersten Auftrages erhöht hat (siehe im zweiten Muster Nr. 5 und 6). Außerdem sind jetzt höhere Zinsen zu berechnen (siehe Nr. 2 und 4), sodass der Wert auch deswegen gestiegen ist. Wegen des gestiegenen Gegenstandswertes ist es möglich, dass der RA für den zweiten Auftrag eine höhere Vergütung erhält, was von der Abstufung der Gebührentabelle abhängig ist.

Sollte die Pfändung auch jetzt wieder fruchtlos verlaufen und RA Hartnack vom Gläubiger den Auftrag zur Durchführung des Verfahrens zur Abnahme der eidesstattlichen Versicherung erhalten, dann würde sich der Gegenstandswert für die RA-Vergütung wieder erhöhen, und zwar um die Kosten (RA und GVZ) des zweiten Vollstreckungsversuchs und um die weiter steigenden Zinsen. Achten Sie in diesem Falle aber darauf, dass der Gegenstandswert im Verfahren zur Abnahme der eidesstattlichen Versicherung höchstens 1 500,00 EUR betragen darf.

7.1.9 Die Forderungsabrechnung mit dem Mandanten

Nachdem der RA eine Forderung im Wege der Zwangsvollstreckung auftragsgemäß eingetrieben hat, muss er das vom Schuldner erhaltene Geld gegenüber seinem Auftraggeber abrechnen. Hierbei sind gesetzliche Bestimmungen zu beachten. Zum einen ist zu berücksichtigen, dass sich die Hauptforderung inzwischen um Kosten und Zinsen erhöht hat. Zum anderen wird häufig die Gesamtforderung nicht auf einmal, sondern in Raten beglichen.

Bei **Ratenzahlung des Schuldners** wird die einzelne Rate oft nicht ausreichen, um Hauptforderung und/oder Kosten und/oder Zinsen abzudecken. Hier muss also eine Entscheidung getroffen werden, ob man die Rate auf die Hauptforderung oder die Kosten oder die Zinsen anrechnet. Diese Entscheidung dürfen Sie aber nicht selbst treffen, da Ihnen das **BGB in § 367 Abs. 1** dies abnimmt: „Hat der Schuldner außer der Hauptleistung Zinsen und Kosten zu entrichten, so wird eine zur Tilgung der ganzen Schuld nicht ausreichende Leistung zunächst auf die Kosten, dann auf die Zinsen und zuletzt auf die Hauptleistung angerechnet." Die Hauptforderung wird also erst dann getilgt, wenn Kosten und Zinsen vollständig beglichen sind. Sie sehen den Vorteil für den Gläubiger, dass er somit weiterhin Zinsen auf die ungeschmälerte Hauptforderung erhält?

Merke:
Teilzahlungen des Schuldners werden gemäß § 367 Abs. 1 BGB erst auf die bisher entstandenen Kosten, dann auf die Zinsen und zuletzt auf die Hauptforderung angerechnet.

Nach § 497 Abs. 3 BGB werden bei einem **Verbraucherdarlehensvertrag** im Sinne des § 491 Abs. 1 BGB abweichend von § 367 Abs. 1 BGB Zahlungen eines Verbrauchers, die zur Tilgung der gesamten fälligen Schuld nicht ausreichen, zunächst auf die Kosten der Rechtsverfolgung, dann auf den übrigen geschuldeten Betrag und zuletzt auf die Zinsen angerechnet.

Merke (Ausnahme):
Teilzahlungen eines Schuldners zur Tilgung eines **Verbraucherkredites** werden zunächst auf die Kosten, dann auf die Hauptforderung und zuletzt auf die Zinsen angerechnet.

8 GEBÜHREN BEI PROZESSKOSTEN- UND BERATUNGSHILFE (§§ 44 BIS 59 RVG)

8.1 Allgemeine Hinweise

Bürger, die nur über geringe finanzielle Mittel verfügen, sollen bei der Durchsetzung ihrer Rechte nicht benachteiligt werden. Der „Reiche" soll sich nicht einen Prozess finanziell leisten können, wogegen der „Arme" aus Kostengründen vor der gerichtlichen Verfolgung seiner Ansprüche zurückschrecken muss. Im Endergebnis hätte sonst der „Reiche" immer recht. Um die Chancengleichheit für die Wahrnehmung der Rechte zu verbessern und um die Kostenbarriere zu beseitigen, übernimmt der Staat für solche „armen" Bürger unter bestimmten Voraussetzungen die Kosten der Rechtsverfolgung.

8.1.1 Die Prozesskostenhilfe (PKH)

„Arme" Bürger gibt es allerdings nicht mehr, da das frühere Armenrecht 1981 durch die **Prozesskostenhilfe** abgelöst wurde. Die Prozesskostenhilfe ist geregelt in den §§ 114 bis 127 ZPO: Wenn eine Partei nach ihren persönlichen und wirtschaftlichen Verhältnissen nicht in der Lage ist, die **Kosten eines Prozesses** ganz oder zum Teil zu übernehmen und wenn die beabsichtigte Rechtsverfolgung hinreichende Aussicht auf Erfolg bietet und nicht mutwillig ist, kann ihr auf Antrag Prozesskostenhilfe gewährt werden (§ 114 ZPO).

Für den **Antrag auf Bewilligung der Prozesskostenhilfe** ist das Prozessgericht zuständig (§ 117 ZPO). Damit das Prozessgericht (1) die persönlichen und wirtschaftlichen Verhältnisse des Antragstellers und (2) die Erfolgsaussicht des angestrebten Prozesses prüfen kann, **müssen dem Antrag beigefügt werden**:

(1) Eine Erklärung über die persönlichen und wirtschaftlichen Verhältnisse und entsprechende Belege (§ 117 Abs. 2 ZPO). Hierzu ist ein amtlicher Vordruck auszufüllen. Als Belege können z. B. eine Verdienstbescheinigung des Arbeitgebers oder der Bescheid über die Höhe des Arbeitslosengeldes dienen.

(2) Eine Darstellung des Streitverhältnisses unter Angabe der Beweismittel (§ 117 Abs. 1 S. 2 ZPO). In der Praxis geschieht dies oft dadurch, dass der RA gleichzeitig mit dem Antrag auf Bewilligung der Prozesskostenhilfe eine Klage- oder Antragsschrift bei dem Prozessgericht einreicht. Da die Klage aber nur dann erhoben werden soll, wenn die Prozesskostenhilfe bewilligt wird, bringt der RA dies z. B. durch folgende Einschränkung zum Ausdruck: „Die Klage wird nur unter der Bedingung erhoben, dass dem Kläger Prozesskostenhilfe bewilligt wird."

Der RA sollte aber nicht nur die Bewilligung der PKH beantragen, sondern auch gleichzeitig seine **Beiordnung** (§ 121 ZPO).

Das Gericht prüft das Vorliegen der Voraussetzungen in einem förmlichen **Prüfungsverfahren** gemäß § 118 ZPO, welches auch als **Bewilligungsverfahren** oder als **Prozesskostenhilfeverfahren** bezeichnet wird. In diesem Verfahren ist dem Gegner Gelegenheit zur Stellungnahme zum Streitverhältnis zu geben. Das Gericht kann die Parteien zur mündlichen Erörterung laden, aber nur, wenn eine Einigung zu erwarten ist. Das Gericht kann auch Beweiserhebungen vornehmen; Zeugen und Sachverständige sind aber nur ausnahmsweise zu vernehmen.

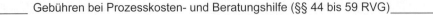 Gebühren bei Prozesskosten- und Beratungshilfe (§§ 44 bis 59 RVG)

Wenn einer Partei vom Prozessgericht PKH bewilligt wurde, ist sie von der Zahlung von Gerichtskosten, der Vergütung für ihren Anwalt und Auslagenvorschüssen für Zeugen und Sachverständige befreit, da diese Kosten von der Staatskasse übernommen werden. Die Partei hat also (zunächst!) keinerlei Kosten zu tragen, auch ihr RA kann seinen Anspruch auf Vergütung ihr gegenüber nicht geltend machen. Ein RA, der trotz Bewilligung von PKH Zahlungen seines Auftraggebers verlangt, verstößt gegen § 122 Abs. 1 Ziff. 3 ZPO und gegen das anwaltliche Standesrecht.

Wenn der RA einer Partei im Wege der PKH beigeordnet wurde, berechnet er seine Vergütung gegenüber der Staatskasse (siehe Kapitel 8.3). Hierfür sind besondere Formulare vorgesehen.

Die Bewilligung von PKH bedeutet für die „arme" Partei aber nicht, dass sie den Prozess völlig kostenlos führen kann:

- Wenn das nach § 115 ZPO berechnete Nettoeinkommen der Partei einen bestimmten Höchstbetrag überschreitet, muss die Partei die Prozesskosten in monatlichen Raten an die Staatskasse zurückzahlen. Die Raten sind abhängig vom Nettoeinkommen und von der Familiengröße. Die monatlichen Raten sind so lange zu zahlen, bis die Gerichtskosten und die Anwaltsvergütung abgedeckt sind, es sind aber höchstens 48 Monatsraten zu zahlen. Bei der Anwaltsvergütung gibt es als Besonderheit die so genannte „weitere Vergütung" (siehe dazu Kapitel 8.3).

- Verliert die „arme" Partei den Prozess, so trägt die Staatskasse zwar die Gerichtskosten und die Vergütung des der Partei beigeordneten RA, aber nicht die Vergütung des RA des Gegners! Der Gegner kann die ihm entstandenen Verfahrenskosten gegen die Partei festsetzen lassen, insbesondere die volle Vergütung seines RA (§ 123 ZPO).

Für die Tätigkeit im Prüfungsverfahren und später als beigeordnetem RA erwachsen dem RA Gebühren nach unterschiedlichen Vorschriften des RVG. Die Gebühren für das **Prüfungsverfahren** sind in Kapitel 8.2 dargestellt und die Gebühren des **beigeordneten RA** in Kapitel 8.3.

Merke:
In einem Bewilligungsverfahren prüft das Prozessgericht auf Antrag, ob der Partei Prozesskostenhilfe zusteht.

Auch bei Bewilligung von Prozesskostenhilfe trägt die Partei ein Kostenrisiko, da sie je nach Einkommensverhältnissen zur Zahlung von Monatsraten an die Staatskasse verpflichtet werden kann und im Unterliegensfall die dem Gegner entstandenen Kosten ersetzen muss.

8.1.2 Die Beratungshilfe

Das „Gesetz über Beratung und Vertretung für Bürger mit geringem Einkommen" (Beratungshilfegesetz = BerHG) wurde geschaffen, um den genannten Bürgern die Möglichkeit zur rechtlichen Beratung auch **außerhalb eines gerichtlichen Verfahrens** zu gewähren. Das Beratungshilfegesetz ist also eine Ergänzung zu dem gleichzeitig vom Bundestag verabschiedeten Prozesskostenhilfegesetz.

Voraussetzung für die Gewährung von Beratungshilfe ist, dass der Rechtsuchende die entstehenden Gebühren nach seinen persönlichen und wirtschaftlichen Verhältnissen nicht bezahlen kann (§ 1 BerHG).

Ein entsprechender Antrag ist beim Amtsgericht zu stellen. Der Rechtspfleger erteilt dann nach Prüfung einen **Berechtigungsschein** (§ 6 BerHG). Der Berechtigte kann sich danach einen RA aussuchen.

Es ist aber auch möglich, dass der Rechtsuchende sich unmittelbar an einen RA seines Vertrauens wendet, der dann nach Prüfung der Verhältnisse einen Antrag beim Amtsgericht stellt (§ 4 Abs. 2 BerHG). Sollte dieser Antrag abgewiesen werden, unterbleibt eine Vergütung aus der Staatskasse, wobei der RA dann das Kostenrisiko tragen muss – der Rechtsuchende könnte ja zahlungsunfähig sein.

Die Vergütung des RA bei Beratungshilfe wird in Kapitel 8.4 beschrieben.

> **Merke:**
> Beratungshilfe wird auf Antrag eines Bürgers mit geringem Einkommen für die Wahrnehmung von Rechten außerhalb eines gerichtlichen Verfahrens gewährt.

8.2 Gebühren im Verfahren über die Prozesskostenhilfe (VV Nrn. 3335, 3337 RVG)

(Dazu Aufgaben Gruppe 17)

Vor der Bewilligung von Prozesskostenhilfe führt das Gericht ein **Prüfungsverfahren**, das auch **Bewilligungsverfahren** genannt wird, durch. In diesem Verfahren prüft das Gericht, ob überhaupt die gesetzlichen Voraussetzungen für die Bewilligung von Prozesskostenhilfe vorliegen (siehe Kapitel 8.1.1).

Es ist wichtig zu wissen, dass der „armen" Partei **keine Prozesskostenhilfe für das Prüfungsverfahren** selbst bewilligt werden kann. Sollte das Prozessgericht die Bewilligung von PKH ablehnen, so hat dies also zur Folge, dass die „arme" Partei die ihrem RA für das Prüfungsverfahren erwachsenen Gebühren selbst zu tragen hat. Dieses Risiko wird für die Partei noch dadurch höher, dass es für das Prüfungsverfahren keine Gebühren nach der ermäßigten Tabelle gibt. Die Anwaltsgebühren für das Bewilligungsverfahren ergeben sich nämlich ganz normal nach der Tabelle zu § 13 RVG, wogegen sich die Gebühren des im Wege der PKH beigeordneten RA nach einer anderen Tabelle mit ermäßigten Sätzen richten (§ 49 RVG, siehe Kapitel 8.3).

Man wird jedoch der „armen" Partei zubilligen müssen, sich von einem RA über die Erfolgsaussichten eines PKH-Antrages beraten zu lassen. Für diese Beratung muss der Partei Beratungshilfe gewährt werden, wofür dem RA eine Beratungsgebühr nach VV Nr. 2601 RVG zusteht (vgl. Kapitel 8.4).

Im Verfahren über die Prozesskostenhilfe (Prüfungsverfahren) erwächst dem beauftragten RA eine **1,0 Verfahrensgebühr nach VV Nr. 3335 RVG**. Bevor wir uns mit dieser Gebühr beschäftigen, ist aber folgendes klarzustellen: Wenn ein RA zum Prozessbevollmächtigten bestellt worden ist, erhält er Gebühren nur nach den Nrn. 3100 ff. VV RVG, da seine Tätigkeit im **Prüfungsverfahren** gemäß § 16 Ziff. 2 RVG noch mit **zum Rechtszug des Prozesses gehört**. Grundsätzlich ist also Nr. 3335 VV RVG nur dann anwendbar, wenn der RA im Prüfungsverfahren tätig wird, ohne zu diesem Zeitpunkt schon einen Prozessauftrag zu haben.

In der Regel muss man aber davon ausgehen, dass der Auftraggeber zunächst abwarten will, ob das Gericht ihm PKH bewilligt, bevor er einen Auftrag zur Klageeinreichung erteilt.

Dies gilt auch dann, wenn der RA sich schon vorsorglich eine Prozessvollmacht hat unterzeichnen lassen. Da der PKH-Antrag zu begründen ist, wird der RA zusammen mit dem Antrag eine Klageschrift einreichen. Er muss hierbei unmissverständlich erklären, dass die Klage nur für den Fall der Bewilligung der Prozesskostenhilfe als erhoben gelten soll (z. B. wird er die Klageschrift als Entwurf bezeichnen oder nicht unterschreiben). Häufig wird der Klageentwurf auch mit der Erklärung eingereicht, dass die Klage nur in dem Umfang erhoben wird, wie Prozesskostenhilfe bewilligt wird. Wird die Prozesskostenhilfe dann abgelehnt und die Klage nicht weiter verfolgt, erhält der RA nur eine 1,0 **„Verfahrensgebühr für das Verfahren über die Prozesskostenhilfe"** gemäß den §§ 2, 13, VV Nr. 3335 RVG.

Ein RA, der **zunächst noch keinen Prozessauftrag** hat und nur Prozesskostenhilfe beantragen soll, erhält gemäß VV Nr. 3335 RVG eine 1,0 Verfahrensgebühr; dieser Gebührensatz gilt auch in der Rechtsmittelinstanz, da hierfür keine andere Regelung getroffen worden ist.

- Im Regelfall wird der RA für die Antragstellung nur die 1,0 **„Verfahrensgebühr** für das Verfahren über die Prozesskostenhilfe" gemäß den §§ 2, 13, VV Nr. 3335 RVG erhalten.

- Eine **Ermäßigung der Verfahrensgebühr** auf die Hälfte (0,5) aufgrund vorzeitiger Beendigung wird durch VV Nr. 3337 RVG vorgenommen.

- Im Prüfungsverfahren kann nach § 118 ZPO auch eine mündliche Verhandlung bzw. Erörterung und eine Beweisaufnahme stattfinden. Falls dies geschieht, erwächst dem RA auch eine 1,2 **Terminsgebühr** gemäß VV Nr. 3104 RVG, da die Vorbemerkung 3.3.6 VV RVG anordnet, dass sich die Terminsgebühr nach Abschnitt 1 von Teil 3 VV RVG bestimmt. Diese Terminsgebühr wird nach Vorbemerkung 3 Abs. 3 VV RVG auch für außergerichtliche Besprechungen mit der Gegenseite zwecks Vermeidung oder Erledigung des Verfahren entstehen. Dies könnte für die „arme" Partei ganz schön teuer werden, wenn die PKH abgelehnt wird!

- Wird die PKH für ein Verfahren beantragt, in dem nur Gebühren mit einem Gebührensatz von 0,3 entstehen, wie z. B. die Zwangsvollstreckung, dann muss wohl die Verfahrensgebühr für das Bewilligungsverfahren ebenfalls nur 0,3 betragen. Die zukünftige Rechtsprechung bleibt abzuwarten.

Wird der RA dann nach Gewährung der Prozesskostenhilfe zum Prozessbevollmächtigten bestellt, dann muss er sich die im Prüfungsverfahren verdienten Gebühren auf die Gebühren des Hauptprozesses gemäß § 16 Ziff. 2 RVG **anrechnen** lassen, da es sich um **dieselbe Angelegenheit** handelt. Beachten Sie aber, dass das Gericht im Prüfungsverfahren eine mündliche Verhandlung durchgeführt und eine Beweisaufnahme vorgenommen haben kann, ohne dass es im anschließenden Hauptprozess nochmals dazu kommt: Dann behält der RA die im Prüfungsverfahren verdiente Terminsgebühr.

Gegenstandswert des Bewilligungsverfahrens ist in der Regel der Wert der Hauptsache (Anmerkung Abs. 1 zu Nr. 3335 VV RVG).

Merke:

Im PKH-Bewilligungsverfahren erhält der RA eine 1,0 Verfahrensgebühr für das Verfahren über die Prozesskostenhilfe, die sich bei vorzeitiger Beendigung auf 0,5 ermäßigt.

Bei entsprechender Tätigkeit kann auch eine 1,2 Terminsgebühr entstehen.

Der RA erhält die Gebühren für das Bewilligungsverfahren aber nur dann, wenn er keinen Prozessauftrag hat, sondern ausschließlich im Bewilligungsverfahren tätig wird.

Beispiel: In einer Unfallsache soll RA Richtig für seinen Auftraggeber 4 000,00 EUR Schadenersatz einklagen. Richtig erkennt, dass sein Mandant ein so geringes Einkommen bezieht, dass er PKH beantragen kann. Richtig erhält zunächst nur den Auftrag, die Bewilligung der PKH zu beantragen. Richtig stellt beim Amtsgericht Antrag auf Bewilligung der PKH für seinen Auftraggeber, beantragt zugleich seine Beiordnung und reicht zur Begründung des Antrags die von ihm erstellte Klageschrift mit ein, wobei er darauf hinweist, dass die Klage nur dann als erhoben gelten soll, wenn PKH bewilligt wird. Das Gericht stellt bei der Prüfung der Vermögensverhältnisse des Antragstellers fest, dass dieser eine Villa besitzt und somit (auch gegenüber seinem RA) verwertbares Vermögen verschwiegen hat und versagt deswegen die PKH. Daraufhin verzichtet der Auftraggeber auf die Erhebung der Klage.

RA Richtig erstellt die folgende Vergütungsrechnung:

Gegenstandswert: 4 000,00 EUR	EUR
1,0 Verfahrensgebühr für das Verfahren über die Prozesskostenhilfe gem. §§ 2, 13, VV Nr. 3335 RVG	245,00
20 % Pauschale für Post- und Telekommunikationsentgelte gem. § 2 Abs. 2 S. 1, VV Nr. 7002 RVG	20,00
	265,00
16 % USt. gem. § 2 Abs. 2 S. 1, VV Nr. 7008 RVG	42,40
	307,40

Die Verfahrensgebühr VV Nr. 3335 RVG kann nicht nur dem RA des Antragstellers, sondern auch dem RA des Antragsgegners für eine entsprechende Tätigkeit erwachsen, soweit die Tätigkeit des gegnerischen RA nur im Prüfungsverfahren und nicht im Prozessverfahren ausgeübt worden ist. Jedoch werden dem Gegner nur im Prüfungsverfahren entstandene Kosten nicht erstattet (§ 118 Abs. 1 S. 4 ZPO).

Gegen einen die Prozesskostenhilfe ablehnenden oder aufhebenden Beschluss kann vom Antragsteller **sofortige Beschwerde** eingelegt werden, wenn der Streitwert der Hauptsache 600,00 EUR übersteigt oder wenn die Versagung der PKH mit den persönlichen und wirtschaftlichen Verhältnissen des Antragstellers begründet wurde. Die Notfrist beträgt hier ausnahmsweise einen Monat (§ 127 Abs. 2 S. 2 und 3 ZPO). Das Verfahren über die Beschwerde gilt gebührenrechtlich als besondere Angelegenheit. Gegenstandswert wird hier meistens der Wert der Hauptsache sein (§ 23 Abs. 2 RVG). In dem Beschwerdeverfahren können dem RA bei entsprechender Tätigkeit Gebühren gemäß VV Nrn. 3500 und 3513 RVG erwachsen, und zwar unabhängig davon, ob ihm im Hauptverfahren Gebühren zustehen oder nicht.

Für die Erinnerung oder die Beschwerde gegen die Festsetzung seiner aus der Staatskasse zu gewährenden Vergütung bei **bewilligter** Prozesskostenhilfe erhält der RA jedoch keine Gebühren (§ 56 Abs. 2 RVG).

8.3 Die Vergütung des beigeordneten RA (§§ 45 bis 59 RVG)

(Dazu Aufgaben Gruppe 17)

Im Abschnitt 8 des Gesetzesteils des RVG sind alle Vorschriften zusammengefasst worden, die die aus der Staatskasse an beigeordnete oder gerichtlich bestellte RAe zu zahlende Vergütung regeln. Dies betrifft die Gebühren der im Zivilprozess im Rahmen der PKH beigeordneten RAe, die Gebühren der Pflichtverteidiger in Straf- und Bußgeldsachen (§§ 51 bis 53 RVG) und die Vergütung im Falle der Beratungshilfe (§ 44 RVG). In diesem Buch werden die Vorschriften jeweils in ihrem thematischen Zusammenhang behandelt; an dieser Stelle werden also nachfolgend die Gebühren vorgestellt, die den im Rahmen der PKH beigeordneten RA betreffen.

Die Vorschriften des Abschnitts 8 des RVG gelten grundsätzlich in allen Fällen, in denen durch ein Gesetz die Beiordnung eines RA im Wege der PKH vorgesehen ist, also auch z. B. im arbeitsgerichtlichen Verfahren, im Insolvenzverfahren, im Finanzgerichtsverfahren usw.

Im **Abschnitt 8 des Gesetzesteils des RVG** sind folgende wesentliche Vorschriften über die Vergütung des im Rahmen der PKH beigeordneten RA enthalten:

- § 45 RVG begründet einen Vergütungsanspruch des beigeordneten RA gegen die Staatskasse.
- § 46 RVG regelt den Anspruch auf Auslagenersatz, insbesondere von Reisekosten.
- § 47 RVG gibt dem RA einen Anspruch auf Vorschuss gegen die Staatskasse.
- § 48 RVG regelt den Umfang der Beiordnung.
- § 49 RVG legt die Höhe der Gebühren des beigeordneten RA in einer besonderen Tabelle fest, soweit sie niedriger als die Gebühren des Wahlanwalts sind.
- § 50 RVG regelt die so genannte weitere Vergütung, die unter bestimmten Voraussetzungen aus der Staatskasse gezahlt wird.
- § 54 RVG regelt die Folgen eines vom beigeordneten RA verschuldeten Anwaltswechsels.
- § 55 RVG regelt das Verfahren zur Festsetzung der Vergütung.
- § 56 RVG regelt die Erinnerung und die Beschwerde gegen die Festsetzung der Vergütung.
- § 58 RVG regelt die Anrechnung von Zahlungen, die der beigeordnete RA vom Auftraggeber oder von Dritten erhalten hat (Abs. 2).
- § 59 RVG regelt den Übergang von Ansprüchen des beigeordneten RA auf die Staatskasse.

Diese Paragrafen sollen nun im Einzelnen betrachtet werden.

Zu § 45 RVG: Der im Prozesskostenhilfeverfahren beigeordnete RA (§ 121 ZPO) erhält Gebühren nach Maßgabe der §§ 45 ff. RVG vor Gerichten des Landes aus der Landeskasse und vor Gerichten des Bundes aus der Bundeskasse. Der Vergütungsanspruch richtet sich unmittelbar gegen die Staatskasse, die alleinige Schuldnerin der Vergütung ist. Gegen den Auftraggeber darf der beigeordnete RA einen Anspruch auf Vergütung nicht geltend machen (§ 122 Abs. 1 Ziff. 3 ZPO). Zwar erhält der beigeordnete RA aus der Staatskasse eine verminderte Vergütung, dafür ist diese aber auch eine sehr sichere Schuldnerin.

§ 45 RVG sollte bei der Erstellung der Vergütungsrechnung bei den berechneten Gebühren mit angegeben werden.

Zu § 46 RVG: Erstattungsfähig sind grundsätzlich alle Auslagen gemäß Nrn. 7000 ff. VV RVG. Auslagen, insbesondere Reisekosten, werden jedoch nur erstattet, wenn sie tatsächlich notwendig waren. Das Gericht kann vor Antritt der Reise befragt werden, ob es diese für erforderlich hält (§ 46 Abs. 2 RVG). Die Auslagenpauschale nach VV Nr. 7002 RVG kann ohne Problem angesetzt werden.

Zu § 47 RVG: Der RA kann immer einen Vorschuss auf seine Vergütung verlangen, im Falle der Beiordnung richtet sich der Anspruch jedoch gegen die Staatskasse. Vergleiche § 9 RVG.

Zu § 48 RVG: Diese Vorschrift regelt Umfang und Beschränkung der Beiordnung in Hinsicht auf den Vergütungsanspruch des RA gegenüber der Staatskasse. Der zeitliche und sachliche Umfang der Beiordnung ergibt sich grundsätzlich aus dem Beiordnungsbeschluss. Aus ihm geht hervor, welche Tätigkeiten des RA durch die Beiordnung abgedeckt sind und für welche Tätigkeiten ein besonderer Beiordnungsbeschluss notwendig ist.

Zur Klarstellung sei darauf hingewiesen, dass die Bewilligung der PKH und die Beiordnung **für jeden Rechtszug besonders** erfolgen müssen (§ 119 ZPO). Der für einen Prozess vor dem Amtsgericht beigeordnete RA ist also nicht ohne erneute Beiordnung dazu befugt, beim Landgericht Berufung einzulegen. Ebenso wenig kann er im Rahmen der Beiordnung für die erste Instanz beim Landgericht einen Antrag auf Bewilligung von PKH für die zweite Instanz stellen.

Wenn Angelegenheiten mit dem Hauptprozess nur zusammenhängen wie z. B. die **Zwangsvollstreckung** nach einem gewonnenen Prozess oder das **selbstständige Beweisverfahren**, dann erhält der RA hierfür nur aufgrund ausdrücklicher Beiordnung eine Vergütung aus der Staatskasse (siehe § 48 Abs. 4 RVG).

In einer **Ehesache** erstreckt sich die Beiordnung eines RA auch auf den Abschluss eines Vergleichs in bestimmten Angelegenheiten (siehe § 48 Abs. 3 RVG). In einer **Scheidungssache** erstreckt sich die Bewilligung der Prozesskostenhilfe in der Regel auch auf die Folgesache, die ohne Antrag im Zwangsverbund geregelt wird, also auf den Versorgungsausgleich (§ 624 Abs. 2 ZPO).

Für eine **Klageerweiterung** oder die Verteidigung gegen eine solche muss die PKH besonders beantragt und bewilligt und auch die Beiordnung besonders beantragt und angeordnet werden.

Tätigkeiten des RA vor der Beiordnung lassen eine Erstattung der Gebühren durch die Staatskasse nur zu, wenn die Beiordnung mit rückwirkender Kraft erfolgt ist. Eine Rückwirkung auf einen Zeitpunkt vor der Antragstellung ist jedoch nicht möglich (Ausnahme: Straf- und Bußgeldsache, § 48 Abs. 5).

Merke:

Der zeitliche und sachliche Umfang der Beiordnung ergibt sich aus dem Beiordnungsbeschluss.

Die PKH-Bewilligung und die Beiordnung müssen für jeden Rechtszug besonders erfolgen.

Für z. B. die Zwangsvollstreckung oder das selbstständige Beweisverfahren ist eine besondere Beiordnung notwendig.

Zu § 49 RVG: Ab einem **Gegenstandswert von mehr als 3 000,00 EUR** erhält der PKH-Anwalt gegenüber den normalen Gebühren (Tabelle zu § 13 RVG) gemäß § 49 RVG **gekürzte Gebühren**, wobei die höchstmögliche Gebühr bei einem Gegenstandswert von mehr als 30 000,00 EUR stets 391,00 EUR beträgt, also sozusagen dann eine Festgebühr ist.

Bis zu einem Gegenstandswert von 3 000,00 EUR erhält also der beigeordnete RA die gleichen Gebühren wie der Wahlanwalt. Bei Werten von mehr als 3 000,00 EUR muss die Tabelle zu § 49 RVG verwendet werden. Bei Erstellung einer Vergütungsrechnung muss also bei Werten **oberhalb von 3 000,00 EUR** der § 49 RVG mit angegeben werden.

Zum besseren Verständnis sei deutlich gemacht, dass durch § 49 RVG nur eine andere Tabelle vorgegeben wird. Die einzelnen Gebühren berechnet der RA entsprechend seiner Tätigkeit nach denselben Nummern aus dem Vergütungsverzeichnis des RVG, die er auch ohne Beiordnung angewandt hätte. Im Zivilprozess im ersten Rechtszug wird z. B. eine 1,3 Verfahrensgebühr nach VV Nr. 3100 RVG und eine 1,2 Terminsgebühr nach VV Nr. 3104 RVG berechnet, wobei eben nur die Tabelle mit den verminderten Gebühren zur Anwendung gelangt. Falls er für die Zwangsvollstreckung beigeordnet ist, berechnet er eine 0,3 Verfahrensgebühr nach VV Nr. 3309 RVG. In der Berufungsinstanz werden die Gebühren nach VV Nrn. 3200 ff. RVG erhoben.

Bei Satzrahmengebühren wird für den Einzelfall der Satz innerhalb des Rahmens nach § 14 RVG bestimmt und dann allerdings die Gebühr aus der Tabelle zu § 49 RVG abgelesen. Legt der RA z. B. den Gebührensatz der Geschäftsgebühr mit 0,8 fest, dann muss er bei einem Gegenstandswert von mehr als 3 000,00 EUR die Tabelle zu § 49 RVG verwenden.

Bei **mehreren Auftraggebern** erfolgt eine Erhöhung der Gebühren um 0,3 für jeden weiteren Auftraggeber (vgl. Kapitel 1.2.5). Dies gilt auch für die Höchstgebühr aus der Tabelle von 391,00 EUR.

Gebührenvereinbarungen im PKH-Verfahren sind unwirksam (§ 4 Abs. 5 RVG).

Merke:

Bei einem Gegenstandswert von mehr als 3 000,00 EUR erhält der PKH-Anwalt gekürzte Gebühren nach der Tabelle zu § 49 RVG.

Bei einem Gegenstandswert von mehr als 30 000,00 EUR steigt die Gebühr (1,0) für den PKH-Anwalt nach der Tabelle nicht über 391,00 EUR.

Die Gebühren der Tabelle zu § 49 RVG sind mit dem Gebührensatz der jeweiligen Gebühr aus dem Vergütungsverzeichnis zu multiplizieren.

Zu § 50 RVG: Diese Vorschrift gewährt dem beigeordneten RA unter bestimmten Voraussetzungen einen weiteren Anspruch gegen die Staatskasse auf **Ausgleich der Gebührendifferenz** zwischen den Gebühren eines Wahlanwalts (Tabelle zu § 13 RVG) und eines beigeordneten RA (Tabelle zu § 49 RVG).

Der beigeordnete RA hat einen gesetzlichen Anspruch gegen die Staatskasse auf die Erstattung der **„weiteren Vergütung"** bis zur Höhe der Wahlanwalts-Vergütung (§ 13 RVG), soweit Zahlungen der Partei und des erstattungspflichtigen Gegners (§§ 114, 115, 120, 125 ZPO) den Betrag übersteigen, den die Staatskasse für Gerichts- und Gerichtsvollzieherkosten sowie für beigeordnete RAe (§ 122 Abs. 1 Ziff. 1 ZPO) aufzubringen hat. Wie zu § 49 RVG erläutert, zahlt die Staatskasse dem beigeordneten RA ab einem Gegenstandswert von mehr als 3 000,00 EUR nur eine verminderte Vergütung. Wenn die „arme" Partei den Prozess verliert, muss sie gemäß § 114 ZPO Monatsraten an die Staatskasse zahlen. Falls die erbrachten Raten die von der Staatskasse an den RA zu leistende verminderte Vergütung übersteigen, hat der beigeordnete RA Anspruch auf den übersteigenden Betrag bis zur Höhe der Wahlanwalts-Vergütung gemäß § 13 RVG.

Die Staatskasse ist verpflichtet, bei Bewilligung von PKH nach § 114 ZPO höchstens 48 Monatsraten von der „armen" Partei einzuziehen, und zwar solange, bis auch die „weitere Vergütung" des beigeordneten RA abgedeckt ist. Reichen die eingegangenen Zahlungen jedoch nicht aus, geht der RA leer aus.

In § 50 Abs. 1 S. 2 RVG regelt den **Zeitpunkt der Festsetzung** der „weiteren Vergütung". Nach Beendigung einer jeden Instanz sollte der beigeordnete RA unverzüglich

- zusammen mit dem Antrag auf Festsetzung und Erstattung der PKH-Gebühren nach der Tabelle des § 49 RVG
- die Berechnung der Wahlanwalts-Vergütung (§ 13 RVG), abzüglich etwa geleisteter Zahlungen (§ 58 RVG), zu den Prozessakten mitteilen (§ 50 Abs. 2 RVG),

damit das Gericht die „weitere Vergütung" festsetzen kann. Der Antrag auf Festsetzung und Erstattung der PKH-Gebühren ist auf dem dafür vorgesehenen Formular zu stellen, die „weitere Vergütung" kann auch formlos beantragt werden. Die „weitere Vergütung" wird allerdings nach § 50 Abs. 1 S. 2 RVG erst später festgesetzt, wenn das Verfahren durch rechtskräftige Entscheidung beendet ist und keine Zahlungen von der Partei mehr zu erwarten sind.

Wenn der Gegner im Falle des Unterliegens die volle Vergütung gemäß Tabelle zu § 13 RVG zu erstatten hat, kann der beigeordnete RA zunächst die niedrigeren PKH-Gebühren von der Staatskasse verlangen und dann den Differenzbetrag – in Höhe der vorstehend beschriebenen „weiteren Vergütung" – im Wege des Kostenfestsetzungsverfahrens gegen den Gegner festsetzen lassen. Gemäß § 126 ZPO ist er dazu ausnahmsweise im eigenen Namen berechtigt.

Merke:

Der beigeordnete RA hat einen Anspruch gegen die Staatskasse auf Erstattung der „weiteren Vergütung" in Höhe der Differenz zwischen den Wahlanwalts-Gebühren und den niedrigeren PKH-Gebühren.

Dieser Anspruch kann nur insoweit geltend gemacht werden, wie die Staatskasse Zahlungen über die ansonsten angefallenen Verfahrenskosten hinaus von der „armen" Partei (z. B. Raten) erhalten hat.

Zu § 54 RVG: Zum Verschulden des RA zählen z. B. gröbliche Pflichtverletzungen, Ausschluss aus der Anwaltschaft und Selbstmord.

Zu § 55 RVG: Für dieses Vergütungsfestsetzungsverfahren ist **vor der Beendigung des Hauptverfahrens** der Urkundsbeamte der Geschäftsstelle des Gerichts des jeweiligen Rechtszuges zuständig (§ 55 Abs. 2 RVG). Beim normalen Kostenfestsetzungsverfahren gemäß §§ 103 ff. ZPO sowie beim Vergütungsfestsetzungsverfahren gemäß § 11 RVG (siehe Kapitel 1.2.10) ist das Gericht des ersten Rechtszuges und dort der Rechtspfleger zuständig.

Nach der Beendigung des Hauptverfahrens ist der Urkundsbeamte der Geschäftsstelle des Gerichts des ersten Rechtszuges zuständig (§ 55 Abs. 1 RVG). Dies gilt auch für die Festsetzung der „weiteren Vergütung". Der Grund für diese unterschiedliche Behandlung liegt übrigens darin, dass das Gericht des ersten Rechtszuges aktenführend ist und dass sich die Prozessakten nach Abschluss des Rechtsstreits wieder beim erstinstanzlichen Gericht befinden.

Besonders zu beachten ist § 55 Abs. 6 RVG, damit der Anspruch auf die PKH-Vergütung und die „weitere Vergütung" nicht erlischt. Der RA muss also innerhalb der ihm vom Urkundsbeamten gesetzten Monatsfrist seinen Festsetzungsantrag bei dem Gericht einreichen.

Gebühren bei Prozesskosten- und Beratungshilfe (§§ 44 bis 59 RVG)

Zu § 56 RVG: Legt der RA gegen die Entscheidung über die Festsetzung der Vergütung Erinnerung oder Beschwerde ein, so erhält er dafür keine Gebühren (§ 56 Abs. 2 RVG).

Zu § 58 RVG: Sämtliche Zahlungen, die der beigeordnete RA von seinem Auftraggeber oder einem Dritten erhält, sind **zunächst** auf die ihm nach § 50 RVG zustehende „weitere Vergütung" anzurechnen, was für den RA zum Vorteil ist (§ 58 Abs. 2 RVG).

Es kann z. B. sein, dass vor Bewilligung der PKH der später beigeordnete RA für die „arme" Partei einen Antrag auf Bewilligung von PKH gestellt hat und dafür von der Partei einen Vorschuss in Höhe einer Gebühr nach VV Nr. 3335 RVG erhalten hat. Nach erfolgter Beiordnung reicht der RA die Klage ein, woraufhin der Schuldner zahlt.

Beispiel: Gegenstandswert 10 000,00 EUR. Die 1,0 Verfahrensgebühr gemäß §§ 2, 13, VV Nr. 3335 RVG beträgt 486,00 EUR. Darauf lässt sich der RA von seinem Auftraggeber 500,00 EUR als Vorschuss zahlen. Die 1,3 Verfahrensgebühr für den Hauptprozess macht nach Bewilligung der Prozesskostenhilfe gemäß §§ 2, 13, 45 Abs. 1, 49, VV Nr. 3100 RVG nur 314,60 EUR aus. Für einen Wahlanwalt hätte diese 1,3 Verfahrensgebühr gemäß den §§ 2, 13, VV Nr. 3100 RVG jedoch 631,80 EUR betragen. Nach § 16 Ziff. 2 RVG kann der RA nun nicht mehr als die 1,3 Verfahrensgebühr nach der Tabelle des § 49 RVG verlangen, die Gebühr nach Nr. 3335 VV RVG geht in dieser auf.

Die „weitere Vergütung", also die Differenz zwischen der PKH-Gebühr und der Wahlanwaltsgebühr beträgt hier 631,80 EUR – 314,60 EUR, also 317,20 EUR. Diese 317,20 EUR muss der RA sich von dem Vorschuss nicht anrechnen lassen, sodass nur 500,00 EUR – 317,20 EUR = 182,80 EUR auf die von der Staatskasse gemäß den §§ 45 ff. RVG zu zahlende Vergütung anzurechnen sind. Aus der Staatskasse kann er folglich noch 314,60 EUR – 182,80 EUR = 131,80 EUR verlangen. Zu allen Gebühren kommen selbstverständlich noch die Auslagenpauschale und die USt. hinzu.

Zu § 59 RVG: Diese Vorschrift regelt den Übergang der Ansprüche von dem RA auf die Staatskasse, nachdem diese ihm die Gebühren und Auslagen erstattet hat, damit die Staatskasse diese Gebühren und Auslagen im Wesentlichen beim Gegner eintreiben kann, falls dieser erstattungspflichtig ist. Zweck der Vorschrift ist, dass die Staatskasse ihre Aufwendungen von einer ersatzpflichtigen Partei zurückholen kann.

Zu § 126 ZPO: Wenn der Gegner den Prozess verloren hat, muss er der Partei die Gerichtskosten und die Gebühren ihres RA erstatten. Der RA macht **normalerweise im Namen seiner Partei** diese Verfahrenskosten im Kostenfestsetzungsverfahren gemäß den §§ 103 ff. ZPO gegen den Gegner geltend.

Im Falle der Beiordnung kann der RA jedoch die vom Gegner an seine Partei zu erstattenden Gebühren und Auslagen **im eigenen Namen** festsetzen lassen. Er ist im Gegensatz zur normalen Kostenfestsetzung (§§ 103 ff. ZPO) dann selbst Partei in diesem Festsetzungsverfahren. Der Wille dazu muss aus dem Kostenfestsetzungsantrag klar hervorgehen. Beantragt wird die volle gesetzliche Vergütung gemäß der Tabelle zu § 13 RVG, da der Gegner keinen Anspruch darauf hat, nur die niedrigeren PKH-Gebühren zu zahlen.

Hinweis: Da die Staatskasse eine mit Sicherheit zahlungsfähige Schuldnerin ist, lassen viele RAe – wenn der Gegner ihres „armen" Auftraggebers den Prozess verloren hat – sich die ermäßigten PKH-Gebühren und die Auslagen von der Staatskasse zahlen und beantragen im Kostenfestsetzungsverfahren nur die Festsetzung der Differenz bis zur normalen Vergütung gegen den Gegner. In diesem Fall ist also im Kostenfestsetzungsantrag die von der Staatskasse erhaltene Vergütung anzugeben und in Abzug zu bringen. Die Staatskasse holt sich dann später die gezahlte PKH-Vergütung vom unterlegenen Gegner zurück.

Nachstehend soll die Berechnung der Vergütung des im Rahmen der Prozesskostenhilfe beigeordneten RA anhand eines Beispiels erläutert werden. Die Abrechnung ist unterschiedlich vorzunehmen, je nachdem, ob der „arme" Mandant oder der Gegner den Prozess verloren hat.

Beispiel

Beispiel zur Berechnung der Vergütung des beigeordneten RA:

In einem Prozess wegen einer Forderung von 10 000,00 EUR beträgt die Vergütung des beigeordneten RA:

Gegenstandswert: 10 000,00 EUR		EUR
1,3	Verfahrensgebühr gem. §§ 2, 13, 45 Abs. 1, 49, VV Nr. 3100 RVG	314,60
1,2	Terminsgebühr gem. §§ 2, 13, 45 Abs. 1, 49, VV Nr. 3104 RVG	290,40
20 %	Pauschale für Post- und Telekommunikationsentgelte gem. § 2 Abs. 2 S. 1, VV Nr. 7002 RVG	20,00
		625,00
16 %	USt. gem. § 2 Abs. 2 S. 1, VV Nr. 7008 RVG	100,00
		725,00

Die normale Vergütung eines Wahlanwaltes würde in diesem Fall betragen:

Gegenstandswert: 10 000,00 EUR		EUR
1,3	Verfahrensgebühr gem. §§ 2, 13, VV Nr. 3100 RVG	631,80
1,2	Terminsgebühr gem. §§ 2, 13, VV Nr. 3104 RVG	583,20
20 %	Pauschale für Post- und Telekommunikationsentgelte gem. § 2 Abs. 2 S. 1, VV Nr. 7002 RVG	20,00
		1 235,00
16 %	USt. gem. § 2 Abs. 2 S. 1, VV Nr. 7008 RVG	197,60
		1 432,60

Wenn nun der „arme" **Auftraggeber** den Prozess verloren hat, so kann sein RA gemäß § 50 RVG die „weitere Vergütung" erhalten, sofern die Voraussetzungen des § 50 Abs. 1 RVG vorliegen. Die dem beigeordneten RA zustehende „**weitere Vergütung**" berechnet sich so: 1 432,60 EUR − 725,00 EUR = 707,60 EUR.

Der RA hat von seinem Auftraggeber einen **Vorschuss** von 1 000,00 EUR erhalten. Dieser Vorschuss übersteigt die „weitere Vergütung" um 1 000,00 EUR − 707,60 EUR = 292,40 EUR, sodass der RA sich die 292,40 EUR gemäß § 58 Abs. 2 RVG auf die von der Staatskasse zu zahlende Vergütung anrechnen lassen muss, also 725,00 EUR − 292,40 EUR = 432,60 EUR. Diese 432,60 EUR kann er noch von der Staatskasse verlangen.

Hätte dagegen der **Gegner** den Prozess verloren, könnte der RA gemäß § 126 ZPO die volle Vergütung von 1 432,60 EUR gegen ihn festsetzen lassen oder sich in diesem Beispiel 432,60 EUR von der Staatskasse auszahlen lassen und die Differenz zur normalen Vergütung in Höhe von 707,60 EUR zuzüglich der 292,40 EUR, also 1 000,00 EUR, gegen den Gegner festsetzen lassen.

Merke:

Der beigeordnete RA muss sich Zahlungen seines Mandanten nur auf die von der Staatskasse zu zahlende Vergütung anrechnen lassen, soweit diese Zahlungen zusammen mit der Vergütung des PKH-Anwalts die normale Vergütung des Wahlanwalts gemäß der Tabelle zu § 13 RVG übersteigt.

8.4 Die Vergütung für die Beratungshilfe (§ 44 RVG)

(Dazu Aufgaben Gruppe 18)

Dem RA steht gegenüber dem Rechtsuchenden, den er berät, gemäß VV Nr. 2600 RVG eine **Beratungshilfegebühr** von 10,00 EUR zu, die er nach dessen wirtschaftlichen Verhältnissen ermäßigen oder erlassen kann. Diese Schutzgebühr von 10,00 EUR erhält der RA ohne Auslagen und USt, da dies in der Anmerkung zu VV Nr. 2600 RVG ausdrücklich so angeordnet ist.

Gebühren bei Prozesskosten- und Beratungshilfe (§§ 44 bis 59 RVG)

Gebührenvereinbarungen sind im Übrigen nichtig (§ 8 Beratungshilfegesetz).

Der RA erhält zusätzlich zu der oben genannten Schutzgebühr, die ihm nur sein Auftraggeber schuldet, eine Vergütung in Form einer Festgebühr aus der Landeskasse (§ 44 RVG).

Gemäß VV Nr. 2601 RVG erhält der RA für einen Rat oder eine Auskunft (anstelle der normalen Beratungsgebühr) eine **Beratungsgebühr** als Festgebühr von 30,00 EUR zuzüglich Auslagen und USt. aus der Landeskasse. Die Gebühr ist auf eine Gebühr für eine sonstige Tätigkeit **anzurechnen**, die mit der Beratung zusammenhängt.

> **Achtung:** Bei Erteilung eines mündlichen Rates werden in der Regel keine Post- und Telefonentgelte entstehen, also auch keine Auslagenpauschale gemäß VV Nr. 7002 RVG!

Gemäß VV Nr. 2603 RVG erhält der RA für außergerichtliche Tätigkeiten eine **Geschäftsgebühr** als Festgebühr von 70,00 EUR zuzüglich Auslagen und USt. Diese Pauschgebühr entsteht anstelle der normalen Geschäftsgebühr.

Diese Festgebühr ist jedoch bei einem anschließenden gerichtlichen oder behördlichen Verfahren **zur Hälfte anzurechnen**. Für ein späteres Verfahren auf Vollstreckbarerklärung eines Anwaltsvergleichs (siehe Kapitel 1.6.1.1.2) ist diese Festgebühr zu einem Viertel anzurechnen.

Gemäß VV Nr. 2608 RVG erhält der RA, soweit seine außergerichtliche Tätigkeit zu einer Einigung (VV Nr. 1000 RVG) führt, zusätzlich eine weitere Festgebühr (**Einigungsgebühr**) von 125,00 EUR zuzüglich Auslagen und USt.; soweit die Tätigkeit zur Erledigung einer verwaltungsrechtlichen Sache führt, heißt die Gebühr **Erledigungsgebühr** (VV Nr. 1002 RVG). Die Einigungs- oder Erledigungsgebühr kann neben der Geschäftsgebühr nach VV Nr. 2603 RVG entstehen.

Der Vergütungsanspruch auf die Festgebühr ist mit Hilfe des dafür vorgesehenen amtlichen Formulars beim Amtsgericht, welches den Berechtigungsschein erteilt oder über den Antrag auf Beratungshilfe noch zu entscheiden hat, geltend zu machen. Der RA wird dabei in der Regel kurz darlegen müssen, welche außergerichtlichen Tätigkeiten er im Rahmen der Beratungshilfe ausgeübt hat, bzw., ob seine Tätigkeit ursächlich für den Abschluss eines Vertrages über eine Einigung war.

Ist der Gegner verpflichtet, dem Rechtssuchenden die Kosten der Wahrnehmung seiner Rechte zu ersetzen, hat er die volle gesetzliche Vergütung für die Tätigkeit des RA (Gebühren laut Tabelle aus der Anlage zu § 13 RVG) zu zahlen. Der Anspruch geht auf den RA über. Zahlungen, die der RA vom Gegner erhält, werden auf die Vergütung aus der Landeskasse angerechnet.

> **Beispiel:** RA Gottschalk berät auftragsgemäß die Witwe Anna Nass mündlich in einer Erbschaftssache. Beratungshilfe wurde bewilligt. Wegen einer kurzen Nachfrage führt RA Gottschalk ein Telefongespräch mit einem Rechtspfleger des Nachlassgerichts.

Vergütung bei Beratungshilfe:	EUR
Beratungsgebühr gem. §§ 2, 44 S. 1, VV Nr. 2601 RVG	30,00
20 % Pauschale für Post- und Telekommunikationsentgelte * gem. § 2 Abs. 2 S. 1, VV Nr. 7002 RVG	6,00
	36,00
16 % USt. gem. § 2 Abs. 2 S. 1, VV Nr. 7008 RVG	5,76
	41,76
Beratungshilfegebühr gem. §§ 2, 44 S. 2, VV Nr. 2600 RVG	10,00
	51,76

* Es sind Auslagen für ein Telefongespräch entstanden.

9 DIE GEBÜHREN IN STRAFSACHEN UND IN BUSS- GELDVERFAHREN (TEILE 4 UND 5 VV RVG)

9.1 Allgemeines

(Dazu Aufgaben Gruppe 22)

Die Berechnung der Gebühren in Strafsachen und in Bußgeldverfahren unterscheidet sich von der Berechnung der Gebühren in bürgerlichen Rechtsstreitigkeiten ganz erheblich. Die Gebühren in diesen beiden Bereichen unterscheiden sich deshalb so voneinander, weil auch die Tätigkeiten des RA jeweils ganz unterschiedlicher Natur sind. In Strafsachen liegt das Hauptgewicht der Tätigkeit des Strafverteidigers in seinem Auftreten in der oft lange dauernden Hauptverhandlung. Dagegen wird in Zivilsachen die Arbeitszeit des RA überwiegend durch die Beschaffung der notwendigen Informationen in Gesprächen mit dem Auftraggeber, den Schriftwechsel mit dem Auftraggeber sowie Dritten und die Anfertigung von Schriftsätzen – insgesamt also einer mehr schriftlichen Tätigkeit – in Anspruch genommen, während die mündlichen Verhandlungen im Zivilprozess häufig nur von kurzer Dauer sind bzw. ganz entfallen, wie z. B. im Mahnverfahren oder beim anwaltlichen Aufforderungsschreiben.

Dies wird im RVG auch dadurch berücksichtigt, dass der Prozessbevollmächtigte in bürgerlichen Rechtsstreitigkeiten in der Regel **Wertgebühren** erhält, die nach dem Gegenstandswert und nach vorgeschriebenen Gebührensätzen aus der in einer Tabelle vorgegebenen Gebühr ermittelt werden. In Strafsachen sieht das Gesetz dagegen in der Regel für jeden einzelnen Verhandlungstag **Rahmengebühren** (Betragsrahmengebühren) vor, bei denen die Gebühr innerhalb des Gebührenrahmens nach billigem Ermessen unter Berücksichtigung aller Umstände zu bestimmen ist (§ 14 RVG).

Auch für die Gebühren in Strafsachen gelten grundsätzlich die allgemeinen Bestimmungen der Abschnitte 1 bis 3 des Gesetzesteils des RVG und die Teile 1 und 2 des Vergütungsverzeichnisses, insbesondere:

- § 2 Abs. 2   Hinweis auf das Vergütungsverzeichnis (Anlage 1)
- § 4   Vereinbarung der Vergütung
- § 6   Mehrere Rechtsanwälte
- § 7   Mehrere Auftraggeber (nur in ganz bestimmten Fällen anwendbar)
- §§ 8 bis 10   Fälligkeit, Vorschuss, Berechnung der Gebühren
- § 14   Rahmengebühren
- § 15   Abgeltungsbereich der Gebühren
- § 17   Verschiedene Angelegenheiten (Ziff. 10 ff.)
- § 19   Rechtszug (Ziff. 10)
- §§ 20, 21   Verweisung, Zurückverweisung
- VV Nr. 2101   Beratungsgebühr (VV Nr. 2102 RVG = Erstberatungsgebühr; ab 1. Juli 2006: § 34 RVG)
- VV Nrn. 7000 ff.   Die Vorschriften über Auslagen gelten auch in Strafsachen

Die Gebühren in Strafsachen sind grundsätzlich **Pauschgebühren**, die alle Tätigkeiten des RA innerhalb einer Instanz abgelten, und zwar von der Entgegennahme des Auftrags bis zur

Entgegennahme des Urteils und seiner Weiterleitung an den Auftraggeber sowie der Beratung des Auftraggebers über die Zulässigkeit und Zweckmäßigkeit der Einlegung von Rechtsmitteln und das Kostenfestsetzungsverfahren (§ 15 Abs. 1 und 2). Dazu gehört auch noch die **Einlegung** von Rechtsmitteln (Berufung, Revision) bei dem Gericht desselben Rechtszuges (§ 19 Ziff. 10 RVG) und natürlich auch die Beratung über Zulässigkeit und Zweckmäßigkeit der Rechtsmitteleinlegung. Dadurch soll vermieden werden, dass ein Verurteilter aus Kostengründen davor zurückschreckt, sich über die Rechtsmittelaussichten beraten zu lassen und deswegen darauf verzichtet, innerhalb der kurzen Frist von einer Woche Berufung oder Revision einzulegen (§§ 314 Abs. 1, 341 Abs. 1 StPO).

Dagegen gehört die **Begründung** der Berufung oder der Revision bereits zur nächsten Instanz! Das Beschwerdeverfahren bildet – anders als im Zivilprozess (VV Nr. 3500 RVG) – keine besondere Angelegenheit (Ausnahme: Beschwerde im Kostenfestsetzungsverfahren, siehe unten).

Die Rechtsanwaltsgebühren sind in Strafsachen in ihrer Höhe auch davon abhängig, ob der RA als Verteidiger frei gewählt worden ist (**Wahlverteidiger**) oder ob er bei notwendiger Verteidigung nach § 140 StPO vom Gericht als **Pflichtverteidiger** (Amtsverteidiger) bestellt worden ist.

Zu den Strafverfahren (VV Teil 4 RVG) gehören z. B. auch Jugendstrafverfahren. Nicht dazu gehören die Bußgeldverfahren (VV Teil 5 RVG). Trotzdem sind die Gebührenregelungen in den Teilen 4 und 5 VV RVG zumindest ähnlich. In den nachfolgenden Ausführungen werden daher meist nur Strafsachen erwähnt; die Erläuterungen gelten aber für die Bußgeldsachen meistens in gleicher Weise.

Da die Gebühren der Teile 4 und 5 des Vergütungsverzeichnisses des RVG **Betragsrahmengebühren** sind, ist noch zu beachten, dass eine Festsetzung der Vergütung gegen den eigenen Mandanten gemäß § 11 Abs. 8 RVG nur zulässig ist, wenn der RA nur die Mindestgebühren aus dem jeweiligen Rahmen geltend macht oder der Auftraggeber der Höhe der Gebühren ausdrücklich zugestimmt hat. Der RA muss andernfalls folglich seine Gebühren und Auslagen auf dem normalen Klageweg gegen seinen Auftraggeber geltend machen. Das Gericht muss dann nach § 14 Abs. 2 RVG ein kostenloses Gutachten des Vorstandes der Rechtsanwaltskammer einholen, es sei denn, der RA fordert nur die Mindestgebühr oder der Streit geht nicht um die Höhe der Rahmengebühr.

In der Praxis werden von den frei gewählten Verteidigern häufig Gebührenvereinbarungen (§ 4 RVG, siehe Kapitel 1.2.3) mit den Beschuldigten getroffen. Die vereinbarten Honorare werden allerdings bei Freispruch des Beschuldigten (§ 467 StPO: „notwendige Auslagen") nicht von der Staatskasse erstattet, wenn sie die gesetzlichen Höchstgebühren übersteigen!

Merke:

In Strafsachen entstehen in der Regel Betragsrahmengebühren.

Die allgemeinen Bestimmungen der Abschnitte 1 bis 3 des Gesetzesteils des RVG gelten auch in Strafsachen.

Der Rechtszug in Strafsachen erstreckt sich bis zur Einlegung eines Rechtsmittels, aber nicht mehr bis zu seiner Begründung.

Wahlverteidiger erhalten höhere Gebühren als Pflichtverteidiger.

9.2 Besonderheiten bei der Berechnung der Rahmengebühren

Die oben (siehe Kapitel 1.3.2) dargestellten Grundlagen der Berechnung von Rahmengebühren gelten selbstverständlich auch für die Gebühren in Strafsachen. Nach § 14 RVG bestimmt der RA die Gebühr im Einzelfall unter Berücksichtigung aller Umstände, insbesondere der Bedeutung der Angelegenheit, des Umfangs und der Schwierigkeit der anwaltlichen Tätigkeit sowie der Vermögens- und Einkommensverhältnisse des Auftraggebers nach billigem Ermessen. Auch in Strafsachen gilt, dass von der **Mittelgebühr** auszugehen ist, wenn keine besonderen Umstände erkennbar sind, die eine Erhöhung oder eine Ermäßigung rechtfertigen.

In Strafsachen sind jedoch naturgemäß einige **besondere Überlegungen** anzustellen:

- **Bedeutung der Angelegenheit:** Für einen nicht vorbestraften Beschuldigten wiegt die Bedeutung schwerer. Wenn es um Entzug eines Führerscheins geht, ist die Bedeutung für einen beruflich auf das Autofahren angewiesenen Beschuldigten (z. B. Taxifahrer) höher als z. B. für einen Rentner. Bei einer zu erwartenden nicht zur Bewährung ausgesetzten Freiheitsstrafe ist die Bedeutung für den Beschuldigten erheblich höher als bei einer zu erwartenden Geldstrafe. In den genannten Fällen kann daher auch eine von der Mittelgebühr nach oben hin abweichende Gebühr in Ansatz gebracht werden.

- **Umfang und Schwierigkeit** der anwaltlichen Tätigkeit: Gebührenerhöhend könnte sich auswirken, wenn ein Ortstermin an der (entfernten) Unfallstelle wahrzunehmen ist, wenn die Hauptverhandlung von ungewöhnlich langer Dauer ist, wenn sehr umfangreiche Akten durchzuarbeiten sind oder wenn der RA sprachliche Verständigungsschwierigkeiten mit dem Beschuldigten hat.

- **Vermögens- und Einkommensverhältnisse** des Auftraggebers: Bei ähnlicher Angelegenheit wird ein „armer" Beschuldigter, der mit seinem geringen Einkommen Unterhalt für einige Kinder aufbringen muss, weniger als die Mittelgebühr, ein „reicher" Beschuldigter dagegen mehr als die Mittelgebühr bezahlen müssen.

Es sei noch einmal darauf hingewiesen, dass „billiges Ermessen" nicht bedeutet, dass der RA die Gebühren nach seinem Belieben festlegen kann; er ist vielmehr **zur Berücksichtigung aller dieser Umstände gesetzlich verpflichtet.**

Beispiel: Ein reicher Ausländer, mit dem der RA sich nur auf Arabisch verständigen kann, wird wegen eines Wirtschaftsverbrechens beschuldigt. Der RA verfügt neben Kenntnis der arabischen Sprache über die notwendigen wirtschaftlichen Spezialkenntnisse. Die Hauptverhandlung, für die die Gebühr zu berechnen ist, dauert von 8 bis 19 Uhr. Hier wäre wohl die Höchstgebühr gerechtfertigt.

Beispiel: Ein armer Mandant ist vor dem Schwurgericht angeklagt. Es handelt sich um eine einfache Sache von geringem Schwierigkeitsgrad für den Verteidiger. Die Bedeutung für den Angeklagten ist dagegen normal, so wie es eben ist, wenn man vor dem Schwurgericht angeklagt wird. Insgesamt wäre in diesem Fall eine unterhalb der Mittelgebühr liegende Gebühr angemessen.

Zunächst ist der Gebührenrahmen festzustellen. Er ergibt sich z. B. aus VV Nr. 4118 RVG. Die Mittelgebühr wäre dann:

Mittelgebühr: (80,00 EUR + 580,00 EUR) : 2 = 330,00 EUR

Eine Gebühr von 250,00 EUR (zuzüglich Auslagen und USt.) könnte hier angemessen sein.

Eine mathematische Lösung gibt es für solche Fälle übrigens nicht!

In diesem Buch wird, wenn nicht anders angegeben, bei der Berechnung der Vergütung in Straf- und Bußgeldsachen davon ausgegangen, dass es sich um durchschnittliche Fälle im Sinne des § 14 RVG handelt, sodass bei den Gebühren grundsätzlich die Mittelgebühr des jeweiligen Rahmens berechnet wird.

> **Merke:**
> Die Rahmengebühren in Strafsachen werden nach § 14 RVG unter Berücksichtigung aller maßgeblichen Umstände bestimmt.
> Bei der Bemessung wird im konkreten Einzelfall von der Mittelgebühr ausgegangen.

9.3 Die Gebühren des Wahlverteidigers und des Pflichtverteidigers

Der **Wahlverteidiger** und der **Pflichtverteidiger** erhalten im Grunde dieselben Gebühren, nur dass die jeweilige Gebühr für den Pflichtverteidiger niedriger ausfällt als für den Wahlverteidiger. Außerdem sind die Gebühren für den Wahlverteidiger **Betragsrahmengebühren**, wogegen der Pflichtverteidiger nur **Festgebühren** erhält. Der Umgang mit diesen beiden Arten von Gebühren ist praktisch ganz einfach: Im Vergütungsverzeichnis finden Sie ab der Nr. 4100 eine linke und eine rechte Gebührenspalte. In der linken Spalte stehen die Gebührenrahmen für den Wahlverteidiger und in der rechten Spalte die Festgebühren für den Pflichtverteidiger.

Deshalb werden nachfolgend zunächst die einzelnen Gebühren vorgestellt, ohne dass weiter auf den Unterschied zwischen Wahlverteidiger und Pflichtverteidiger eingegangen werden muss. Besonderheiten zur Gebührenberechnung des Pflichtverteidigers finden Sie später in Kapitel 9.10.

Es ist zu unterscheiden zwischen der Vollverteidigung, bei der der RA mit der Verteidigung im Ganzen betraut worden ist, und der partiellen (= teilweisen) Verteidigung, bei der der RA nur mit einzelnen Tätigkeiten innerhalb des Strafverfahrens beauftragt worden ist. Die Gebühren des mit der **Verteidigung im Ganzen** betrauten RA sind geregelt in VV Teil 4, Unterabschnitt 3 RVG, und zwar für die erste Instanz in den Nrn. 4106 bis 4123, für das Berufungsverfahren in den Nrn. 4124 bis 4129 und für das Revisionsverfahren in den Nrn. 4130 bis 4135. Die dem RA nach diesen Vorschriften zustehenden Gebühren gelten als Pauschgebühren seine gesamte Tätigkeit als Verteidiger ab (§ 15 Abs. 1 und 2 RVG). Für nur **einzelne Tätigkeiten** des RA im Strafverfahren gelten die Nrn. 4300 bis 4304 VV RVG.

Da die Gebühren des Verteidigers nach Vorbemerkung 4.1 Abs. 2 S. 2 VV RVG (wie § 15 Abs. 1 RVG) als **Pauschgebühren** vorgesehen sind, erhält der RA nicht für seine innerhalb eines Rechtszuges ausgeübten Einzeltätigkeiten jeweils eine Einzelgebühr, sondern nur eine Gesamtvergütung zuzüglich Auslagen (VV Nrn. 7000 ff. RVG). Der Verteidiger erhält gemäß Vorbemerkung Abs. 2 VV RVG für das Betreiben des Geschäfts, also z. B. die Vorbereitung der Hauptverhandlung, eine **Verfahrensgebühr**. Mit dieser Gebühr werden alle Tätigkeiten des RA abgegolten, sofern nicht für bestimmte Tätigkeiten **besondere Gebühren** vorgesehen sind. Insgesamt kann der Verteidiger, je nach Ablauf des Verfahrens, folgende Gebühren erhalten:

- Für die erstmalige Einarbeitung in den Rechtsfall und **nur einmal** erhält der RA eine **Grundgebühr** (VV Nrn. 4100, 5100 RVG), und zwar unabhängig davon, in welchem Verfahrensabschnitt die Einarbeitung erfolgt und vor welchem Gericht das Verfahren stattfindet.

Straf- und Bußgeldsachen (Teile 4 und 5 VV RVG)

- Für die Teilnahme an bestimmten Vernehmungen oder Verhandlungen außerhalb der Hauptverhandlung erhält der RA eine **besondere Terminsgebühr** nach VV Nrn. 4102 bzw. 4103 RVG.

- Für seine Tätigkeit im Vorverfahren erhält der RA zusätzlich zu den Gebühren für das gerichtliche Verfahren in der ersten Instanz (VV Nrn. 4106 bis 4123 RVG) noch die **Verfahrensgebühr im Vorverfahren** nach VV Nrn. 4104 bzw. 4105 RVG. Es ist also wichtig, das Vorverfahren von dem anschließenden Hauptverfahren richtig abzugrenzen.

- In jedem Rechtszug erwächst dem Verteidiger eine einmalige **Verfahrensgebühr** für das Betreiben des Geschäfts (Vorbemerkung 4 Abs. 2 VV RVG).

- Für die Teilnahme an der Hauptverhandlung erwächst dem Verteidiger eine Terminsgebühr. Wenn sich die Hauptverhandlung über einen Kalendertag hinaus erstreckt (24 Uhr), erhält der Strafverteidiger für jeden weiteren Verhandlungstag wieder eine erneute Terminsgebühr, da die **Terminsgebühr „je Hauptverhandlungstag"** erhoben wird (siehe z. B. VV Nr. 4108 RVG und Kapitel 9.6.2).

- Unter den Voraussetzungen der Nrn. 4142, 4143 bzw. 4144 VV RVG können dem Verteidiger für Tätigkeiten, die sich z. B. auf die Einziehung von Tatwerkzeugen (z. B. §§ 74 bis 76 a StGB) oder auf die Abwehr vermögensrechtlicher Ansprüche (§ 405 StPO) beziehen, **weitere Gebühren** erwachsen.

- Im **Privatklageverfahren** kann neben den Pauschgebühren der Nrn. 4100 ff. VV RVG noch eine besondere Einigungsgebühr gemäß VV Nr. 4147 RVG entstehen.

- Für die Erinnerung oder Beschwerde gegen einen **Kostenfestsetzungsbeschluss** gemäß § 464 b StPO oder die Zwangsvollstreckung daraus erhält der Verteidiger gemäß Vorbemerkung 4 Abs. 5 VV RVG entsprechende zusätzliche Gebühren nach dem Teil 3 VV RVG.

Der Verteidiger kann dagegen neben den Gebühren der Nrn. 4100 ff. VV RVG niemals noch zusätzlich die Gebühren der Nrn. 4300 ff. VV RVG erhalten. Auch eine Beratungsgebühr erhält er nicht zusätzlich; sie erwächst ihm auch dann nicht besonders, wenn er erst nach Erteilung eines Rates die Verteidigung übernommen hat, da dann die Beratungsgebühr auf die Pauschgebühren der Nrn. 4100 ff. VV RVG angerechnet wird.

Eine Ermäßigung der Pauschgebühren wegen vorzeitiger Beendigung wie im Zivilprozess ist nicht speziell vorgeschrieben, muss jedoch bei der Festlegung der Gebühr innerhalb des Rahmens berücksichtigt werden.

Eine Erhöhung der Pauschgebühren**Fehler! Textmarke nicht definiert.** ist nach Vorbemerkung 4 Abs. 4 VV RVG vorgesehen, um dem RA eine angemessene Vergütung zu gewähren, wenn er als Verteidiger eines in Untersuchungshaft sitzenden Mandanten einen erhöhten Arbeitsaufwand hat. Die Tätigkeit des RA wird in der Regel mühevoller, wenn sich der Auftraggeber nicht auf freiem Fuß befindet, wegen der durch die Haftbedingungen erschwerten Betreuung des Mandanten sowie durch einzulegende Haftbeschwerden oder Haftprüfungsanträge. In diesen Fällen entstehen die **Gebühren mit Zuschlag**. Sie werden bei den meisten Gebühren einmal die Gebühr ohne Zuschlag und danach unter einer eigenen Nummer diese Gebühr mit Zuschlag finden.

Bei den Gebühren mit Zuschlag wegen Haft des Mandanten beträgt der Zuschlag zur Rahmenhöchstgebühr übrigens 25 %. Bei ansonsten gleichen Umständen ergibt sich dadurch eine höhere Mittelgebühr. Deshalb berechtigt der Umstand der Haft allein noch nicht, eine höhere Gebühr innerhalb des Rahmens zu berechnen. Wenn ansonsten nur durchschnittliche Umstände vorliegen, besteht also kein Grund für die Überschreitung der Mittelgebühr. Der durch die Haft und durch damit verbundene häufige Besuche des Mandanten in der Haftanstalt bedingte erhöhte Arbeitsanfall des RA kann dazu berechtigen, eine höhere Gebühr als die Mittelgebühr, je nach Lage des Falles bis zum Rahmenhöchstbetrag zu berechnen.

Weiterhin ist laut VV Nr. 4141 RVG vorgesehen, dass ein Verteidiger, der durch seine Bemühungen dazu beiträgt, dass das Strafverfahren **endgültig eingestellt** und damit die Hauptverhandlung entbehrlich wird, zur Belohnung eine **zusätzliche Gebühr** (Erledigungsgebühr) verdient. Das Gleiche gilt, wenn sich das Verfahren durch Zurücknahme des Einspruchs gegen einen Strafbefehl, der Berufung oder der Revision früher als zwei Wochen vor Beginn des Tages, der für die Hauptverhandlung vorgesehen war, erledigt. Die zusätzliche Gebühr entsteht in Höhe der Mittelgebühr der Verfahrensgebühr für den Rechtszug, in dem die Hauptverhandlung vermieden wurde. Siehe hierzu Kapitel 9.9.1. Ein Zuschlag, falls der Mandant in Untersuchungshaft sitzt, ist in diesen Fällen nicht vorgesehen.

Ferner können sich die Pauschgebühren erhöhen, wenn der RA **mehrere Auftraggeber** als Privat- oder Nebenkläger vertritt, aber auch nur dann!

Wie schon oben erwähnt, erwächst dem Verteidiger die Terminsgebühr für jeden neuen Verhandlungstag neu (siehe Kapitel 9.6.2).

Der Rahmen, innerhalb dessen die den Umständen nach angemessene Gebühr zu bestimmen ist, richtet sich nach der Ordnung des zuständigen Gerichts, womit die Art des Gerichts gemeint ist. Es ist für den Verteidiger schon ein Unterschied, ob die Verhandlung vor dem Einzelrichter oder vor einer Schwurgerichtskammer stattfindet. Die Aufzählung der drei Ordnungsgruppen der Gerichte findet sich in den Nrn. 4106, 4112 und 4118 VV RVG. In der ersten Instanz kann ein Strafprozess vor dem Amtsgericht, dem Landgericht oder dem Oberlandesgericht beginnen. Je höher das Gericht umso höher sind die vorgesehenen Gebühren.

Die **Entstehung der Gebühren** des Verteidigers erfolgt mit der ersten Tätigkeit, die der RA in den einzelnen Verfahrensabschnitten ausübt, also wenn er nach Auftragserteilung irgend etwas getan hat. Im Vorverfahren entsteht also die Vorverfahrensgebühr (VV Nr. 4104 RVG) z. B. durch Besprechung mit dem Beschuldigten oder durch Ersuchen um Akteneinsicht. Der Antrag auf Akteneinsicht kann auch erfolglos sein, denn auf den Umfang der Tätigkeit kommt es nicht an; jedoch ist er bei der Festlegung der Gebühr innerhalb des Rahmens zu berücksichtigen.

> **Merke:**
> Die Gebühren des Wahlverteidigers sind grundsätzlich Pauschgebühren. Es gibt jedoch Sondervorschriften.
>
> Der jeweils zutreffende Gebührenrahmen richtet sich danach, welches Gericht für die Verhandlung zuständig ist.
>
> Der Wahlverteidiger erhält Betragsrahmengebühren (linke Spalte im VV).
>
> Der Pflichtverteidiger erhält Festgebühren (rechte Spalte im VV).

> **Merke:** In Strafsachen werden in der Regel mehrere Gebühren entstehen.
> - Eine einmalige **Grundgebühr** (VV Nrn. 4100, 5100 RVG) für die Einarbeitung.
> - Eine **besondere Terminsgebühr** nach VV Nr. 4102 RVG für Termine außerhalb der Hauptverhandlung.
> - Eine **Verfahrensgebühr im Vorverfahren** nach VV Nr. 4104 RVG.
> - In jedem Rechtszug eine einmalige **Verfahrensgebühr** für das Betreiben des Geschäfts.
> - Eine **Terminsgebühr** für jeden Hauptverhandlungstag.
> - Bei Inhaftierung des Mandanten entstehen die **Gebühren mit Zuschlag**.

Hinweis: Wegen der riesigen Zahl von einzelnen Gebührenvorschriften gerade in Strafsachen (etwa 60 Nummern im VV) wird bei den einzelnen Gebühren in diesem Buch darauf verzichtet, jeweils bei den Einzelgebühren den Gebührenrahmen aufzuführen. Der Gesetzestext sollte also – wie immer – griffbereit liegen.

9.4 Allgemeine Gebühren

Die so genannten allgemeinen Gebühren kann der Verteidiger in jedem Verfahrensabschnitt erhalten. Sie stehen in Unterabschnitt 1 des Abschnitts 1 des Teils 4 VV RVG. Diese Art von Gebühren entsteht also unabhängig davon, in welcher Instanz der Verteidiger tätig ist. Es handelt sich hierbei um die **Grundgebühr** und die **Terminsgebühr für die Teilnahme an bestimmten Terminen** außerhalb der Hauptverhandlung. Beide Gebühren entstehen bei Inhaftierung des Mandanten **mit Zuschlag**.

9.4.1 Die Grundgebühr

Die **einmalige Grundgebühr** (VV Nr. 4100 RVG) entsteht für die erstmalige Einarbeitung in den Rechtsfall, unabhängig davon, in welchem Verfahrensabschnitt die Einarbeitung erfolgt. Die Grundgebühr kann dem Verteidiger nur ein einziges Mal erwachsen.

Beispiel: Wenn der Verteidiger bereits im strafrechtlichen Ermittlungsverfahren tätig wird, dann seinen Mandanten in dem ersten Rechtszug vertritt und anschließend noch in der Berufungsinstanz, kann er die Grundgebühr nur einmal erhalten. Für den Verteidiger, der für den Auftraggeber erstmalig in der Revisionsinstanz tätig wird, fällt natürlich auch eine Grundgebühr an, da er sich in die Sache neu einarbeiten muss.

Mit der Grundgebühr soll der Arbeitsaufwand entgolten werden, der zu Beginn eines Mandats entsteht, also
- das erstmalige Gespräch mit dem Auftraggeber und
- die Beschaffung der erforderlichen Informationen.

Dieser Einarbeitungsaufwand kann natürlich auch erst in der Rechtsmittelinstanz erforderlich werden, wenn der Verteidiger darin erstmalig tätig wird.

Falls wegen einer Tat oder Handlung zunächst im Bußgeldverfahren ermittelt wurde, dann aber die Ermittlungen als Strafsache weiter betrieben werden, so hat der von Beginn an beauftragte Verteidiger bereits eine **Grundgebühr im Bußgeldverfahren** nach VV Nr. 5100 RVG erhalten. Diese Grundgebühr – die übrigens niedriger ist – ist dann auf die nun anfallende Grundgebühr des Strafverfahrens nach VV Nr. 4100 Anm. Abs. 2 RVG **anzurechnen**. Es bleibt also bei dem Grundsatz, dass für den Verteidiger eine Grundgebühr in einer Sache nur einmal entstehen darf.

> **Merke:**
> Die Grundgebühr entsteht in einer Sache nur ein einziges Mal für die erstmalige Einarbeitung, gleichgültig in welchem Verfahrensabschnitt die Einarbeitung erfolgt.

9.4.2 Die Terminsgebühr für Termine außerhalb der Hauptverhandlung

Insbesondere im strafrechtlichen Ermittlungsverfahren kommt es in der Regel zu einer Reihe von Terminen, an denen der Verteidiger sinnvollerweise teilnimmt. Es kann sich dabei z. B. um Vernehmungen des Beschuldigten oder von Zeugen handeln. Die Teilnahme des RA an solchen Terminen ist durchaus zweckmäßig und auch im Interesse seines Mandanten, da sich hierdurch die Chance erhöht, dass das Verfahren abgekürzt oder eingestellt werden kann. Für diese Art von Terminswahrnehmung erwächst dem Verteidiger die Terminsgebühr für Termine außerhalb der Hauptverhandlung gemäß VV Nr. 4102 RVG.

Diese Gebühr kann – da sie in „Unterabschnitt 1. Allgemeine Gebühren" steht – auch in den anderen Verfahrensabschnitten bis hin zu den Rechtsmittelinstanzen entstehen, wenn der RA an bestimmten Terminen außerhalb der Hauptverhandlung teilnimmt, wie z. B. an kommissarischen Vernehmungen oder Haftprüfungsterminen. Diese Terminsgebühr wird allerdings im Gegensatz zu den Terminsgebühren für die Teilnahme an den Hauptverhandlungen nicht höher entlohnt, wenn das Verfahren vor höheren Gerichten stattfindet.

Nach VV Nr. 4102 RVG erhält der Verteidiger diese Terminsgebühr für die Teilnahme an

(1) richterlichen Vernehmungen und Augenscheinseinnahmen,

(2) Vernehmungen durch die Staatsanwaltschaft oder eine andere Strafverfolgungsbehörde,

(3) Terminen außerhalb der Hauptverhandlung, in denen über die Anordnung oder Fortdauer der Untersuchungshaft oder der einstweiligen Unterbringung verhandelt wird,

(4) Verhandlungen im Rahmen des Täter-Opfer-Ausgleichs,

(5) Sühneterminen nach § 380 StPO.

Zu (1) und (2): Hier geht es um die **Teilnahme** an Vernehmungen. Das bedeutet, dass der RA bei der Vernehmung anwesend sein muss, um die Gebühr zu verdienen.

Zu (3): Die bloße Teilnahme des RA an Haftprüfungsterminen und ähnlichen Terminen ist hier nicht ausreichend, da der Gesetzestext verlangt, dass „**verhandelt**" wird. Es muss in einem solchen Termin also schon über die Anordnung oder Dauer der Haft verhandelt werden. Die Teilnahme an einem kurzen Haftbefehls**verkündungs**termin lässt folglich die Gebühr nicht ent-

_____ Straf- und Bußgeldsachen (Teile 4 und 5 VV RVG) _____

stehen, es sei denn, nach der Verkündung des Haftbefehls schließt sich eine Verhandlung über die Fortdauer der Haft an.

Zu (4): Laut Begründung des Gesetzgebers zum Entwurf des Gesetzestextes wird im Rahmen des Täter-Opfer-Ausgleichs die Teilnahme an einem **Termin** vorausgesetzt. Der RA muss sich also an den Verhandlungen wohl in einem Termin beteiligen. Telefongespräche oder ähnliches mit z. B. dem Opfer lassen die Gebühr nicht entstehen, da dies kein Termin ist.

Zu (5): Der Sühnetermin nach § 380 StPO ist ein **Termin** vor einer so genannten Vergleichsbehörde. Telefongespräche oder andere Gespräche außerhalb eines Termin werden die Gebühr nicht entstehen lassen.

Tatsächlich erhält der RA aber diese Terminsgebühr nicht immer bereits für die Teilnahme an jedem Termin. In der Anmerkung zu VV Nr. 4102 RVG ist eine etwas komplizierte Regelung getroffen worden, wonach

- **mehrere Termine an einem Tag** als ein Termin gelten und
- im vorbereitenden Verfahren (Ermittlungsverfahren) und in jedem Rechtszug diese Terminsgebühr an jeweils **bis zu drei Terminen** nur einmal entstehen kann.

Beispiel: Ein Verteidiger hat im Ermittlungsverfahren an vier Terminen im Sinne der Nr. 4102 VV RVG teilgenommen, wovon zwei Termine an einem Tag stattfanden.

Im Strafprozess kommt es in der ersten Instanz zu sechs solcher Termine, wovon wieder zwei Termine an einem Tag stattfanden.

Eine Terminsgebühr erhält der RA im Ermittlungsverfahren nur einmal, da nur drei der Termine zählen. Im Strafprozess bekommt er die Terminsgebühr zweimal, da von den sechs Terminen zwei als einer zählen, was insgesamt fünf Termine ausmacht; für die ersten drei Termine entsteht die Gebühr und für die nächsten zwei Termine entsteht noch eine.

Merke:

Die Terminsgebühr für Termine außerhalb der Hauptverhandlung entgilt im Vorverfahren und in jedem Rechtszug bis zu drei Terminswahrnehmungen, wobei mehrere Termine an einem Tag als ein Termin zählen.

Also ergibt sich jeweils nach dem vierten Tag eine neue Terminsgebühr.

9.5 Die Gebühren im vorbereitenden Verfahren

Für das vorbereitende Verfahren werden die Gebühren in Teil 4, Abschnitt 1, Unterabschnitt 2 VV RVG geregelt. Unter dem vorbereitenden Verfahren, meist nur **Vorverfahren** genannt, versteht man das Ermittlungsverfahren, welches dem gerichtlichen Verfahren vorausgeht. Hierzu gehören das polizeiliche Ermittlungsverfahren und das Verfahren vor der Staatsanwaltschaft.

Der **Beginn der Tätigkeit** im Vorverfahren liegt regelmäßig im ersten Informationsgespräch mit dem Mandanten. Weitere typische Tätigkeiten im Vorverfahren können die nachstehend genannten sein, wobei für das Entstehen der Gebühr bereits eine dieser Tätigkeiten ausreicht, da es sich um eine Pauschgebühr handelt. Es genügt, dass der RA z. B. die Staatsanwaltschaft um Akteneinsicht ersucht hat, selbst wenn dieses Ersuchen erfolglos ist. Folgende Tätigkeiten können im Vorverfahren vorkommen:

- Beistandstätigkeit im polizeilichen Ermittlungsverfahren
- Beistandstätigkeit im Verfahren vor der Staatsanwaltschaft
- Briefwechsel mit dem Mandanten
- Schriftlicher oder mündlicher Verkehr mit Polizei und Staatsanwaltschaft
- Einsicht in die Ermittlungsakte
- Besprechungen mit dem Mandanten, auch in der Untersuchungshaftanstalt
- Besichtigung des Tatorts usw.

Das **Ende des Vorverfahrens** liegt in der Einreichung der Anklageschrift bzw. des Antrags auf Erlass des Strafbefehls bei dem zuständigen Gericht. Im beschleunigten Verfahren (§§ 417 ff. StPO) endet das Vorverfahren mit dem Vortrag der Anklage, wenn diese nur mündlich erhoben wird (Anmerkung zu VV Nr. 4104 RVG). Dies bedeutet, dass der RA, der z. B. erst nach der Zustellung des Strafbefehls beauftragt wurde, gegen diesen Einspruch einzulegen, keine Gebühr für das Vorverfahren erhalten kann.

Für seine Tätigkeit im strafrechtlichen Vorverfahren erhält der RA eine Verfahrensgebühr **(Vorverfahrensgebühr)** gemäß VV Nr. 4104 RVG. Bei Haft des Mandanten entsteht diese Gebühr auch mit Zuschlag (VV Nr. 4105 RVG).

> **Merke:**
> Im Vorverfahren erhält der RA neben der Grundgebühr eine Vorverfahrensgebühr und je nachdem eine Terminsgebühr für die Wahrnehmung besonderer Termine.
> Der RA muss vor dem Ende des Vorverfahrens tätig geworden sein, um die Vorverfahrensgebühr beanspruchen zu können.

Beispiel: RA Justus wird mit der Vertretung des Hahn beauftragt, der 12 Hühner gestohlen haben soll. RA Justus wird im polizeilichen Ermittlungsverfahren tätig, in dem er den Hahn wegen der zu machenden Aussage berät. Es handelt sich um eine durchschnittliche Angelegenheit. Das Verfahren gegen Hahn wird eingestellt, da die Polizei den wirklichen Täter ermittelt.

Berechnung der Vergütung:	EUR
Grundgebühr gem. §§ 2 Abs. 2, 14, VV Nr. 4100 RVG	165,00
Vorverfahrensgebühr gem. §§ 2 Abs. 2, 14, VV Nr. 4104 RVG	140,00
20 % Pauschale für Post- und Telekommunikationsentgelte gem. § 2 Abs. 2 S. 1, VV Nr. 7002 RVG	20,00
	325,00
16 % USt. gem. § 2 Abs. 2 S. 1, VV Nr. 7008 RVG	52,00
	377,00

Beispiel: RAin Justin wird mit der Vertretung der Frau Henne beauftragt, der eine schwere Körperverletzung vorgeworfen wird. Frau Henne soll den Rentner Hackmann die Treppe hinunter geworfen haben. RAin Justin wird im polizeilichen Ermittlungsverfahren tätig, in dem sie Frau Henne wegen der zu machenden Aussage berät. Nach polizeilicher Ladung begleitet sie Frau Justin zum Vernehmungstermin. Es handelt sich um eine durchschnittliche Angelegenheit.

Berechnung der Vergütung:	EUR
Grundgebühr gem. §§ 2 Abs. 2, 14, VV Nr. 4100 RVG	165,00
Vorverfahrensgebühr gem. §§ 2 Abs. 2, 14, VV Nr. 4104 RVG	140,00
Terminsgebühr für einen Termin außerhalb der Hauptverhandlung gem. §§ 2 Abs. 2, 14, VV Nr. 4102 Ziff. 2 RVG	140,00
20 % Pauschale für Post- und Telekommunikationsentgelte gem. § 2 Abs. 2 S. 1, VV Nr. 7002 RVG	20,00
	465,00
16 % USt. gem. § 2 Abs. 2 S. 1, VV Nr. 7008 RVG	74,40
	539,40

Merke:

Die Vorverfahrensgebühr gibt es nur für die Tätigkeit innerhalb des Vorverfahrens. Sie kann jedoch neben der Verfahrensgebühr für das Hauptverfahren zusätzlich entstehen, wenn der RA im Vorverfahren und im Hauptverfahren tätig geworden ist. Die beiden Verfahrensgebühren werden nicht aufeinander angerechnet.

Das Vorverfahren endet, und das Hauptverfahren beginnt mit der Einreichung der Anklageschrift bzw. des Antrags auf Erlass eines Strafbefehls bei dem zuständigen Gericht bzw. im beschleunigten Verfahren mit dem Vortrag der Anklage, wenn diese nur mündlich erhoben wird.

Die Auslagenpauschale für Post- und Telekommunikationsentgelte (VV Nr. 7002 RVG) kann in einem Rechtszug nur einmal berechnet werden. Das Vorverfahren zählt zum ersten Rechtszug!

9.6 Das Hauptverfahren im ersten Rechtszug

In der ersten Instanz erhält der RA als Verteidiger die Gebühren aus Teil 4, Abschnitt 1, Unterabschnitt 3 VV RVG. Der RA kann hier eine Verfahrensgebühr und Terminsgebühren verdienen. Diese Gebühren richten sich in ihrer Höhe nach der **Ordnung des Gerichts** (Amtsgericht, Landgericht, Oberlandesgericht, bzw. der Spruchkörper in diesen Gerichten), vor dem das Verfahren stattfindet. Außerdem entstehen diese Gebühren mit Zuschlag, wenn der Angeklagte sich in Haft befindet.

Der Strafprozess kann im ersten Rechtszug beim Amtsgericht, beim Landgericht oder beim Oberlandesgericht beginnen. Dies ist im Gerichtsverfassungsgesetz (GVG) geregelt. Beim Amtsgericht kann das Verfahren vor dem Einzelrichter oder vor dem Schöffengericht stattfinden, was gebührenrechtlich keinen Unterschied macht. Beim Landgericht kann das Verfahren vor der großen Strafkammer (§ 74 Abs. 1 GVG), vor dem Schwurgericht (§ 74 Abs. 2 GVG) oder vor der Strafkammer nach § 74 a GVG (Staatsschutzkammer) oder § 74 c GVG (Wirtschaftsstrafkammer) stattfinden. Diese verschiedenen Strafkammern werden gebührenrechtlich unterschiedlich behandelt. Dies soll in nachstehender **Übersicht** aufgezeigt werden.

Ordnung des Gerichts (Erster Rechtszug)	Nummern des VV
Amtsgericht (Einzelrichter, Schöffengericht, Jugendrichter, Jugendschöffengericht)	Nrn. 4106 bis 4111 VV RVG
Landgericht (**Große Strafkammer** und **Jugendkammer**, soweit nicht für einen Erwachsenen das Schwurgericht zuständig wäre)	Nrn. 4112 bis 4117 VV RVG
Landgericht (**Schwurgericht, Staatsschutzkammer, Wirtschaftsstrafkammer** und **Jugendkammer**, wenn für einen Erwachsenen das Schwurgericht zuständig wäre), **Oberlandesgericht**	Nrn. 4118 bis 4123 VV RVG

Übersicht: Abhängigkeit der Gebühren von der Ordnung des Gerichts

---

Merke:

Das Hauptverfahren beginnt mit der Einreichung der Anklageschrift bzw. des Antrags auf Erlass eines Strafbefehls bei dem zuständigen Gericht bzw. im beschleunigten Verfahren mit dem Vortrag der Anklage, wenn diese nur mündlich erhoben wird.

Die Auslagenpauschale für Post- und Telekommunikationsentgelte (VV Nr. 7002 RVG) kann in jedem Rechtszug nur einmal berechnet werden. Das Vorverfahren zählt zum ersten Rechtszug!

9.6.1 Die Verfahrensgebühr im ersten Rechtszug

Die Verfahrensgebühr im ersten Rechtszug (**Hauptverfahrensgebühr**) entsteht, wie jede Verfahrensgebühr im RVG, für das Betreiben des Geschäfts einschließlich der Beschaffung der Informationen (Vorbemerkung 4, Abs. 2 VV RVG). Sie entgilt insbesondere die Vorbereitung der Hauptverhandlung, Gespräche mit dem Auftraggeber, Schriftverkehr, usw. Sie regelt also die Vergütung für alle Tätigkeiten, die **außerhalb der Hauptverhandlung** vorgenommen werden und für die es keine besonderen Gebühren gibt.

Während des ganzen Verfahrens in der Instanz wird jede Tätigkeit des Verteidigers im Hauptverfahren außerhalb der Hauptverhandlung durch die Hauptverfahrensgebühr abgegolten, gleichgültig, wie viele Besuche im Gefängnis, Schreiben an die Staatsanwaltschaft, Besichtigungen der Unfallstelle, Akteneinsichten usw. notwendig waren. Auch die Einlegung von Rechtsmitteln gehört gemäß § 19 Abs. 1 Ziff. 10 RVG noch zur Instanz, nur die Begründung der Berufung gehört bereits zum nächsten Rechtszug.

Die Verfahrensgebühr im Hauptverfahren kann neben der Verfahrensgebühr für das Vorverfahren zusätzlich entstehen, wenn der RA im Vorverfahren und im Hauptverfahren tätig geworden ist. Die beiden Verfahrensgebühren werden nicht aufeinander angerechnet.

Die Verfahrensgebühr im Hauptverfahren richtet sich in ihrer Höhe nach der Ordnung des Gerichts und entsteht als Gebühr mit Zuschlag, wenn der Mandant sich in Haft befindet.

Ordnung des Gerichts (Erster Rechtszug)	Verfahrensgebühr
Amtsgericht (Einzelrichter, Schöffengericht, Jugendrichter, Jugendschöffengericht)	Nr. 4106 VV RVG Nr. 4107 VV RVG mit Zuschlag
Landgericht (**Große Strafkammer** und **Jugendkammer**, soweit nicht für einen Erwachsenen das Schwurgericht zuständig wäre)	Nr. 4112 VV RVG Nr. 4113 VV RVG mit Zuschlag
Landgericht (**Schwurgericht, Staatsschutzkammer, Wirtschaftsstrafkammer** und **Jugendkammer**, wenn für einen Erwachsenen das Schwurgericht zuständig wäre), **Oberlandesgericht**	Nr. 4118 VV RVG Nr. 4119 VV RVG mit Zuschlag

Übersicht: Abhängigkeit der Verfahrensgebühr von der Ordnung des Gerichts

---

Merke:
Die Verfahrensgebühr vergütet alle Tätigkeiten außerhalb der Hauptverhandlung.
Die Einlegung von Rechtsmitteln gehört noch zur Instanz.
Die Verfahrensgebühr im Hauptverfahren kann neben der Verfahrensgebühr für das Vorverfahren zusätzlich entstehen.

9.6.2 Die Terminsgebühr im ersten Rechtszug

Die Terminsgebühr entsteht für die Teilnahme an gerichtlichen Terminen (Vorbemerkung 4, Abs. 3 VV RVG). Die Terminsgebühr entsteht sogar dann, wenn der RA zu dem anberaumten Termin zwar erscheint, dieser aber aus Gründen, die der RA nicht verschuldet hat, nicht stattfindet. Dies gilt jedoch nicht, wenn der RA rechtzeitig von der Aufhebung oder Verlegung des Termins in Kenntnis gesetzt worden ist. Solche Terminsverlegungen können z. B. vorkommen, wenn die Richterbank nicht vollständig besetzt ist oder der Angeklagte nicht zur

Verhandlung erschienen ist. Der RA kann dafür nichts, er hat aber den Termin vorbereitet und er hat sich auf den Weg zum Gericht gemacht und somit Zeit aufgewendet. Natürlich muss der RA diesen Umstand bei der Bemessung der Terminsgebühr innerhalb des Gebührenrahmens berücksichtigen.

Die Hauptverhandlung beginnt gemäß § 243 Abs. 1 StPO mit dem **Aufruf der Sache**. Die Hauptverhandlung hat folglich auch dann schon begonnen, wenn der Vorsitzende nach Aufruf der Sache feststellt, dass der Angeklagte nicht erschienen ist, oder dass Zeugen versehentlich nicht geladen wurden und sodann die Vertagung beschlossen wird.

Die Terminsgebühr erwächst dem Verteidiger schon dann, wenn er bei Beginn der Hauptverhandlung, also bei Aufruf der Sache, anwesend war. Gemäß Vorbemerkung 4, Abs. 3 VV RVG wird nur die Teilnahme des RA an dem Termin vorausgesetzt. Es ist also – anders als im Zivilprozess – nicht erforderlich, dass zur Sache verhandelt worden ist. Überspitzt ausgedrückt, erhält der Verteidiger die Gebühr für die Anwesenheit in der Hauptverhandlung; hat er dabei keine Tätigkeiten entwickelt, so muss dies allerdings bei der Höhe der Gebühr innerhalb des Rahmens entsprechend berücksichtigt werden.

Die Hauptverhandlung endet gemäß § 260 StPO mit der **Verkündung des Urteils**. Bis dahin wird jede Tätigkeit des Verteidigers in der Hauptverhandlung durch die Terminsgebühr abgegolten.

Allerdings entsteht die **Terminsgebühr „je Hauptverhandlungstag"**, sodass sie bei mehreren Verhandlungstagen mehrfach anfällt. Sollten die Verhandlungen an den einzelnen Tagen unterschiedlich lang sein oder sonstige unterschiedliche Umstände im Sinne des § 14 RVG vorliegen, so ist die Terminsgebühr für jeden einzelnen Termin in unterschiedlicher Höhe zu erheben. Wenn eine Hauptverhandlung bis nach Mitternacht dauert, beginnt ein neuer Kalendertag und es entsteht eine neue Terminsgebühr. Sollte nur das Urteil an einem anderen Tag verkündet werden, fällt auch hierfür eine neue Terminsgebühr an.

Sollte an einem Tag die Hauptverhandlung unterbrochen werden („Mittagspause") und später am selben Tag fortgesetzt werden, so entsteht nur eine Terminsgebühr.

Die Terminsgebühr im Hauptverfahren richtet sich in ihrer Höhe nach der Ordnung des Gerichts und entsteht als Gebühr mit Zuschlag, wenn der Mandant sich in Haft befindet. Nur der Pflichtverteidiger erhält zusätzliche Gebühren, wenn die Verhandlung einmal länger dauert (siehe z. B. VV Nrn. 4110, 4111 RVG), da der Wahlverteidiger dies bei der Bemessung der Rahmengebühr berücksichtigen kann.

Ordnung des Gerichts (Erster Rechtszug)	Terminsgebühr
Amtsgericht (Einzelrichter, Schöffengericht, Jugendrichter, Jugendschöffengericht)	Nr. 4108 VV RVG Nr. 4109 VV RVG mit Zuschlag Nrn. 4110, 4111 VV RVG (nur Pflichtverteidiger)
Landgericht (**Große Strafkammer** und **Jugendkammer**, soweit nicht für einen Erwachsenen das Schwurgericht zuständig wäre)	Nr. 4114 VV RVG Nr. 4115 VV RVG mit Zuschlag Nrn. 4116, 4117 VV RVG (nur Pflichtverteidiger)
Landgericht (**Schwurgericht, Staatsschutzkammer, Wirtschaftsstrafkammer** und **Jugendkammer**, wenn für einen Erwachsenen das Schwurgericht zuständig wäre), **Oberlandesgericht**	Nr. 4120 VV RVG Nr. 4121 VV RVG mit Zuschlag Nrn. 4122, 4123 VV RVG (nur Pflichtverteidiger)

Übersicht: Abhängigkeit der Terminsgebühr von der Ordnung des Gerichts

---

Merke:

Die Terminsgebühr entsteht für die Teilnahme an gerichtlichen Terminen selbst dann, wenn der Termin nicht stattfindet und der RA erscheint, weil er davon nichts wusste.

Die Terminsgebühr entsteht für jeden Hauptverhandlungstag neu, sodass sie bei mehreren Verhandlungstagen mehrfach anfällt.

9.6.3 Vergütungsrechnungen im ersten Rechtszug

Die Berechnung der Vergütung im Strafverfahren im ersten Rechtszug soll an einigen Beispielen aufgezeigt werden.

Beispiel 1: RA Klotz wird während des staatsanwaltlichen Ermittlungsverfahrens für den Beschuldigten Düster tätig, nachdem er Einsicht in die Ermittlungsakten genommen hat. Der Staatsanwalt reicht anschließend die Anklageschrift bei Gericht (Schwurgericht) ein. RA Klotz nimmt die Anklageschrift entgegen und berät den Düster. Daraufhin, also noch vor der Hauptverhandlung, begeht der Angeklagte Selbstmord. Es handelt sich um einen durchschnittlichen Fall im Sinne des § 14 RVG.

Berechnung der Vergütung: EUR

Grundgebühr gem. §§ 2 Abs. 2, 14, VV Nr. 4100 RVG   165,00
Vorverfahrensgebühr gem. §§ 2 Abs. 2, 14, VV Nr. 4104 RVG   140,00
Hauptverfahrensgebühr gem. §§ 2 Abs. 2, 14, VV Nr. 4118 RVG   330,00
20 % Pauschale für Post- und Telekommunikationsentgelte
   gem. § 2 Abs. 2 S. 1, VV Nr. 7002 RVG   <u>20,00</u>
  655,00
16 % USt. gem. § 2 Abs. 2 S. 1, VV Nr. 7008 RVG   <u>104,80</u>
  <u>759,80</u>

Straf- und Bußgeldsachen (Teile 4 und 5 VV RVG)

Beispiel 2: Der Buchhalter Pinglich erscheint bei RA Knifflich und zeigt ihm eine Vorladung, zu einer Vernehmung bei der Polizei in einem gegen ihn eingeleiteten Ermittlungsverfahren wegen Unterschlagung zu erscheinen. Pinglich bestellt Knifflich zu seinem Verteidiger. RA Knifflich zeigt unter Vollmachtsvorlage seine Bestellung zum Verteidiger an und kündigt an, dass er für den Pinglich schriftlich zu dem Vorwurf Stellung nehmen werde. Knifflich erhält die Akten von der Staatsanwaltschaft, fertigt 56 Fotokopien und erstellt nach Rücksprache mit Pinglich einen Schriftsatz. Die Staatsanwaltschaft erhebt Anklage gegen Pinglich vor dem Schöffengericht. Es handelt sich um eine Angelegenheit von durchschnittlicher Bedeutung.

Es findet eine Hauptverhandlung vor dem Schöffengericht in Anwesenheit von RA Knifflich statt, in der auch das Urteil verkündet wird. RA Knifflich legt im Namen von Pinglich Berufung ein, die er aber noch nicht begründet.

Berechnung der Vergütung:	EUR
Grundgebühr gem. §§ 2 Abs. 2, 14, VV Nr. 4100 RVG	165,00
Vorverfahrensgebühr gem. §§ 2 Abs. 2, 14, VV Nr. 4104 RVG	140,00
Hauptverfahrensgebühr gem. §§ 2 Abs. 2, 14, VV Nr. 4106 RVG	140,00
Terminsgebühr gem. §§ 2 Abs. 2, 14, VV Nr. 4108 RVG	230,00
20 % Pauschale für Post- und Telekommunikationsentgelte gem. § 2 Abs. 2 S. 1, VV Nr. 7002 RVG	20,00
Dokumentenpauschale gem. § 2 Abs. 2 S. 1, VV Nr. 7000 Ziff. 1 Lit. a) RVG (56 Kopien)	25,90
	720,90
16 % USt. gem. § 2 Abs. 2 S. 1, VV Nr. 7008 RVG	115,34
	836,24

Beispiel 3: Abwandlung des Beispiels 2. Das Schöffengericht setzt wegen vieler zu vernehmender Zeugen und der Erstattung des Gutachtens eines Wirtschaftsprüfers zwei Hauptverhandlungstage an. An einem dritten Tag wird das Urteil verkündet. RA Knifflich nimmt an allen drei Verhandlungen teil.

Berechnung der Vergütung:	EUR
Grundgebühr gem. §§ 2 Abs. 2, 14, VV Nr. 4100 RVG	165,00
Vorverfahrensgebühr gem. §§ 2 Abs. 2, 14, VV Nr. 4104 RVG	140,00
Hauptverfahrensgebühr gem. §§ 2 Abs. 2, 14, VV Nr. 4106 RVG	140,00
Terminsgebühr gem. §§ 2 Abs. 2, 14, VV Nr. 4108 RVG (1. Termin)	230,00
Terminsgebühr gem. §§ 2 Abs. 2, 14, VV Nr. 4108 RVG (2. Termin)	230,00
Terminsgebühr gem. §§ 2 Abs. 2, 14, VV Nr. 4108 RVG (3. Termin)	230,00
20 % Pauschale für Post- und Telekommunikationsentgelte gem. § 2 Abs. 2 S. 1, VV Nr. 7002 RVG	20,00
Dokumentenpauschale gem. § 2 Abs. 2 S. 1, VV Nr. 7000 Ziff. 1 Lit. a) RVG (56 Kopien)	25,90
	1 180,90
16 % USt. gem. § 2 Abs. 2 S. 1, VV Nr. 7008 RVG	188,94
	1 369,84

Beispiel 4: Abwandlung des Beispiels 2. RA Knifflich hat den Pinglich erst zu einem Vernehmungstermin bei der Polizei begleitet. Später begleitet er ihn noch zu zwei Vernehmungsterminen bei der Staatsanwaltschaft. Die Verhandlung vor dem Schöffengericht dauert einen Tag.

Straf- und Bußgeldsachen (Teile 4 und 5 VV RVG)

Berechnung der Vergütung:	EUR
Grundgebühr gem. §§ 2 Abs. 2, 14, VV Nr. 4100 RVG	165,00
Vorverfahrensgebühr gem. §§ 2 Abs. 2, 14, VV Nr. 4104 RVG	140,00
Terminsgebühr für einen Termin außerhalb der Hauptverhandlung gem. §§ 2 Abs. 2, 14, VV Nr. 4102 Ziff. 2 RVG	140,00
Hauptverfahrensgebühr gem. §§ 2 Abs. 2, 14, VV Nr. 4106 RVG	140,00
Terminsgebühr gem. §§ 2 Abs. 2, 14, VV Nr. 4108 RVG	230,00
20 % Pauschale für Post- und Telekommunikationsentgelte gem. § 2 Abs. 2 S. 1, VV Nr. 7002 RVG	20,00
Dokumentenpauschale gem. § 2 Abs. 2 S. 1, VV Nr. 7000 Ziff. 1 Lit. a) RVG (56 Kopien)	25,90
	860,90
16 % USt. gem. § 2 Abs. 2 S. 1, VV Nr. 7008 RVG	37,74
	998,64

Merke:

Die Terminsgebühr für einen Termin außerhalb der Hauptverhandlung und die Terminsgebühr für die Teilnahme an der Hauptverhandlung können nebeneinander entstehen.

In Strafverfahren entsteht meistens eine Dokumentenpauschale für Fotokopien (VV Nr. 7000 Ziff. 1 Lit. a) RVG), da die wesentlichen Teile aus den Ermittlungsakten kopiert werden.

9.7 Die Gebühren im Berufungsverfahren und im Revisionsverfahren

Im Berufungsverfahren und im Revisionsverfahren ergeben sich die Gebühren des Wahlverteidigers und des Pflichtverteidigers aus Teil 4, Abschnitt 1, Unterabschnitt 3 VV RVG. Im Berufungsverfahren und im Revisionsverfahren sind die Gebühren nicht von der Ordnung des Gerichts abhängig. Es können in beiden Verfahren jeweils eine Verfahrensgebühr und Terminsgebühren entstehen. Bei Inhaftierung des Auftraggebers fallen diese Gebühren jedes Mal mit Zuschlag an.

Im Prinzip gilt für die Gebühren in der Berufungsinstanz sowie in der Revisionsinstanz das bereits zu den Gebühren im ersten Rechtszug Gesagte gleichermaßen.

Beachten Sie, dass die **Grundgebühr** (VV Nr. 4100 RVG) **nur einmal** für die Einarbeitung in den Rechtsfall entsteht. Wenn der RA schon als Verteidiger in einem vorausgegangenen Rechtszug tätig war, hat er die Grundgebühr bereits verdient, sodass diese in der Berufungsinstanz bzw. Revisionsinstanz nicht noch einmal anfallen kann.

Im Berufungsverfahren bzw. im Revisionsverfahren kann der Verteidiger die folgenden Gebühren verdienen:

- Für die erstmalige Einarbeitung in den Rechtsfall und **nur einmal** erhält der RA eine **Grundgebühr** (VV Nrn. 4100, 4101 RVG), aber nur dann, wenn er diese Gebühr in der Sache nicht schon in einem vorausgegangenen Rechtszug bekommen hat.

- Für die Teilnahme an bestimmten Vernehmungen oder Verhandlungen außerhalb der Hauptverhandlung erhält der RA eine **besondere Terminsgebühr** nach VV Nrn. 4102 bzw. 4103 RVG.

- In jedem Rechtszug erwächst dem Verteidiger eine einmalige **Verfahrensgebühr** für das Betreiben des Geschäfts (Vorbemerkung 4, Abs. 2 VV RVG):

- Verfahrensgebühr für das Berufungsverfahren (VV Nrn. 4124, 4125 RVG)
- Verfahrensgebühr für das Revisionsverfahren (VV Nrn. 4130, 4131 RVG)

- Für die Teilnahme an der Hauptverhandlung erwächst dem Verteidiger eine **Terminsgebühr je Hauptverhandlungstag**:
  - Terminsgebühr für das Berufungsverfahren (VV Nrn. 4126, 4127 RVG)
  - Terminsgebühr für das Revisionsverfahren (VV Nrn. 4132, 4133 RVG)
  Für den Pflichtverteidiger sind zusätzliche Gebühren bei langer Verhandlungsdauer vorgesehen (VV Nrn. 4128, 4129, 4134, 4135 RVG).

- Unter den Voraussetzungen der Nrn. 4142 und 4144 VV RVG können dem Verteidiger für Tätigkeiten, die sich z. B. auf die Einziehung von Tatwerkzeugen (z. B. §§ 74 bis 76 a StGB) oder auf die Abwehr vermögensrechtlicher Ansprüche (§ 405 StPO) beziehen, **weitere Gebühren** erwachsen.

- Wenn ein Verteidiger durch seine Bemühungen dazu beiträgt, dass das Strafverfahren endgültig eingestellt und damit die Hauptverhandlung entbehrlich wird, verdient er zur Belohnung eine **zusätzliche Gebühr (Erledigungsgebühr)**. Das Gleiche gilt, wenn sich das Verfahren durch **Zurücknahme der Berufung oder der Revision** früher als zwei Wochen vor Beginn des Tages, der für die Hauptverhandlung vorgesehen war, erledigt. Die zusätzliche Gebühr entsteht laut VV Nr. 4141 RVG in Höhe der Mittelgebühr der Verfahrensgebühr für den Rechtszug, in dem die Hauptverhandlung vermieden wurde. Siehe hierzu Kapitel 9.9. Ein Zuschlag, falls der Mandant in Untersuchungshaft sitzt, ist in diesen Fällen nicht vorgesehen.

Für die Höhe der **Gebühren im Revisionsverfahren** kommt es nicht darauf an, ob die Revision vor dem Oberlandesgericht oder vor dem Bundesgerichtshof stattfindet. Der Schwierigkeitsgrad des Verfahrens für den Verteidiger wird vor beiden Gerichten als gleich angesehen. Die Terminsgebühr ist im Revisionsverfahren gegenüber der Terminsgebühr im Berufungsverfahren nicht erhöht, da Hauptverhandlungen in der Revisionsinstanz häufig nur von kurzer Dauer sind. Dagegen ist im Revisionsverfahren die schriftliche Begründung der Revision der Schwerpunkt der anwaltlichen Tätigkeit; deshalb ist die Verfahrensgebühr in der Revisionsinstanz gegenüber der Verfahrensgebühr in der Berufungsinstanz deutlich höher angesetzt worden.

> **Merke:**
> Bei Berufung und Revision entsteht jeweils eine Verfahrensgebühr und eine Terminsgebühr für jeden Verhandlungstag. Eine Grundgebühr kann nur anfallen, wenn der Verteidiger sie nicht schon in der vorausgegangenen Instanz verdient hat.

Falls die Sache von einem Rechtsmittelgericht an ein untergeordnetes Gericht zurückverwiesen wird, ist das weitere Verfahren vor dem untergeordneten Gericht ein neuer Rechtszug (§ 21 Abs. 1 RVG). Der RA behält also bei dieser **Zurückverweisung** die bereits in der Rechtsmittelinstanz verdienten Gebühren und bekommt für das weitere Verfahren vor dem untergeordneten Gericht neue Gebühren. Eine Anrechnung der Verfahrensgebühr findet im Gegensatz zum Zivilprozess in Strafverfahren nicht statt, da in Vorbemerkung 4 VV RVG ein entsprechender Absatz fehlt, wie er in Vorbemerkung 3, Abs. 6 VV RVG enthalten ist. Es bleibt abzuwarten, ob der Gesetzgeber dies wirklich so beabsichtigt hat. Siehe auch Kapitel 1.4.6.

Die Einlegung der Revision und die entsprechende Beratung des Mandanten gehört gebührenrechtlich noch zur Berufungsinstanz, nicht jedoch ihre Begründung (§ 19 Abs. 1 Ziff. 10 RVG).

Straf- und Bußgeldsachen (Teile 4 und 5 VV RVG)

Nachfolgend wird die Berechnung der Vergütung in den Rechtsmittelinstanzen noch an einigen Beispielen aufgezeigt.

Beispiel 1: Weiterentwicklung des Beispiels 2 aus Kapitel 9.6.3 (Pinglich mit RA Knifflich). Die erste Instanz ist abgerechnet. Pinglich ist verurteilt worden und beauftragt RA Knifflich mit der Einlegung der **Berufung**. Vor dem Landgericht (kleine Strafkammer) findet die Hauptverhandlung an zwei aufeinander folgenden Tagen statt und endet mit der Urteilsverkündung. RA Knifflich war an beiden Tagen anwesend.

Berechnung der Vergütung (RA Knifflich):	EUR
Verfahrensgebühr für das Berufungsverfahren gem. §§ 2 Abs. 2, 14, VV Nr. 4124 RVG	270,00
Terminsgebühr im Berufungsverfahren gem. §§ 2 Abs. 2, 14, VV Nr. 4126 RVG (1. Tag)	270,00
Terminsgebühr im Berufungsverfahren gem. §§ 2 Abs. 2, 14, VV Nr. 4126 RVG (2. Tag)	270,00
20 % Pauschale für Post- und Telekommunikationsentgelte gem. § 2 Abs. 2 S. 1, VV Nr. 7002 RVG	20,00
	830,00
16 % USt. gem. § 2 Abs. 2 S. 1, VV Nr. 7008 RVG	132,80
	962,80

Eine Grundgebühr wurde bereits in der ersten Instanz verdient.

Hinweis: Natürlich erhält der im Berufungsverfahren tätige RA keine Vorverfahrensgebühr, da diese nur vor der ersten Instanz entstehen kann.

Beispiel 2: Weitere Abwandlung vorstehenden Beispiels. Die erste Instanz ist abgerechnet. Pinglich ist verurteilt worden und ist mit dem Urteil und den Leistungen von RA Knifflich nicht zufrieden. Pinglich beauftragt zwar RA Knifflich mit der Einlegung der **Berufung**, erteilt dann aber RA Kräftich das Mandat zur Verteidigung in der Berufungsinstanz, obwohl dieser ihm von der Berufung abrät. RA Kräftich reicht die Berufungsbegründungsschrift fristgerecht beim Landgericht (kleine Strafkammer) ein. Eine Woche vor der Hauptverhandlung bittet ihn Pinglich, die Berufung zurückzunehmen, was geschieht. RA Kräftich hat 73 Fotokopien angefertigt.

Berechnung der Vergütung (RA Kräftich):	EUR
Grundgebühr gem. §§ 2 Abs. 2, 14, VV Nr. 4100 RVG	165,00
Verfahrensgebühr für das Berufungsverfahren gem. §§ 2 Abs. 2, 14, VV Nr. 4124 RVG	270,00
20 % Pauschale für Post- und Telekommunikationsentgelte gem. § 2 Abs. 2 S. 1, VV Nr. 7002 RVG	20,00
Dokumentenpauschale gem. § 2 Abs. 2 S. 1, VV Nr. 7000 Ziff. 1 Lit. a) RVG (73 Kopien)	28,45
	483,45
16 % USt. gem. § 2 Abs. 2 S. 1, VV Nr. 7008 RVG	77,35
	560,80

RA Kräftich erhält die Grundgebühr, da er sich in die Sache neu einarbeiten musste.
Die Einlegung der Berufung gehört für RA Knifflich noch zur ersten Instanz, die bereits abgerechnet ist. Siehe auch die Anmerkung bezüglich einer Gebühr nach VV Nr. 4141 RVG unten in Beispiel 4.

Beispiel 3: Weiterentwicklung des vorstehenden Beispiels 1 (Pinglich mit RA Knifflich). Die erste und die zweite Instanz sind abgerechnet. Pinglich ist auch in der Berufungsinstanz verurteilt worden und beauftragt RA Knifflich mit der Einlegung der **Revision**. Vor dem OLG findet die Hauptverhandlung an einem Tag statt und endet mit der Urteilsverkündung. RA Knifflich hat an der Revisionsverhandlung teilgenommen.

Berechnung der Vergütung (RA Knifflich):	EUR
Verfahrensgebühr für das Revisionsverfahren gem. §§ 2 Abs. 2, 14, VV Nr. 4130 RVG	515,00
Terminsgebühr im Revisionsverfahren gem. §§ 2 Abs. 2, 14, VV Nr. 4126 RVG	285,00
20 % Pauschale für Post- und Telekommunikationsentgelte gem. § 2 Abs. 2 S. 1, VV Nr. 7002 RVG	20,00
	820,00
16 % USt. gem. § 2 Abs. 2 S. 1, VV Nr. 7008 RVG	131,20
	951,20
Eine Grundgebühr wurde bereits in der ersten Instanz verdient.	

Beispiel 4: Abwandlung vorstehenden Beispiels 3. In den ersten beiden Instanzen war RA Knifflich bevollmächtigt; diese sind abgerechnet. Pinglich ist auch vom Berufungsgericht verurteilt worden und ist mit dem Urteil und den Leistungen von RA Knifflich nicht zufrieden. Pinglich beauftragt zwar RA Knifflich mit der Einlegung der **Revision**, erteilt dann aber RA Kräftich das Mandat zur Verteidigung in der Revisionsinstanz, obwohl dieser ihm von der Revision abrät. RA Kräftich reicht die Revisionsbegründungsschrift fristgerecht beim OLG ein. Eine Woche vor der Hauptverhandlung bittet ihn Pinglich, die Revision zurückzunehmen, was geschieht.

Berechnung der Vergütung (RA Kräftich):	EUR
Grundgebühr gem. §§ 2 Abs. 2, 14, VV Nr. 4100 RVG	165,00
Verfahrensgebühr für das Revisionsverfahren gem. §§ 2 Abs. 2, 14, VV Nr. 4130 RVG	515,00
20 % Pauschale für Post- und Telekommunikationsentgelte gem. § 2 Abs. 2 S. 1, VV Nr. 7002 RVG	20,00
	700,00
16 % USt. gem. § 2 Abs. 2 S. 1, VV Nr. 7008 RVG	112,00
	812,00
RA Kräftich erhält die Grundgebühr, da er sich in die Sache neu einarbeiten musste. Die Einlegung der Revision gehört für RA Knifflich noch zur Berufungsinstanz. Eine Gebühr nach VV Nr. 4141 RVG kann nicht entstehen, da die Revision nicht früher als zwei Wochen vor der Hauptverhandlung zurückgenommen wurde (siehe Kapitel 9.9).	

9.8 Gebühren mit Zuschlag wegen Haft

In Vorbemerkung 4, Abs. 4 VV RVG ist geregelt, dass die Gebühren mit Zuschlag entstehen, wenn der Beschuldigte sich in Haft befindet. Bei den Gebühren mit Zuschlag ist die Höchstgebühr des Gebührenrahmens um 25 % gegenüber der Gebühr ohne Zuschlag angehoben worden. Bei inhaftierten Mandanten hat der RA einen erhöhten Zeitaufwand, allein schon durch die Besuche in der Justizvollzugsanstalt. Auch im Hinblick auf eine psychologische Betreuung wird er stärker gefordert. Die Art von Haft spielt keine Rolle, es kann sich um Untersuchungshaft, Strafhaft, Polizeigewahrsam, Sicherungsverwahrung, Abschiebehaft oder Ordnungshaft handeln. Die Haft muss auch nicht mit dem gerade aktuellen Verfahren in Zusammenhang stehen.

Die Haft oder Unterbringung muss – zumindest teilweise – **in den Zeitraum fallen**, in dem die Gebühr mit Zuschlag anfällt. War z. B. der Mandant nur einen Tag in Haft, dann wird nur die Verfahrensgebühr mit Zuschlag entstehen, wenn er vor dem Verhandlungstermin bereits wieder entlassen wurde.

Die Haft als solche ist kein gebührenerhöhender Umstand im Sinne des § 14 RVG, da dies bereits bei dem höheren Gebührenrahmen der Gebühren mit Zuschlag berücksichtigt ist. Also wird in der Regel auch bei Haft die Mittelgebühr berechnet.

Beispiel: Weitere Abwandlung des vorstehenden Beispiels 1 aus Kapitel 9.7. In der ersten Instanz ist Pinglich verurteilt worden. Er wechselt deshalb den Verteidiger. Pinglich erteilt RA Kräftich das Mandat zur Verteidigung in der **Berufungsinstanz**, obwohl dieser ihm von der Berufung abrät. RA Kräftich reicht die Berufungsbegründungsschrift fristgerecht beim Landgericht (kleine Straf-

Straf- und Bußgeldsachen (Teile 4 und 5 VV RVG)

kammer) ein. An der zweitägigen Hauptverhandlung nimmt RA Kräftich teil. RA Kräftich hat 73 Fotokopien angefertigt.

Und nun das Besondere an diesem Fall: Pinglich befindet sich seit Beginn der Ermittlungen wegen Verdunkelungs- und Fluchtgefahr in Untersuchungshaft. Deshalb entstehen alle Gebühren mit Zuschlag.

Berechnung der Vergütung (RA Kräftich):	EUR
Grundgebühr mit Zuschlag gem. §§ 2 Abs. 2, 14, VV Nrn. 4100, **4101** RVG	202,50
Verfahrensgebühr für das Berufungsverfahren mit Zuschlag gem. §§ 2 Abs. 2, 14, VV Nrn. 4124, **2125** RVG	328,75
Terminsgebühr im Berufungsverfahren mit Zuschlag (1. Termin) gem. §§ 2 Abs. 2, 14, VV Nrn. 4126, **4127** RVG	328,75
Terminsgebühr im Berufungsverfahren mit Zuschlag (2. Termin) gem. §§ 2 Abs. 2, 14, VV Nrn. 4126, **4127** RVG	328,75
20 % Pauschale für Post- und Telekommunikationsentgelte gem. § 2 Abs. 2 S. 1, VV Nr. 7002 RVG	20,00
Dokumentenpauschale gem. § 2 Abs. 2 S. 1, VV Nr. 7000 Ziff. 1 Lit. a) RVG (73 Kopien)	28,45
	1 237,20
16 % USt. gem. § 2 Abs. 2 S. 1, VV Nr. 7008 RVG	197,95
	1 435,15

RA Kräftich erhält die Grundgebühr, da er sich in die Sache neu einarbeiten musste.

Beispiel: RAin Klören verteidigt den Kilian Schlich, der seit seiner Verhaftung zu Beginn des Vorverfahrens wegen Fluchtgefahr in Untersuchungshaft einsitzt, im Hauptverfahren vor der großen Strafkammer. Die Hauptverhandlung dauert einen Tag. Bereits im Ermittlungsverfahren war sie für ihn tätig und hat aus der Ermittlungsakte 345 Kopien gefertigt. Bei zwei Haftprüfungsterminen hat die RAin ihren Mandanten vertreten. Schlich ist angeklagt, Rindfleisch aus England im Wert von etwa 10 Millionen EUR mit einem falschen Ursprungszeugnis als argentinisches Rindfleisch nach Deutschland eingeführt zu haben.

Schlich ist sehr reich, und je länger die Untersuchungshaft dauert, umso größer werden seine geschäftlichen Verluste. Wegen ausländischer Zeugen und Urkunden muss die RAin ihre spanischen und englischen Sprachkenntnisse einsetzen. Diese Umstände sprechen im Sinne des § 14 RVG schon dafür, die Höchstgebühr der jeweiligen Gebührenrahmen zum Ansatz zu bringen. Die durch die Untersuchungshaft bedingten zusätzlichen Erschwernisse für die RAin berechtigen zur Erhebung der Gebühren mit Zuschlag.

Berechnung der Vergütung:	EUR
Grundgebühr mit Zuschlag gem. §§ 2 Abs. 2, 14, VV Nrn. 4100, **4101** RVG	375,00
Vorverfahrensgebühr mit Zuschlag gem. §§ 2 Abs. 2, 14, VV Nrn. 4104, **4105** RVG	312,50
Terminsgebühr für einen Termin außerhalb der Hauptverhandlung mit Zuschlag gem. §§ 2 Abs. 2, 14, VV Nrn. 4102 Ziff. 2, **4103** RVG	312,50
Hauptverfahrensgebühr mit Zuschlag gem. §§ 2 Abs. 2, 14, VV Nrn. 4112, **4113** RVG	337,50
Terminsgebühr mit Zuschlag gem. §§ 2 Abs. 2, 14, VV Nrn. 4114, **4115** RVG	587,50
20 % Pauschale für Post- und Telekommunikationsentgelte gem. § 2 Abs. 2 S. 1, VV Nr. 7002 RVG	20,00
Dokumentenpauschale gem. § 2 Abs. 2 S. 1, VV Nr. 7000 Ziff. 1 Lit. a) RVG (345 Kopien)	69,25
	2 014,25
16 % USt. gem. § 2 Abs. 2 S. 1, VV Nr. 7008 RVG	322,28
	2 336,53

Merke:

Bei Haft des Beschuldigten entstehen die meisten Gebühren mit Zuschlag.

Die Haft muss zumindest teilweise in den Entstehungszeitraum der Gebühr mit Zuschlag fallen.

Hinweis: Es dürften etwa 30 000 Personen pro Jahr in Untersuchungshaft einsitzen. Mehr als die Hälfte davon befinden sich nur für kurze Zeit – bis zu drei Monaten – in Haft. Gebühren mit Zuschlag werden wohl nicht so häufig berechnet werden.

9.9 Zusätzliche Gebühren in besonderen Fällen

Im Vergütungsverzeichnis des RVG sind in Teil 4, Abschnitt 1, Unterabschnitt 5 zusätzliche Gebühren in besonderen Fällen vorgesehen.

- Laut VV Nr. 4141 RVG ist vorgesehen, dass ein Verteidiger, durch dessen Mitwirkung die **Hauptverhandlung entbehrlich wird**, zur Belohnung eine zusätzliche Gebühr (Erledigungsgebühr) verdient. Das Gleiche gilt, wenn sich das Verfahren durch **rechtzeitige Zurücknahme** des Einspruchs gegen einen Strafbefehl, der Berufung oder der Revision erledigt.

- Unter den Voraussetzungen der Nr. 4142 VV RVG können dem Verteidiger für Tätigkeiten, die sich z. B. auf die **Einziehung von Tatwerkzeugen** (z. B. §§ 74 bis 76 a StGB) beziehen, zusätzliche Gebühren erwachsen.

- Unter den Voraussetzungen der Nrn. 4143 bzw. 4144 VV RVG können dem Verteidiger für Tätigkeiten, die sich auf die **Abwehr vermögensrechtlicher Ansprüche** (§ 405 StPO) beziehen, zusätzliche Gebühren erwachsen.

- Im **Privatklageverfahren** kann neben den Pauschgebühren der Nrn. 4100 ff. VV RVG noch eine besondere Einigungsgebühr gemäß VV Nr. 4147 RVG entstehen.

9.9.1 Einstellung des Verfahrens (Erledigungsgebühr)

Nach VV Nr. 4141 RVG ist vorgesehen, dass ein Verteidiger, der durch seine Bemühungen dazu beiträgt, dass das Strafverfahren **endgültig eingestellt** und damit die Hauptverhandlung entbehrlich wird, zur Belohnung eine zusätzliche Gebühr verdient. Das Gleiche gilt, wenn sich das Verfahren durch **Zurücknahme des Einspruchs** gegen einen Strafbefehl, der Berufung oder der Revision früher als zwei Wochen vor Beginn des Tages, der für die Hauptverhandlung vorgesehen war, erledigt. Die **zusätzliche Gebühr** (Erledigungsgebühr) entsteht für den Wahlanwalt immer **in Höhe der Mittelgebühr** der Verfahrensgebühr für den Rechtszug, in dem die Hauptverhandlung vermieden wurde (Anmerkung Abs. 3 zu Nr. 4141 VV RVG). Ein Zuschlag, falls der Mandant in Untersuchungshaft sitzt, ist in diesen Fällen nicht vorgesehen.

Der Grund für die vorstehend beschriebene gesetzliche Regelung liegt übrigens darin, dass die Gerichte möglichst dadurch entlastet werden sollen, dass Hauptverhandlungen in Strafverfahren sich erübrigen.

Strafverfahren werden häufig bereits im Stadium des Vorverfahrens von der Staatsanwaltschaft eingestellt, sodass es in diesem Fall nicht zur Anklageerhebung und damit auch nicht zur Eröffnung des Hauptverfahrens kommt. In solchen Fällen würde der RA für seine Bemühungen als Verteidiger lediglich die Vorverfahrensgebühr nach VV Nr. 4104 RVG erhalten. Dies wäre einem Verteidiger gegenüber ungerecht, der durch eine intensive und zeitaufwendige Mitwirkung im Vorverfahren dazu beigetragen hat, dass eine spätere Hauptverhandlung unnötig wird. Deswegen ist in Nr. 4141 VV RVG vorgesehen, dass der RA in derartigen Fällen, in denen durch seine Mitwirkung eine Hauptverhandlung entbehrlich wird, eine zusätzliche Gebühr (Erledigungsgebühr) berechnen kann.

Es sind allerdings folgende **Voraussetzungen** zu beachten:

- Die Einstellung des Verfahrens muss **endgültig**, nicht nur vorläufig sein (Anmerkung Abs. 1 Ziff. 1 zu Nr. 4141 VV RVG). Zur endgültigen Einstellung des Strafverfahrens durch die Staatsanwaltschaft kann die Anwendung folgender Vorschriften der Strafprozessordnung führen: §§ 153 Abs. 1, 153 a Abs. 1, 153 b Abs. 1, 153 c Abs. 1 und 2, 153 d Abs. 1, 153 e Abs. 1, 154 Abs. 1, 154 b Abs. 1 bis 3, 154 c, 154 d S. 3 und 170 Abs. 2 StPO.

  In gleicher Weise muss sich eine **endgültige Einstellung** des Verfahrens durch das Gericht nach Eingang der Anklageschrift auswirken, z. B. nach den §§ 153 Abs. 2 oder 153 b Abs. 2 StPO.

  Falls die Einstellung eine nur vorläufige ist, entsteht die Erledigungsgebühr erst wenn die Einstellung endgültig wird. Eine **vorläufige Einstellung** kann z. B. im Fall des § 153 a StPO vorliegen, wenn die Einstellung von der Erfüllung von Auflagen und Weisungen abhängig gemacht wird und diese vom Beschuldigten nicht erfüllt werden, oder falls nach § 154 d S. 1 StPO die Staatsanwaltschaft dem Anzeigenden eine Frist bestimmt hat, bis diese fruchtlos abgelaufen ist. Eine vorläufige Einstellung kann auch nach § 205 StPO vorkommen, weil der Hauptverhandlung für eine längere Zeit die Abwesenheit des Angeklagten oder ein anderes in seiner Person liegendes Hindernis entgegensteht.

- Das Gericht beschließt nach § 204 StPO, das Hauptverfahren nicht zu eröffnen (Anmerkung Abs. 1 Ziff. 2 zu Nr. 4141 VV RVG).

- Der bereits eingelegte Einspruch gegen einen Strafbefehl soll möglichst frühzeitig zurückgenommen werden. Es kommt grundsätzlich nicht darauf an, wann der Einspruch zurückgenommen wird. Nur falls das Gericht schon einen Termin zur Hauptverhandlung bestimmt hat, gilt, dass der Einspruch mindestens zwei Wochen vor diesem Termin zurückgenommen werden muss. Das Gleiche gilt im Falle der Berufung oder der Revision, da ebenfalls die **Zurücknahme zwei Wochen vor dem Termin** erfolgen muss.

- Der RA muss einen **ersichtlichen Beitrag zur** Förderung der **Einstellung** des Strafverfahrens erbracht haben (das Gesetz drückt dies in Anmerkung Abs. 2 zu Nr. 4141 VV RVG unklar aus). Hat die Staatsanwaltschaft also ganz von sich aus das Verfahren eingestellt, ohne dass der RA erkennbar darauf hingewirkt hat, so erhält er die Erledigungsgebühr nicht. Andererseits wird unterstellt, dass der RA mitgewirkt hat, wozu schon eine Beratung seines Mandanten mit dem Ziel, z. B. die Berufung zurückzunehmen, ausreichend wäre. Eine fehlende Mitwirkung ist daher nach der Rechtsprechung von dem Mandanten, oder falls die Staatskasse nach Freispruch die Kosten zu erstatten hat (§§ 464 ff. StPO), von dieser, nachzuweisen.

> **Merke:**
> Wenn der Verteidiger im Strafverfahren erkennbar dazu beiträgt, dass das Verfahren endgültig eingestellt bzw. die Hauptverhandlung entbehrlich wird, dann erhält er eine zusätzliche Erledigungsgebühr.
>
> Die Erledigungsgebühr erhält er auch, wenn sich das Verfahren durch Zurücknahme des Einspruchs gegen einen Strafbefehl, der Berufung oder der Revision früher als zwei Wochen vor Beginn des Tages, der für die Hauptverhandlung vorgesehen war, erledigt.

Straf- und Bußgeldsachen (Teile 4 und 5 VV RVG)

Beispiel: RA Beutnagel wird für den Beschuldigten Westfal auftragsgemäß im Ermittlungsverfahren tätig. Er beantragt unter Vollmachtsvorlage Akteneinsicht bei der Staatsanwaltschaft. Bereits vor Erhalt der Akte ergeht ein Strafbefehl gegen Westfal. Vorsorglich wird innerhalb der Frist (§ 410 StPO) Einspruch gegen den Strafbefehl eingelegt. RA Beutnagel bespricht mit Westfal den Inhalt der inzwischen eingetroffenen Akte (44 Kopien) und berät ihn dahingehend, den Strafbefehl anzunehmen und den Einspruch gegen den Strafbefehl zurückzunehmen. Dies geschieht, und zwar drei Wochen vor dem bereits anberaumten Termin zur Hauptverhandlung.

Berechnung der Vergütung:	EUR
Grundgebühr gem. §§ 2 Abs. 2, 14, VV Nr. 4100 RVG	165,00
Vorverfahrensgebühr gem. §§ 2 Abs. 2, 14, VV Nr. 4104 RVG	140,00
Hauptverfahrensgebühr gem. §§ 2 Abs. 2, 14, VV Nr. 4106 RVG	140,00
Zusatz-Verfahrensgebühr (Erledigungsgebühr) gem. §§ 2 Abs. 2, 14, VV Nr. 4141 Anm. Abs. 1 Ziff. 3 i. V. m. Nr. 4106 RVG	140,00
20 % Pauschale für Post- und Telekommunikationsentgelte gem. § 2 Abs. 2 S. 1, VV Nr. 7002 RVG	20,00
Dokumentenpauschale gem. § 2 Abs. 2 S. 1, VV Nr. 7000 Ziff. 1 Lit. a) RVG (44 Kopien)	22,00
	627,00
16 % USt. gem. § 2 Abs. 2 S. 1, VV Nr. 7008 RVG	100,32
	727,32

Beispiel: RAin Junge wird von Frau Adamski, die sich in Untersuchungshaft befindet, mit deren Verteidigung beauftragt. Frau Adamski wird von der Staatsanwaltschaft beschuldigt, einen Banküberfall begangen und dabei den Kassierer erschossen zu haben. RAin Junge sieht die Ermittlungsakten ein und kopiert daraus 54 Seiten. Sodann beauftragt sie einen Detektiv mit Nachforschungen, der drei der Staatsanwaltschaft unbekannte Zeugen findet, die Frau Adamski zur Tatzeit beim Joggen im Wald gesehen haben. Die Staatsanwaltschaft stellt das Ermittlungsverfahren gemäß § 170 Abs. 2 S. 1 StPO ein.

RAin Junge berechnet ihre Vergütung unter Berücksichtigung der Untersuchungshaft sowie ihrer Bemühungen zur Einstellung des Ermittlungsverfahrens. Für die Hauptverhandlung wäre das Schwurgericht zuständig gewesen.

Berechnung der Vergütung:	EUR
Grundgebühr mit Zuschlag gem. §§ 2 Abs. 2, 14, VV Nrn. 4100, 4101 RVG	202,50
Vorverfahrensgebühr mit Zuschlag gem. §§ 2 Abs. 2, 14, VV Nrn. 4104, 4105 RVG	171,25
Zusatz-Verfahrensgebühr (Erledigungsgebühr) * gem. §§ 2 Abs. 2, 14, VV Nr. 4141 Anm. Abs. 1 Ziff. 1 i. V. m. Nr. 4118 RVG	330,00
20 % Pauschale für Post- und Telekommunikationsentgelte gem. § 2 Abs. 2 S. 1, VV Nr. 7002 RVG	20,00
Dokumentenpauschale gem. § 2 Abs. 2 S. 1, VV Nr. 7000 Ziff. 1 Lit. a) RVG (54 Kopien)	25,60
	749,35
16 % USt. gem. § 2 Abs. 2 S. 1, VV Nr. 7008 RVG	119,90
	869,25

* Ohne Zuschlag. Siehe auch nachstehenden Hinweis.

Hinweis: In Anmerkung Abs. 3 zu Nr. 4141 VV RVG wird vorgeschrieben, dass sich die Zusatz-Verfahrensgebühr nach dem Rechtszug richtet, in dem die Hauptverhandlung vermieden wurde. In vorstehendem Beispiel wurde eine Hauptverhandlung vor dem Schwurgericht vermieden. Deshalb wurde die Zusatz-Verfahrensgebühr nach der Verfahrensgebühr VV Nr. 4118 RVG berechnet.

Teilweise wird auch die Meinung vertreten, dass in diesem Fall die Vorverfahrensgebühr (VV Nr. 4104 RVG) maßgebend wäre. Da jedoch nach früherem Recht (§ 84 Abs. 3 BRAGO) die Verfahrensgebühr für das Schwurgericht ausschlaggebend gewesen wäre, habe ich unterstellt, dass das im RVG genauso gemeint ist. Auch hier wird die zukünftige Rechtsprechung abzuwarten sein.

9.9.2 Einziehung und verwandte Maßnahmen

Die in Absatz 1 der Anmerkung zu VV Nr. 4142 RVG beschriebene Tätigkeit des RA, die sich auf die **Einziehung** oder den **Verfall**, die **Unbrauchbarmachung**, die **Abführung des Mehrerlöses** oder auf eine diesen Zwecken dienende Beschlagnahme bezieht (§§ 73 bis 76 a StGB), soll durch eine zusätzliche Gebühr abgegolten werden. Da der Verteidiger durch solche Tätigkeiten mit zusätzlicher Arbeit und Verantwortung belastet wird, ist dies gerechtfertigt.

Diese zusätzliche Gebühr ist ausnahmsweise eine **Wertgebühr**, die sich nach dem Gegenstandswert der betroffenen Sache richtet. Der Gebührensatz der „Verfahrensgebühr bei Einziehung und verwandten Maßnahmen" beträgt 1,0. Für den Pflichtverteidiger beträgt der Gebührensatz ebenfalls 1,0, jedoch wird für ihn die Gebühr nicht aus der Tabelle zu § 13 RVG, sondern aus der Tabelle zu § 49 RVG abgelesen. Diese Gebühr kann in jedem Rechtszug entstehen.

Nach Absatz 2 der Anmerkung zu VV Nr. 4142 RVG entfällt diese Gebühr, wenn der Gegenstandswert niedriger als 25,00 EUR ist. Wenn es also nur um ein Messer, eine Brechstange oder ähnliche Bagatellen geht, soll die Gebühr nicht entstehen.

Merke:

Für Tätigkeiten hinsichtlich der Einziehung von Tatwerkzeugen oder ähnlichen Maßnahmen erhält der Verteidiger eine zusätzliche 1,0 Verfahrensgebühr nach dem Gegenstandswert der betroffenen Sache, wenn deren Wert nicht unter 25,00 EUR liegt.

Beispiel: RA Klumpich verteidigt einen Mandanten vor der großen Strafkammer. Im Vorverfahren war er nicht tätig. Neben der zu erwartenden Strafe soll der Pkw des Angeklagten im Wert von 10 000,00 EUR eingezogen werden. Die Hauptverhandlung dauert einen Tag. Es handelt sich um eine durchschnittliche Angelegenheit.

Berechnung der Vergütung:

	EUR
Grundgebühr gem. §§ 2 Abs. 2, 14, VV Nr. 4100 RVG	165,00
Verfahrensgebühr für den ersten Rechtszug vor der Strafkammer gem. §§ 2 Abs. 2, 14, VV Nr. 4112 RVG	155,00
Terminsgebühr für den ersten Rechtszug vor der Strafkammer gem. §§ 2 Abs. 2, 14, VV Nr. 4114 RVG	270,00
1,0 Verfahrensgebühr gem. §§ 2, 13, VV Nr. 4142 RVG (Gegenstandswert: 10 000,00 EUR)	486,00
20 % Pauschale für Post- und Telekommunikationsentgelte gem. § 2 Abs. 2 S. 1, VV Nr. 7002 RVG	20,00
	1 096,00
16 % USt. gem. § 2 Abs. 2 S. 1, VV Nr. 7008 RVG	175,36
	1 271,36

9.9.3 Vermögensrechtliche Ansprüche im Strafverfahren

Der durch eine Straftat Verletzte oder sein Erbe kann seine gegenüber dem Angeklagten entstandenen vermögensrechtlichen Ansprüche auf Schadenersatz und Schmerzensgeld im Strafverfahren gerichtlich geltend machen. Dieses so genannte **Adhäsionsverfahren** (Anhangverfahren), das in den §§ 403 bis 406 StPO geregelt ist, ist jedoch nur für einfache und leicht feststellbare Ansprüche geeignet. Kompliziertere Ansprüche müssen im Zivilverfahren geltend gemacht werden (vgl. §§ 405 S. 2, 406 Abs. 3 S. 2 StPO). So könnte z. B. der bei

Straf- und Bußgeldsachen (Teile 4 und 5 VV RVG)

einem Raubüberfall Verletzte seinen Schadenersatzanspruch wegen der zerrissenen Kleidung und seinen Schmerzensgeldanspruch im Adhäsionsverfahren feststellen lassen.

Obwohl eigentlich durch das Adhäsionsverfahren ein Zivilprozess eingespart werden könnte, spielt es in der Praxis keine so große Rolle. Aus diesem Grund sind offensichtlich viele Streitfragen über die Auslegung und Anwendung der dieses Verfahren betreffenden Gebührenvorschriften noch nicht ausdiskutiert und somit umstritten, sodass es in mehreren Punkten gegensätzliche Meinungen gibt.

Der im Adhäsionsverfahren tätige Strafverteidiger erhält neben den Gebühren der Nrn. 4100 bis 4135 RVG eine **Adhäsions-Verfahrensgebühr** mit einem Gebührensatz von 2,0 nach dem Gegenstandswert der geltend gemachten Ansprüche (VV Nr. 4143 RVG). In der Berufungs- oder Revisionsinstanz erhöht sich diese Gebühr auf 2,5 (VV Nr. 4144 RVG). Auch der Vertreter des Privat- oder Nebenklägers kann diese zusätzliche Gebühr erhalten. Die Adhäsions-Verfahrensgebühr tritt an die Stelle der in einem Zivilprozess dem RA erwachsenden Gebühren der Nrn. 3100 und 3104 VV RVG, die in der Regel in der ersten Instanz mit einem Gebührensatz von insgesamt 2,5 anfallen. Die Ermäßigung im Strafverfahren wird damit begründet, dass die Tätigkeit des RA weniger umfangreich ist, da er in die Strafsache schon eingearbeitet ist und z. B. dafür bereits eine Grundgebühr erhält. Für den **Pflichtverteidiger** wird die Gebühr aus der Tabelle zu § 49 RVG abgelesen.

Es ist wohl so, dass dem RA die Adhäsions-Verfahrensgebühr nach der diesbezüglichen Auftragsannahme – wie auch sonst – bereits mit der Entgegennahme der Information vom Auftraggeber erwächst. Jedenfalls ist keine Verminderung dieser Gebühr wegen vorzeitiger Beendigung vorgesehen. Auf den Umfang der Tätigkeit des RA kommt es nicht an, da es sich um eine Pauschgebühr handelt.

Beispiel: Räuber hat Opfer überfallen und verletzt. Räuber wird vor dem Schöffengericht angeklagt. Opfer macht im Adhäsionsverfahren seine Ansprüche in Höhe von 1 100,00 EUR geltend. Räuber wird von RA Sittich nur im Hauptverfahren vertreten. Es ist ein durchschnittlicher Fall, und die Hauptverhandlung dauert einen Tag. RA Sittich fertigt 23 Fotokopien aus der Ermittlungsakte an.

Berechnung der Vergütung:	EUR
Grundgebühr gem. §§ 2 Abs. 2, 14, VV Nr. 4100 RVG	165,00
Verfahrensgebühr für den ersten Rechtszug vor dem Amtsgericht gem. §§ 2 Abs. 2, 14, VV Nr. 4106 RVG	140,00
Terminsgebühr für den ersten Rechtszug vor dem Amtsgericht gem. §§ 2 Abs. 2, 14, VV Nr. 4108 RVG	230,00
2,0 Adhäsions–Verfahrensgebühr gem. §§ 2, 13, VV Nr. 4143 RVG (Gegenstandswert: 1 100,00 EUR)	210,00
20 % Pauschale für Post- und Telekommunikationsentgelte gem. § 2 Abs. 2 S. 1, VV Nr. 7002 RVG	20,00
Dokumentenpauschale gem. § 2 Abs. 2 S. 1, VV Nr. 7000 Ziff. 1 Lit. a) RVG (23 Kopien)	11,50
	776,50
16 % USt. gem. § 2 Abs. 2 S. 1, VV Nr. 7008 RVG	124,24
	900,74

Wird der vermögensrechtliche Anspruch im Berufungsverfahren zum ersten Mal geltend gemacht, so erhöht sich für das Berufungsverfahren die Gebühr nicht, es verbleibt bei der 2,0 Gebühr (Anmerkung Abs. 1 zu VV Nr. 4143 RVG). Für das Revisionsverfahren gilt dies nicht.

Wird im Strafverfahren nicht über die zivilrechtlichen Ansprüche entschieden, weil z. B. die Sachlage zu kompliziert ist oder das Gericht den Anspruch für unbegründet hält oder der

Angeklagte strafrechtlich nicht verurteilt werden kann (§§ 405, 406 Abs. 3 StPO), so können die vermögensrechtlichen Ansprüche noch in einem Zivilprozess geltend gemacht werden. Vertritt derselbe RA, der im Strafverfahren tätig war, den Anspruchsteller wegen desselben Anspruchs in diesem Zivilverfahren, so wird ein Drittel der Adhäsions-Verfahrensgebühr auf die in dem bürgerlichen Rechtsstreit entstehenden Gebühren **angerechnet** (Anmerkung Abs. 2 zu VV Nr. 4143 RVG).

Beispiel: Wie vorstehendes Beispiel. Über die vermögensrechtlichen Ansprüche in Höhe von 1 100,00 EUR wird nicht, wie beantragt, im Strafverfahren, sondern erst im nachfolgenden Zivilprozess entschieden. Es werden nur die Gebühren für die Vertretung wegen der vermögensrechtlichen Ansprüche betrachtet. Die Gebühren für die Vertretung wegen der strafrechtlichen Vorwürfe werden weggelassen.

1. **Strafverfahren**

   2,0 Adhäsionsverfahrensgebühr
   gem. §§ 2, 13, VV Nr. 4143 RVG (Gegenstandswert: 1 100,00 EUR)   210,00 EUR

2. **Zivilverfahren**

   1,3 Verfahrensgebühr gem. §§ 2, 13, VV Nr. 3100 RVG (Wert: 1 100,00 EUR)   136,50 EUR
   darauf anzurechnen $^1/_3$ der Adhäsionsverfahrensgebühr
   gem. VV Nr. 4143 Anm. Abs. 2 RVG (210,00 EUR : 3 = 70,00 EUR)   – 70,00 EUR
   verbleiben im Zivilprozess als Verfahrensgebühr: 66,50 EUR
   1,2 Terminsgebühr gem. §§ 2, 13, VV Nr. 3104 RVG (Wert: 1 100,00 EUR)   126,00 EUR
                                                                              192,50 EUR

Im Berufungs- und im Revisionsverfahren beträgt der Gebührensatz der Adhäsionsverfahrensgebühr 2,5 nach VV Nr. 4144 RVG. Aus dem Fehlen von Anmerkungen zu dieser Nummer lässt sich schließen, dass die Adhäsionsverfahrensgebühr aus dem **Berufungs- oder Revisionsverfahren nicht anzurechnen** ist auf die Gebühren eines Zivilverfahrens wegen desselben Anspruchs.

Der RA, der **den Verletzten** in dem Strafverfahren nur wegen dessen vermögensrechtlicher Ansprüche vertritt, erhält statt der Gebühren nach VV Nrn. 3100 ff. RVG gemäß Vorbemerkung 4.3, Absatz 2 VV RVG nur die in VV Nrn. 4143 oder 4144 RVG bestimmte Adhäsionsverfahrensgebühr, also keine Gebühren nach den Nrn. 4100 ff. RVG. (Siehe hierzu nachstehenden Hinweis). Die Anrechnung auf die Gebühren eines nachfolgenden Zivilprozesses muss auch in diesem Fall erfolgen.

Hinweis: Ganz deutlich ist die Beschränkung des RA des Verletzten auf die Adhäsionsverfahrensgebühr nicht, da in der Vorbemerkung das Wort „nur" fehlt. Aber da dies in § 89 Abs. 3 BRAGO so geregelt war, ist davon auszugehen, dass dies auch im RVG so gemeint ist.

9.10 Der Pflichtverteidiger

Jeder Beschuldigte, dem eine Straftat zur Last gelegt wird, hat das Recht auf einen Verteidiger, den er sich selbst auswählen darf. Grundsätzlich darf er sich auch selbst verteidigen.

In schwer wiegenden Fällen muss er jedoch einen Verteidiger haben. In § 140 StPO sind die Fälle aufgeführt, in denen die Mitwirkung eines Verteidigers notwendig, d. h. gesetzlich vorgeschrieben ist. Die so genannte **notwendige Verteidigung** ist z. B. dann gegeben, wenn:

- die Hauptverhandlung im ersten Rechtszug vor einem höheren Gericht als dem Amtsgericht stattfindet,
- dem Beschuldigten ein Verbrechen zur Last gelegt wird,

- das Verfahren zu einem Berufsverbot oder zu einer Unterbringung in einer Heil- und Pflegeanstalt führen kann,
- der Beschuldigte sich zum Zeitpunkt der Hauptverhandlung seit mindestens drei Monaten in Untersuchungshaft befindet.

Auch in diesen Fällen darf sich der Beschuldigte seinen Verteidiger frei wählen. Hat er sich jedoch keinen Verteidiger gewählt, so **muss** ihm das Gericht einen **Pflichtverteidiger** bestellen. Im Jugendgerichtsgesetz (§ 68 JGG) sind noch weitere Fälle der notwendigen Verteidigung aufgeführt.

In anderen Fällen wird dem Beschuldigten auf seinen Antrag oder von Amts wegen, wenn es wegen der Schwere der Tat oder wegen der Schwierigkeit der Sach- und Rechtslage notwendig ist, oder wenn ersichtlich ist, dass der Beschuldigte sich nicht selbst verteidigen kann, ein Pflichtverteidiger bestellt (§ 141 StPO).

Wird ein RA zum Pflichtverteidiger bestellt, ohne dass die Bestellung eingeschränkt wird, so gilt die Bestellung nicht nur für die betreffende Instanz, sondern auch für das Berufungsverfahren und für die Einlegung der Revision und ihre Begründung. Für die Hauptverhandlung im Revisionsverfahren muss der RA jedoch ausdrücklich bestellt werden (§ 350 Abs. 3 StPO).

War der RA schon vor seiner gerichtlichen Bestellung im Vorverfahren tätig, so erhält er auch dafür eine Vergütung aus der Staatskasse (§ 48 Abs. 5 RVG).

9.10.1 Die Gebühren des Pflichtverteidigers

Gebühren erhält der Pflichtverteidiger grundsätzlich für dieselben Tätigkeiten wie der Wahlverteidiger, jedoch ist seine Vergütung niedriger; sie beträgt 80 % der jeweiligen Mittelgebühr für den Wahlanwalt. Die Gebühren sind Festgebühren und werden im Vergütungsverzeichnis zu jeder Gebühr in der rechten Randspalte ausgewiesen. Es gelten also alle vorstehenden Erläuterungen zu den einzelnen Gebühren auch für die Gebühren des Pflichtverteidigers, nur dass die Gebühren geringer sind.

Da der Verteidiger vom Gericht bestellt worden ist, erhält er seine Vergütung aus der Staatskasse gemäß § 45 Abs. 3 RVG. Auf entsprechenden Antrag erhält er auch die notwendigen Auslagen (VV Nrn. 7000 ff. RVG) gemäß § 46 RVG aus der Staatskasse erstattet. Er hat Anspruch auf Vorschuss aus der Staatskasse (§ 47 RVG).

Bei Reisekosten des Pflichtverteidigers sollte zur Absicherung des RA das Gericht deren Notwendigkeit aufgrund eines Antrages vor Antritt der Reise feststellen (§ 46 RVG), da dann im Festsetzungsverfahren die Reise als notwendig anerkannt werden muss.

9.10.2 Wahlverteidigergebühren für den Pflichtverteidiger

Wenn die Verteidigung des Angeklagten im Sinne des § 140 StPO oder des § 68 JGG eine notwendige ist, dann wird ihm ein Pflichtverteidiger beigeordnet. Dies geschieht ohne eine Prüfung, ob der Angeklagte zahlungsfähig ist oder nicht, da der Zweck der Beiordnung im Strafprozess ein anderer ist als im Zivilprozess. Im Zivilprozess erhält die „arme" Partei einen RA zur Geltendmachung ihrer Ansprüche beigeordnet. Im Strafprozess erfolgt die Beiordnung eines Verteidigers im Interesse des geordneten Ablaufs des Verfahrens, der Wahrheitsfindung und der Herbeiführung eines gerechten Urteils. Deshalb ist es sogar möglich, dass dem Angeklagten gegen seinen Willen ein Pflichtverteidiger bestellt wird.

Zwischen dem Pflichtverteidiger und dem Beschuldigten gibt es also keinen bürgerlich-rechtlichen Vertrag, aus dem der Verteidiger einen vertraglichen Vergütungsanspruch ableiten könnte. Andererseits wäre es unbillig, wenn der Pflichtverteidiger für seine Tätigkeit nur die niedrigere Pflichtverteidigervergütung (rechte Randspalte des VV) bekäme, obwohl der Beschuldigte durchaus finanziell in der Lage sein könnte, die meist höheren Gebühren eines Wahlverteidigers zu bezahlen, da die Prüfung seiner Zahlungsfähigkeit für die Beiordnung eben keine Rolle spielte.

Aus dem vorgenannten Grunde schafft § 52 RVG eine gesetzliche Verpflichtung für den Beschuldigten, seinem Pflichtverteidiger eine **Vergütung bis zur Höhe der Vergütung eines Wahlverteidigers** bezahlen zu müssen, wenn er zur Zahlung in der Lage ist. Als Höchstgrenze gilt: Der Pflichtverteidiger kann also von seinem zahlungsfähigen Mandanten eine Vergütung verlangen, wie er sie auch als Wahlverteidiger hätte bekommen können, d. h., innerhalb der Gebührenrahmen der linken Randspalte des Vergütungsverzeichnisses unter Beachtung der Grundsätze des § 14 RVG, häufig also die so genannte Mittelgebühr. Selbstverständlich muss die von der Staatskasse bereits gezahlte Vergütung hierbei in Abzug gebracht werden.

Die Auslagen werden im Normalfall von der Staatskasse erstattet. In Höhe der Differenz zwischen den Wahl- und den Pflichtverteidigergebühren kann der RA die USt. von dem Mandanten fordern.

Allerdings darf der Pflichtverteidiger keinen Vorschuss vom Beschuldigten verlangen (§ 52 Abs. 1 S. 1 Hs. 2 RVG). Insbesondere darf er seine Tätigkeit nicht von irgendwelchen Zahlungen abhängig machen, da er vom Gericht beigeordnet wurde. Freiwillige Zahlungen des Beschuldigten darf er dagegen annehmen, wobei er aus standesrechtlichen Gründen den Beschuldigten nicht z. B. durch irgendwelche Versprechungen oder, indem er ihn kurz vor der Hauptverhandlung unter Druck setzt, zu Vorschusszahlungen „überreden" darf.

Das Verfahren zur gerichtlichen Feststellung, ob der Beschuldigte Gebühren in Höhe der Wahlverteidigergebühren zahlen muss, verläuft wie folgt: Der Pflichtverteidiger muss einen **Antrag auf Feststellung der Zahlungsfähigkeit** bei dem Gericht des ersten Rechtszuges stellen. Der **Antrag** richtet sich darauf,

„... festzustellen, dass der Beschuldigte in der Lage ist, die Gebühren in Höhe der einem Wahlverteidiger zustehenden Gebühren zu zahlen."

Da es zunächst nur um die Klärung geht, ob und in welcher Höhe der Beschuldigte überhaupt zahlen kann, braucht der Antrag nicht den Betrag zu enthalten, den der Pflichtverteidiger vom Beschuldigten fordern will. Dagegen sollte der RA die wirtschaftlichen Verhältnisse des Beschuldigten darlegen als **Begründung**, wegen welcher Tatsachen er den Beschuldigten für zahlungsfähig hält. Das Gericht muss dann feststellen, ob der Beschuldigte ohne Beeinträchtigung des für ihn und seine Familie notwendigen Unterhalts zur Zahlung in der Lage ist (§ 52 Abs. 2 RVG).

Der Beschuldigte ist vom Gericht zu dem Antrag zu hören und kann seine Mittellosigkeit darstellen. Dazu setzt ihm das Gericht eine **Frist** nach § 52 Abs. 3 RVG. Lässt der Beschuldigte die Frist ohne eine Erklärung verstreichen, so vermutet das Gericht, dass er leistungsfähig ist. Das Gericht entscheidet durch **Feststellungsbeschluss** über die Zahlungsfähigkeit des Beschuldigten, indem es feststellt, ob und bis zu welcher Höhe der Beschuldigte leistungsfähig ist; es kann auch Ratenzahlungen festlegen. Der Beschluss ist keine Verurteilung zur Zahlung einer Vergütung in bestimmter Höhe, sodass der RA damit **keinen vollstreckbaren Titel** erhält. Wenn der Beschuldigte die vom RA verlangten Gebühren nicht freiwillig zahlt, muss der RA mangels der Festsetzbarkeit von Rahmengebühren über die

Mindestgebühren hinaus (§ 11 Abs. 8 RVG) notfalls auf Zahlung klagen. Gegen den Feststellungsbeschluss ist die sofortige Beschwerde zulässig.

Beispiel: RA Bienstich hat als Pflichtverteidiger in der ersten Instanz für die eintägige Hauptverhandlung vor der großen Strafkammer folgende Vergütung aus der Staatskasse erhalten. Es wurden 23 Fotokopien gefertigt.

Berechnung der Vergütung: (als Pflichtverteidiger)	EUR
Grundgebühr gem. §§ 2 Abs. 2, 14, VV Nr. 4100 RVG	132,00
Vorverfahrensgebühr gem. §§ 2 Abs. 2, 14, VV Nr. 4104 RVG	112,00
Verfahrensgebühr für den ersten Rechtszug vor der Strafkammer gem. §§ 2 Abs. 2, 14, VV Nr. 4112 RVG	124,00
Terminsgebühr für den ersten Rechtszug vor der Strafkammer gem. §§ 2 Abs. 2, 14, VV Nr. 4114 RVG	216,00
20 % Pauschale für Post- und Telekommunikationsentgelte gem. § 2 Abs. 2 S. 1, VV Nr. 7002 RVG	20,00
Dokumentenpauschale gem. § 2 Abs. 2 S. 1, VV Nr. 7000 Ziff. 1 Lit. a) RVG (23 Kopien)	11,50
	615,50
16 % USt. gem. § 2 Abs. 2 S. 1, VV Nr. 7008 RVG	98,48
	713,98

Das Landgericht stellt auf Antrag von RA Bienstich fest, dass der Beschuldigte in der Lage ist, eine Vergütung in Höhe der einem Wahlverteidiger zustehenden Gebühren zu zahlen. RA Bienstich erstellt daraufhin folgende Gebührenrechnung, wobei er die Angelegenheit als durchschnittlich einschätzt.

Berechnung der Vergütung: (als Wahlverteidiger)	EUR
Grundgebühr gem. §§ 2 Abs. 2, 14, VV Nr. 4100 RVG	165,00
Vorverfahrensgebühr gem. §§ 2 Abs. 2, 14, VV Nr. 4104 RVG	140,00
Verfahrensgebühr für den ersten Rechtszug vor der Strafkammer gem. §§ 2 Abs. 2, 14, VV Nr. 4112 RVG	155,00
Terminsgebühr für den ersten Rechtszug vor der Strafkammer gem. §§ 2 Abs. 2, 14, VV Nr. 4114 RVG	270,00
20 % Pauschale für Post- und Telekommunikationsentgelte gem. § 2 Abs. 2 S. 1, VV Nr. 7002 RVG	20,00
Dokumentenpauschale gem. § 2 Abs. 2 S. 1, VV Nr. 7000 Ziff. 1 Lit. a) RVG (23 Kopien)	11,50
	761,50
16 % USt. gem. § 2 Abs. 2 S. 1, VV Nr. 7008 RVG	121,84
	883,34

RA Bienstich kann nun vom Beschuldigten die Differenz zwischen den Wahl- und den Pflichtverteidigergebühren verlangen:
761,50 EUR – 615,50 EUR = 146,00 EUR zuzüglich 16 % USt. von 23,36 EUR = 169,36 EUR

Wird der Angeklagte wegen der Straftat verurteilt, holt sich übrigens die Staatskasse die dem Pflichtverteidiger gezahlte Vergütung von dem Verurteilten zurück. Im Falle des Freispruchs hat der Freigesprochene seinerseits einen Anspruch auf Erstattung seiner notwendigen Auslagen durch die Staatskasse (§ 467 Abs. 1 StPO). Für den letzteren Fall ist besonders darauf hinzuweisen, dass die Staatskasse die Vergütung wie für einen Wahlverteidiger zu erstatten hat (§ 467 Abs. 1 StPO).

Merke:

Wenn der Beschuldigte zahlungsfähig ist, kann der Pflichtverteidiger von ihm die Zahlung einer Vergütung in Höhe der einem Wahlverteidiger zustehenden Gebühren verlangen. Die Zahlungsfähigkeit wird vom Gericht der ersten Instanz auf Antrag des RA festgestellt.

9.10.3 Anrechnung von Vorschüssen (§ 58 Abs. 3 RVG)

Der Pflichtverteidiger muss sich grundsätzlich alle Zahlungen des Beschuldigten oder eines Dritten (z. B. des Ehegatten) an ihn auf die ihm aus der Staatskasse zustehende Vergütung anrechnen lassen. Dabei ist es gleichgültig, ob die Zahlungen vor oder nach der Beiordnung erfolgt sind. Sind die Zahlungen erst erfolgt, nachdem der RA Gebühren aus der Staatskasse erhalten hat, so ist er zur Rückzahlung an die Staatskasse verpflichtet (§ 58 Abs. 3 S. 1, 2 RVG).

Diese gesetzliche Verpflichtung des RA wird in § 58 Abs. 3 S. 3 RVG insofern etwas eingeschränkt, als die Anrechnung oder Rückzahlung nur dann erfolgt, soweit der RA durch diese Zahlungen insgesamt mehr als den doppelten Betrag der ihm als Pflichtverteidiger zustehenden Gebühren erhalten würde. Durch die Anrechnung oder Rückzahlung darf dem RA nicht weniger als der doppelte Betrag der ihm zustehenden Pflichtverteidigergebühr verbleiben, also steht ihm höchstens der doppelte Betrag zu, oder noch anders ausgedrückt, **es wird erst angerechnet, wenn die Zahlungen das Doppelte der Pflichtverteidigergebühr übersteigen.**

Beispiel: RA Weinlich hat vom Beschuldigten, dem er bereits im Vorverfahren zwecks Verteidigung vor der großen Strafkammer beigeordnet wurde, einen freiwilligen Vorschuss in Höhe von 1 168,00 EUR erhalten, nachdem er die im Folgenden berechnete Vergütung aus der Staatskasse erhalten hat. Die Hauptverhandlung dauert einen Tag. Es wurden 50 Fotokopien gefertigt.

Berechnung der Vergütung: (als Pflichtverteidiger)	EUR
Grundgebühr gem. §§ 2 Abs. 2, 14, VV Nr. 4100 RVG	132,00
Vorverfahrensgebühr gem. §§ 2 Abs. 2, 14, VV Nr. 4104 RVG	112,00
Verfahrensgebühr für den ersten Rechtszug vor der Strafkammer gem. §§ 2 Abs. 2, 14, VV Nr. 4112 RVG	124,00
Terminsgebühr für den ersten Rechtszug vor der Strafkammer gem. §§ 2 Abs. 2, 14, VV Nr. 4114 RVG	216,00
= **Gebühren des Pflichtverteidigers** insgesamt	584,00
20 % Pauschale für Post- und Telekommunikationsentgelte gem. § 2 Abs. 2 S. 1, VV Nr. 7002 RVG	20,00
Dokumentenpauschale gem. § 2 Abs. 2 S. 1, VV Nr. 7000 Ziff. 1 Lit. a) RVG (50 Kopien)	25,00
	629,00
16 % USt. gem. § 2 Abs. 2 S. 1, VV Nr. 7008 RVG	100,64
	729,64

Es stellt sich nun gemäß § 58 Abs. 3 S. 2 RVG die Frage, ob RA Weinlich einen Teil des Vorschusses an die Staatskasse zurückzahlen muss oder ob diese Rückzahlung unterbleiben kann.

Gemäß § 58 Abs. 3 S. 3 RVG unterbleibt die Rückzahlung, wenn er durch sie weniger als den doppelten Betrag der Pflichtverteidigergebühr erhalten würde. Der doppelte Betrag wäre hier 2 x 584,00 EUR = 1 168,00 EUR. Diesen Betrag darf er höchstens behalten. Würde er von dem Vorschuss von 1 168,00 EUR auch nur 1 Cent (0,01 EUR) an die Staatskasse zurückzahlen, so würden ihm von dem Vorschuss nur 1 168,00 EUR – 0,01 EUR = 1 167,99 EUR verbleiben, also weniger als ihm zusteht. Eine Rückzahlung kann also unterbleiben.

Straf- und Bußgeldsachen (Teile 4 und 5 VV RVG)

Beispiel: RA Garstich hat als Pflichtverteidiger in erster Instanz für das Vorverfahren und für die eintägige Hauptverhandlung vor dem Amtsgericht folgende Vergütung **aus der Staatskasse** erhalten. Es wurden 20 Fotokopien gefertigt.

Berechnung der Vergütung: (als Pflichtverteidiger)	EUR
Grundgebühr gem. §§ 2 Abs. 2, 14, VV Nr. 4100 RVG	132,00
Vorverfahrensgebühr gem. §§ 2 Abs. 2, 14, VV Nr. 4104 RVG	112,00
Verfahrensgebühr für den ersten Rechtszug vor dem Amtsgericht gem. §§ 2 Abs. 2, 14, VV Nr. 4106 RVG	112,00
Terminsgebühr für den ersten Rechtszug vor dem Amtsgericht gem. §§ 2 Abs. 2, 14, VV Nr. 4108 RVG	184,00
= **Gebühren des Pflichtverteidigers** insgesamt	540,00
20 % Pauschale für Post- und Telekommunikationsentgelte gem. § 2 Abs. 2 S. 1, VV Nr. 7002 RVG	20,00
Dokumentenpauschale gem. § 2 Abs. 2 S. 1, VV Nr. 7000 Ziff. 1 Lit. a) RVG (20 Kopien)	10,00
	570,00
16 % USt. gem. § 2 Abs. 2 S. 1, VV Nr. 7008 RVG	91,20
	661,20

Das Amtsgericht stellt auf Antrag (§ 52 Abs. 2 RVG) von RA Garstich fest, dass der Beschuldigte in der Lage ist, eine Vergütung in Höhe der einem Wahlverteidiger zustehenden Gebühren zu zahlen. (Siehe Kapitel 9.10.2.) RA Garstich erstellt daraufhin folgende Gebührenrechnung, wobei er die Angelegenheit unter Berücksichtigung aller Umstände des § 14 RVG als so überdurchschnittlich umfangreich einschätzt, dass er die Höchstgebühr in Ansatz bringt.

Berechnung der Vergütung: (als Wahlverteidiger)	EUR
Grundgebühr gem. §§ 2 Abs. 2, 14, VV Nr. 4100 RVG	300,00
Vorverfahrensgebühr gem. §§ 2 Abs. 2, 14, VV Nr. 4104 RVG	250,00
Verfahrensgebühr für den ersten Rechtszug vor dem Amtsgericht gem. §§ 2 Abs. 2, 14, VV Nr. 4106 RVG	250,00
Terminsgebühr für den ersten Rechtszug vor dem Amtsgericht gem. §§ 2 Abs. 2, 14, VV Nr. 4108 RVG	400,00
= **Gebühren des Wahlverteidigers** insgesamt	1 200,00
20 % Pauschale für Post- und Telekommunikationsentgelte gem. § 2 Abs. 2 S. 1, VV Nr. 7002 RVG	20,00
Dokumentenpauschale gem. § 2 Abs. 2 S. 1, VV Nr. 7000 Ziff. 1 Lit. a) RVG (20 Kopien)	10,00
	1 230,00
16 % USt. gem. § 2 Abs. 2 S. 1, VV Nr. 7008 RVG	196,80
	1 426,80

RA Garstich kann nun vom Beschuldigten die Differenz zwischen den Wahl- und den Pflichtverteidigergebühren verlangen:

1 200,00 EUR – 540,00 EUR = 660,00 EUR + USt. 105,60 EUR = 765,60 EUR.

Der Beschuldigte zahlt daraufhin den Differenzbetrag.

In diesem Fall wird RA Garstich keine Rückzahlung an die Staatskasse leisten müssen. Der doppelte Betrag der Pflichtverteidigergebühr ist 2 x 540,00 EUR = 1 080,00 EUR. Da ihm höchstens diese 1 080,00 EUR verbleiben dürfen und der Anspruch gegen den Beschuldigten mit 765,60 EUR niedriger ist, muss RA Garstich nichts an die Staatskasse zurückzahlen.

Das folgende **Beispiel** zeigt, wann eine **Rückzahlung an die Staatskasse** erfolgen muss: Der Fall ist wie vorstehend, jedoch hatte RA Garstich vor der Bestellung zum Pflichtverteidiger bereits einen Vorschuss auf seine Gebühren von 1 200,00 EUR zuzüglich USt. verlangt, den der Beschuldigte auch zahlt, aber erst nach der Bestellung zum Pflichtverteidiger.

Von diesem Vorschuss muss der RA 1 200,00 EUR – 1 080,00 EUR = 120,00 EUR gemäß § 58 Abs. 3 S. 2 RVG an die Staatskasse zurückzahlen, zuzüglich der darauf anfallenden USt. von 19,20 EUR.

> **Merke:**
> Von Zahlungen des Auftraggebers oder eines Dritten darf der RA nur einen Betrag in Höhe des Doppelten der ihm zustehenden Pflichtverteidigergebühr behalten. Den übersteigenden Betrag der Zahlung muss er sich auf Leistungen der Staatskasse anrechnen lassen oder muss ihn zurückzahlen.

In den Fällen, in denen das OLG dem RA eine **Pauschvergütung** nach § 51 RVG aus der Staatskasse bewilligt, muss der Verteidiger sich Zahlungen des Beschuldigten oder eines Dritten nur insoweit anrechnen lassen, wie sie über den doppelten Betrag der normalen Pflichtverteidigergebühren hinausgehen. Die Pauschvergütung wird bei Berechnung des doppelten Betrages nicht berücksichtigt.

9.10.4 Festsetzung der Gebühren des Pflichtverteidigers

Durch § 55 RVG wird das Verfahren der Geltendmachung der **Vergütung des Pflichtverteidigers gegenüber der Staatskasse** geregelt. Ein Festsetzungsantrag nach § 55 RVG ist nur für den beigeordneten Verteidiger oder den beigeordneten Vertreter des Privat- oder Nebenklägers (Vorbemerkung 4, Abs. 1 VV RVG) zulässig.

Die Vorschrift **gilt nicht für den Wahlverteidiger**, der seine Vergütung gegenüber seinem Auftraggeber nicht festsetzen lassen, sondern in der Regel nur im Klageweg geltend machen kann (vergleiche § 11 Abs. 8 RVG). Ebenso ist es für den Pflichtverteidiger, wenn er wegen Zahlungsfähigkeit des Beschuldigten von ihm die Zahlung einer Vergütung in Höhe der einem Wahlverteidiger zustehenden Gebühren verlangt. Letztlich gilt § 55 RVG nicht für die Festsetzung der Kosten, die von einem am Verfahren Beteiligten einem anderen zu erstatten sind (vgl. §§ 464 ff. StPO).

Das **Festsetzungsverfahren** beginnt mit dem Antrag des beigeordneten RA an das Gericht der ersten Instanz. In dem Antrag ist eine Vergütungsrechnung gemäß § 10 RVG mit Angabe

- der Beträge der einzelnen Gebühren
- sowie der angewandten Gebührenvorschriften,
- der Beträge der Auslagen, wobei hinsichtlich der Auslagen für Post- und Telekommunikationsdienstleistungen die Versicherung des RA genügt, dass diese Auslagen entstanden sind, andere Auslagen aber glaubhaft zu machen sind (§ 104 Abs. 2 ZPO),
- und der Beträge etwa erhaltener Vorschüsse

aufzustellen, was vom RA zu unterschreiben ist. Für den Antrag gibt es ein besonderes Formular.

Die Festsetzung der Vergütung erfolgt nach § 55 Abs. 1 RVG durch Beschluss des Urkundsbeamten der Geschäftsstelle des Gerichts der ersten Instanz (nicht des Rechtspflegers!). Der Urkundsbeamte des Gerichts der ersten Instanz ist auch für die Festsetzung der in den Rechtsmittelinstanzen entstandenen Vergütung zuständig. Gegen seinen Beschluss ist die Erinnerung zulässig, die unbefristet ist. Gegen den Beschluss des Vorsitzenden des Gerichts des ersten Rechtszuges über die Erinnerung ist die einfache Beschwerde zulässig, wobei dann die Beschwer 200,00 EUR übersteigen muss (§ 304 Abs. 3 StPO).

 Straf- und Bußgeldsachen (Teile 4 und 5 VV RVG)

Der RA erhält weder für seine Tätigkeit im Festsetzungsverfahren noch im Erinnerungs- oder Beschwerdeverfahren eine Vergütung, auch Auslagen werden nicht erstattet (§ 56 Abs. 2 RVG). Die Verfahren sind auch gerichtsgebührenfrei (§ 66 Abs. 8 GKG).

9.11 Gebühren im Strafvollstreckungsverfahren

Strafvollstreckungssachen erfordern in der Regel einen erheblichen Zeitaufwand des RA. Häufig müssen Sachverständigengutachten ausgewertet werden und Anhörungstermine mit Sachverständigen wahrgenommen werden. Deshalb wurden im RVG diesbezügliche Gebühren geregelt. Solche speziellen Gebühren gab es im früheren Gebührenrecht nicht. Es handelt sich um die Nummern 4200 ff. im Vergütungsverzeichnis des RVG.

9.12 Die Pauschgebühr (§ 42 RVG)

Nach § 42 RVG besteht für den **Wahlverteidiger** auf Antrag die Möglichkeit der Feststellung einer Pauschgebühr. Die gerichtliche Feststellung der Pauschgebühr ist jedoch kein Vollstreckungstitel! Wenn das Gericht die Pauschgebühr festgestellt hat, ist diese Feststellung aber verbindlich in einem Vergütungsfestsetzungsverfahren oder einer Gebührenklage (§ 42 Abs. 4 RVG). Die Pauschgebühr darf das Doppelte der für die Gebühren des Wahlanwalts geltenden Höchstbeträge der jeweiligen Gebührenrahmen nicht übersteigen (§ 42 Abs. 1 S. 4 RVG). Die Pauschgebühr kann dann gewährt werden, wenn wegen des besonderen Umfangs oder der besonderen Schwierigkeit der Sache die normalen Gebühren für den RA nicht zumutbar sind (§ 42 Abs. 1 RVG).

9.13 Kostenrechtliche Beschwerde- und Erinnerungsverfahren

Gemäß Vorbemerkung 4, Absatz 5 VV RVG entstehen in Verfahren z. B. über die Beschwerde gegen einen Kostenfestsetzungsbeschluss (§ 464 b StPO) Gebühren nach dem Teil 3 des Vergütungsverzeichnisses des RVG, also Gebühren nach den Nrn. 3500 und 3513 VV RVG.

9.14 Die Dokumentenpauschale

Da in Straf- und Bußgeldsachen zur sachgerechten Verteidigung meistens Kopien der Ermittlungsakten hergestellt werden, entsteht die Dokumentenpauschale nach VV Nr. 7000 Ziff. 1 Lit. a) RVG. Beachten Sie, dass in diesen Fällen die Dokumentenpauschale nach Buchstabe a) berechnet wird, da es dann **keine Beschränkung** derart gibt, dass nur die über 100 Kopien hinausgehenden Exemplare berechnet werden dürfen.

Merke:
In Straf- und Bußgeldsachen wird die Dokumentenpauschale bereits ab der ersten Kopie berechnet.

9.15 Die Gebühren in Bußgeldverfahren

9.15.1 Das Bußgeldverfahren gemäß dem Gesetz über Ordnungswidrigkeiten

Strafbare Handlungen können nach dem StGB mit Freiheitsstrafe oder mit Geld**strafe** bestraft werden. Zahlreiche Gesetzesverstöße werden nach anderen Gesetzen (z. B. Jugendschutzgesetz, Straßenverkehrsordnung) mit Geldbußen geahndet. Mit Geld**bußen** bedrohte Handlungen werden **Ordnungswidrigkeiten** genannt. Auch das „Gesetz über Ordnungswidrigkeiten" (OWiG) nennt in den §§ 111 ff. einzelne Ordnungswidrigkeiten, z. B. die Verursachung unzulässigen Lärms.

Viele Vorschriften des OWiG sind im Wesentlichen wie im StGB geregelt. Ist eine Handlung gleichzeitig Straftat und Ordnungswidrigkeit, so wird nur das Strafgesetz angewendet (§ 21 OWiG).

Ordnungswidrigkeiten werden im **Bußgeldverfahren** geahndet (§§ 35 ff. OWiG). Das Bußgeldverfahren beginnt mit einem **Vorverfahren** (Ermittlungsverfahren, Verwaltungsverfahren), das von Verwaltungsbehörden oder der Polizei z. B. aufgrund einer Anzeige durchgeführt wird (§§ 53 – 54 OWiG). Das Bußgeldverfahren und auch das Vorverfahren verlaufen ähnlich wie das Verfahren bei Straftaten (§ 46 OWiG).

Bei geringfügigen Ordnungswidrigkeiten kann die zuständige Verwaltungsbehörde oder die Polizei den Betroffenen im Vorverfahren, dann **Verwarnungsverfahren** genannt, verwarnen und ein **Verwarnungsgeld** erheben (§§ 56 – 58 OWiG).

Eine Ordnungswidrigkeit wird in der Regel nach Abschluss des Vorverfahrens durch einen **Bußgeldbescheid** geahndet (§§ 65, 66 OWiG).

Gegen den Bußgeldbescheid kann der Betroffene innerhalb von zwei Wochen nach Zustellung bei der Verwaltungsbehörde, die ihn erlassen hat, Einspruch einlegen (§ 67 OWiG). Über den ordnungsgemäß eingelegten **Einspruch** entscheidet nach Durchführung des so genannten Zwischenverfahrens das zuständige **Amtsgericht** (§ 68 OWiG).

Ist der Einspruch nicht rechtzeitig, nicht in der richtigen Form oder sonst nicht wirksam eingelegt, so verwirft ihn die Verwaltungsbehörde als **unzulässig**. Gegen diesen verwerfenden Bescheid ist innerhalb von zwei Wochen seit Zustellung ein Antrag auf gerichtliche Entscheidung möglich (§ 69 Abs. 1 OWiG). Ist der Einspruch **zulässig**, so prüft die Verwaltungsbehörde im **Zwischenverfahren**, ob sie den Bußgeldbescheid aufrechterhält oder zurücknimmt. Nimmt sie ihn nicht zurück, so muss die Verwaltungsbehörde, evtl. nach weiteren Ermittlungen, die Akten der Staatsanwaltschaft übersenden, welche sie dem Richter am Amtsgericht vorlegen muss, wenn sie nicht das Verfahren einstellt (§ 69 Abs. 2 – 5 OWiG).

Das **Hauptverfahren** des Bußgeldverfahrens findet dann vor dem Amtsgericht (Einzelrichter) statt und richtet sich im Wesentlichen nach den entsprechenden Vorschriften der StPO (§§ 71 ff. OWiG).

Das Hauptverfahren endet mit einem Urteil oder, wenn keine Hauptverhandlung stattfindet, durch Beschluss (§ 72 OWiG). Gegen beide ist als Rechtsmittel die so genannte **Rechtsbeschwerde** zulässig, über die das OLG entscheidet (wie Revision; § 79 Abs. 3 OWiG). Dabei ist insbesondere zu beachten, dass die Rechtsbeschwerde nur zulässig ist, wenn die Geldbuße auf mehr als 250,00 EUR festgesetzt wurde (§ 79 Abs. 1 Ziff. 1 OWiG).

Übersicht über das Bußgeldverfahren

Ordnungswidrigkeit
↓
Bußgeldverfahren
↓
Vorverfahren (= Ermittlungsverfahren, Verwaltungsverfahren)
(zuständig: Verwaltungsbehörden oder Polizei)
↓
    Verwarnungsverfahren (Verwarnungsgeld)
↓
Bußgeldbescheid
↓
Einspruch (des Betroffenen)
↓
Zwischenverfahren
(Wenn Einspruch zulässig, prüft Verwaltungsbehörde, ob sie den Bußgeldbescheid aufrechterhält oder zurücknimmt.)
↓
Nimmt sie ihn nicht zurück, Vorlage über Staatsanwaltschaft an Richter am Amtsgericht
↓
Hauptverfahren des Bußgeldverfahrens (Amtsgericht, Einzelrichter)
↓
Urteil oder **Beschluss** (ohne Hauptverhandlung im schriftlichen Verfahren, § 72 OWiG)
↓
Rechtsbeschwerde (des Betroffenen)
(OLG entscheidet, wenn Geldbuße über 250,00 EUR)

9.15.2 Die Gebühren des RA im Bußgeldverfahren

Wie vorstehend dargestellt, unterteilt sich das Bußgeldverfahren im Wesentlichen in zwei Verfahrensabschnitte: das Verwaltungsverfahren (Vorverfahren) und das gerichtliche Verfahren (Hauptverfahren). Für jeden dieser Verfahrensabschnitte erhält der RA Gebühren nach Teil 5 des Vergütungsverzeichnisses des RVG. Weitere Gebühren können für das Rechtsbeschwerdeverfahren entstehen.

Die Gebührenstruktur für die anwaltliche Vertretung in Bußgeldsachen entspricht den vorstehend vorgestellten Gebühren in Strafsachen. Genauso wie in Strafsachen besteht eine **Dreiteilung der Gebühren**: Der RA erhält eine **Grundgebühr**, **Verfahrensgebühren** und **Terminsgebühren**. So wie die Vorbemerkung 5 VV RVG im Wesentlichen der Vorbemerkung 4 entspricht so kann für die Erläuterung der Gebühren auf die vorstehenden Kapitel verwiesen werden.

Der Aufbau des Vergütungsverzeichnisses ist in Teil 5 genauso vorgenommen worden wie in Strafsachen: in der linken Randspalte finden sich die Betragsrahmengebühren für den **Wahlverteidiger** und in der rechten Randspalte stehen die Festgebühren für den **Pflichtverteidiger**. Wegen der Gebühren des Pflichtverteidigers wird auf die vorstehenden Kapitel über die Gebühren in Strafsachen verwiesen, insbesondere auf Kapitel 9.10. Die Gebühren des Wahlverteidigers werden nach § 14 RVG bestimmt, in der Regel wird von der Mittelgebühr ausgegangen.

9.15.2.1 Die Grundgebühr im Bußgeldverfahren

Genauso wie im Strafverfahren entsteht die Grundgebühr gemäß VV Nr. 5100 RVG für die **erstmalige Einarbeitung** in den Rechtsfall. Der RA kann die Grundgebühr nur einmal erhalten, gleichgültig, in welchem Verfahrensabschnitt er das Mandat übernimmt.

Die Grundgebühr VV Nr. 5100 RVG entsteht gemäß Anmerkung Abs. 2 nicht, wenn ein Strafverfahren vorausgegangen ist, das in ein Bußgeldverfahren übergegangen ist, da dann bereits eine (höhere) Grundgebühr nach VV Nr. 4100 RVG verdient worden ist. Die anderen eventuell im Strafverfahren verdienten Gebühren werden nach § 17 Ziff. 10 RVG nicht angerechnet.

Beispiel: Die Staatsanwaltschaft ermittelt nach einem Verkehrsunfall gegen den schuldigen Fahrer wegen fahrlässiger Körperverletzung. Da weder öffentliches Interesse vorliegt noch ein Strafantrag vom Verletzten gestellt wird, stellt der Staatsanwalt die strafrechtlichen Ermittlungen ein und gibt die Sache an die Verwaltungsbehörde ab, da der Fahrer ein Verkehrsschild („Vorfahrt gewähren!") übersehen hatte. Die Verwaltungsbehörde verfolgt nun diese Ordnungswidrigkeit. Der Fahrer wurde von Anfang an anwaltlich vertreten. Da es sich um zwei verschiedene Ermittlungsbehörden handelt, liegen gebührenrechtlich **zwei Angelegenheiten** vor. Der RA verdient die Gebühren also in zwei Angelegenheiten, soll aber die Grundgebühr für eine nur einmalige Einarbeitung nicht doppelt erhalten. Verfahrens- und Terminsgebühren aus der Strafsache sind jedoch nicht auf die entsprechenden Gebühren in der Bußgeldsache anzurechnen, da eine diesbezügliche Anrechnungsvorschrift fehlt.

Eine besondere Terminsgebühr für außergerichtliche Termine – z. B. für Haftprüfungstermine wie in Strafsachen (VV Nr. 4102 RVG) – gibt es im Bußgeldverfahren nicht. Für die Teilnahme an Vernehmungen vor der Polizei oder der Verwaltungsbehörde entsteht gemäß Vorbemerkung 5.1.2, Abs. 2 VV RVG die Terminsgebühr im Vorverfahren (VV Nrn. 5102, 5104, 5106 RVG).

9.15.2.2 Die Gebühren im Vorverfahren

Für Tätigkeiten im **Vorverfahren vor der Verwaltungsbehörde** erhält der Verteidiger eine **Verfahrensgebühr** nach VV Nrn. 5101, 5103 oder 5105 RVG. Außerdem können **Terminsgebühren** für jeden Tag gemäß VV Nrn. 5102, 5104 oder 5106 RVG anfallen. Das Besondere an diesen Gebühren im Vorverfahren ist, dass sie **von der Höhe der Geldbuße abhängig** sind.

> **Hinweis:** Dadurch, dass die Gebühren von der Höhe des Bußgelds abhängig sind, richten sich die Gebühren in ihrer Höhe indirekt nach der Bedeutung der Bußgeldsache für den Beschuldigten. Bei 40,00 EUR liegt übrigens die Punktegrenze für Eintragungen in das Verkehrszentralregister, sodass diese Sachen nur geringe Bedeutung für den Betroffenen haben.

Vorbemerkung 5.1 VV RVG bestimmt in Absatz 2, dass die zum Zeitpunkt des Entstehens der Gebühr **zuletzt festgesetzte Geldbuße** maßgebend ist. Ist eine Geldbuße (noch) nicht festgesetzt, so wird im Vorverfahren von der durch die entsprechende Bußgeldvorschrift **angedrohten Geldbuße** ausgegangen. Falls in der Bußgeldvorschrift ein Mindest- und ein Höchstbetrag der Geldbuße vorgeschrieben ist, soll der mittlere Betrag davon zugrunde gelegt werden. Der mittlere Betrag errechnet sich durch die Addition des Mindest- und des Höchstbetrages geteilt durch zwei. Dies kann z. B. dann eine Rolle spielen, wenn die Sache bereits im Vorverfahren niedergeschlagen wird ohne das letztlich ein Bußgeldbescheid ergeht.

Die **Verfahrensgebühr im Vorverfahren** (Vorverfahrensgebühr) entsteht gemäß Vorbemerkung 5, Abs. 2 VV RVG für das Betreiben des Geschäfts einschließlich der Entgegennahme der notwendigen Informationen. Sie entsteht also bereits in dem ersten Gespräch mit dem Mandanten.

Die **Terminsgebühr im Vorverfahren** entsteht für jeden Tag, an dem ein Termin stattfindet und erwächst gemäß Vorbemerkung 5.1.2, Abs. 2 VV RVG auch für die Teilnahme an Vernehmungen vor der Polizei oder der Verwaltungsbehörde.

Das **Vorverfahren beginnt** mit dem Eingang einer Anzeige oder der Aufnahme von Ermittlungen. Es **endet** mit der Einstellung des Verfahrens durch die Verwaltungsbehörde oder der Zustellung eines Bußgeldbescheids. Auch das Einspruchsverfahren, insbesondere also auch das Zwischenverfahren, gehört noch zum Vorverfahren, sodass es folglich erst mit dem Eingang der Akten bei Gericht endet (Vorbemerkung 5.1.2, Abs. 1 VV RVG). Da die Vorverfahrensgebühr eine Pauschgebühr ist, ist es gleichgültig, zu welchem Zeitpunkt der RA seine Tätigkeit beginnt. Er erhält die Gebühr also, wenn er z. B. mit dem Ausfüllen des Fragebogens bei einer Verkehrsordnungswidrigkeit beginnt oder wenn er erst nach Zustellung des Bußgeldbescheids den Auftraggeber darüber berät, ob und in welchem Umfang er Einspruch einlegen soll und den Einspruch dann namens des Auftraggebers einlegt.

> **Beispiel:** RA Gütrich hat während des Ermittlungsverfahrens den seinem Auftraggeber übersandten Fragebogen ausgefüllt, 4 Fotokopien aus der Ermittlungsakte angefertigt und zwei Schriftsätze erstellt. Gegen den daraufhin ergangenen Bußgeldbescheid (Bußgeld 30,00 EUR) wurde, nachdem RA Gütrich seinen Auftraggeber entsprechend beraten hat, kein Einspruch eingelegt. Es lagen Umstände mittlerer Art vor.

Berechnung der Vergütung (Bußgeldsache):	EUR
Grundgebühr gem. §§ 2 Abs. 2, 14, VV Nr. 5100 RVG	85,00
Vorverfahrensgebühr bei einer Geldbuße von weniger als 40,00 EUR gem. §§ 2 Abs. 2, 14, VV Nr. 5101 RVG	55,00
20 % Pauschale für Post- und Telekommunikationsentgelte gem. § 2 Abs. 2 S. 1, VV Nr. 7002 RVG	20,00
Dokumentenpauschale gem. § 2 Abs. 2 S. 1, VV Nr. 7000 Ziff. 1 Lit. a) RVG (4 Kopien)	2,00
	162,00
16 % USt. gem. § 2 Abs. 2 S. 1, VV Nr. 7008 RVG	25,92
	187,92

Merke zum Bußgeldverfahren:

Das Vorverfahren endet mit der Einstellung des Verfahrens oder der Zustellung eines Bußgeldbescheids. Das Zwischenverfahren nach Einspruch gehört noch zum Vorverfahren.

Der RA erhält neben einer Grundgebühr, eine Verfahrensgebühr und Terminsgebühren. Verfahrensgebühren und Terminsgebühren sind von der Höhe des Bußgelds abhängig.

9.15.2.3 Das Bußgeldverfahren vor dem Amtsgericht

Für Tätigkeiten im **Verfahren vor dem Amtsgericht** erhält der Verteidiger eine **Verfahrensgebühr** nach VV Nrn. 5107, 5109 oder 5111 RVG. Außerdem können **Terminsgebühren** für jeden Tag der Hauptverhandlung gemäß VV Nrn. 5108, 5110 oder 5112 RVG anfallen. Diese Gebühren sind **von der Höhe der Geldbuße abhängig**, genauso wie im Vorverfahren (siehe vorstehendes Kapitel).

Die **Verfahrensgebühr im Hauptverfahren** entsteht gemäß Vorbemerkung 5, Abs. 2 VV RVG für das Betreiben des Geschäfts einschließlich der Entgegennahme der notwendigen Informationen. Sie entsteht also bereits in dem ersten Gespräch mit dem Mandanten. Wenn der RA erst im Vorverfahren und dann im Hauptverfahren vor dem Amtsgericht tätig wird, erhält er beide Verfahrensgebühren. Es ist allerdings noch dieselbe Angelegenheit, da Vorverfahren und Hauptverfahren zu demselben Rechtszug gehören (§ 19 RVG), sodass die **Pauschale für Post- und Telekommunikationsdienstleistungen** (VV Nr. 7002 RVG) nur einmal anfällt.

Die **Terminsgebühr im Hauptverfahren** entsteht für jeden Tag, an dem eine Hauptverhandlung stattfindet und erwächst gemäß Vorbemerkung 5.1.3, Abs. 1 VV RVG auch für die Teilnahme an gerichtlichen Terminen außerhalb der Hauptverhandlung.

Das Hauptverfahren **beginnt** mit dem Eingang der Akten bei Gericht. Es **endet** nach einer Hauptverhandlung durch Urteil, ohne Hauptverhandlung durch Beschluss oder mit der Einstellung des Verfahrens durch das Gericht (§ 47 Abs. 2 OWiG). Die eventuelle Einlegung einer Rechtsbeschwerde gehört noch dazu, aber nicht mehr ihre Begründung (§ 19 Abs. 1 Ziff. 10 RVG).

Falls das Amtsgericht nach § 72 Abs. 1 S. 1 OWiG **ohne Hauptverhandlung** – also nur im schriftlichen Verfahren – durch Beschluss entscheidet, entsteht nach VV Nr. 5115 Anm. Abs. 1 Ziff. 5 RVG noch eine **Zusatzgebühr** in Höhe der jeweiligen Verfahrensgebühr (Zusatz-Verfahrensgebühr). Voraussetzung für eine Entscheidung ohne Hauptverhandlung ist, dass weder die Staatsanwaltschaft noch der Betroffene widersprechen. Wenn der RA daran mitwirkt, dass sein Mandant nicht widerspricht, trägt er dazu bei, dass eine Hauptverhandlung entbehrlich wird. Dies soll durch die Zusatzgebühr belohnt werden. Die Höhe der Zusatzgebühr richtet sich nach der Rahmenmitte der entsprechenden Verfahrensgebühr.

Straf- und Bußgeldsachen (Teile 4 und 5 VV RVG)

Beispiel: Gegen den Reiner Raser wurde wegen einer Geschwindigkeitsüberschreitung ein Bußgeldbescheid erlassen, in dem Herrn Raser ein Bußgeld von 100,00 EUR und ein Fahrverbot von einem Monat auferlegt wurde. Mit dem Bußgeldbescheid erscheint er bei RA Schleunig, der zunächst fristgerecht Einspruch einlegt und dann nach Akteneinsicht (5 Kopien) umfassend Stellung nimmt. Nach dem Vortrag von RA Schleunig ist Raser erst 200 m hinter der Ortsgrenze zu schnell gefahren.

Die Verwaltungsbehörde nimmt den Bußgeldbescheid nicht zurück und legt die Akte über die Staatsanwaltschaft dem Amtsgericht vor. Das Amtsgericht entscheidet ohne Hauptverhandlung durch Beschluss, in dem es das Bußgeld auf 75,00 EUR senkt und das Fahrverbot aufhebt.

Berechnung der Vergütung (Bußgeldsache):   EUR

Grundgebühr gem. §§ 2 Abs. 2, 14, VV Nr. 5100 RVG	85,00
Vorverfahrensgebühr bei einer Geldbuße von 40,00 EUR bis 5 000,00 EUR gem. §§ 2 Abs. 2, 14, VV Nr. 5103 RVG	135,00
Verfahrensgebühr bei einer Geldbuße von 40,00 EUR bis 5 000,00 EUR gem. §§ 2 Abs. 2, 14, VV Nr. 5109 RVG	135,00
Zusatz-Verfahrensgebühr gem. §§ 2 Abs. 2, VV Nr. 5115 Anm. Abs. 1 Ziff. 5, Abs. 3 S. 2 i. V. m. Nr. 5109 RVG	135,00
20 % Pauschale für Post- und Telekommunikationsentgelte gem. § 2 Abs. 2 S. 1, VV Nr. 7002 RVG	20,00
Dokumentenpauschale gem. § 2 Abs. 2 S. 1, VV Nr. 7000 Ziff. 1 Lit. a) RVG (5 Kopien)	2,50
	512,50
16 % USt. gem. § 2 Abs. 2 S. 1, VV Nr. 7008 RVG	82,00
	594,50

Merke zum Bußgeldverfahren:

Das Hauptverfahren beginnt mit dem Eingang der Akten bei Gericht.

Der RA erhält nur einmalig eine Grundgebühr.

Der RA erhält eine Verfahrensgebühr und Terminsgebühren, die von der Höhe des Bußgelds abhängig sind.

Bei Entscheidung durch Beschluss ohne Hauptverhandlung entsteht noch eine Zusatz-Verfahrensgebühr in Höhe der Mittelgebühr der jeweiligen Verfahrensgebühr.

9.15.2.4 Verfahren über die Rechtsbeschwerde

Für Tätigkeiten im Rechtsbeschwerdeverfahren vor dem Oberlandesgericht entsteht eine **Verfahrensgebühr** nach VV Nr. 5113 RVG und eine **Terminsgebühr** je Hauptverhandlungstag nach VV Nr. 5114 RVG.

9.15.2.5 Zusätzliche Gebühren

Genauso wie in Strafsachen ist auch in Bußgeldsachen vorgesehen, dass ein RA durch diesbezügliche Mitwirkung in den Fällen, in denen sich das Verfahren schon vor der Verwaltungsbehörde erledigt oder die Hauptverhandlung entbehrlich wird, eine **Zusatzgebühr** (Zusatz-Verfahrensgebühr, **Erledigungsgebühr**) erhält. Die Zusatzgebühr nach VV Nr. 5115 RVG entsteht nach Absatz 1, wenn

1. das Verfahren **nicht nur vorläufig eingestellt** wird oder
2. der **Einspruch** gegen den Bußgeldbescheid **zurückgenommen** wird oder
3. der Bußgeldbescheid nach Einspruch **von der Verwaltungsbehörde** zurückgenommen wird und gegen einen neuen Bußgeldbescheid kein Einspruch eingelegt wird oder

4. sich das **gerichtliche Verfahren** durch Rücknahme des Einspruchs oder der Rechtsbeschwerde früher als zwei Wochen vor dem Termin der Hauptverhandlung erledigt oder

5. das Gericht nach § 72 Abs. 1 S. 1 OWiG ohne Hauptverhandlung **durch Beschluss** entscheidet (hierzu siehe oben Kapitel 9.15.2.3).

In allen fünf Fällen muss der RA etwas dazu beigetragen haben, dass die Hauptverhandlung vermieden werden kann, um die Zusatzgebühr zu verdienen (VV Nr. 5115 Abs. 2 RVG). Die Höhe der Zusatzgebühr richtet sich nach der Rahmenmitte der Verfahrensgebühr des Rechtszuges, in dem die Hauptverhandlung vermieden wurde. Im Übrigen wird auf die ähnliche Gebührenvorschrift in Strafsachen verwiesen, siehe VV Nr. 4141 RVG und oben Kapitel 9.9.1.

Beispiel: Gegen den Reiner Raser wurde wegen einer Geschwindigkeitsüberschreitung ein Bußgeldbescheid erlassen, in dem Herrn Raser ein Bußgeld von 100,00 EUR und ein Fahrverbot von einem Monat auferlegt wurde. Mit dem Bußgeldbescheid erscheint er bei RA Schleunig, der zunächst fristgerecht Einspruch einlegt und dann nach Akteneinsicht (5 Kopien) umfassend Stellung nimmt. Nach dem Vortrag von RA Schleunig ist Raser erst 200 m hinter der Ortsgrenze zu schnell gefahren.

Die Verwaltungsbehörde nimmt den Bußgeldbescheid zurück und erlässt einen neuen Bußgeldbescheid, in dem ein Bußgeld von nur 75,00 EUR festgesetzt wird. RA Schleunig berät Herrn Raser dahingehend, dass er mit den 75,00 EUR und ohne Fahrverbot gut weggekommen ist und daher auf einen weiteren Einspruch verzichten sollte. Herr Raser zahlt die 75,00 EUR.

Berechnung der Vergütung (Bußgeldsache):	EUR
Grundgebühr gem. §§ 2 Abs. 2, 14, VV Nr. 5100 RVG	85,00
Vorverfahrensgebühr bei einer Geldbuße von 40,00 EUR bis 5 000,00 EUR gem. §§ 2 Abs. 2, 14, VV Nr. 5103 RVG	135,00
Zusatz-Verfahrensgebühr (Erledigungsgebühr) gem. §§ 2 Abs. 2, VV Nr. 5115 Anm. Abs. 1 **Ziff. 3**, Abs. 3 S. 2 i. V. m. Nr. 5109 RVG *	135,00
20 % Pauschale für Post- und Telekommunikationsentgelte gem. § 2 Abs. 2 S. 1, VV Nr. 7002 RVG	20,00
Dokumentenpauschale gem. § 2 Abs. 2 S. 1, VV Nr. 7000 Ziff. 1 Lit. a) RVG (5 Kopien)	2,50
	377,50
16 % USt. gem. § 2 Abs. 2 S. 1, VV Nr. 7008 RVG	60,40
	437,90

* Erspart wurde die Gebühr für Hauptverhandlung nach VV Nr. 5109 RVG. Zukünftige Rechtsprechung beobachten (siehe auch Kapitel 9.9.1).

Merke zum Bußgeldverfahren:

Wenn der RA erkennbar dazu beiträgt, dass das Verfahren endgültig eingestellt bzw. die Hauptverhandlung entbehrlich wird, dann erhält er eine zusätzliche Erledigungsgebühr.

9.15.2.6 Einziehung und ähnliche Maßnahmen

Für eine Tätigkeit des RA, die sich auf die Einziehung oder dieser gleichstehende Rechtsfolgen oder auf eine diesen Zwecken dienende Beschlagnahme bezieht, erhält der RA eine **1,0 Verfahrensgebühr** nach VV Nr. 5116 RVG. Diese Gebühr entsteht nur einmal für das Verfahren vor der Verwaltungsbehörde und dem Amtsgericht. Im Rechtsbeschwerdeverfahren entsteht die Gebühr besonders. Im Übrigen sei auf die ähnliche Gebühr in Strafsachen (VV Nr. 4142 RVG) verwiesen, siehe Kapitel 9.9.2.

9.15.3 Sonstige Hinweise zum Bußgeldverfahren

Die Verwaltungsbehörde kann auch, wenn sie die Mitwirkung eines RA für geboten hält, dem Beschuldigten einen Verteidiger bestellen (§ 60 OWiG). Der RA erhält dann die Gebühren in der für den **Pflichtverteidiger** vorgesehenen Höhe (rechte Randspalte des VV) aus der Staatskasse.

Legt der RA des Beschuldigten gegen einen Bußgeldbescheid Einspruch ein und wird daraufhin der Bußgeldbescheid von der Verwaltungsbehörde zurückgenommen und das Verfahren eingestellt, so hat der Beschuldigte in der Regel **Anspruch auf Erstattung seiner notwendigen Auslagen** (Anwaltsvergütung) gegen die Staatskasse.

Stellt jedoch die Verwaltungsbehörde bereits das Vorverfahren ein, ohne einen Bußgeldbescheid zu erlassen, so hat der Beschuldigte **keinen Anspruch auf Erstattung** der seinem RA gezahlten Vergütung (§ 105 Abs. 1 OWiG i. V. m. § 467 a Abs. 1 StPO). Gleiches gilt auch bei Einstellung eines Strafverfahrens vor Erhebung der öffentlichen Klage durch die Staatsanwaltschaft.

10 DIE GEBÜHREN IN EHE- UND ANDEREN FAMILIENSACHEN

(Dazu Aufgaben Gruppe 23)

10.1 Vorbemerkungen

Im sechsten Buch der ZPO sind die Verfahren in Familiensachen, das sind Ehe-, Kindschafts- und Unterhaltssachen, geregelt. Wegen des öffentlichen Interesses ist bei diesen besonderen Verfahrensarten der sonst im Zivilprozess geltende Verhandlungsgrundsatz eingeschränkt und der Untersuchungsgrundsatz stärker ausgeprägt. Die Verfahrensabläufe werden hierdurch in folgender Weise geprägt:

- **Verhandlungsgrundsatz:** Die Prozessparteien müssen den Streitstoff in den Prozess einbringen. Das Gericht darf bei seinem Urteil nur von den Parteien vorgebrachte Anträge und Tatsachen berücksichtigen. Die Begründung hierfür liegt darin, dass im Regelfall kein öffentliches Interesse daran besteht, in privatrechtlichen Beziehungen Tatsachen zu ermitteln.

- **Untersuchungsgrundsatz:** Wird auch als Ermittlungsgrundsatz bezeichnet. Hier ist das Gericht berechtigt und verpflichtet, Tatsachen von Amts wegen zu ermitteln, ohne Rücksicht darauf, ob die Parteien entsprechende Anträge oder Vorträge vorgebracht haben. Wegen des öffentlichen Interesses gilt der Untersuchungsgrundsatz in allen Ehe- und Kindschaftsverfahren (§§ 616, 640 Abs. 1, 640 d ZPO). Er gilt weiterhin in allen Familiensachen, auf die die Bestimmungen des Gesetzes über die Angelegenheiten der freiwilligen Gerichtsbarkeit anzuwenden sind (§ 621 a Abs. 1 ZPO; § 12 FGG).

Zu den Familiensachen gehören:

- **Ehesachen** (§ 606 Abs. 1 ZPO). Das sind: Scheidungsverfahren, Eheaufhebungsklage, Feststellungsklage auf Bestehen oder Nichtbestehen der Ehe, Klage auf Herstellung des ehelichen Lebens. In diesem Kapitel wird insbesondere auf die **Ehescheidung** eingegangen.

- **Andere Familiensachen** (§ 621 Abs. 1 Ziff. 1 – 13 ZPO). Das sind: z. B. Regelung der elterlichen Sorge und des Umgangsrechtes, Herausgabe des Kindes, gesetzliche Unterhaltspflicht, Versorgungsausgleich, Ehewohnung und Hausrat, Ansprüche aus dem ehelichen Güterrecht, Kindschaftssachen. Im vorliegenden Kapitel sollen nur die mit den Ehesachen in Verbindung stehenden anderen Familiensachen des § 621 Abs. 1 Ziff. 1 – 9 ZPO behandelt werden. Die Kindschaftssachen (§ 621 Abs. 1 Ziff. 10 ZPO) und die damit in Zusammenhang stehenden Unterhaltsregelungen werden später (Kapitel 10.6) besprochen.

- In **Lebenspartnerschaftssachen** finden gemäß § 661 ZPO die Vorschriften über die Scheidung entsprechende Anwendung. Dies gilt auch für die Gebühren. Die Lebenspartnerschaftssachen werden deshalb im Folgenden nicht mehr ausdrücklich genannt.

Für die Familiensachen sind die **Familiengerichte** bei den Amtsgerichten in erster Instanz sachlich zuständig (§ 23 b GVG).

Wegen der **unterschiedlichen gebührenrechtlichen Behandlung** ist es wichtig, die anderen Familiensachen (nach der Aufzählung in § 621 Abs. 1 Ziff. 1 – 9 ZPO bzw. in § 23 b Abs. 1 Ziff. 2 – 10 GVG) zu unterteilen in

- **Verfahren nach den Bestimmungen der ZPO** (§ 621 Abs. 1 Ziff. 4, 5 und 8 ZPO) und in
- **Verfahren nach den Bestimmungen des FGG** (§ 621 Abs. 1 Ziff. 1 – 3, 6, 7 und 9 ZPO; siehe auch § 621 a Abs. 1 ZPO).

Bei den **unter die Bestimmungen des FGG fallenden Familiensachen** ist es wiederum gebührenrechtlich bedeutsam, ob es sich bei ihnen um

- ein **selbstständiges Verfahren** handelt (siehe Kapitel 10.2.2) oder ob es sich um
- so genannte **Folgesachen im Scheidungsverbund** (§ 623 ZPO) handelt (siehe Kapitel 10.3).

Zum Ehescheidungsverfahren (Hauptsache) können bzw. müssen (§ 623 Abs. 1 S. 3 ZPO!) bestimmte andere Familiensachen des § 621 ZPO in den so genannten Verbund mit einbezogen werden. Es handelt sich bei den in § 623 Abs. 1 und 2 ZPO genannten Voraussetzungen grundsätzlich um die in § 621 Abs. 1 Ziff. 1 – 9 ZPO aufgeführten Familiensachen. Diese anderen Familiensachen werden damit zu Folgesachen, über die zusammen mit dem Scheidungsantrag durch ein einheitliches Urteil entschieden wird (§ 629 Abs. 1 ZPO); dies gilt auch für die Folgesachen, die unter die Bestimmungen des FGG fallen, sodass für diese dann zur Wertermittlung nicht Vorschriften der KostO sondern des GKG anzuwenden sind. Für die Einzelheiten siehe die Kapitel 10.2.2 und 10.3.

Merke:

Bei Verfahren in Familiensachen ist zwischen dem Verfahren zur Ehescheidung und den anderen Familiensachen zu unterscheiden.

Ehesache ist nur das Scheidungsverfahren als solches.

Andere Familiensachen sind z. B. die Regelung des Versorgungsausgleichs oder der Unterhaltspflicht.

Bei den anderen Familiensachen ist zu unterscheiden zwischen Sachen, für die ein selbstständiges Verfahren durchgeführt wird, und so genannten Folgesachen im Scheidungsverbund.

10.2 Selbstständige Verfahren in Familiensachen

10.2.1 Selbstständige Familiensachen nach den Bestimmungen der ZPO

10.2.1.1 Das Eheverfahren

10.2.1.1.1 Die Gebührenvorschriften des RVG

Obwohl der Scheidungsverbund der Regelfall ist, soll nachstehend zuerst einmal das **Eheverfahren als Einzelverfahren** betrachtet werden, um die Anwaltsgebühren für dieses Verfahren darzustellen. Die Ehescheidung als Einzelverfahren kann z. B. dann vorkommen, wenn ein kinderloses Ehepaar den Versorgungsausgleich ausgeschlossen hat (vgl. § 623 Abs. 1 S. 3 ZPO; § 53 d FGG). Im Übrigen gibt es den Verbund auch nur bei Scheidungsverfahren, nicht aber bei Eheaufhebungs- oder Herstellungsklagen, sodass diese letzteren Verfahren praktisch immer als Einzelverfahren gebührenmäßig abzurechnen sind (vgl. § 623 Abs. 1 S. 1 ZPO: „... für den Fall der Scheidung ...").

Für den RA entstehen im Eheverfahren als Einzelverfahren die (Regel)gebühren der Nrn. 3100 ff. VV RVG (siehe auch Kapitel 6.1). Im Eheverfahren können grundsätzlich sämtliche Gebühren anfallen, die auch in einem normalen Zivilprozess entstehen können, also neben den (Regel)gebühren der Nrn. 3100 ff. VV RVG auch z. B. die Gebühren gemäß den Nrn. 3400 ff. VV RVG – jedoch wird die Einigungsgebühr der Nr. 1000 VV RVG durch die Aussöhnungsgebühr der Nr. 1001 VV RVG ersetzt. In der Regel können im Eheverfahren folgende Gebühren erwachsen:

- **Verfahrensgebühr** (VV Nr. 3100 RVG): Sie entsteht, sobald der RA beauftragt worden ist und eine entsprechende Tätigkeit ausgeführt hat, regelmäßig also bereits mit Entgegennahme der Information von dem Auftraggeber.

  Die Nr. 3101 VV RVG ist anwendbar. Bei **vorzeitiger Erledigung** der Sache erhält der RA also nur eine verminderte Verfahrensgebühr; bei gerichtlicher Protokollierung einer Einigung unter Einbeziehung einer vorher nicht rechtshängigen Scheidungsfolgesache erhält er zusätzlich eine **Differenzverfahrensgebühr** nach dem Wert der mitverglichenen nicht rechtshängigen Ansprüche, wobei § 15 Abs. 3 RVG zu beachten ist (siehe auch Kapitel 6.1.2.1 und unten „Aussöhnungsgebühr").

- **Terminsgebühr** (VV Nr. 3104 RVG): Die Terminsgebühr erhält der RA grundsätzlich nur für sein Tätigwerden in einem Termin. Für den Anfall der Terminsgebühr in einem gerichtlichen Termin ist es ausreichend, wenn der RA nach Beginn des Termins für seinen Auftraggeber auftritt, also dem Gericht seine Anwesenheit bekannt gibt. Auch die Güteverhandlung (§ 278 ZPO) lässt die Terminsgebühr entstehen. Die Terminsgebühr entsteht auch für Besprechungen ohne Beteiligung des Gerichts, wenn die Besprechung auf die Vermeidung oder Erledigung des Verfahrens gerichtet ist (Vorbemerkung 3 Abs. 3 VV RVG).

  Eine **verminderte Terminsgebühr** entsteht in den Fällen, die in VV Nr. 3105 RVG aufgeführt werden. Diese verminderte Terminsgebühr bei besonderem Verlauf des Verfahrens wird in Kapitel 6.1.2.2 dargestellt.

  Beispiel: Die Eheleute Bissich wollen sich scheiden lassen. Frau Bissich erteilt RA Sauber Auftrag, den Scheidungsantrag einzureichen. Die Eheleute haben vor der Eheschließung vorsichtshalber den Versorgungsausgleich ausgeschlossen und sind kinderlos. RA Sauber erhält für das Verfahren, in dem das Gericht die Eheleute anhört und der Antragsgegner dem Scheidungsantrag von RA Sauber zustimmt, folgende Gebühren, wobei der Wert der Ehesache 4 000,00 EUR beträgt:

Gegenstandswert: 4 000,00 EUR	EUR
1,3 Verfahrensgebühr gem. §§ 2, 13, VV Nr. 3100 RVG	318,50
1,2 Terminsgebühr gem. §§ 2, 13, VV Nr. 3104 RVG	294,00
20 % Pauschale für Post- und Telekommunikationsentgelte gem. § 2 Abs. 2 S. 1, VV Nr. 7002 RVG	20,00
	632,50
16 % USt. gem. § 2 Abs. 2 S. 1, VV Nr. 7008 RVG	101,20
	733,70

- **Aussöhnungsgebühr** (VV Nr. 1001 RVG): In Ehesachen (insbesondere Ehescheidung) kann gemäß VV Nr. 1000 Anm. Abs. 6 S. 1 RVG **keine Einigungsgebühr** nach VV Nr. 1000 RVG entstehen. Denn unsere Rechtsordnung verwehrt es den Eheleuten, sich über die Beendigung ihrer Ehe im Wege eines Vergleichs zu einigen. Eine Ehe kann nur durch gerichtliches Urteil geschieden werden (§ 1564 BGB). Mit Ausnahme der Ehesachen (§ 606 Abs. 1 S. 1 ZPO) kann aber in anderen Familiensachen eine Einigungsgebühr nach VV Nr. 1000 RVG entstehen (siehe Kapitel 10.3.1).

Da es für den RA oft viel Zeit und Mühe kostet, eine Aussöhnung der Eheleute zu erreichen, erhält er dafür eine **1,5 Aussöhnungsgebühr** (VV Nr. 1000 RVG). Das RVG nennt in der Anmerkung zu dieser Nummer als Voraussetzungen für den Anfall der Aussöhnungsgebühr, dass **(1)** der **ernstliche Wille** eines Ehegatten besteht, eine Scheidungssache anhängig zu machen und dass **(2)** eine **Mitwirkung des RA** an der Aussöhnung gegeben ist. Weiter verlangt das Gesetz, dass **(3)** die Eheleute **wieder eine Lebensgemeinschaft** führen; in diesem Sinne ist also die Aussöhnungsgebühr eine Erfolgsgebühr. Man wird in der Regel davon ausgehen können, dass sich die Eheleute ausgesöhnt haben, wenn sie das Getrenntleben aufgeben und die Aufträge zur Stellung von Scheidungsanträgen widerrufen.

Falls es erst zu einer Aussöhnung kommt nachdem der Scheidungsantrag bereits bei Gericht eingereicht ist, entsteht die Aussöhnungsgebühr nur mit einem **reduzierten Gebührensatz von 1,0** nach VV Nr. 1003 RVG. Der RA soll nämlich dafür belohnt werden, dass er dem Gericht ein Verfahren erspart. Wenn er das nicht schafft, vermindert sich der Gebührensatz der Aussöhnungsgebühr.

Die Aussöhnungsgebühr erhält der RA neben den (Regel)gebühren nach VV Nrn. 3100 ff. RVG, soweit diese ihm bereits erwachsen sind. Wenn er bereits einen Prozessauftrag hatte, erhält er zumindest noch die Verfahrensgebühr, unter den Voraussetzungen der Nr. 3101 Ziff. 1 RVG aber nur mit einem Gebührensatz von 0,8, wenn der Scheidungsantrag noch nicht eingereicht wurde.

Hatte der RA noch keinen Prozessauftrag, so kann er neben der Aussöhnungsgebühr noch eine Geschäftsgebühr erhalten.

Die Aussöhnungsgebühr berechnet sich (nur) nach dem **Gegenstandswert der Ehesache**.

Beispiel: Wie vorstehendes Beispiel (Eheleute Bissich). Nach Einreichung des Scheidungsantrages gelingt es RA Sauber noch vor dem Verhandlungstermin, die Eheleute Bissich auszusöhnen. Seine Vergütungsrechnung ergibt sich wie folgt:

Gegenstandswert: 4 000,00 EUR	EUR
1,3 Verfahrensgebühr gem. §§ 2, 13, VV Nr. 3100 RVG	318,50
1,0 Aussöhnungsgebühr gem. §§ 2, 13, VV Nrn. 1001, 1003 RVG	245,00
20 % Pauschale für Post- und Telekommunikationsentgelte gem. § 2 Abs. 2 S. 1, VV Nr. 7002 RVG	20,00
	583,50
16 % USt. gem. § 2 Abs. 2 S. 1, VV Nr. 7008 RVG	93,36
	676,86

Beispiel: Wie vorstehendes Beispiel (Eheleute Bissich). Noch im Verhandlungstermin söhnen sich die Eheleute Bissich nach Stellung der Anträge und ihrer Anhörung durch das Gericht aufgrund der Vermittlung von RA Sauber aus. Sie verlassen den Gerichtssaal Hand in Hand.

Bereits auf der Treppe hört man sie jedoch wieder laut streiten. Die Vergütungsrechnung von RA Sauber sieht nun so aus:

Gegenstandswert: 4 000,00 EUR	EUR
1,3 Verfahrensgebühr gem. §§ 2, 13, VV Nr. 3100 RVG	318,50
1,2 Terminsgebühr gem. §§ 2, 13, VV Nr. 3104 RVG	294,00
20 % Pauschale für Post- und Telekommunikationsentgelte gem. § 2 Abs. 2 S. 1, VV Nr. 7002 RVG	20,00
	632,50
16 % USt. gem. § 2 Abs. 2 S. 1, VV Nr. 7008 RVG	101,20
	733,70

Anmerkung: Die Aussöhnung muss zwar nicht von Dauer sein, in diesem Beispiel ist sie aber offensichtlich gar nicht eingetreten.

Beispiel: Wie vorstehendes Beispiel (Eheleute Bissich). Noch im Verhandlungstermin söhnen sich die Eheleute Bissich nach Stellung der Anträge und ihrer Anhörung durch das Gericht aufgrund der Vermittlung von RA Sauber aus. Sie leben nun wieder zusammen.

Nach einem Vierteljahr stellt Herr Bissich fest, dass seine Frau ihn mit dem Briefträger betrügt und zieht daraus die Konsequenzen. Die Vergütungsrechnung von RA Sauber sieht nun so aus:

Gegenstandswert: 4 000,00 EUR   EUR

1,3	Verfahrensgebühr gem. §§ 2, 13, VV Nr. 3100 RVG	318,50
1,2	Terminsgebühr gem. §§ 2, 13, VV Nr. 3104 RVG	294,00
1,0	Aussöhnungsgebühr gem. §§ 2, 13, VV Nrn. 1001, 1003 RVG	245,00
20 %	Pauschale für Post- und Telekommunikationsentgelte gem. § 2 Abs. 2 S. 1, VV Nr. 7002 RVG	20,00
		877,50
16 %	USt. gem. § 2 Abs. 2 S. 1, VV Nr. 7008 RVG	140,40
		1 017,90

Beispiel: Wie vorstehendes Beispiel (Eheleute Bissich). RA Sauber hat bereits Prozessauftrag. Noch vor der Einreichung des Scheidungsantrags gelingt es RA Sauber, nach mehreren Besprechungen mit beiden Scheidungswilligen, die Eheleute Bissich auszusöhnen. Seine Vergütungsrechnung ergibt sich wie folgt:

Gegenstandswert: 4 000,00 EUR   EUR

0,8	Verfahrensgebühr gem. §§ 2, 13, VV Nrn. 3100, 3101 Ziff. 1 RVG	196,00
1,2	Terminsgebühr gem. §§ 2, 13, VV Nr. 3104, Vorbemerkung 3 Abs. 3 RVG	294,00
1,5	Aussöhnungsgebühr gem. §§ 2, 13, VV Nr. 1001 RVG	367,50
20 %	Pauschale für Post- und Telekommunikationsentgelte gem. § 2 Abs. 2 S. 1, VV Nr. 7002 RVG	20,00
		877,50
16 %	USt. gem. § 2 Abs. 2 S. 1, VV Nr. 7008 RVG	140,40
		1 017,90

- **Verkehrsgebühr** (VV Nr. 3400 RVG): Ein auswärts wohnender Ehegatte wird an seinem Wohnort einen **Verkehrsanwalt** (Korrespondenzanwalt) mit der Vorbereitung des Rechtsstreits und dem Schriftverkehr mit dem Prozessbevollmächtigten betrauen. Der Verkehrsanwalt erhält für seine Tätigkeit die Verkehrsgebühr nach VV Nr. 3400 RVG in Höhe der dem Prozessbevollmächtigten zustehenden Verfahrensgebühr, höchstens jedoch mit einem Gebührensatz von 1,0 (vgl. Kapitel 6.4.1). Die Verkehrsgebühr wird hier als ein Beispiel dafür vorgeführt, dass im Eheverfahren sämtliche Gebühren eines normalen Zivilverfahrens anfallen können.

Merke:

Im Eheverfahren können alle Gebühren entstehen wie im normalen Zivilprozess, also neben den (Regel)gebühren nach VV Nrn. 3100 ff. RVG auch Gebühren z. B. nach den Nrn. 3400 ff. RVG.

Eine Terminsgebühr erwächst auch bei außergerichtlichen Besprechungen, die der Vermeidung oder Erledigung des Verfahrens dienen.

In der Ehesache kann statt einer Einigungsgebühr eine 1,5 Aussöhnungsgebühr anfallen, die sich jedoch nach Einreichung des Scheidungsantrags auf 1,0 reduziert.

10.2.1.1.2 Die Bestimmung des Gegenstandswertes in Ehesachen

Ehesachen selbst sind nicht vermögensrechtliche Streitigkeiten. Der **Streitwert des Eheverfahrens** bestimmt sich über § 23 Abs. 1 S. 1 RVG nach § 48 Abs. 2 S. 1 und Abs. 3 S. 1 GKG.

Die Wertberechnung in nicht vermögensrechtlichen Streitigkeiten wird unter **Berücksichtigung aller Umstände des Einzelfalles**, insbesondere des Umfangs und der Bedeutung der Sache und der Vermögens- und Einkommensverhältnisse der Parteien, nach Ermessen des Gerichts bestimmt (§ 48 Abs. 2 S. 1 GKG). Falls Ihnen diese Formulierung bekannt vorkommt, so liegt das daran, dass Sie eine ähnliche Vorschrift schon bei den Rahmengebühren des § 14 RVG kennen gelernt haben. Wegen der durchzuführenden Überlegungen sei also auch auf Kapitel 1.3.2.2 verwiesen. Jedoch sind diese Überlegungen nicht vollständig übertragbar, sodass im Folgenden insbesondere die Unterschiede dargestellt werden sollen.

Den **Gegenstandswert in nicht vermögensrechtlichen Streitigkeiten** muss man ganz allgemein nach folgendem **Schema** bestimmen, wobei in jedem Einzelfall **alle Umstände** zu berücksichtigen sind:

(1) Feststellung eines **Ausgangswertes**. In Ehesachen ergibt sich dieser im Einzelfall aus dem in den drei Monaten erzielten Nettoeinkommen der Eheleute.

(2) Vornahme entsprechender **Zu- und Abschläge vom Ausgangswert** zur Berücksichtigung aller Umstände des Einzelfalles.

(3) Überprüfung, ob der **Höchstwert** von 1 Million EUR nicht überschritten wird (§ 48 Abs. 2 S. 2 GKG). In den hier zu betrachtenden Ehesachen beträgt der **Mindestwert 2 000,00 EUR** (§ 48 Abs. 3 S. 2 GKG).

Beachten Sie dazu auch die folgenden Erläuterungen:

Zu (1): Das Nettoeinkommen der Eheleute wird aus den letzten drei Monaten vor Eingang des Scheidungsantrages berechnet (§ 40 GKG). Es werden Einkünfte aus allen Verdienstquellen eingerechnet, also neben Arbeitslohn z. B. auch Mieteinnahmen.

Bei Arbeitslohn ist unter Nettolohn der Betrag zu verstehen, der vom Arbeitgeber nach Abzug der Steuern und der Sozialversicherungsbeiträge vom Bruttolohn ausbezahlt wird. Um das Nettoeinkommen zu erhalten, sind noch einmal **Zu- und Abschläge vom Nettolohn** um bestimmte Beträge vorzunehmen:

- So werden nach überwiegender Rechtsprechung wegen der Belastung der Eheleute durch den **Kindesunterhalt** für jedes Kind Abzüge vorgenommen, wobei viele Gerichte **pro Kind monatlich** etwa 250,00 EUR abziehen. Andere Gerichte nehmen solche Abzüge in unterschiedlicher Höhe oder überhaupt nicht vor. Neuerdings wird auch von einigen Gerichten der Abschlag wegen der Unterhaltspflicht in Höhe des Tabellenunterhaltsbetrages (Düsseldorfer Tabelle) vorgenommen.

- Von Urlaubs- und Weihnachtsgeldern ist ein auf die drei Monate entfallender **Teilbetrag** hinzuzurechnen. Dies wird von den Gerichten unterschiedlich gehandhabt.

Zu (2): Hinsichtlich der Zu- und Abschläge vom Ausgangswert gilt Folgendes:

- Beim **Vermögen** können der übliche Hausrat, kleine Spargutguthaben, Mittelklassewagen usw. unberücksichtigt bleiben. Vom verbleibenden – also größeren – Vermögen ziehen viele Gerichte Freibeträge in Höhe von durchschnittlich 10 000,00 EUR je Ehegatten und Kind ab und nehmen von dem übersteigenden

Vermögen einen Betrag von etwa 5 v. H., den sie dem Nettoeinkommen als Ausgangswert zuschlagen.

Bei sehr hohen **Schulden** kann z. B. vom Nettoeinkommen die monatliche Kreditrate abgezogen werden.

Die Gerichte verfahren hier in sehr unterschiedlicher Weise. Häufig wird das Vermögen der Eheleute nicht so hoch sein, dass es zu berücksichtigen wäre.

- Beim **Umfang der Sache** kommt es auf den Umfang des **gerichtlichen** Verfahrens an, nicht auf den Umfang der anwaltlichen Tätigkeit! Das Gericht wird den Umfang der Sache allerdings erst am Ende eines Rechtszuges feststellen können. Der für die Gerichtsgebühren festgesetzte Wert ist auch der Gegenstandswert für die Anwaltsgebühren (§ 23 Abs. 1 S. 1 RVG).

- Bei der **Bedeutung der Sache** könnte es sich auf den Streitwert auswirken, wenn die Ehegatten im öffentlichen Leben eine Rolle spielen. So könnte z. B. eine Scheidung für einen führenden Politiker einen Verlust an Wählerstimmen nach sich ziehen.

Obiges Schema ist auch in den anderen nicht vermögensrechtlichen Streitigkeiten anzuwenden, wobei die Gerichte sehr unterschiedlich verfahren. Stellen Sie die Rechtsprechung Ihres zuständigen OLG fest.

Beispiel: Die Eheleute Jung wollen sich scheiden lassen. Herr Jung ist Student, seine Frau verdient netto 650,00 EUR im Monat.

Obwohl das Dreimonatseinkommen der Eheleute 1 950,00 EUR beträgt, ist der Gegenstandswert der Ehesache bei ansonsten durchschnittlichen Umständen mit dem Mindestwert von 2 000,00 EUR anzusetzen.

Beispiel: Die Eheleute Alt wollen sich scheiden lassen. Herr Alt hat ein monatliches Nettoeinkommen von 3 700,00 EUR, Frau Alt verdient 2 300,00 EUR netto im Monat. Herr Alt erhält von seinem Arbeitgeber ein Weihnachtsgeld in Höhe von netto 2 000,00 EUR. Das Ehepaar hat ein volljähriges und vier minderjährige Kinder. Nennenswertes Vermögen ist nicht vorhanden, alle anderen Umstände sind durchschnittlicher Art.

Der Gegenstandswert der Ehesache beträgt 15 500,00 EUR und berechnet sich wie folgt:

Das Dreimonatseinkommen der Eheleute ist so zu berechnen: 3 700,00 EUR + 2 300,00 EUR = 6 000,00 EUR x 3 = 18 000,00 EUR. Hinzuzurechnen ist der auf die drei Monate entfallende Anteil am Weihnachtsgeld in Höhe von 500,00 EUR (2 000,00 EUR : 4), sodass das Dreimonatseinkommen mit 18 500,00 EUR anzusetzen ist. Für die vier minderjährigen Kinder nehmen wir einen Abschlag von monatlich 250,00 EUR vor, also 250,00 EUR x 4 x 3 = 3 000,00 EUR, sodass sich das endgültige Dreimonatseinkommen mit 15 500,00 EUR errechnet, wobei keine weiteren Zu- oder Abschläge vorgenommen werden, da die sonstigen Umstände durchschnittlich sind.

Merke:

Der Gegenstandswert des Eheverfahrens bestimmt sich über § 23 Abs. 1 RVG nach § 48 Abs. 2 und Abs. 3 S. 1 GKG unter Berücksichtigung aller Umstände des Einzelfalles. Man geht dabei von einem Ausgangswert aus, der sich aus dem in drei Monaten erzielten Nettoeinkommen der Eheleute ergibt und nimmt darauf Zu- und Abschläge vor (siehe Schema).

Der Mindestwert in Ehesachen beträgt 2 000,00 EUR.

10.2.1.2 Andere Familiensachen nach den Bestimmungen der ZPO

10.2.1.2.1 Die Gebühren nach dem RVG („ZPO-Sachen")

Es handelt sich hierbei um die in § 621 a Abs. 1 ZPO **nicht** aufgeführten Familiensachen des § 621 Abs. 1 ZPO, also Verfahren über:

- die gesetzliche Unterhaltspflicht gegenüber einem Kinde (Nr. 4),
- die durch Ehe begründete gesetzliche Unterhaltspflicht (Nr. 5),
- Ansprüche aus dem ehelichen Güterrecht (Nr. 8), also z. B. der Anspruch auf Zugewinnausgleich.

An dieser Stelle werden aus dem § 621 Abs. 1 ZPO nur die vorstehend aufgeführten Nummern behandelt, die mit der Ehescheidung in Zusammenhang stehen. Diese so genannten anderen Familiensachen können **(1)** außerhalb eines anhängigen Scheidungsverfahrens, sowie auch **(2)** vor oder **(3)** nach einem Scheidungsverfahren gerichtlich anhängig gemacht werden. Sie sind **selbstständige Verfahren**, solange sie nicht als Folgesachen im Scheidungsverbund (§ 623 Abs. 1 S. 1, Abs. 4 S. 1 ZPO) im Rahmen eines Scheidungsverfahrens anhängig gemacht werden.

In diesen Familiensachen, deren Verfahren sich nach der ZPO richtet, erwachsen dem beauftragten RA die Gebühren der Nrn. 3100 ff. RVG, also eine **Verfahrensgebühr** und eine **Terminsgebühr**. Daneben kann er eine **Einigungsgebühr** (VV Nrn. 1000, 1003 RVG) erhalten; eine Einigungsgebühr deshalb, da es nicht um die Ehesache selbst geht, denn die Aussöhnungsgebühr dürfen Sie nur in Ehesachen berechnen. Auch andere für den normalen Zivilprozess geltende Bestimmungen des RVG sind anwendbar, also insbesondere die Nr. 3400 VV RVG (Gebühr des Verkehrsanwalts).

Beispiel: Frau Käsbier hat ihren Ehemann verlassen. Herr Käsbier, der arbeitslos ist, verlangt einen monatlichen Unterhalt in Höhe von 500,00 EUR (§ 1361 BGB) von seiner Frau, die Bürovorsteherin ist, und beauftragt RA Klecks, Klage auf Zahlung von Unterhalt bei Getrenntleben einzureichen. Bis zur Einreichung der Klage werden zwei Monate rückständiger Unterhalt beansprucht.

Im Termin wird verhandelt und sodann ein Vergleich abgeschlossen, demzufolge Frau Käsbier ihrem Mann, welcher seinerseits auf den rückständigen Unterhalt verzichtet, einen monatlichen Unterhalt von 460,00 EUR zahlt. RA Klecks berechnet die folgenden Gebühren:

Der Gegenstandswert berechnet sich nach § 42 Abs. 1, 5 GKG (12 x 500,00 EUR = 6 000,00 EUR + 1 000,00 EUR = 7 000,00 EUR).

Gegenstandswert: 7 000,00 EUR	EUR
1,3 Verfahrensgebühr gem. §§ 2, 13, VV Nr. 3100 RVG	487,50
1,2 Terminsgebühr gem. §§ 2, 13, VV Nr. 3104 RVG	450,00
1,0 Einigungsgebühr gem. §§ 2, 13, VV Nrn. 1000, 1003 RVG	375,00
20 % Pauschale für Post- und Telekommunikationsentgelte gem. § 2 Abs. 2 S. 1, VV Nr. 7002 RVG	20,00
	1 332,50
16 % USt. gem. § 2 Abs. 2 S. 1, VV Nr. 7008 RVG	213,20
	1 545,70

> **Merke:**
> In den sonstigen „ZPO"-Familiensachen entstehen die (Regel)gebühren der Nrn. 3100 ff. RVG.
> Daneben kann eine Einigungsgebühr (VV Nrn. 1000, 1003 RVG) erwachsen.

10.2.1.2.2 Die Bestimmung des Gegenstandswertes („ZPO-Sachen")

Der Gegenstandswert für die Familiensachen, deren Verfahren sich nach der ZPO richtet, bestimmt sich nach den Vorschriften des GKG.

- Für die **gesetzlichen Unterhaltsansprüche** der Ehegatten und der Kinder wird gemäß § 42 Abs. 1, 5 GKG der **Jahresbetrag** des geforderten Unterhalts **zuzüglich** der bei Klageerhebung **rückständigen fälligen Beträge** als Gegenstandswert berechnet. Zur Berechnung des Unterhaltsanspruches **minderjähriger Kinder** wird der Unterhalt nach der Regelbetrag-VO herangezogen und zwar der Monatsbetrag des Unterhalts nach dem Regelbetrag und der Altersstufe zum Zeitpunkt der Einreichung der Klage (siehe auch Kapitel 2.2.12.1 und 10.6.2.2.1).

- Für den **Anspruch auf Zugewinnausgleich** ist der Gegenstandswert der **geforderte Betrag** (§ 48 Abs. 1 S. 1 GKG, § 3 ZPO).

Beispiel: Herr Borstig hat die gemeinsam mit seiner Ehefrau bewohnte Wohnung verlassen und ist zu Frau Reitz, seiner Freundin, gezogen. Zurzeit kann sich Frau Borstig noch nicht scheiden lassen, da die Trennungszeit (§ 1566 BGB) noch nicht verstrichen ist. Während der Trennungszeit macht Frau Borstig Unterhaltsansprüche für sich (500,00 EUR) und ihre vier Kinder (je 400,00 EUR) geltend. Für einen Monat verlangt sie rückständigen Unterhalt. RA Klacks soll sie vertreten. Der **Gegenstandswert** von 27 300,00 EUR ermittelt sich wie folgt:

Die **Unterhaltsverfahren** sind selbstständige Familiensachen, deren Verfahren sich nach der ZPO richtet. Da RA Klacks alle Unterhaltsansprüche in einem Verfahren einfordern soll, werden die Werte gemäß § 22 Abs. 1 RVG zusammengerechnet. Es werden folglich zuerst einmal die pro Monat geforderten Beträge addiert (4 x 400,00 EUR + 500,00 EUR = 2 100,00 EUR). Der Jahresbetrag dieser Beträge ergibt gemäß § 42 Abs. 1 GKG den Gegenstandswert, wozu noch der rückständige Unterhalt gemäß § 42 Abs. 5 GKG hinzuzurechnen ist. Der Gegenstandswert beträgt also 12 x 2 100,00 EUR = 25 200,00 EUR + 2 100,00 EUR = <u>27 300,00 EUR</u>.

10.2.2 Selbstständige Familiensachen der freiwilligen Gerichtsbarkeit

Die selbstständigen Verfahren in Familiensachen, die nach den Regeln der ZPO durchgeführt werden, können **nicht** mit selbstständigen Verfahren **verbunden** werden, die nach den Regeln des FGG abgewickelt werden, da verschiedene Verfahrensarten vorliegen und somit § 147 ZPO nicht anwendbar ist. Es können nur Verfahren verbunden werden, die nach den gleichen Verfahrensregeln durchgeführt werden. Zu **selbstständigen** Familienverfahren können also jeweils verbunden werden

- alle „ZPO-Sachen",
- alle „FGG-Sachen" und das Verfahren nach der HausratsVO.

Da § 147 ZPO die Zusammenfassung der Scheidungssache mit allen Folgesachen also nicht ermöglicht, hat man eigens in dem § 623 ZPO den so genannten Scheidungsverbund geschaffen, sodass es zulässig ist, den gesamten Scheidungskomplex einheitlich zu verhandeln und in einem Urteil zu entscheiden (zum Verbund siehe Kapitel 10.3).

10.2.2.1 Die Gebühren nach dem RVG („FGG-Sachen")

Bei den „FGG-Sachen" handelt es sich um die in § 621 a Abs. 1 ZPO aufgeführten Familiensachen des § 621 Abs. 1 ZPO, deren Verfahren sich nach dem FGG richtet, also:

- die Regelung der elterlichen Sorge für ein gemeinschaftliches Kind in den Fällen des § 1671 BGB (Nr. 1),
- die Regelung des Umgangs des nicht sorgeberechtigten Elternteils mit einem gemeinschaftlichen Kind oder einem Kind des anderen Ehegatten in den Fällen der §§ 1684 und 1685 BGB (Nr. 2),
- die Herausgabe des Kindes an den sorgeberechtigten Elternteil (Nr. 3),
- den Versorgungsausgleich (Nr. 6),
- Stundung der Ausgleichsforderung (Zugewinnstundung) und Übertragung von Vermögensgegenständen bei Zugewinnausgleich (Nr. 9).

Weiterhin gehört zu diesem Katalog

- die Regelung der Rechtsverhältnisse an der Ehewohnung und am Hausrat (Nr. 7),

wobei dieses Verfahren ebenfalls eine Angelegenheit der freiwilligen Gerichtsbarkeit gemäß § 13 der Verordnung über die Behandlung der Ehewohnung und des Hausrats (HausratsVO) ist.

An dieser Stelle werden aus dem § 621 a Abs. 1 ZPO nur die Familiensachen behandelt, die mit der Ehescheidung in Zusammenhang stehen. Diese so genannten anderen Familiensachen können **(1)** außerhalb eines Scheidungsverfahrens sowie auch **(2)** vor oder **(3)** nach einem Scheidungsverfahren gerichtlich anhängig gemacht werden. Sie sind **selbstständige Verfahren**, solange sie nicht als Folgesachen im Scheidungsverbund (§ 623 Abs. 1 S. 1, Abs. 4 S. 1 ZPO) im Rahmen eines Scheidungsverfahrens anhängig gemacht werden.

In diesen Familiensachen, deren Verfahren sich nach dem FGG richtet, erwachsen dem beauftragten RA die Gebühren der Nrn. 3100 ff. RVG, also eine **Verfahrensgebühr** und eine **Terminsgebühr**. Daneben kann er eine **Einigungsgebühr** (VV Nrn. 1000, 1003 RVG) erhalten; eine Einigungsgebühr deshalb, da es nicht um die Ehesache selbst geht, denn die Aussöhnungsgebühr dürfen Sie nur in der Ehesache selbst berechnen. Auch andere für den normalen Zivilprozess geltende Bestimmungen des RVG sind anwendbar, also insbesondere die Nr. 3400 VV RVG (Gebühr des Verkehrsanwalts).

Hinweis: In der BRAGO waren die Gebühren für selbstständige FGG-Sachen so geregelt, dass die Gebühren für den normalen Zivilprozess nicht genommen werden durften. An deren Stelle trat eine Geschäftsgebühr usw. Das RVG hat die Gebühren vereinheitlicht.

Bei der **Einigungsgebühr** sollten Sie bei der Feststellung des Gegenstandswertes immer an den **Grundsatz** denken: Vergleichswert ist in jedem Fall, **worüber**, nicht **worauf** man sich einigt! Bei Vergleichsabschluss innerhalb eines gerichtlichen Verfahrens über den Gegenstand dieses Verfahrens entsteht die Einigungsgebühr gemäß VV Nrn. 1000 und 1003 RVG nur mit einem Gebührensatz von 1,0.

Beispiel: Fortsetzung des Beispiels aus Kapitel 10.2.1.2.2 (Eheleute Borstig). Frau Borstig beauftragt nun RA Klacks, während der Trennungszeit ein selbstständiges Verfahren zur Übertragung der elterlichen Sorge über ihre vier Kinder auf sie einzuleiten. RA Klacks stellt einen entsprechenden Antrag beim Familiengericht. Daraufhin beantragt Herr Borstig die Regelung des Umgangsrechtes.

Außerdem beantragt Herr Borstig nun auch die Aufteilung des Hausrats. Der Wert wird vom Gericht auf 3 000,00 EUR festgesetzt.

Im Termin erörtert das Gericht die Angelegenheit mit den Parteien im Beisein ihrer RAe. Danach nimmt das Gericht eine Anhörung der Kinder vor, um festzustellen, an welchen Elternteil sie sich besonders gebunden fühlen, sowie einer Vertreterin des Jugendamtes zu dieser Frage. Über den Hausrat wird nicht streitig verhandelt und ein Vergleich abgeschlossen, der zu gerichtlichem Protokoll gegeben wird.

Der Gegenstandswert für das Sorge- und Umgangsrecht ermittelt sich nach den §§ 30 Abs. 2, 94 Abs. 2 KostO für die Regelung der elterlichen Sorge mit 6 000,00 EUR (3 000,00 EUR + 3 x 1 000,00 EUR) und für die Regelung des Umgangsrechtes mit 1 900,00 EUR (1 000,00 EUR + 3 x 300,00 EUR).

Siehe hierzu Kapitel 10.2.2.2. Die Gebühren von RA Klacks berechnen sich wie folgt:

Gegenstandswert: 10 900,00 EUR / 3 000,00 EUR	EUR
1,3 Verfahrensgebühr gem. §§ 2, 13, VV Nr. 3100 RVG (Wert: 10 900,00 EUR)	683,80
1,2 Terminsgebühr gem. §§ 2, 13, VV Nr. 3104 RVG (Wert: 10 900,00 EUR)	631,20
1,0 Einigungsgebühr gem. §§ 2, 13, VV Nrn. 1000, 1003 RVG (Wert: 3 000,00 EUR)	189,00
20 % Pauschale für Post- und Telekommunikationsentgelte gem. § 2 Abs. 2 S. 1, VV Nr. 7002 RVG	20,00
	1 524,00
16 % USt. gem. § 2 Abs. 2 S. 1, VV Nr. 7008 RVG	243,84
	1 767,84

Merke:

In den selbstständigen „FGG-Familiensachen" entstehen Gebühren nach VV Nrn. 3100 ff. RVG.

Daneben kann eine Einigungsgebühr (VV Nrn. 1000, 1003 RVG) erwachsen.

10.2.2.2 Die Bestimmung des Gegenstandswertes („FGG-Sachen")

Wie aus dem vorstehenden Kapitel ersichtlich ist, gibt es für die Erhebung der **Gebühren** keine Besonderheiten der „FGG-Sachen" gegenüber den „ZPO-Sachen". Jedoch werden die **Gegenstandswerte** in den „FGG-Sachen" nicht nach dem GKG ermittelt, sondern nach den **Kostengesetzen**, die **für die freiwillige Gerichtsbarkeit** geschaffen wurden.

Der Gegenstandswert für die Familiensachen des § 621 Abs. 1 ZPO, deren **Verfahren sich nach dem FGG** richtet (siehe Kapitel 10.2.2.1), wird nach der Kostenordnung (KostO) ermittelt, wo er **Geschäftswert** genannt wird (§ 18 KostO). Dies gilt aber nur, solange diese Familiensachen selbstständige Verfahren bilden!

Anmerkung: Nach der Kostenordnung (§ 1) werden grundsätzlich die Kosten (Gebühren und Auslagen) in den Angelegenheiten der freiwilligen Gerichtsbarkeit erhoben. Die §§ 1 bis 139 KostO gelten für die gerichtlichen Kosten, mit Ausnahme der §§ 60 – 129 KostO grundsätzlich aber auch für die Kosten der Notare, soweit nicht ab § 140 KostO etwas anderes bestimmt ist.

Die folgende Aufstellung gibt Hinweise für die Ermittlung des Geschäftswertes nach der KostO:

- **Regelung der elterlichen Sorge:** Gemäß §§ 94 Abs. 2, 30 Abs. 2 KostO beträgt der Geschäftswert im Regelfall **3 000,00 EUR**. Im Einzelfall kann er auf bis zu 500 000,00 EUR angenommen werden.

  Für **mehrere Kinder** wird der Regelwert von 3 000,00 EUR nicht etwa vervielfacht, sondern er wird angemessen erhöht, für jedes weitere Kind etwa um **1 000,00 EUR** (vgl. § 94 Abs. 2 S. 2 KostO).

  Hinweis: Wenn kein Sorgerechtsantrag gestellt wird verbleibt es beim gemeinsamen Sorgerecht der Eltern (§§ 1626 Abs. 1, 1671, 1687 BGB).

- **Regelung des Umgangsrechtes:** Der Geschäftswert beträgt nach dem Wortlaut des Gesetzes 3 000,00 EUR (§§ 94 Abs. 2, 30 Abs. 2 KostO, wie vorstehend).

  Im Gegensatz zur Regelung der elterlichen Sorge hat die Regelung des Umgangsrechtes jedoch eine **geringere Bedeutung**, sodass der Regelwert von 3 000,00 EUR von vielen Gerichten unterschritten und der Wert für das erste Kind etwa mit **1 000,00 EUR** und für jedes weitere Kind mit etwa **300,00 EUR** angesetzt wird.

- **Herausgabe des Kindes:** Der Geschäftswert beträgt nach dem Wortlaut des Gesetzes 3 000,00 EUR (§§ 94 Abs. 2, 30 Abs. 2 KostO, wie vorstehend).

  Jedoch sehen viele Gerichte auch hier eine **geringere Bedeutung**, sodass der Regelwert von 3 000,00 EUR unterschritten und der Wert für das erste Kind etwa mit **1 000,00 EUR** und für jedes weitere Kind mit etwa **300,00 EUR** angesetzt wird.

- **Versorgungsausgleich:** Der Geschäftswert beträgt nach § 99 Abs. 3 Nr. 1 – 3 KostO bei öffentlich-rechtlichen Versorgungsanrechten **1 000,00 EUR** (Nr. 1), bei sonstigen Anrechten (z. B. Betriebsrenten) 1 000,00 EUR (Nr. 2) und wenn Anrechte aus beiden Bereichen vorliegen insgesamt 2 000,00 EUR (Nr. 3). Der Versorgungsausgleich kommt als selbstständiges Familiengerichtsverfahren nur selten vor.

- **Zugewinnstundung:** Der Geschäftswert bestimmt sich nach den §§ 97 Abs. 2, 30 Abs. 2 KostO. Maßgebend ist das Interesse des Antragstellers an der Stundung. Im Regelfall wird man hier **10 v. H. der Ausgleichsforderung** als Geschäftswert annehmen. Im Einzelfall kann er bis zu 500 000,00 EUR betragen.

Weiterhin gehört zu diesem Katalog die

- Regelung der Rechtsverhältnisse an der **Ehewohnung und am Hausrat**: Der Geschäftswert für diese Familiensachen wird jedoch nicht nach der Hausratsverordnung, sondern nach der Kostenordnung ermittelt. Gemäß § 100 Abs. 3 KostO bestimmt sich der Geschäftswert,

  – soweit der Streit die Wohnung betrifft, nach dem **einjährigen Mietwert** und,

  – soweit der Streit den Hausrat betrifft, nach dem **Verkehrswert des Hausrats**.

  Hinweis: § 100 Abs. 1 und 2 KostO betreffen nur die Gerichtsgebühr für das Verfahren. Bei einer Teilrücknahme des Antrags tritt nach § 100 Abs. 1 S. 3 KostO eine Halbierung der Verfahrensgebühr ein. Damit sich dies nicht verteuernd auswirkt, soll durch eine dem § 36 Abs. 3 GKG entsprechende Regelung erreicht werden, dass nicht mehr als eine Gebühr nach dem höchsten Gebührensatz und nach dem Wert insgesamt berechnet werden darf, wenn die Gebühren mit den verschiedenen Gebührensätzen nach den Wertteilen berechnet werden. Für die Gebühren des RA hat nur § 100 Abs. 3 KostO Bedeutung.

  Achtung: Stellen Sie fest, welche Werte Ihr zuständiges OLG ansetzt!

Der Wert wird vom Richter immer von Amts wegen festgesetzt.

Beispiel: Die Eheleute Bitter leben seit einem halben Jahr getrennt. Frau Bitter, die die Scheidung anstrebt, beauftragt RA Klump, bei Gericht die Regelung der elterlichen Sorge für ihre drei Kinder zu beantragen, was geschieht. Der Gegenstandswert für diese selbstständige Familiensache bestimmt sich nach der KostO:

3 000,00 EUR + 2 x 1 000,00 EUR = 5 000,00 EUR.

Beispiel: Nach einem Jahr Trennungszeit beantragt RA Klump für Frau Bitter die Scheidung der Ehe. Nach Schluss der mündlichen Verhandlung in der Scheidungssache beantragt Herr Bitter, das Umgangsrecht mit seinen Kindern gerichtlich zu regeln. Gemäß § 623 Abs. 4 S. 1 ZPO kann über diesen Antrag nicht mehr im Scheidungsverbund entschieden werden, sodass es sich um eine selbstständige Familiensache, deren Gegenstandswert sich nach der KostO bestimmt, handelt:

1 000,00 EUR + 2 x 300,00 EUR = 1 600,00 EUR.

Merke:
In den selbstständigen „FGG-Familiensachen" werden die Geschäftswerte nach der KostO ermittelt.

10.3 Familiensachen im Verbund

Zum Ehescheidungsverfahren (Hauptsache) können bzw. müssen (§ 623 Abs. 1 S. 3 ZPO!) die anderen Familiensachen des § 621 Abs. 1 Nr. 1 – 9, Abs. 2 ZPO in den so genannten **Verbund** mit einbezogen werden. Dies ergibt sich – nicht sehr übersichtlich – aus § 623 Abs. 1 S. 1, Abs. 2 S. 1 ZPO. Diese anderen Familiensachen werden damit zu **Folgesachen**, über die zusammen mit dem Scheidungsantrag durch ein einheitliches Urteil entschieden wird (§ 629 Abs. 1 ZPO); dies **gilt auch für die Folgesachen, die unter die Bestimmungen des FGG fallen**, sodass für diese dann zur Wertermittlung nicht die Vorschriften der KostO, sondern des **GKG** anzuwenden sind; die Gebühren für diese Folgesachen werden dann insgesamt nach dem RVG berechnet.

Wenn ein Ehescheidungsverfahren anhängig ist, kann über die anderen Familiensachen des § 621 Abs. 1 Nr. 1 – 9, Abs. 2 ZPO auf Antrag einer Partei vom Gericht in einem Verfahrensverbund mit entschieden werden. Aber auch ohne ausdrücklichen Antrag tritt der Verbund von selbst ein, wenn von einer Partei der Anspruch aus einer Folgesache geltend gemacht wird (§ 623 Abs. 1 S. 1, Abs. 2 S. 1 ZPO). Über die Regelung des Versorgungsausgleichs entscheidet das Gericht allerdings immer auch ohne besonderen Antrag im Verbund mit der Scheidungssache (§ 623 Abs. 1 S. 3 ZPO).

Werden entsprechende Anträge erst **nach** der letzten mündlichen Verhandlung gestellt, so müssen die entsprechenden Ansprüche in selbstständigen Verfahren in Familiensachen geltend gemacht werden (§ 623 Abs. 4 S. 1 ZPO).

Merke:
Im Scheidungsverbund wird über die Ehescheidung und über die Folgesachen gleichzeitig verhandelt und durch einheitliches Urteil entschieden.
In dem ganzen Verfahrensverbund werden die Gegenstandswerte, auch für die „FGG-Folgesachen", nach dem GKG ermittelt und die Gebühren nach dem RVG.

10.3.1 Die Gebührenvorschriften (Verfahren im Verbund)

Die Ehesache und die mit ihr geltend gemachten Folgesachen gelten im Verbund zusammen als **eine Angelegenheit**. Dies gilt nach § 16 Ziff. 4 und 5 RVG auch für die Gebühren des RA.

Im Scheidungsverbund dürfen also die Anwaltsgebühren insgesamt nur einmal für die gesamte Scheidungsangelegenheit aus den zusammengerechneten Werten der Einzelstreitwerte berechnet werden (§ 46 Abs. 1 GKG, § 22 Abs. 1 RVG).

Die Gebühren des Rechtsanwalts für das Verfahren richten sich nach den Nummern 3100 ff. des Vergütungsverzeichnisses des RVG, auch wenn die in den Verbund einbezogenen Folgesachen teilweise zur freiwilligen Gerichtsbarkeit gehören! Im Normalfall wird der RA für das Verfahren im Verbund eine **Verfahrensgebühr** und eine **Terminsgebühr** sowie gegebenenfalls zusätzlich eine **Aussöhnungsgebühr** oder eine **Einigungsgebühr** erhalten.

Die in der Regel entstehenden Gebühren des RA sind oben in Kapitel 10.2.1.1.1 im Einzelnen beschrieben; sehen Sie bitte dort nach.

Sie müssen sich noch einmal in Erinnerung rufen, dass in der Ehesache selbst (Scheidung) ein Vergleich der Eheleute nicht möglich ist; hier kann dem RA aber eine

- **Aussöhnungsgebühr** (VV Nrn. 1001, 1003 RVG) in Höhe von 1,0 erwachsen (siehe dazu Kapitel 10.2.1.1.1).

Wird jedoch im Rahmen des Scheidungsverbundes ein Vergleich über Folgesachen geschlossen, dann kann eine

- **Einigungsgebühr** (VV Nrn. 1000, 1003 RVG) entstehen. Beachten Sie, dass die Einigungsgebühr immer zusätzlich zu einer anderen Gebühr (zumindest zur Verfahrensgebühr) erwächst. Denken Sie bei der Feststellung des Vergleichswertes auch immer an den Grundsatz: Vergleichswert ist, **worüber**, nicht **worauf** man sich vergleicht! Bei Vergleichsabschluss innerhalb eines gerichtlichen Verfahrens über den Gegenstand dieses Verfahrens entsteht die Einigungsgebühr gemäß VV Nr. 1000 i. V. m. Nr. 1003 RVG nur in Höhe von 1,0 (vgl. Kapitel 1.6.1.1).

Bei der Berechnung der Einigungsgebühr bleibt jedoch der Wert der Ehesache gemäß VV Nr. 1000 Anm. Abs. 5 S. 2 RVG außer Betracht. In den Vergleichswert darf also nur der **Wert der Folgesachen** einbezogen werden.

Bei gerichtlicher Protokollierung eines Vergleichs über rechtshängige Folgesachen unter Miteinbeziehung einer vorher nicht rechtshängigen Scheidungsfolgesache erhält der RA zusätzlich zur 1,3 Verfahrensgebühr (VV Nr. 3100 RVG) eine 0,8 **Differenzverfahrensgebühr** (VV Nr. 3101 Ziff. 2 RVG) nach dem Wert der mitverglichenen nicht rechtshängigen Ansprüche, wobei § 15 Abs. 3 RVG zu beachten ist (siehe auch Kapitel 6.1.2.1.2).

Die **Einigungsgebühr** für den Vergleich über die nicht rechtshängigen Gegenstände wird nach VV Nr. 1000 RVG mit einem Gebührensatz von 1,5 berechnet. Wenn für rechtshängige Gegenstände eine Einigungsgebühr in Höhe von 1,0 entsteht und gleichzeitig für die nicht rechtshängigen Gegenstände eine solche in Höhe von 1,5, so ist auch wegen der beiden Einigungsgebühren eine Überprüfung nach § 15 Abs. 3 RVG vorzunehmen! (Siehe Kapitel 1.3.3.3.)

Die **Terminsgebühr** (VV Nr. 3104 RVG) entsteht in diesen Fällen meistens nach dem Gesamtwert der anhängigen und der nicht anhängigen Gegenstände. Hinsichtlich der anhängigen Gegenstände erwächst sie, weil im gerichtlichen Termin darüber verhandelt wird. Bezüglich der nicht anhängigen Gegenstände fällt sie als **"Differenzterminsgebühr"** an, weil über diese Gegenstände – um sie in die Einigung mit einzubeziehen – außergerichtliche Besprechungen der Parteien geführt worden sind oder weil sie auch in dem gerichtlichen Termin erörtert worden sind (VV Vorbemerkung 3, Abs. 3 RVG). Falls es sich um in diesem Verfahren nicht anhängige Gegenstände handelt, die aber bereits in einem anderen Verfahren anhängig sind, so ist die Terminsgebühr gemäß VV Nr. 3104 Anm. Abs. 2 RVG anzurechnen. Siehe zur Differenzterminsgebühr auch Kapitel 6.1.1.2. Eine Überprüfung nach § 15 Abs. 3 RVG unterbleibt hier, da keine verschiedenen Gebührensätze vorliegen!

Merke:

Im Scheidungsverbund werden die Anwaltsgebühren insgesamt nur einmal für die gesamte Scheidungsangelegenheit nach dem zusammengerechneten Wert der Einzelstreitwerte der Ehesache und der Folgesachen berechnet.

Die Gebühren des Rechtsanwalts richten sich im Verbund nach den Nrn. 3100 ff. VV RVG, auch wenn die einbezogenen Folgesachen teilweise zur freiwilligen Gerichtsbarkeit gehören.

Im Normalfall wird der RA für das Verfahren im Verbund neben einer Verfahrensgebühr eine Terminsgebühr und gegebenenfalls zusätzlich eine Aussöhnungsgebühr oder eine Einigungsgebühr erhalten.

Die Pauschale für Post- und Telekommunikationsentgelte (20,00 EUR; VV Nr. 7002 RVG) entsteht für das gesamte Verfahren im Verbund nur einmal.

Beispiel: Herr Taub war als Geschäftsführer in der seiner Ehefrau gehörenden Diskothek „Rumpelkammer" angestellt. Da Frau Taub mit den Leistungen ihres Mannes nicht mehr zufrieden war, hat sie ihm den Arbeitsvertrag gekündigt. Herr Taub nahm ihr dies so übel, dass er RA Unwillig aufsuchte, um die Scheidung einzuleiten. RA Unwillig belehrte Herrn Taub, dass er erst die Trennungszeit des § 1566 BGB abwarten müsse, was geschah.

Nach einem Jahr Trennungszeit beantragt RA Unwillig für Herrn Taub die Scheidung der Ehe. Weiterhin wird für Herrn Taub beantragt:
- die Übertragung des Sorgerechtes für die ehelichen Kinder Klaus, Olga und Monika auf Herrn Taub,
- monatlicher Unterhalt von 2 200,00 EUR für Herrn Taub bis zur Volljährigkeit der Kinder sowie von 900,00 EUR für jedes der Kinder,
- Durchführung des Versorgungsausgleiches (Frau Taub hat als selbstständige Kauffrau freiwillig die höchstmöglichen Beiträge zur Rentenversicherung erbracht),
- eine einmalige Zahlung von 325 000,00 EUR für Herrn Taub zur Abgeltung des Zugewinnausgleichs,
- Teilung des Hausrats.

Frau Taub stimmt dem Scheidungsantrag ihres Ehemannes zu, verlangt aber, ihre Kinder jeweils an Weihnachten und Ostern bei sich haben zu dürfen. Außerdem will sie für den Zugewinnausgleich nur eine Zahlung von 210 000,00 EUR erbringen.

Das Gericht hört beide Eheleute zur Frage des Scheiterns der Ehe und der Regelung der elterlichen Sorge an. Es werden die üblichen Auskünfte der Rentenversicherungsträger und die übliche Stellungnahme des Jugendamtes zur Frage der Regelung der elterlichen Sorge eingeholt. Herr Taub ist mit der Regelung des Umgangsrechtes, wie von seiner Frau beantragt, einverstanden. Über den Zugewinnausgleich wird streitig verhandelt.

Das Gericht verkündet das Urteil, wonach die Ehe geschieden wird. Die elterliche Sorge und das Umgangsrecht sowie die Unterhaltsansprüche werden wie beantragt geregelt. Vom Rentenkonto der Frau Taub wird eine Rentenanwartschaft, die einer Monatsrente in Höhe von 200,00 EUR entspricht, auf das

Rentenkonto von Herrn Taub übertragen. Zur Abgeltung des Zugewinnausgleichs wird eine einmalige Zahlung von 250 000,00 EUR für Herrn Taub ausgeurteilt. Herr Taub erhält Teile des Hausrats, dessen Wert das Gericht auf 19 650,00 EUR festsetzt.

Das gemeinsame Monatseinkommen der Eheleute Taub beträgt 22 000,00 EUR netto. Das Gericht hat die Werte im Einzelnen wie folgt festgesetzt (siehe dazu das Beispiel in Kapitel 10.3.2.2):

Ehescheidung: 93 750,00 EUR
Sorgerecht: 900,00 EUR
Umgangsrecht: 900,00 EUR
Versorgungsausgleich: 1 000,00 EUR

Unterhalt: 58 800,00 EUR
Zugewinnausgleich: 325 000,00 EUR
Hausratsteilung: 19 650,00 EUR

Da die Ehescheidungssache und die zugehörigen Folgesachen als eine Angelegenheit gelten, müssen wir diese Einzelstreitwerte zusammenrechnen, sodass der Wert des gesamten Verfahrens im Scheidungsverbund 500 000,00 EUR beträgt.

Gegenstandswert: 500 000,00 EUR	EUR
1,3 Verfahrensgebühr gem. §§ 2, 13, VV Nr. 3100 RVG	3 894,80
1,2 Terminsgebühr gem. §§ 2, 13, VV Nr. 3104 RVG	3 595,20
20 % Pauschale für Post- und Telekommunikationsentgelte gem. § 2 Abs. 2 S. 1, VV Nr. 7002 RVG	20,00
	7 510,00
16 % USt. gem. § 2 Abs. 2 S. 1, VV Nr. 7008 RVG	1 201,60
	8 711,60

Wie Sie sehen, sind die Vorüberlegungen bezüglich der Wertermittlung deutlich umfangreicher als die Berechnung der Gebühren.

Beispiel: Die Studentin Amsel hat nach drei Jahren Trennungszeit die Scheidung beantragt. Sie wird von RA Hopf vertreten, der einen Zugewinnausgleich in Höhe von 2 000,00 EUR für sie einfordert. Herr Amsel, der ebenfalls noch studiert, widerspricht der Scheidung nicht, jedoch beansprucht er einen monatlichen Unterhalt von 100,00 EUR und die Übertragung von Teilen des Hausrats. Die Eheleute sind kinderlos. Ein Versorgungsausgleich ist nicht durchzuführen, da Rentenanwartschaften nicht erworben worden sind.

Frau Amsel erhält aus einer Unterhaltsrente monatlich 2 000,00 EUR.

Die Scheidung wird im Verbund durchgeführt. Das Gericht hört beide Eheleute an. Nach streitiger Verhandlung über die Scheidungsfolgesachen wird ein Vergleich geschlossen: Die Ehefrau verzichtet auf den Zugewinnausgleich, wofür der Ehemann auf Unterhalt und die Teilung des Hausrats verzichtet.

Das Gericht setzt folgende Werte fest: Scheidung (6 000,00 EUR), Zugewinnausgleich (2 000,00 EUR), Unterhalt (1 200,00 EUR), Hausrat (400,00 EUR).

Gegenstandswert: 9 600,00 EUR / 3 600,00 EUR	EUR
1,3 Verfahrensgebühr gem. §§ 2, 13, VV Nr. 3100 RVG (Wert: 9 600,00 EUR)	631,80
1,2 Terminsgebühr gem. §§ 2, 13, VV Nr. 3104 RVG (Wert: 9 600,00 EUR)	583,20
1,0 Einigungsgebühr gem. §§ 2, 13, VV Nrn. 1000, 1003 RVG (Wert: 3 600,00 EUR)	245,00
20 % Pauschale für Post- und Telekommunikationsentgelte gem. § 2 Abs. 2 S. 1, VV Nr. 7002 RVG	20,00
	1 480,00
16 % USt. gem. § 2 Abs. 2 S. 1, VV Nr. 7008 RVG	236,80
	1 716,80

Beispiel: RA Troll stellt für Herrn Drossel Scheidungsantrag. An Folgesachen werden die Regelung der elterlichen Sorge für das gemeinschaftliche Kind und der zu erwartende Versorgungsausgleich in den Verbund einbezogen (§ 623 ZPO).

Im Scheidungstermin wird über diese Sachen verhandelt, nachdem die Eheleute Drossel zum Scheidungsbegehren vernommen worden sind. Danach wird im Scheidungstermin nach einer Erörterung beantragt, einen Vergleich zu Protokoll zu nehmen, worin sich Herr Drossel zur Zahlung von monatlichem Unterhalt von 500,00 EUR für die Ehefrau und von 250,00 EUR für das Kind verpflichtet.

Im Urteil wird die Scheidung der Ehe ausgesprochen, das Sorgerecht für das Kind Frau Drossel zugesprochen und eine Rentenanwartschaft von 300,00 EUR monatlich auf Frau Drossel übertragen.

Den Streitwert des Verfahrens hat das Gericht wie folgt festgesetzt: Scheidungssache (10 500,00 EUR), Sorgerecht (900,00 EUR), Versorgungsausgleich (1 000,00 EUR), insgesamt also 12 400,00 EUR (§ 46 Abs. 1 GKG).

Außerdem hat es den Gegenstandswert des Vergleichs festgesetzt auf: Unterhalt für die Ehefrau (6 000,00 EUR) und Unterhalt für das Kind (3 000,00 EUR), insgesamt also auf 9 000,00 EUR.

RA Troll berechnet folgende Vergütung:

	Gegenstandswert: 12 400,00 EUR / 9 000,00 EUR / 21 400,00 EUR	EUR	EUR
1,3	Verfahrensgebühr gem. §§ 2, 13, VV Nr. 3100 RVG (Wert: 12 400,00 EUR)	683,80	
0,8	Differenzverfahrensgebühr gem. §§ 2, 13, VV Nrn. 3100, 3101 Ziff. 2 RVG (Wert: 9 000,00 EUR)	359,20	
		1 043,00	
	Gemäß **§ 15 Abs. 3 RVG** darf höchstens eine 1,3 Verfahrensgebühr nach der Wertesumme von 21 400,00 EUR berechnet werden, das sind 839,80 EUR. Da diese Gebühr hier überschritten wird, sind als Verfahrensgebühren nur zu berechnen:		839,80
1,2	Terminsgebühr gem. §§ 2, 13, VV Nr. 3104 Anm. Abs. 2 RVG (Wert: 21 400,00 EUR)		775,20
1,5	Einigungsgebühr gem. §§ 2, 13, VV Nr. 1000 RVG (Wert: 9 000,00 EUR)		673,50
20 %	Pauschale für Post- und Telekommunikationsentgelte gem. § 2 Abs. 2 S. 1, VV Nr. 7002 RVG		20,00
			2 308,50
16 %	USt. gem. § 2 Abs. 2 S. 1, VV Nr. 7008 RVG		369,36
			2 677,86

10.3.2 Die Bestimmung des Gegenstandswertes (Verfahren im Verbund)

Die Scheidungssache und die Folgesachen gelten gemäß § 46 Abs. 1 GKG als ein Verfahren, dessen Gebühren nach dem zusammengerechneten Wert der einzelnen Gegenstände zu berechnen sind. Diese Vorschrift wird durch § 16 Ziff. 4 und 5 RVG ergänzt.

Für die praktische Anwendung heißt dies, dass die Werte für die einzelnen Familiensachen (Ehesache und Folgesachen) zu ermitteln und dann die Gebühren nach der Summe der Einzelwerte zu berechnen sind.

10.3.2.1 Die Bestimmung des Wertes der Ehesache

Den **Streitwert** des Eheverfahrens selbst, also ohne die Folgesachen, bestimmt das Gericht auch im Scheidungsverbund nach § 48 Abs. 2, Abs. 3 S. 1 GKG **unter Berücksichtigung aller Umstände des Einzelfalles**, insbesondere des Umfangs und der Bedeutung der Sache und der Vermögens- und Einkommensverhältnisse der Parteien. Es geht dabei vom dreimonatigen Nettoeinkommen der Eheleute aus (siehe **Berechnungsschema** in Kapitel 10.2.1.1.2).

10.3.2.2 Die Bestimmung des Wertes für die Folgesachen

Gemäß § 1 Ziff. 1 Lit. b) und c) GKG bestimmt sich im Scheidungsverbund der Gegenstandswert **bei allen Folgesachen nach den Vorschriften des GKG**, wobei es nicht darauf ankommt, ob diese Folgesachen unter die ZPO oder unter das FGG fallen.

Für die **ZPO-Folgesachen** werden die Gegenstandswerte wie in Kapitel 10.2.1.2.2 beschrieben bestimmt:

- Für **Unterhaltsansprüche** wird der Jahresbetrag genommen, zuzüglich des rückständigen, bei Einreichung der Klage fälligen Unterhalts und
- für den Anspruch auf **Zugewinnausgleich** der geforderte Ausgleichsbetrag.

Für die **FGG-Folgesachen** darf der Gegenstandswert **nicht nach der KostO**, so wie es in Kapitel 10.2.2.2 für **selbstständige** FGG-Sachen erläutert wurde, ermittelt werden. Im Verbund werden auch für diese Sachen die Gegenstandswerte **nach dem GKG** berechnet.

Für die **nicht vermögensrechtlichen Gegenstände** schreibt das GKG in § 48 Abs. 3 S. 3 Hs. 2 **Festwerte** von jeweils **900,00 EUR** vor. Es handelt sich dabei um:

- die Regelung der elterlichen Sorge für ein Kind,
- die Regelung des Umgangsrechtes und
- die Herausgabe des Kindes an den anderen Elternteil.

Da § 46 Abs. 1 S. 2 GKG besagt, dass diese Folgesachen auch dann als ein Gegenstand zu bewerten sind, wenn mehrere Kinder betroffen sind, ist es wohl so, dass auch bei **mehreren Kindern** Gegenstandswert der Folgesache der Festwert von 900,00 EUR ist. Sorgerecht und Umgangsrecht werden demnach gleich bewertet. Dies steht im Gegensatz zu der Bewertung derselben Sache als selbstständige FGG-Folgesache nach der KostO (vgl. Kapitel 10.2.2.2). Da dies auch im Gegensatz zu der bisherigen Praxis der Gerichte steht, weise ich vorsichtshalber darauf hin, dass die zukünftige diesbezügliche Rechtsprechung zu beobachten ist.

Für die **vermögensrechtlichen Angelegenheiten** gelten die folgenden Vorschriften:

- Für den **Versorgungsausgleich** beträgt der Gegenstandswert nach § 49 GKG bei öffentlich-rechtlichen Versorgungsanrechten **1 000,00 EUR** (Nr. 1), bei sonstigen Anrechten (z. B. Betriebsrenten) 1 000,00 EUR (Nr. 2) und, wenn Anrechte aus beiden Bereichen vorliegen, insgesamt 2 000,00 EUR (Nr. 3).

- Für die **Stundung der Ausgleichsforderung** und Anrechnung der Übertragung von Vermögensgegenständen bei Zugewinnausgleich bestimmt sich der Gegenstandswert nach dem § 48 Abs. 1 S. 1 GKG, der auf § 3 ZPO verweist. Demnach ist der Streitwert zu schätzen. Maßgebend ist das Interesse des Antragstellers an der Stundung. Im Regelfall wird man hier 10 v. H. der Ausgleichsforderung als Wert annehmen. Natürlich wird dies von verschiedenen Gerichten unterschiedlich gesehen.

- Für die Regelung der Rechtsverhältnisse an der **Ehewohnung** und am **Hausrat** wird der Gegenstandswert nach den §§ 1 Ziff. 1 Lit. a) und b), 48 Abs. 1 S. 1 GKG ermittelt. Demnach bestimmt sich der Wert,
  - soweit der Streit die Wohnung betrifft, in entsprechender Anwendung des § 41 Abs. 1 GKG nach dem einjährigen Mietwert (Nettokaltmiete) und,
  - soweit der Streit den Hausrat betrifft, gemäß § 6 ZPO nach dem Verkehrswert des Hausrats.

Hinweis: Über die vorstehenden Bewertungsvorschriften gelangt man zu denselben Werten wie nach § 100 Abs. 3 KostO. Jedoch ist diese Vorschrift für die Wertermittlung hier nicht anwendbar, da es sich um Scheidungsfolgesachen im Verbund handelt, wofür gemäß § 1 Ziff. 1 Lit. a) und b) GKG die Kosten wie für jeden Zivilprozess zu erheben sind. Dennoch werden diese Sachen von verschiedenen Gerichten (so z. B. im Bezirk des OLG Celle) nach § 100 Abs. 3 KostO bewertet.

Achtung: Stellen Sie fest, welche Werte Ihre örtlich zuständigen Gerichte ansetzen.

Beispiel: Wir wollen hier die Gegenstandswerte zu dem Beispiel aus Kapitel 10.3.1 (Diskothek „Rumpelkammer") berechnen.

- **Ehescheidung:** Der Wert wird nach dem in Kapitel 10.2.1.1.2 vorgestellten Schema ermittelt, indem wir 3-mal das Nettoeinkommen beider Eheleute pro Monat abzüglich 250,00 EUR pro Monat (also 3-mal) für jedes Kind als Ausgangswert berechnen. Der Ausgangswert beträgt also (3 x 22 000,00 EUR) – (3 x 3 x 250,00 EUR) = 63 750,00 EUR.

  Da die Eheleute ein Vermögen von 650 000,00 EUR besitzen, ist ein Zuschlag zu dem Ausgangswert vorzunehmen. Zu diesem Zweck kürzen wir zuerst das Vermögen um die üblichen Freibeträge für jeden der Eheleute und die Kinder: 650 000,00 EUR – (5 x 10 000,00 EUR) = 600 000,00 EUR. Von dem verbleibenden Betrag können wir 5 %, also 30 000,00 EUR, als Zuschlag ansetzen.

  Der Wert des Ehescheidungsverfahrens beträgt also 63 750,00 EUR + 30 000,00 EUR = 93 750,00 EUR. Diese Berechnung ist als Beispiel zu sehen und wird je nach Gericht unterschiedlich ausfallen.

- **Sorgerecht:** Wir nehmen hier den Festwert von 900,00 EUR, der für das zweite und dritte Kind im Verbundverfahren nicht erhöht wird.

- **Umgangsrecht:** Wie Sorgerecht, also 900,00 EUR.

- **Unterhalt:** Rückständiger Unterhalt wurde nicht geltend gemacht. Wir rechnen zuerst den insgesamt eingeforderten Unterhalt aus, also 2 200,00 EUR + (3 x 900,00 EUR) = 4 900,00 EUR. Der Wert ergibt sich aus dem Jahresbetrag des insgesamt eingeforderten Unterhalts und beträgt also 12 x 4 900,00 EUR = 58 800,00 EUR.

- **Versorgungsausgleich:** Für die zu übertragenden Rentenanwartschaft beträgt der Festwert 1 000,00 EUR.

- **Zugewinnausgleich:** Streitwert ist der eingeforderte Betrag, also 325 000,00 EUR.

- **Hausratsteilung:** Der Hausrat hat einen Verkehrswert von 19 650,00 EUR.

Merke:

Im Scheidungsverbund bestimmt sich der Gegenstandswert auch bei allen Folgesachen nach den Vorschriften des GKG, wobei es nicht darauf ankommt, ob diese Folgesachen verfahrensrechtlich unter die ZPO oder unter das FGG fallen.

10.4 Scheidungsfolgenvereinbarungen (Scheidungsfolgenvergleich)

Der Ehescheidungsstreit als solcher kann nicht Gegenstand eines Vergleiches oder einer Einigung sein, da den Eheleuten von unserer Rechtsordnung nicht freigestellt ist, über den Bestand ihrer Ehe Vereinbarungen zu treffen (vgl. Kapitel 10.2.1.1.1). Dagegen dürfen und sollen die Eheleute sich über die Scheidungsfolgesachen einigen. Dies kann auch schon vor dem Scheidungsverfahren durch Vereinbarungen der Eheleute geschehen.

Sollen solche Scheidungsvereinbarungen als Scheidungsvergleich im Sinne des § 779 BGB gelten, dann muss die Voraussetzung erfüllt sein, dass die Parteien einen Streit oder eine

Ungewissheit über ein Rechtsverhältnis im Wege gegenseitigen Nachgebens beseitigt haben (vgl. Kapitel 1.6.1.1).

Es liegt kein Vergleich vor, wenn die Eheleute sich über ein Rechtsverhältnis nie gestritten haben, sondern sich von vornherein einig waren. Bestand also z. B. von Anfang an Einigkeit der Eheleute über die Regelung der elterlichen Sorge, so dürfen Sie dann keine Einigungsgebühr für diese Angelegenheit berechnen, wenn eine Seite das Verlangen der anderen Seite anerkennt oder auf eigene Wünsche verzichtet. Dies ergibt sich aus der Definition der Einigungsgebühr in VV Nr. 1000 Anm. Abs. 1 RVG und wird vermutlich wegen der Auslegung noch die Gerichte beschäftigen.

Merke:
In der Scheidungssache selbst ist kein Vergleich bzw. keine Einigung möglich, wohl aber über die Scheidungsfolgen. Dies nennt man Scheidungsfolgenvergleich.

In der Ehesache selbst gibt es also keinen Vergleich – schließlich kann man sich in der Frage der Scheidung nicht gegenseitig entgegenkommen und sich nur ein bisschen scheiden lassen – sondern nur die Möglichkeit der Aussöhnung. Der Unterschied zwischen der Aussöhnungsgebühr der Nr. 1001 VV RVG und der Einigungsgebühr der Nr. 1000 VV RVG lässt sich auch so erklären:

Merke:
Die Aussöhnungsgebühr erhält der RA für die Verhinderung der Scheidung, die Einigungsgebühr für die (möglichst) reibungslose Abwicklung ihrer Folgen.

10.4.1 Gebühren bei Scheidungsfolgenvereinbarungen

Ein Scheidungsfolgenvergleich wird in der Regel unter der Bedingung geschlossen, dass er erst bei Rechtskraft des Scheidungsurteils wirksam wird. Kommt es also aus irgendeinem Grund nicht zum rechtskräftigen Scheidungsurteil, dann ist auch der Vergleich nicht wirksam und eine Einigungsgebühr entsteht nicht (VV Nr. 1000 Anm. Abs. 3 RVG). In dieser Hinsicht kann man die Einigungsgebühr auch als Erfolgsgebühr bezeichnen.

Scheidungsfolgenvereinbarungen können auf zwei verschiedene Weisen getroffen werden:
- durch Verhandlungen innerhalb des gerichtlichen Scheidungsverfahrens oder
- durch selbstständige außergerichtliche Verhandlungen bzw. Besprechungen.

10.4.1.1 Gebühren bei gerichtlichen Scheidungsfolgenvereinbarungen

Wird für **anhängige Folgesachen** ein Vergleich gerichtlich protokolliert, so ist die Berechnung der Anwaltsgebühren ganz einfach: Zusätzlich zu den entstandenen Gebühren für die Prozessführung (Verfahrensgebühr, Terminsgebühr) erhält der RA eine 1,0 Einigungsgebühr (VV Nrn. 1000, 1003 RVG).

Beispiel: Die Eheleute Dingskirchen haben die Scheidung beantragt. Vor der Eheschließung hatten sie den Versorgungsausgleich ausgeschlossen. Kinder sind nicht vorhanden. Frau Dingskirchen fordert einen monatlichen Unterhalt von 600,00 EUR, Herr Dingskirchen einen Anteil am Hausrat, dessen Wert das Gericht auf 15 000,00 EUR festsetzt. Das gemeinsame monatliche Nettoeinkommen der Eheleute beträgt 4 000,00 EUR. RA Krokus vertritt den Ehemann.

Die Gebühren in Ehe- und anderen Familiensachen

Im Scheidungstermin hört das Gericht die Eheleute an. Nach längerer Verhandlung wird im Termin ein Vergleich geschlossen und zu gerichtlichem Protokoll gegeben, wonach die Ehefrau auf den Unterhalt und der Ehemann auf die Teilung des Hausrats verzichtet.

Gegenstandswert: 34 200,00 EUR / 22 200,00 EUR		EUR
1,3	Verfahrensgebühr gem. §§ 2, 13, VV Nr. 3100 RVG (Wert: 34 200,00 EUR)	1 079,00
1,2	Terminsgebühr gem. §§ 2, 13, VV Nr. 3104 RVG (Wert: 34 200,00 EUR)	996,00
1,0	Einigungsgebühr gem. §§ 2, 13, VV Nrn. 1000, 1003 RVG (Wert: 22 200,00 EUR) *	830,00
20 %	Pauschale für Post- und Telekommunikationsentgelte gem. § 2 Abs. 2 S. 1, VV Nr. 7002 RVG	20,00
		2 925,00
16 %	USt. gem. § 2 Abs. 2 S. 1, VV Nr. 7008 RVG	468,00
		3 393,00

* Ohne Wert der Ehesache!

Wird in einem Eheverfahren ein Vergleich über **nicht anhängige Folgesachen** zu gerichtlichem Protokoll erklärt, so erwächst dem an dem Vergleich mitwirkenden RA hierfür eine 1,5 Einigungsgebühr (VV Nr. 1000 RVG) und daneben für die gerichtliche Protokollierung der Einigung noch eine weitere 0,8 Verfahrensgebühr (Differenzverfahrensgebühr, VV Nr. 3101 Ziff. 2 RVG). Dabei darf gemäß § 15 Abs. 3 RVG die Differenzverfahrensgebühr zusammen mit der normalen Verfahrensgebühr für das gerichtliche Verfahren nicht mehr als eine 1,3 Verfahrensgebühr nach dem zusammengerechneten Wert der gerichtlich geltend gemachten und der nicht rechtshängigen Ansprüche ausmachen (vgl. Kapitel 1.6.1.1).

Eine Besonderheit wird durch VV Nr. 3104 Anm. Abs. 2 RVG geregelt. Demnach kann der RA auch eine 1,2 Terminsgebühr für die Verhandlung über gar nicht eingeklagte Ansprüche erhalten. Diese Gebühr kann auch als **„Differenzterminsgebühr"** bezeichnet werden. Diese Gebühr entsteht, wenn über in diesem Verfahren nicht rechtshängige Ansprüche verhandelt wird mit dem Ziel, über diese Ansprüche zusammen mit den im Verfahren rechtshängigen Ansprüchen eine Einigung zu erzielen. Die Differenzterminsgebühr wird zusammen mit der Differenzverfahrensgebühr entstehen, siehe oben. Im Gegensatz zur Differenzverfahrensgebühr ist der Umgang mit der Differenzterminsgebühr aber dadurch einfacher, dass Letztere nur mit einem Gebührensatz von 1,2 entstehen kann, sodass eine Anwendung des § 15 Abs. 3 RVG im Unterschied zur Verfahrensgebühr unterbleiben kann. Siehe hierzu Kapitel 6.1.1.2.

Weiterhin ist eine Überprüfung nach § 15 Abs. 3 RVG vorzunehmen, wenn neben der 1,5 Einigungsgebühr für die nicht rechtshängigen Gegenstände (VV Nr. 1000 RVG) eine weitere 1,0 Einigungsgebühr für den Abschluss des Vergleichs auch über die rechtshängigen Gegenstände (VV Nr. 1003 RVG) entsteht. In diesem Fall darf keine höhere Einigungsgebühr als 1,5 nach dem Wert der insgesamt verglichenen Folgesachen erhoben werden. (Zu § 15 Abs. 3 RVG siehe Kapitel 1.3.3.3; zur Einigungsgebühr siehe Kapitel 1.6.1.1.)

Die Pauschale für Post- und Telekommunikationsdienstleistungsentgelte (20,00 EUR; VV Nr. 7002 RVG) entsteht für das gesamte Verfahren nur einmal.

Beispiel: Abwandlung vorstehenden Beispiels (Eheleute Dingskirchen). Die Eheleute haben nur die Scheidung der Ehe beantragt. Die Folgesachen sind noch nicht anhängig gemacht worden, obwohl dem RA bereits vorsorglich Prozessauftrag erteilt wurde. RA Krokus als Vertreter des Ehemannes führt Besprechungen mit der Gegenseite über die gütliche Regelung der Folgesachen.

Im Termin werden die Eheleute vom Gericht angehört. Anschließend wird nach ausgiebiger Verhandlung beantragt, eine Einigung zu Protokoll zu nehmen, wonach die Ehefrau auf Unterhalt und der Ehemann auf die Teilung des Hausrats verzichtet.

Die Gebühren in Ehe- und anderen Familiensachen

Gegenstandswert: 12 000,00 EUR / 34 200,00 EUR / 22 200,00 EUR	EUR	EUR
1,3 Verfahrensgebühr gem. §§ 2, 13, VV Nr. 3100 RVG (Wert: 12 200,00 EUR) *	683,80	
0,8 Differenzverfahrensgebühr gem. §§ 2, 13, VV Nrn. 3100, 3101 Ziff. 2 RVG (Wert: 22 200,00 EUR) **	548,80	
	1 232,60	
Gemäß § 15 Abs. 3 RVG darf höchstens eine 1,3 Verfahrensgebühr nach der Wertesumme von 34 200,00 EUR berechnet werden, das sind 1 079,00 EUR. Da diese Gebühr hier überschritten wird, sind als Verfahrensgebühren nur zu berechnen:		1 079,00
1,2 Terminsgebühr gem. §§ 2, 13, VV Nr. 3104 Anm. Abs. 2 RVG (Wert: 34 200,00 EUR) ***		996,00
1,5 Einigungsgebühr gem. §§ 2, 13, VV Nr. 1000 RVG (Wert: 22 200,00 EUR) **		1 029,00
20 % Pauschale für Post- und Telekommunikationsentgelte gem. § 2 Abs. 2 S. 1, VV Nr. 7002 RVG		20,00
		3 124,00
16 % USt. gem. § 2 Abs. 2 S. 1, VV Nr. 7008 RVG		499,84
		3 623,84

* Wert der Ehesache
** Wert der Folgesachen
*** Verhandelt bzw. besprochen wurden die Ehesache und die Folgesachen.

Merke:

Bei Scheidungsfolgenvergleichen über anhängige Folgesachen entsteht eine 1,0 Einigungsgebühr zusätzlich.

Über nicht anhängige Folgesachen entsteht eine 1,5 Einigungsgebühr und eine 0,8 Differenzverfahrensgebühr zusätzlich. Bei beiden Gebühren ist § 15 Abs. 3 RVG zu beachten.

Die Terminsgebühr entsteht für gerichtliche und für außergerichtliche Besprechungen, also sehr wahrscheinlich auch nach dem Wert der Folgesachen.

10.4.1.2 Gebühren bei außergerichtlichen Scheidungsfolgenvergleichen

Bei einem **ausdrücklichen Auftrag**, die mit einer Ehescheidung zusammenhängenden Folgen **ausschließlich außergerichtlich** mit der Gegenseite in einem Scheidungsfolgenvergleich zu regeln, kann der RA eine **Geschäftsgebühr** erhalten. Ein solcher ausdrücklicher Auftrag ist dann sinnvoll, wenn beide Seiten anwaltlich vertreten sind, sodass die Scheidungsfolgenvereinbarung in Form eines vollstreckbaren **Anwaltsvergleichs** geschlossen werden kann (siehe hierzu Kapitel 1.6.1.1.2). Da häufig auch Grundbesitz in den Vergleich mit einbezogen werden muss, ist eine notarielle Beurkundung der Scheidungsfolgenvereinbarung erforderlich. Diese notarielle Beurkundung wird dann von den RAen ausgehandelt und vorbereitet.

Der mit den ausschließlich außergerichtlichen Vergleichsverhandlungen beauftragte RA erhält dafür eine Geschäftsgebühr (VV Nr. 2400 RVG). Da diese Verhandlungen meist auch Besprechungen mit der anderen Partei erforderlich machen werden, wird die Geschäftsgebühr (Rahmen von 0,5 bis 2,5) in durchschnittlichen Fällen mit einem Gebührensatz von 1,3 erhoben werden können. Kommt die Einigung dann zustande, so erwächst dem RA dafür zusätzlich eine 1,5 Einigungsgebühr gemäß VV Nr. 1000 RVG.

Der RA würde also folgende **Gebühren für die ausschließlich außergerichtlichen Verhandlungen** erhalten:

1,3 Geschäftsgebühr gemäß VV Nr. 2400 RVG
1,5 Einigungsgebühr gemäß VV Nr. 1000 RVG
2,8 (ohne Berücksichtigung eventuell anfallender Notarkosten)

Ändert dann der Auftraggeber seinen bisherigen Auftrag auf ausschließlich außergerichtliche Verhandlungen **nachträglich** dahingehend, dass der ausgehandelte Vergleich nun doch gerichtlich protokolliert werden soll, dann entsteht in einem solchen Fall keine Terminsgebühr wegen VV Nr. 3104 Anm. Abs. 3 RVG. Der RA erhält bei dieser Auftragslage folgende Gebühren, wobei nur die Folgesachen betrachtet werden:

0,8 Differenzverfahrensgebühr gemäß VV Nrn. 3100, 3101 Ziff. 2 RVG
 (§ 15 Abs. 3 RVG ist zu beachten)
0,65 Geschäftsgebühr gemäß VV Nr. 2400 RVG
 (von der 1,3 Geschäftsgebühr wird die Hälfte auf die 0,8 Differenzverfahrensgebühr gemäß Vorbemerkung 3, Abs. 4 VV RVG angerechnet)
1,5 Einigungsgebühr gemäß VV Nr. 1000 RVG
2,95 (ohne Berücksichtigung von § 15 Abs. 3 RVG)

Wenn der RA **von Anfang an** den Auftrag hatte, den Scheidungsfolgenvergleich im Rahmen seines **Auftrages zur gerichtlichen Abwicklung** der Scheidungssache auszuhandeln und dann gerichtlich protokollieren zu lassen, entsteht natürlich keine Geschäftsgebühr. Für die vergleichsweise erledigten **nicht anhängigen Folgesachen** erwachsen dem RA dann neben der 1,5 Einigungsgebühr (VV Nr. 1000 RVG) noch die 0,8 Differenzverfahrensgebühr nach VV Nr. 3101 Ziff. 2 RVG und eine 1,2 Differenzterminsgebühr (VV Nr. 3104 Anm. Abs. 2 RVG) zusätzlich zu den Gebühren für das Scheidungsverfahren als solches, wobei hinsichtlich der Differenzverfahrensgebühr § 15 Abs. 3 RVG zu beachten ist (siehe oben in Kapitel 10.4.1.1: Gebühren bei gerichtlichen Scheidungsfolgenvereinbarungen).

Der RA erhält also in diesem Fall für den Scheidungsfolgenvergleich insgesamt 3,5 Gebühren neben der Vergütung für die anhängige Scheidungssache. Notarkosten fallen bei dieser Art der Gestaltung nicht an. Es werden nachfolgend nur die Gebühren für die nicht anhängigen Folgesachen betrachtet. Diese 3,5 setzen sich zusammen aus:

0,8 Differenzverfahrensgebühr gemäß VV Nr. 3101 Ziff. 2 RVG
 (§ 15 Abs. 3 RVG ist zu beachten)
1,2 Differenzterminsgebühr (VV Nr. 3104 Anm. Abs. 2 RVG)
1,5 Einigungsgebühr gemäß VV Nr. 1000 RVG
3,5 (ohne Berücksichtigung von § 15 Abs. 3 RVG)

Hinweis: Auch hier wird man noch die zukünftige Rechtsprechung abwarten müssen.

Beispiel: Siehe Beispiel in Kapitel 10.4.1.1 (Eheleute Dingskirchen, zweiter Fall).

Die gerichtliche Protokollierung des Scheidungsfolgenvergleiches ist übrigens deshalb sinnvoll bzw. notwendig, weil ein gerichtlich protokollierter Vergleich gemäß § 794 Abs. 1 Nr. 1 ZPO, genauso wie ein vollstreckbarer Anwaltsvergleich nach § 794 Abs. 1 Nr. 4b ZPO ein Vollstreckungstitel ist. Wenn es auch um Grundbesitz geht, ist jedoch nur ein gerichtlicher Vergleich möglich.

In der Praxis wird oft ein anwaltlich ausgehandelter Scheidungsfolgenvergleich notariell beurkundet statt gerichtlich protokolliert. Dies führt dazu, dass die Auftraggeber zusätzlich zu den Gebühren für zwei Rechtsanwälte auch noch die Kosten des Notars ($^{20}/_{10}$ Beurkundungsgebühr) tragen müssen, wogegen die Gerichtsgebühren für die Protokollierung des Vergleichs relativ gering sind. Eine solche Verteuerung des Verfahrens sollte vermieden werden, da die ratsuchenden Auftraggeber auch erwarten, im Hinblick auf die entstehenden Gebühren gut und richtig beraten zu werden.

> **Merke:**
> Welche Gebühren für einen außergerichtlich ausgehandelten Scheidungsfolgenvergleich entstehen, ist von dem erteilten Auftrag abhängig.

10.4.2 Gegenstandswert bei Scheidungsfolgenvereinbarung

Als Gegenstandswert der Scheidungsfolgenvereinbarung nimmt man die Summe von allen durch den Vergleich erledigten Gegenständen. Die Ehescheidungssache selbst bleibt dabei außer Betracht (VV Nr. 1000 Anm. Abs. 5 RVG; vgl. Kapitel 10.3.1). Denken Sie daran: Vergleichswert ist immer, **worüber**, nicht **worauf** man sich vergleicht.

Die Bestimmung des Gegenstandswertes für die einzelnen Folgesachen ist so vorzunehmen, wie dies in dem Abschnitt über die Bestimmung des Gegenstandswertes für Folgesachen beschrieben wurde (siehe Kapitel 10.3.2.2).

Es gibt zwar einige Besonderheiten der Bestimmung der Vergleichswerte für Folgesachen, die aber den Rahmen dieser Einführung sprengen würden und somit hier unberücksichtigt bleiben müssen.

10.5 Gebühren für einstweilige Anordnungen

Eine einstweilige Anordnung ist die **vorläufige** Entscheidung des Gerichts im Verlauf eines Rechtsstreits, in dem es über den Gegenstand der Anordnung noch eine **endgültige** Entscheidung zu treffen hat. Die in § 18 Ziff. 1 RVG genannten Verfahren betreffen Anträge auf Erlass einstweiliger Anordnungen in Ehesachen, anderen Familiensachen und Kindschaftssachen.

Der Antrag auf Erlass einer einstweiligen Anordnung ist zulässig, sobald die Ehesache anhängig oder ein Antrag um Bewilligung der Prozesskostenhilfe eingereicht ist. Die Voraussetzungen für den Antrag sollen glaubhaft gemacht werden (§ 620 a Abs. 2 ZPO).

Im Verfahren über einstweilige Anordnungen kann der RA die Gebühren gemäß VV Nrn. 3100 ff. RVG **gesondert** erhalten, also neben den Gebühren des Hauptprozesses.

Grundsätzlich ist jede einstweilige Anordnung in gebührenrechtlicher Hinsicht eine **besondere Angelegenheit**. In § 18 Ziff. 1 RVG werden aber in Halbsatz 1 die einstweiligen Anordnungen in sieben Gruppen (Buchstaben a bis g) unterteilt und es wird in Halbsatz 2 bestimmt, dass mehrere einstweilige Anordnungen, die unter **dieselbe Gruppe** fallen, als **nur eine Angelegenheit** gelten. Fallen mehrere einstweilige Anordnungen unter dieselbe Gruppe, sind deshalb deren Gegenstandswerte vor Berechnung der Gebühren zu addieren. Dies gilt nach Halbsatz 3 auch dann, wenn mehrere Verfahren aus einer Gruppe denselben Gegenstand betreffen.

Wenn die zwischen den Parteien anhängigen einstweiligen Anordnungsverfahren nicht unter denselben Buchstaben fallen, liegen folglich mehrere besondere Angelegenheiten vor.

Die **Gegenstandswerte** sind nach unterschiedlichen Vorschriften zu ermitteln:

- Bei **Unterhaltsansprüchen** (§ 620 Nr. 4 und 6, § 641 d oder § 644 ZPO) ist der Unterhaltsbetrag von sechs Monaten maßgebend (§ 53 Abs. 2 S. 1 GKG).

- Bei Regelung der **Benutzung der Ehewohnung** (§ 620 Nr. 7 und 9 ZPO) ist ein Festwert von 2 000,00 EUR vorgeschrieben (§ 53 Abs. 2 S. 2 Hs. 1 GKG).

- Bei Regelung der **Benutzung des Hausrats** (§ 620 Nr. 7 ZPO) ist ein Festwert von 1 200,00 EUR vorgeschrieben (§ 53 Abs. 2 S. 2 Hs. 2 GKG).

- Bei Regelung der **elterlichen Sorge**, des Umgangsrechts mit dem Kind oder der Herausgabe des Kindes (§ 620 Nr. 1 – 3 ZPO) ist § 24 S. 1 RVG maßgebend, wonach der Ausgangswert für das erste Kind in der Regel 500,00 EUR beträgt. In Ausnahmefällen kann er nach billigem Ermessen jedoch auch niedriger liegen oder bis zu 500 000,00 EUR betragen (§ 23 Abs. 3 S. 2 RVG). Für das zweite und weitere Kinder wird der Wert meistens um ungefähr 150,00 EUR erhöht – also nicht etwa vervielfacht.

    Hinweis: Da § 24 RVG ausdrücklich davon spricht, dass von einem Wert von 500,00 EUR auszugehen ist, wird man hier keinen Festwert wie in § 48 Abs. 3 S. 3 GKG annehmen können.

- Bei der Regelung anderer **nicht vermögensrechtlicher Streitigkeiten** ist der Wert vom Gericht nach freiem Ermessen festzusetzen (§ 48 Abs. 2 GKG). Der Wert kann in diesen Fällen auf einen Betrag von höchstens 1 Million EUR festgesetzt werden.

    Als **Beispiel für eine nicht vermögensrechtliche Streitigkeit** sei die Regelung der Art und Weise des Getrenntlebens für die Dauer des Scheidungsverfahrens genannt (§ 620 Nr. 5 ZPO).

Beispiel: Frau Schilp hat durch RA Gluck Scheidungsantrag stellen lassen. Während des Scheidungsverfahrens beantragt RA Gluck eine einstweilige Anordnung gegen den Ehemann auf Zahlung eines Prozesskostenvorschusses (§ 620 Nr. 10 ZPO) in Höhe von 990,90 EUR. Es ergeht ein entsprechender Beschluss ohne mündliche Verhandlung (§ 620 a ZPO). Später beantragt er eine weitere einstweilige Anordnung, wonach der Ehemann einen monatlichen Unterhalt von 400,00 EUR zahlen soll (§ 620 Nr. 6 ZPO). Das Gericht erlässt eine entsprechende einstweilige Anordnung durch Beschluss ohne mündliche Verhandlung.

Da beide einstweilige Anordnungen unter den Buchstaben b) des § 18 Ziff. 1 RVG fallen, werden ihre Werte addiert, also 990,90 EUR + (6 x 400,00 EUR) = 3 390,90 EUR.

Gegenstandswert: 3 390,90 EUR	EUR
1,3 Verfahrensgebühr gem. §§ 2, 13, 18 Ziff. 1 Lit. b), VV Nr. 3100 RVG	318,50
20 % Pauschale für Post- und Telekommunikationsentgelte gem. § 2 Abs. 2 S. 1, VV Nr. 7002 RVG	20,00
	338,50
16 % USt. gem. § 2 Abs. 2 S. 1, VV Nr. 7008 RVG	54,16
	392,66

Merke:

Durch eine einstweilige Anordnung trifft das Gericht während des anhängigen Prozesses eine vorläufige Entscheidung.

Gebührenrechtlich ist dies eine besondere Angelegenheit, in der in der Regel eine Verfahrensgebühr – und falls eine mündliche Verhandlung stattfindet eine Terminsgebühr – sowie die Auslagenpauschale gesondert entstehen.

Es ist darauf zu achten, ob verschiedene Anordnungen unter denselben Buchstaben des § 18 Ziff. 1 RVG fallen, da dann deren Werte zusammenzurechnen sind.

10.6 Gebühren in Kindschaftssachen und Unterhaltssachen von Kindern

Im sechsten Buch der ZPO werden neben dem Verfahren in Familiensachen (siehe dazu Kapitel 10.1) auch das Verfahren in Kindschaftssachen und das Verfahren über den Unterhalt geregelt, wobei die vereinfachten Verfahren über den Unterhalt Minderjähriger von besonderer Bedeutung sind.

10.6.1 Die Gebühren in Kindschaftssachen

In § 640 Abs. 2 ZPO ist definiert, welche Rechtsstreitigkeiten zu den Kindschaftssachen gehören. **Als Kindschaftssachen gelten** demnach folgende Verfahren:

- Feststellungsklage über das Bestehen oder Nichtbestehen eines Eltern-Kind-Verhältnisses, wozu insbesondere die Klage eines Kindes, dessen Eltern nicht miteinander verheiratet sind, über die Feststellung der Vaterschaft gehört.
- Feststellungsklage, die die Anfechtung der Vaterschaft zum Ziel hat.
- Feststellungsklage über das Bestehen oder Nichtbestehen der elterlichen Sorge, wozu z. B. der Streit um den Eintritt der Volljährigkeit gehört.

Praktisch bedeutsam ist insbesondere die an erster Stelle genannte Klage des Kindes, dessen Eltern nicht miteinander verheiratet sind.

Das Kindschaftsverfahren ist eine **besondere Verfahrensart** der ZPO. Da es ein Urteilsverfahren ist, gelten grundsätzlich die Verfahrensregeln des zweiten Buches der ZPO, die gemäß § 640 Abs. 1 ZPO weitgehend durch bestimmte Verfahrensvorschriften des Eheverfahrens ergänzt werden. Hervorzuheben ist, dass auch hier der Untersuchungsgrundsatz (§ 616 Abs. 1 ZPO) gilt, wonach das Gericht Beweismittel von Amts wegen heranzuziehen hat, wie z. B. Blutgruppenuntersuchungen, DNA-Analysen (§ 372 a ZPO).

Kindschaftssachen sind nicht vermögensrechtliche Streitigkeiten. Der **Streitwert einer Kindschaftssache** bestimmt sich nach § 48 Abs. 3 S. 3 Hs. 1 GKG, das heißt, es ist ein **Festwert von 2 000,00 EUR** vorgeschrieben. Ob dies auch für mehrere Kinder gilt, bleibt abzuwarten.

Dem prozessbevollmächtigten RA stehen für seine Tätigkeit im Kindschaftsverfahren die Gebühren nach VV Nrn. 3100 ff. RVG zu. Der RA wird in der Regel eine Verfahrensgebühr und eine Terminsgebühr erhalten.

Für die **einstweilige Anordnung** über den Unterhalt nach § 641 d ZPO (bei Vaterschaftsfeststellungsklage) bzw. nach § 644 ZPO (bei Unterhaltsklage) werden Gebühren unter Anwendung des § 18 Ziff. 1 Lit. e), f) RVG berechnet (siehe Kapitel 10.5).

Merke:

Der Streitwert in einer Kindschaftssache ist ein Festwert und beträgt 2 000,00 EUR.

Rechtsanwaltsgebühren entstehen nach VV Nrn. 3100 ff. RVG.

10.6.2 Die Gebühren in Unterhaltssachen

10.6.2.1 Die Unterhaltsklage

Alle Verwandten in gerader Linie sind sich gegenseitig zum Unterhalt verpflichtet (§ 1601 BGB). Jedes minderjährige unverheiratete Kind hat gegenüber seinen Eltern einen Anspruch auf Unterhalt, soweit es im Sinne von § 1602 Abs. 2 BGB unterhaltsbedürftig ist. Wenn das Kind mit seinen Eltern in einem Haushalt lebt, wird es freilich kaum jemals zu rechtlichen Problemen wegen des Unterhalts kommen.

Kinder, deren Eltern nach der Scheidung getrennt leben oder deren Eltern niemals miteinander verheiratet waren, haben dagegen häufig Schwierigkeiten, den Unterhalt von dem Elternteil zu erhalten, mit dem sie nicht zusammenleben. Um einheitliche Regeln zu schaffen, wonach minderjährige Kinder von dem Elternteil, mit dem sie nicht in einem Haushalt leben, Unterhalt beanspruchen können, hat der Gesetzgeber die **Regelbetrag-Verordnung** geschaffen. Nach § 1612 a BGB kann ein Kind in solchen Fällen den Unterhalt als Vomhundertsatz eines oder des jeweiligen Regelbetrages nach der Regelbetrag-Verordnung verlangen. Das auf das Kind entfallende Kindergeld ist grundsätzlich zur Hälfte auf den sich ergebenden monatlichen Unterhaltsbetrag anzurechnen (§ 1612 b BGB).

> **Hinweis:** Die Regelbetrag-Verordnung ist in der Gesetzessammlung „Schönfelder" als Fußnote zu § 1612 a BGB abgedruckt.
>
> Die Regelbeträge werden nach dem Alter des Kindes in drei Altersstufen festgesetzt; sie werden vom Bundesjustizministerium im Zweijahresrhythmus der allgemeinen Einkommensentwicklung angepasst.
>
> Die Regelbeträge selbst bestimmen nicht die Höhe des Unterhalts, sondern dieser ergibt sich erst nach Multiplikation mit dem für das betreffende Kind festgesetzten Vomhundertsatz, geteilt durch 100. Der vom Familiengericht entsprechend dem elterlichen Einkommen zu bestimmende Vomhundertsatz kann z. B. der Düsseldorfer Tabelle entnommen werden. Die Regelbeträge dienen also nur dazu, den Unterhalt im Zweijahresrhythmus zu dynamisieren; der Kindesunterhalt wird somit ohne spätere weitere Klagen der allgemeinen Einkommensentwicklung angepasst.

Ein minderjähriges Kind kann den Elternteil, mit dem es nicht in einem Haushalt lebt, auf Zahlung von Unterhalt nach den vorstehend beschriebenen Grundsätzen verklagen. Für die **Kindesunterhaltsklage** nach § 642 Abs. 1 ZPO ist das Familiengericht ausschließlich zuständig (§ 23 b Abs. 1 Nr. 5 GVG, § 621 Abs. 1 Nr. 4 ZPO).

Der **Gegenstandswert** einer solchen Klage bestimmt sich nach § 42 Abs. 1 GKG. Für die **Unterhaltsklage** ist höchstens der **Jahresbetrag** des geforderten Unterhalts anzusetzen (§ 42 Abs. 1 S. 1 GKG). Es wird so sein, dass für das Kind in der Zukunft unterschiedlich hohe Monatsbeträge des Unterhalts zu zahlen sind, was sich z. B. aus den Altersstufen der Regelbetrag-Verordnung ergibt. Deshalb ist für die Wertberechnung nur der Unterhalt der ersten zwölf Monate nach Einreichung der Klage maßgeblich; spätere Erhöhungen des Unterhalts werden also nicht berücksichtigt. Bei Einreichung der Klage fälliger **rückständiger Unterhalt** ist dem nach Abs. 1 des § 42 GKG ermittelten Jahresbetrag hinzuzurechnen (§ 42 Abs. 5 GKG).

Unterhalt kann aber auch als **Ehegattenunterhalt** nach der Scheidung eingeklagt werden (§§ 1569 ff. BGB). Dies wurde bereits in Kapitel 10.2 behandelt.

Weiterhin besteht nach § 1615 I Abs. 1 BGB ein **Unterhaltsanspruch der Mutter** eines Kindes, mit dessen Vater sie nicht verheiratet ist oder war, gegen den Vater für die Dauer von 6 Wochen vor und 8 Wochen nach der Geburt des Kindes. Dieser Zeitraum kann nach

Abs. 2 besagter Vorschrift auf bis zu 3 Jahre nach der Geburt ausgedehnt werden, wenn die Mutter während dieser Zeit nicht erwerbstätig sein kann.

Auch für die beiden letztgenannten Unterhaltsklagen ist das Familiengericht ausschließlich zuständig (§ 23 b Abs. 1 Nr. 6 und Nr. 13 GVG, § 621 Abs. 1 Nr. 5 und Nr. 11 ZPO). Der Gegenstandswert wird wie vorstehend erläutert als Jahresbetrag zuzüglich der Rückstände berechnet, nur dass es hierfür keine Regelbeträge gibt.

Für seine Tätigkeit im Prozess über den Unterhalt erhält der RA Gebühren nach den Nrn. 3100 ff. VV RVG. Siehe auch Kapitel 10.2.

Merke:
Der mit der Unterhaltsklage beauftragte RA erhält die Gebühren der Nrn. 3100 ff. VV RVG.

Gegenstandswert ist höchstens der Jahresbetrag des geforderten Unterhalts, zuzüglich eingeklagter Rückstände.

10.6.2.2 Vereinfachte Verfahren über den Unterhalt Minderjähriger

Zur verfahrensrechtlichen Erleichterung gibt es vereinfachte Verfahren über den Unterhalt minderjähriger Kinder, die in den §§ 645 bis 660 ZPO geregelt sind. In den Fällen, in denen diese zulässig sind, bleibt den Parteien ein Klageverfahren erspart.

Es handelt sich um **drei Möglichkeiten des vereinfachten Verfahrens** zur Festsetzung bzw. Abänderung des Unterhalts für ein minderjähriges Kind:

- Das vereinfachte Verfahren zur erstmaligen Festsetzung des Unterhalts (§§ 645 ff. ZPO).

- Das vereinfachte Verfahren zur Abänderung von Unterhaltstiteln bei Änderung maßgeblicher Umstände (§ 655 ZPO).

- Das vereinfachte Verfahren zur Festsetzung von Unterhalt bereits im Prozess über die Feststellung der Vaterschaft (§ 653 ZPO).

10.6.2.2.1 Vereinfachtes Verfahren zur erstmaligen Festsetzung des Unterhalts (§§ 645 ff. ZPO)

Mit diesem vereinfachten Verfahren besteht für alle minderjährigen Kinder ein schnell und einfach ausgebildetes Verfahren vor dem Rechtspfleger zur Erlangung eines Vollstreckungstitels über den Unterhalt im Beschlussweg. Der Beschluss kann ohne mündliche Verhandlung ergehen.

Voraussetzung für dieses Verfahren ist, dass das Kind mit dem in Anspruch genommenen Elternteil nicht in einem Haushalt lebt und dass kein höherer Unterhalt als das **Eineinhalbfache des Regelbetrages** nach der Regelbetrag-Verordnung eingefordert wird (§ 645 ZPO). Der geforderte Vomhundertsatz nach § 1612 a BGB darf in diesem Verfahren also maximal 150 % betragen.

Aus § 645 Abs. 2 ZPO ergibt sich, dass dieses vereinfachte Verfahren **nur zur erstmaligen Festsetzung** des Unterhalts zulässig ist, aber nicht zur Abänderung eines bereits vorliegenden Vollstreckungstitels. Zur Neuregelung wäre eine Abänderungsklage nach § 323 ZPO zu erheben.

Für seine Tätigkeiten in diesem vereinfachten Verfahren erhält der RA die 1,3 Verfahrensgebühr nach VV Nr. 3100 RVG. Mit dieser Gebühr wird die gesamte Tätigkeit des RA abgegolten, also auch die Prüfung von Einwendungen nach § 648 ZPO. Eine Terminsgebühr wird nicht entstehen, da in dem Verfahren in der Regel keine mündliche Verhandlung stattfindet.

Damit durch das vereinfachte Verfahren keine zusätzlichen Kosten entstehen, sieht VV Nr. 3100 Anm. Abs. 1 RVG die **Anrechnung der Verfahrensgebühr** für das vereinfachte Verfahren auf die Verfahrensgebühr des nachfolgenden Unterhaltsprozesses vor, der als Fortsetzung des vereinfachten Verfahrens anzusehen ist. Es kann nämlich bei nicht zurückzuweisenden oder zulässigen Einwendungen des Unterhaltsverpflichteten nach § 650 ZPO zumindest über einen Teil des eingeforderten Unterhalts ein Vollstreckungstitel erlassen werden; sodann kann nach § 651 ZPO auf Antrag einer Partei das streitige Verfahren (der Unterhaltsprozess) durchgeführt werden. Die Anrechnungsbestimmung in VV Nr. 3100 Anm. Abs. 1 RVG ist erforderlich, weil in § 17 Ziff. 3 RVG das vereinfachte Verfahren und der Prozess zu verschiedenen Angelegenheiten erklärt sind. Man kann dies übrigens in etwa mit dem Übergang vom Mahnverfahren (§§ 699 ff. ZPO) in das streitige Verfahren vergleichen.

Der **Gegenstandswert** dieses vereinfachten Verfahrens ist nach § 42 Abs. 1 GKG der Jahresbetrag des geforderten Unterhalts der ersten zwölf Monate nach Einreichung des Antrags (siehe Kapitel 10.6.2.1). Rückständiger Unterhalt wird hinzugerechnet (§ 42 Abs. 5 S. 3 GKG).

Beispiel: RA Meister vertritt die 13-jährige Heidi gegenüber ihrem unterhaltspflichtigen Vater. Er beantragt beim Familiengericht die erstmalige Festsetzung von Unterhalt im vereinfachten Verfahren nach den §§ 645 ff. ZPO. Gefordert wird Unterhalt in Höhe von 135 % des jeweiligen Regelbetrages (§ 1612 a BGB). Das Kindergeld für Heidi beträgt 154,00 EUR (§ 1612 b BGB). Unterhaltsrückstand wird für 3 Monate geltend gemacht (§ 1613 BGB). Der Rechtspfleger gibt dem Antrag durch Beschluss statt.

Der **Gegenstandswert** ist nach § 42 GKG wie folgt zu berechnen:

Der monatliche Unterhalt für Heidi ergibt sich aus der zweiten Altersstufe der Regelbetrag-Verordnung (Stand 1. Juli 2003):

241,00 EUR x 135 : 100 = 325,35 EUR, aufgerundet 326,00 EUR.

Nach Abzug des anteiligen Kindergeldes verbleiben 326,00 EUR − 77,00 EUR = 249,00 EUR.

Jahresbetrag geforderter Unterhalt:	12 x 249,00 EUR =	2 988,00 EUR
Rückständiger Unterhalt:	3 x 249,00 EUR =	747,00 EUR
		3 735,00 EUR

RA Meister erstellt folgende **Vergütungsrechnung**:

	EUR
Gegenstandswert: 3 735,00 EUR	
1,3 Verfahrensgebühr gem. §§ 2, 13, VV Nr. 3100 RVG	318,50
20 % Pauschale für Post- und Telekommunikationsentgelte gem. § 2 Abs. 2 S. 1, VV Nr. 7002 RVG	20,00
	338,50
16 % USt. gem. § 2 Abs. 2 S. 1, VV Nr. 7008 RVG	54,16
	392,66

Hinweis: Nach § 1612 b Abs. 5 BGB muss ein Kind als Unterhalt mindestens 135 % des Regelbetrages abzüglich des hälftigen Kindergeldes erhalten. Das bedeutet, dass bei Prozentsätzen unterhalb von 135 % das Kindergeld auch mit weniger als der Hälfte oder überhaupt nicht anzurechnen ist. Dies führt dazu, dass im Prinzip alle Schuldner von Kindesunterhalt bis zur sechsten Einkommensgruppe der Düsseldorfer Tabelle im Endergebnis den gleichen Unterhaltsbetrag zahlen müssen.

> **Merke:**
> Der RA erhält im vereinfachten Verfahren zur erstmaligen Festsetzung des Unterhalts eine Verfahrensgebühr nach VV Nr. 3100 RVG.
>
> Die Gebühr ist auf die Verfahrensgebühr des nachfolgenden Unterhaltsprozesses anzurechnen.
>
> Gegenstandswert ist höchstens der Jahresbetrag des geforderten Unterhalts, zuzüglich eingeklagter Rückstände.

10.6.2.2.2 Vereinfachtes Verfahren zur Abänderung von Unterhaltstiteln (§ 655 ZPO)

In Unterhaltstiteln (Festsetzungsbeschluss, Urteil, notarielle Urkunde, Vergleich) sind die nach den §§ 1612 b und 1612 c BGB anzurechnenden Leistungen dem Betrage nach festzusetzen. Es handelt sich bei diesen Leistungen z. B. um das auf das Kind entfallende Kindergeld. Die Höhe der Kindergeldzahlung kann sich nun verändern.

In § 655 ZPO wird für alle Arten von Unterhaltstiteln, in denen anzurechnende Beträge im Sinne der §§ 1612 b und 1612 c BGB berücksichtigt sind, ein vereinfachtes Verfahren vor dem Rechtspfleger vorgesehen, in dem diese Beträge abgeändert werden können, wenn sich ein für die Berechnung des Betrages maßgeblicher Umstand ändert. Zum Beispiel könnte sich das Kindergeld erhöhen. Es handelt sich um ein Beschlussverfahren, in dem ohne mündliche Verhandlung entschieden werden kann. Dieses vereinfachte Verfahren erspart eine Abänderungsklage nach § 323 ZPO.

Der bevollmächtigte RA erhält für seine Tätigkeit im vereinfachten Verfahren Gebühren nach den Nrn. 3100 ff. VV RVG. In der Regel wird nur eine Verfahrensgebühr entstehen, da es unwahrscheinlich ist, dass es in diesem Verfahren zu einer Verhandlung oder einer Beweisaufnahme kommt.

Damit durch das vereinfachte Verfahren keine zusätzlichen Kosten entstehen, sieht VV Nr. 3100 Anm. Abs. 1 RVG die **Anrechnung der Verfahrensgebühr** für das vereinfachte Verfahren auf die Verfahrensgebühr einer eventuell nachfolgenden Abänderungsklage nach § 656 ZPO vor. Jede Partei könnte gegen den im vereinfachten Verfahren ergangenen Abänderungsbeschluss mit einer Klage nach § 656 ZPO vorgehen, wenn der Abänderungsbeschluss die besonderen Verhältnisse der Partei nicht berücksichtigt.

Der **Gegenstandswert** des vereinfachten Verfahrens zur Abänderung von Unterhaltstiteln wird nach § 42 Abs. 1 GKG berechnet. Der Jahresbetrag ergibt sich aus dem Unterschied zwischen dem bestehenden Unterhaltsanspruch aus dem alten Titel und dem Jahresbetrag des Unterhalts, dessen Festsetzung mit dem Abänderungsantrag begehrt wird. Rückstände werden dem Jahresbetrag hinzugerechnet (§ 42 Abs. 5 S. 3 GKG).

Hinweis: Für das gerichtliche Abänderungsverfahren ist in Nr. 1121 des Kostenverzeichnisses des GKG eine Festgebühr vorgesehen.

> **Merke:**
>
> Der RA erhält im vereinfachten Verfahren zur Abänderung von Unterhaltstiteln eine Verfahrensgebühr nach VV Nr. 3100 RVG.
>
> Die Gebühr ist auf die Verfahrensgebühr einer nachfolgenden Abänderungsklage (§ 656 ZPO) anzurechnen.
>
> Gegenstandswert ist höchstens der Jahresbetrag der geforderten Unterhaltsveränderung, zuzüglich eingeklagter Rückstände.

10.6.2.2.3 Vereinfachtes Verfahren zur Festsetzung von Unterhalt im Kindschaftsverfahren (§ 653 ZPO)

Ein Kind kann mit der Klage auf Feststellung der Vaterschaft (§ 640 Abs. 2 Nr. 1 ZPO) ausnahmsweise gleichzeitig seinen Unterhaltsanspruch geltend machen, wenn es nicht mehr als die Regelbeträge fordert (§ 653 ZPO). Dies hat den Zweck, nach dem Kindschaftsprozess einen weiteren Rechtsstreit über den Unterhalt zu vermeiden.

Dieses vereinfachte Verfahren zur Festsetzung von Unterhalt nach § 653 ZPO ist Teil des Kindschaftsprozesses, sodass die **Gebühren** des RA nach den Nrn. 3100 ff. VV RVG berechnet werden.

Der **Gegenstandswert** bestimmt sich in diesem Fall nach § 48 Abs. 4 GKG. Da der vermögensrechtliche Unterhaltsanspruch sich dann aus dem nicht vermögensrechtlichen Feststellungsanspruch herleitet, werden die beiden Werte nicht zusammengerechnet, sondern nur der höhere von beiden angesetzt. Der Wert des Unterhaltsanspruchs wird nach § 42 Abs. 1, Abs. 5 GKG festgesetzt und entspricht dem Jahresbetrag des Unterhalts zuzüglich etwaiger Rückstände (siehe Kapitel 10.6.2.1). Der Wert der Kindschaftssache beträgt im Regelfall 2 000,00 EUR (§ 48 Abs. 3 S. 3 Hs. 1 GKG; siehe Kapitel 10.6.1). Nach heutigen Unterhaltssätzen ist der Jahresbetrag des Unterhalts zusammen mit den Rückständen in der Regel höher als der Wert der Kindschaftssache, sodass der Gegenstandswert des gesamten Verfahrens sich häufig nur aus dem Unterhaltsanspruch ergibt.

> **Merke:**
>
> Mit der Klage auf Feststellung der Vaterschaft kann gleichzeitig der Unterhalt eingeklagt werden.
>
> Als Gegenstandswert darf nur der höhere Wert von einem der beiden Ansprüche angesetzt werden, was meist der Unterhaltsanspruch ist.
>
> Der RA berechnet seine Gebühren nach den Nrn. 3100 ff. RVG.

11 DIE GRUNDLAGEN DES GKG

11.1 Vorbemerkung

Es wird die Leserinnen und Leser freuen, dass dieser Teil des Buches relativ kurz gehalten werden kann. Von den Auszubildenden bei Rechtsanwälten bzw. Rechtsanwälten/Notaren wird in den Prüfungen nur erwartet, dass sie die Höhe der Gerichtskostenvorauszahlung bestimmen und Gerichtskostenrechnungen prüfen können.

Daraus ergibt sich, dass Sie sich nicht so intensiv mit dem GKG zu beschäftigen haben, wie Sie es mit dem RVG tun müssen. Um jedoch eine Gerichtskostenrechnung prüfen zu können, sind dann aber doch einige Kenntnisse notwendig ...

11.2 Der Geltungsbereich des GKG (§ 1 GKG)

Gerichtskosten sind die für die Tätigkeit der Gerichte anfallenden öffentlichen Abgaben. Die Gerichtskosten sind insbesondere im GKG und in der KostO gesetzlich geregelt.

- Das GKG regelt im Wesentlichen die Kosten bei den ordentlichen Gerichten im Bereich der streitigen Gerichtsbarkeit und der Strafgerichtsbarkeit, vor allem also des Zivilprozesses, wogegen
- die KostO in ihrem ersten Teil die Gerichtskosten aus dem Bereich der freiwilligen Gerichtsbarkeit regelt.

Eine Ausnahme von dieser Unterteilung bilden die Kosten von Familiensachen der freiwilligen Gerichtsbarkeit, die, wenn sie Folgesachen im Scheidungsverbund sind, nicht nach der für sie eigentlich maßgeblichen KostO, sondern nach dem GKG gemäß dessen § 1 Ziff. 1 Lit. b) und c) berechnet werden (siehe auch Kapitel 10.3.2.2: „FGG-Folgesachen").

Weiterhin gilt das GKG für die Kosten in allen anderen in § 1 GKG genannten Verfahren und den dort aufgeführten Gerichten, also z. B. für die Verfahren nach der Insolvenzordnung, dem Gesetz über Ordnungswidrigkeiten und vor den Verwaltungs- und Finanzgerichten, sowie für Verfahren vor den Arbeitsgerichten.

> **Merke:**
> Das GKG regelt im Wesentlichen die Kosten des Zivil- und des Strafprozesses, wogegen die KostO die Gerichtskosten aus dem Bereich der freiwilligen Gerichtsbarkeit regelt.
>
> Ferner regelt das GKG die Kosten vor den Verwaltungsgerichten, Finanzgerichten, Sozialgerichten, Arbeitsgerichten, usw..

Das GKG gibt es übrigens bereits seit dem Jahre 1878. Es trat zusammen mit der ZPO und der StPO 1879 in Kraft. Es ist seitdem wiederholt geändert worden. Besonders durchgreifende Änderungen erfolgten 1975, 1994 und 2004.

11.3 Der Kostenbegriff des GKG

Die von den Gerichten erhobenen **Kosten setzen sich aus Gebühren und Auslagen zusammen** (§ 1 S. 1 GKG).

Sie werden sich erinnern, dass die Kostengesetze jeweils unterschiedliche Begriffe für Gebühren und Auslagen prägen: Im GKG und in der KostO wird der Begriff Kosten verwendet, wogegen das RVG dies Vergütung nennt (vgl. Kapitel 0.3).

11.4 Der Aufbau des GKG

Im Prinzip ist das GKG genauso aufgebaut, wie Sie das schon in Bezug auf das RVG kennen gelernt haben. Das GKG besteht aus:

- dem **Gesetzesteil** mit neun Abschnitten,
- dem **Kostenverzeichnis** (das dem Vergütungsverzeichnis des RVG entspricht) und
- der **Gebührentabelle** des GKG.

Dem Gesetzesteil und dem Kostenverzeichnis sind jeweils Gliederungen vorangestellt, sodass Sie relativ schnell eine gesuchte Vorschrift auffinden können.

Der Gesetzesteil enthält wichtige Vorschriften z. B. über die Vorauszahlung der Gerichtskosten (§ 12 GKG) und in Abschnitt 7 die Wertvorschriften, die bereits vorgestellt worden sind (siehe Kapitel 2).

11.5 Wichtige Gebührenvorschriften des GKG

An dieser Stelle soll eine Auswahl der für Sie bedeutsamsten Gebührenvorschriften des GKG aufgezeigt werden.

Kostenverzeichnis		
Nr.	Gebührentatbestand	Gebühr oder Satz der Gebühr nach § 34 GKG
1110	Verfahren über Antrag auf Erlass eines Mahnbescheids	0,5 (mindestens 18,00 EUR, ab 01.07.06: 23,00 EUR
1210	Verfahren im Allgemeinen (Klage in erster Instanz) (Gebühr für das Mahnverfahren wird angerechnet)	3,0
1211	Beendigung des Verfahrens durch rechtzeitige Zurücknahme der Klage, Anerkenntnis- oder Verzichtsurteil, gerichtlichen Vergleich usw.	1,0
1220	Verfahren im Allgemeinen (Berufungsinstanz)	4,0
1230	Verfahren im Allgemeinen (Revisionsinstanz)	5,0
1310	Verfahren im Allgemeinen (Ehescheidung)	2,0
1900	Gerichtlicher Vergleich über nicht rechtshängige Gegenstände („Differenzverfahrensgebühr")	0,25
2110	Pfändungs- und Überweisungsbeschluss	15,00 EUR
2114	Kopie des Vermögensverzeichnisses (eidesstattliche Versicherung)	15,00 EUR
2115	Einsicht in das Vermögensverzeichnis (eidesstattliche Versicherung)	15,00 EUR
2116	Verteilungsverfahren	0,5
2117	Gerichtliche Vollstreckbarerklärung eines Anwaltsvergleichs (§ 796 a ZPO)	50,00 EUR
8100	Verfahren über den Antrag auf Erlass eines Vollstreckungsbescheids (nur Arbeitsgericht)	0,4 (mindestens 15,00 EUR, ab 01.07.06: 18,00 EUR

Kostenverzeichnis		
Nr.	Gebührentatbestand	Gebühr oder Satz der Gebühr nach § 34 GKG
8210	Verfahren im Allgemeinen (Arbeitsgericht, erste Instanz) (Gebühr für Vollstreckungsbescheid wird angerechnet)	2,0
9000	Dokumentenpauschale je Seite ... für die ersten 50 Seiten ... für jede weitere Seite (3) Die Dokumentenpauschale wird nicht erhoben neben der Gebühr 2114 oder 2115	0,50 EUR 0,15 EUR
9002	Auslagen für die Zustellung Diese Auslagen werden bei Wertgebühren nur erhoben, wenn in der Instanz mehr als 10 Zustellungen anfallen!	In Höhe des Postentgelts

11.6 Vorauszahlungspflicht

Teilweise müssen Sie die Gebühren für gerichtliche Verfahren vorausbezahlen. So ordnet § 12 Abs. 1 GKG an, dass bei einer **Klage** (gilt also nur in der ersten Instanz) dem Beklagten die Klageschrift erst nach **Vorauszahlung der Verfahrensgebühr** zugestellt werden soll. Vor den Arbeitsgerichten gilt dies nicht gemäß § 11 GKG.

Nach § 12 Abs. 3 S. 2 GKG soll beim maschinellen **Mahnverfahren** der Vollstreckungsbescheid erst erlassen werden, wenn der Antragsteller die Verfahrensgebühr für das Mahnverfahren bezahlt hat.

In der **Zwangsvollstreckung** müssen für die Abnahme der eidesstattlichen Versicherung oder für Einsicht bzw. Kopien des Vermögensverzeichnisses die dafür vorgesehenen Gebühren vorausgezahlt werden (§ 12 Abs. 4 GKG). Für bestimmte Anträge (wichtiges Beispiel: Pfändungs- und Überweisungsbeschlüsse) müssen ebenfalls die Gebühren und die Zustellungsauslagen vorausbezahlt werden (§ 12 Abs. 5 GKG).

11.7 Beispiel zur Berechnung von Gerichtskosten

Beispiel: Die Witwe Bolte beantragt ohne anwaltliche Hilfe beim zuständigen Amtsgericht den Erlass eines Mahnbescheids wegen Darlehensrückforderung in Höhe von 1 000,00 EUR gegen den Krummnagel. Da die Witwe das Antragsformular unvollständig ausgefüllt hat, muss der Rechtspfleger zweimal bei ihr rückfragen, bevor er den Mahnbescheid erlassen kann. Der erste Versuch der Zustellung des erlassenen Mahnbescheids an den Krummnagel scheitert, da er nicht unter der angegebenen Anschrift wohnt. Die Witwe Bolte teilt nunmehr dem Amtsgericht die richtige Anschrift mit, woraufhin die Zustellung erfolgt. Bei der Berechnung der Gerichtskosten ist festzuhalten, dass es sich bei der Mahnverfahrensgebühr um eine Pauschgebühr handelt; die Zustellungsauslagen werden pauschal nur bis zu 10 Zustellungen in einem Rechtszug abgegolten (Anmerkung zu Nr. 9002 Kostenverzeichnis zum GKG).

Für das Mahnverfahren sind die folgenden Kosten gemäß § 12 Abs. 3 S. 1, 2 GKG vorauszuzahlen.

Streitwert: 1 000,00 EUR	EUR
0,5 Mahnverfahrensgebühr gem. §§ 3, 34, KV Nr. 1100 GKG	27,50

Krummnagel legt nun Widerspruch ein. Vor Abgabe an das für das streitige Verfahren zuständige Gericht wird die Witwe Bolte gemäß § 12 Abs. 3 S. 3 GKG zur Einzahlung von weiteren Gebühren aufgefordert:

Streitwert: 1 000,00 EUR	EUR
3,0 Verfahrensgebühr gem. §§ 3, 34, KV Nr. 1210 GKG	165,00
abzüglich anzurechnender	
− 0,5 Mahnverfahrensgebühr gem. §§ 3, 34, KV Nr. 1100 GKG	− 27,50
	137,50

Zustellungsauslagen werden nicht erhoben, da weniger als 10 Zustellungen anfallen.

Denken Sie daran, dass bei Gericht **keine Umsatzsteuer** anfällt.

12 AUFGABENTEIL

12.1 Rahmengebühren (→ Kapitel 1.3.2)

Aufgabenteil Gruppe 1

1. Berechnen Sie den Mittelsatz aus folgendem Rahmen: 0,1 bis 1,0.

2. Berechnen Sie den Mittelsatz aus folgendem Rahmen: 0,5 bis 1,0.

3. Berechnen Sie die Mittelgebühr aus dem Rahmen 10,00 bis 260,00 EUR.

4. Berechnen Sie die Mittelgebühr aus folgendem Rahmen: 30,00 EUR bis 312,50 EUR.

5. Ermitteln Sie die 0,75-Gebühr nach einem Gegenstandswert von 87 770,00 EUR.

6. Berechnen Sie die Mittelgebühr nach einem Gegenstandswert von 2 400,00 EUR gemäß VV Nr. 2100 RVG.

7. Ein bedeutender Politiker wird wegen einer Straftat angeklagt. Es handelt sich dabei um eine sehr schwierige steuerrechtliche Angelegenheit. Der ihn verteidigende RA muss einen sehr umfangreichen Aktenberg studieren, um den Fall bearbeiten zu können. Der Angeklagte verfügt über ein hohes Einkommen und ein großes ererbtes Vermögen.

    a) Stellen Sie die Grundsätze dar, nach denen Sie die Gebühr im Rahmen der VV Nr. 4112 RVG bestimmen.

    b) Wie hoch setzen Sie die Gebühr in Euro an?

8. Wie hoch wäre in vorstehender Aufgabe die Mittelgebühr?

9. Berechnen Sie die Mittelgebühr nach VV Nr. 2400 RGV. Dürfen Sie diese Mittelgebühr im Regelfall dem Auftraggeber in Rechnung stellen?

→ ..	=	Verweis auf Gliederungsnummer des Kapitels im Erklärungsteil
§§	=	Hinweis auf **zu prüfende** Paragrafen und Nummern aus dem VV bzw. KV (diese müssen nicht immer auch in Ihrer Lösung erscheinen)
[...... EUR]	=	Endergebnis der Lösung einschließlich Auslagen und USt. zur Selbstkontrolle
..*	=	Aufgabe für Fortgeschrittene (bezogen auf den jeweiligen Lernstand!)

Zinsen werden aus Vereinfachungsgründen mit 10 % p. a. berechnet.

Aufgaben Gruppe 1: Rahmengebühren

Lösungsteil Gruppe 1

5. VV Nr. 2200 RVG	[957,75 EUR]
6. VV Nr. 2100 RVG	[88,55 EUR]
7. b) § 14 RVG	[270,00 EUR]
8.	[155,00 EUR]
9.	[1,5]

12.2 Gebühren für anwaltliche Aufforderungsschreiben
(→ Kapitel 4)

Aufgabenteil Gruppe 2

1. Mümmelmann hat seinen Pkw an Faulhuber verkauft. Faulhuber hat den Kaufpreis bis auf einen Restbetrag von 2 000,00 EUR bar bezahlt. Die Zahlung des Restbetrages wird von ihm verweigert, da der Wagen nicht schnell genug fahre.
Mümmelmann bittet RA Volbers um Rat, was er nun tun könne. RA Volbers schlägt vor, den Faulhuber zunächst einmal nur anwaltlich zu mahnen, womit Mümmelmann einverstanden ist. Nach Erhalt des anwaltlichen Aufforderungsschreibens zahlt Faulhuber.
Umfang und Schwierigkeit der Sache sind von durchschnittlicher Art. Die vom RA entfaltete Tätigkeit entspricht etwa den Handlungen, die auch zur Vorbereitung einer Klage erforderlich gewesen wären, jedoch hat der RA noch nicht den Entwurf der Klageschrift gefertigt.
Berechnen Sie die Vergütung von RA Volbers.

2. Kania hat dem Klaas van Andern ein Darlehen von 1 900,00 EUR gewährt. Van Andern verweigert die Rückzahlung mit der Begründung, er habe dem Kania mehrfach beim Umzug geholfen und die 1 900,00 EUR seien sein Lohn hierfür. Kania beauftragt RAin Jaspers damit, die Forderung einzuklagen. Die RAin empfiehlt, vor Einreichung der Klage zunächst einmal den van Andern anwaltlich zur Zahlung aufzufordern, was geschieht. Van Andern zahlt daraufhin.
Erstellen Sie die Vergütungsrechnung von RAin Jaspers.

3. Tangermann hat seine Sammlung von Überraschungseiern über das Internet versteigert. Kickelhain hat den Zuschlag bei einem Preis von 999,00 EUR erhalten. Jetzt will Kickelhain nicht zahlen und behauptet, er habe nur aus Spaß an der Versteigerung teilgenommen.
Tangermann beauftragt RAin Lieb mit der Durchführung des gerichtlichen Mahnverfahrens gegen Kickelhain, wobei zunächst aber versucht werden soll, den Kickelhain außergerichtlich zu mahnen, was geschieht. Nach Erhalt des Mahnschreibens von RAin Lieb zahlt der Kickelhain den angemahnten Betrag.
Ermitteln Sie die Vergütung von RAin Lieb.

4. Fanslau hat seine Freundin Petra auf seine Kosten auf eine Urlaubsreise nach Mallorca mitgenommen. Die Reise hat 2 500,00 EUR für beide Personen gekostet. Auf Mallorca hat Petra den Mann ihrer Träume kennen gelernt. Fanslau fliegt allein zurück und beauftragt RA Wolters damit, den halben Reisepreis gegen Petra einzuklagen.
RA Wolters hält es für ratsam, dass er Petra zunächst einmal anschreibt und erst, wenn sie daraufhin keine Bereitschaft zur Zahlung zeigt, die Klage einreicht, die er jedoch schon vorbereiten wolle.
Der neue Freund von Petra überweist den geforderten Betrag, nachdem Petra das Schreiben von RA Wolters erhalten hat.
Welche Vergütung steht RA Wolters zu?

Aufgaben Gruppe 2: Gebühren für anwaltliche Aufforderungsschreiben

5. Martina hat dem Modefotografen Weber für einige Fotos Modell gestanden, wofür sie 1 000,00 EUR erhalten sollte. Da Weber sie immer wieder vertröstet, sucht Martina RAin Müller auf und bittet um Rat. Die RAin schlägt vor, den Weber durch ein anwaltliches Schreiben zur Zahlung aufzufordern und dann dessen Reaktion abzuwarten, bevor gerichtliche Schritte eingeleitet werden. Martina beauftragt die RAin damit.
Nach Erhalt des Schreibens zahlt Weber.
Umfang und Schwierigkeit der Sache sind von durchschnittlicher Art. Die von der RAin entfaltete Tätigkeit entspricht etwa den Handlungen, die auch zur Vorbereitung einer Klage erforderlich gewesen wären, jedoch hat die RAin noch nicht den Entwurf der Klageschrift gefertigt.
Berechnen Sie die Vergütung von RAin Müller.

6. Ria Buwitt hat der Edith Übel ihre Nähmaschine geliehen, die einen Verkehrswert von 400,00 EUR hat. Frau Übel verweigert die Rückgabe mit der Begründung, die Maschine sei ihr geschenkt worden. Frau Buwitt sucht RAin Katz auf und beauftragt sie damit, die Herausgabe der Nähmaschine einzuklagen. Die RAin sendet der Frau Übel zunächst ein anwaltliches Aufforderungsschreiben, in dem sie die Herausgabe der Nähmaschine verlangt. Da keine Reaktion der Frau Übel zu verzeichnen ist, setzt RAin Katz die Klageschrift auf und unterschreibt sie. Die Klageschrift soll am nächsten Morgen bei Gericht eingereicht werden.
Kurz vor Büroschluss ruft Frau Buwitt an und teilt mit, die Klage habe sich erledigt, da sie die Nähmaschine von Frau Übel zurückerhalten habe.
Welche Vergütung erhält RAin Katz?

7. Kaufmann Pfannebecker hat eine Kaufpreisforderung aus Verkauf eines Treckers gegen den Bauern Ziegenbein in Höhe von 87 600,00 EUR. Pfannebecker beauftragt RA Ruff mit der Durchführung des gerichtlichen Mahnverfahrens gegen Ziegenbein. Da Ziegenbein offensichtlich nur die Zahlung hinauszögern will, wird RA Ruff zunächst aber noch den Schuldner anwaltlich mahnen und ihm eine Wochenfrist zur Zahlung des bereits von Pfannebecker angemahnten Kaufpreises setzen. Dies geschieht. Ziegenbein zahlt den Kaufpreis fünf Tage nach Erhalt des anwaltlichen Schreibens.
Berechnen Sie das Honorar von RA Ruff.

8.* RA Graf soll für Bosch gegen den Becker wegen einer Forderung von 75 000,00 EUR zunächst außergerichtlich vorgehen, da die Rechtslage nicht so eindeutig ist. Deshalb wäre Bosch auch damit einverstanden, dass RA Graf mit Becker Verhandlungen über eine außergerichtliche Einigung führt.
RA Graf sendet dem Becker ein Aufforderungsschreiben, welches mit dem Hinweis schließt, dass er seinem Mandanten empfehlen werde, gegen Becker zu klagen, wenn dieser nicht zur Zahlung bereit sei.
Nach Erhalt des Schreibens ruft Becker bei RA Graf an und bietet – da er einen Prozess vermeiden wolle – die Zahlung von 30 000,00 EUR an. Nach Rücksprache mit seinem Mandanten bittet RA Graf den Becker in sein Büro und schlägt ihm einen Vergleich vor, wonach Becker 55 000,00 EUR an Bosch zahlen soll. In der Verhandlung zwischen RA Graf und Becker wird dann ein Vergleich über 50 000,00 EUR abgeschlossen, der auch von Bosch genehmigt wird.
Berechnen Sie die Vergütung von RA Graf. Umfang und Schwierigkeit der Angelegenheit sind von durchschnittlicher Art.

Aufgaben Gruppe 2: Gebühren für anwaltliche Aufforderungsschreiben

Lösungsteil Gruppe 2

1. §§ 2, 13, 14, 23, VV Nrn. 2400, 7002, 7008 RVG. [146,62 EUR]
2. §§ 2, 13, 23, VV Nrn. 3100, 3101, 7002, 7008 RVG. [146,62 EUR]
3. §§ 2, 13, 23, VV Nrn. 3305, 3306, 7002, 7008 RVG. [59,16 EUR]
4. §§ 2, 13, 23, VV Nrn. 3100, 3101, 7002, 7008 RVG. [116,93 EUR]
5. §§ 2, 13, 14, 23, VV Nrn. 2400, 7002, 7008 RVG. [94,66 EUR]
6. §§ 2, 13, 23, VV Nrn. 3100, 3101, 7002, 7008 RVG. [50,11 EUR]
7. §§ 2, 13, 23, VV Nrn. 3305, 3306, 7002, 7008 RVG. [763,86 EUR]
8. §§ 2, 13, 14, 23, VV Nrn. 1000, 2400, 7002, 7008 RVG. [3 920,80 EUR]

12.3 Gebühren für außergerichtliche Vertretung
(→ Kapitel 3.1, 1.6.1.3)

Aufgabenteil Gruppe 3

1. RA Neubauer hat den Auftrag, ein einfaches Mahnschreiben wegen einer Kaufpreisforderung über 75,00 EUR ohne schwierige rechtliche Ausführungen aufzusetzen. Das dreizeilige Schreiben geht am selben Tag ab.
   Errechnen Sie die Vergütung des RA Neubauer.

2. a) Irma Hübscher erscheint bei RA Wurm und beauftragt ihn, den Tommy Faul wegen einer Schadenersatzforderung in Höhe von 8 000,00 EUR zur Zahlung aufzufordern und ihn zu verklagen, falls er nicht zahle. RA Wurm sieht die Schriftstücke durch, die Frau Hübscher mitgebracht hat und bespricht die Angelegenheit mit ihr. Nachdem RA Wurm am folgenden Tag das Schreiben an Faul abgesandt hat, ruft ihn Frau Hübscher an und teilt ihm mit, sie habe sich in der Nacht mit Faul verlobt, weswegen sie den erteilten Auftrag zurückziehe.
   Berechnen Sie die Vergütung von RA Wurm.

   b) Wie hoch wäre seine Vergütung, wenn RA Wurm das Schreiben an Faul noch nicht erstellt und abgesandt hätte?

3. RA Müßigbrot wird beauftragt, den Ximitidis zur Zahlung von 28 775,00 EUR aufzufordern. Der Mandant will die Reaktion von Ximitidis abwarten, um gegebenenfalls gerichtliche Schritte zu unternehmen. Müßigbrot mahnt Ximitidis schriftlich mit Fristsetzung.
   Umfang und Schwierigkeit der Sache sind von durchschnittlicher Art. Die vom RA entfaltete Tätigkeit entspricht etwa den Handlungen, die auch zur Vorbereitung einer Klage erforderlich gewesen wären, jedoch hat der RA noch nicht den Entwurf der Klageschrift gefertigt.
   Berechnen Sie die Vergütung des RA Müßigbrot.

4. RA Knorr wird beauftragt, den Vetter zur Zahlung von 28 775,00 EUR aufzufordern. Der Mandant will die Reaktion von Vetter abwarten, um gegebenenfalls gerichtliche Schritte zu unternehmen. Knorr mahnt Vetter schriftlich mit Fristsetzung.
   Umfang und Schwierigkeit der Mahnsache sind von durchschnittlicher Art. Die vom RA bezüglich des Mahnschreibens entfaltete Tätigkeit entspricht etwa den Handlungen, die auch zur Vorbereitung einer Klage erforderlich gewesen wären, jedoch hat der RA noch nicht den Entwurf der Klageschrift gefertigt.
   Nach Erhalt des Aufforderungsschreibens ruft Schuldner Vetter den RA Knorr an und fragt, ob man sich nicht irgendwie einigen könne. Nach Rücksprache mit seinem Auftraggeber ruft RA Knorr den Vetter an und klärt ihn in einem längeren Telefongespräch ausführlich über seine geringe Erfolgsaussicht im Prozessfalle auf, woraufhin Vetter nunmehr seine Zahlungsbereitschaft erklärt.
   Berechnen Sie die Vergütung des RA Knorr.

Aufgaben Gruppe 3: Gebühren für außergerichtliche Vertretung

5.* RA Leicht wird beauftragt, den Wenig zur Zahlung von 28 775,00 EUR aufzufordern. Der Mandant will die Reaktion von Wenig abwarten, um gegebenenfalls gerichtliche Schritte zu unternehmen. Leicht mahnt Wenig schriftlich mit Fristsetzung.
Umfang und Schwierigkeit der Mahnsache sind von durchschnittlicher Art. Die vom RA entfaltete Tätigkeit entspricht etwa den Handlungen, die auch zur Vorbereitung einer Klage erforderlich gewesen wären, jedoch hat der RA noch nicht den Entwurf der Klageschrift gefertigt.
Da Wenig auch nach Ablauf der im Mahnschreiben gesetzten Frist nicht zahlt, erhält RA Leicht anschließend Klageauftrag. Nach Zustellung der Klage zahlt Wenig. RA Leicht nimmt die Klage zurück.
Berechnen Sie die Vergütung des RA Leicht für beide Aufträge.

6. RA Stichling wird von Grün beauftragt, den Schuldner Blau vorerst nur außergerichtlich zur Zahlung von 1 500,00 EUR aufzufordern, was geschieht.
Umfang und Schwierigkeit der Mahnsache sind von durchschnittlicher Art. Die vom RA bezüglich des Mahnschreibens entfaltete Tätigkeit entspricht etwa den Handlungen, die auch zur Vorbereitung einer Klage erforderlich gewesen wären, jedoch hat der RA noch nicht den Entwurf der Klageschrift gefertigt.
Nach Eingang des Aufforderungsschreibens überweist Blau an RA Stichling, der Geldeinzugsvollmacht besitzt, die 1 500,00 EUR nebst 15,00 EUR Zinsen und der Vergütung von RA Stichling.

   a) Berechnen Sie die Vergütung von RA Stichling für das Aufforderungsschreiben.

   b)* RA Stichling überweist an Auftraggeber Grün den ihm zustehenden Betrag.
   Berechnen Sie die RA Stichling hierfür entstehende Vergütung.

7. RA Dr. Seltsam erhält von Rot Auftrag zur Durchführung des gerichtlichen Mahnverfahrens gegen Gelb. Zuvor soll der RA versuchen, den Betrag von 2 850,00 EUR von Gelb außergerichtlich einzutreiben. Nach Eingang des Aufforderungsschreibens überweist Gelb an RA Dr. Seltsam, der Geldeinzugsvollmacht besitzt, die 2 850,00 EUR nebst 38,00 EUR Zinsen und der Vergütung von RA Dr. Seltsam.

   a) Berechnen Sie die Vergütung von RA Dr. Seltsam für das Aufforderungsschreiben.

   b)* RA Dr. Seltsam überweist seinem Auftraggeber Grün den ihm zustehenden Betrag.
   Berechnen Sie die RA Dr. Seltsam hierfür entstehende Vergütung.

8.* RA Juhnke vertritt den Uhl, dessen Grundstück (Wert: 1,2 Mio. EUR) wegen des geplanten Baus einer Talsperre enteignet werden soll. In dieser Enteignungssache fertigt Juhnke einige sehr umfangreiche Schriftsätze, nimmt drei von der Behörde angeordnete Besprechungstermine wahr und nimmt an einer von der Behörde angeordneten ganztägigen Ortsbesichtigung teil. Es kommt zur Enteignung in dieser in jeder Hinsicht überdurchschnittlichen Sache.
Fertigen Sie die Gebührennote des RA Juhnke.

Aufgaben Gruppe 3: Gebühren für außergerichtliche Vertretung

9.* In einer Unfallangelegenheit soll RA Immler einen Kfz-Haftpflichtschaden in Höhe von (zunächst geschätzt) 21 000,00 EUR bei der gegnerischen Versicherung außergerichtlich geltend machen. Nach mehreren eingehenden telefonischen Besprechungen mit dem Sachbearbeiter der Allgemeinen Verunsicherungs AG und nach Erstellung eines Gutachtens durch einen Sachverständigen sagt die Versicherung zu, den entstandenen Sachschaden mit 19 000,00 EUR zu regulieren. Der Mandant von RA Immler ist damit einverstanden, da der Sachverständige die Höhe des Schadens mit 19 000,00 EUR ermittelt hat.
Welche Vergütung erhält RA Immler von der Versicherung?

Lösungsteil Gruppe 3

1. §§ 2, 13, 23, VV Nrn. 2400, 2402, 7002, 7008 RVG. [13,92 EUR]
2. a) §§ 2, 13, 23, VV Nrn. 3100, 3101, 7002, 7008 RVG. [405,54 EUR]
   b) §§ 2, 13, 23, VV Nrn. 3100, 3101, 7008 RVG. [382,34 EUR]
3. §§ 2, 13, 14, 23, VV Nrn. 2400, 7002, 7008 RVG. [726,62 EUR]
4. §§ 2, 13, 14, 23, VV Nrn. 2400, 7002, 7008 RVG. [1 166,26 EUR]
5. §§ 2, 13, 14, 23, VV Nrn. 2400, 3100, 7002, 7008 RVG. [insgesamt: 1 541,17 EUR]
6. a) §§ 2, 13, 14, 23, VV Nrn. 2400, 7002, 7008 RVG. [116,93 EUR]
   b) VV Nrn. 1009, 7002, 7008 RVG. [21,09 EUR]
7. a) §§ 2, 13, 23, VV Nrn. 3305, 3306, 7002, 7008 RVG. [131,54 EUR]
   b) VV Nrn. 1009, 7002, 7008 RVG. [32,53 EUR]
8. §§ 2, 13, 14, 23, VV Nrn. 2400, 7002, 7008 RVG. [14 801,60 EUR]
9. §§ 2, 13, 14, VV Nrn. 1000 (?), 2400, 7002, 7008 RVG. [937,05 EUR]

12.4 Hebegebühr (→ Kapitel 1.6.1.3)

Aufgabenteil Gruppe 4

1. Der unterlegene Gegner übergibt RA Dr. Ungern 26 000,00 EUR zur Ablieferung an den Auftraggeber. Von diesem Betrag verrechnet der RA vor Ablieferung 4 500,00 EUR auf seine Vergütung.

   Berechnen Sie nur die Hebegebühr ohne Auslagen und USt.

2. Der unterlegene Gegner schuldet aus Urteil 21 500,00 EUR. Es wird Zahlung in zwei gleichgroßen Raten vereinbart, die RA Quint auftragsgemäß jeweils weiterleitet.

   Berechnen Sie nur die Hebegebühr ohne Auslagen und USt.

3. Maus beauftragt RA Habicht mit der außergerichtlichen Eintreibung einer Forderung in Höhe von 1 000,00 EUR. Nach Erhalt des Aufforderungsschreibens überweist der Schuldner an RA Habicht, der Geldeinzugsvollmacht besitzt: die 1 000,00 EUR nebst 3,50 EUR Verzugszinsen und 94,66 EUR als Vergütung für RA Habicht, die sich aus 68,00 EUR Honorar, 13,60 EUR Auslagenpauschale sowie 13,06 EUR USt. zusammensetzt. RA Habicht leitet seinem Auftraggeber den ihm zustehenden Betrag weiter.

   Berechnen Sie die RA Habicht für die Weiterleitung entstehende Vergütung.

4.* Hase beauftragt RA Igel mit der außergerichtlichen Eintreibung einer Forderung in Höhe von 12 000,00 EUR. Nach Erhalt des Aufforderungsschreibens überweist der Schuldner an RA Igel, der Geldeinzugsvollmacht besitzt: die 12 000,00 EUR nebst 33,50 EUR Verzugszinsen und 511,33 EUR als Vergütung für RA Igel, die sich aus 420,80 EUR Honorar, 20,00 EUR Auslagenpauschale sowie 70,53 EUR USt. zusammensetzt. RA Igel leitet seinem Auftraggeber den ihm zustehenden Betrag weiter.

   Berechnen Sie die RA Igel für die Weiterleitung entstehende Vergütung.

5.* Ganz beauftragt RA Fuchs mit der außergerichtlichen Eintreibung einer Forderung in Höhe von 1 500,00 EUR. Nach Erhalt des Aufforderungsschreibens überweist der Schuldner an RA Fuchs, der Geldeinzugsvollmacht besitzt: die 1 500,00 EUR nebst 12,50 EUR Verzugszinsen und 116,93 EUR als Vergütung für RA Fuchs, die sich aus 84,00 EUR Honorar, 16,80 EUR Auslagenpauschale sowie 16,13 EUR USt. zusammensetzt. RA Fuchs leitet seinem Auftraggeber den ihm zustehenden Betrag weiter.

   Berechnen Sie die RA Fuchs für die Weiterleitung entstehende Vergütung.

Aufgaben Gruppe 4: Hebegebühr

6.* RA Oblix erhält Auftrag, gegen Sauer einen Mahnbescheid wegen einer Forderung von 203 000,00 EUR zu beantragen. Nach erfolgter Zustellung zahlt der Gegner an RA Oblix, der Geldeinzugsvollmacht hat, die Hauptforderung und die Kosten. Oblix leitet das seinem Auftraggeber zustehende Geld an diesen weiter.

a) Berechnen Sie die Gerichtskosten.

b) Berechnen Sie die Vergütung des RA Oblix einschließlich der Hebegebühr.

Lösungsteil Gruppe 4

1. VV Nrn. 1009 RVG. [91,25 EUR]

2. VV Nrn. 1009 RVG. [128,76 EUR]

3. VV Nrn. 1009, 7002, 7008 RVG. [13,98 EUR]

4. VV Nrn. 1009, 7002, 7008 RVG. [78,39 EUR]

5. VV Nrn. 1009, 7002, 7008 RVG. [21,07 EUR]

6. a) § 3, Nrn. 1110 KV GKG [803,00 EUR]
   b) §§ 2, 13, VV Nrn. 3305, 7002, 7008 RVG. [2 898,84 EUR]

12.5 Gebühren im Mahnverfahren (→ Kapitel 5)

Aufgabenteil Gruppe 5

1. RA Onnen erhält Auftrag, gegen Sauer einen Mahnbescheid wegen einer Forderung von 203 000,00 EUR zu beantragen. Nach erfolgter Zustellung zahlt der Gegner.
   Berechnen Sie die Vergütung des RA Onnen.

2. Andres macht durch RA Paul im gerichtlichen Mahnverfahren eine Forderung von 8 888,00 EUR geltend. Der Antragsgegner Geiz legt durch seinen RA Quint Widerspruch gegen den erlassenen Mahnbescheid ein. Andres teilt RA Paul mit, er befinde sich zur Zeit mit Geiz in Vergleichsverhandlungen und bittet Paul, den Mahnbescheid zurückzunehmen.
   Erstellen Sie die Vergütungsrechnungen für die RAe Paul und Quint.

3. RA Wupper beantragt für Züls einen Mahnbescheid über 880,00 EUR. Gegner Oker zahlt nach Zustellung 300,00 EUR zuzüglich der anteiligen Zinsen und Kosten. Nach Ablauf der Widerspruchsfrist beantragt RA Wupper Vollstreckungsbescheid über die Restsumme. Daraufhin zahlt Oker auch den Restbetrag.
   Erstellen Sie die Gebührennote.

4.* Appel macht durch RA Teuer im gerichtlichen Mahnverfahren eine Forderung von 1 700,00 EUR geltend. Der Antragsgegner Geiß legt durch seinen RA Urban Widerspruch gegen den erlassenen Mahnbescheid ein, ohne Terminsanberaumung oder Verweisung des Rechtsstreits zu beantragen. Daraufhin bittet Appel RA Teuer, den Mahnbescheid zurückzunehmen.
   Erstellen Sie die Vergütungsrechnungen für die RAe Teuer und Urban.

5.* Auer macht durch RA Richtig im gerichtlichen Mahnverfahren eine Forderung von 8 888,00 EUR geltend. Der Antragsgegner Gaul legt durch seinen RA Schnöder Widerspruch gegen den erlassenen Mahnbescheid ein. Nach Verweisung an das zuständige Gericht kommt es nach streitiger Verhandlung zum Urteil.
   Erstellen Sie die Vergütungsrechnungen für Richtig und Schnöder.

6.* RA Sommer beantragt für Müller einen Mahnbescheid über 7 000,00 EUR wegen Wildschadens, anschließend beantragt er einen Vollstreckungsbescheid. Hiergegen legt RA Winter für den Antragsgegner Einspruch ein. Vor dem zuständig gebliebenen Gericht ergeht nach streitiger mündlicher Verhandlung Urteil.
   Fertigen Sie die Gebührennoten für RA Sommer und RA Winter.

7.* Rüssel beauftragt RA Gierich mit der Einleitung eines Mahnverfahrens wegen einer Forderung über 4 777,77 EUR. Nachdem der Gegner über seinen RA Wunderwald Widerspruch eingelegt hat, setzt RA Gierich weisungsgemäß die Forderung wegen Aussichtslosigkeit auf 777,77 EUR herab. Vom Gericht wird Termin zur Güteverhandlung und mündlichen Verhandlung anberaumt. Nach streitiger Verhandlung ergeht Urteil.
   Erstellen Sie die Gebührennoten für beide Anwälte. Die Gebühren für das Mahnverfahren sind noch nicht abgerechnet.

Aufgaben Gruppe 5: Gebühren im Mahnverfahren

Lösungsteil Gruppe 5

1. §§ 2, 13, VV Nrn. 3305, 7002, 7008 RVG. [2 266,64 EUR]

2. §§ 2, 13, VV Nrn. 3305, 3307, 7002, 7008 RVG. [P: 544,04 EUR; Q: 283,62 EUR]

3. §§ 2, 13, VV Nrn. 3305, 3308, 7002, 7008 RVG. [121,80 EUR]

4. §§ 2, 13, VV Nrn. 3305, 3307, 7002, 7008 RVG. [T: 177,48 EUR; U: 92,57 EUR]

5. §§ 2, 13, VV Nrn. 3305, 3307, 3100, 3104, 7002, 7008 RVG.
   [R: 1 348,50 EUR; S: 1 348,50 EUR]

6. RA S: §§ 2, 13, VV Nrn. 3305, 3308, 3100, 3104, 7002, 7008 RVG. [1 351,40 EUR]
   RA W: §§ 2, 13, VV Nrn. 3100, 3104, 7002, 7008 RVG. [1 110,70 EUR]

7. §§ 2, 13, VV Nrn. 3305, 3307, 3100, 3104, 7002, 7008 RVG.
   a) Mahnverfahrensgebühr nur nach dem Prozessstreitwert anrechnen.
   [RA Gierich: 508,08 EUR]
   b) Widerspruchsgebühr nur nach dem Prozessstreitwert anrechnen.
   [RA Wunderwald: 371,78 EUR]

12.6 Berechnung des Gegenstandswertes (→ Kapitel 2)

Aufgabenteil Gruppe 6

1. In einer Verkehrsunfallsache macht RA Zander für seinen Mandanten Pech 5 000,00 EUR Sachschaden, 850,00 EUR Körperschaden, 300,00 EUR Schmerzensgeld und 770,00 EUR Verdienstausfall geltend.

   a) Wie hoch ist der Gegenstandswert?

   b) Wegen Erwerbsminderung wird eine Geldrente von monatlich 300,00 EUR zusätzlich gefordert. Wie hoch ist jeweils der Gegenstandswert?

2. Abel klagt auf Herausgabe eines Sportwagens Porsche 911 zum Verkehrswert von 49 000,00 EUR. Er macht geltend, dass ihm ein Angebot des Beyer vorliegt, der den Wagen zum Liebhaberwert von 63 000,00 EUR abnehmen würde.

3. Otte hat von Senf Gartenland auf 10 Jahre gepachtet. Senf bestreitet dies nach einem Jahr und meint, dass der Pachtvertrag nur auf 5 Jahre abgeschlossen worden sei. Vierteljährliche Pachtzahlung 270,00 EUR.

4. Mieter Macke hat der Studentin Ursel ein Zimmer zu 210,00 EUR pro Monat zuzüglich Heizkosten von 40,00 EUR untervermietet. Eigentümer Einstein klagt auf Feststellung, dass ein solches Untermietverhältnis nicht erlaubt gewesen sei und daher nicht bestehe.

5. Bauherr Keller baut ein Haus irrtümlich um 30 cm in das Nachbargrundstück hinein. Nachbar Schreber fordert auf dem Klageweg eine Überbaurente von jährlich 70,00 EUR.

6. Britta, die bei ihrer Großmutter wohnt, klagt gegen ihren Vater auf Zahlung von Unterhalt in Höhe von 420,00 EUR im Monat, zahlbar jeweils am 1. eines jeden Monats im Voraus, und auf Zahlung des rückständigen Unterhalts, da ihr Vater während der letzten 11 Monate vor Klageerhebung keine Zahlungen mehr geleistet hat.

7. Britta (wie Aufgabe 6) erhielt in den zurückliegenden eineinhalb Jahren vor Klageerhebung keine Unterhaltszahlung mehr.

8. Britta (wie Aufgabe 6) reicht die Klage am 21. Oktober ein. Seit Mai hat sie statt 420,00 EUR nur 200,00 EUR pro Monat von ihrem Vater erhalten.

9. Claudia hat bisher 450,00 EUR im Monat an Unterhalt von ihrem Vater erhalten. In einer Unterhaltsabänderungsklage macht sie nunmehr einen monatlichen Unterhalt von 650,00 EUR geltend.

10. Witwe Treibel klagt auf Zahlung einer Geldrente von 1 100,00 EUR pro Monat, da ihr Mann als Zuschauer eines Pferderennens ums Leben kam.

11. Witwe Treibel (Aufgabe 10) gäbe sich auch ersatzweise mit einer einmaligen Zahlung von 60 000,00 EUR zufrieden.

12. Werner Willig hatte seiner Schwester Klara vertraglich eine monatliche Unterhaltszahlung von 500,00 EUR bis an ihr Lebensende zugesagt. Nach der Heirat von Werner bleiben die Zahlungen aus. Klara klagt auf Einhaltung des Vertrages.

Aufgaben Gruppe 6: Berechnung des Gegenstandswertes

13. Willi Schussel kauft in der Tierhandlung Pelz 150 Goldhamster. Da er den Kaufpreis von 750,00 EUR schuldig bleibt, erhebt Pelz Klage auf Zahlung des Kaufpreises. Der Betreuer des Schussel erhebt Widerklage auf Feststellung der Nichtigkeit des Kaufvertrages.

14. Zapf kauft von Förster Silberwald 2 000 Fichten zum Stückpreis von 5,00 EUR zum Verkauf als Weihnachtsbäume. Der Förster liefert die Bäume am 15. 12. Als Zapf die Bäume am 17. 12. zum Verkauf ausstellen will, nadeln sie bereits sehr stark. Zapf verweigert deswegen die Kaufpreiszahlung. Silberwald klagt auf Zahlung des Kaufpreises; Zapf erhebt Widerklage auf Rücktritt vom Kaufvertrag.

15.* Knauser kauft von Ramsch ein Grundstück für 50 000,00 EUR. Der Kaufvertrag wird notariell beurkundet. Knauser verweigert die Kaufpreiszahlung vor Übertragung des Eigentums am Grundstück und klagt auf Übereignung (Auflassung). Ramsch hingegen erhebt Widerklage auf Zahlung des Kaufpreises.

16. Preuß erhebt Klage über 7 000,00 EUR, die Klage wird in vollem Umfang abgewiesen. Preuß geht wegen eines Teilbetrages von 5 600,00 EUR in die Berufung. Bestimmen Sie den Wert für das Berufungsverfahren.

17. RA Kurz erteilt dem Gerichtsvollzieher Schmal Pfändungsauftrag wegen Hauptforderung 1 900,00 EUR, 10 % Zinsen für 120 Tage 63,33 EUR, festgesetzte Kosten 705,04 EUR sowie 31,63 EUR Zinsen auf die festgesetzten Kosten.

18. Ermitteln Sie jeweils den Gegenstandswert.
    a) Klage über 10 000,00 EUR nebst 9 % Zinsen für die vergangenen 10 Jahre.
    b) RA Klaus macht für Vermieter Vohrer 6 Monate Mietzahlungen (500,00 EUR pro Monat und Heizungskosten von 100,00 EUR) zuzüglich Verzugszinsen von 35,00 EUR geltend.
    c) RA Klaus vertritt Vohrer in einer Räumungsklage. Die monatliche Miete beträgt 450,00 EUR, die Heizungskosten 125,00 EUR.
    d) Wie c), zusätzlich werden für 4 Monate rückständige Mietzahlungen eingefordert.
    e) Die Eheleute Kurz haben Ehescheidung beantragt. Frau Kurz verdient monatlich netto 1 500,00 EUR, ihr Mann 2 100,00 EUR.
    f) Anton strengt Kaufpreisklage über 10 000,00 EUR gegen Berta an, Berta stellt Antrag auf Klageabweisung und erhebt Widerklage auf Zahlung von 3 000,00 EUR Schadenersatz wegen einer unerlaubten Handlung (§ 823 BGB).
    g) Klage wird eingereicht wegen 1 100,00 EUR. Nach Antragstellung im ersten Termin erhöht der Kläger den Klaganspruch um 300,00 EUR.

19.* Herr Zank beantragt im Einvernehmen mit seiner Frau die Scheidung. Er verdient 2 800,00 EUR netto im Monat, seine Frau führte den Haushalt. Gleichzeitig soll die Regelung der elterlichen Sorge für den Sohn Fritz gerichtlich entschieden werden.

20.* Wie Aufgabe 19 (Eheleute Zank). Zusätzlich beantragen die Parteien die Regelung des Umgangsrechtes. Wie hoch ist der Gegenstandswert für das gesamte Verfahren?

21.* Wie Aufgabe 19 (Eheleute Zank). Der Versorgungsausgleich ist noch in den Verbund einzubeziehen. Das Gericht überträgt der Ehefrau eine monatliche Rentenanwartschaft bei der gesetzlichen Rentenversicherung von 300,00 EUR. Wie hoch ist der Gegenstandswert nur für den Versorgungsausgleich?

Aufgaben Gruppe 6: Berechnung des Gegenstandswertes

22.* Wie Aufgabe 21 (Eheleute Zank). Wie hoch wäre der Wert, wenn eine monatliche Rentenanwartschaft von 40,00 EUR auf die Ehefrau übertragen wird?

23.* Das kinderlose Ehepaar Klappnich stellt Antrag auf Ehescheidung. Herr Klappnich verdient 3 500,00 EUR netto im Monat, Frau Klappnich verdient 3 000,00 EUR netto im Monat. Frau Klappnich erhält einen Zugewinnausgleich von 11 500,00 EUR. Rentenanwartschaften bei der gesetzlichen Rentenversicherung in Höhe von 810,00 EUR werden auf die Ehefrau übertragen. Die Vermögenslage wird als durchschnittlich angesehen.

24.* Ein Käufer klagt gegen den Verkäufer auf Zahlung von 8 000,00 EUR Schadenersatz wegen Nichterfüllung des Kaufvertrages (Kaufpreis 10 000,00 EUR). Hilfsweise klagt er auf Minderung des Kaufpreises in Höhe von 9 000,00 EUR. Das Gericht weist den Hauptantrag zurück und gibt dem Hilfsanspruch statt.

Wie hoch ist der Gebührenstreitwert? Warum?

Lösungsteil Gruppe 6

1. a) §§ 22, 23 RVG, § 39 GKG. [6 920,00 EUR]
   b) §§ 22, 23 RVG, § 42 GKG. [24 920,00 EUR]

2. §§ 22, 23 RVG, § 48 Abs. 1 S. 1 GKG i. V. m. § 6 ZPO. [49 000,00 EUR]

3. § 23 RVG, § 41 GKG. [1 080,00 EUR]

4. § 23 RVG, § 41 GKG. [2 520,00 EUR]

5. § 23 RVG, § 48 Abs. 1 S. 1 GKG i. V. m. § 9 ZPO. [245,00 EUR]

6. § 23 RVG, § 42 GKG. [9 660,00 EUR]

7. § 23 RVG, § 42 GKG. [12 600,00 EUR]

Aufgaben Gruppe 6: Berechnung des Gegenstandswertes

8. § 23 RVG, § 42 GKG. [6 360,00 EUR]

9. § 23 RVG, § 42 GKG. [2 400,00 EUR]

10. § 23 RVG, § 42 GKG. [66 000,00 EUR]

11. § 23 RVG, § 42 GKG? [60 000,00 EUR]

12. § 23 RVG, § 48 Abs. 1 S. 1 GKG i. V. m. § 9 ZPO. [21 000,00 EUR]

13. § 23 RVG, § 45 GKG. [750,00 EUR]

14. § 23 RVG, § 45 GKG. [10 000,00 EUR]

15. § 23 RVG, § 45 GKG. [100 000,00 EUR]

16. § 23 RVG, § 47 GKG. [5 600,00 EUR]

17. § 25 RVG. [2 700,00 EUR]

18. a) § 23 RVG, § 43 GKG. [10 000,00 EUR]
    b) § 22 RVG. [3 600,00 EUR]
    c) § 23 RVG, § 41 GKG. [5 400,00 EUR]
    d) §§ 22, 23 RVG, § 39 GKG. [7 200,00 EUR]
    e) § 23 RVG, § 48 GKG. [10 800,00 EUR]
    f) § 23 RVG, § 45 GKG. [13 000,00 EUR]
    g) §§ 22, 23 RVG, § 39 GKG. [1 400,00 EUR]

19. §§ 22, 23 RVG, §§ 39, 48 GKG. (Lösung ohne sonstige wertbestimmende Faktoren wie Kindesunterhalt.) [9 300,00 EUR]

20. §§ 22, 23 RVG, §§ 39, 48 GKG. [10 200,00 EUR]

21. § 23 RVG, § 49 GKG. [1 000,00 EUR]

22. § 23 RVG, § 49 GKG. [1 000,00 EUR]

23. §§ 22, 23 RVG, §§ 39, 48, 49 GKG. [32 000,00 EUR]

24. § 23 RVG, § 45 GKG. [9 000,00 EUR]

12.7 Mehrere Auftraggeber (→ Kapitel 1.2.5)

Aufgabenteil Gruppe 7

1. Ein Ehemann klagt eine Darlehensforderung von 2 000,00 EUR und seine Frau eine Kaufpreisforderung von 500,00 EUR gegen denselben Gegner ein. Beide beauftragen RA Altmann, die Ansprüche in einer Klage geltend zu machen.

   a) Erläutern Sie, ob eine Gebührenerhöhung für mehrere Auftraggeber gemäß § 7 Abs. 1 RVG zulässig ist.

   b) Nach welchen Paragrafen des RVG berechnet sich der Gegenstandswert und wie hoch ist er?

   c) Wie hoch wäre nur die Verfahrensgebühr?

2. Ein Ehepaar ist bei einem Unfall verletzt worden. Jeder fordert ein Schmerzensgeld von 500,00 EUR. Beide beauftragen RA Emsig, dies gegen denselben Gegner in einer Klage geltend zu machen.
   Berechnen Sie nur die Verfahrensgebühr.

3. Drei Vorstandsmitglieder einer Aktiengesellschaft (AG) erscheinen bei RA Cäsar und beauftragen ihn mit der Vertretung der AG.
   Wie viele Auftraggeber hat RA Cäsar? Warum?

4. Eine 11-köpfige Fußballmannschaft verklagt ihren Trainer auf Herausgabe eines Pokals. Wie hoch ist der Satz der Verfahrensgebühr (VV Nr. 3100 RVG), den Sie berechnen dürfen?

5. Eine Erbengemeinschaft von fünf Personen klagt in der zweiten Instanz auf Rückzahlung eines Darlehns von 25 000,00 EUR.
   Ermitteln Sie die Verfahrensgebühr des RA.

6. Acht Auftraggeber beauftragen RA Jürgens mit einem Aufforderungsschreiben ohne Klageauftrag. Wegen der besonderen Schwierigkeit der umfangreichen Sache berechnet RA Jürgens einen Gebührensatz von 1,5.
   Um wie viel erhöht sich die Geschäftsgebühr, und wie hoch ist sie einschließlich der Erhöhung?

7. Die Meier & Müller OHG, vertreten durch die beiden persönlich haftenden Gesellschafter Meier und Müller, erteilen Klageauftrag.
   Wie viele Auftraggeber hat der RA?

8. Die Meier & Müller OHG wird verklagt. Die Klage richtet sich gegen die OHG und gegen jeden der beiden persönlich haftenden Gesellschafter.

   a) Wie viele Auftraggeber hat der mit der Klageabweisung beauftragte RA?

   b) Wie hoch ist nur die Verfahrensgebühr bei einem Gegenstandswert von 7 500,00 EUR?

Aufgaben Gruppe 7: Mehrere Auftraggeber

9. Vater und Mutter beauftragen gemeinsam RA Bolz mit der Vertretung ihrer vier Kinder wegen desselben Gegenstands.
   a) Wie viele Auftraggeber hat RA Bolz?
   b) Wie hoch ist nur die Verfahrensgebühr bei einem Gegenstandswert von 6 500,00 EUR?

10. Die Eheleute Protz haben gemeinschaftlich Möbel gekauft. Da die gelieferten Möbel mangelhaft sind, beauftragen die Eheleute RA Wuchtig damit, eine Kaufpreisminderung in Höhe von 400,00 EUR einzuklagen.
    In welcher Höhe berechnet RA Wuchtig die Verfahrensgebühr und die Terminsgebühr?

11. Eine Erbengemeinschaft von neunzehn Personen klagt 1 000,00 EUR ein.
    a) Berechnen Sie die Erhöhung der Verfahrensgebühr.
    b) Wie hoch darf die Erhöhung höchstens sein?
    c) Wie hoch ist also der Satz der erhöhten Verfahrensgebühr?
    d) Wie hoch ist nur die Verfahrensgebühr in Euro?

12. Sechs Auftraggeber werden vor dem OLG in einer Berufungssache von RA Dr. Fleischer vertreten.
    Wie hoch ist nur die Verfahrensgebühr bei einem Gegenstandswert von 50 000,00 EUR?

13. Eine Erbengemeinschaft von vier Personen klagt vor dem OLG in einer Berufungssache.
    Wie hoch ist nur die Verfahrensgebühr bei einem Gegenstandswert von 69 000,00 EUR?

14. Fünf Auftraggeber werden vor dem BGH in einer Revisionssache von RA Prof. Dr. Klugmann vertreten.
    Wie hoch ist nur die Verfahrensgebühr bei einem Gegenstandswert von 120 000,00 EUR?

15. Die Krank, Arm & Dürftig OHG will 500,00 EUR einklagen. Die drei persönlich haftenden Gesellschafter erscheinen bei RA Klein und erteilen Klageauftrag.
    Berechnen Sie die Vergütung von RA Klein, wenn nach erfolgloser Güteverhandlung im Haupttermin streitig verhandelt und ein Zeuge vernommen wird.

16. Die Studenten Luftig, Locker, Leicht und Lumpig haben eine gemeinsame Wohnung gemietet. Dem Studenten Garstig haben sie einen Raum untervermietet. Da Garstig die Miete schuldig bleibt, soll ein RA eingeschaltet werden. Bei RA Bitter erscheint der Leicht und beauftragt ihn auch im Namen seiner Kollegen, die vier rückständigen Mietbeträge von 190,00 EUR pro Monat im Mahnverfahren einzutreiben.
    Erstellen Sie die Vergütungsrechnung von RA Bitter.

17. Wie der vorstehende Fall Nr. 16. RA Bitter soll zuerst einmal ein anwaltliches Aufforderungsschreiben mit Klageauftrag an den Garstig schicken.
    Erstellen Sie die Vergütungsrechnung von RA Bitter.

18. Wie der vorstehende Fall Nr. 17. RA Bitter soll zuerst einmal ein anwaltliches Aufforderungsschreiben an den Garstig schicken. Für den Fall, dass Garstig daraufhin nicht zahlt, erhält RA Bitter den Auftrag das Mahnverfahren einzuleiten.
    Erstellen Sie die Vergütungsrechnung von RA Bitter.

Aufgaben Gruppe 7: Mehrere Auftraggeber

19.* RA Pilz erhält in derselben Angelegenheit von 2 Auftraggebern Klageauftrag. In Höhe von 4 000,00 EUR betrifft der Klageauftrag beide Auftraggeber, in Höhe von weiteren 3 000,00 EUR nur einen von beiden. Nach erfolgloser Güteverhandlung und anschließender streitiger Verhandlung ergeht Urteil.
Erstellen Sie die Vergütungsrechnung von RA Pilz.

20.* RA Pinsel erhält in derselben Angelegenheit von 2 Auftraggebern Klageauftrag. In Höhe von 6 000,00 EUR betrifft der Klageauftrag beide Auftraggeber, in Höhe von weiteren 2 000,00 EUR nur einen von beiden. Nach erfolgloser Güteverhandlung und anschließender streitiger Verhandlung ergeht Urteil.
Erstellen Sie die Vergütungsrechnung für RA Pinsel.

21.* RA Simon erhält von den Eheleuten Kurz Klageauftrag in einer Unfallsache. Herr Kurz klagt auf Zahlung von 6 000,00 EUR, seine Frau auf Zahlung von 4 000,00 EUR. Darin sind 2 000,00 EUR enthalten, die auch schon in den 6 000,00 EUR des Mannes enthalten sind. Im Termin wird nach erfolgloser Güteverhandlung streitig verhandelt und ein Zeuge vernommen.
a) Nach welchem Betrag ist die Erhöhung für mehrere Auftraggeber zu berechnen?
b) Erstellen Sie die Vergütungsrechnung für RA Simon.

22.* Die Brüder Ulf, Alf und Rolf klagen gemeinsam als Gesamtgläubiger auf Herausgabe eines Gegenstandes im Wert von 3 000,00 EUR. RA Fleißner wird mit der Klage beauftragt. Außerdem soll RA Fleißner in dieser Klage noch einen Anspruch des Rolf gegen denselben Gegner in Höhe von 1 000,00 EUR geltend machen. Nach erfolgloser Güteverhandlung und anschließender streitiger Verhandlung ergeht Urteil.
Erstellen Sie die Vergütungsrechnung von RA Fleißner.

23.* Die Eheleute Freudig haben zusammen mit ihren sechs Kindern geerbt und bilden eine Erbengemeinschaft mit ihnen. Das Ehepaar Freudig beauftragt RA Klecks damit, für die ganze Erbengemeinschaft eine Forderung in Höhe von 2 000,00 EUR einzuklagen. Außerdem beauftragen die Eltern Freudig den RA Klecks auch damit, in dieser Klage noch einen Anspruch von einem der Kinder gegen denselben Gegner in Höhe von 400,00 EUR geltend zu machen. Nach erfolgloser Güteverhandlung und anschließender streitiger Verhandlung und Beweisaufnahme ergeht Urteil.
Erstellen Sie die Vergütungsrechnung von RA Klecks.

24.* In einer Strafsache vertritt RA Flink sieben Privatkläger. Es findet eine Hauptverhandlung vor dem Strafrichter statt, in der RA Flink die Privatkläger vertritt. Es liegen mittlere Umstände im Sinne des § 14 RVG vor.
Erstellen Sie die Vergütungsrechnung von RA Flink.

Aufgaben Gruppe 7: Mehrere Auftraggeber

Lösungsteil Gruppe 7

1. c) §§ 2, 7, 13, 22, VV Nrn. 1008, 3100 RVG. [209,30 EUR]
2. §§ 2, 7, 13, 22, VV Nrn. 1008, 3100 RVG. [110,50 EUR]
5. §§ 2, 7, 13, VV Nrn. 1008, 3200 RVG. [1 920,80 EUR]
6. §§ 2, 7, 13, VV Nrn. 1008, 2400 RVG. [3,5]
8. a) § 124 HGB, § 7 RVG.
   b) §§ 2, 7, 13, VV Nrn. 1008, 3100 RVG. [782,80 EUR]
9. §§ 2, 7, 13, VV Nrn. 1008, 3100 RVG. [825,00 EUR]
10. §§ 2, 7, 13, VV Nrn. 1008, 3100, 3104 RVG. [126,00 EUR]
11. d) §§ 2, 7, 13, VV Nrn. 1008, 3100 RVG. [280,50 EUR]
12. §§ 2, 7, 13, VV Nrn. 1008, 3200 RVG. [3 242,60 EUR]
13. §§ 2, 7, 13, VV Nrn. 1008, 3200 RVG. [3 000,00 EUR]
14. §§ 2, 7, 13, VV Nrn. 1008, 3206, 3208 RVG. [5 008,50 EUR]
15. §§ 2, 7, 13, VV Nrn. 1008, 3100, 3104, 7002, 7008 RVG. [153,70 EUR]
16. §§ 2, 7, 13, 22, VV Nrn. 1008, 3305, 7002, 7008 RVG. [166,46 EUR]
17. §§ 2, 7, 13, 22, VV Nrn. 1008, 3101, 7002, 7008 RVG. [151,38 EUR]
18. §§ 2, 7, 13, 22, VV Nrn. 1008, 3305, 3306, 7002, 7008 RVG. [126,67 EUR]
19. §§ 2, 7, 13, 15, VV Nrn. 1008, 3100, 3104, 7002, 7008 RVG. [1 241,20 EUR]
20. §§ 2, 7, 13, 15, VV Nrn. 1008, 3100, 3104, 7002, 7008 RVG. [1 361,38 EUR]
21. b) §§ 2, 7, 13, 15, 22, VV Nrn. 1008, 3100, 3104, 7002, 7008 RVG. [1 361,38 EUR]
22. §§ 2, 7, 13, 15, VV Nrn. 1008, 3100, 3104, 7002, 7008 RVG. [904,22 EUR]
23. §§ 2, 7, 13, 15, VV Nrn. 1008, 3100, 3104, 7002, 7008 RVG. [824,30 EUR]
24. §§ 2, 7, VV Nrn. 1008, 4100, 4106, 4108, 7002, 7008 RVG. [773,72 EUR]

Aufgaben Gruppe 9: Die (Regel)gebühren des Prozessbevollmächtigten

12.8 Auslagen (→ Kapitel 1.6.2)

Aufgabenteil Gruppe 8

1. Wie hoch ist die Dokumentenpauschale, wenn in einer Strafsache 45 Kopien notwendig waren?

2. Wie hoch ist die Dokumentenpauschale, wenn in einer Strafsache 75 Kopien notwendig waren?

3. Werden auf die entstandene Dokumentenpauschale (VV Nr. 7000 RVG) noch

    a) 20 % Auslagenpauschale nach VV Nr. 7002 RVG und/oder

    b) die USt. gemäß VV Nr. 7008 RVG berechnet?

4. Dem Auftraggeber von RA Gründlich wurden bereits 95 Kopien zur Unterrichtung über den Ablauf des Prozesses zugesandt. Nun übersendet ihm RA Gründlich 20 weitere Ablichtungen zur Information.

    Wie hoch ist die Dokumentenpauschale?

5. Die Gesamtreisekosten des RA V für drei auf einer Reise erledigte Geschäfte betragen 378,00 EUR. Die Einzelkosten hätten für Mandant A 90,00 EUR, für Mandant B 120,00 EUR und für Mandant C 210,00 EUR betragen.

    Teilen Sie diese Gesamtkosten verhältnismäßig auf die Mandanten auf.

6. RA Ebert aus Kassel hatte im Auftrage der Mandantin Ahrens 2 volle Tage in Bad Kreuznach zu tun. Er benutzte für die 250 km lange Strecke (einfache Entfernung) den eigenen Pkw. Die Kosten der Übernachtung in Bad Kreuznach betrugen 210,30 EUR. Während der darauf folgenden beiden Tage führte er im Auftrag der Mandantin Behrendt Besprechungen in Kaiserslautern durch (einfache Entfernung von Bad Kreuznach 75 km und von Kassel 325 km). Die Übernachtung in Kaiserslautern kostete 95,95 EUR. Am letzten Tag war er um 15 Uhr wieder in seiner Praxis in Kassel.

    Die Gesamtkosten der 3 ½-tägigen Reise betrugen 741,25 EUR.

    Berechnen Sie die von den Mandantinnen Ahrens und Behrendt zu tragenden Reisekosten.

Lösungsteil Gruppe 8

1. VV Nr. 7000 RVG. [22,50 EUR]

2. VV Nr. 7000 RVG. [28,75 EUR]

4. VV Nr. 7000 RVG. [7,50 EUR]

5. VV Vorbemerkung 7, Abs. 3, Satz 1 zu Teil 7 RVG. [A: 81,00 EUR]

6. VV Vorbemerkung 7, Abs. 3, Satz 1 zu Teil 7 RVG;
   VV Nrn. 7003, 7005, 7006 RVG.
   Zwischenergebnisse auf mindestens 6 Stellen rechnen [A: 399,46 EUR]

12.9 Die (Regel)gebühren des Prozessbevollmächtigten
(→ Kapitel 6)

Aufgabenteil Gruppe 9

1. Arendt fordert von Bucerius 4 260,00 EUR, die er durch RA Cäsar einklagen lässt. Nach einer erfolglosen Güteverhandlung stellt RA Cäsar in der mündlichen Verhandlung den Antrag aus der Klageschrift, während der RA des Bucerius Klageabweisung beantragt. Das Gericht beraumt Beweistermin an, in dem über die Klageforderung Beweis erhoben wird. Daraufhin ergeht Urteil, in dem der Beklagte zur Zahlung von 4 260,00 EUR verurteilt wird.
   Erstellen Sie die Vergütungsrechnung des RA Cäsar.

2. RA Justus klagt i. S. Holz/Blum wegen einer Kaufpreisforderung von 1 498,00 EUR. Nach erfolgloser Güteverhandlung und anschließender streitiger Verhandlung und Beweisaufnahme wird der Beklagte antragsgemäß verurteilt.
   Erstellen Sie die Vergütungsrechnung des RA Justus.

3. RA Zapf macht für seine Mandantin einen gesetzlichen Unterhaltsanspruch von monatlich 600,00 EUR gerichtlich geltend; gleichzeitig wird ein Unterhaltsrückstand für die letzten vier Monate eingeklagt. Nach erfolgloser Güteverhandlung und anschließender mündlicher Verhandlung wird die Sach- und Rechtslage erörtert. Daraufhin wird die Angelegenheit vertagt. In einem zweiten Termin ergeht im Anschluss an die streitige Verhandlung ein für die Klägerin obsiegendes Urteil.
   Berechnen Sie die Vergütung von RA Zapf.

4. Beim AG Hannover wird eine Räumungsklage erhoben. Gleichzeitig wird ein Mietrückstand von drei Monatsmieten über je 810,00 EUR mit eingeklagt. Nach Klageerhebung überweist der Beklagte 2 430,00 EUR. Hinsichtlich dieses Betrages wird der Rechtsstreit in der Güteverhandlung für erledigt erklärt und anschließend die Sach- und Rechtslage mit dem Gericht erörtert. Da die Güteverhandlung erfolglos verläuft, ergeht im anschließenden Haupttermin nach streitiger Verhandlung Beweisbeschluss. Nachdem die Beweisaufnahme durchgeführt worden ist, ergeht Urteil im Sinne des Klageantrages.
   Fertigen Sie die Vergütungsrechnung des RA des Klägers.

5. Beim LG Hannover wird Klage wegen Zahlung eines Betrages von 22 310,00 EUR eingereicht. Vor dem mündlichen Termin zahlt der Beklagte insgesamt 20 200,00 EUR. In der Güteverhandlung weist das Gericht den Kläger darauf hin, dass die Klage bezüglich des Restbetrages nicht schlüssig sei. Nach eingehender Erörterung der Angelegenheit nimmt der Kläger die Klage zurück.
   Fertigen Sie die Vergütungsrechnung des RA des Klägers.

Aufgaben Gruppe 9: Die (Regel)gebühren des Prozessbevollmächtigten

6. Malermeister Pinsel hat mit einem Mahnbescheid einen Anspruch über 890,00 EUR geltend gemacht. Nach ordnungsgemäß erfolgtem Widerspruch des Gegners geht der Rechtsstreit in das ordentliche Verfahren über. Nach erfolgloser Güteverhandlung und anschließender streitiger Verhandlung und Beweisaufnahme erhöht Pinsel die Klage wegen einer weiteren Forderung auf 1 450,00 EUR. Nach erneuter streitiger Verhandlung ergeht Urteil, mit dem die Klage abgewiesen wird.
   Berechnen Sie die Vergütung des RA des Klägers.

7. Quast reicht Klage wegen eines Schadenersatzanspruches von 7 900,00 EUR ein. Vor dem Termin ergibt sich, dass der Schaden nur 6 500,00 EUR beträgt. Quast ermäßigt vor Eintritt in die Güteverhandlung, die im Übrigen erfolglos verläuft, den Klageantrag um 1 400,00 EUR. Nach streitiger Verhandlung und Beweisaufnahme im anschließenden Termin ergeht ein klageabweisendes Urteil.
   Fertigen Sie die Vergütungsrechnung des RA des Klägers.

8. Quante reicht Klage wegen eines Schadenersatzanspruches von 7 900,00 EUR ein. Die Erörterung in der Güteverhandlung ergibt, dass der Schaden nur 6 500,00 EUR beträgt. Quante ermäßigt in der Güteverhandlung, die im Übrigen erfolglos verläuft, den Klageantrag um 1 400,00 EUR. Nach streitiger Verhandlung und Beweisaufnahme im anschließenden Termin ergeht ein klageabweisendes Urteil.
   Fertigen Sie die Vergütungsrechnung des RA des Klägers.

9. RA Zack reicht auftragsgemäß Klage über 2 400,00 EUR ein. Nach erfolgloser Güteverhandlung wird im anschließenden Termin streitig verhandelt und über einen Betrag von 1 000,00 EUR Beweis erhoben. In einem weiteren Termin wird weiter streitig verhandelt und auch über die restlichen 1 400,00 EUR Beweis erhoben. Danach erhöht RA Zack weisungsgemäß den Klageantrag um 600,00 EUR. Nach erneuter streitiger Verhandlung ergeht Urteil zugunsten des Mandanten von RA Zack.
   Fertigen Sie die Vergütungsrechnung des RA Zack.

10. RA Bux erhebt für Polter Klage gegen Rumpel auf Zahlung von 127 000,00 EUR. Nach erfolgloser Güteverhandlung wird im anschließenden Termin streitig verhandelt und eine Beweisaufnahme durchgeführt. Nach erneuter Verhandlung ergeht Urteil, in dem die Klage in Höhe von 73 000,00 EUR abgewiesen wird.
    RA Fux legt auftragsgemäß Berufung für den Kläger und nunmehr Berufungskläger ein. Nach zwei streitigen Verhandlungen mit Beweisaufnahme und Weiterverhandlung ergeht Urteil, in dem die Berufung vollen Erfolg hat.
    Hiergegen geht auf Seiten des Beklagten und nunmehr Revisionskläger Rumpel der RA Fax in die Revision. Nach streitiger mündlicher Verhandlung, an der auf Seiten von Polter RA Lux mitwirkt, ergeht Urteil.
    Erstellen Sie die Vergütungsrechnungen der einzelnen Instanzen für die RAe des Polter.

11. Beutel erhebt über RA Schneider Klage wegen 2 100,00 EUR. Im ersten Termin wird nach erfolgloser Güteverhandlung streitig verhandelt und ein Zeuge vernommen. Nach Abschluss der Beweisaufnahme wird erneut streitig verhandelt mit dem Antrag des Klägers auf Erhöhung der Klage auf 2 900,00 EUR bzw. dem Antrag des Beklagten auf Klageabweisung. Es ergeht Urteil, demgemäß der Beklagte 2 200,00 EUR zu zahlen hat.
    Berechnen Sie die Vergütung von RA Schneider.

Aufgaben Gruppe 9: Die (Regel)gebühren des Prozessbevollmächtigten

12. Wahn erhebt über RA Sinn Klage wegen 2 100,00 EUR. Im ersten Termin wird in der Güteverhandlung von RA Sinn ein Antrag auf Vertagung gestellt. Im zweiten Termin wird streitig verhandelt. Daraufhin erhöht der Klägervertreter die Klage um 800,00 EUR. Es wird erneut streitig verhandelt und ein Zeuge vernommen. Es ergeht Urteil, demgemäß der Beklagte 2 400,00 EUR zu zahlen hat.
    Berechnen Sie die Vergütung von RA Sinn.

13. Plisch lässt von RA Muck Klage über 18 390,00 EUR erheben. Noch vor dem ersten Termin erhebt der Beklagte Plum über RA Mack Widerklage in einer anderen Angelegenheit wegen eines Betrages von 5 700,00 EUR. Im ersten Termin wird nach erfolgloser Güteverhandlung wegen der Klage und Widerklage streitig verhandelt. Daraufhin nimmt der Beklagte mit Zustimmung von Plisch die Widerklage zurück. Hinsichtlich der Klageforderung des Plisch ergeht antragsgemäß Urteil.
    Berechnen Sie die Vergütung von RA Muck.

14. Geiz lässt durch RA Milde Klage gegen Frech auf Rückzahlung eines Darlehens in Höhe von 5 000,00 EUR und eines zweiten Darlehens in Höhe von 4 000,00 EUR einreichen. Frech erhebt durch RA Paulsen Widerklage auf Herausgabe des Schuldscheins über das erste Darlehen von 5 000,00 EUR. Nach erfolgloser Güteverhandlung mit anschließender streitiger Verhandlung und Vernehmung des Zeugen Blind über die Anfertigung des Schuldscheins ergeht Urteil.
    Erstellen Sie die Vergütungsrechnung von RA Milde.

15.* RA Plumps erhebt auftragsgemäß Klage beim Amtsgericht wegen Räumung einer Wohnung sowie ausstehender Mietzahlungen von Juni bis Oktober. Die Monatsmiete beträgt 850,00 EUR pro Monat zuzüglich 100,00 EUR Heizkostenvorauszahlung. Der Beklagte lässt sich durch RA Sack vertreten. Nach erfolgloser Güteverhandlung mit anschließender streitiger Verhandlung und Beweisaufnahme ergeht antragsgemäß Urteil.
    Wegen der Verurteilung auf Räumung der Wohnung legt RA Sack für den Beklagten – und nunmehr Berufungskläger – Berufung beim Landgericht ein. Da für den Kläger und Berufungsbeklagten im Berufungstermin niemand erscheint, ergeht auf Antrag von RA Sack Versäumnisurteil, welches rechtskräftig wird.
    a) Berechnen Sie die Vergütung beider Instanzen für RA Sack.
    b) Ermitteln Sie die Gerichtskostenvorauszahlung für die 1. Instanz.

16. Dohlenburg hat in der ersten Instanz wegen einer Kaufpreisforderung von 9 001,00 EUR obsiegt. Er wird als Berufungsbeklagter von RA Potter vertreten. In der Berufungsverhandlung erscheint der Vertreter des Berufungsklägers, RA Kleinschmidt, nicht. Auf Antrag von RA Potter ergeht Versäumnisurteil, gegen das der Berufungskläger verspätet Einspruch einlegt. Das Gericht verwirft den Einspruch ohne mündliche Verhandlung wegen Fristversäumnis als unzulässig.
    Berechnen Sie die Vergütung von RA Potter für die zweite Instanz.

Aufgaben Gruppe 9: Die (Regel)gebühren des Prozessbevollmächtigten

17. In Sachen Wohlers/Neumann wird RA Justus wegen einer Darlehensrückforderung in Höhe von 1 000,00 EUR beauftragt, den Betrag auf außergerichtliche Weise einzufordern. Es handelt sich um eine durchschnittliche Angelegenheit. Die vom RA bezüglich des dem Schuldner übersandten Mahnschreibens entfaltete Tätigkeit entspricht etwa den Handlungen, die auch zur Vorbereitung einer Klage erforderlich gewesen wären.
Da der Schuldner nicht zahlt, wird nach neuer Weisung des Auftraggebers Klage eingereicht. Nach erfolgloser Güteverhandlung und anschließender streitiger Verhandlung ergeht Urteil. Der Mandant hat Vergütungsvorauszahlung für das Aufforderungsschreiben geleistet.
Berechnen Sie die Vergütung des RA Justus für diese Angelegenheit.

18.* Ampel wurde im ersten Rechtszug gegen Mast zur Zahlung von 15 000,00 EUR verurteilt.
Ampel beauftragt nun RA Rot, gegen dieses Urteil Berufung einzulegen. Nachdem Rot die Berufungsklage aufgesetzt hat, findet er in einer Fachzeitschrift ein neues Urteil des BGH in einem ähnlichen Fall. Deshalb rät Rot jetzt wegen Aussichtslosigkeit hinsichtlich eines Teilbetrages von 10 000,00 EUR von der Einlegung der Berufung ab. Über die restlichen 5 000,00 EUR legt er jedoch auftragsgemäß Berufung ein. Nach streitiger Verhandlung ergeht Urteil.
Fertigen Sie die Vergütungsrechnung.

19.* Wurst wurde im ersten Rechtszug gegen Zipfel zur Zahlung von 31 500,00 EUR verurteilt. Wurst beauftragt RA Fett, gegen dieses Urteil Berufung einzulegen. Fett entwirft die Berufungsklage, reicht sie aber noch nicht ein, sondern rät wegen Aussichtslosigkeit hinsichtlich eines Teilbetrages von 2 500,00 EUR von der Einlegung der Berufung ab. Über die restlichen 29 000,00 EUR legt er jedoch auftragsgemäß Berufung ein. Nach streitiger Verhandlung ergeht Urteil.
Fertigen Sie die Vergütungsrechnung.

20. Frau Fredeke beauftragt RA Cronjäger damit, rückständige Mietzahlungen in Höhe von monatlich 800,00 EUR für die Monate Januar, Februar, März und April einzuklagen. Nach erfolgloser Güteverhandlung und anschließender streitiger Verhandlung zahlt der beklagte Mieter die Miete für den Monat Januar. Der Rechtsstreit wird insoweit für erledigt erklärt. Es folgt eine weitere streitige Verhandlung. Da der Mieter weiterhin keine Miete zahlt, erhöht RA Cronjäger nun die Klageforderung um die rückständige Miete für die Monate Mai und Juni. Es wird noch einmal streitig verhandelt und der Mietvertrag zur Beweisaufnahme dem Gericht vorgelegt.
Berechnen Sie die Vergütung von RA Cronjäger.

21. Schinowski beauftragt RA Opitz damit, einen Schadenersatzanspruch von 2 500,00 EUR gegen Frau Heyda einzuklagen. Nach Einreichung der Klageschrift wird nach erfolgloser Güteverhandlung streitig zur Sache verhandelt. Einige Tage nach dieser Verhandlung überweist Frau Heyda dem Schinowski 600,00 EUR. Insoweit wird der Rechtsstreit für erledigt erklärt. Wegen des Restbetrages folgt eine weitere streitige Verhandlung, in der auch der Zeuge Blind über den Tatverlauf vernommen wird. Unter dem Eindruck des Ergebnisses der Beweisaufnahme erhöht RA Opitz die Klageforderung um 1 700,00 EUR. Nach einer weiteren streitigen Verhandlung und der Vernehmung der Zeugin Taub ergeht Urteil zugunsten des Klägers.
Erstellen Sie die Vergütungsrechnung von RA Opitz.

Aufgaben Gruppe 9: Die (Regel)gebühren des Prozessbevollmächtigten

Lösungsteil Gruppe 9

1. §§ 2, 13, VV Nrn. 3100, 3104, 7002, 7008 RVG. [814,90 EUR]
2. §§ 2, 13, VV Nrn. 3100, 3104, 7002, 7008 RVG. [327,70 EUR]
3. §§ 2, 13, VV Nrn. 3100, 3104, 7002, 7008 RVG, § 42 GKG. [1 432,60 EUR]
4. §§ 2, 13, 22, VV Nrn. 3100, 3104, 7002, 7008 RVG, § 41 GKG. [1 492,92 EUR]
5. §§ 2, 13, VV Nrn. 3100, 3104, 7002, 7008 RVG. [1 281,80 EUR]
6. §§ 2, 13, VV Nrn. 3305, 3100, 3104, 7002, 7008 RVG. [342,78 EUR]
7. §§ 2, 13, VV Nrn. 3100, 3104, 7002, 7008 RVG. [1 166,50 EUR]
8. §§ 2, 13, VV Nrn. 3100, 3104, 7002, 7008 RVG. [1 218,00 EUR]
9. §§ 2, 13, VV Nrn. 3100, 3104, 7002, 7008 RVG. [571,30 EUR]
10. §§ 2, 13, VV Nrn. 3100, 3104, 3200, 3202, 3208, 3210, 7002, 7008 RVG.
    (§ 78 Abs. 1 S. 4 ZPO) [Bux: 4 396,40 EUR]
    [Fux: 3 920,80 EUR]
    [Lux: 5 312,80 EUR]
11. §§ 2, 13, VV Nrn. 3100, 3104, 7002, 7008 RVG. [571,30 EUR]
12. §§ 2, 13, VV Nrn. 3100, 3104, 7002, 7008 RVG. [571,30 EUR]
13. §§ 2, 13, VV Nrn. 3100, 3104, 7002, 7008 RVG, § 45 GKG. [2 012,60 EUR]
14. §§ 2, 13, 22, VV Nrn. 3100, 3104, 7002, 7008 RVG, § 45 GKG. [1 325,30 EUR]
15. a) §§ 2, 13, 22, VV Nrn. 3100, 3104, 3200, 3202, 3203, 7002, 7008 RVG,
    § 41 GKG. [I) 1 664,60 EUR]
    Darauf achten, wer im Berufungstermin säumig ist. [II) 1 731,65 EUR]
    b) §§ 3, 12, 34; Kostenverzeichnis Nr. 1210 GKG. [726,00 EUR]
16. §§ 2, 13, VV Nrn. 3200, 3203, 7002, 7008 RVG.
    Darauf achten, wer im Berufungstermin säumig ist. [1 207,10 EUR]
17. §§ 2, 13, 14, VV Vorbemerkung 3 Abs. 4, Nrn. 2400, 3100, 3104,
    7002, 7008 RVG. [324,92 EUR]
18. §§ 2, 13, VV Nrn. 3200, 3201, 3202, 7002, 7008 RVG. [1 492,69 EUR]
19. §§ 2, 13, VV Nrn. 3200, 3201, 3202, 7002, 7008 RVG. [2 618,82 EUR]
20. §§ 2, 13, 22, VV Nrn. 3100, 3104, 7002, 7008 RVG. [896,10 EUR]
21. §§ 2, 13, 22, VV Nrn. 3100, 3104, 7002, 7008 RVG. [814,90 EUR]

12.10 Gebühren bei vorzeitiger Beendigung, bei Sachanträgen und bei Nichterscheinen einer Partei
(→ Kapitel 6.1.2)

Aufgabenteil Gruppe 10

1. Grün beauftragt RA Eigen mündlich mit der Erhebung der Klage gegen Blau. Der Streitwert beträgt 12 000,00 EUR. Nach Formulierung, aber vor Einreichung der Klage teilt Grün mit, dass sich die Angelegenheit erledigt habe. Außer der Übersendung der Vergütungsrechnung an Grün ist kein Schriftverkehr entstanden.
Fertigen Sie die Vergütungsrechnung des RA Eigen.

2. Braun bevollmächtigt RA Kohl mit der Eintreibung einer Forderung gegen Kappes in Höhe von 2 711,00 EUR. Für den Fall, dass Kappes nach anwaltlicher Aufforderung nicht zahlt, soll sofort nach Fristablauf ein Mahnbescheid beantragt werden. Kohl sendet ein Aufforderungsschreiben an Kappes, der daraufhin zahlt.
Berechnen Sie die Vergütung des RA Kohl.

3. RA Blau soll für Korn Berufung einlegen. Der Auftrag wurde mündlich erteilt. Vor Einreichung der von RA Blau fertiggestellten Berufungsklage zieht Korn den Auftrag mündlich zurück. Außer der Übersendung der Gebührennote an Korn ist kein Schriftverkehr entstanden. Der Streitwert beträgt 4 900,00 EUR.
Erstellen Sie die Gebührennote des RA Blau.

4. RA Patzig erhebt Klage über 6 300,00 EUR. Vor dem ersten Termin zur mündlichen Verhandlung wird diese zurückgenommen. RA Patzig hatte auch die Gerichtskosten verauslagt.
a) Erstellen Sie die Vergütungsrechnung des RA Patzig.
b) Wie hoch ist die Gerichtskostenvorauszahlung?

5. Mit der Klageschrift macht RA Sauer im Auftrag seines Mandanten Selber eine Forderung in Höhe von 4 998,35 EUR gegen den Beklagten Dax geltend. Im ersten mündlichen Verhandlungstermin erscheint der Dax nicht. RA Sauer stellt Antrag auf Vertagung des Termins gemäß § 227 Abs. 1 S. 1 ZPO mit der Begründung, dass die Parteien untereinander auf privater Basis in außergerichtliche Vergleichsverhandlungen eingetreten seien. Der Richter vertagt daraufhin den Termin durch Beschluss.
Einige Tage später kündigt Selber dem RA Sauer das Mandat, mit der Erklärung, dass er sich selber mit dem Dax geeinigt habe und keine anwaltliche Hilfe hierzu benötige.
Erstellen Sie die Vergütungsrechnung des RA Sauer.

6. RA Luchs soll für Dall gegen den Studenten Faul eine Forderung in Höhe von 879,50 EUR einklagen. Die Klageschrift wird bei Gericht eingereicht. Im Verhandlungstermin wird streitig verhandelt und der Rechtsstreit auf Antrag von RA Luchs durch Beschluss auf einen neuen Termin vertagt, damit die Parteien noch weiteren Sachvortrag tätigen können. Im zweiten Verhandlungstermin erkennt Faul die Forderung an, woraufhin auf Antrag von RA Faul Anerkenntnisurteil ergeht.
Erstellen Sie die Vergütungsrechnung von RA Luchs.

Aufgaben Gruppe 10: Gebühren bei vorzeitiger Beendigung usw.

7. RA Assel reicht Klage über 3 870,00 EUR ein. Im Gütetermin und der anschließenden mündlichen Verhandlung erscheint der Beklagte nicht. Es ergeht antragsgemäß ein Versäumnisurteil.
   Erstellen Sie die Vergütungsrechnung von RA Assel.

8.* RA Wendehals erhebt Berufungsklage über 14 777,00 EUR. Im Termin erscheint für den Berufungsbeklagten niemand. Das Berufungsgericht stellt fest, dass die Ladungsfrist für den Berufungsbeklagten nicht eingehalten worden ist. Daraufhin beschließt das Berufungsgericht die Vertagung des Termins. Später nimmt der Berufungskläger die Berufungsklage zurück.
   Berechnen Sie die Vergütung von RA Wendehals.

Lösungsteil Gruppe 10

1. §§ 2, 13, VV Nrn. 3101, 7008 RVG.   [488,13 EUR]

2. §§ 2, 13, VV Nrn. 3306, 7002, 7008 RVG.   [131,54 EUR]

3. §§ 2, 13, VV Nrn. 3201, 7008 RVG.   [384,08 EUR]

4. a) §§ 2, 13, VV Nrn. 3100, 7002, 7008 RVG.   [588,70 EUR]

   b) §§ 3, 12 Abs. 1, 34, KV Nr. 1210 GKG.   [453,00 EUR]

5. §§ 2, 13, VV Nrn. 3100, 3105, 7002, 7008 RVG.   [651,69 EUR]

6. §§ 2, 13, VV Nrn. 3100, 3104, 7002, 7008 RVG.   [211,70 EUR]

7. §§ 2, 13, VV Nrn. 3100, 3105, 7002, 7008 RVG.   [534,76 EUR]

8. §§ 2, 13, VV Nrn. 3105, 3200, 3203, 7002, 7008 RVG.   [1 401,98 EUR]

12.11 Die Grundsätze des § 15 RVG (→ Kapitel 1.3.3)

Aufgabenteil Gruppe 11

1. RA Jung hat auftragsgemäß Klage erhoben. Während der dreijährigen Prozessdauer fanden neun Termine mit streitiger mündlicher Verhandlung oder Erörterung statt. Nun erging Urteil. Streitwert: 93 000,00 EUR.
   Erstellen Sie die Vergütungsrechnung des RA Jung. Welche Grundsätze des § 15 RVG sind hierbei besonders bedeutsam?

2. RA Putz vertritt Muckel vor dem Amtsgericht in einer pachtvertraglichen Angelegenheit. Nach einer streitigen Verhandlung und Zeugenvernehmung wird vertagt. Es erfolgt in einem weiteren Beweistermin außerhalb des Gerichts eine Ortsbesichtigung, an der RA Putz teilnimmt. Daraufhin wird erneut streitig verhandelt; anschließend ergeht Urteil. Streitwert: 7 250,00 EUR.
   Fertigen Sie die Vergütungsrechnung des RA Putz. Welcher Grundsatz des § 15 RVG ist hierbei besonders bedeutsam?

3. RA Potz erhebt auftragsgemäß für Blitz Klage über 13 500,00 EUR. Da Blitz von RA Potz auf ein gewisses Prozessrisiko hingewiesen wurde, bittet er ihn kurz darauf, die Klage wieder zurückzunehmen. Potz handelt auftragsgemäß.
   Drei Jahre später findet Blitz ein wichtiges Beweismittel und beauftragt Potz erneut damit, Klage zu erheben. Nach streitiger Verhandlung und Beweisaufnahme ergeht Urteil im Sinne der Klage.
   Fertigen Sie die Vergütungsrechnungen des RA Potz. Welche Grundsätze des § 15 RVG sind hierbei besonders bedeutsam?

4.* RA Janus erhebt Klage wegen 3 900,00 EUR. Im ersten Termin wird streitig verhandelt. Im nächsten Termin ist der Beklagte säumig. Auf Antrag von RA Janus ergeht Versäumnisurteil. Der Vertreter des Beklagten legt dagegen Einspruch ein, welcher nach streitiger Verhandlung über den Einspruch vom Gericht verworfen wird.
   Berechnen Sie die Vergütung des RA Janus. Welche Grundsätze des § 15 RVG sind hierbei besonders bedeutsam?

5. RA Dombrowski erhält von Wendehals Klageauftrag wegen einer Forderung von 9 000,00 EUR. RA Dombrowski bespricht die Sache ausführlich mit seinem Mandanten und beginnt mit der Abfassung der Klageschrift. Noch bevor der RA den säumigen Schuldner mahnen kann meldet sich Mandant Wendehals und teilt mit, der Schuldner habe soeben 1 000,00 EUR bezahlt.
   RA Dombrowski setzt nun in die Klageschrift die restliche Forderung von 8 000,00 EUR ein und reicht die Klage beim Amtsgericht ein. Hier ergeht nach streitiger Verhandlung Urteil.
   Erstellen Sie die Vergütungsrechnung von RA Dombrowski. Welcher Grundsatz des § 15 RVG ist hierbei besonders bedeutsam?

Aufgaben Gruppe 11: Die Grundsätze des § 15 RVG

6. Boonekamp beauftragt RA Paletti damit, beim AG Hannover Klage über 3 790,00 EUR gegen den Mieter Übel einzureichen. Es geht um rückständige Miete von 700,00 EUR und um eine nicht erfolgte Wohnungsrenovierung im Betrag von 3 090,00 EUR. Zunächst übersendet RA Paletti ein Aufforderungsschreiben an den Übel. Übel kündigt an, dass er die rückständige Miete zahlen werde, was geschieht.
Wegen der nicht erfolgten Wohnungsrenovierung wird Klage eingereicht und nach erfolglosem Gütetermin streitig verhandelt. Nach durchgeführter Beweisaufnahme ergeht Urteil, wonach an den Kläger 1 200,00 EUR zu zahlen sind.
Fertigen Sie die Vergütungsrechnung für RA Paletti. Welcher Grundsatz des § 15 RVG ist hierbei besonders bedeutsam?

7. RA Rambo erhält Auftrag von Zinn, eine Klage über 6 500,00 EUR gegen Blei anzustrengen. Der Schuldner Blei erkennt nach Erhalt eines Aufforderungsschreibens von RA Rambo einen Betrag von 700,00 EUR an und überweist den Betrag sofort an Zinn. Wegen der Restsumme wird Klage eingereicht und nach erfolglosem Gütetermin und anschließender streitiger Verhandlung und Beweisaufnahme Urteil nach Antrag verkündet.
Gegen dieses Urteil legt der RA des Beklagten Berufung ein, nimmt sie aber vor dem Berufungstermin zurück. RA Rambo hatte nach Eingang der Berufungsschrift die Zurückweisung der Berufung in einem Schriftsatz innerhalb der vom Berufungsgericht gesetzten Frist beantragt.
Fertigen Sie die Vergütungsrechnung für RA Rambo für beide Instanzen. Welche Grundsätze des § 15 RVG sind in dieser Aufgabe besonders bedeutsam?

8. RA Lang wird beauftragt, wegen einer Forderung von 4 000,00 EUR Klage zu erheben. RA Lang schreibt dem Schuldner und fordert ihn auf, den Betrag zur Vermeidung eines Prozesses binnen einer Frist zu zahlen. Der Schuldner lehnt die Zahlung ab.

   a) Nachdem RA Lang die Klage gefertigt und eingereicht hat, erscheint anderntags der Mandant und nimmt den Klageauftrag zurück, da er sich mit dem Schuldner gütlich einigen will.
   Erstellen Sie die Vergütungsrechnung von RA Lang. Welcher Grundsatz des § 15 RVG ist hierbei besonders bedeutsam?

   b) Nachdem RA Lang die Klage gefertigt, aber noch nicht eingereicht hat, erscheint anderntags der Mandant und nimmt den Klageauftrag zurück, da er sich mit dem Schuldner gütlich einigen will.
   Erstellen Sie die Vergütungsrechnung von RA Lang. Erläutern Sie den Unterschied zur Lösung a).

Aufgaben Gruppe 11: Die Grundsätze des § 15 RVG

9. Vogel hat Katz ein Fahrrad für 150,00 EUR verkauft. Katz ist den Kaufpreis schuldig geblieben. Vogel beauftragt RA Wald mit der nur außergerichtlichen Eintreibung der Forderung. RA Wald setzt dem Katz in einem Aufforderungsschreiben eine Frist von 14 Tagen. Es handelt sich um einen durchschnittlichen Fall. Die vom RA bezüglich des Mahnschreibens entfaltete Tätigkeit entspricht etwa den Handlungen, die auch zur Vorbereitung einer Klage erforderlich gewesen wären.
Nach fruchtlosem Fristablauf lässt Vogel den RA Wald jetzt den Erlass eines Mahnbescheides beantragen. Nach Zustellung des erlassenen Mahnbescheides zahlt Katz den Kaufpreis und die Vergütung des RA Wald.
a) Erhält RA Wald eine Gebühr für das Aufforderungsschreiben?
b) Welcher Grundsatz des § 15 RVG ist in diesem Fall besonders bedeutsam?
c) Handelt es sich um eine oder um zwei Angelegenheiten im Sinne des RVG?
d) Berechnen Sie die Vergütung des RA.

10.* a) RA Hanno hat für seinen Auftraggeber als Terminsvertreter einen Beweistermin beim Amtsgericht Hannover wahrgenommen. Wert der Streitsache: 1 000,00 EUR.
Berechnen Sie die ihm dafür zustehende Vergütung.

b) Später wird er nach Verweisung des Rechtsstreits nach Hannover in dieser Angelegenheit zum Prozessbevollmächtigten bestellt und nimmt nach streitiger Verhandlung an einem weiteren Beweistermin teil.
Berechnen Sie die Vergütung von RA Hanno. Welcher Grundsatz des § 15 RVG ist in diesem Fall besonders bedeutsam?

11. a) RA Peter in Hamburg bittet mit Einverständnis seines Mandanten den RA Otto in Hannover um Wahrnehmung eines Termins als Terminsvertreter beim Amtsgericht Hannover. RA Otto verhandelt in dem Termin in Hannover streitig. Der Streitwert beträgt 1 300,00 EUR.
Erstellen Sie die Vergütungsrechnung, die RA Otto an RA Peter schickt.

b) Später soll RA Otto einen weiteren Termin in dieser Sache in Hannover wahrnehmen, was er tut.
Wie hoch ist seine Vergütung? Welche Grundsätze des § 15 RVG sind in diesem Fall besonders bedeutsam?

Aufgaben Gruppe 11: Die Grundsätze des § 15 RVG

Lösungsteil Gruppe 11

1. §§ 2, 13, 15, VV Nrn. 3100, 3104, 7002, 7008 RVG. [3 726,50 EUR]

2. §§ 2, 13, 15, VV Nrn. 3100, 3104, 7002, 7008 RVG. [1 218,00 EUR]

3. §§ 2, 13, 15, VV Nrn. 3100, 3104, 7002, 7008 RVG. [876,73 EUR; 1 664,60 EUR]

4. §§ 2, 13, 15, VV Nrn. 3100, 3104, 3105, 7002, 7008 RVG. [733,70 EUR]

5. §§ 2, 13, 15, VV Nrn. 3100, 3101, 3104, 7002, 7008 RVG. [1 273,80 EUR]

6. §§ 2, 13, 15, VV Nrn. 3100, 3101, 3104, 7002, 7008 RVG. [694,72 EUR]

7. §§ 2, 13, 15, VV Nrn. 3100, 3101, 3104, 3200, 3202, 7002, 7008 RVG.
   [1 059,20 EUR; 1 121,02 EUR]

8. a) §§ 2, 13, 15, VV Nrn. 3100, 7002, 7008 RVG. [392,66 EUR]
   b) §§ 2, 13, 15, VV Nrn. 3101, 7002, 7008 RVG. [250,56 EUR]

9. a) VV Vorbemerkung 3 RVG.
   b) § 15 RVG.
   d) §§ 2, 13, 14, 15, VV Nrn. 2400, 3100, 7002, 7008 RVG. [48,72 EUR]

10. a) §§ 2, 13, 15, VV Vorbemerkung 3.4,
    Nrn. 3100, 3401, 3104, 7002, 7008 RVG. [141,52 EUR]
    b) §§ 2, 13, 15, VV Vorbemerkung 3.4,
    Nrn. 3100, 3401, 3104, 7002, 7008 RVG. [53,71 EUR]

11. a) §§ 2, 13, 15, VV Vorbemerkung 3.4,
    Nrn. 3100, 3401, 3104, 7002, 7008 RVG. [248,53 EUR]
    b) § 15 RVG.

12.12 Gebühren bei Versäumnisurteil (→ Kapitel 6.1.2.2)

Aufgabenteil Gruppe 12

1. RA Blümchen erhebt Klage wegen 4 400,00 EUR. Im ersten Termin wird nach erfolgloser Güteverhandlung streitig verhandelt. Im nächsten Termin ist der Beklagte säumig. Auf Antrag von RA Blümchen ergeht Versäumnisurteil. Der Vertreter des Beklagten legt dagegen Einspruch ein, welcher nach streitiger Verhandlung über den Einspruch vom Gericht verworfen wird.
Berechnen Sie die Vergütung des RA Blümchen.

2. Wegen Kaufpreisforderung von 3 100,00 EUR erhebt RA Meister auftragsgemäß Klage. Im Termin zur mündlichen Verhandlung erscheint der Beklagte nicht. Auf Antrag von RA Meister ergeht Versäumnisurteil, welches rechtskräftig wird.
Erstellen Sie die Vergütungsrechnung von RA Meister.

3. RA Pfahl erhebt für Doll Klage gegen Wahn auf Zahlung von 90,00 EUR. In der Klageschrift wird für den Fall der Anordnung des schriftlichen Vorverfahrens (§ 276 ZPO) beantragt, im Falle der Fristversäumnis ein Versäumnisurteil ohne mündliche Verhandlung zu erlassen (§ 331 Abs. 3 ZPO).
Das Gericht ordnet das schriftliche Vorverfahren an. Der Beklagte Wahn versäumt sämtliche Fristen, sodass das Gericht ein Versäumnisurteil im schriftlichen Vorverfahren gegen ihn erlässt.
Berechnen Sie die Vergütung des RA Pfahl.

4. RA Pfahl erhebt für Doll Klage gegen Wahn auf Zahlung von 90,00 EUR. Im ersten Termin wird nach erfolgloser Güteverhandlung streitig verhandelt. Nach Vertagung erscheint im zweiten Termin für Wahn niemand; RA Pfahl erwirkt ein Versäumnisurteil. Wahn legt Einspruch ein, der nach streitiger mündlicher Verhandlung über den Einspruch verworfen wird.
Berechnen Sie die Vergütung des RA Pfahl.

5. RA Pfahl erhebt für Doll Klage gegen Wahn auf Zahlung von 90,00 EUR. Im Termin erscheint für Wahn niemand, RA Pfahl erwirkt ein Versäumnisurteil. Für Wahn legt RA Buff Einspruch ein, dem nach streitiger mündlicher Verhandlung über den Einspruch stattgegeben wird. Danach ergeht nach streitiger Verhandlung zur Hauptsache Urteil, in dem Wahn zur Zahlung von 75,00 EUR verurteilt wird.
Berechnen Sie die Vergütung des RA Pfahl und des RA Buff.

Aufgaben Gruppe 12: Gebühren bei Versäumnisurteil

6. RA Finster erhebt für Necker auftragsgemäß Klage gegen den Schuldner Ansorge wegen einer Forderung von 29 400,00 EUR.
   In der Klageschrift wird für den Fall der Anordnung des schriftlichen Vorverfahrens (§ 276 ZPO) beantragt, im Falle der Fristversäumnis ein Versäumnisurteil ohne mündliche Verhandlung zu erlassen (§ 331 Abs. 3 ZPO).
   Das Landgericht ordnet das schriftliche Vorverfahren an. Der Beklagte Ansorge versäumt sämtliche Fristen, sodass das Gericht ein Versäumnisurteil im schriftlichen Vorverfahren gegen ihn erlässt.
   Nachdem dieses Versäumnisurteil dem Beklagten Ansorge zugestellt worden ist, beauftragt er RA Schneck mit seiner Vertretung. Dieser legt gegen das Versäumnisurteil fristgerecht Einspruch ein. Da der Einspruch zulässig ist, beraumt das Gericht einen Termin zur mündlichen Verhandlung über den Einspruch und die Hauptsache an (§ 341 a ZPO). Im Termin erscheint der Beklagte persönlich. RA Schneck hat dem Gericht telefonisch mitgeteilt, dass er nicht zum Termin erscheinen werde, da der Beklagte ihm den erbetenen Honorarvorschuss nicht gezahlt habe. Im Termin ergeht gegen den anwesenden Beklagten ein zweites Versäumnisurteil, welches rechtskräftig wird.
   Berechnen Sie die Vergütung des RA Finster.

7. RA Düster hat auftragsgemäß Klage gegen Reiner Dummer wegen Forderung von 9 250,00 EUR beim Landgericht eingereicht.
   Im zur Güteverhandlung und zum frühen ersten Termin anberaumten Verhandlungstermin erscheint der Dummer persönlich und behauptet, er sei Rechtsexperte und benötige keinen Rechtsanwalt.
   Auf Antrag von RA Düster ergeht Versäumnisurteil, welches rechtskräftig wird.
   Ermitteln Sie das Honorar von RA Düster.

8. RA Rettig erhebt auftragsgemäß Klage wegen Forderung von 4 600,00 EUR. In erster Instanz wird die Klage abgewiesen. RA Rettig legt gegen das klagabweisende Urteil Berufung ein. Im Berufungstermin erscheint der RA des Berufungsbeklagten nicht. Auf Antrag von Rettig ergeht Versäumnisurteil, nachdem der RA des Berufungsbeklagten auch nach einem Anruf in seiner Kanzlei nicht erscheint.
   Berechnen Sie die Vergütung des RA Rettig für die zweite Instanz.

9. RA Radies soll für Pilz, der in erster Instanz zur Zahlung von 66 000,00 EUR verurteilt wurde, die Berufung einlegen, was er tut. Im Berufungstermin wird der Berufungsbeklagte von RA Ypsilanti vertreten. RA Radies ist nicht erschienen. Er hat kurz vor dem Termin das Gericht telefonisch davon verständigt, dass ihm sein Mandant wegen eines Streits über einen Honorarvorschuss am Vorabend das Mandat entzogen hat. RA Ypsilanti stellt Antrag auf Erlass eines Versäumnisurteils, welches ergeht und rechtskräftig wird.
   Fertigen Sie die Vergütungsrechnung des RA Ypsilanti.

Aufgaben Gruppe 12: Gebühren bei Versäumnisurteil

Lösungsteil Gruppe 12

1. §§ 2, 13, VV Nrn. 3100, 3104, 3105, 7002, 7008 RVG. [814,90 EUR]
2. §§ 2, 13, VV Nrn. 3100, 3104, 3105, 7002, 7008 RVG. [476,30 EUR]
3. §§ 2, 13, VV Nrn. 3100, 3104, 3105, 7002, 7008 RVG. [62,64 EUR]
4. §§ 2, 13, VV Nrn. 3100, 3104, 3105, 7002, 7008 RVG. [87,00 EUR]
5. §§ 2, 13, VV Nrn. 3100, 3104, 3105, 7002, 7008 RVG.
   [Pfahl: 87,00 EUR; Buff: 87,00 EUR]
6. §§ 2, 13, VV Nrn. 3100, 3104, 3105, 7002, 7008 RVG. [2 221,40 EUR]
7. §§ 2, 13, VV Nrn. 3100, 3104, 3105, 7002, 7008 RVG. [1 037,97 EUR]
8. §§ 2, 13, VV Nrn. 3200, 3202, 3203, 7002, 7008 RVG. [1 000,85 EUR]
9. §§ 2, 13, VV Nrn. 3200, 3202, 3203, 7002, 7008 RVG. [2 946,40 EUR]

12.13 Gebühren für Beratung und Gutachten
(→ Kapitel 3.2, 3.3)

Achtung: Ab 1. Juli 2006 werden die Gebühren für die Beratung neu geregelt!

Aufgabenteil Gruppe 13

1. Der Rentner Aselmeyer hat eine Forderung gegen Blaschke in Höhe von 500,00 EUR, die möglicherweise verjährt ist. Aselmeyer bittet daher RA Maeckler mündlich um Rat, was geschieht. Es handelt sich um eine durchschnittliche Sache. Eine Vergütungsvereinbarung wurde nicht getroffen.
   Erstellen Sie die Vergütungsrechnung des RA Maeckler.

2. Der Rentner Aselmeyer hat absichtlich den Apfelbaum seines Nachbarn Gurcke abgesägt. Gurcke will Strafanzeige wegen Sachbeschädigung stellen.
   Aselmeyer bittet RA Maeckler in dieser Strafsache mündlich um Rat. Es handelt sich um eine durchschnittliche Angelegenheit. Eine Gebührenvereinbarung wurde nicht getroffen.
   Erstellen Sie die Vergütungsrechnung des RA Maeckler.

3. RA Cieslik soll die Berufungsaussicht in einer Zivilsache prüfen, in der er erstinstanzlich für den Malade tätig war. Der Streitwert liegt bei 2 300,00 EUR. RA Cieslik rät dem Malade von der Einlegung der Berufung mündlich ab.
   Da der Mandant Malade mit dem Rat des RA Cieslik nicht zufrieden ist, sucht er RA Dompfaff, der mit der Angelegenheit noch nicht befasst gewesen ist, zwecks Beratung auf. Dompfaff lässt sich von Malade über die Sache mündlich informieren und rät nach Studium der Akte aus der ersten Instanz in einem Brief an Malade schriftlich von der Einlegung der Berufung ab.
   Berechnen Sie das Honorar von RA Cieslik und von RA Dompfaff. Es handelt sich für beide RAe um eine durchschnittliche Angelegenheit.

4. RA Wohlleben war in einer Zivilsache erstinstanzlich tätig. Der Prozess ging verloren.
   RA Wohlleben wird nun von seinem Mandanten beauftragt, die Berufung einzulegen. RA Wohlleben nimmt diesen Auftrag an. Nach genauerer Überprüfung der Berufungsaussicht rät er dem Mandanten aber dann doch von der Einlegung der Berufung schriftlich ab. Die Berufung wird weisungsgemäß nicht eingelegt. Der Streitwert beträgt 2 500,00 EUR.
   Fertigen Sie die Vergütungsrechnung des RA Wohlleben für seine Bemühungen um die Berufung.

5. Abwandlung der vorstehenden Aufgabe (Nr. 4): RA Wohlleben soll ein Gutachten über die Berufungsaussichten erstellen.
   Erstellen Sie seine Vergütungsrechnung.

Aufgaben Gruppe 13: Gebühren für Beratung und Gutachten

6. RA Rubbel war in einer Zivilsache erstinstanzlich tätig. Er erhält nun von seinem Mandanten den Auftrag, die Berufungsaussichten zu prüfen und ihn entsprechend zu beraten. Die Beratung findet mündlich statt.
Obwohl RA Rubbel von der Einlegung der Berufung abgeraten hat, wird er beauftragt, diese einzulegen. Nachdem RA Rubbel die Berufung eingelegt hat, meldet sich sein Auftraggeber und teilt mit, nach reiflicher Überlegung wolle er die Berufung nun doch zurücknehmen. RA Rubbel nimmt die Berufung noch vor dem Termin zur mündlichen Verhandlung zurück. Der Streitwert beträgt 2 500,00 EUR.
Fertigen Sie die Vergütungsrechnung des RA Rubbel.

7. In einer Unfallsache bittet Auftraggeber Schrott, von Beruf Hausmann, RA Flink wegen eines Sachschadens in Höhe von 7 000,00 EUR mündlich um Rat. Schrott hat beim Autofahren telefoniert und dabei ein Stop-Schild (§ 41, Zeichen 206 StVO) übersehen, woraufhin es zum Unfall kam. RA Flink erläutert dem Schrott, dass er selbst die alleinige Schuld daran trägt, dass nun sein Auto stark beschädigt ist und er daher keinerlei Schadenersatzansprüche habe. Der Schrott verabschiedet sich mit der Bemerkung, dann werde er die Sache selbst in die Hand nehmen.
Fertigen Sie die Vergütungsrechnung von RA Flink. Eine Vergütungsvereinbarung wurde nicht getroffen.

8. RA Zilinski soll die Erfolgsaussicht der Berufung in einer Strafsache prüfen, in der er erstinstanzlich nicht tätig war. Zilinski rät in einem einmaligen Beratungsgespräch seiner Auftraggeberin, der Angestellten Hallermund, von der Einlegung der Berufung ab.
Berechnen Sie das Honorar von RA Zilinski. Es handelt sich um eine in jeder Hinsicht überdurchschnittliche Angelegenheit, sodass die höchstmögliche Gebühr angemessen ist.

9. Abwandlung der vorstehenden Aufgabe (Nr. 8): RA Zilinski soll die Berufungsaussicht gutachtlich prüfen.

    a) Warum kann VV Nr. 2201 RVG nicht angewandt werden?

    b) Was ist ein Gutachten?

    c) Berechnen Sie das Honorar von RA Zilinski, wobei die höchstmögliche Gebühr angemessen ist.

10. Kleinhans sucht RAin Wurz zu einem Beratungsgespräch auf und bittet sie, zu prüfen, ob er eine Wettforderung über 16 900,00 EUR von Leichtfuß per Mahnbescheid eintreiben könne. RAin Wurz klärt Kleinhans über die rechtliche Situation auf. Aufgrund dieser juristischen Beratung nimmt Kleinhans von irgendwelchen rechtlichen Schritten Abstand.
Berechnen Sie die Vergütung von RAin Wurz in dieser durchschnittlichen Angelegenheit. Eine Vergütungsvereinbarung wurde nicht abgeschlossen.

11. Nach einer Woche sucht Kleinhans (Aufgabe Nr. 10) RAin Wurz noch einmal auf und gibt an, dass er in der Zeitung gelesen haben, man könne Wettforderungen doch einklagen. Er bittet noch einmal um gründliche Beratung. RAin Wurz prüft noch einmal die Rechtsprechung zu § 762 BGB und klärt den Kleinhans in dem Beratungsgespräch auf, dass der Zeitungsartikel die Rechtslage falsch darstellt.
Berechnen Sie die Vergütung von RAin Wurz.

Aufgaben Gruppe 13: Gebühren für Beratung und Gutachten

Lösungsteil Gruppe 13

1. §§ 2, 13, 14, VV Nrn. 2100, 7008 RVG. [28,71 EUR]
2. §§ 2, 14, VV Nrn. 2101, 7008 RVG. [156,60 EUR]
3. §§ 2, 13, 14, VV Nrn. 2200, 7002, 7008 RVG. [C: 140,07 EUR, D: 163,27 EUR]
4. §§ 2, 13, VV Nrn. 3200, 3201, 7002, 7008 RVG. Warum nicht VV Nr. 2200 RVG? [228,64 EUR]
5. §§ 2, 13, VV Nrn. 2201, 7002, 7008 RVG. [265,99 EUR]
6. §§ 2, 13, 14, VV Nrn. 2200, 3200, 7002, 7008 RVG. [322,02 EUR]
7. §§ 2, 13, 14, VV Nrn. 2100, 2102, 7008 RVG. [220,40 EUR]
8. §§ 2, 14, VV Nr. 2200 RVG. [301,60 EUR]
9. c) §§ 2, 14, VV Nrn. 2202, 2203 RVG. [487,20 EUR]
10. §§ 2, 13, 14, VV Nrn. 2100, 2102, 7008 RVG. [220,40 EUR]
11. §§ 2, 13, 14, VV Nrn. 2100, 7008 RVG. [386,63 EUR]

12.14 Einigungsgebühr (→ Kapitel 1.6.1.1)

Aufgabenteil Gruppe 14

1. Alt, vertreten durch RA Unser, klagt gegen Jung in einer Unfallsache auf Zahlung von 3 500,00 EUR. In der Güteverhandlung erörtern die Parteien den Sach- und Streitstand und stellen im Anschluss daran in der mündlichen Verhandlung ihre schriftsätzlich vorbereiteten Anträge. In einem weiteren Termin einigen sich die Parteien dahin, dass Jung unter Abgeltung sämtlicher Ansprüche an Alt 2 000,00 EUR zu zahlen hat.
Erstellen Sie die Honorarrechnung von RA Unser.

2. RA Schlumpf erhebt für Potter Klage wegen Zahlung eines Betrages von 5 000,00 EUR zuzüglich 10 % Zinsen seit dem 28. 02. d. J. Nach erfolglosem Gütetermin erkennt der Beklagte im anschließenden Verhandlungstermin 3 000,00 EUR an, woraufhin auf Antrag von RA Schlumpf Anerkenntnisurteil ergeht. Wegen des Restbetrages wird streitig verhandelt. Nach erfolgter Beweisaufnahme vergleichen sich die Parteien dahingehend, dass der Beklagte noch 1 000,00 EUR zur Abgeltung aller Forderungen an den Kläger zahlt.
a) Berechnen Sie die Vergütung des RA Schlumpf.
b) Berechnen Sie die bei Einreichung der Klage vorgelegten Gerichtskosten.

3. RA Baff erhebt Klage im Auftrag von Hauseigentümer Vietz wegen Räumung von Wohnraum und Zahlung von rückständigen zwei Monatsmieten in Höhe von je 600,00 EUR. Im ersten Termin ergeht ein Versäumnisurteil gegen den nicht anwesenden Beklagten. Dagegen legt der Mieter Mollig Einspruch ein. Nach streitiger Verhandlung vergleichen sich die Parteien dahingehend, dass Mollig die Wohnung zum 01. 12. d. J. räumt und Vietz auf die Zahlung der beiden rückständigen Monatsmieten verzichtet.
Berechnen Sie die Vergütung des RA Baff.

4. RA Zoff erhebt Klage für Mandant Motz wegen 3 700,00 EUR Schadenersatz und wegen einer Kaufpreisforderung über 2 300,00 EUR. Nach erfolgloser Güteverhandlung und nach anschließender streitiger Verhandlung vergleichen sich die Parteien wegen des Schadenersatzanspruches; wegen der Kaufpreisforderung von 2 300 EUR wird die Klage abgewiesen.
Wegen dieses Betrages geht RA Zoff in die Berufung. In der mündlichen Berufungsverhandlung kommt es zu einem Vergleich, wonach der Gegner 500,00 EUR zahlt und Motz die Kosten der zweiten Instanz übernimmt.
Berechnen Sie die Vergütung des RA Zoff für beide Instanzen.

5.* RA Muster, Hannover, vertritt seinen Mandanten Altmann in einer außergerichtlichen Vergleichsangelegenheit. Er sendet dem Gegner einen schriftlichen Vergleichsvorschlag zu und nimmt in Celle einen Besprechungstermin mit dem Gegner wahr. In diesem Termin kommt es zum Abschluss eines Vergleichs, wonach der Altmann vom Gegner nur 8 000,00 EUR erhält. Die geltend gemachte Forderung betrug 10 000,00 EUR. Die Fahrtstrecke beträgt insgesamt 90 km, für die Hin- und Rückfahrt und die Wahrnehmung des Termins hatte der RA einen Zeitaufwand von 3 ½ Std. Es handelt sich um einen Fall von etwas über dem Durchschnitt liegender Schwierigkeit.
Berechnen Sie die angefallene Vergütung einschließlich der Reisekosten.

_____ Aufgaben Gruppe 14: Einigungsgebühr _____

6.* Wumms lässt durch RA Boller eine Kaufpreisforderung von 7 400,00 EUR gegen den Schleicher einklagen. In der Güteverhandlung erörtern die Parteien den Sach- und Streitstand zunächst unter gegensätzlichen Gesichtspunkten. Schleicher gibt dann in der weiteren Erörterung seine Kompromissbereitschaft zu erkennen. Auch Wumms hatte RA Boller seine Bereitschaft erklärt, die Sache gütlich beizulegen, wenn Schleicher auch die noch von ihm geschuldeten, aber noch nicht eingeklagten 1 600,00 EUR aus einem anderen Kaufvertrag bezahlen sollte. Im Termin einigen sich die RAe beider Parteien mit Einverständnis der anwesenden Parteien auf einen Vergleich, wonach Schleicher zur Abgeltung aller Ansprüche des Wumms insgesamt 6 000,00 EUR und die gesamten Prozesskosten zahlt.
Erstellen Sie die Vergütungsrechnung für RA Boller.

7.* Hopf hat in erster Instanz einen Prozess gegen den Malz wegen einer Schadenersatzforderung von 22 000,00 EUR gewonnen. Malz hat gegen das Urteil Berufung eingelegt, wobei er von RA Bierig vertreten wird. In der Berufungsverhandlung wird die Sach- und Rechtslage erörtert. Der Prozessvertreter des Hopf erwähnt dabei, dass eine weitere Klage gegen den Malz wegen eines Folgeschadens in Höhe von 3 300,00 EUR beabsichtigt sei. Auf Vorschlag von RA Bierig wird daraufhin in dem Termin ein Vergleich geschlossen, wonach Malz zur Abgeltung der insgesamt geforderten 25 300,00 EUR an Hopf 17 000,00 EUR zahlt und die Prozesskosten übernimmt.
Ermitteln Sie die Vergütung des RA Bierig in der zweiten Instanz.

8.* Kunze erteilt RA Gallas wegen einer Forderung von 500 000,00 EUR Prozessauftrag, wobei zunächst nur 60 000,00 EUR eingeklagt werden sollen. Nach erfolgloser Güteverhandlung und nach Stellung der streitigen Anträge schließt RA Gallas nach Erörterung in dem Termin mit der Gegenseite zum Ausgleich der Klageforderung von 60 000,00 EUR und des nicht rechtshängigen Anspruchs von 440 000,00 EUR einen Vergleich mit Widerrufsvorbehalt, wonach sich der Beklagte zur Zahlung von 350 000,00 EUR verpflichtet. Da Auftraggeber Kunze einverstanden ist, wird der Vergleich wirksam.
Erstellen Sie die Vergütungsrechnung des RA Gallas.

9. Becker ist mit Graf wegen einer Kaufpreisforderung von 12 000,00 EUR zerstritten. Graf macht seinerseits gegen Becker eine Schadenersatzforderung von 2 000,00 EUR geltend, deren Zahlung Becker verweigert.
Die RAe beider Parteien haben im Einverständnis mit ihren Auftraggebern mehrere Besprechungen durchgeführt und dabei folgenden Vergleich ausgehandelt: Becker erhält auf seine Kaufpreisforderung von Graf nur 8 500,00 EUR und Graf verzichtet im Gegenzug auf seine Forderung von 2 000,00 EUR gegen Becker.
In dem Vergleich unterwirft sich Graf der sofortigen Zwangsvollstreckung. Der Vergleich wird von beiden RAen im Namen und mit Vollmacht ihrer Auftraggeber unterschrieben.
Berechnen Sie die Vergütung, die jedem der beteiligten RAe erwächst. Es handelt sich um einen durchschnittlichen Fall.

10.* Der Anwaltsvergleich aus Aufgabe 9 soll durch das Gericht für vollstreckbar erklärt werden. Der für Becker tätige RA Wilander stellt den entsprechenden Antrag bei dem zuständigen Gericht. Das Gericht erlässt ohne mündliche Verhandlung folgenden Beschluss: „Der Vergleich . . . ist vollstreckbar" (§§ 796 a, 796 b ZPO).
Berechnen Sie die Vergütung des RA Wilander. Der Vergleichsabschluss nach Aufgabe 9 ist bereits abgerechnet.

Lösungsteil Gruppe 14

1. §§ 2, 13, VV Nrn. 1000, 1003, 3100, 3104, 7002, 7008 RVG. [904,22 EUR]

2. a) §§ 2, 13, VV Nrn. 1000, 1003, 3100, 3104, 7002, 7008 RVG. [1 050,38 EUR]
   b) §§ 3, 12 Abs. 1, 34, KV Nr. 1210 GKG. [363,00 EUR]

3. §§ 2, 13, VV Nrn. 1000, 1003, 3100, 3104, 7002, 7008 RVG. [1 846,14 EUR]

4. I) §§ 2, 13, VV Nrn. 1000, 1003, 3100, 3104, 7002, 7008 RVG. [1 287,60 EUR]
   II) §§ 2, 13, VV Nrn. 1000, 1004, 3200, 3202, 7002, 7008 RVG. [788,92 EUR]

5. §§ 2, 13, 14, VV Nrn. 1000, 2400, 7002, 7003, 7005, 7008 RVG.
   Gebührensatz 1,8 angemessen. Warum? [1 938,13 EUR]

6. §§ 2, 13, VV Nrn. 1000, 1003, 3100, 3101, 3104, 7002, 7008 RVG. [2 034,64 EUR]

7. §§ 2, 13, VV Nrn. 1000, 1004, 3200, 3201, 3202, 7002, 7008 RVG. [3 804,10 EUR]

8. §§ 2, 13, VV Nrn. 1000, 1003, 3100, 3101, 3104, 7002, 7008 RVG. [13 661,44 EUR]

9. §§ 2, 13, 14, VV Nrn. 1000, 2400, 7002, 7008 RVG.
   Gebührensatz 1,3 angemessen. Warum? [1 861,57 EUR]

10. §§ 2, 13, 14, VV Nrn. 2400, 3100, 7002, 7008 RVG. [361,75 EUR]

12.15 Vergütungsfestsetzung (→ Kapitel 1.2.10)

Aufgabenteil Gruppe 15

1. RA Kurz erteilt dem Blau einen Rat. Blau zahlt das Honorar nicht.

   Kann RA Kurz seinen Honoraranspruch im Vergütungsfestsetzungsverfahren geltend machen oder muss er gegen Blau auf Zahlung klagen?
   Begründen Sie Ihre Entscheidung.

2. RA Lang lässt seine Vergütung gegen den Rot festsetzen.
   Welche Gebühren erhält RA Lang für das Vergütungsfestsetzungsverfahren?

3. RA Mittel fordert wegen seiner Mitwirkung beim Abschluss eines Vergleichs von Grün eine Einigungsgebühr. Grün behauptet in einem Schreiben an den RA, dem RA Mittel nie einen entsprechenden Auftrag erteilt zu haben.

   Warum darf RA Mittel in diesem Fall seine Gebühren sofort einklagen, ohne zuvor einen Vergütungsfestsetzungsantrag stellen zu müssen?

Lösungsteil Gruppe 15

1. § 11 RVG; § 34 RVG (ab 1.7.2006 geltende Fassung).

2. §§ 11, 19 RVG.

3. § 11, VV Nr. 1000 RVG.

12.16 Selbstständiges Beweisverfahren (→ Kapitel 6.3.1)

Aufgabenteil Gruppe 16

1. RA Esser beantragt für Mandant Haun die Vernehmung des Zeugen Blind im selbstständigen Beweisverfahren. Das Gericht erlässt ohne mündliche Verhandlung einen entsprechenden Beschluss, Blind wird in einem Beweistermin vernommen.
Anschließend erhebt Esser Klage gegen den Gegner Mast. In diesem Hauptprozess wird im Termin streitig verhandelt, sodann wird die Zeugin Taub vernommen. Gegenstandswert: 4 450,00 EUR.
Fertigen Sie die Vergütungsrechnung für das selbstständige Beweisverfahren und den Hauptprozess.

2. Nuss beauftragt RA Knacker, die Einleitung eines selbstständigen Beweisverfahrens wegen eines Teilbetrages einer Forderung von 3 270,00 EUR zu beantragen. Dem Antrag wird ohne mündliche Verhandlung stattgegeben; der angegebene Zeuge, der nach Australien auswandern will, wird im Beisein von RA Knacker vernommen.
RA Knacker reicht daraufhin auftragsgemäß Klage über 5 880,00 EUR ein. Nach streitiger mündlicher Verhandlung und Verwertung des Beweisergebnisses des selbstständigen Beweisverfahrens wird der Klage stattgegeben.
Fertigen Sie die Vergütungsrechnung für das selbstständige Beweisverfahren und den Hauptprozess.

3. Pfleiderer lässt ein Haus bauen. Es besteht die Befürchtung, dass von dem Bauunternehmen Schief & Krumm OHG für die Herstellung der Kelleraußenwände ein minderwertiger Beton verwendet worden ist. Da der Bau erst fortgeführt werden kann, wenn dies geklärt ist, beauftragt Pfleiderer RA Häberle damit, die Erstellung eines Sachverständigengutachtens im selbstständigen Beweisverfahren zu beantragen. Über den Antrag findet eine streitige mündliche Verhandlung statt, danach wird das Gutachten erstellt. Der Gutachter kommt zu dem Ergebnis: Der Beton entspricht gerade noch der DIN-Norm.
RA Häberle sendet Pfleiderer seine Vergütungsrechnung, die bezahlt wird. Der Streitwert wurde auf 39 000,00 EUR festgesetzt.
Kurz darauf bricht eine der Kelleraußenwände in sich zusammen. Nun lässt Pfleiderer RA Häberle die Schief & Krumm OHG verklagen. Im Prozess wird streitig verhandelt und das Gutachten aus dem selbstständigen Beweisverfahren als Beweismittel verwendet. Die Schief & Krumm OHG wird zur Zahlung von 39 000,00 EUR verurteilt.
Berechnen Sie die Vergütung des RA Häberle für das selbstständige Beweisverfahren und den Hauptprozess.

4. Ein in einem Haus eingebautes Leitungsrohr ist undicht. Der Installateur streitet ab, dass die Undichtigkeit von ihm verschuldet ist. Bevor die Leitung repariert wird, soll festgestellt werden, wer für den entstandenen Wasserschaden verantwortlich ist. RA Methner beantragt im Auftrag des Hauseigentümers die Erstellung eines Sachverständigengutachtens im selbstständigen Beweisverfahren. Das Gericht lädt die Parteien zu einem mündlichen Erörterungstermin, in dem nach Erörterung der Sache ein Vergleich geschlossen wird.
Berechnen Sie die Vergütung von RA Methner. Der Streitwert wird auf 2 300,00 EUR festgesetzt.

Aufgaben Gruppe 16: Selbstständiges Beweisverfahren

5. Ein in einem Haus eingebautes Leitungsrohr ist undicht. RA Mümmler reicht im Auftrag des Hauseigentümers Klage auf Beseitigung des Mangels und Ersatz des entstandenen Wasserschadens ein.
Der Installateur streitet in seiner Klageerwiderung ab, dass die Undichtigkeit von ihm verschuldet ist. Bevor die Leitung repariert wird, soll nun festgestellt werden, wer für den entstandenen Wasserschaden verantwortlich ist. RA Mümmler beantragt im Auftrag des Hauseigentümers die Erstellung eines Sachverständigengutachtens im selbstständigen Beweisverfahren noch vor dem ersten Verhandlungstermin im Streitverfahren. Über diesen Antrag entscheidet das Gericht ohne mündliche Verhandlung durch Beschluss. Ein schriftliches Gutachten wird von einem Sachverständigen erstellt. Das Gericht übersendet den Parteien das schriftliche Gutachten.
Anschließend kommt es im Hauptprozess nach erfolgloser Güteverhandlung zum ersten Verhandlungstermin, in dem streitig verhandelt und das Gutachten aus dem selbstständigen Beweisverfahren herangezogen wird.
Berechnen Sie die Vergütung von RA Mümmler. Der Streitwert wird auf 2 300,00 EUR festgesetzt.

6. Die Maschinenfabrik Vogel AG hat Kaufpreisklage gegen Sittich in Höhe von 41 300,00 EUR wegen Lieferung einer Spezialmaschine erhoben. Sittich beauftragt RA Triller mit seiner Vertretung. RA Triller reicht fristgerecht die Klageerwiderung ein.
Vor dem ersten Termin zur mündlichen Verhandlung beauftragt Sittich seinen Prozessbevollmächtigten, RA Triller, bei dem Gericht die Begutachtung der Maschine durch einen Sachverständigen zur Sicherung des Beweises zu beantragen. Über diesen Antrag wird streitig mündlich verhandelt, anschließend wird der Sachverständige im selbstständigen Beweisverfahren zu seinem schriftlich erstellten Gutachten angehört. Noch in diesem Anhörungstermin schließen die Parteien einen auch die Verfahrenskosten einbeziehenden Vergleich, der zu gerichtlichem Protokoll genommen wird. Der Hauptprozess wird danach übereinstimmend für erledigt erklärt.
Erstellen Sie die Vergütungsrechnung für RA Triller.

7. RA Sauer stellt für Mandant Braun den Antrag, im selbstständigen Beweisverfahren die Schadenshöhe in einer Verkehrsunfallsache durch Sachverständigengutachten feststellen zu lassen. Das Gericht setzt einen Termin zur mündlichen Verhandlung über den Antrag auf Einleitung des selbstständigen Beweisverfahrens an.
In diesem Termin stellt der Gegner keinen Gegenantrag, sondern stimmt dem Antrag auf Beweissicherung zu. Danach ergeht ein Beweisbeschluss und das Sachverständigengutachten wird erstellt.
Bevor es zum Hauptprozess kommt, vergleichen sich die Parteien über den geforderten Schadensbetrag von 7 312,00 EUR und die Kosten.
Erstellen Sie die Vergütungsrechnung für RA Sauer.

Lösungsteil Gruppe 16

1. §§ 2, 13, VV Nrn. 3100, 3104, 7002, 7008 RVG. [814,90 EUR; 403,22 EUR]
2. §§ 2, 13, VV Nrn. 3100, 3104, 7002, 7008 RVG. [652,50 EUR; 676,16 EUR]
3. §§ 2, 13, VV Nrn. 3100, 3104, 7002, 7008 RVG. [2 639,00 EUR; 1 278,78 EUR]
4. §§ 2, 13, VV Nrn. 1000, 3100, 3104, 7002, 7008 RVG. [770,24 EUR]
5. §§ 2, 13, VV Nrn. 3100, 3104, 7002, 7008 RVG. [265,99 EUR; 247,31 EUR]
6. §§ 2, 13, VV Nrn. 1000, 3100, 3104, 7002, 7008 RVG. [3 977,64 EUR; 0,00 EUR]
7. §§ 2, 13, VV Nrn. 1000, 3100, 3104, 7002, 7008 RVG. [1 934,88 EUR]

12.17 Vergütung des RA bei Prozesskostenhilfe (→ Kapitel 8)

Aufgabenteil Gruppe 17

1. In einer Unfallangelegenheit beantragt RA Paul, seiner Mandantin wegen ihres Schadenersatzanspruches Prozesskostenhilfe zu gewähren. Das Gericht gibt dem Gegner Gelegenheit zur Stellungnahme. Der Gegner gibt eine schriftliche Stellungnahme ab. Daraufhin wird die Prozesskostenhilfe durch Beschluss abgelehnt. Der Unfallschaden beträgt 6 600,00 EUR.
Erstellen Sie die Vergütungsrechnung des RA Paul.

2. In einer Forderungssache über 9 100,00 EUR wird der zum Prozessbevollmächtigten bestellte RA Gut beauftragt, um Prozesskostenhilfe nachzusuchen. Der RA verbindet das Gesuch mit der Klage, indem er in den Antrag hineinschreibt: „Die Klage soll nur als eingereicht gelten, wenn und in dem Umfang, wie die Prozesskostenhilfe bewilligt wird."

    Im Bewilligungsverfahren werden in einer mündlichen Erörterung über den Antrag in Anwesenheit von RA Gut zwei Zeugen vernommen, die das Gericht vorsorglich zwecks Feststellung der Erfolgsaussicht geladen hat. Die Prozesskostenhilfe wird durch Beschluss abgelehnt. Daraufhin verzichtet der Kläger auf Klageerhebung.
Erstellen Sie die Vergütungsrechnung des RA Gut.

3. Im vorstehenden Fall 2 hat der RA der Gegenseite (Dr. Schlimm) dem Antrag auf Bewilligung der Prozesskostenhilfe auftragsgemäß in einer Stellungnahme schriftlich widersprochen und hat an der mündlichen Erörterung und der Vernehmung der Zeugen teilgenommen.
    a) Berechnen Sie die Vergütung von Dr. Schlimm.
    b) Wer zahlt die Vergütung von Dr. Schlimm?

4.* Im Fall 3 legt RA Gut sofortige Beschwerde gegen den die Prozesskostenhilfe ablehnenden Beschluss ein. Das Beschwerdegericht entscheidet durch Beschluss, dass der Beschwerde nicht abgeholfen wird.
Berechnen Sie seine zusätzliche Vergütung.

5. Alt beauftragt RA Pöstel, einen Antrag auf Bewilligung von Prozesskostenhilfe wegen einer Kaufpreisklage über 900,00 EUR zu stellen. Bevor RA Pöstel den Antrag bei Gericht einreicht, zieht Alt den Auftrag zurück, sodass die Sache vorzeitig beendet ist.
Erstellen Sie die Vergütungsrechnung des RA Pöstel für seine Tätigkeit im Bewilligungsverfahren.

6. RA Mild, der für die Mieterin Möller Prozesskostenhilfe beantragt hatte, wurde wegen einer Räumungsklage als RA beigeordnet. In dem darauf folgenden Verfahren wurde mündlich verhandelt und Beweis erhoben. Frau Möller verliert den Prozess. Die Monatsmiete beträgt 550,00 EUR (kalt).
    a) Berechnen Sie die Vergütung des RA Mild.
    b) Erstellen Sie die Vergütungsrechnung für den Fall, dass Frau Möller den Prozess gewonnen hätte.
    c) Was ist die „weitere Vergütung" für RA Mild im Fall a) und wie hoch ist sie?

Aufgaben Gruppe 17: Vergütung des RA bei Prozesskostenhilfe

7. In einer Schadenersatzsache wegen 3 000,00 EUR Schadenersatz wurde RA Flink auf seinen Antrag dem Kläger im Wege der Prozesskostenhilfe beigeordnet. Nach der Beiordnung reicht RA Flink die Klage ein. In der Güteverhandlung gelingt es RA Flink, die Parteien zu einem Vergleich zu bewegen, der zu gerichtlichem Protokoll genommen wird. In dem Vergleich verpflichtet sich der Gegner zur Zahlung von 300,00 EUR. Berechnen Sie die Vergütung des RA Flink.

8.* Eisenbeiß beauftragt RA Olle, einen Antrag auf Bewilligung der Prozesskostenhilfe wegen einer Forderung von 14 200,00 EUR aus Verkauf eines Gebrauchtwagens mit Anhänger gegen den Beißer zu stellen. RA Olle fordert von Eisenbeiß für das Bewilligungsverfahren einen Gebührenvorschuss in Höhe von 500,00 EUR. Das Gericht bewilligt Prozesskostenhilfe für Eisenbeiß. Im Prozess wird streitig verhandelt und ein Sachverständigengutachten über den Pkw (Wert: 10 000,00 EUR) erstellt. Eisenbeiß verliert den Prozess.

   a) Berechnen Sie die Vergütung, die RA Olle aus der Staatskasse erhält.

   b) Wie hoch ist die „weitere Vergütung", die RA Olle gegen die Staatskasse festsetzen lässt.

9. Knall verlangt von Kopp die Rückzahlung eines Darlehens in Höhe von 3 000,00 EUR. Knall beauftragt RA Ossel, in dieser Sache um Prozesskostenhilfe nachzusuchen. Nach Bewilligung der Prozesskostenhilfe wird im Prozess streitig verhandelt und Beweis erhoben.

   a) Wie hoch wäre die Vergütung für RA Ossel, wenn Kopp den Prozess verliert?

   b) Wie hoch wäre die Vergütung für RA Ossel, wenn Knall den Prozess verliert?

   c) Wie hoch wäre im Fall b) die „weitere Vergütung", die RA Ossel beanspruchen kann? Begründen Sie Ihr Ergebnis!

10. Lempel hat wegen Verarmung seinen Gebrauchtwagen einer Nobelmarke an Kienbaum für 60 500,00 EUR verkauft. Lempel fordert die Zahlung des Kaufpreises für den verkauften Gebrauchtwagen in Höhe von 60 500,00 EUR von Kienbaum und beauftragt RA Donner, die Gewährung von Prozesskostenhilfe zu beantragen.
    Nachdem die Prozesskostenhilfe bewilligt wurde, wird im Prozess Lempel/Kienbaum streitig verhandelt und die Zeugin Taub über den Inhalt des mündlich geschlossenen Kaufvertrages vernommen. Die Zeugin Taub gibt an, dass der Kaufpreis vereinbarungsgemäß nach einer Woche hätte gezahlt werden sollen. Das Gericht verurteilt Kienbaum zur Zahlung der 60 500,00 EUR.

    a) Berechnen Sie die Vergütung, die RA Donner von der Staatskasse fordern kann.

    b) Berechnen Sie die Vergütung, die RA Donner gegen den Kienbaum im Kostenfestsetzungsverfahren festsetzen lassen kann. Erläutern Sie Ihre Lösung.

_____ Aufgaben Gruppe 17: Vergütung des RA bei Prozesskostenhilfe _____

11.* Herz hat gegen Leber eine Forderung von 10 000,00 EUR. Herz lässt durch RA Löwe Prozesskostenhilfe beantragen. Dem Antrag auf Bewilligung der Prozesskostenhilfe fügt RA Löwe einen Klageentwurf bei mit der Bemerkung, dass die Klage nur in dem Umfang erhoben werden solle, wie die Prozesskostenhilfe bewilligt wird. Das Gericht gewährt Prozesskostenhilfe durch Beschluss nur in Höhe von 8 900,00 EUR und ordnet RA Löwe dem Herz bei.
Die Parteien werden zum mündlichen Verhandlungstermin geladen. Nach erfolglosem Gütetermin wird die Sache verhandelt und Beweis durch Vorlegung einer Urkunde erhoben. Danach ergeht Urteil, in dem Leber antragsgemäß zur Zahlung verurteilt wird.
Berechnen Sie die Vergütung, die RA Löwe insgesamt für seine Tätigkeit erhält.

Lösungsteil Gruppe 17

1. §§ 2, 13, VV Nrn. 3335, 7002, 7008 RVG. [458,20 EUR]

2. §§ 2, 13, VV Vorbemerkung 3.3.6, Nrn. 3104, 3335, 7002, 7008 RVG. [1 263,47 EUR]

3. a) §§ 2, 13, VV Vorbemerkung 3.3.6, Nrn. 3104, 3335, 7002, 7008 RVG. [1 263,47 EUR]
   b) § 118 ZPO.

4. §§ 2, 13, VV Nrn. 3335, 3500, 7002, 7008 RVG. [305,08 EUR]

5. §§ 2, 13, VV Nrn. 3335, 3337, 7002, 7008 RVG. [45,24 EUR]

6. a) § 41 GKG; §§ 2, 13, 16, 45, 49, VV Nrn. 3100, 3104, 7002, 7008 RVG. [690,20 EUR]
   b) § 41 GKG; §§ 2, 13, 16, 49(?), VV Nrn. 3100, 3104, 7002, 7008 RVG. [1 110,70 EUR]
   c) § 50 RVG. [420,50 EUR]

7. §§ 2, 13, 16, 45, 49, VV Nrn. 1000, 1003, 3100, 3104, 7002, 7008 RVG. [790,54 EUR]

8. a) §§ 2, 13, 16, 45, 49, VV Nrn. 3100, 3104, 7002, 7008 RVG. [768,50 EUR]
   b) §§ 2, 13, 16, 50, 58, VV Nrn. 3100, 3104, 7002, 7008 RVG.
   [„weitere Vergütung": 396,10 EUR]

9. a) §§ 2, 13, 16, 49(?), VV Nrn. 3100, 3104, 7002, 7008 RVG. [571,30 EUR]
   b) §§ 2, 13, 16, 45, 49(?), VV Nrn. 3100, 3104, 7002, 7008 RVG. [571,30 EUR]
   c) [0,00 EUR]

10. a) §§ 2, 13, 16, 45, 49, VV Nrn. 3100, 3104, 7002, 7008 RVG. [1 157,10 EUR]
    b) § 126 Abs. 1 ZPO. [2 122,80 EUR]

11. §§ 2, 13, 15, 16, VV Vorbemerkung 3.3.6, Nrn. 3100, 3104, 3335, 7002, 7008 RVG. [1 432,60 EUR]

12.18 Vergütung des RA bei Beratungshilfe (→ Kapitel 8.4)

Aufgabenteil Gruppe 18

1. RA Möller berät den Rentner Kluge im Wege der Beratungshilfe in einer Enteignungssache und sendet ein Schreiben an die zuständige Behörde.
    Welche Vergütung kann RA Möller insgesamt fordern?

2. Witwe Bolte ist von ihrem hoch verschuldeten Neffen Heino in dessen Testament als Erbe eingesetzt worden. Sie lässt sich im Wege der Beratungshilfe von RA Möller mündlich beraten, ob sie die Erbschaft ausschlagen kann.
    Welche Vergütung kann RA Möller insgesamt fordern?

3. Student Wick schaltet im Wege der Beratungshilfe RA Möller ein. RA Möller soll erreichen, dass die Firma Teleblick ein dem Wick verkauftes leicht defektes Fernsehgerät (Kaufpreis 650,00 EUR) gegen ein einwandfreies ersetzt. Nach einem Schreiben und einem Telefonat erreicht RA Möller, dass das Unternehmen im Vergleichswege dem Wick eine Kaufpreisminderung von 200,00 EUR anbietet. Wick nimmt die 200,00 EUR an und behält das Gerät.
    Welche Vergütung kann RA Möller insgesamt fordern?

4. Schinkel hat von Henkel 2 500,00 EUR aus einem Kaufvertrag zu bekommen. Schinkel bittet RAin Molloch um Rat im Wege der Beratungshilfe. Die RAin berät ihn und schlägt vor, dem Henkel zunächst ein Aufforderungsschreiben zu übersenden, was geschieht. Henkel zahlt daraufhin. Beratungshilfe wurde gewährt.
    a) Welchen Vergütungsanspruch hat RAin Molloch gegenüber der Staatskasse?
    b) Welchen Betrag (Hauptforderung und Anwaltsvergütung) hat Henkel überwiesen? Es handelt sich um einen durchschnittlichen Fall.

Lösungsteil Gruppe 18

1. §§ 2, 44, VV Nrn. 2600, 2603, 7002, 7008 RVG.　　　　　[107,44 EUR]

2. §§ 2, 44, VV Nrn. 2600, 2601, 7002, 7008 RVG.　　　　　[44,80 EUR]

3. §§ 2, 44, VV Nrn. 2600, 2603, 2608, 7002, 7008 RVG.　　　[259,40 EUR]

4. a) §§ 2, 44, VV Nrn. 2600, 2603, 7002, 7008 RVG.　　　　[107,44 EUR]
    b) §§ 2, 13, 14, VV Nrn. 2400, 7002, 7008 RVG.　　　　　[2 672,61 EUR]

12.19 Gebühren des nicht prozessbevollmächtigten RA
(→ Kapitel 6.4)

Aufgabenteil Gruppe 19

1. Mönch in Kiel beauftragt dort RA Andres, eine Darlehensforderung über 13 000,00 EUR einzuklagen. Andres stellt fest, dass das LG Ulm zuständig ist. Er beauftragt nach Absprache mit Mönch den RA Breit in Ulm mit der Klageeinreichung und führt die Korrespondenz zwischen RA Breit und Mönch. Nach streitiger mündlicher Verhandlung in Ulm ergeht ein Urteil.
   Fertigen Sie die Vergütungsrechnungen für RA Andres und RA Breit.

2. Der unterbevollmächtigte RA Preuß nimmt für RA Bayer aus Mainz einen Termin vor dem hiesigen Amtsgericht wegen einer Kaufpreisforderung in Höhe von 4 800,00 EUR wahr. Bereits in der Güteverhandlung wird der Anspruch vom Beklagten anerkannt.
   a) Fertigen Sie die Vergütungsrechnung von RA Preuß, die mit den Akten zurückgesandt wird!
   b) Berechnen Sie das Honorar von RA Bayer.

3. RA Holtzmann aus Aachen beauftragt RA Schnappauf in Leipzig mit der Wahrnehmung eines Termins vor dem Landgericht in einer Berufungssache wegen 12 000,00 EUR. In dem Termin werden die Berufungsgründe erörtert und anschließend ergeht Berufungsurteil.
   a) Fertigen Sie die Vergütungsrechnung von RA Schnappauf, die mit den Akten zurückgesandt wird!
   b) Berechnen Sie das Honorar von RA Holtzmann.

4. Von RA Span aus Schweinfurt erhält RA Ferkel in Hannover den Auftrag, als Terminsvertreter einen Termin beim AG Hannover wahrzunehmen. Im ersten Termin erwirkt Ferkel ein Versäumnisurteil, welches rechtskräftig wird. Der Streitwert beträgt 1 090,00 EUR.
   a) Fertigen Sie die Vergütungsrechnung von Ferkel, die mit den Akten zurückgesandt wird!
   b) Berechnen Sie das Honorar von RA Span.

5. In einem beim OLG Stuttgart anhängigen Berufungsverfahren findet wegen Erkrankung eines Zeugen eine Beweisaufnahme vor dem Amtsgericht in Aurich statt. RA Bahlsen in Aurich wird von RA Daimler aus Stuttgart um Vertretung in der Beweisaufnahme ersucht. Der Streitwert beträgt 47 570,00 EUR.
   a) Berechnen Sie das Honorar von RA Bahlsen.
   b) Erstellen Sie die Vergütungsrechnung von RA Daimler, wenn in Stuttgart streitig verhandelt wurde.

Aufgaben Gruppe 19: Gebühren des nicht prozessbevollmächtigten RA

6. RA Kohl in Koblenz führt einen Zivilprozess vor dem LG Koblenz (Wert 100 000,00 EUR). Nach erfolgloser Güteverhandlung und streitiger mündlicher Verhandlung ergeht Beweisbeschluss, nach dem der Zeuge Zilz im Wege der Amtshilfe vor dem AG Frankfurt/Oder vernommen werden soll. Im Auftrag von RA Kohl nimmt RA Frankensteiner aus Frankfurt/Oder den dortigen Beweistermin wahr.
Fertigen Sie die Vergütungsrechnungen des Beweisanwalts RA Frankensteiner und des Prozessbevollmächtigten RA Kohl.

7. RA Hammel in Hamm wird von Elend, den er häufig vertritt, beauftragt, eine Kaufpreisforderung in Höhe von 3 479,00 EUR nebst 13,00 EUR Mahnkosten und 12 % Zinsen seit dem 04. 01. d. J. gerichtlich geltend zu machen. RA Hammel erhebt die Klage. Da der Gerichtsstand des Beklagten in Tostedt liegt, erteilt er mit Einverständnis des Elend dem dort ansässigen RA Thon Untervollmacht und beauftragt ihn, seinen Mandanten vor dem AG Tostedt zu vertreten. Im Termin wird nach erfolgloser Güteverhandlung streitig verhandelt. Ferner ergeht antragsgemäß ein Beweisbeschluss. RA Hammel informiert nach Prüfung des Beweisbeschlusses seinen Mandanten Elend. Nach erfolgtem Beweistermin vor dem AG Tostedt ergeht Urteil.
Fertigen Sie die Vergütungsrechnungen der RAe Thon und Hammel.

8.* Breithaupt aus Flensburg hat einen Rechtsstreit in einer Zivilsache vor dem Landgericht München zu führen. Er trägt dem hiesigen RA Aschmann den Prozessstoff vor und beauftragt ihn, einem beim Landgericht München zugelassenen RA die Prozessführung zu übertragen und den Schriftverkehr mit diesem zu führen. In München wird RA Stahlhut als Prozessbevollmächtigter bestellt.
Nach erfolgloser Güteverhandlung und anschließender streitiger Verhandlung ergeht Beweisbeschluss, demzufolge ein neunundneunzigjähriger Zeuge in Flensburg zu vernehmen ist. Den Beweistermin vor dem Amtsgericht Flensburg nimmt RA Aschmann wahr. In einem weiteren Termin vor dem Landgericht München wird erneut streitig verhandelt, dann ergeht Urteil. Der Streitwert beträgt 18 800,00 EUR.

Erstellen Sie die Vergütungsrechnung

a) des Flensburger Anwalts RA Aschmann und

b) des Münchner Anwalts RA Stahlhut.

Aufgaben Gruppe 19: Gebühren des nicht prozessbevollmächtigten RA

Lösungsteil Gruppe 19

1. RA Andres: §§ 2, 13, VV Nrn. 3400, 7002, 7008 RVG. [633,36 EUR]

    RA Breit: §§ 2, 13, VV Nrn. 3100, 3104, 7002, 7008 RVG. [1 548,60 EUR]

2. a) RA Preuß: §§ 2, 13, VV Nrn. 3100, 3104, 3401, 3402, 7002, 7008 RVG. [669,15 EUR]

    b) RA Bayer: §§ 2, 13, VV Nrn. 3100, 7002, 7008 RVG. [477,11 EUR]

3. a) RA Schnappauf: §§ 2, 13, VV Nrn. 3200, 3202, 3401, 3402, 7002, 7008 RVG.
   [1 243,52 EUR]

    b) RA Holtzmann: §§ 2, 13, VV Nrn. 3200, 7002, 7008 RVG. [999,46 EUR]

4. a) RA Ferkel: §§ 2, 13, VV Nrn. 3100, 3104, 3105, 3401, 3402, 7002, 7008 RVG.
   [136,07 EUR]

    b) RA Span: §§ 2, 13, VV Nrn. 3100, 7002, 7008 RVG. [151,38 EUR]

5. a) RA Bahlsen: §§ 2, 13, VV Nrn. 3200, 3202, 3401, 3402, 7002, 7008 RVG.
   [2 449,92 EUR]

    b) RA Daimler: §§ 2, 13, VV Nrn. 3200, 3202, 7002, 7008 RVG. [3 420,61 EUR]

6. RA Frankensteiner: §§ 2, 13, VV Nrn. 3100, 3104, 3401, 3402, 7002, 7008 RVG.
   [2 928,88 EUR]

    RA Kohl: §§ 2, 13, VV Nrn. 3100, 3104, 7002, 7008 RVG. [3 949,80 EUR]

7. RA Thon: §§ 2, 13, VV Nrn. 3100, 3104, 3401, 3402, 7002, 7008 RVG. [488,88 EUR]

    RA Hammel: §§ 2, 13, VV Nrn. 3100, 7002, 7008 RVG. [350,44 EUR]

8. a) RA Aschmann: §§ 2, 13, VV Nrn. 3104, 3400, 7002, 7008 RVG. [1 569,71 EUR]

    b) RA Stahlhut: §§ 2, 13, VV Nrn. 3100, 3104, 7002, 7008 RVG. [1 780,60 EUR]

12.20 Gebühren in der Zwangsvollstreckung (→ Kapitel 7.1)

Aufgabenteil Gruppe 20

1. Ermitteln Sie die Zinstage zum Zwecke der Zwangsvollstreckung:
   a) vom 17. 03. bis zum 23. 09. eines Jahres.
   b) vom 02. 01. bis zum 31. 12. eines Jahres.
   c) vom 28. 02. bis zum 01. 03. eines Jahres.
   d) vom 24. 05. eines Jahres bis zum 09. 09. des Folgejahres.
   e) vom 01. 04. eines Jahres bis zum 31. 01. des Folgejahres.
   f) vom Zugang der Mahnung am 14. 01. bis zum 30. 05. eines Jahres.
   g) von der Einreichung des Kostenfestsetzungsantrags am 07. 06. bei Gericht bis zur Erteilung des Vollstreckungsauftrages an den GVZ am 19. 07. eines Jahres.

2. Berechnen Sie die Zinsen zu den in Aufgabe 1 ermittelten Tagen bei folgenden Beträgen und Zinssätzen:
   a) 9 333,00 EUR, 9,47 %
   b) 78 975,00 EUR, 8,73 %
   c) 211 823,75 EUR, 6 %
   d) 4 711,00 EUR, 9,8 %
   e) 210,00 EUR, 7,3 %
   f) 2 800,00 EUR, 10,13 %
   g) 837,22 EUR, 9,28 %

3. RA Uff erteilt dem Gerichtsvollzieher (GVZ) einen Vollstreckungsauftrag über folgende Beträge: Hauptforderung 5 210,00 EUR, 10 % Zinsen darauf seit dem 05. 01. d. J., festgesetzte Kosten von 1 607,44 EUR zuzüglich 10 % Zinsen auf diese Kosten seit dem 12. 01. d. J., Kosten einer fruchtlosen Pfändung in Höhe von 135,27 EUR, GVZ-Nachnahme 21,00 EUR. Der Vollstreckungsauftrag wird dem GVZ am 18. 12. d. J. erteilt.
   Wie hoch ist der Gegenstandswert des Vollstreckungsauftrages?

4. RA Uff stellt den Antrag auf Abnahme der eidesstattlichen Versicherung. Beträge wie in Aufgabe 3.
   Wie hoch ist der Gegenstandswert?

5. Handelt es sich in den folgenden Fällen um eine Angelegenheit, oder handelt es sich um mehrere besondere Angelegenheiten im Sinne der §§ 18 und 19 RVG, sodass mehrere Gebühren gemäß VV Nr. 3309 RVG nebeneinander entstehen können? Der Rechtsanwalt nimmt folgende Tätigkeiten vor:

   a) Vollstreckungsandrohung und Vollstreckungsauftrag an GVZ erteilen.

   b) Vollstreckungsauftrag an GVZ mit fruchtloser Pfändung; dann Antrag auf Abgabe der eidesstattlichen Versicherung.

   c) Vollstreckungsauftrag an GVZ mit fruchtloser Pfändung; dann Antrag auf Zulassung der Austauschpfändung; Vollstreckungsauftrag an GVZ zur Durchführung der Austauschpfändung.

   d) Vollstreckungsauftrag mit Anzeige des GVZ, dass er den Schuldner mehrmals zur Tageszeit nicht angetroffen hat, Antrag auf Zulassung der Zwangsvollstreckung zur Nachtzeit, dann erneute Vollstreckung durch den GVZ mit anschließender fruchtloser Pfändung.

   e) Einholung des Rechtskraftzeugnisses, dann nur Androhung der Zwangsvollstreckung.

   f) Vorläufiges Zahlungsverbot, Antrag auf Erlass eines Pfändungs- und Überweisungsbeschlusses und Aufforderung an den Drittschuldner zur Erklärung gemäß § 840 ZPO.

   g) Anfrage beim AG (Schuldnerverzeichnis), ob Schuldner bereits eingetragen ist, anschließend Antrag auf Abgabe der eidesstattlichen Versicherung.

   h) Veranlassung der Zustellung des Urteils an den Schuldner, Vollstreckungsauftrag an GVZ, Antrag auf Erlass einer Durchsuchungsanordnung, erneute Vollstreckung durch GVZ; Antrag auf anderweitige Verwertung (§ 825 ZPO), Erinnerung gegen den ablehnenden Beschluss gemäß § 766 ZPO.

   i) Veranlassung der Zustellung des Urteils an den Gegner, Vollstreckungsauftrag an GVZ mit anschließender fruchtloser Pfändung; nach 4 Monaten erneuter Vollstreckungsauftrag an GVZ, Antrag auf Erlass einer Durchsuchungsanordnung, erneute Vollstreckung durch GVZ; Antrag auf anderweitige Verwertung (§ 825 ZPO), Erinnerung gegen den ablehnenden Beschluss gemäß § 766 ZPO.

Hinweis: Bei den folgenden Aufgaben sind zur Erleichterung Zinsen nur zu berechnen, wenn dies in der Aufgabe angegeben ist!
Zur Vereinfachung werden Zinsen mit 10 % p. a. gerechnet.

6. RA Luft hat Auftrag, die Zwangsvollstreckung gegen den Krötz zu betreiben. Er fertigt den Vollstreckungsauftrag für den GVZ über ausgeurteilte 3 615,00 EUR nebst 10 % Zinsen vom 05. 02. bis 09. 12. sowie festgesetzte Kosten von 1 290,80 EUR und 10 % Zinsen darauf vom 29. 09. bis 09. 12. Bevor er den Vollstreckungsauftrag absenden kann, erreicht ihn ein Anruf seines Mandanten Knuff, der ihm mitteilt, dass Krötz soeben seine Schulden bezahlt habe.
Erstellen Sie die Vergütungsrechnung des RA Luft.

Aufgaben Gruppe 20: Gebühren in der Zwangsvollstreckung

7. RA Saul wird in einer Zwangsvollstreckungssache für seinen Mandanten Kundig gegen die Eheleute Rabenhorst tätig, indem er dem GVZ Scharf einen Vollstreckungsauftrag erteilt. Scharf pfändet bei beiden Eheleuten und überweist nach der Versteigerung die Hauptforderung von 17 130,00 EUR nebst Zinsen und Kosten von zusammen 3 127,08 EUR.
Fertigen Sie die Gebührennote des RA Saul.

8. RA Wurst vertritt eine Ärztegemeinschaft, bestehend aus den Medizinern Kluge, Schlau und Zaghaft in einer Zwangsvollstreckungssache gegen Faul wegen 4 780,00 EUR zuzüglich Kosten und Zinsen in Höhe von 1 533,68 EUR. RA Wurst erteilt dem zuständigen GVZ Vollstreckungsauftrag, welcher erfolgreich durchgeführt wird.
Berechnen Sie die Vergütung von RA Wurst.

9. Mandant Mau hat in einer Zwangsvollstreckungssache RA Wiesel beauftragt, wegen einer Gesamtforderung in Höhe von 3 300,00 EUR einschließlich Kosten und Zinsen in drei Raten von je 1 100,00 EUR jeweils zur Monatsmitte zu vollstrecken, da er weiß, dass der Schuldner dann regelmäßige freiwillige Barzuwendungen von seiner Oma erhält.
Fertigen Sie die Vergütungsrechnung von RA Wiesel.

10. Gläubiger Ast hat eine titulierte Forderung in Höhe von 13 077,12 EUR inklusive festgesetzter Kosten und Zinsen gegen die Eheleute Wuppdich. RA Brösel droht auftragsgemäß schriftlich mit der Zwangsvollstreckung. Nachdem keine Reaktion erfolgt, erteilt der RA im Namen von Ast 3 Wochen später Pfändungsauftrag. GVZ Meisel kann nach Pfändung bei beiden Eheleuten den Auftrag erfolgreich zu Ende führen.
Erstellen Sie die Vergütungsrechnung des RA Brösel.

11. Gläubiger Topf hat eine titulierte Forderung über 2 600,00 EUR nebst festgesetzter Kosten von 947,92 EUR und bisher aufgelaufener Zinsen in Höhe von 93,70 EUR gegen den Spediteur Fahrig. RA Deckel erteilt dem GVZ Henkel Sachpfändungsauftrag.
Nach fruchtloser Pfändung bei Fahrig will GVZ Henkel dem Schuldner sofort die eidesstattliche Versicherung nach § 900 Abs. 2 ZPO abnehmen. Da der Schuldner der sofortigen Abnahme widerspricht, setzt Henkel einen Termin zur Abnahme der eidesstattlichen Versicherung an. Im Termin, an dem RA Deckel teilnimmt, gibt dann der Schuldner die eidesstattliche Versicherung ab.
Erstellen Sie die Vergütungsrechnung für RA Deckel.

12. a) RA Schumpig hat für seinen Mandanten Flott einen Titel über 5 500,00 EUR nebst festgesetzter Kosten von 1 607,44 EUR, Kosten früherer Vollstreckungsmaßnahmen von 200,00 EUR und Zinsen in 145,42 EUR gegen Matt erwirkt. RA Schumpig beauftragt GVZ Hart mit der Zwangsvollstreckung.
Nach einem erfolglosen Pfändungsversuch nimmt GVZ Hart dem Schuldner Matt sofort (§ 900 Abs. 2 ZPO) die eidesstattliche Versicherung ab. Daraufhin sieht Flott von weiteren Maßnahmen gegen Matt ab.
Erstellen Sie die Vergütungsrechnung des RA Schumpig.

b) Nach der Weigerung des Schuldners Matt, sofort die eidesstattliche Versicherung abzugeben, legt der Schuldner im vom GVZ angesetzten Termin zur Abnahme der eidesstattlichen Versicherung Widerspruch ein (§ 900 Abs. 4 ZPO); der Schuldner bestreitet, zur Abgabe der Versicherung verpflichtet zu sein. Im darauf folgenden Termin vor dem Rechtspfleger des Amtsgerichts wird im Beisein von RA Schumpig und des RA des Schuldners streitig über den Widerspruch verhandelt. Der Widerspruch wird verworfen.
In einem weiteren Termin wird die eidesstattliche Versicherung von GVZ Hart ohne Beisein von Rechtsanwälten abgenommen.
Erstellen Sie die Vergütungsrechnung des RA Schumpig nur für das Verfahren zur Abnahme der eidesstattlichen Versicherung.

c) Wie sieht die Vergütungsrechnung zu Teilaufgabe b) aus, wenn RA Schumpig gegen das Ehepaar Matt Antrag auf Abnahme der eidesstattlichen Versicherung stellt?

13. RA Rötig erteilt im Namen von Justine Glaub gegen Frau Wanda Untreu dem GVZ Binse Pfändungsauftrag aus titulierter Forderung über 1 953,46 EUR einschließlich festgesetzter Kosten und Zinsen. Aus der Unpfändbarkeitsbescheinigung des GVZ Binse (Kosten des GVZ 21,00 EUR) ist zu ersehen, dass der einzige nach § 811 Nr. 1 ZPO unpfändbare Mantel der Frau Untreu ein neuwertiger Nerzmantel ist (geschätzter gewöhnlicher Verkaufswert ca. 3 000,00 EUR).
RA Rötig stellt auftragsgemäß Antrag auf Zulassung einer Austauschpfändung beim Vollstreckungsgericht, wobei Frau Glaub einen ausreichend wärmenden Mantel im Wert von 220,00 EUR als Ersatz anbietet. RA Rötig schätzt den bei einer Versteigerung sich ergebenden Überschuss auf 2 200,00 EUR. Die Austauschpfändung wird durch Beschluss zugelassen.
Der GVZ Binse pfändet nun im Auftrag von RA Rötig den Nerzmantel. Dieser erbringt nach Abzug der Versteigerungskosten einen Versteigerungserlös von 2 250,00 EUR.
Erstellen Sie die Vergütungsrechnung der RA Rötig.

14. Wegen einer Forderung von 22 317,80 EUR einschließlich festgesetzter Kosten und Zinsen beauftragt RA Schlack den zuständigen GVZ, bei dem Schuldig dessen 2 Jahre alten Pkw Marke Jaguar zu pfänden. Der Überschuss des Versteigerungserlöses über die Kosten der Zwangsvollstreckung wird auf 18 500,00 EUR geschätzt.
Erstellen Sie die Vergütungsrechnung des RA Schlack.

15. Will hat einen vollstreckbaren Titel (festgesetzte Verfahrenskosten 1 200,00 EUR) gegen seinen Vater auf Zahlung eines monatlichen Unterhalts von 400,00 EUR. Der Vater ist mit 5 Unterhaltszahlungen im Rückstand. Da er bei der Firma Schiefbau GmbH beschäftigt ist, erlässt der von Will beauftragte RA Zack am 15. 07. ein vorläufiges Zahlungsverbot gemäß § 845 ZPO mit Aufforderung zur Erklärung gemäß § 840 ZPO, welches am 20. 07. der Firma Schiefbau GmbH zugestellt wird (Kosten des GVZ: 13,00 EUR). Mit Datum vom 15. 07. stellt RA Zack ferner Antrag auf Erlass eines Pfändungs- und Überweisungsbeschlusses bezüglich des derzeitigen und künftig fällig werdenden Arbeitseinkommens.
Erstellen Sie die Vergütungsrechnung des RA Zack.

16. Edith Lakaschus vollstreckt gegen Berta Berg aus dem Urteil des Landgerichtes Mainz vom 19. Oktober wegen der titulierten Forderung von 29 000,00 EUR, obwohl Frau Lakaschus am 31. Oktober vor Zeugen die Urteilsforderung mündlich bis zum 31. Dezember gestundet hat.
Frau Berg beauftragt RAin Roll mit der Erhebung der Vollstreckungsgegenklage gegen Frau Lakaschus. Im Termin tritt für Frau Lakaschus niemand auf; auf Antrag von RAin Roll ergeht Versäumnisurteil, gegen das fristgemäß Einspruch eingelegt wird. Im folgenden Termin wird streitig zur Hauptsache verhandelt und drei Zeugen vernommen. Dann ergeht ein Urteil gemäß Klagantrag.
Berechnen Sie die Vergütung von RAin Roll.

17. RAin Lehnhoff erhielt von Knittel den Auftrag, wegen einer titulierten Hauptforderung von 10 000,00 EUR nebst 10 % Zinsen seit dem 1. Februar des letzten Jahres die Zwangsvollstreckung gegen den Knoke durchzuführen.
RAin Lehnhoff beauftragte die Gerichtsvollzieherin Gehrke am 1. März dieses Jahres mit der Sachpfändung bei Knoke wegen der Hauptforderung, den Zinsen darauf und den festgesetzten Kosten in Höhe von 2 302,48 EUR nebst 10 % Zinsen darauf seit dem 15. Januar dieses Jahres. Eine sofortige Abnahme der eidesstattlichen Versicherung für den Fall der fruchtlosen Pfändung wurde ausdrücklich nicht gewünscht. Die Gerichtsvollzieherin übersandte eine Fruchtlosigkeitsbescheinigung per Nachnahme in Höhe von 21,00 EUR.
RAin Lehnhoff beantragte daraufhin am 15. Juli dieses Jahres die Abnahme des Vermögensverzeichnisses und der eidesstattlichen Versicherung und zahlte die hierfür vorgeschriebene Gebühr ein. Nach dem Termin erhielt die RAin eine Abschrift des Vermögensverzeichnisses.
Nachdem nun der Arbeitgeber des Schuldners bekannt ist, wird zwecks Lohnpfändung am 19. September dieses Jahres ein Pfändungs- und Überweisungsbeschluss beantragt und die hierfür vorgesehene Gerichtsgebühr eingezahlt.
Berechnen Sie

a) die Vergütung, die RAin Lehnhoff in dieser Angelegenheit insgesamt verdient hat und

b) die Summe, die der Schuldner insgesamt einschließlich aller bis zum 19. September aufgelaufener Kosten und Zinsen zu zahlen hat.

Aufgaben Gruppe 20: Gebühren in der Zwangsvollstreckung

Lösungsteil Gruppe 20

2. [a) 459,10 EUR; b) 6 875,37 EUR; c) 141,22 EUR; d) 597,62 EUR]
   [e) 12,78 EUR; f) 107,15 EUR; g) 9,28 EUR]

3. § 25 RVG, § 40 GKG. [7 622,02 EUR]

4. § 25 Abs. 1 Ziff. 4 RVG. [1 500,00 EUR]

5. § 18 RVG.

6. §§ 2, 13, 15, 25, VV Nrn. 3309, 7002, 7008 RVG.
   Wird die vorzeitige Erledigung berücksichtigt? [140,82 EUR]

7. §§ 2, 13, 18, 25, VV Nrn. 3309, 7002, 7008 RVG. [496,02 EUR]

8. §§ 2, 13, 25, VV Nrn. 1008, 3309, 7002, 7008 RVG. [414,70 EUR]

9. §§ 2, 13, 25, VV Nrn. 3309, 7002, 7008 RVG. [90,62 EUR]

10. §§ 2, 13, 18, 25, VV Nrn. 3309, 7002, 7008 RVG. [440,34 EUR]

11. §§ 2, 13, 18, 25, VV Nrn. 3309, 3310, 7002, 7008 RVG. [190,01 EUR]

12. a) [Summe: 210,43 EUR]

    b) §§ 2, 13, 18, 25, VV Nrn. 3309, 3310, 7002, 7008 RVG. [87,70 EUR]

    c) [175,40 EUR]

13. §§ 2, 13, 18, 25, VV Nrn. 3309, 7002, 7008 RVG. [Summe: 190,00 EUR]

14. §§ 2, 13, 25, VV Nrn. 3309, 7002, 7008 RVG. [234,09 EUR]

15. §§ 2, 13, 25, VV Nrn. 3309, 7002, 7008 RVG; § 42 GKG. [166,58 EUR]

16. §§ 2, 13, VV Nrn. 3100, 3104, 7002, 7008 RVG. [2 221,40 EUR]

17. a) §§ 2, 13, 25, VV Nrn. 3309, 7002, 7008 RVG. [484,19 EUR]

    b) KV Nr. 2110 GKG, KV Nr. 260 GvKostG. [14 645,48 EUR]

12.21 Gebühren bei Beschwerde, Erinnerung (→ Kapitel 6.5)

Aufgabenteil Gruppe 21

1. RA Winkel stellt Kostenfestsetzungsantrag über 3 010,00 EUR. Die Kosten werden durch Kostenfestsetzungsbeschluss jedoch lediglich auf 2 970,00 EUR festgesetzt. Dagegen legt RA Winkel sofortige Erinnerung ein, welcher abgeholfen wird. Der Rechtspfleger hebt den angefochtenen Kostenfestsetzungsbeschluss auf und setzt die Kosten, wie mit der Erinnerung beantragt, in einem Kostenfestsetzungsbeschluss neu fest.
Fertigen Sie die Vergütungsrechnung von RA Winkel.

2. RA Dr. Eisenbarth legt auftragsgemäß gegen einen Kostenfestsetzungsbeschluss über 3 333,00 EUR sofortige Erinnerung ein. Er begehrt die Festsetzung von 3 380,00 EUR. Der Rechtspfleger hilft nicht ab und legt die Akte dem Richter vor, der auch nicht abhilft.
Ermitteln Sie die Vergütung von RA Dr. Eisenbarth.

3. RA Feldbusch legt auftragsgemäß gegen einen Kostenfestsetzungsbeschluss über 9 999,00 EUR sofortige Beschwerde ein. Er begehrt die Festsetzung von nur 8 888,00 EUR. Das Beschwerdegericht weist den Antrag nach einer mündlichen Verhandlung zurück.
Berechnen Sie die Vergütung von RA Feldbusch.

4. RAin Lücke beantragt die Festsetzung von Verfahrenskosten in Höhe von 4 100,00 EUR. Im Kostenfestsetzungsbeschluss werden jedoch nur 4 070,00 EUR festgesetzt. Dagegen legt RAin Lücke sofortige Erinnerung ein. Der Prozessbevollmächtigte des Gegners, RA Hinterthür, legt gegen den Kostenfestsetzungsbeschluss ebenfalls sofortige Erinnerung ein; er begehrt die Festsetzung von nur 4 050,00 EUR. RAin Lücke fertigt für ihren Auftraggeber diesbezüglich eine Gegenerklärung.
Der Rechtspfleger hilft der Erinnerung von RAin Lücke ab und legt die Akte dem Richter vor, der die Erinnerung von RA Hinterthür zurückweist.
Fertigen Sie die Vergütungsrechnung von RAin Lücke.

Lösungsteil Gruppe 21

1. §§ 2, 13, VV Nrn. 3500, 7002, 7008 RVG. [17,40 EUR]

2. §§ 2, 13, VV Nrn. 3500, 7002, 7008 RVG. [17,40 EUR]

3. §§ 2, 13, VV Nrn. 3500, 3513, 7002, 7008 RVG. [118,32 EUR]

4. §§ 2, 13, 16, 22, VV Nrn. 3500, 7002, 7008 RVG. [17,40 EUR]]

12.22 Gebühren in Strafsachen und Bußgeldsachen (→ Kapitel 9)

Aufgabenteil Gruppe 22

1. RA Billig wird im strafrechtlichen Ermittlungsverfahren gegen Klemm tätig, dem ein Bankraub zur Last gelegt wird. RA Billig bespricht die Sache mit Klemm und begleitet ihn zu einer polizeilichen Vernehmung. Später nimmt RA Billig auch an einer staatsanwaltschaftlichen Vernehmung des Klemm teil. Das Verfahren wird von der Staatsanwaltschaft eingestellt.
Die Angelegenheit ist von durchschnittlicher Art. Für die Hauptverhandlung wäre die große Strafkammer zuständig gewesen.
Fertigen Sie die Vergütungsrechnung von RA Billig.

2. RA Moser wird von Forsch, der zurzeit in Untersuchungshaft sitzt, zum Verteidiger bestellt. RA Moser fordert die Ermittlungsakten von der Staatsanwaltschaft an, fertigt daraus 22 Fotokopien und bespricht den Fall mit Forsch in der Haftanstalt.
Die Staatsanwaltschaft reicht die Anklageschrift bei der zuständigen großen Strafkammer ein. Nach Zustellung der Anklageschrift sucht RA Moser den Forsch erneut in der Haftanstalt auf und berät ihn. Unzufrieden über die Beratung, entzieht Forsch dem Moser das Mandat. Es handelt sich um einen durchschnittlichen Fall.
Fertigen Sie die Vergütungsrechnung für RA Moser.

3. Maurermeister Mörtel hat auf mehreren Baustellen „schwarz verdient"; die Steuerfahndung kommt ihm auf die Spur. Die Staatsanwaltschaft erhebt nach Abschluss der Ermittlungen Anklage zum zuständigen Schöffengericht. Nachdem Mörtel der Termin zur Hauptverhandlung mitgeteilt wurde, nimmt er sich RA Werner zum Verteidiger, da er glaubt, die Einstellung des Verfahrens wegen Geringfügigkeit erreichen zu können. Werner nimmt an der Hauptverhandlung teil, in der auch das Urteil verkündet wird. Es handelt sich um eine Angelegenheit von durchschnittlicher Bedeutung.

    a) Fertigen Sie die Vergütungsrechnung von RA Werner.

    b) Fertigen Sie die Vergütungsrechnung, wenn RA Werner nach Verkündung des Urteils nur noch Berufung einlegt, dann aber den Mörtel nicht weiter vertritt.

4. RA Möser wird von Flosdorff, der zurzeit in Untersuchungshaft sitzt, zum Verteidiger bestellt. RA Möser fordert die Ermittlungsakten von der Staatsanwaltschaft an, fertigt daraus 52 Fotokopien und bespricht sich mit Flosdorff in der Haftanstalt. Ferner nimmt RA Möser während der Dauer des gesamten Verfahrens an insgesamt vier Haftprüfungsterminen teil, in denen über die Verlängerung der Untersuchungshaft entschieden wird.
Die Staatsanwaltschaft reicht die Anklageschrift bei der zuständigen großen Strafkammer ein. RA Möser vertritt den Angeklagten in der Hauptverhandlung, welche sich über zwei Tage erstreckt. Der Fall ist als durchschnittlich zu bewerten.
Fertigen Sie die Vergütungsrechnung von RA Möser.

Aufgaben Gruppe 22: Gebühren in Strafsachen und Bußgeldsachen

5. In einer Strafsache vor dem Schwurgericht musste die Hauptverhandlung nach einem Verhandlungstag für drei Tage unterbrochen werden. Danach wurde sie an zwei weiteren Tagen fortgesetzt. Das Urteil wird am letzten Verhandlungstag verkündet. An allen drei Verhandlungstagen nahm RA Fleißig mitwirkend teil. Sein Mandat erhielt er nach Einreichen der Anklageschrift durch die Staatsanwaltschaft. Legen Sie die Mittelgebühr zugrunde.
Fertigen Sie die Vergütungsrechnung von RA Fleißig.

6. Wie vorstehende Aufgabe (Nr. 5). Jedoch befand sich der Angeklagte während der gesamten Verfahrensdauer in Untersuchungshaft.
Fertigen Sie die Vergütungsrechnung von RA Fleißig.

7. Der in der ersten Instanz verurteilte Süßmuth beauftragt den vorher nicht für ihn tätig gewesenen RA Lehr mit der Einlegung der Berufung. RA Lehr vertritt Süßmuth in der eintägigen Berufungsverhandlung vor der kleinen Strafkammer.
Fertigen Sie die Vergütungsrechnung von RA Lehr.

8. a) Süffich hat RA Prost während des Ermittlungsverfahrens wegen Trunkenheit im Straßenverkehr mit der Verteidigung beauftragt. Prost sieht die amtlichen Ermittlungsakten ein, fertigt einen Schriftsatz und verteidigt seinen Mandanten in der Hauptverhandlung vor dem Strafrichter. Gegen das Urteil – Freiheitsstrafe von sieben Monaten zur Bewährung – legt RA Prost auftragsgemäß Berufung ein.
Fertigen Sie die Vergütungsrechnung von RA Prost. Gehen Sie von der Mittelgebühr aus und berücksichtigen Sie, dass 25 Fotokopien aus der Strafakte gefertigt wurden.

   b) In der Berufungsverhandlung vor der kleinen Strafkammer des Landgerichts nimmt RA Prost schließlich das eingelegte Rechtsmittel zurück.
Fertigen Sie die Vergütungsrechnung von RA Prost für das Berufungsverfahren.

9. Wie vorstehende Aufgabe (Nr. 8 b). Zum anberaumten Berufungstermin erscheint RA Prost und erfährt vom vorsitzenden Richter, dass die Verhandlung auf den nächsten Freitag vertagt ist, da die beiden Schöffen in der Gerichtskantine gegessen und sich dadurch den Magen verdorben haben. Am Freitag erscheint RA Prost wieder und verteidigt Süffich in der Berufungsverhandlung.
Fertigen Sie die Vergütungsrechnung von RA Prost nur für das Berufungsverfahren. Gehen Sie auch hier von der Mittelgebühr aus.

10.* Süffich (siehe Aufgabe Nr. 8) ist auch in der Berufungsverhandlung verurteilt worden. Daraufhin entzieht er RA Prost das Mandat und beauftragt RA Schluck mit der Einlegung der Revision. RA Schluck legt fristgerecht Revision ein und reicht die Revisionsbegründungsschrift ein. Drei Wochen vor der Hauptverhandlung beim zuständigen OLG erhält er von Süffich, nachdem er ihn entsprechend beraten hat, die Anweisung, die Revision zurückzunehmen. Dies geschieht und RA Schluck rechnet mit Süffich ab, nachdem er 82 Fotokopien während seiner Tätigkeit gefertigt hatte.
Fertigen Sie die Vergütungsrechnung für RA Schluck.

11. Wie vorstehende Aufgabe (Nr. 10). Jedoch kommt es zur Hauptverhandlung vor dem Revisionsgericht, welche am ersten Verhandlungstag unterbrochen werden muss und erst am folgenden Tag beendet werden kann.
Fertigen Sie die Vergütungsrechnung für RA Schluck.

Aufgaben Gruppe 22: Gebühren in Strafsachen und Bußgeldsachen

12.* RA Flott hat die Verteidigung von Bluff vor der großen Strafkammer übernommen. Im Ermittlungsverfahren war er nicht tätig. Neben der zu erwartenden Strafe soll der Ferrari des vermögenden Angeklagten im Wert von 112 000,00 EUR eingezogen werden. Die Angelegenheit hat für Bluff große Bedeutung, gehen Sie daher von der Höchstgebühr aus, und berücksichtigen Sie auch den besonderen Wert des Pkw. Die Hauptverhandlung dauert einen Tag. RA Flott hat 55 Kopien gefertigt.
Erstellen Sie die Vergütungsrechnung für RA Flott.

13.* Fahrig befährt mit seinem PKW eine Einbahnstraße, jedoch leider in verkehrter Richtung und verletzt den entgegenkommenden Mofa-Fahrer Putt erheblich. Fahrig hat vor dem Strafrichter zu erscheinen. Putt macht im Adhäsionsverfahren Schadenersatz und Schmerzensgeld in Höhe von 1 900,00 EUR geltend und lässt sich in diesem Verfahren von RA Schnurz vertreten. Fahrig nimmt sich für das Verfahren vor dem Amtsgericht einen RA, Herrn Piepe, um vor allem auch die vermögensrechtlichen Ansprüche des Putt abzuwehren. Sämtliche Umstände sind von mittlerer Art. Die Hauptverhandlung dauert einen Tag.
Fertigen Sie die Vergütungsrechnungen a) von RA Schnurz und b) von RA Piepe. Schnurz hatte 12, Piepe 8 Fotokopien aus den Ermittlungsakten angefertigt.

14.* In einem Strafverfahren gegen Bumm vor dem Schöffengericht sieht das Gericht gemäß § 405 S. 2 StPO durch Beschluss davon ab, über die vom Verletzten Wupp in Höhe von 4 200,00 EUR geltend gemachten Schadenersatzansprüche zu entscheiden.

RA Flopp, der den Wupp im strafrechtlichen Adhäsionsverfahren vertrat, erhebt nun wegen der zivilrechtlichen Ansprüche des Wupp auftragsgemäß Klage im Zivilprozess beim Amtsgericht gemäß § 406 Abs. 3 S. 2 StPO. Nachdem im Termin vor dem Amtsgericht nach erfolgloser Güteverhandlung streitig über den Schadenersatz verhandelt wurde, ergeht Urteil.
Berechnen Sie die Vergütung des RA Flopp unter Anrechnung der Gebühren im strafrechtlichen Adhäsionsverfahren. Die Vergütung für das Strafverfahren ist nicht zu berechnen.

15. RA Mut, der in einer Strafsache bereits im Vorverfahren für den Gauner zum Pflichtverteidiger bestellt worden ist, wird in zwei Terminen im Haftprüfungsverfahren tätig und fertigt 58 Fotokopien aus der amtlichen Ermittlungsakte. Dem Gauner wird ein besonders schwerer Fall von Geldfälschung vorgeworfen.
Nach Einreichung der Anklageschrift nimmt RA Mut einen Hauptverhandlungstermin vor der großen Strafkammer wahr. Der Angeklagte Gauner bleibt während der gesamten Verfahrensdauer in Untersuchungshaft. Es handelt sich um eine durchschnittliche Angelegenheit.
Erstellen Sie die Vergütungsrechnung für RA Mut.

16.* Wie vorstehende Aufgabe (Nr. 15). Jedoch findet die Hauptverhandlung vor dem Schöffengericht an zwei Verhandlungstagen statt, wobei am zweiten Tag die Hauptverhandlung 6 Stunden dauert. Außerdem wird RA Mut auch tätig, um die vom Staatsanwalt beantragte Einziehung der Druckmaschine des Gauner sowie des Vorrats an Spezialpapier abzuwenden. Die Druckmaschine und das Papier haben einen Wert von 9 125,00 EUR.
Erstellen Sie die vollständige Vergütungsrechnung für RA Mut.

Aufgaben Gruppe 22: Gebühren in Strafsachen und Bußgeldsachen

17. Kloppig, als Raufbold bekannt, ist wegen einfacher Körperverletzung vom Schöffengericht zu zwei Jahren Freiheitsstrafe verurteilt worden.
Er legt fristgemäß Berufung gegen das Urteil des Schöffengerichts ein und beantragt die Bestellung eines Pflichtverteidigers für die Berufungsinstanz. Die Staatsanwaltschaft legt auch Berufung ein. Der zum Pflichtverteidiger bestellte RA Wonnig begründet die Berufung und nimmt an der Berufungsverhandlung vor der kleinen Strafkammer teil, in der sich ergibt, dass eine gefährliche Körperverletzung vorgelegen hat. Es ergeht Urteil, worin Kloppig zu 2 Jahren und 6 Monaten Freiheitsstrafe verurteilt wird. Die Hauptverhandlung vor dem Berufungsgericht fand an zwei Tagen statt, wobei am zweiten Tag die Verhandlung 9 Stunden gedauert hat.
Berechnen Sie die Vergütung von Wonnig als Pflichtverteidiger. Beachten Sie § 316 StPO.

18. RA Wacker wurde nach Anklageerhebung als Pflichtverteidiger des Schlapphoff zu dessen Verteidigung im Verfahren in erster Instanz bestellt. RA Wacker hat für sein Auftreten in der eintägigen Hauptverhandlung vor dem Strafrichter folgende Vergütung aus der Staatskasse erhalten:

Vergütungsrechnung des Pflichtverteidigers	EUR
Grundgebühr gem. §§ 2 Abs. 2, 45, VV Nr. 4100 RVG	132,00
Hauptverfahrensgebühr gem. §§ 2 Abs. 2, 45, VV Nr. 4106 RVG	112,00
Terminsgebühr für einen Hauptverhandlungstag gem. §§ 2 Abs. 2, 45, VV Nr. 4108 RVG	184,00
Pauschale für Post- und Telekommunikationsentgelte gem. § 2 Abs. 2, VV Nr. 7002 RVG	20,00
Dokumentenpauschale gem. § 2 Abs. 2, VV Nr. 7000 Ziff. 1 Lit. a) RVG (59 Seiten)	26,35
	474,35
16 % USt. gem. § 2 Abs. 2, VV Nr. 7008 RVG	75,90
	550,25

Das Amtsgericht stellt auf Antrag von RA Wacker fest, dass der Verurteilte ohne Beeinträchtigung des für ihn und seine Familie notwendigen Unterhalts einen Wahlverteidiger bezahlen kann.
Erstellen Sie unter Berücksichtigung der Mittelgebühr die Vergütungsrechnung, die RA Wacker an seinen Mandanten schicken kann.

19.* RA Brastig tritt in der Berufungsverhandlung vor der kleinen Strafkammer als Vertreter von zwei Nebenklägern auf. Es kommt unter anderem zur Vernehmung eines neuen Zeugen. Die Hauptverhandlung dauert zwei Tage, die Umstände sind mittlerer Art. In der ersten Instanz war RA Brastig nicht tätig.
Erstellen Sie die Vergütungsrechnung für RA Brastig.

20.* Frau Hibbel will Frau Sabbel wegen Beleidigung im Wege der Privatklage verklagen. Sie schaltet RA Gütlich ein, der im Sühneversuch vor der dafür zuständigen Vergleichsstelle Frau Sabbel dazu bringen kann, dass sie sich bei Frau Hibbel entschuldigt und 50,00 EUR an das städtische Tierheim zahlt. Dafür sieht Frau Hibbel von einer Privatklage ab.
Berechnen Sie die Vergütung von RA Gütlich.

21.* Ruhsam will gegen Polter wegen Hausfriedensbruchs mit einer Privatklage vorgehen. Er bittet RA Wumm, seine Rechte wahrzunehmen. Der zunächst durchgeführte Sühneversuch vor der dafür zuständigen Vergleichsstelle unter Mitwirkung von RA Wumm bleibt erfolglos; eine entsprechende Bescheinigung wird von der Vergleichsstelle erteilt. RA Wumm erhebt nun auftragsgemäß Privatklage und nimmt den Termin zur Hauptverhandlung vor dem Strafrichter wahr. Polter wird verurteilt.
Erstellen Sie die Vergütungsrechnung des RA Wumm.

22.* RA Nett vertritt in einem Strafverfahren vor der großen Strafkammer in der eintägigen Hauptverhandlung die Mutter des bei einem Verkehrsunfall getöteten Hurtig als Nebenklägerin.
Welche Vergütung kann RA Nett in Ansatz bringen?

23. Schnell wird eine Geschwindigkeitsüberschreitung mit seinem Pkw vorgeworfen. Nachdem Schnell den Anhörungsbogen erhalten hat, schaltet er RA Sieg ein und bespricht die Sache mit dem RA. Dieser übersendet den ausgefüllten Anhörungsbogen an das Ordnungsamt und bittet um Akteneinsicht. Daraufhin erhält er von dem Ordnungsamt die Mitteilung, das Verfahren sei bereits wegen eines Defekts des von der Polizei eingesetzten Radarmessgerätes eingestellt worden.
Welche Vergütung kann RA Sieg in Ansatz bringen? Es handelt sich um eine durchschnittliche Angelegenheit. Das zu erwartende Bußgeld hätte 75,00 EUR betragen.

24. Hurtig wird eine Geschwindigkeitsüberschreitung um 12 km/h mit seinem Pkw vorgeworfen. Er schaltet RAin Prinzhorn ein, die sich die Ermittlungsakte kommen lässt, 2 Fotokopien daraus fertigt und einen Schriftsatz erstellt, in dem Sie darauf hinweist, dass Hurtig keinen Pkw japanischer Herstellung fahre und dass sein deutscher Kleinwagen auch nicht das im Anhörungsbogen angegebene Kennzeichen H–XD 64 trage, sondern das Kennzeichen H–LW 551. Daraufhin wird das Verfahren eingestellt.
Fertigen Sie die Vergütungsrechnung von RAin Prinzhorn unter Zugrundelegung der Mittelgebühr. Das für die Geschwindigkeitsüberschreitung zu erwartende Bußgeld hätte 25,00 EUR betragen.

25. Wegen Überholens im Baustellenbereich der Autobahn trotz bestehenden Überholverbots wird gegen Wüst ermittelt. Der beauftragte RA Zupf lässt sich nach einer Besprechung der Sache mit dem Wüst die Ermittlungsakte kommen, fertigt 5 Fotokopien an und legt gegen den inzwischen ergangenen Bußgeldbescheid auftragsgemäß Einspruch ein. Im Bußgeldbescheid ist ein Bußgeld von 40,00 EUR festgesetzt worden.
Es kommt nach dem Einspruch zur Hauptverhandlung vor dem zuständigen Amtsgericht, welche RA Zupf wahrnimmt.
Welche Vergütung kann RA Zupf in Ansatz bringen? Es liegen Umstände mittlerer Art vor.

Lösungsteil Gruppe 22

1. §§ 2, 14, VV Nrn. 4100, 4102, 4104, 7002, 7008 RVG. [539,40 EUR]

2. §§ 2, 14, VV Nrn. 4100, 4101, 4104, 4105, 4112, 4113, 7000, 7002, 7008 RVG. [688,46 EUR]

3. §§ 2, 14, VV Nrn. 4100, 4106, 4108, 7002, 7008 RVG. a) und b) 643,80 EUR]

4. §§ 2, 14, VV Nrn. 4100, 4101, 4102, 4103, 4104, 4105, 4112, 4113, 4114, 4115, 7000, 7002, 7008 RVG. [1 865,05 EUR]

5. §§ 2, 14, VV Nrn. 4100, 4118, 4120, 7002, 7008 RVG. [2 146,00 EUR]

6. §§ 2, 14, VV Nrn. 4100, 4101, 4118, 4119, 4120, 4121, 7002, 7008 RVG.[2 612,90 EUR]

7. §§ 2, 14, VV Nrn. 4100, 4124, 4126, 7002, 7008 RVG. [841,00 EUR]

8. a) §§ 2, 14, VV Nrn. 4100, 4104, 4106, 4108, 7000, 7002, 7008 RVG. [820,70 EUR]
   b) §§ 2, 14, VV Nrn. 4100, 4124, 4126, 7002, 7008 RVG. [649,60 EUR]

9. §§ 2, 14, VV Nrn. 4100, 4124, 4126, 7002, 7008 RVG. [962,80 EUR]

10. §§ 2, 14, VV Nrn. 4100, 4130, 4141, 7000, 7002, 7008 RVG. [1 443,97 EUR]

11. §§ 2, 14, VV Nrn. 4100, 4130, 4132, 7000, 7002, 7008 RVG. [1 507,77 EUR]

12. §§ 2, 14, VV Nrn. 4100, 4112, 4114, 4142, 7000, 7002, 7008 RVG. [2 919,43 EUR]

13. a) §§ 2, 13, VV Nrn. 4143, 7000, 7002, 7008 RVG. [338,72 EUR]
    b) §§ 2, 13, 14, VV Nrn. 4100, 4106, 4108, 4143, 7000, 7002, 7008 RVG. [957,00 EUR]

14. §§ 2, 13, VV Nrn. 3100, 3104, 4143, 7002, 7008 RVG. [603,78 EUR]

15. §§ 2, 45, VV Nrn. 4100, 4101, 4112, 4113, 4114, 4115, 7000, 7002, 7008 RVG. [1 039,59 EUR]

16. §§ 2, 45, 49, VV Nrn. 4100, 4101, 4102, 4103, 4104, 4105, 4106, 4107, 4108, 4109, 4110, 4142, 7000, 7002, 7008 RVG. [1 625,39 EUR]

17. §§ 2, 45, VV Nrn. 4100, 4124, 4126, 4129, 7002, 7008 RVG. [1 178,56 EUR]

18. §§ 2, 14, VV Nrn. 4100, 4106, 4108, 7000, 7002, 7008 RVG. [124,12 EUR]

19. §§ 2, 14, VV Nrn. 1008, 4100, 4124, 4126, 7002, 7008 RVG. [1 248,16 EUR]

20. §§ 2, 14, VV Nrn. 1000, 4100, 4102, 4104, 4147, 7002, 7008 RVG. [638,00 EUR]

21. §§ 2, 14, VV Nrn. 4100, 4102, 4104, 4106, 4108, 7002, 7008 RVG. [968,60 EUR]

22. §§ 2, 14, VV Nrn. 4100, 4112, 4114, 7002, 7008 RVG. [1 073,00 EUR]

23. §§ 2, 14, VV Nrn. 5100, 5103, 7002, 7008 RVG. [278,40 EUR]

24. §§ 2, 14, VV Nrn. 5100, 5101, 7000, 7002, 7008 RVG. [250,56 EUR]

25. §§ 2, 14, VV Nrn. 5100, 5103, 5109, 7000, 7002, 7008 RVG. [687,30 EUR]

12.23 Gebühren in Ehe- und anderen Familiensachen (→ Kapitel 10)

Aufgabenteil Gruppe 23

1. Die Eheleute Locker haben sich vor einem Jahr im Urlaub kennen gelernt und geheiratet. Seitdem leben sie getrennt. Jetzt streben sie einverständlich die Scheidung an. Das gemeinsame Nettoeinkommen beträgt 2 700,00 EUR. Es handelt sich um eine durchschnittliche Scheidungssache.
   Wie hoch ist der Gegenstandswert der Scheidungssache?

2. Die Eheleute Armdran sind beide Auszubildende bei einem RA. Sie streben nach einjähriger Ehe und gleich langer Trennungszeit die Scheidung an. Das gemeinsame Nettoeinkommen beträgt 650,00 EUR.
   Wie hoch ist der Gegenstandswert der Scheidungssache?

3. Die Eheleute Rummel wollen sich trotz ihrer sieben Kinder scheiden lassen. Herr Rummel verdient insgesamt monatlich 4 500,00 EUR netto und erhält Weihnachts- und Urlaubsgeld in Höhe von zusammen 4 000,00 EUR netto. Frau Rummel ist Fotomodell, aber schon länger ohne Job. Es handelt sich um eine durchschnittliche Scheidungsangelegenheit.
   Ermitteln Sie den Gegenstandswert der Scheidungssache.

4. Die im Güterstand der Gütertrennung lebenden kinderlosen Eheleute Klapptnich beabsichtigen, sich scheiden zu lassen. Herr Klapptnich beauftragt RA Wurzel mit der Einreichung des Scheidungsantrages. Das gemeinsame monatliche Nettoeinkommen der Eheleute beträgt 2 900,00 EUR.
   Im Scheidungstermin hört das Gericht beide Eheleute an. Frau Klapptnich stimmt dem Scheidungsantrag zu, sodass die Güteverhandlung erfolglos und die folgende Verhandlung unstreitig verläuft.
   Erstellen Sie die Gebührennote des RA Wurzel.

5. Die im Güterstand der Gütertrennung lebenden kinderlosen Eheleute Warnichs beabsichtigen, sich scheiden zu lassen. Frau Warnichs beauftragt RA Winzling mit der Einreichung des Scheidungsantrages. Bevor Winzling den Scheidungsantrag bei Gericht einreicht, führt er mehrere Gespräche mit seiner Mandantin und kann sie davon überzeugen, dass sie einen besseren Ehemann nicht mehr finden wird. Frau Warnichs zieht daraufhin ihren Auftrag zurück. Das gemeinsame monatliche Nettoeinkommen der Eheleute beträgt 2 500,00 EUR.
   Erstellen Sie die Gebührennote des RA Winzling.

6. Die kinderlosen Eheleute Gingnich, die in Gütertrennung leben, wollen sich scheiden lassen. Frau Gingnich beauftragt RA Grünling mit der Einreichung des Scheidungsantrages. Im Scheidungstermin hört das Gericht beide Eheleute an. Herr Gingnich stimmt dem Scheidungsantrag zu, sodass die Güteverhandlung erfolglos und die folgende Verhandlung unstreitig verläuft.
   RA Grünling beantragt eine Vertagung des Termins bis nach der Mittagspause, da er noch einmal einen Aussöhnungsversuch durchführen möchte. Das Gericht gibt dem statt. RA Grünling lädt in der Mittagspause die Eheleute zum Essen ein und erreicht die Aussöhnung.
   Erstellen Sie die Gebührennote des RA Grünling. Das gemeinsame monatliche Nettoeinkommen der Eheleute beträgt 3 200,00 EUR.

Aufgaben Gruppe 23: Gebühren in Ehe- und anderen Familiensachen

7. Während der Trennungszeit von ihrem Mann macht Frau Dösig, geb. Dimmlich, Unterhaltsansprüche in Höhe von 300,00 EUR für sich und für ihre drei Kinder (in Höhe von jeweils 250,00 EUR) geltend. Für Mai bis Juli verlangt sie rückständigen Unterhalt. RA Droll reicht auftragsgemäß Klage gegen Herrn Dösig ein.
Berechnen Sie den Gegenstandswert.

8. Wie vorstehende Aufgabe (Nr. 7). Das Gericht hat den Gegenstandswert auf 15 750,00 EUR festgesetzt. Im Termin wird die Sache in der Güteverhandlung erörtert. Danach schlägt der Vertreter des Herrn Dösig, RA Dassel, den Abschluss eines Vergleichs vor, wonach Herr Dösig pro Person einen Unterhalt von monatlich 250,00 EUR zahlt, wenn Frau Dösig auf den rückständigen Unterhalt verzichtet. Dieser Vergleich wird von beiden Parteien angenommen. Das Gericht nimmt den Vergleich auf Antrag zu Protokoll.
Berechnen Sie die Vergütung von RA Dassel.

9. Während der Trennungszeit beauftragt Frau Nuss RA Knacker damit, ein Verfahren zur Übertragung der elterlichen Sorge über ihre drei Kinder auf sie einzuleiten. RA Knacker stellt einen entsprechenden Antrag beim Familiengericht. Herr Nuss lässt seinerseits durch seinen RA die Übertragung des Sorgerechts auf sich sowie die Regelung des Umgangsrechtes beantragen.
Das Gericht erörtert die Angelegenheit in einem Termin mit den Parteien und ihren Vertretern. Auch die Kinder werden angehört. Da die Frage der Übertragung der elterlichen Sorge weiterhin zwischen den Parteien streitig ist, beschließt das Gericht, eine eingehende Stellungnahme des Jugendamtes anzufordern. Das Jugendamt stellt umfangreiche Ermittlungen an und gibt dann seine ausführliche Stellungnahme ab. Danach ergeht das Urteil.

   a) Ermitteln Sie den Gegenstandswert für die Regelung des Sorgerechts und des Umgangsrechtes.

   b) Fertigen Sie die Vergütungsrechnung von RA Knacker. Das Gericht setzt den Wert des Verfahrens auf 6 600,00 EUR fest.

   c) Wie würde die Vergütungsrechnung aussehen, wenn die Parteien sich durch Vermittlung ihrer RAe über das Sorgerecht und das Umgangsrecht in einem außergerichtlichen Besprechungstermin geeinigt hätten, bevor RA Knacker den das Verfahren einleitenden Antrag beim Familiengericht eingereicht hätte?

10. Fortsetzung vorstehenden Falles (Aufgabe 9). RA Knacker beantragt nun in einem weiteren Verfahren für Frau Nuss die Teilung des Hausrats. In dem Verfahren wird die Sache erörtert, sodann ein Vergleich abgeschlossen. Das Gericht setzt den Wert auf 4 800,00 EUR fest.
Fertigen Sie die Vergütungsrechnung für RA Knacker nur für das Hausratsverfahren.

11. Bereits vor der Scheidung lässt Frau Steinhart von RA Feste ein Verfahren wegen der Übertragung des Sorgerechtes über ihre beiden Kinder auf sich einleiten.
Ermitteln Sie den Gegenstandswert des Verfahrens.

Aufgaben Gruppe 23: Gebühren in Ehe- und anderen Familiensachen

12. Wie vorstehende Aufgabe (Nr. 11). Nach Abschluss des Sorgerechtsverfahrens wird Scheidungsantrag gestellt. Nach Schluss der mündlichen Verhandlung in der Scheidungssache beantragt Herr Steinhart, geb. Pflaumkern, die Regelung des Umgangsrechtes.
Stellen Sie den Gegenstandswert dieses Verfahrens fest.

13. Die Ehe der Eheleute Ende, die im gesetzlichen Güterstand leben, soll im Verbund geschieden werden. Folgende Angelegenheiten sind vom Gericht zu entscheiden: Scheidung der Ehe, Übertragung des Sorgerechts über zwei Kinder, Regelung des Umgangsrechtes, Unterhaltsansprüche für die Ehefrau in Höhe von 600,00 EUR monatlich und für jedes Kind 300,00 EUR monatlich, Versorgungsausgleich, Zugewinnausgleich, Hausratsteilung.
Es handelt sich um eine durchschnittliche Angelegenheit. Das gemeinsame monatliche Nettoeinkommen der Eheleute als Rechtsanwaltsfachangestellte beträgt 4 150,00 EUR. Zur Regelung des Versorgungsausgleiches überträgt das Gericht der Ehefrau eine Rentenanwartschaft, die einer späteren Rente von 175,00 EUR monatlich entspricht. Als Ausgleich für den Zugewinn erhält die Ehefrau 17 600,00 EUR und der Ehemann erhält vom Hausrat, der einen Wert von 3 650,00 EUR hat, einen Teil.
Stellen Sie den Streitwert fest.

14. In der Scheidungssache Ende (siehe vorstehende Aufgabe 13) vertritt RA Laber den Ehemann. Das Gericht entscheidet im Verbund über folgende Angelegenheiten und setzt dabei auch die Werte (in Klammern) fest: Scheidung der Ehe (10 950,00 EUR), Übertragung des Sorgerechts über zwei Kinder (1 200,00 EUR), Regelung des Umgangsrechtes (1 200,00 EUR), Unterhaltsansprüche (14 400,00 EUR), Versorgungsausgleich (1 000,00 EUR), Zugewinnausgleich (17 600,00 EUR), Hausratsteilung (3 650,00 EUR).
Herr Ende widerspricht dem Scheidungsantrag seiner Frau in allen Punkten. Im Scheidungstermin hört das Gericht in der Güteverhandlung die Eheleute an, wobei sich ergibt, dass eine Aussicht auf Weiterführung der Ehe nicht mehr besteht. Danach holt das Gericht die üblichen Auskünfte bei den Rentenversicherungsträgern und dem Jugendamt ein. Die Ehe wird geschieden, die Folgesachen werden entschieden.
Fertigen Sie die Vergütungsrechnung für RA Laber.

15.* Herr Rübzahl will sich scheiden lassen. Er erteilt RA Hohlzahn Auftrag, das gerichtliche Verfahren zur Scheidung der Ehe sowie für nachstehende Folgesachen einzuleiten: Regelung des Sorge- und des Umgangsrechtes, Kindesunterhalt und Versorgungsausgleich. Gleichzeitig soll RA Hohlzahn versuchen, eine gütliche Einigung über weitere Scheidungsfolgen mit dem RA von Frau Rübzahl auszuhandeln. Diese außergerichtlichen Verhandlungen sind erfolgreich, sodass bezüglich dieser weiteren Scheidungsfolgen für den Fall der Scheidung vereinbart wird:
– beiderseitiger Unterhaltsverzicht der Eheleute,
– die Ehefrau erhält 35 000,00 EUR zum Ausgleich des Zugewinns,
– die Ehefrau erhält die Ehewohnung und den Hausrat.
Im Scheidungstermin werden die Eheleute als Parteien vernommen. Nachdem die Güteverhandlung erfolglos verlaufen ist, holt das Gericht die üblichen Auskünfte bei den Rentenversicherungsträgern und dem Jugendamt ein. Nur über den Kindesunterhalt wird streitig verhandelt, ansonsten verläuft die Verhandlung nicht streitig. Dann wird die oben beschriebene Scheidungsvereinbarung gerichtlich protokolliert. Das Gericht entscheidet über die Scheidung der Ehe, den Versorgungsausgleich, überträgt der Ehefrau das Sorgerecht über das Kind, gewährt dem Ehemann das Umgangsrecht und spricht dem Kind einen monatlichen Unterhalt von 600,00 EUR zu.

Aufgaben Gruppe 23: Gebühren in Ehe- und anderen Familiensachen

Das Gericht setzt die Werte wie folgt fest: Unterhaltsverzicht 9 800,00 EUR, Sorgerecht 900,00 EUR, Umgangsrecht 900,00 EUR, Kindesunterhalt 7 200,00 EUR, Zugewinnausgleich 35 000,00 EUR, Ehewohnung und Hausrat 9 200,00 EUR, Scheidung 12 800,00 EUR, Versorgungsausgleich 1 000,00 EUR.
Berechnen Sie die Vergütung von RA Hohlzahn.

16. Herr Pan lässt RA Toffel eine einstweilige Anordnung beantragen, um für die Dauer des Scheidungsverfahrens das Getrenntleben von seiner Ehefrau gestattet zu bekommen. Das Gericht erlässt die einstweilige Anordnung durch Beschluss ohne mündliche Verhandlung und setzt den Wert auf 2 000,00 EUR fest. Danach beantragt RA Toffel eine weitere einstweilige Anordnung, wonach Frau Pan ihrem Ehemann die zum persönlichen Gebrauch bestimmten Sachen, insbesondere Kleidungsstücke, herauszugeben hat. Das Gericht erlässt auch diese einstweilige Anordnung durch Beschluss ohne mündliche Verhandlung und setzt den Wert auf 1 200,00 EUR fest.
Erstellen Sie die Vergütungsrechnung des RA Toffel für das Verfahren über die einstweilige Anordnung.

17. Während der Dauer eines Eheverfahrens regelt das Gericht auf Antrag von RA Schilf, Vertreter der Ehefrau, nach streitiger Verhandlung und nachdem es nach Erlass eines entsprechenden Beweisbeschlusses die Parteien, das Kind und das Jugendamt zu allen streitigen Fragen umfassend angehört hat, im Wege der einstweiligen Anordnung (§ 620 S. 1, Nr. 1 ZPO) vorläufig die elterliche Sorge für das gemeinschaftliche Kind Otto der Eheleute Bach.
Fertigen Sie die Vergütungsrechnung für das Verfahren über die einstweilige Anordnung.

18. Frau Geißlein hat durch RA Wolf Scheidungsantrag stellen lassen. Während des Scheidungsverfahrens beantragt RA Wolf auftragsgemäß eine einstweilige Anordnung für Frau Geißlein gegen den Ehemann auf Übertragung des Sorgerechts über ihre sieben Kinder für die Dauer des Verfahrens. Der RA des Ehemannes widerspricht diesem Antrag in der vom Gericht angeordneten mündlichen Verhandlung. Nach Erlass eines entsprechenden Beweisbeschlusses hört das Gericht die Parteien, die sieben Kinder und das Jugendamt umfassend zu den streitigen Problemen an. Das Gericht erlässt durch Beschluss eine entsprechende einstweilige Anordnung. Der Wert wird vom Gericht auf 1 400,00 EUR festgesetzt (wieso?).
Danach beantragt RA Wolf eine weitere einstweilige Anordnung, wonach Frau Geißlein das alleinige Nutzungsrecht an der Ehewohnung übertragen werden soll. Es ergeht ein ablehnender Beschluss ohne mündliche Verhandlung. Die monatliche Miete für die Wohnung beträgt 900,00 EUR.
Erstellen Sie die Vergütungsrechnung des RA Wolf für das Verfahren über die einstweilige Anordnung.

Aufgaben Gruppe 23: Gebühren in Ehe- und anderen Familiensachen

Lösungsteil Gruppe 23

1. § 48 GKG, § 23 RVG. [8 100,00 EUR]
2. § 48 GKG, § 23 RVG. [2 000,00 EUR]
3. § 48 GKG, § 23 RVG. [9 250,00 EUR]
4. § 48 GKG, §§ 2, 13, 23, VV Nrn. 3100, 3104, 7002, 7008 RVG. [1 325,30 EUR]
5. § 48 GKG, §§ 2, 13, 23, VV Nrn. 1001, 3100, 3101, 7002, 7008 RVG. [1 122,42 EUR]
6. § 48 GKG, §§ 2, 13, 23, VV Nrn. 1001, 1003, 3100, 3104, 7002, 7008 RVG. [1 996,36 EUR]
7. § 42 GKG, § 23 RVG. [15 750,00 EUR]
8. § 42 GKG, §§ 2, 13, 23, VV Nrn. 1001, 1003, 3100, 3104, 7002, 7008 RVG. [2 321,16 EUR]
9. a) § 23 RVG, §§ 1, 30 Abs. 2, 94 Abs. 2 KostO. [6 600,00 EUR]
   b) §§ 2, 13, 23, VV Nrn. 3100, 3104, 7002, 7008 RVG. [1 110,70 EUR]
   c) §§ 2, 13, 23, VV Nrn. 1000, 3100, 3101, 3104, 7002, 7008 RVG. [1 545,70 EUR]
10. §§ 1, 100 KostO, §§ 2, 13, 23, VV Nrn. 1001, 1003, 3100, 3104, 7002, 7008 RVG. [1 245,26 EUR]
11. § 23 RVG, §§ 1, 30 Abs. 2, 94 Abs. 2 KostO. [4 000,00 EUR]
12. § 623 Abs. 2 S. 1, Abs. 4 S. 1 ZPO; § 23 RVG, §§ 1, 30 Abs. 2, 94 Abs. 2 KostO. [1 300,00 EUR]
13. §§ 16, 23 RVG, §§ 1, 46, 42, 48, 49 GKG, § 100 KostO. [50 000,00 EUR]
14. §§ 2, 13, 16, 23, VV Nrn. 3100, 3104, 7002, 7008 RVG, §§ 1, 46, 42, 48, 49 GKG, § 100 KostO. [3 056,60 EUR]
15. §§ 2, 13, 15, 16, 23, VV Nrn. 1000, 3100, 3101, 3104, 7002, 7008 RVG, §§ 1, 46 GKG. [5 457,22 EUR]
16. §§ 2, 13, 18, 23, VV Nrn. 3100, 7002, 7008 RVG. [350,44 EUR]
17. §§ 2, 13, 24, VV Nrn. 3100, 3104, 7002, 7008 RVG. [153,70 EUR]
18. §§ 2, 13, 18, 24, VV Nrn. 3100, 3104, 7002, 7008 RVG. [535,57 EUR]

13 WESENTLICHE NEUERUNGEN DES KOSTEN-RECHTSMODERNISIERUNGSGESETZES 2004

Die folgenden Hinweise sind für alle gedacht, die bisher schon mit der BRAGO und dem GKG gearbeitet haben und sich nun mit dem Übergang in das neue Kostenrecht beschäftigen müssen. Wer sich jetzt erst neu in das Kostenrecht einarbeiten will, wird von dem Vergleich mit den bisherigen Kostengesetzen weniger haben.

13.1 Wesentliche Neuerungen, die das GKG betreffen

1. Das GKG wird gänzlich neu gefasst. Die Paragrafen des Gesetzesteils des GKG werden in völlig **neuer Reihenfolge** angeordnet, so auch die Gebühren im Kostenverzeichnis. Angeblich werden hierdurch Auslegungsschwierigkeiten vermindert.

2. Die Gebührentatbestände sollen im Kostenverzeichnis so angeordnet werden, dass Querverweise vermieden werden können. Dies führt dazu, dass einige **Gebührentatbestände mehrfach** aufgeführt werden, wodurch das Kostenverzeichnis gegenüber der bisherigen Version aufgebläht wird. Vermutlich wird dies aber den Umgang für ungeübte Benutzer vereinfachen.

3. Die **Gebührentabelle** wird gegenüber der bisher geltenden Tabelle nicht erhöht, jedoch werden für einzelne Gebührentatbestände höhere Gebührensätze als bisher im GKG vorgeschrieben.

4. Im GKG werden die bisher nur in der ersten Instanz geltenden pauschalen Verfahrensgebühren für alle Instanzen vorgeschrieben. Auch in den Rechtsmittelinstanzen wird zukünftig eine **pauschale Verfahrensgebühr** für das gesamte Verfahren erhoben; Urteilsgebühren usw. entfallen. Bei Vergleich, Klagerücknahme usw. wird die Verfahrensgebühr ermäßigt. Besonderheiten gibt es insbesondere in Ehesachen und im Scheidungsverbund.

5. Die Wert- und Kostenvorschriften des **Arbeitsgerichtsgesetzes** (§ 12 ArbGG und Gebührenverzeichnis) werden zukünftig im GKG geregelt und aus dem ArbGG herausgenommen.

6. Im GKG werden einige Wertgebühren in Festgebühren umgewandelt.

7. Einige Gebühren werden erhöht.

8. Der **Beschwerdewert** soll grundsätzlich auf **200,00 EUR** erhöht werden, wobei unter diesem Betrag eine Beschwerde bei grundsätzlicher Bedeutung zugelassen werden soll.

9. Der Wert des **Versorgungsausgleichs** ist ein Festwert und beträgt grundsätzlich 1 000,00 EUR (§ 49 GKG-neu; § 17a GKG-alt).

13.2 Wesentliche Neuerungen, die das RVG gegenüber der BRAGO betreffen

13.2.1 Übersicht: Allgemeine Regelungen des RVG

1. Entgegen der bisherigen Regelung der Gebühren und Auslagen in Paragrafen werden diese im RVG in ein **Vergütungsverzeichnis (VV)** aufgenommen, wie dies auch schon seit 30 Jahren im GKG geregelt war. Gebühren sind nicht mehr in Paragrafen, sondern in vierstelligen Nummern des VV geregelt.
Das RVG umfasst derzeit 61 Paragrafen und 234 Nummern im Vergütungsverzeichnis. Hinzu kommen noch die zahlreichen Vorbemerkungen. Die BRAGO hatte circa 135 Paragrafen. Ob der Umgang mit dem RVG wirklich einfacher sein wird, bleibt abzuwarten.

2. Die Gebührentatbestände sollen im Vergütungsverzeichnis so angeordnet werden, dass Querverweise vermieden werden können. Dies führt dazu, dass einige **Gebührentatbestände mehrfach** aufgeführt werden, wodurch das Vergütungsverzeichnis länger wird. Vermutlich wird dies aber den Umgang für ungeübte Benutzer vereinfachen.

3. Die Beträge der **Gebührentabelle** werden gegenüber der bisher geltenden Tabelle der BRAGO nicht erhöht, jedoch werden für einzelne Gebührentatbestände höhere Gebührensätze als bisher in der BRAGO vorgeschrieben. Insgesamt soll sich hieraus eine Erhöhung der Einnahmen der Anwälte ergeben.

4. Es gibt **neue Gebührenvorschriften** für z. B. Mediation, Zeugenbeistand und Hilfe in Steuersachen.

5. Die **außergerichtliche Anwaltstätigkeit** soll ihrer Bedeutung entsprechend mit den dafür entstehenden Gebühren (bisher insbesondere § 118 BRAGO) an den Anfang des Vergütungsverzeichnisses gestellt werden.

6. Insbesondere soll die **außergerichtliche Einigung** in den Vordergrund der Anwaltstätigkeit gestellt werden. Deshalb steht die Einigungsgebühr an erster Stelle im VV (Nr. 1000). Die Einigungsgebühr ersetzt die bisherige Vergleichsgebühr und erweitert deren Anwendungsbereich: Die Art der Einigung spielt keine Rolle mehr, da auf das für die Vergleichsgebühr geltende Erfordernis eines Vergleichsabschlusses im Sinne des § 779 BGB verzichtet wird, sodass nicht mehr ein gegenseitiges Entgegenkommen Voraussetzung für die Einigungsgebühr sein wird. Hierdurch werden viele Zweifelsfälle der Anwendung der Vergleichsgebühr beseitigt. Einzig die vollständige Anerkennung oder der vollständige Verzicht führen nicht zur Entstehung der Einigungsgebühr.

7. Weiterhin wird die außergerichtliche Einigung dadurch begünstigt (neu!), dass eine Terminsgebühr auch dann entsteht, wenn während eines Prozesses außerhalb des Gerichts Besprechungen der Prozessgegner stattfinden, also auch, wenn eine Einigung ohne gerichtliche Verhandlung vereinbart wird. Auch dies ist letztlich eine Belohnung des RA zur Entlastung der Gerichte. (Vorbemerkung 3, Abs. 3 VV).

8. Eine wesentliche Neuregelung des RVG gegenüber der BRAGO ist, dass die **Beweisgebühr entfällt**.

9. Anstelle der bisherigen Prozessgebühr tritt eine – zukünftig höhere – **Verfahrensgebühr**.

10. Anstelle der bisherigen Verhandlungs- und Erörterungsgebühr tritt eine – zukünftig höhere – **Terminsgebühr**. Es wird nicht mehr zwischen Verhandlung und Erörterung unterschieden.

11. Es gibt also grundsätzlich nur noch **zwei Gebührentypen** in gerichtlichen Verfahren (ausgenommen Straf- und Bußgeldsachen, siehe dort): Verfahrensgebühr und Terminsgebühr. In erster Instanz beträgt der Gebührensatz der Verfahrensgebühr 1,3 und bei der Terminsgebühr 1,2; diese Sätze steigen in den höheren Instanzen. Die bisherige halbe Verfahrensgebühr (Prozessgebühr) in erster Instanz beträgt 0,8, die halbe Terminsgebühr (Verhandlungsgebühr) beträgt 0,5.

12. **Definition der Angelegenheit** (bisher §§ 13 bis 15, 37, 39 bis 41, 58 BRAGO): Die bisher über die BRAGO verteilten Vorschriften werden im RVG zusammengefasst in den §§ 15 bis 19.

    § 15 RVG = § 13 BRAGO. § 16 RVG = eine Angelegenheit. § 17 RVG = verschiedene Angelegenheiten. § 18 RVG = besondere Angelegenheiten. § 19 RVG = Vorbereitungs- und Nebentätigkeiten.

13. In den **Berufungsinstanzen** werden die Gebühren geringer erhöht als bisher in der BRAGO vorgesehen, da nach der ZPO in der Berufung in der Regel nur noch eine Fehlerkontrolle stattfinden soll, was angeblich weniger Arbeitsaufwand erfordert.

14. Die Gebühren für **Mahnverfahren** bleiben gegenüber dem geltenden Recht fast unverändert, nur die Widerspruchsgebühr wird auf 0,5 erhöht.

15. **Vergütungsfestsetzung** (§ 19 BRAGO, § 11 RVG): Es können auch vorgelegte Gerichtskosten geltend gemacht werden (bisher strittig). Entgegen bisheriger Regelung können Rahmengebühren zumindest in Höhe der Mindestgebühren beantragt werden.

16. Die **Berechnung der Vergütung** (§ 10 RVG, § 18 BRAGO) ist wie bisher geregelt. Die Auslegung von § 10 Abs. 2 RVG, dass nur die Nummern des VV genannt werden müssen, übersieht jedoch, dass hier das Wort „nur" fehlt.

17. Die Vergütung in **Strafsachen** wird deutlich höher als bisher ausfallen. Es wird von einer um 30 % höheren Vergütung für Strafverteidiger ausgegangen. Außerdem wird es in Straf- und Bußgeldsachen gegenüber der BRAGO neue Gebührentatbestände geben.

    Im strafrechtlichen Ermittlungsverfahren kann der RA zukünftig bis zu drei verschiedene Gebühren erhalten: Grundgebühr Nr. 4100 VV, Verfahrensgebühr Nr. 4104 VV, Terminsgebühr Nr. 4102 VV. Die Terminsgebühr entgilt bis zu drei Termine.

    Im strafrechtlichen Hauptverfahren erhält der RA zukünftig neben einer Verfahrensgebühr eine Terminsgebühr. Eine Grundgebühr erhält er hier nur, wenn er sie nicht schon im Ermittlungsverfahren bekommen hat. Die Verfahrens- und die Terminsgebühr richten sich in ihrer Höhe nach dem erkennenden Gericht. Für die Terminsgebühr gibt es Zusatzgebühren bei längerer Verhandlungsdauer.

    Bußgeldsachen werden nicht mehr wie bisher in der BRAGO (§ 105) wie Strafsachen berechnet, sondern erhalten eigene Gebührenvorschriften, die von ihrer Struktur her allerdings der Regelung der Strafsachen vergleichbar ist. Es wird also auch hier die Dreimaligkeit der Gebühren geben: Grundgebühr, Verfahrensgebühr, Terminsgebühr. Die Verfahrens- und die Terminsgebühr richten sich in ihrer Höhe nach der Höhe des Bußgelds.

18. Die Gebühren in **Familiensachen**, insbesondere in Scheidungssachen werden durch die neue Gebührenstruktur wahrscheinlich stark vereinfacht, was jedoch auch zu einer deutlichen Verminderung der Gebühreneinnahmen für Scheidungsanwälte führen dürfte. Diese Gebührenreduzierung soll erstens dadurch abgemildert werden, dass die Anrechnung der Gebühren für vorgerichtliche Vertretung (bisher volle Anrechnung nach § 118 Abs. 2 BRAGO) nur noch zur Hälfte stattfinden soll (Vorbemerkung 3, Abs. 4 VV).

    Zweitens sollen die Gebühren in den isolierten Familienverfahren höher als bisher ausfallen und zwar dadurch, dass in den FGG-Sachen keine Gebühren wie nach § 118 BRAGO (2 bis 3-mal 7,5/10) anfallen, sondern die zukünftig „normalen" Gebühren im Prozess (1,3 Verfahrensgebühr und 1,2 Terminsgebühr).

    Diese Gebührenstruktur gilt auch für die einstweiligen Anordnungen.

19. Die Vorschrift des **Einigungsvertrages** über die Ermäßigung der Gebühren (derzeit 10 %) in den neuen Bundesländern wird entfallen.

20. In gerichtlichen Verfahren einschließlich Arbeitsgericht und Verwaltungsgericht wird mit einer Erhöhung der Anwaltsvergütung von ca. 17 % gerechnet. Die Gewinner der Reform sind die Strafverteidiger (+ 30 %).

21. Ab **1. Juli 2006** soll die Ratgebühr entfallen und zukünftig im wesentlichen durch Honorarvereinbarung geregelt werden. Falls keine Gebührenvereinbarung getroffen wird, soll die Ratgebühr für Verbraucher maximal 250,00 EUR betragen, die Erstberatungsgebühr maximal 190,00 EUR. Die Anwälte sollen auf diese Weise gezwungen werden, ein Beratungsgespräch mit einer Honorarvereinbarung zu beginnen (Absicht: Verbraucher weiß, was es kostet; Gerichte werden entlastet, da kein Rechtsstreit mehr über Höhe der Ratgebühr).

22. Zum 1. Juli 2006 werden sich im VV einzelne Nummern ändern, so wird z. B. aus Nr. 2400 Nr. 2300.

23. Für die Frage ob die BRAGO oder das RVG anzuwenden ist, ist das **Datum des Auftrags** entscheidend. Bei Beauftragung bis zum 30. Juni 2004 gilt die BRAGO, auch wenn sich das Verfahren über Jahre hinzieht (§ 61 RVG).

13.2.2 Spezielle Regelungen des RVG

24. Die **Einigungsgebühr** (1,5 nach VV Nr. 1000 RVG; § 23 BRAGO) erfordert kein gegenseitiges Nachgeben mehr. Sie entsteht auch z. B. bei Einigung über Sorge- und Umgangsrecht (!) und auch bei Ratenzahlungsvergleich (!). Sie entsteht auch schon für die Mitwirkung bei Vertragsverhandlungen (VV Nr. 1000 Anm. Abs. 2 RVG).

25. Die 1,0 Einigungsgebühr nach VV Nr. 1003 RVG (§ 23 BRAGO) entsteht bei gerichtlicher Anhängigkeit des Anspruches. Ausnahme: im selbstständigen Beweisverfahren beträgt der Satz der Einigungsgebühr 1,5 (!), ebenso wenn Prozesskostenhilfe nur für die Protokollierung eines Vergleichs beantragt wird.

26. Die **Aussöhnungsgebühr** (VV Nr. 1001 RVG; § 36 BRAGO) beträgt vorgerichtlich 1,5 (neu!).

27. Die **Erstberatungsgebühr** (VV Nr. 2102 RVG; § 20 BRAGO) beträgt höchstens 190,00 EUR.

    Achtung, dies gilt aber nur für Verbraucher und nicht für schriftliche Beratung! (VV Nr. 2102 RVG: „erstes Beratungsgespräch").

Die Erstberatungsgebühr gilt jetzt auch für mündlichen strafrechtlichen Rat!

28. Die **Abrategebühr** (§ 20 Abs. 2 BRAGO) gibt es nicht mehr. Die Gebühr VV Nr. 2200 RVG entsteht für jeden Rat (ab- oder zuraten) im Hinblick auf die Prüfung der Erfolgsaussicht eines jeden Rechtsmittels.

29. Die Gebühr für die Prüfung der **Erfolgsaussicht eines Rechtsmittels** (bisher § 20 Abs. 2 BRAGO) galt nach § 20 Abs. 2 S. 2 BRAGO nicht in strafrechtlichen Angelegenheiten. Im RVG ist dies jetzt in VV Nrn. 2202 und 2203 auch für strafrechtliche Sachen geregelt (VV Vorbemerkung 2 Abs. 3 RVG).

30. Die **Geschäftsgebühr** (VV Nr. 2400 RVG) ersetzt die 3 Gebühren nach § 118 BRAGO. Deshalb hat sie den weiten Gebührensatzrahmen von 0,5 bis 2,5. Diese Vorschrift lässt verschiedene Auslegungsmöglichkeiten zu.

    Die Mittelgebühr der Geschäftsgebühr beträgt 1,5, jedoch findet eine Beschränkung auf den Satz 1,3 statt.

    Gerade hinsichtlich der Geschäftsgebühr wird die zukünftige Rechtsprechung abzuwarten sein.

31. **Anrechnung** der Geschäftsgebühr: Gemäß VV Vorbemerkung 3 Abs. 4 RVG wird die Geschäftsgebühr auf die entsprechende Gebühr des nachfolgenden Verfahrens nur zu ½ angerechnet, höchstens zu 0,75. Der nicht angerechnete Rest verbleibt dem RA.

    Problem: Der aus dem vorgerichtlichen Verfahren stehen bleibende Rest der Geschäftsgebühr kann nicht bei der Kostenfestsetzung berücksichtigt werden! Lösung: Diesen Rest gleich mit der Klage einklagen?

32. Hinsichtlich des anwaltlichen **Aufforderungsschreibens** wird es zukünftig hauptsächlich auf den erteilten Auftrag ankommen. Es wird auch zu klären sein, ob ein Auftrag, der zu unnötig hohen Gebühren führt, noch im Sinne des § 91 ZPO erstattungsfähig sein wird („notwendige Kosten"). Auch Rechtschutz- und Haftpflichtversicherungen werden vermutlich sehr auf diesen Punkt achten. Die Gerichte werden sich mit diesem Problem noch reichlich zu beschäftigen haben.

Im Prinzip wird es zukünftig für Aufforderungsschreiben sehr verschiedene Berechnungsmöglichkeiten geben

- 1,3 Geschäftsgebühr (siehe oben Nr. 30)
- 0,8 Geschäftsgebühr bei Vergleich der Tätigkeit mit Klageauftrag (siehe nächster Punkt)
- 0,8 Verfahrensgebühr bei Klageauftrag (VV Nr. 3101 Ziff. 1 RVG)
- 0,5 Verfahrensgebühr bei Auftrag zum Mahnverfahren (VV Nr. 3306 RVG)
- 0,3 Geschäftsgebühr bei einem einfachen Schreiben (VV Nr. 2402 RVG)

33. VV Nr. 3100 RVG ist eine allgemeine **Verfahrensgebühr**. Siehe Vorbemerkung 3.1 Abs. 1. Sie ersetzt offensichtlich alle speziellen Gebühren der BRAGO, die im VV nicht besonders geregelt sind. Beispiele:
a) § 46 Abs. 1 BRAGO = VV Nr. 3100 RVG
b) § 46 Abs. 4 BRAGO = VV Nr. 3327 RVG.

34. **Terminsgebühr** (VV Nr. 3104 RVG). Neu ist:
- Unter die Terminsgebühr fallen jetzt bei einem anhängigen Verfahren auch ohne Beteiligung des Gerichts stattfindende Vergleichsverhandlungen.
- Mündliche oder telefonische Besprechungen lösen schon die Terminsgebühr aus.
- Dies wird Probleme bei der Vergütungs-/Kostenfestsetzung geben, da solche Gespräche nicht aus der Gerichtsakte erkennbar sind. Glaubhaft machen?

35. Reduzierte Terminsgebühr (VV Nr. 3105 RVG; § 33 Abs. 1 BRAGO). Neu ist:
- Gilt nur, wenn nur ein einziger Verhandlungstermin stattfindet, in dem der RA keine weiteren als die in den Anmerkungen zu Nr. 3105 RVG genannten Tätigkeiten entfaltet.
- Nr. 3105 RVG gilt nicht, wenn RA zwar erschienen ist, aber nicht verhandelt (Abs. 3). Dann gilt VV Nr. 3104 RVG, selbst wenn ein Versäumnisurteil ergeht.

36. Die Terminsgebühr in der Berufung (VV Nr. 3202 RVG) beträgt auch nur 1,2. Sie ist also nicht höher als in der ersten Instanz, obwohl die Berufung fast revisionsähnlich verläuft.

37. Das **selbstständige Beweisverfahren** ist immer eine selbstständige Angelegenheit, da es nicht in § 19 RVG genannt ist. In ihm können die Verfahrensgebühr und die Terminsgebühr (VV Vorbemerkung 3 Abs. 3 RVG) entstehen. Der Antrag auf ein selbstständiges Beweisverfahren setzt ähnliche Vorbereitung voraus wie für eine Klage.

Deshalb gibt es in VV Vorbemerkung 3 Abs. 5 RVG eine Anrechnungsvorschrift für die Verfahrensgebühr, aber nicht für die Terminsgebühr. (Dies ist neu gegenüber § 37 Nr. 3 BRAGO).

38. Das **Verfahren über die Prozesskostenhilfe** ist ein selbstständiges Verfahren. In § 16 Nr. 2 RVG ist geregelt, dass es zusammen mit dem anschließenden Verfahren eine Angelegenheit bildet, sodass die Gebühren nur einmal entstehen.

Der Wert des Bewilligungsverfahrens wird nach dem Wert der Hauptsache bestimmt. Absatz 2 der Anmerkung zu VV Nr. 3335 RVG regelt, dass die Werte von Bewilligungsverfahren und Hauptsache zur Berechnung der Gebühren im Gegensatz zu § 22 Abs. 1 RVG nicht addiert werden.

Probleme werden sich dadurch ergeben, dass die Klage nur in dem Umfang eingereicht wird, in dem die PKH bewilligt wurde, so dass die Gebühr im Bewilligungsverfahren eventuell nach einem höheren Wert als in der Hauptsache berechnet wird. Hier winkt wohl § 15 Abs. 3 RVG.

39. Zukünftig gibt es 3 verschiedene Arten von **Aufforderungsschreiben**, die sich von den Gebühren her deutlich unterscheiden: ... ohne Klageauftrag, ... mit Klageauftrag, ... mit Auftrag zum Mahnverfahren.

    Es kommt hierbei auf den erteilten Auftrag an. (Siehe auch oben unter Nr. 32).

40. Nichtrechtshängige Ansprüche werden mitverglichen: Hierfür entsteht anstelle der bisherigen Differenz–Prozessgebühr eine 0,8 **(Differenz)–Verfahrensgebühr** nach VV Nr. 3101 Ziff. 2 RVG, also im Prinzip wie in der BRAGO.

    Da die Terminsgebühr (VV Nr. 3104 RVG) in der Vorbemerkung 3 Abs. 3 zum VV RVG anders definiert ist, als die Verhandlungsgebühr in der BRAGO, wird bei entsprechenden (auch außergerichtlichen) Verhandlungen oder Besprechungen die Terminsgebühr auch nach dem Wert der nicht rechtshängigen Ansprüche berechnet.

41. Die **Verkehrsgebühr** (VV Nr. 3400 RVG; § 52 BRAGO) beträgt höchstens 1,0. Dies ist gegenüber der BRAGO eine Verschlechterung.

42. Bei Bestellung eines **Terminsvertreters** (VV Nr. 3401 RVG) erhält der Hauptbevollmächtigte keine Terminsgebühr, da eine § 33 Abs. 3 BRAGO entsprechende Regelung im RVG fehlt.

43. Die **Beratungshilfegebühr** (VV Nr. 2600) entsteht ohne Auslagen und USt. (wie bisher).

44. In **Strafsachen** wird das Vorverfahren entsprechend seiner Bedeutung gebührenrechtlich aufgewertet. Überhaupt sind die Gebühren in Strafsachen **völlig neu** geregelt worden.

45. Die Hauptverhandlungsgebühr nach § 83 BRAGO wird aufgeteilt in eine Verfahrensgebühr und eine Terminsgebühr (analog Zivilprozess).

46. Die Verfahrensgebühr entsteht für das Betreiben des Geschäfts, also z. B. die Vorbereitung der Hauptverhandlung. Die Terminsgebühr entsteht jeweils für jeden Tag der Hauptverhandlung.

47. Neu im RVG ist eine Grundgebühr (VV Nr. 4100), die für die Einarbeitung in den Fall entsteht und im gesamten Verfahren nur einmal berechnet werden kann.

48. Neu ist auch eine Terminsgebühr im Vorverfahren (VV Nr. 4102) sowie für Termine außerhalb der Hauptverhandlung. Diese Gebühr umfasst jeweils bis zu drei Termine. Sie entsteht für Vernehmungen außerhalb der Hauptverhandlung, für Verhandlungen über die Haft, für den Sühnetermin im Privatklageverfahren.

49. Bei in Haft befindlichen Mandanten entstehen die (alle!) Gebühren mit Zuschlag (25 %). Dies ist keine Kann-Vorschrift mehr wie in § 83 Abs. 3 BRAGO, sondern der Zuschlag wird immer berechnet.

50. Tätigkeiten wegen Entziehung der Fahrerlaubnis oder Fahrverbot (bisher § 88 S. 3 BRAGO) werden nicht mehr besonders honoriert.

51. Die Vorverfahrensgebühr ist nicht mehr von dem später zuständigen Gericht abhängig.

52. Im gerichtlichen Verfahren sind die Verhandlungsgebühren niedriger als die Hauptverhandlungsgebühren nach BRAGO, da noch die Terminsgebühren hinzukommen. Die Verhandlungsgebühr richtet sich in ihrer Höhe nach der Ordnung des erkennenden Gerichts.

53. Die Terminsgebühren entstehen für jeden Verhandlungstag; für weitere Verhandlungstage werden die Gebühren nicht mehr niedriger angesetzt. Die Terminsgebühr richtet sich in ihrer Höhe nach der Ordnung des erkennenden Gerichts. Für länger dauernde Verhandlungen sind Zuschläge vorgesehen, aber nur für den Pflichtverteidiger!

54. Die Gebührenregelung aus § 84 Abs. 2 BRAGO wird nun nach VV Nr. 4141 RVG ersetzt durch eine zusätzliche Gebühr für die Bemühungen um die Einstellung des Verfahrens.

55. Die Gebührenregelung aus § 88 BRAGO wird nun nach VV Nr. 4142 RVG ersetzt durch eine zusätzliche Wertgebühr für die Bemühungen um die Einziehung und verwandte Maßnahmen (§ 442 StPO).

    Jedoch fehlt gegenüber der BRAGO eine zusätzliche Gebühr für die Tätigkeit bezüglich der Einziehung des Führerscheins oder des Fahrverbots.

56. Die Regelung der Verfahrensgebühr für die Vertretung des Geschädigten im **Adhäsionsverfahren** ist gegenüber der BRAGO unklar:

    Es ist zweifelhaft, ob der RA in diesem Fall auch noch andere Gebühren zusätzlich erhält. In § 89 Abs. 3 BRAGO war eindeutig geregelt, das in diesem Fall nur die Gebühr für das Adhäsionsverfahren entstand.

    Zumindest besagte im ersten Entwurf des RVG die Anmerkung Abs. 2 zu VV Nr. 4143 RVG, dass der Verteidiger diese Gebühr gesondert erhält; daraus hätte sich schließen lassen, dass nur der Verteidiger diese Gebühr gesondert erhält, nicht aber der Vertreter des Geschädigten, der nur wegen dessen vermögensrechtlicher Ansprüche auftritt, ohne im Strafverfahren z. B. als Nebenkläger zu erscheinen. *(Dieser Abs. 2 des Gesetzesentwurfs wurde in 3. Lesung gestrichen!)*

    Offensichtlich wurde dieser Punkt noch in der 3. Lesung erkannt und an versteckter Stelle geregelt (Vorbemerkung 4.3 Abs. 2). Jedoch fehlt hier das Wort „nur", wie in § 89 Abs. 3 BRAGO; deshalb bleibt unklar, ob der RA in diesem Fall noch andere Gebühren erhält. In § 89 BRAGO war dies dort geregelt, wo es auch hingehört und damit klar.

57. Die Adhäsionsgebühr (§ 89 BRAGO; jetzt VV Nr. 4143 RVG) wird zukünftig nur noch zu einem Drittel auf die Gebühr des nachfolgenden Verfahrens angerechnet, was für den RA zukünftig einen Anreiz darstellen soll, das Adhäsionsverfahren häufiger als bisher durchzuführen.

    Die Adhäsionsgebühr in der Berufung und Revision wird nicht angerechnet (VV Nr. 4144 Anm. RVG–Entwurf). In der 3. Lesung wurde diese Anmerkung aus dem Gesetzesentwurf gestrichen, was zum selben Ergebnis führt.

58. In VV Nr. 4200 ff. RVG werden neue Gebühren für Tätigkeiten als Verteidiger in der Strafvollstreckung normiert. Da solche Gebühren in der BRAGO fehlen, wurde bisher nach § 91 Nr. 1, 2 BRAGO abgerechnet.

59. Die **Pflichtverteidigergebühren** betragen – anders als nach § 97 BRAGO – 80 % der Mittelgebühr des Wahlanwalts. Für länger dauernde Verhandlungen sind Zuschläge zur Terminsgebühr vorgesehen, aber nur für den Pflichtverteidiger!

60. Die Gebühren für **Bußgeldverfahren** (§ 105 BRAGO) werden jetzt in einem eigenen Teil 5 des VV zum RVG geregelt. Im Prinzip wird wie in Strafverfahren eine Dreiteilung der Gebühren vorgenommen: Grundgebühr, Verfahrensgebühr, Terminsgebühr.

61. Die Höhe der Verfahrensgebühr und der Terminsgebühr richtet sich beim Bußgeldverfahren nach der Höhe des festgesetzten Bußgelds (VV Nrn. 5101 ff. RVG).

62. In Strafsachen und gerichtlichen Bußgeldsachen kann eine **Pauschgebühr** für den Wahlverteidiger bei besonderem Umfang und Schwierigkeit festgestellt werden (§ 42 RVG, neu). Zuerst stellt das OLG fest, dass dem RA die Pauschgebühr zusteht, dann findet das Vergütungsfestsetzungsverfahren nach § 11 RVG statt.

63. Die **Auslagen** sind in Teil 7 des VV RVG geregelt. Die §§ 25 – 29 BRAGO sind weitgehend übernommen worden. Die P.+T.-Auslagen werden zukünftig jedoch mit 20 % berechnet und betragen auch in Strafsachen höchstens 20,00 EUR (VV Nr. 7002 RVG).

64. Die Dokumentenpauschale (§ 27 BRAGO; jetzt VV Nr. 7000 RVG) wird insofern neu geregelt, dass für die Unterrichtung von Beteiligten oder Gegnern erst bei mehr als 100 Ablichtungen (Buchst. b) für die ersten 50 Seiten 0,50 EUR pro Seite berechnet werden. Die Zahl der zu Unterrichtenden spielt keine Rolle mehr. Das bedeutet, dass auch zukünftig Kopierkosten im Regelfall nicht geltend gemacht werden können.

65. Die Reisekosten (§§ 28, 29 BRAGO; jetzt VV Nrn. 7003 bis 7006 RVG) sind nur leicht erhöht worden, ansonsten unverändert.

66. Die Honorarvereinbarung heißt jetzt **Vergütungsvereinbarung** (§ 4 RVG). Sie muss schriftlich und deutlich von anderem Text abgehoben sein, darf aber immer noch nicht in der Vollmacht stehen.

67. Neu ist § 8 Abs. 2 RVG (§ 16 BRAGO): Es tritt eine **Hemmung der Verjährung** der Vergütung ein, solange das Kostenfestsetzungsverfahren während der Berufung und Revision ausgesetzt wird.

68. Der Begriff **Mediation** ist zwar in § 34 RVG aufgenommen worden, was sicher ganz toll ist, jedoch fehlt es an einer Gebührenregelung, da niemand etwas mit dem Hinweis auf das BGB anfangen können wird („übliche Vergütung" nach § 612 Abs. 2 BGB?).

69. Bei den **Wertvorschriften** (§ 23 Abs. 2 RVG; § 8 Abs. 2 BRAGO) sind zwei weitere Paragrafen der KostO aufgenommen worden, die §§ 39 Abs. 3, 46 Abs. 4 KostO (Schuldenabzug bei Testamenten, Eheverträgen).

70. Die Gebührenerhöhung für **mehrere Auftraggeber** (§ 7, VV Nr. 1008 RVG; § 6 BRAGO) wird neu geregelt. Zu der jeweiligen Ausgangsgebühr werden pro weiteren Auftraggeber bloß ganz einfach 0,3 addiert, höchstens insgesamt Erhöhung von 2,0 (Juristen rechnen nicht gerne?). Die Gebühr in der Zwangsvollstreckung verdoppelt sich damit: 0,3 + 0,3 = 0,6. Bei 4 Auftraggebern beträgt die Verfahrensgebühr in Vollstreckungsangelegenheiten dann wohl das vierfache des normalen Satzes, also 1,2.

71. In den **isolierten Familiensachen** aus dem FGG-Bereich werden zwar die Gebühren nicht mehr nach § 118 BRAGO statt nach § 31 BRAGO berechnet, sondern nach VV Nrn. 3100 ff. RVG, also ganz normale Verfahrens- und Terminsgebühren. Die Gegenstandswerte in diesen Sachen werden aber weiterhin nach speziellen Wertvorschriften der KostO ermittelt, was die Berechnung der Vergütung in den Familiensachen auch nicht wesentlich einfacher macht als bisher.

Für einstweilige Anordnungen in Familiensachen gibt es weiterhin eigene Wertvorschriften in § 24 RVG (bisher § 8 Abs. 3 BRAGO) und in § 53 Abs. 2 GKG (bisher § 20 GKG-alt). Für Wohnung und Hausrat wurden hier feste Werte eingeführt.

Für die einstweiligen Anordnungen ist anstelle von § 41 BRAGO § 18 Ziff. 1 RVG zu beachten.

13.3 Änderungen anderer Gesetze

1. Änderung der **Bundesrechtsanwaltsordnung** in § 49b BRAO:

    In Abs. 2 S. 2 wird das grundsätzlich beibehaltene Verbot eines **Erfolgshonorars** gelockert: Man muss schon mehrmals über den neuen Satz nachdenken, bis klar wird, dass hierdurch ein Erfolgshonorar in dem Sinne zulässig wird, dass für die Einigungsgebühr (VV Nr. 1000 RVG) – die ja insofern erfolgsabhängig ist, als sie nur bei Wirksamwerden des Vergleichs entsteht - eine Gebührenerhöhung vereinbart werden darf; diese Erhöhung wird also nur im Erfolgsfall wirksam.

    Im neuen Abs. 5 wird der RA verpflichtet, seinen Mandanten vor Übernahme des Auftrags darauf hinzuweisen, wenn die Gebühren sich nach dem Gegenstandswert richten; es sollen so für den Mandanten überraschend hohe Wertgebühren vermieden werden.

2. Im **Beratungshilfegesetz** wird § 8 Abs. 1 aufgehoben (Schutzgebühr), jetzt in VV Nr. 2600 RVG.

3. Der **Beschwerdewert** in Kostensachen (§ 567 Abs. 2 ZPO) wird in allen Fällen auf 200,00 EUR heraufgesetzt.

4. Da die Gerichtskosten des arbeitsgerichtlichen Verfahrens zukünftig im GKG geregelt sind, wird § 12 des **Arbeitsgerichtsgesetzes** geändert und die Anlagen 1 und 2 entfallen.

13.4 Gegenüberstellung der wichtigsten Vorschriften der neuen und der alten Kostengesetze

Nachstehend finden Sie eine Gegenüberstellung der wichtigsten Vorschriften aus dem RVG und der BRAGO sowie dem GKG in der früheren Fassung und in der aktuellen Fassung.

13.4.1 Gegenüberstellung RVG und BRAGO

RVG §§ (= 1-2-stellig) Nr. VV (= 4-stellig)	BRAGO §§ (u. a. = und andere)	RVG §§ (= 1-2-stellig) Nr. VV (= 4-stellig)	BRAGO §§ (u. a. = und andere)
1	1	43	96a
2 Abs. 1	7 Abs. 1	44	131 (8 BerHG)
2 Abs. 2	11	45	121
3	116	46	126; 97
4	3	47	127 u. a.
5	4	48	122
6	5	49	123
7	6	50	124
8	16	51	99
9	17	52	100
10	18	53	102
11	19	54	125
12	– (neu)	55	98; 128; 133
13	11	56	98; 128
14	12	57	105; 98
15	13	58	129; 101
16	37; 7 Abs. 3 u. a.	59	130
17	43 Abs. 2; 39 u. a.	60	134
17 Ziff. 5	39	61	– (neu)
18	58; 37 u. a.	---	---
18 Ziff. 1, 2	41 Abs. 1	1000	23
19	37; 58; 87 u. a.	1001	36 Abs. 2
20	14 Abs. 1	1002	24
21	15	1003	23
22	7 Abs. 2	1004	11 Abs. 1 S. 4
23	8 Abs. 1, 2	...	...
24	8 Abs. 3	1008	6
25	57 Abs. 2, 3	1009	22
26	68 Abs. 3	2100	20
27	69 Abs. 2	2101	20 Abs. 1 S. 3
28	77	2102	20 Abs. 1 S. 2
29	81	2103	21
30	– (neu)	2200	20 Abs. 2
31	8 Abs. 1a	2201	21 a
32	9	...	...
33	10	2400	118
34	– (neu)	...	...
35	– (neu)	2402	120 Abs. 1
36	67	2403	65 Abs. 1
37	113	...	...
38	113 a	2600	8 BerHG
39	36 a	2601	132 Abs. 1
40	115	2602	132 Abs. 4
41	– (neu)	2603	132 Abs. 2
42	– (neu)	2604 – 2607	132 Abs. 4

RVG	BRAGO	RVG	BRAGO
§§ (= 1-2-stellig) Nr. VV (= 4-stellig)	§§ (u. a. = und andere)	§§ (= 1-2-stellig) Nr. VV (= 4-stellig)	§§ (u. a. = und andere)
2608	132 Abs. 3	3404	56 Abs. 3; 120 Abs. 1
Vorbemerk. 3 Abs. 4	118 Abs. 2	3405	32 Abs. 1
Vorbemerk. 3.1 Abs. 1	46 Abs. 1	... 3500	... 61, 55
3100	31 Abs. 1 Nr. 1, 63 Abs. 3	... Vorbemerk. 4 Abs. 1	... 94, 95
3101	32	Vorbemerk. 4.1, 19 Abs. 1, Ziff. 10	87
... 3104	... 31 Abs. 1 Nr. 2, 4; 35, 63 Abs. 3	Teil 4, rechte Randspalte	97
3105	33	4100; 4101	– (neu)
3106	116	4102; 4103	– (neu)
3200	31 Abs. 1 Nr. 1; 11 Abs. 1 S. 4	4104; 4105	84 Abs. 1
		4106; 4107	83 Abs. 1 Nr. 3 (neu)
3201	32	4108; 4109	83 Abs. 1 Nr. 3 (neu)
3202	31 Abs. 1 Nr. 2, 4	4110; 4111	– (neu)
3203	33	4112; 4113	83 Abs. 1 Nr. 2 (neu)
...	...	4114; 4115	83 Abs. 1 Nr. 2 (neu)
3206	31 Abs. 1 Nr. 1	4116; 4117	– (neu)
3207	32	4118; 4119	83 Abs. 1 Nr. 1 (neu)
3208, 3209	11 Abs. 1 S. 5	4120; 4121	83 Abs. 1 Nr. 1 (neu)
3210	31 Abs. 1 Nr. 2	4122; 4123	– (neu)
3211	33	4124 – 4129	85 (neu)
...	...	4130 – 4135	86 (neu)
3305	43 Abs. 1 Nr. 1	...	...
3306	43 Abs. 3	4141	84 Abs. 2
3307	43 Abs. 1 Nr. 2	4142	88
3308	43 Abs. 1 Nr. 3	4143	89
3309	57 Abs. 1	4144	89
3310	57 Abs. 1	4147	94 Abs. 3, 5
3311	68, 69	...	...
3312	68 Abs. 1 Nr. 2	4200 – 4207	91 Abs. 1 (neu)
3313 – 3323	72 – 82	4300 – 4303	91; 93
...	...	4304	97a
3328	49 Abs. 1	5100 – 5200	105 (neu)
...	...	...	...
3332	71	Vorbemerk. 7	25 Abs. 1
...	...	Vorbemerk. 7	29
3335	51	7000	27
...	...	7001 – 7002	26
3337	32 Abs. 1	7003 – 7006	28
3400	52	7007	- (neu)
3401	53 (54)	7008	25 Abs. 2
3403	56 Abs. 1		

13.4.2 Gegenüberstellung BRAGO und RVG

BRAGO §§ (u. a. = und andere)	RVG §§ (= 1-2-stellig) Nr. VV (= 4-stellig)
1	1
3	4
4	5
5	6
6	7; 1008
7 Abs. 1	2 Abs. 1
7 Abs. 2	22
8 Abs. 1, 2	23
8 Abs. 3	24
8 Abs. 1a	31
9	32
10	33
11	2 Abs. 2; 13
11 Abs. 1 S. 4	1004
11 Abs. 1 S. 5	3208, 3209
12	14
13	15
14 Abs. 1	20
15	21
16	8
17	9
18	10
19	11
20	2100
20 Abs. 1 S. 2	2102
20 Abs. 1 S. 3	2101
20 Abs. 2	2200
21	2103
21a	2201
22	1009
23	1000; 1003
24	1002
25 Abs. 1	Vorbemerk. 7
25 Abs. 2	7008
26	7001 – 7002
27	7000
28	7003 – 7006
29	Vorbemerk. 7
31 Abs. 1 Nr. 1	3100; 3206
31 Abs. 1 Nr. 1; 11 Abs. 1 S. 4	3200
31 Abs. 1 Nr. 2, 4; 35	3104
31 Abs. 1 Nr. 2, 4	3202; 3210
32	3101; 3201; 3207
32 Abs. 1	3337; 3405
33	3105; 3203; 3211
35	3104; 3105
36 Abs. 2	1001
36 a	39
37; 7 Abs. 3 u. a.	16
37; 58; 87 u. a.	19
39	17 Ziff. 5
41 Abs. 1	18 Ziff. 1, 2
43 Abs. 1 Nr. 1	3305
43 Abs. 1 Nr. 2	3307
43 Abs. 1 Nr. 3	3308
43 Abs. 2; 39 u. a.	17
43 Abs. 3	3306
46 Abs. 1	Vorbem. 3.1 Abs. 1
49 Abs. 1	3328
51	3335
52	3400
53 (54)	3401
55	3330, 3500
56 Abs. 1	3403
56 Abs. 3; 120 Abs. 1	3404
57 Abs. 1	3309; 3310
57 Abs. 2, 3	25
58; 37 u. a.	18
61	3500
63 Abs. 3	3100, 3104
65 Abs. 1	2403
67	36
68, 69	3311
68 Abs. 1 Nr. 2	3312
68 Abs. 3	26
69 Abs. 2	27
71	3332
72 – 82	3313 – 3323
77	28
81	29
83 Abs. 1 Nr. 1 (neu)	4118; 4119; 4120; 4121
83 Abs. 1 Nr. 2 (neu)	4112; 4113; 4114; 4115
83 Abs. 1 Nr. 3 (neu)	4106; 4107; 4108; 4109
84 Abs. 1	4104; 4105
84 Abs. 2	4141

Wesentliche Neuerungen des Kostenrechtsmodernisierungsgesetzes 2004

BRAGO §§ (u. a. = und andere)	RVG §§ (= 1-2-stellig) Nr. VV (= 4-stellig)	BRAGO §§ (u. a. = und andere)	RVG §§ (= 1-2-stellig) Nr. VV (= 4-stellig)
85 (neu)	4124 – 4129		Abs. 4
86 (neu)	4130 – 4135	120 Abs. 1	2402
87	Vorbemerk. 4.1, 19 Abs. 1 Ziff. 10	121	45
		122	48
88	4142	123	49
89	4143; 4144	124	50
91 Abs. 1 (neu)	4200 – 4207	125	54
91; 93	4300 – 4303	126; 97	46
94, 95	Vorbem. 4 Abs. 1	127 u. a.	47
94 Abs. 3, 5	4147	129; 101	58
96 a	43	130	59
97	Teil 4, rechte Randspalte	131 (8 BerHG)	44
		132 Abs. 1	2601
97 a	4304	132 Abs. 2	2603
98; 128	56	132 Abs. 3	2608
98; 128; 133	55	132 Abs. 4	2602; 2604 – 2607
99	51		
100	52	134	60
102	53	– (neu)	12; 30; 34; 35; 41; 42; 61
105 (neu)	5100 – 5200		
105; 98	57	– (neu)	4100 – 4103; 4110; 4111; 4116; 4117; 4122; 4123; 7007
113	37		
115	40		
116	3; 3106	8 BerHG	2600
118	2400		
118 Abs. 2	Vorbemerk. 3		

13.4.3 Gegenüberstellung GKG (neu) mit GKG (alt)

Hinweis: In folgenden Übersichten werden nur die für den RA wichtigsten Vorschriften aufgeführt.

GKG (neu) §§ (= 1-2-stellig) Nr. KV (= 4-stellig)	GKG (alt) (n) = neu
1	1
3	11 Abs. 1, 2
5	10
6	61
11	12 Abs. 4 S. 2 ArbGG
12	65 Abs. 1 - 5
14	65 Abs. 7
16	67
17	68
19	4
46	19 a
22	49
28	56
29	54
31	58
34	11 Abs. 2
35	27
36	21
38 + 1901	34 Abs. 1
39	5 ZPO
40	15
41	16
42	17
43	22
44	18
45	19
46	19 a
47	14
48	12
49	17a
53	20
54	29
55	30
61	23
62	24; 12 Abs. 7 S. 3 ArbGG
63	25

GKG (neu) §§ (= 1-2-stellig) Nr. KV (= 4-stellig)	GKG (alt) (n) = neu
66	5
68	25 Abs. 3
1110	1100
1210	1210
1211	1211
1220 – 1223	1220 – 1229 (n)
1230 – 1232	1230 – 1232
+ 1240 – 1243	(n)
1310 – 1332	1510 – 1539 (n)
1410 – 1415	1310 – 1324
1416; 1417	1951
1420 – 1424	1700 – 1704
1425	1951
1510	1430 – 1435
1610	1610
1620 – 1626	1630 – 1638
1630	1620
1700	1960
1810	1951
1811	1956; 1957
1900	1653
1901	1659
2110 – 2116	1640 – 1646
2117	1647 (n)
2210 – 2232	5210 – 5233
2310 – 2364	5110 – 5119; 5130 - 5135
Vorbemerkung KV 3.1	40
3110 – 3119	6110 – 6112
3120; 3121	6120; 6121
3130; 3131	6130; 6131
4110 – 4401	7110 – 7603 (n)
8100 – 8700	Anlage 1 zu § 12 ArbGG
9000 – 9018	9000 – 9017

13.4.4 Gegenüberstellung GKG (alt) mit GKG (neu)

GKG (alt)	GKG (neu)
§§ (= 1-2-stellig)	(n) = neu
Nr. KV (= 4-stellig)	
1	1
4	19
5	66
10	5
11 Abs. 1, 2	3
11 Abs. 2	34
12	48
14	47
15	40
16	41
17	42
17 a	49
18	44
19	45
19 a	46
20	53
21	36
22	43
23	61
24	62
25	63
25 Abs. 3	68
27	35
29	54
30	55
34 Abs. 1	38 + 1901
40	Vorbemerk. KV 3.1
49	22
54	29
56	28
58	31
61	6
65 Abs. 1 – 5	12
65 Abs. 7	14
67	16
68	17
1100	1110
1210	1210

GKG (alt)	GKG (neu)
§§ (= 1-2-stellig)	(n) = neu
Nr. KV (= 4-stellig)	
1211	1211
1220 – 1229	1220 – 1223
	(n)
1230 – 1232	1230 – 1232
(n)	+ 1240 – 1243
1310 – 1324	1410 – 1415
1430 – 1435	1510
1510 – 1539	1310 – 1332
(n)	
1610	1610
1620	1630
1630 – 1638	1620 – 1626
1640 – 1646	2110 – 2116
1647 (n)	2117
1653	1900
1659	1901
1700 – 1704	1420 – 1424
1951	1416; 1417; 1425; 1810
1956; 1957	1811
1960	1700
5110 – 5119; 5130 - 5135	2310 – 2364
5210 – 5233	2210 – 2232
6110 – 6112	3110 – 3119
6120; 6121	3120; 3121
6130; 6131	3130; 3131
7110 – 7603	4110 – 4401
(n)	
9000 – 9017	9000 – 9018
Anlage 1 zu § 12 ArbGG	8100 – 8700
12 Abs. 7 S. 3 ArbGG	62
5 ZPO	39
12 Abs. 4 S. 2 ArbGG	11

14 STICHWORTVERZEICHNIS

Abhilfe 0–32
Ablichtungen (siehe Dokumentenpauschale) 1–78
Adhäsionsverfahren 9–25 ff.
anderweitige Verwertung 7–15
Anforderungsschreiben 6–10 f.
Angelegenheit 1–13, 1–45 ff., 1–57 ff., 2–28, 3–7, 7–2 ff.
Anhangverfahren (siehe Adhäsionsverfahren) 9–25 ff.
Anmerkungen 1–64
Anrechnung 1–84, 3–7 ff., 5–2 ff., 5–9 ff., 5–12 ff., 6–13 f., 6–21, 6–24
Anrechnung der Geschäftsgebühr 4–9
Anrechnungsbestimmungen 1–54
Anrechnungsvorschriften 1–48, 1–54
Anschlussbeschwerde 0–31
Anspruchshäufung 2–22, 2–24
Anwaltsnotar 3–11
Anwaltssozietät 1–18
Anwaltsvergleich 10–22
Anwaltsvergleich, vollstreckbarer 1–73
Anwaltswechsel 5–11
Arbeitsverhältnis 2–54
Aufforderungsschreiben 3–5, 3–12, 4–1 ff., 6–10
Aufrechnung 2–41
Auftraggeber, mehrere 1–13, 1–82
Ausgangsgebühr 1–20 ff.
Auslagen 0–14 f., 0–41, 1–77 ff.
Auslagenpauschale 1–83 f., 3–8
außergerichtliche Anwaltstätigkeiten 3–1 ff.
Aussöhnungsgebühr 1–72, 10–3 ff., 10–14, 10–20
Austauschpfändung 7–15
Beratung 3–5
Beratungsgebühr 3–15, 4–12 ff., 8–12
Beratungshilfe 1–5
Beratungshilfegebühr 8–11
Beratungshilfegesetz 8–2
Berechtigungsschein 8–3
Beschwer 2–5 f.
Beschwerde 0–30, 0–32 f., 0–35, 6–38
Beschwerdegericht 0–30, 0–33
Betragsrahmengebühren 0–13
Betriebsgebühr 1–18, 3–4, 4–4, 4–6, 4–8, 6–2
Beweisanwalt 6–34
Bewilligungsverfahren 8–1 f., 8–3 ff.
bürgerliche Zinsrechnung 7–13

Bußgeldverfahren 9–35 ff.
Degression 0–10, 0–12 f.
Degression der Gebührentabelle 1–14, 2–26 f., 2–29 ff., 3–9, 5–5 f., 5–9 ff.
degressiv 0–9
Differenzterminsgebühr 6–6, 10–15, 10–21
Differenzverfahrensgebühr 1–70, 6–11 ff., 10–3, 10–14, 10–21
Dokumentenpauschale 1–28, 1–78 ff., 9–34
Ehesachen 10–1
eidesstattliche Versicherung 7–9, 7–18
einfache Schreiben 3–11 ff., 4–10
Einigung 1–67
Einigungsgebühr 1–67 ff., 4–4 ff., 6–11 ff., 6–22, 7–2, 7–13 f., 8–12, 10–3, 10–8, 10–10, 10–14, 10–20 ff.
Einstellung 9–23
einstweilige Anordnung 10–24 f.
Einzeltätigkeit 1–55 f., 6–35
Einziehung 9–25, 9–41
Erfolgshonorar 1–7
Erinnerung 0–30, 0–32, 0–35 f., 6–38
Erledigung, vorzeitige 10–3
Erledigungsgebühr 1–73, 8–12, 9–6, 9–18, 9–22 ff., 9–40 f.
Ermittlungsverfahren (siehe Vorverfahren) 9–10
Erstberatungsgebühr 3–15
Erstschuldner 0–15, 0–17 f.
Fahrtkosten 1–85
Fälligkeit 1–29
Familiensachen 10–1 f.
Festgebühren 0–14
Forderungspfändung 7–8
freiem Ermessen 2–47
Gebührenarten 0–6
Gebührenklage 1–38, 2–62, 2–64
Gebührensatz 0–8
Gebührenstreitwert 2–11, 2–17, 2–20, 2–32, 2–34, 2–37, 2–45, 2–47, 2–52 f., 2–60 ff., 2–65
Gebührentabelle 0–8, 1–40
Gebührenteilung 1–11, 6–31
Gebührenvereinbarung 3–19
gegeneinander aufheben 0–17 f.
Gegenstand 1–13 ff., 1–46 f., 2–28, 2–38
Gegenstände, mehrere 2–28
Gegenstände, verschiedene 2–38 f.
Gegenstandswert 0–41, 2–1 ff., 7–7 ff.

Geldempfangsvollmacht 1–75
Gerichtskosten 11–1 ff.
Gesamtgläubiger 1–15, 1–17, 2–25
Gesamtschuldner 1–15, 1–17, 2–25
Geschäftsgebühr 3–1 ff., 4–8 ff., 4–12 ff., 8–12
Geschäftsreise 1–85
Grundgebühr 9–4, 9–7 f., 9–17, 9–37
Gutachten 3–18
Güteverhandlung 6–4
Haftpflichtversicherung 0–16, 0–37, 0–49
Haftungsrisiko 1–42
Haftungszuschlag 9–20
Haftzuschlag 9–5 f.
Handlung 7–9
Hauptverfahrensgebühr 9–13
Hebegebühr 1–75 ff., 7–14
Hemmung 1–29 f., 1–38
Herausgabe 7–9
Hilfsanspruch 2–23, 2–45
Hilfsantrag 2–39, 2–45
Hilfsaufrechnung 2–41
Hilfswiderklage 2–40
Hinweispflicht 1–39
Honorarschein 1–6, 1–8
Honorarvereinbarung 1–5, 1–35
Kindschaftssachen 10–26
Klageänderung 2–33 f., 2–35
Klageerhöhung (siehe Klageerweiterung) 2–34
Klageerweiterung 2–17 f., 2–24, 2–34 f., 6–3, 6–7
Klagenhäufung 2–22 ff.
Korrespondenzanwalt 0–38, 6–29
Kosten 0–4
Kostenausgleichsverfahren 0–28
Kostenentscheidung 0–19
Kostenerstattung 3–10
Kostenerstattungspflicht 1–7
Kostenfestsetzung 0–39 f., 8–10
Kostenfestsetzungsantrag 0–24 f., 0–27
Kostenfestsetzungsbeschluss 0–20 ff., 0–25 ff., 0–32
Kostenfestsetzungsverfahren 0–19 ff., 0–27 f., 0–30, 1–35
Kostengrundentscheidung 0–19
Kosten im Sinne der Justiz 0–3
Kostenschuldner 0–16 f.
Lebenspartnerschaftssachen 10–1
Mahnverfahren 5–1 ff.
Mahnverfahrensgebühr 5–1 ff.
Mediator 3–19
mehrere Ansprüche 2–12
mehrere Schuldner 7–19

Mehrwertsteuer 0–39
Mietbegriff 2–50
Mietsachen 2–47
Mindestgebühr 1–40
Mittelgebühr 1–43, 9–3
Nachverfahren 6–26
Nebenforderungen 2–19 ff., 2–46, 7–8
Nettomiete 2–50
nichtvermögensrechtliche Ansprüche 2–56
notwendige Kosten 0–38
notwendige Verteidigung 9–27 f.
Ordnungswidrigkeiten 9–35
Paragrafenteil 1–1 ff., 1–40
Partnerschaft 1–18
Pauschalhonorar 1–6
Pauschalvergütung 1–8
Pauschgebühren 0–5 ff., 1–45 f., 9–1
Pauschvergütung 9–33
Pflichtverteidiger 9–2, 9–4 ff., 9–28 ff., 9–36, 9–42
Post- und Telekommunikations-dienstleistungsentgelte 1–31
Primäraufrechnung 2–41
Prozessantrag 6–16
Prozess- oder Sachleitung 6–15 ff.
Prozesskostenhilfe 1–5, 8–1 ff.
Prozesstrennung 2–27 f.
Prozessverbindung 2–26
Prozessvergleich 1–73, 6–11
Rahmengebühren 0–13, 1–37, 1–41 ff., 9–1, 9–3
Ratenvereinbarung 7–14
Ratenzahlung 7–22
Räumungsklage 2–48 f.
Rechnungsnummer 0–47
Rechtsbeschwerde 0–31
Rechtsmittel 2–40
Rechtsmittelstreitwert 2–5
Rechtsschutzversicherung 0–16, 0–37, 0–49
Rechtszug 1–59 ff.
Regelbetrag-Verordnung 2–52 f., 10–27
Regulierung von Verkehrsunfällen 3–14
Rundungsregel 1–4
Sachantrag 6–16
Sachverhaltsskizzierung 0–44 f.
Satzrahmengebühr 0–13, 3–3
Scheidungsfolgenvergleich 10–19 ff.
Scheidungsverbund 10–9 f., 10–13
Schnellrechnung 1–76
Schriftsatzgebühr 4–14, 6–36
Schuldnerverzeichnis 7–18 f.
selbstständige Beweisverfahren 1–68, 6–21
Sicherheitsleistung 2–6
Skizzierung 0–45

sofortige Beschwerde 1–38, 2–5
sofortige Erinnerung 1–38
sofortiges Anerkenntnis 0–18, 4–1
Steuernummer 0–47
Streitgegenstand (siehe Gegenstand) 2–38
Streitgenossen 2–22, 2–25
Streitwert 2–1
Streitwertfestsetzungsbeschluss 2–61
Stufenklage 2–32
Tage- und Abwesenheitsgeld 1–85
Terminsgebühr 1–72, 4–4 f., 6–1 ff., 9–5,
 9–8 f., 9–14, 9–38 f., 10–3, 10–8, 10–10,
 10–14 f.
Terminsvertreter 5–11, 6–28 f., 6–32 ff.
Übernachtungskosten 1–86
Umsatzsteuer 0–39, 0–41, 1–78
unerlaubte Handlung 2–53
Unterbevollmächtigte 1–11, 6–32 ff.
Unterhalt 2–52
Unterhaltsansprüche 7–9
Unterhaltsklage 10–27
Unterlassung 7–9
Unternehmer 0–46
Untersuchungsgrundsatz 10–1
unvertretbare Handlung 7–16
Urkundenprozess 6–26 f.
Verbraucher 0–46, 3–15
Verbraucherdarlehensvertrag 7–23
vereinfachte Verfahren 10–28 ff.
Verfahren 1–59
Verfahrensgebühr 4–12 ff., 6–1 ff., 9–5,
 9–38 f., 10–3, 10–8, 10–10
Vergleich 1–67
Vergütung 0–4, 1–4, 1–35
Vergütung, weitere 8–8
Vergütungsfestsetzung 1–44
Vergütungsfestsetzungsverfahren 1–35 ff.
Vergütungsrechnung 0–43, 0–48, 1–31 ff.
Vergütungsschuldner 0–16
Vergütungsvereinbarung 1–5
Vergütungsverzeichnis 1–1 ff., 1–64 ff.
Vergütungsvorschuss 0–49
Verhaftung 7–18
verhältnismäßige Teilung 0–17
Verhandlungsgrundsatz 10–1
Verjährung 1–29 f.
Verkehrsanwalt 0–38, 1–11, 6–28 ff.
Verkehrsgebühr 6–29, 10–5
Verkehrswert 2–46
Versäumniskosten 0–18
Versäumnisurteil 6–15 ff.
verschiedene Gebührensätze 1–50

Versicherung, eidesstattliche 7–9
Vertagungsgebühr 6–16
Verteilungsverfahren 7–9
vertretbare Handlung 7–15 f.
Verwarnungsverfahren 9–35
Verzug 4–1
Vollstreckbarerklärung 1–74
Vollstreckungsbescheid 5–6 f.
Vollstreckungsgebühr 7–13
Vollstreckungshandlungen 7–3
Vollstreckungsmaßnahme 7–3
Vollstreckungsschutzanträge 7–10, 7–14
Vollstreckungstitel 0–21
Vorauszahlung 11–3
Vorbehaltsurteil 6–26
Vorbemerkungen 1–64
Vorbereitungstätigkeiten 1–59 ff.
Vorschuss 1–31
Vorsteuer 0–39
Vorsteuerabzug 0–48 ff.
vorsteuerabzugsberechtigt 0–39, 0–46,
 0–49 f.
Vorsteuerabzugsberechtigung 0–40
Vorverfahren 9–10
Vorverfahrensgebühr 9–10 ff.
vorzeitige Beendigung 4–3, 4–6, 5–2, 6–9 ff.
Wahlverteidiger 9–2, 9–4 ff., 9–34, 9–36
Wartefrist 1–39, 1–74
Wechselprozess 2–22, 6–26 f.
Wertänderung 2–35
Wertbegriffe 0–7
Wertfestsetzung 2–60, 2–64
Wertgebühren 1–4, 1–39 f., 2–12
Wertteile 1–50
Widerklage 2–18, 2–38 ff.
Widerrufsvorbehalt 1–69, 6–14
Widerspruch 5–8 ff.
wiederkehrende Leistungen 2–54
Zahlungsverzug 7–11
Zeitgebühren 1–6
Zeitvergütung 1–8
Zinsrechnung 7–10 ff.
Zinstage 7–11 f.
Zurückverweisung 9–18
Zusatzgebühr 9–39
Zuständigkeitsstreitwert 2–4, 2–11, 2–17,
 2–23, 2–32 f., 2–37, 2–45, 2–47, 2–51,
 2–65
Zwangssicherungshypothek 2–7, 7–15
Zwangsvollstreckung 1–39, 7–1 ff.
Zweitschuldner 0–15, 0–17 f.